Mängelkenntnis und Gewährleistung

Europäische Hochschulschriften
Publications Universitaires Européennes
European University Studies

Reihe II
Rechtswissenschaft

Série II Series II
Droit
Law

Bd./Vol. 4059

PETER LANG
Frankfurt am Main · Berlin · Bern · Bruxelles · New York · Oxford · Wien

Gisela Süle

Mängelkenntnis und Gewährleistung

Der Wegfall des § 464 BGB a.F. im Rahmen der Schuldrechtsmodernisierung

PETER LANG
Europäischer Verlag der Wissenschaften

Bibliografische Information Der Deutschen Bibliothek
Die Deutsche Bibliothek verzeichnet diese Publikation in der Deutschen Nationalbibliografie; detaillierte bibliografische Daten sind im Internet über <http://dnb.ddb.de> abrufbar.

Zugl.: Freiburg (Breisgau), Univ., Diss., 2004

D 25
ISSN 0531-7312
ISBN 3-631-53274-1

www.peterlang.de

Vorwort

Die vorliegende Arbeit wurde im Sommersemester 2004 von der Rechtswissenschaftlichen Fakultät der Albert-Ludwigs-Universität Freiburg im Breisgau als Dissertation angenommen. Literatur und Rechtsprechung konnten bis November 2003, danach nur in Einzelfällen berücksichtigt werden.

Mein besonderer Dank gilt zunächst meinem Doktorvater, Herrn Professor Dr. Peter Schlechtriem, der die Arbeit thematisch angeregt und ihren Fortgang begleitet hat. Ebenfalls danken möchte ich Frau Professor Dr. Ursula Köbl für die freundliche Übernahme des Zweitgutachtens.

Sehr dankbar bin auch meinem Freund und Kollegen Dr. Gunnar Janson für die vielen anregenden Gespräche, die wir während unserer gemeinsamen Zeit in „Doktorandenraum C" der juristischen Bibliothek der Universität Freiburg geführt haben. Sie waren beim Entstehen dieser Arbeit eine wertvolle Begleitung.

Ganz besonders möchte ich schließlich meinen Eltern danken, die mir nicht nur durch die konstruktive Durchsicht des Manuskripts sehr geholfen, sondern auch ansonsten meine Promotion vorbehaltlos unterstützt haben. Ihnen widme ich diese Arbeit.

Bonn, im August 2004

Gisela Süle

Inhaltsverzeichnis

Abkürzungsverzeichnis

ABGB	Allgemeines Bürgerliches Gesetzbuch vom 01.06.1811 (Österreich)
ABl.	Amtsblatt (der Europäischen Gemeinschaften)
AcP	Archiv für die civilistische Praxis
ADHGB	Allgemeines Deutsches Handelsgesetzbuch von 1861
AGB	Allgemeine Geschäftsbedingungen
AGBG	Gesetz zur Regelung des Rechts der Allgemeinen Geschäftsbedingungen vom 09.12.1976
AK	Astikos Kodikas (Griechenland)
ALR	(Preußisches) Allgemeines Landrecht
AnwBl	Anwaltsblatt
Art., Artt.	Artikel
BB	Der Betriebs-Berater
Beil.	Beilage
BGB	Bürgerliches Gesetzbuch in der Fassung der Bekanntmachung vom 02.01.2002, BGBl I 42
BGB a.F.	Bürgerliches Gesetzbuch vom 18.08.1896 in der bis zum 31.12.2001 gültigen Fassung
BGB AT	Bürgerliches Gesetzbuch Allgemeiner Teil
BGB-DiskE	BGB Diskussionsentwurf eines Schuldrechtsmodernisierungsgesetzes
BGB-KE	BGB Kommissionsentwurf
BGB-RegE	BGB Regierungsentwurf eines Gesetzes zur Modernisierung des Schuldrechts
BGBl.	Bundesgesetzblatt
BGHZ	Entscheidungen des Bundesgerichtshofes in Zivilsachen (amtliche Sammlung)
BMJ	Bundesministerium der Justiz
BR-Drucks.	Bundesrats-Drucksachen
BT-Drucks.	Bundestags-Ducksachen
BW	Burgerlijk wetboek (Belgien, Niederlande)
CdeC	Code civil (Frankreich, Luxemburg)
CceC	Codice civile (Italien)

CgoC	Código civil (Spanien, Portugal)
CgoCom	Código de comercio (Spanien)
CISG	Convention on Contracts for the International Sale of Goods vom 11.04.1980
DB	Der Betrieb
DiskE	Diskussionsentwurf eines Schuldrechtsmodernisierungsgesetzes
DiskE KF	Konsolidierte Fassung des Diskussionsentwurfs
DNotZ	Deutsche Notar-Zeitschrift
DZWIR	Deutsche Zeitschrift für Wirtschaftsrecht
EHGBW	Entwurf eines Handelsgesetzbuches für das Königreich Württemberg von 1839
EHGBPr	Entwurf eines Handelsgesetzbuches für die preußischen Staaten von 1857
EG	Vertrag über die Europäische Union in der Fassung des Vertrages von Amsterdam vom 02.10.1997
EKG	Einheitliches Gesetz über den internationalen Kauf beweglicher Sachen vom 17.07.1973
endg.	endgültig
ERPL	European Review of Private Law – Europäische Zeitschrift für Privatrecht
EuGH	Europäischer Gerichtshof
EuZW	Europäische Zeitschrift für Wirtschaftsrecht
FS	Festschrift
GS	Gedächtnisschrift
HGB	Handelsgesetzbuch vom 10.05.1897
JBl	Juristische Blätter
JBJZRWiss	Jahrbuch Junger Zivilrechtswissenschaftler
JuS	Juristische Schulung
JZ	Juristen-Zeitung
Kauf-RL	Richtlinie 1999/44/EG des Europäischen Parlaments und des Rates vom 25.Mai 1999 zu bestimmten Aspekten des Verbrauchsgüterkaufs und der Garantien für Verbrauchsgüter, ABl. L 171 vom 7.7.1999, 12.
Kbl.	Lov om Køb (Dänemark)
Kjl.	Kjøpsloven (Norwegen)
KOM	Kommissionsdokument
KonsKpl.	Konsumentenköplag (Schweden)
Kpl.	Köplag (Schweden)
Kppl.	Kauppalaki (Finnland)

NJ	Neue Justiz
NJW	Neue Juristische Wochenschrift
NZM	Neue Zeitschrift für Mietrecht
OR	Obligationenrecht (Schweiz)
ÖJZ	Österreichische Juristen-Zeitung
RabelsZ	Zeitschrift für ausländisches und internationales Privatrecht, begründet von Ernst Rabel
Recht	Zeitschrift „Das Recht" (Jahr und Nummer der Entscheidung)
RGZ	Entscheidungen des Reichsgerichts in Zivilsachen (amtliche Sammlung)
RIW	Recht der internationalen Wirtschaft
SchR AT	Schuldrecht Allgemeiner Teil
SchR BT	Schuldrecht Besonderer Teil
sec.	section
SEK	Dokumente des Sekretariats der Kommission
SGA-GB	Sale of Goods Act (Großbritannien)
SGA-IRL	Sale of Goods Act (Irland)
SJZ	Schweizerische Juristen-Zeitung
StGB	Strafgesetzbuch vom in der Fassung 13.11.1998, BGBl. I 3322
VuR	Verbraucher und Recht
WarnR	Warneyer, Die Rechtsprechung des Reichsgerichts (Jahr und Nummer)
WM	Zeitschrift für Wirtschafts- und Bankrecht, Wertpapier-Mitteilungen
ZEuP	Zeitschrift für Europäisches Privatrecht
ZHR	Zeitschrift für das gesamte Handels- und Wirtschaftsrecht; Jahrgänge bis 1933: Zentralblatt für Handelsrecht
ZIP	Zeitschrift für Wirtschaftsrecht; bis 1982: Zeitschrift für Wirtschaftsrecht und Insolvenzpraxis
ZMR	Zeitschrift für Miet- und Raumrecht
ZRP	Zeitschrift für Rechtspolitik
ZSR	Zeitschrift für Schweizerisches Recht

Einleitung

Das am 01.01.2002 in Kraft getretene Schuldrechtsmodernisierungsgesetz hat zu tiefgreifenden strukturellen und inhaltlichen Änderungen in Kernbereichen des Bürgerlichen Gesetzbuchs geführt. Die durch das Reformwerk eingeführten Neuerungen betreffen vor allem das Verjährungsrecht, das Leistungsstörungsrecht, das Gewährleistungsrecht bei Kauf- und Werkvertrag sowie die Integration von Nebengesetzen insbesondere aus dem Bereich des vertraglichen Verbraucherschutzes. Die weitestgehenden sachlichen Umgestaltungen hat dabei wohl das Kaufvertragsrecht erfahren.

Den konkreten Anlaß zu der jetzt Gesetz gewordenen weitreichenden Reformierung des Schuldrechts stellten Ende der 1990er Jahre der Erlaß und die daraus folgende Notwendigkeit der Umsetzung mehrerer privatrechtlicher EG-Richtlinien dar, insbesondere der Verbrauchsgüterkaufrichtlinie (Richtlinie 1999/44/EG) vom 25.05.1999, die eine Neuordnung der kaufrechtlichen Gewährleistung erforderlich machte. Die Geschichte der Schuldrechtsreform ist freilich wesentlich älter. Allerdings hatten die dem Schuldrechtsmodernisierungsgesetz vorangegangenen Bemühungen um eine Neugestaltung des Schuldrechts, namentlich der im Jahre 1992 vorliegende, vom Bundesjustizministerium in Auftrag gegebene „Kommissionsentwurf" in der Öffentlichkeit keine breite Diskussion ausgelöst. Dies lag wohl vor allem daran, daß alsbald der Eindruck entstanden war, mit einer Umsetzung der von der Schuldrechtskommission erarbeiteten Ergebnisse sei politisch kaum mehr zu rechnen.[1]

Vor diesem Hintergrund kam die Veröffentlichung des Diskussionsentwurfs eines Schuldrechtsmodernisierungsgesetzes durch das Bundesjustizministerium im August 2000 relativ überraschend und veranlaßte sogleich eine heftige Debatte unter den Zivilrechtslehrern. Vor allem das vom BMJ angestrebte Projekt der „großen Lösung" (also die Reformierung nicht nur der durch die Verbrauchsgüterkaufrichtlinie unmittelbar betroffenen Bereiche des Schuldrechts, sondern eine generelle Umgestaltung des allgemeinen Leistungsstörungsrechts, der Verjährung sowie der kauf- und werkvertraglichen Gewährleistung) führte

---

1 Dies berichtet *Zimmermann*, in: *Ernst/Zimmermann*, 1 (16); *Dauner-Lieb/Heidel/Lepa/Ring-Dauner-Lieb*, 1.

zu einer erheblichen, teilweise erbittert ausgetragenen wissenschaftlichen Kontroverse.[2]

Angesichts der gravierenden Eingriffe in das schon als „deutsches Kulturdenkmal"[3] betrachtete BGB, die das unter großem Zeitdruck durchgeführte Reformvorhaben (die Umsetzung der Verbrauchsgüterkaufrichtlinie hatte zwingend bis zum 01.01.2002 zu erfolgen) bedeutet, erstaunt es nicht, daß auch noch nach Abschluß des Gesetzgebungsverfahrens und Inkrafttreten des Schuldrechtsmodernisierungsgesetzes großer Diskussions-, Auslegungs- und Orientierungsbedarf besteht, der sich in einer nahezu erschlagenden Fülle von Publikationen zum neuen Schuldrecht äußert.[4]

Relativ wenig Beachtung im Schrifttum hat dabei die Neuregelung oder vielmehr Nichtregelung einer Detailfrage der kaufrechtlichen Gewährleistung erfahren: Das alte Kaufrecht hatte in § 464 BGB a.F. den Ausschluß jeglicher Gewährleistungsrechte des Käufers vorgesehen, wenn er eine als mangelhaft erkannte Kaufsache annahm, ohne sich seine aus dem Mangel folgenden Rechte vorzubehalten. Eine entsprechende Regelung findet sich im modernisierten Schuldrecht nicht mehr; die Vorschrift des § 464 BGB a.F. ist im Zuge der Schuldrechtsreform ersatzlos gestrichen worden.[5]

Daß das Einzelproblem des Wegfalls dieses kaufrechtlichen Haftungssausschlußtatbestands offenbar bei der Diskussion der „wichtigeren" Fragen und großen Zusammenhänge der grundlegenden Neuerungen mehr oder weniger untergegangen ist, erscheint durchaus nicht selbstverständlich, wenn man bedenkt, daß der Vorschrift die international verbreitete und in Deutschland auf eine lange Rechtstradition zurückgehende Regel zugrunde lag, daß die vorbehaltlose Annahme einer Kaufsache in Kenntnis der Mangelhaftigkeit als Billigung derselben zu werten ist und deshalb den Verlust der Gewährleistungsrechte zur Folge hat. Die Bestimmung des § 464 BGB a.F., deren Voraussetzungen zwar hoch waren, die aber auf der anderen Seite die weitreichende Rechtsfolge eines vollständigen Haftungsausschlusses nach sich zog, diente nicht nur der

---

2 S. die Darstellungen bei *Dauner-Lieb/Heidel/Lepa/Ring-Dauner-Lieb*, 2 ff.; *Ehmann/Sutschet*, 1 ff.

3 Vgl. *Schlechtriem*, in: *Ernst/Zimmermann*, 205 (206); *Brüggemeier*, WM 2002, 1376.

4 Eine Zusammenstellung der zur Schuldrechtsreform erschienenen Literatur findet sich auf der Lehrstuhlsite von Prof. Dr. Barbara Dauner-Lieb unter http://www.uni-koeln.de/jur-fak/lbrah/index_schuldrecht.htm.

5 Widerspruch und Kritik an dieser gesetzgeberischen Entscheidung etwa von *Ehmann/Sutschet*, 218, 280 sowie von *Schlechtriem*, in: Das neue Schuldrecht in der Praxis, 71 (86): „kurioser Fehler". Lothar *Haas*, selbst Redaktor des Regierungsentwurfs, verteidigt das eigene Vorgehen unter Berufung auf die in der Begründung zum Regierungsentwurf bereits vorgebrachten Argumente, in: *Haas/Medicus/Rolland/Schäfer/Wendtland*, Kap. 5 Rn. 285.

Abwehr des rechtsmißbräuchlich sich auf Gewährleistungsrechte berufenden Käufers. Sie beruhte vielmehr auf dem Prinzip der Mitverantwortung des Käufers für eine rechtzeitige Klärung und Abwicklung möglicher Mängelprobleme, das mit dem technischen Instrument der Mängelanzeigepflicht sowie der Sanktion von Rechtsverlusten bei Versäumung derselben realisiert wurde und stellte insofern vor allem ein wichtiges Regulativ für eine möglichst reibungslose Vertragsabwicklung und einen sinnvollen Interessenausgleich zwischen den Kaufvertragsparteien dar.

Nach Inkrafttreten der Verbrauchsgüterkaufrichtlinie hielt der deutsche Gesetzgeber die Voraussetzungen einer Beibehaltung der Norm für nicht mehr gegeben. Man ging davon aus, daß die kaufrechtliche Ausschlußvorschrift den Vorgaben der Richtlinie in Art. 2 III (Haftungsausschluß bei Mängelkenntnis des Verbrauchers im Zeitpunkt des Vertragsschlusses) zuwiderlaufe und deshalb, jedenfalls für den Bereich des Verbrauchsgüterkaufs, aufgegeben werden müsse. Aus Gründen der Einheitlichkeit des Kaufrechts strich man die Regelung, die man wegen ihrer vermeintlich geringen Praxisrelevanz ohnehin als verzichtbar einstufte, schließlich ganz. Wie aus der Begründung des von der Bundesregierung vorgelegten Entwurfes eines Gesetzes zur Modernisierung des Schuldrechts hervorgeht, wurde allerdings auch die innere Berechtigung des § 464 BGB a.F. an sich, der schon im Vorfeld der Schuldrechtsreform in der Literatur vereinzelt auf rechtspolitische Kritik gestoßen war (*Peters* etwa bezeichnete die Vorschrift als „skandalöse Bestimmung“[6]), in Frage gestellt.

Die geschilderte Konstellation ist dazu angetan, dem kaufrechtlichen Haftungsausschlußtatbestand sowie den Entwicklungen, die zu seinem Wegfall geführt haben, und den daraus resultierenden Problemen eine eingehende Untersuchung zu widmen. Die vorliegende Arbeit hat zum Ziel, dies zu leisten. Dazu gehört ein rechtssystematischer Überblick und die Beleuchtung der historischen wie internationalen Aspekte des Gegenstands. Das spezielle Erkenntnisinteresse richtet sich dabei auf die Frage, ob die von der Bundesregierung im Regierungsentwurf vorgebrachten Gründe die ersatzlose Streichung des § 464 BGB a.F. tatsächlich erforderlich gemacht haben und ob der Wegfall der Norm aus rechtspolitischen Gründen, insbesondere im Hinblick auf den Verbraucherschutz, wirklich geboten war.

Der erste Teil der Arbeit dient dazu darzustellen, wie sich die Mängelkenntnis des Käufers nach alter Rechtslage auf seine Gewährleistungsrechte auswirkte. Dabei ist nicht nur auf den § 464 BGB a.F. einzugehen, der eine Mängelan-

6 *Peters*, AcP 188 (1988), 419 (422).

zeige- bzw. Vorbehaltspflicht[7] des Käufers bei Mängelkenntnis im Zeitpunkt der Annahme der Ware statuierte, sondern auch auf die sachverwandte Haftungsausschlußvorschrift des § 460 BGB a.F., die die käuferseitige Mängelkenntnis bei Vertragsschluß regelte und an die der § 464 BGB inhaltlich anknüpfte. Im Gegensatz zu § 464 BGB a.F. ist diese Bestimmung, die in systematischem Zusammenhang zu § 464 BGB a.F. stand, mit nur geringen sprachlichen und inhaltlichen Änderungen in das neue Schuldrecht übernommen worden (§ 442 BGB). Zudem ist auch die korrespondierende handelsrechtliche Bestimmung des § 377 HGB, die im Falle eines beiderseitigen Handelskaufs dem Käufer über den Regelungsgehalt des § 464 BGB a.F. hinausgehende Rüge- und Untersuchungsobliegenheiten auferlegt, in die Betrachtungen mit einzubeziehen. In Hinblick auf die Problematik der in Zweifel gezogenen Legitimation des § 464 BGB a.F. soll dabei vor allem der umstrittene Grundgedanke – die *ratio legis* – sowie Sinn und Zweck der kaufrechtlichen Haftungsausschlußregelungen und der handelsrechtlichen Rügeobliegenheit erörtert und die hier bestehenden Zusammenhänge aufgezeigt werden. In diesem Kontext werden auch die Motive des historischen Gesetzgebers dargelegt, die den Normen bei der Ausarbeitung des BGB ursprünglich zugrunde gelegen haben. Um die Frage nach der inneren Berechtigung des § 464 BGB a.F. umfassend klären zu können muß aber auch ein weitergehender Blick auf die geschichtliche Entwicklung der mängelkenntnisbedingten kaufrechtlichen Haftungsausschlüsse und käuferseitigen Anzeigepflichten geworfen werden. Die historischen Wurzeln des dem § 464 BGB zugrundeliegenden Grundsatzes, daß die Annahme in Mängelkenntnis Billigung der Kaufsache ist, sind tief: sie reichen bis in das mittelalterliche deutsche Partikular- und Gewohnheitsrecht zurück. Die internationale Verbreitung dieser Regel soll zudem, um somit auch die horizontale Dimension darzulegen, anhand der dem § 464 BGB a.F. vergleichbaren Bestimmungen anderer europäischer Rechtsordnungen untersucht werden. Der Ähnlichkeit des geregelten Sachverhalts wegen ist darüber hinaus auch auf die dem § 464 BGB a.F. parallelen Ausschlußvorschriften in Miet- und Werkvertragsrecht einzugehen.

Sodann gilt es darzulegen, wie sich die mängelkenntnisbedingten Haftungsausschlußvorschriften im Rahmen der Schuldrechtsmodernisierung im Vorfeld der Verbrauchsgüterkaufrichtlinie und nach deren Erlaß entwickelt haben. Hierbei sollen zunächst die diesbezüglichen Vorschläge der Schuldrechtskommission vorgestellt und im weiteren dem vom BMJ vorgelegten Diskussionsentwurf so-

7 Genaugenommen ist die Verwendung des Begriffes der Vorbehalts*pflicht* in diesem Zusammenhang nicht korrekt, da der Käufer gemäß § 464 BGB a.F. zum Mängelvorbehalt nicht im Rechtssinne verpflichtet war. Vielmehr handelte es sich um eine bloße Anzeige*obliegenheit*. In Übereinstimmung mit dem allgemeinen Sprachgebrauch werden beide Ausdrücke in dieser Arbeit allerdings synonym verwendet.

wie dem nachfolgenden Entwurf eines Gesetzes zur Modernisierung des Schuldrechts der Bundesregierung (Regierungsentwurf) gegenübergestellt werden, um die Beweggründe des Gesetzgebers, die zum Wegfall des § 464 BGB a.F. und zur Normierung des neuen § 442 BGB führten, klarer nachvollziehbar zu machen. Im Hinblick auf die Frage der Richtlinienvereinbarkeit des § 464 BGB a.F. und § 460 BGB a.F. bzw. § 442 BGB sind außerdem Inhalt und Regelungszweck der einschlägigen Haftungsausschlußvorschriften der Verbrauchsgüterkaufrichtlinie, Art. 2 III Kauf-RL (Gewährleistungsausschluß bei käuferseitiger Kenntnis von Mängeln im Zeitpunkt des Vertragsschlusses) und Art. 5 II Kauf-RL (Rügeobliegenheit des Käufers bei positiver Mängelkenntnis), auch anhand der Entwicklung dieser Bestimmungen im Richtliniensetzungsverfahren, zu analysieren.

Vor diesem Hintergrund beschäftigen sich der zweite und dritte Teil der Arbeit vertieft mit den von der Bundesregierung für die ersatzlose Streichung des § 464 BGB a.F. vorgebrachten Gründen. Zunächst wird die vermeintliche Richtlinienwidrigkeit der Vorschrift sowohl in Bezug auf Art. 2 III Kauf-RL als auch hinsichtlich des Art. 5 II Kauf-RL überprüft. Vergleichsweise soll hier auch die Richtlinienvereinbarkeit der sachverwandten Regelung des § 460 BGB a.F. behandelt werden, die von der Bundesregierung nicht in Frage gestellt worden ist. Sodann ist die Problematik der angezweifelten Legitimation des § 464 BGB a.F. – vor allem auch unter Berücksichtigung der deutlichen Verlängerung der kaufrechtlichen Gewährleistungsfrist und die dadurch eingetretene Verlagerung des Interessengleichgewichts zum Nachteil des Verkäufers – näher zu beleuchten. Des weiteren soll die entgegen der Annahme der Bundesregierung erhebliche Praxisrelevanz des § 464 BGB a.F. aufgezeigt und dargelegt werden, daß der Wegfall der Vorschrift zu unbefriedigenden Ergebnissen und Rechtsunsicherheit führen muß. Auch soll auf die systematischen Unstimmigkeiten hingewiesen werden, die sich durch die Streichung des kaufrechtlichen Ausschlußtatbestandes bei gleichzeitiger Aufrechterhaltung der miet- und werkvertraglichen Parallelvorschriften ergeben. Im vierten Teil der Arbeit schließlich ist zu fragen, welche Möglichkeiten dem Verkäufer angesichts der neuen Rechtslage verbleiben, um sich gegen einen Käufer, der in vollem Bewußtsein ihrer Mangelhaftigkeit eine Kaufsache widerspruchslos entgegengenommen hat, zur Wehr zu setzten.

Teil A: Von *caveat emptor* zum Wegfall des § 464 BGB a.F. im Rahmen der Schuldrechtsmodernisierung

I. Entwicklung vom Altertum bis zum Ende des 19. Jahrhunderts

1. Keine Gewährleistung bei Mängelkenntnis des Käufers

Der Grundsatz, daß einem Käufer, der Kenntnis von der Mangelhaftigkeit des Kaufgegenstandes hatte oder der fahrlässig in Unkenntnis davon geblieben ist, später keine Mängelansprüche zustehen sollen, ist von jeher Bestandteil des Gewährleistungsrechts. Genau betrachtet steht er in der historischen Entwicklung der Kaufgewährleistung sogar an erster Stelle. Denn Ausgangspunkt ist überall in alten Kaufrechten das Prinzip des *caveat emptor* (der Käufer möge sich vorsehen): die Sache ist gekauft, wie sie ist (*tale quale*), und muß vom Käufer bezahlt werden. Hat der Käufer eine Sache gekauft, besehen und angenommen, haftet der Verkäufer für Sachmängel grundsätzlich nicht.[8] Das Risiko latenter Mängel obliegt somit dem Käufer. Wenn er beim Kauf auf die Beschaffenheit der Sache nicht sorgfältig achtet und die Sache nicht untersucht, so muß er die Nachteile daraus selber tragen. *Caveat emptor*: die Nichthaftung des Verkäufers und die volle Eigenverantwortlichkeit des Käufers sind Kennzeichen früher, noch unentwickelter Rechtskulturen.[9] Sie stehen noch vor der Herausbildung der altrömischen Sachmängelhaftung.[10] Und auch das germanische Recht sowie das

---

8 *Recknagel*, 40 ff.; *Rabel*, Warenkauf, Bd. 2, 102.

9 Für das englische *Common Law* ist das Axiom erst seit dem 17. Jahrhundert bezeugt. Im frühen 19. Jahrhundert schließlich setzt es sich auch in der amerikanischen Gewährleistungsjudikatur durch. Hier sind es der individualistische Geist der Neuzeit, das hochliberale Prinzip des „*laissez-faire*“ und das kompetitive Vertragsdenken der frühkapitalistischen Wirtschaftsordnung, die die lange Erhaltung von *caveat emptor* begründen. Danach ist es nicht die Aufgabe der staatlichen Organe, für einen Interessenausgleich zwischen den Handelsparteien zu sorgen, vielmehr werden die Kaufvertragspartner als eigenverantwortlich handelnde Marktteilnehmer angesehen, die ihre Interessen aus eigener Kraft heraus regulieren können. Der Wettbewerb der Verkäufer untereinander soll dabei gewährleisten, daß ein aufmerksamer Käufer mangelfreie Ware erhalten kann. Gelingt ihm dies nicht, so erweist er sich selber als nicht wettbewerbstauglich und insofern des Schutzes der Rechtsordnung unwürdig. Dazu *Köndgen*, 316 ff.; *Fischer*, 6 ff.; *Rabel*, Warenkauf, Bd. 2, 102.

10 *Honsell*, Römisches Recht, 122; ders., in: GS Kunkel, 55 f.; *Rabel*, Grundzüge, 109; *Kaser*, Römisches Privatrecht, 197.

deutsche Kaufrecht des Mittelalters kannten ursprünglich keine Gewährleistungspflicht.[11]

Caveat emptor legt eine sehr einfache Art des Handelns und des Kaufabschlusses zugrunde: es impliziert, daß Verkäufer und Käufer in direkten Kontakt miteinander treten und die Ware dabei präsent ist, so daß der Käufer die Chance hat, die Kaufsache gründlich in Augenschein zu nehmen. Mit zunehmender Verfeinerung der Rechtskultur und der Entwicklung und Expansion des Handels kann dieser Grundsatz in seiner ursprünglichen, radikalen Form freilich keine Anwendung mehr finden.[12] In modifizierter, abgeschwächter Form jedoch ist er bis in die heutigen Kaufgewährleistungsrechte hinein erhalten geblieben, indem, wie zum Beispiel im deutschen Kaufrecht, die Kenntnis oder grob fährlässige Unkenntnis des Käufers von Mängeln bei Vertragsschluß zu einem Haftungsausschluß führt[13], oder aber, wie in der französischen Regelung der Gewährleistungshaftung, der Verkäufer von vornherein nur für solche Mängel haftet, die „verborgen" sind, von denen der Käufer also weder Kenntnis hatte, noch haben konnte.

Ein ebensolches Überbleibsel des Grundsatzes *caveat emptor* findet sich auch in der Normierung von Mängelanzeigepflichten beziehungsweise Untersuchungs- und Rügeobliegenheiten des Käufers bei oder nach Abnahme der Kaufsache[14], da auch sie eine Ausnahme zur Gewährleistung darstellen. Letztlich stellt die Rügepflicht des Käufers nichts anderes dar, als die Übertragung der sich aus dem Prinzip des *caveat emptor* ergebenden Untersuchungspflicht des Käufers bei Hand- und Platzkäufen auf den Lieferungs- und Distanzkauf: Bei letzterem kann eine Untersuchung des Kaufgegenstandes regelmäßig erst bei Empfang des Kaufgegenstandes, sprich nach Abschluß des Kaufvertrages erfolgen, so daß für die Kenntnis oder die fahrlässige Nichtkenntnis des Käufers vom Mangel der Kaufsache auf diesen Zeitpunkt abzustellen ist.[15]

Im folgenden soll im Einzelnen dargestellt werden, wie sich der Grundsatz, daß der Käufer bei Kenntnis und fahrlässiger Unkenntnis von der Mangelhaftigkeit der Kaufsache keine Gewährleistungsansprüche geltend machen kann und die damit zusammenhängenden Untersuchungs- und Rügepflichten des Käufers

11 Zum germanischen Recht: *Klischies*, 9; zum mittelalterlichen deutschen Kaufrecht: *Klischies*, 12 ff.

12 Vgl. *Köndgen*, 318.

13 Vgl. § 460 BGB a.F., § 442 BGB: In den gesetzgeberischen Motiven zu § 460 S. 2 BGB a.F. wurde insofern ausgeführt, im Verkehr gelte die Regel, „daß jeder aufpassen soll"; der Käufer habe die „Pflicht, die Augen offen zu halten", *Mugdan*, Motive, 125; vgl. dazu auch: *Soergel-Huber*, § 460 Rn. 4.

14 So etwa § 464 BGB a.F. sowie § 377 HGB.

15 *Recknagel*, 44 f.

rechtshistorisch vom römischen Recht bis hin zum deutschen Privatrecht des 19. Jahrhunderts entwickelt haben.

2. Römisches Recht

Das altrömische Recht kannte, wie bereits erwähnt, zunächst keine Haftung für Sachmängel.[16] Gegen bestimmte häufig vorkommende Fehler sicherte man sich allerdings schon früh durch besondere Stipulationen ab, mit denen der Verkäufer eine ausdrückliche Garantie dafür übernahm, daß die Kaufsache frei von Mängeln sei oder bestimmte Eigenschaften habe.[17] Stellte sich die so gegebene Zusage als falsch heraus, haftete der Verkäufer auf das Interesse des Käufers an der Richtigkeit des Versprechens. Daneben bildete sich bald auch eine Haftung für arglistiges Verschweigen des Verkäufers von Mängeln heraus: Mit der *actio empti* haftete der Verkäufer seit der ausgehenden Republik wegen solcher Verstöße gegen die unter Kaufpartnern zu wahrende Treue (*bona fides*) auf Schadensersatz.[18]

Zur Ausbildung einer verschärften Sachmängelhaftung kam es zunächst nur in einem eng begrenzten Sonderbereich: Die kurulischen Ädilen, denen die Marktgerichtsbarkeit oblag, erließen für Marktkäufe von Sklaven und Zugtieren Edikte, nach denen der Verkäufer dem Käufer bestimmte Mängel (Krankheiten und körperliche Gebrechen), die den normalen Gebrauch der Ware hinderten, anzuzeigen hatte.[19] Gerade beim Sklaven- und Viehkauf waren Fehler besonders häufig, doch ausgerechnet hier sah man dem Kaufobjekt die Fehlerhaftigkeit meist nicht an. Das Ädilenedikt zielte folglich auf solche für den Käufer nicht sichtbaren, also verborgene Mängel ab. Offenkundige Fehler mußten dagegen nicht angegeben werden, für diesen Fall galt *caveat emptor*.[20]

Ob ein Fehler verborgen war oder offenkundig, wurde nach einem objektiven Maßstab beurteilt, entscheidend war demnach die Erkennbarkeit des Fehlers.

---

16 *Honsell*, in: GS Kunkel, 55 f. ders., Römisches Recht, 122; *Rabel*, Grundzüge, 109; *Staudinger-Honsell*, Vorbem zu §§ 459 ff. Rn. 5.

17 Zum Beispiel: *sanum esse, furem non esse, vispellionem non esse et cetera* – der Sklave ist gesund, kein Dieb und kein Leichenträger usw. (vgl. *Honsell*, Römisches Recht, 122).

18 *Hausmaninger/Selb*, 317 f.; *Kaser*, Römisches Privatrecht, 198; ders., Das Römische Privatrecht, Bd. 1, 557 f.

19 Ob der Verkäufer selber den Mangel kannte oder nicht, spielte dabei keine Rolle; es handelte sich der Sache nach also um eine verschuldensunabhängige Garantiehaftung (*Honsell*, Römisches Recht, 123).

20 *Kaser*, Das Römische Privatrecht, Bd. 1, 558 ff.; *Hausmaninger/Selb*, 318; *Honsell*, Römisches Recht, 123.

Das geltende deutsche Recht kennt keine solche Beschränkung der Haftung auf verborgene Mängel, faktisch geht der neue § 442 BGB (wie § 460 BGB a.F.) jedoch in dieselbe Richtung, auch wenn er das Problem in den subjektiven Bereich verlagert[21] und insofern keine ursprüngliche Beschränkung der Haftung, sondern einen gesetzlichen Haftungsausschluß bei Kenntnis oder grob fahrlässiger Unkenntnis des Käufers vom Mangel normiert. Denn grob fahrlässig handelt der Käufer nach dieser Vorschrift dann, wenn er bei Besichtigung der Kaufsache wegen Oberflächlichkeit einen auffälligen, sprich auch ohne eine detaillierte, Fachkenntnisse voraussetzende Überprüfung erkennbaren Mangel übersieht.[22] Im übrigen war auch nach römischem Recht (wie nach § 442 S. 1 BGB und § 460 BGB S. 1 a.F.) eine Haftung des Verkäufers bei positiver Kenntnis des Käufers vom Mangel ausgeschlossen[23], denn ein Mangel, den der Käufer kennt, kann nicht als „verborgen" behandelt werden.[24]

War nun die Kaufsache mit verborgenen Mängeln behaftet, die der Verkäufer nicht angezeigt hatte, so konnte der Käufer mit der *actio redhibitoria* binnen sechs Monaten die Rückzahlung des Kaufpreises gegen Rückgabe der Ware, d.h. Wandelung oder, wenn er das Kaufobjekt behalten wollte, mit der *actio quanti minoris* binnen eines Jahres eine verhältnismäßige Minderung des Kaufpreises geltend machen.[25] Diese Fristen begannen allerdings nicht, wie die Verjährungsfristen des § 477 I 1 BGB a.F. und des neuen § 438 II BGB, bereits mit der Übergabe bzw. Ablieferung der Kaufsache und auch nicht erst ab Entdeckung des Mangels durch den Käufer. Maßgeblich war vielmehr der Zeitpunkt, zu dem der Käufer erstmals die Möglichkeit der Entdeckung gehabt hätte.[26] Es handelte sich bei diesen Fristen somit um relative zeitliche Sperren; eine Rüge- und Untersuchungspflicht im heutigen Sinne kannte das römische Recht jedoch nicht.[27]

In der nachklassischen Entwicklung kam es im weströmischen Reich im Zuge der Vulgarisierung wieder zu einer Einschränkung der Sachmängelgewährleistung. Eine allgemeine Verkäuferhaftung wurde als entbehrlich angesehen, weil beim Handkauf dem Käufer grundsätzlich die sofortige Prüfung und Beanstandung der Kaufsache möglich war. Es galt somit wieder das Prinzip des *caveat emptor*. Lediglich beim Sklavenkauf wurde dem Käufer weiterhin eine Wand-

21 *Honsell*, in: GS Kunkel, 63.

22 Zu § 442 BGB: Anwaltkommentar-*Bündenbender*, § 442 Rn. 7; zu § 460 BGB a.F.: *Staudinger-Honsell*, § 460 Rn. 9.

23 *Kaser*, Das Römische Privatrecht, Bd. 1, 560 Fn. 53.

24 Vgl. zum französischen Recht: *Ferid/Sonnenberger*, Rn. 2 G 595; *Schwartze*, 123.

25 *Kaser*, Römisches Privatrecht, 198 f.; *Hausmaninger/Selb*, 318; *Honsell*, Römisches Recht, 123.

26 *Honsell*, in GS Kunkel, 59; *Klischies*, 35.

27 *Recknagel*, 43.

lungsmöglichkeit zugestanden, wenn sich gewisse verborgene Fehler im Nachhinein zeigten.

Im oströmischen Reich dagegen wurde die ädilizische Haftung unter *Justinian* auf alle Sachkäufe erstreckt.[28]

3. Germanisches Recht und deutsches Recht des Mittelalters

Auch im alten deutschen Recht gab es anfangs keine Sachmängelgewährleistung. In den Gesetzen einzelner germanischer Volksstämme wurde teilweise lediglich eine Haftung für Arglist des Verkäufers anerkannt.[29]

Das mittelalterliche deutsche Kaufrecht ging wie das alte römische Recht vom Grundsatz des *caveat emptor* aus.[30] Dies zeigt sich vor allem in den Stadtrechten der Hansestädte Hamburg und Lübeck, welche bestimmten, daß ein Käufer, der eine Sache besehen und angenommen hatte, diese behalten und bezahlen mußte.[31] Es war somit Sache des Käufers, auf den Zustand und die Qualität des Kaufgegenstandes zu achten und sich über dessen Brauchbarkeit schon beim Erweb zu vergewissern. Tat er dies nicht und zeigten sich später Mängel an der Kaufsache, so mußte er die Nachteile daraus selber tragen.[32] Dies galt zunächst unabhängig davon, ob die Mängel offenkundig und bei der Besichtigung der Sache wahrzunehmen gewesen waren oder nicht. Eine Gewährleistungshaftung für „verborgene" Fehler, wie im römischen Recht, gab es nicht. Etwas anderes galt nur, wenn der Verkäufer dem Käufer einen Hauptmangel arglistig verheimlicht hatte. Dann konnte der Käufer den Kauf „wandeln", also gegen Rückgabe der Ware den Preis zurückverlangen.[33]

---

28 *Kaser*, Das Römische Privatrecht, Bd. 2, 392 ff.; *Honsell*, Römisches Recht, 125.

29 *Klischies*, 9 ff; *Cropp*, in: *Heise/Cropp*, (163) 164 f.

30 *Hübner*, 579; *Recknagel*, 42; *Raisch*, 277.

31 *Gierke*, Bd. 3, 467; *Klischies*, 18. Das Hamburger Stadtrecht von 1270 und das Lübecker Stadtrecht, Kodex III, schreiben übereinstimmend vor: „*So welker hande gud een man koft vnde besuet vnde an sine were bringet, dat schal he gelden*", zitiert nach *Klischies*, 18.

32 *Klischies*, 18. Dieser Grundsatz hat sich in zahlreichen Rechtsprichwörtern niedergeschlagen: „Augen auf, Kauf ist Kauf"; „Jedermann sehe, wofür er sein Geld gibt"; „Wer die Augen nicht auftut, tue den Beutel auf"; „Wer närrisch kauft, muß weislich bezahlen", zitiert nach *Klischies*, 19 f.

33 *Mitteis/Lieberich*, 153; *Cropp*, in: *Heise/Cropp*, 163 (177 ff.; 186). Dazu eine Bestimmung des lübischen Rechts von 1240 über den Kauf von Tuch: „*Verkofft ein Minsche dem andern Wand, unde dat in sine Were entfanget, unde is dat Wand benne thoreten binnen, wil he dijennen darumme schuldigen, dar he dat affgekofft heft, unde doer de ander dat in den Hilligen sweren, dat he dat nicht en wuste, so dorff he em tho den Schaden nicht antwerden*", zitiert nach *Cropp*, in: *Heise/Cropp*, 163 (171 f.).

Nach allgemeiner Auffassung ist insbesondere die Pflicht zur Anzeige bzw. Rüge von Mängeln bei Entgegennahme der Ware deutschrechtlichen Ursprungs[34]: Mangelhafte Ware konnte der Käufer zwar stets zurückweisen, hatte er sie jedoch nach Vertragsschluß vorbehaltlos übernommen, so galt dies als Billigung.[35]

Der Rechtssatz, daß nach Empfang der Ware der Kauf nicht mehr rückgängig gemacht werden konnte, war dabei ursprünglich nur auf die Gültigkeit des Vertragsschlusses bezogen, sprich auf die Frage, ob der Vertrag nunmehr bindend und für den Käufer verpflichtend sei.[36] Galt aber der vorbehaltlose Empfang der Ware nach deren Besichtigung als Erklärung, nun unwandelbar an den Vertrag gebunden zu sein, so war danach auch eine Berufung auf etwaige Mängel nicht mehr möglich.[37] Grundsätzlich war der Käufer somit stets zu einer Untersuchung der Ware vor Abschluß des Kaufvertrages gezwungen. Dies war allerdings nur bei einem Hand- bzw. Platzkauf möglich. Bei Lieferungs- und Distanzkäufen konnte die Untersuchung des Kaufgegenstandes in der Regel erst nach Abschluß des Kaufvertrages und Empfang der Ware vom Käufer vorgenommen werden. Die Untersuchungs- und Rügepflicht bei Ablieferung stellen somit eine Übertragung der bei Handkauf üblichen Untersuchung und sofortigen Zurückweisung der Ware auf den Distanzkauf dar. In solchen Fällen hatte der Käufer also das Recht und die Pflicht, die Ware nach der Ankunft zu untersuchen und sie bei Mangelhaftigkeit sofort zurückzusenden oder den Mangel anzuzeigen.[38] Eine ausdrückliche gesetzliche Regelung des Distanzkaufs findet sich in den deutschen Partikularrechten jedoch nicht.[39] Kaufverträge dieser Art kamen allerdings in erster Linie bei Geschäften unter Kaufleuten vor. Es ist deshalb anzunehmen,

34 *Mitteis/Lieberich*, 153; *Hübner*, 579; *Gerny*, 1; *Lehmann*, 252; *Recknagel*, 43 ff.; *Scheer*, 56.

35 *Mitteis/Lieberich*, 153; *Hübner*, 579; *Gierke*, Bd. 3, 467; *Planitz*, 156; *Lehmann*, 252; *Recknagel*, 43 ff.; *Raisch*, 277; *Dernburg*, Das bürgerliche Recht, 58; *Staudinger-Honsell*, Vorbem zu §§ 459 ff. Rn. 5.

36 *Cropp*, in: *Heise/Cropp*, 163 (174 ff.).

37 *Cropp*, in: *Heise/Cropp*, 163 (179).

38 *Scheer*, 58 f.; *Planitz*, 156; *Recknagel*, 43 ff.

39 Einschlägige Vorschriften beziehen sich nur auf den Platzkauf, vgl. etwa eine Regelung aus den Hamburger Statuten von 1603: „Wenn ein Mann Korn, Holz, Ochsen, Schweine, Schafe, Pferde und dergleichen fahrende Haab, auf dem freien Markte, oder auch in den Schiffen, besehen und gekaufft, auch darauf an seine Behausung und Gewehr gebracht hat; das muß er, ohne alle Exception, gelten und bezahlen: es wären denn ihre Vorworte anders“, zitiert nach *Cropp*, in: *Heise/Cropp*, 163 (173).

daß sich Untersuchungs- und Rügepflichten bei Ablieferung der Ware als Handelsbrauch entwickelt und verfestigt haben.[40]

Insgesamt stellt sich das mittelalterliche deutsche Kaufrecht mit seiner milden Verkäuferhaftung und den Untersuchung- und Rügepflichten des Käufers, im Gegensatz zum römischen Recht, als ein sehr verkäuferfreundliches Recht dar.[41] Prägend waren dabei vor allem die Kodifikationen der Stadtrechte, insbesondere der Hansestädte, die wiederum in erster Linie einem umfangreichen kaufmännischen Handelsverkehr Rechnung zu tagen hatten.[42] So wurde auch das durch die Tätigkeit der Marktgerichte entstandene kaufmännische Gewohnheitsrecht teilweise in den Stadtrechtsaufzeichnungen fixiert.[43] Das deutsche Kaufrecht war dementsprechend vor allem für den kaufmännischen Handel günstig und wurde von deutschen Kaufleuten auch nach der Rezeption des römische Rechts in Kollisionsfällen bevorzugt angewendet.[44] Beispielsweise setzte sich bei der Revision des Hamburger Stadtrechts von 1603 der Einfluß der Kaufleute durch, die den deutsch-rechtlichen Standpunkt vertraten, daß nach Besichtigung und Annahme der Kaufsache grundsätzlich keine Gewährleistungsrechte mehr bestehen. Deshalb blieb die römisch-rechtliche Unterscheidung zwischen verborgenen und offensichtlichen Mängeln auch in der Neufassung des Hamburger Stadtrechts weiterhin unbeachtet.[45]

40 *Cropp*, in: *Heise/Cropp*, 163 f.; *Recknagel*, 44 f; *Lehmann*, 252. Auch in den Motiven zu Art. 264 des Entwurfes eines Handelsgesetzbuches für die preußischen Staaten von 1857 wird vom Bestehen eines Handelsbrauchs ausgegangen, der einem Kaufmann bei von auswärts übersandten Waren eine Untersuchungs- und Rügepflicht auferlegt, EHGBPr, Motive, 141. *Scheer* ist der Ansicht, daß derartige Rügepflichten schon für das 13. Jahrhundert belegt werden können (*Scheer*, 60).

41 *Recknagel*, 44; *Staudinger-Honsell*, Vorbem zu §§ 459 ff. Rn. 5; *Hübner*, 580; *Klempt*, 50 ff.

42 *Fischer*, 10; *Klischies*, 18.

43 *Recknagel*, 8.

44 So setzten hanseatische Kaufleute im Jahre 1607 für den Handel mit Spanien durch, daß Gewährleistungsansprüche nur geltend gemacht werden konnten, wenn die Mängel spätestens drei Tage nach der Übergabe gerügt worden waren (s. *Recknagel*, 44; *Raisch*, 278).

45 *Klischies*, 50.

4. Rezeption des römischen Rechts und Kodifikationen des 19. Jahrhunderts

a. Gemeines Recht und Handelsbrauch

Seit Erlaß der Reichkammergerichtsordnung 1495 kam es zu einer umfassenden Rezeption des römischen Rechts als „gemeinem Recht“ und als Grundlage der partikulären Gesetzgebung, sprich der Stadt- und Landrechtsreformationen.[46] Mit der Aufnahme der römischen Regelungen wurde die Verkäuferhaftung für Sachmängel wesentlich verschärft.[47] Das alte deutsche Kaufrecht kannte, wie gezeigt, keine Unterscheidung zwischen offenbaren und verborgenen Mängeln. Nun wurde unter römisch-rechtlichem Einfluß der deutschrechtliche Grundsatz, daß nach Besichtigung und Annahme der Ware dem Käufer keine Gewährleistungsrechte zustehen, auf offenbare Mängel beschränkt.[48] Für alle verborgenen, also bei Kaufabschluß nicht erkennbaren Mängeln dagegen mußte der Verkäufer aufkommen.[49] Diese Haftung wurde auch durch eine vorbehaltlose Annahme grundsätzlich nicht ausgeschlossen. Neben dem Wandelungsrecht (der römischen *actio redhibitoria*) wurde dem Käufer auch die Minderungsklage (*actio quanti minoris*) wahlweise zur Verfügung gestellt. Zusätzlich konnte der Käufer im Falle besonderer Zusagen oder schuldhaften Verhaltens des Verkäufers die Kontraktsklage auf Schadenersatz (*actio empti*) erheben.[50]

Teilweise wurden jedoch auch Grundsätze des alten deutschen Rechts beibehalten: einzelne Partikularrechte bewahrten der vorbehaltlosen Übernahme der Kaufsache die Wirkung der Billigung mit der Folge, daß alle Rechte des Käufers verfielen. Wie bereits erwähnt, blieb dieser Satz in voller Strenge, also auch bei verborgenen Mängeln, beispielsweise im Hamburger Recht erhalten.[51]

Untersuchungs- und Rügepflichten blieben im übrigen als Handelsbrauch bestehen und durchdrangen das Handelsgewohnheitsrecht im 19. Jahrhundert mehr und mehr.[52] Wie *Cropp* berichtet, galt im kaufmännischen Handel das weitverbreitete Prinzip, daß bei einem Platzkauf der Verkäufer nicht mehr für Mängel

46 *Gmür/Roth*, 81 f.

47 *Hübner*, 580; *Planitz*, 157; *Gierke*, 468; *Dernburg*, Das bürgerliche Recht, 59.

48 *Klischies*, 64.

49 So bestimmte beispielsweise das revidierte Lübecker Stadtrecht: „...können aber die Gebrechen mit menschlichen Sinnen nicht begriffen, und gleichwohl hernachmals die Wahren untüchtig befunden werden, soll man die Bezahlung dafür zu thun nicht schuldig sein, unangesehen daß der Käuffer das Gut in sein Gewehr gebracht.“ Zitiert nach *Cropp*, in: *Heise/Cropp*, 163 (173); weitere Beispiele bei *Klischies*, 57 Fn. 525.

50 *Hübner*, 580; *Planitz*, 157.

51 *Hübner*, 580; *Thöl*, 337 Fn. 25; *Klischies*, 50.

52 *Gierke*, 468; *Dernburg*, Das bürgerliche Recht, 87; *Treitschke*, § 99 Fn. † (S. 359); EHGBPr, Motive, 141.

der Kaufsache einzustehen habe, sobald diese die Waage des Verkäufers passiert habe. Bei Distanzkäufen habe der Käufer die Ware gleich nach Empfang zurückzusenden, oder zur Disposition des Verkäufers zu stellen, wenn er sie fehlerhaft fände und deshalb Ansprüche geltend machen wolle.[53]

Nach einer Entscheidung des Oberappellationsgerichts zu Lübeck vom 14.Mai 1850 durfte der Empfänger bestellter Waren deren Untersuchung nicht willkürlich verzögern, sondern mußte, wenn er die Ware nicht annehmen wollte, den Absender hiervon sowie von den Gründen seiner Weigerung baldmöglichst in Kenntnis setzen. Dieses Prinzip, urteilte das Oberappellationsgericht, beruhe nicht auf besonderen positiven Vorschriften, wenn man von einzelnen Partikularrechten absehe. Vielmehr ergebe es sich aus Treu und Glauben und der im Handelsverkehr sich von den Parteien gegenseitig zu „prästirenden Diligenz".[54] Das Obertribunal zu Stuttgart hatte sich in einer Entscheidung vom 18. April 1848 auf ein Gutachten des Handelsvorstands zu Stuttgart berufen, aus dem hervorging, daß es ein bestehender Handelsbrauch sei, dem Empfänger von Waren eine 14-tägige Frist zur Untersuchung derselben und zur Anzeige der in die Sinne fallenden Mängel zu gewähren.[55] Aus einer Entscheidung des Königlichen Obertribunals Berlin vom 22. November 1852 wiederum ging hervor, daß von einer Billigung gelieferter Ware als vertragsgemäß dann ausgegangen werden konnte, wenn der Käufer bei der Annahme der Ware keine Rüge aussprach.[56]

b. Rechtslehre

In der Rechtslehre des 19. Jahrhunderts war die Frage, wie sich die Kenntnis oder fahrlässige Unkenntnis des Käufers von der Mangelhaftigkeit der Kaufsa-

---

53 *Cropp*, in: *Heise/Cropp*, 163 f.; so auch *Treitschke*, § 99 Fn. † (S. 359): „Bereits vor dem Erscheinen des allgemeinen deutschen HGB hatte sich der im Handelsverkehre ziemlich allgemein anerkannte Rechtsgrundsatz ausgebildet, daß beim Kaufe über vertretbare Sachen der Empfänger die von auswärts auf Bestellung ihm zugesendete Waare sofort nach ihrer Ankunft oder doch wenigstens sobald, als dies nach dem ordnungsmäßigen Geschäftsgange thunlich, zu untersuchen und im Falle der Unzufriedenheit damit von seinen Bemängelungen dem Absender ungesäumt Anzeige darüber zu erstatten habe, sowie daß der Empfänger im Unterlassungsfalle die Waare stillschweigend als eine vertragsmäßige billige und auf eine Entschädigung für alle bei einer ordnungsmäßigen Untersuchung erkennbaren Mängel derselben verzichte."

54 Urteil des Oberappellationsgerichts zu Lübeck vom 14. Mai 1850, *Seuffert*'s Archiv für die Entscheidungen der obersten Gerichte in den deutschen Staaten, Bd. 4. Nr. 23.

55 Urteil des Obertribunals zu Stuttgart vom 18. April 1848, *Seuffert*'s Archiv für die Entscheidungen der obersten Gerichte in den deutschen Staaten, Bd. 4, Nr. 78.

56 Urteil des Königlichen Obertribunals vom 22. November 1852, Archiv für Rechtsfälle des Königlichen Obertribunals, Bd. 8, 55 ff.

che und das Unterlassen einer Untersuchung bzw. Mängelanzeige bei Empfang fehlerhafter Ware auf die Gewährleistungsrechte des Käufers auswirken solle, umstritten.

aa. Einzelne Auffassungen

Laut *Thöl* haftete der Verkäufer nach gemeinem Recht grundsätzlich nicht für Fehler, welche der Käufer bei Vertragschluß kannte. In diesem Fall nämlich, so argumentierte *Thöl*, billige der Käufer die fehlerhafte Kaufsache und verzichte stillschweigend auf seine Rechte. Nach Auffassung *Thöls* haftete der Verkäufer ferner dann nicht, wenn der Käufer die Mangelhaftigkeit hätte kennen müssen, wenn der Fehler also bei Kaufabschluß oder vorausgehender Besichtigung so offensichtlich war, daß der Käufer ihn ohne grobe Fahrlässigkeit nicht übersehen konnte.[57]

Der kaufmännische Brauch dagegen, zugesandte Ware sofort nach Empfang zu untersuchen und sich über die Annahme zu erklären, hatte nach Ansicht *Thöls* im gemeinen Recht (anders als in einigen Partikularrechten[58]) keinerlei Grundlage. Ohne eine spezielle gesetzliche Grundlage bestand seiner Auffassung nach aber keine Veranlassung dazu, den Käufer, der auf die Redlichkeit des Verkäufers und die Mangelfreiheit der Kaufsache vertraute, mit einer Untersuchungspflicht zu belasten: Oft könne eine Besichtigung und Untersuchung der Ware gar nicht vom Käufer vorgenommen werden, ohne daß er gute Gelegenheiten des Weiterverkaufs versäume oder der Ware schade oder sich unnötigen Belastungen und Kosten aussetze. Daher müsse der Käufer einen später entdeckten verborgenen Mangel auch noch nachträglich rügen können. Auch nach gemeinem Recht sei es jedoch Pflicht des Käufers, die Mängelrüge sofort nach erlangtem Wissen von der Mangelhaftigkeit der Sache zu erheben. Diese Pflicht sei in der Billigkeit begründet und zu Gewohnheitsrecht geworden.

Allerdings ging *Thöl* davon aus, daß selbst bei nicht rechtzeitig erfolgter Anzeige der Käufer nur den Rechtsnachteil erlitt, nunmehr selbst den Beweis der Mangelhaftigkeit der Kaufsache erbringen zu müssen. Die durch die Mängel begründeten Gewährleistungsrechte des Käufers wurden laut *Thöl* durch die Nichtanzeige keinesfalls ausgeschlossen. Selbst positive Mängelkenntnis des

57 *Thöl*, 311 f.

58 Hier wies *Thöl* auf den „merkantilischen (kaufmännischen) Empfang“ hin: Danach wird durch den vorbehaltlosen Empfang der Ware die Billigung derselben fingiert. Diese Fiktion beruhe auf der Untersuchungspflicht des Käufers. Die Verpflichtung des Käufers zu einer Annahmeerklärung (mit der Konsequenz einer Beweislastumkehr oder des Verlusts der Gewährleistungsrechte) könne im übrigen auch vertraglich vereinbart sein (*Thöl*, 346 ff., 350 ff.).

Käufers bei Empfang der Ware schloß seiner Ansich nach Gewährleistungsansprüche grundsätzlich nicht aus, es sei denn, aus den begleitenden Umständen ergab sich eindeutig ein Verzicht des Käufers.[59] Eine durch das Unterlassen der Mängelrüge grundsätzlich eintretende Genehmigungsfiktion, die zu einem Haftungsausschluß geführt hätte, lehnte *Thöl* jedoch ab. Diese Ausführungen sollten für alle Platzkäufe gelten, unabhängig davon, ob sie Handelsgeschäft waren oder nicht, sowie für Distanzkäufe dann, wenn kein Handelsgeschäft vorlag.[60]

Auch *Treitschke* stellte fest, daß der Handelsbrauch der Untersuchungs- und Anzeigepflichten sich nicht auf eine gesetzliche Vorschrift des gemeinen Rechts gründe und daher aus dem Aufschub der Mängelanzeige dem Käufer kein rechtlicher Nachteil erwachse.[61] Dennoch habe dieser Brauch seinen guten Grund: er beruhe auf der Natur des Verkehrs, auf dem guten Glauben und der Sorgfalt, die Kaufleute in einem Geschäftsverhältnis zu beobachten haben. Allerdings beschränke sich die Anwendung des Rechtsgrundsatzes auf den eigentlichen Handelsverkehr und sei ausgeschlossen, wenn der Kauf nicht die Natur eines Handelsgeschäfts habe.[62]

Windscheid/Kipp führten zum Gattungskauf aus, daß bei Annahme der Kaufsache durch den Käufer in Kenntnis der Fehlerhaftigkeit eine vom Käufer akzeptierte *in solutum datio* vorliege. Der Vertrag gälte somit als ordnungsgemäß erfüllt und dem Käufer ständen folglich keine Rechte mehr zu.[63] Durch die Billigung des Gelieferten verliere der Käufer aber nicht seine Rechte wegen der ihm verborgen gebliebenen Mängel, es sei denn, seine Unkenntnis beruhe auf eigenem Verschulden, wobei bereits leichte Fahrlässigkeit ausreiche. Andererseits gingen *Windscheid/Kipp* davon aus, daß eine Untersuchung bei Annahme der Kaufsache vom Käufer nicht vorgenommen werden müsse.[64] Dies erscheint verwirrend, da sich die Frage stellt, auf welchen Sorgfaltsverstoß die erwähnte fahrlässige Unkenntnis sich begründen soll, wenn nicht auf das Unterlassen einer aufmerksamen Besichtigung, sprich einer Untersuchung der Kaufsache.[65] *Windscheid/Kipp* selber stellen fest, daß nur dann ein Haftungsausschluß angenommen werden kann, wenn die Unterlassung der Untersuchung durch den Käufer eine schuldvolle Nachlässigkeit darstelle.[66] Von einer solchen Nachlässigkeit

59 *Thöl*, 336 ff.
60 *Thöl*, 336. Für Distanzgeschäfte galt, sofern sie Handelskäufe waren, seit 1861 Art. 347 ADHGB.
61 *Treitschke*, § 99 (S. 359).
62 *Treitschke*, § 99 Fn. † (S. 360).
63 *Windscheid/Kipp*, 693 f.
64 *Windscheid/Kipp*, 696.
65 Vgl. *Soergel-Huber*, § 464 Rn. 2.
66 *Windscheid/Kipp*, 696 Fn. 30.

wird dann auszugehen sein, wenn sich an der Kaufsache gewisse Auffälligkeiten zeigen bzw. Anhaltspunkte bestehen, die Veranlassung zu einer Untersuchung geben; wobei das Gesamtverhalten des Käufers bei Übersehen solcher Indizien wohl eher als grob fahrlässig zu werten wäre.[67]

Eine sofortige Anzeige von nach der Annahme entdeckten Mängeln hielten *Windscheid/Kipp* nicht für erforderlich.[68]

Laut *Hanausek* stand einem Käufer, der bei Abschluß des Kaufvertrages einen Mangel der Kaufsache gekannt hatte, oder ohne grobe Nachlässigkeit hätte kennen müssen, nach gemeinem Recht die *exceptio doli* entgegen.[69] Dies ergäbe sich schon aus den allgemeinen Grundsätzen.[70] Bezüglich der Frage, ob auch das zu einem späteren Zeitpunkt als dem des Kaufabschlusses erlangte Wissen oder das Wissenmüssen des Käufers von der Mangelhaftigkeit der Kaufsache die Geltendmachung von Gewährleistungsrechten ausschließe, nahm *Hanausek* eine differenzierte Betrachtung vor. Danach sollten zwei Gruppen von Fällen zu unterscheiden sein: Werde die Ausscheidung der zu liefernden (Gattungs-)Sache vom Käufer alleine oder unter dessen Mitwirkung vorgenommen, oder läge eine Hol- oder Bringschuld vor, so träten sich in dem die Erfüllung vorbereitenden Stadium, bzw. bei der Erfüllung selbst beide Vertragspartner entgegen. Erkenne der Käufer hierbei die Mangelhaftigkeit der Sache, so widerspräche es Treu und Glauben, wenn der Käufer dieselbe annähme und später Gewährleistungsansprüche geltend mache. Dasselbe müsse bei (auch leicht) fahrlässiger Unkenntnis des Käufers vom Mangel gelten.[71]

Im Falle eines Lieferungskaufes dagegen standen die Vertragspartner sich regelmäßig nicht gegenüber. Deshalb konnte laut *Hanausek* hier nicht davon ausgegangen werden, in der Annahme der zugestellten Ware liege eine Genehmigung der erkannten oder erkennbaren Mängel durch den Käufer. In welcher Intention nämlich der Käufer, so argumentierte *Hanausek*, die Annahme vornehme, insbesondere ob er die Ware als Erfüllungsobjekt gelten lassen wolle, lasse sich aus dem Annahmeakt selber nicht schließen[72] und könne dem zustel-

67 Vgl. MüKo-*Westermann*, § 460 Rn. 8.

68 *Windscheid/Kipp*, 696.

69 Es komme dabei nicht darauf an, was der Käufer tatsächlich gewollt habe, weshalb auch nicht davon gesprochen werden könne, daß der Käufer, der den Fehler kannte, die Ware billige und stillschweigend auf Gewährleistungsrechte verzichte (so aber *Thöl*, 311).

70 *Hanausek*, 83 ff. mit Hinweisen auf Quellenentscheidungen.

71 *Hanausek*, 115 f.

72 Der Annahme könne allerdings aufgrund konkreter Vereinbarung oder des zwischen den Parteien bestehenden Geschäftsbrauchs (Institut des „merkantilischen Empfangs“) eine erhöhte Bedeutung beigelegt werden, so daß u.U. auch ein Haftungsausschluß erfolgen könne.

lenden Transporteur ohnehin nicht mit Wirkung gegenüber dem Verkäufer erklärt werden. Zu einer Annahmeerklärung sei der Käufer darüber hinaus auch rechtlich grundsätzlich nicht verpflichtet.[73]

Auch nach Ansicht von *Goldschmidt* haftete der Verkäufer nicht für solche Fehler, die der Käufer gekannt hatte oder hätte kennen müssen. Anders als beim Spezieskauf sei beim Gattungskauf der entscheidende Zeitpunkt für die Kenntnis oder das Kennenmüssen jedoch nicht der Augenblick des Vertragsschlusses, sondern erst der Moment, in dem der Käufer zur Prüfung der in Erfüllung des Kaufvertrages geleisteten Sache in der Lage sei, sprich der Zeitpunkt, in dem der Käufer dieselbe auswähle, oder der Verkäufer sie zustelle. Kenne demnach der Käufer bei Annahme die Mangelhaftigkeit der Kaufsache, oder habe er sie, weil offenbar, erkennen müssen – zu einer Untersuchung sei der Käufer nach Zivilrecht nicht verpflichtet –, so habe er darin eingewilligt, daß die als Erfüllung angebotene Sache die geschuldete sei, womit sich jede auf die Mangelhaftigkeit der Kaufsache gegründete Klage ausschließe. Entdecke der Käufer erst nach der Annahme der Sache einen Mangel, führte *Goldschmidt* weiter aus, so schade ihm diese später erlangte Kenntnis nicht.[74]

Förster/Eccius schließlich stellten für das preußische Privatrecht fest, daß die unbedingte Annahme der Kaufsache zu einem Gewährleistungsausschluß führe, wenn deutlich werde, daß der Empfänger den Mangel bemerkt habe. In diesem Verhalten läge ein stillschweigender Verzicht auf Gewährleistungsrechte.[75]

bb. Zusammenfassung

Der Überblick über die in der Rechtslehre des 19. Jahrhunderts vertretenen Auffassungen zeigt ein sehr uneinheitliches Bild. Hier spiegelt sich die Tatsache wider, daß es bis zum Inkrafttreten des BGB am 01.01.1900 in Deutschland kein allgemein gültiges bürgerliches Recht gab. Unterschiede zwischen dem „gemeinen Recht" oder „Pandektenrecht" auf römisch-rechtlicher Grundlage und deutschem Partikular- und Gewohnheitsrecht sowie einzelnen größeren deutschen Gesetzeskodifikationen, wie z.B. dem Allgemeinen Preußischen Landrecht, bereiteten Schwierigkeiten.[76]

---

73 *Hanausek*, 116 ff.

74 *Goldschmidt*, Zeitschrift für das gesammte Handelsrecht, Bd. 19 (1874), 98 (113 ff.).

75 *Förster/Eccius*, 514.

76 So galt beispielsweise das Hamburger Stadtrecht, das, im Gegensatz zum gemeinen Recht, jede Gewährleistung nach Besichtigung und Annahme der Kaufsache ausschloß, bis zum Inkrafttreten des BGB. Die Auslegung und der Geltungsbereich der einschlägigen Norm waren jedoch heftig umstritten: während auf der einen Seite römisch-rechtlich geschulte Juristen bestrebt waren, die Vorschrift einengend zu inter-

Doch auch die Anpassung des gemeinen Rechts an veränderte wirtschaftliche und rechtliche Umstände war teilweise problematisch. So war es beispielsweise hochumstritten, ob die ädilizischen Klagen des römischen Gewährleistungsrechts auch auf den Gattungskauf Anwendung fänden.[77] Besondere Schwierigkeiten bereitete in diesem Zusammenhang der Lieferungs- und Distanzkauf.[78] Während weitgehend Einigkeit darüber bestand, daß Mängelkenntnis im Zeitpunkt des Vertragsschlusses die Gewährleistungsrechte ausschließe, wenn auch hierfür unterschiedliche dogmatische Begründungen gegeben wurden[79], so war doch vor allem die Frage, wie sich die nachträgliche Kenntnis des Käufers auswirke, sehr umstritten.[80] Ob insbesondere der vorbehaltlose Empfang der Kaufsache bei Kenntnis oder sogar schon bei fahrlässiger Unkenntnis des Käufers eine Billigung derselben darstelle, wurde nicht einheitlich beurteilt.[81] Hier zeigten sich auch Probleme bei der Trennung von handelsrechtlichen und zivilrechtlichen Grundsätzen. Einigkeit schien immerhin darüber zu bestehen, daß eine Untersuchungspflicht jedenfalls für das Zivilrecht abzulehnen sei.[82] Die allgemeine Rügepflicht auch für nachträglich auftretende Mängel wurde teilweise als ein rein handelsrechtliches Institut betrachtet.[83] Dagegen wurde die Anzeigepflicht bei Annahme der Ware häufig auf Kaufverträge im allgemeinen bezogen.[84]

---

pretieren und die ädilizischen Klagen bei verborgenen Fehlern dennoch eingreifen zu lassen, wollten andere, die der hergebrachten deutsch-rechtlichen Auffassung zuneigten, die Regelung strikt und in voller Härte zur Geltung bringen (*Klischies*, 50 f.). Zum allgemeinen Streit zwischen „Romanisten“ und „Germanisten“ s. *Gmür/Roth*, Rn. 405 ff., *Kroeschell*, 124 ff.

77 S. dazu umfassend: *Goldschmidt*, Zeitschrift für das gesammte Handelsrecht, Bd. 19 (1874), 98 ff.

78 Hier differenzierend: *Hanausek*, 115 f.

79 *Thöl*, 311: Billigung und stillschweigender Verzicht; *Hanausek*, 83: *exceptio doli*.

80 So vertrat *Treitschke*, § 99 (S. 359), die Auffassung, daß dem Käufer aus dem Unterlassen einer Mängelanzeige keine rechtlichen Nachteile erwüchsen. *Thöl*, 339, war der Meinung, dies könne allenfalls zu einer Beweislastumkehr führen.

81 Während beispielsweise *Thöl*, 339, davon ausging, daß durch das Unterlassen der Rüge keine Genehmigungsfiktion eintrete, nahmen *Windscheid/Kipp*, 694 Fn. 21, 696, einen Ausschluß der Gewährleistungsrechte durch Annahme in Mängelkenntnis und sogar bei fahrlässiger Unkenntnis an; so auch *Goldschmidt*, Zeitschrift für das gesammte Handelsrecht, Bd. 19 (1874), 98 (113). Für einen Gewährleistungsausschluß durch Annahme in Kenntnis der Mangelhaftigkeit auch *Förster/Eccius*, 514. Spätere Kenntnis sollte dagegen nicht schaden, *Goldschmidt*, Zeitschrift für das gesammte Handelsrecht, Bd. 19 (1874), 98 (116); so wohl auch *Windscheid/Kipp*, 696.

82 *Goldschmidt*, Zeitschrift für das gesammte Handelsrecht, Bd. 19 (1874), 98 (114); *Windscheid/Kipp*, 696; *Thöl*, 337 f.

83 *Treitschke*, § 99 Fn. † (S. 360).

84 Vgl. *Thöl*, 336; *Goldschmidt*, Zeitschrift für das gesammte Handelsrecht, Bd. 19 (1874), 98 (113 ff.).

c. Kodifikationen des 19. Jahrhunderts

aa. Das Allgemeine Preußische Landrecht

Einen ersten Ansatz zur Anerkennung einer Prüfungs- und Rügepflicht in kodifizierter Form sieht *von Gierke* in I 5 § 330 ALR (Allgemeines Preußisches Landrecht von 1794).[85] Nach dieser Vorschrift standen einem Käufer, der die Kaufsache trotz in die Augen fallender Mängel ohne zu rügen übernahm, keine Gewährleistungsansprüche zu.[86] Dem lag der Gedanke zugrunde, daß das Verhalten des Käufers eine Genehmigung der mangelhaften Kaufsache darstelle.[87] Die Regelung galt ihrem Wortlaut nach nur für auffällige, also offensichtliche Mängel; verborgene Fehler mußten dagegen nicht gerügt werden (I 5 § 331 ALR). Der Anwendungsbereich des I 5 § 330 ALR war somit wesentlich geringer als der des heutigen § 377 HGB, der bei zweiseitigem Handelskauf dem Käufer eine Untersuchung der Ware, soweit sie nach ordnungsgemäßem Geschäftsgang tunlich ist, und eine unverzügliche Rüge auferlegt. Unterläßt der Käufer die Mängelanzeige, gilt die Ware als genehmigt; der Käufer kann also keine Gewährleistungsansprüche mehr geltend machen, es sei denn der Fehler war auch bei der Untersuchung der Sache nicht erkennbar. I 5 § 330 ALR verlangte eine solche (u.U. auch genauere[88]) Untersuchung der empfangenen Kaufsache durch den Käufer nicht; der Ausschluß der Gewährleistung erfolgte nur, wenn der Mangel auch ohne Untersuchung erkennbar war, wobei die Erkenn-

---

85 *Gierke*, 468 Fn. 10; so auch *Hübner*, 580; *Planitz*, 157.

86 I 5 §§ 330 – 332 ALR:
„§. 330. Ist also der Fehler in die Augen fallend, und der Empfänger hat die Sache, ohne denselben ausdrücklich zu rügen, übernommen, so kann er weder vom Vertrage zurücktreten, noch Vergütung fordern.
§. 331. Ist aber der Fehler nicht in die Augen fallend, so findet alles statt, was von dem Mangel einer solchen Eigenschaft, deren Gewährung ausdrücklich versprochen worden, §§. 325 – 328 vorgeschrieben ist.
§. 332. Wenn nicht erhellet, daß der Fehler der Sache schon bey der Uebernehmung derselben vorhanden gewesen, so wird angenommen, daß er erst nach dieser Zeit entstanden sey."

87 So *Dernburg*, Preußisches Privatrecht, 388: Bei Platzkäufen ständen dem Käufer hinsichtlich der ohne grobe Fahrlässigkeit erkennbaren Fehler keine Gewährleistungsansprüche zu, da zu unterstellen sei, daß der Käufer die Ware in diesem Zustand erwerben wolle. Die Regelung des I 5 § 330 ALR stelle eine Übertragung dieses Grundsatzes auf den Distanzkauf dar; s. auch *Bucher*, SJZ 1971, 1, 17 (20): Dem I 5 § 330 ALR liegt der Gedanke eines Treueverhältnisses zwischen den Vertragsparteien zugrunde. Der Käufer darf sich mit der Erhebung von Gewährleistungsansprüchen nicht in Widerspruch zu seinem Verhalten bei Empfang der Ware setzen.

88 Vgl. *Röhricht/Graf von Westphalen-Wagner*, § 377 Rn. 34 ff.

barkeit sich nach den Fähigkeiten des Käufers, und nicht nach denen eines Fachmanns bestimmte.[89] Maßstab für die ordnungsgemäße Untersuchung nach § 377 HGB dagegen ist die Sorgfalt eines ordentlichen Kaufmanns.[90] § 377 III HGB normiert zudem, daß auch ein erst später, also nach der Ablieferung, zu Tage tretender Fehler unverzüglich nach Entdeckung angezeigt werden muß. I 5 § 330 ALR stellte für die Mängelanzeige dagegen nur auf den Zeitpunkt der Übernahme der Kaufsache ab. Die Vorschrift des Allgemeinen Preußischen Landrechts enthielt demnach keine allgemeine Untersuchung- und Rügepflicht im Sinne des HGB; sie steht vielmehr dem § 464 BGB a.F. näher, der ebenfalls auf den Zeitpunkt der Übergabe der Kaufsache abstellte. Allerdings griff § 464 BGB a.F. nur bei positiver Kenntnis des Käufers vom Mangel ein, während nach I 5 § 330 ALR die Erkennbarkeit des Mangels für den Käufer, sprich grob fahrlässige Unkenntnis vom Mangel, ausreichend war. Im Ganzen läßt sich daher sagen, daß der Regelungsgehalt des I 5 § 330 ALR zwischen § 464 BGB a.F. und § 377 HGB angesiedelt ist.[91]

bb. Der französische Code Civil

Einen weiteren Ansatz zur Ausgestaltung einer Untersuchungs- und Rügepflicht erkennt *von Gierke* auch in Art. 1642 des Französischen Code Civil (erlassen am 21.03.1804).[92] Dem kann in dieser Form jedoch nicht zugestimmt werden. Art. 1642[93] (der heute in unveränderter Fassung gültig ist) gewährt, ganz in der Tradition des römischen Rechts, dem Käufer Gewährleistungsrechte nur hinsichtlich der „*vices caches*" (verborgene Mängel), nicht jedoch für „*vices apparents*" (offensichtliche Mängel), die bei einiger Aufmerksamkeit hätten erkannt werden können. Dies bedeutet zwar, daß der Käufer bei Abschluß des Vertrages, allenfalls auch bei Ablieferung des Kaufgegenstandes, gehalten ist, die Sache mit einer gewissen Vigilanz zu besichtigen; eine Prüfungspflicht im eigentlichen Sinn ist dadurch jedoch nicht statuiert, schon gar nicht zu einem späteren Zeitpunkt nach Empfang der Ware.[94]

89 *Dernburg*, Preußisches Privatrecht, 388.
90 *Röhricht/Graf von Westphalen-Wagner*, § 377 Rn. 35.
91 *Bucher*, SJZ 1971, 1, 17 (20); *Recknagel*, 48.
92 *Gierke*, 468 Fn. 10; so auch *Planitz*, 157.
93 Art. 1642 Code Civil: „ *Le vendeur n'est pas tenu des vices apparents et dont l'acheteur a pu se convaincre lui-même.*"
94 *Bucher*, SJZ 1971, 1, 17. Faktisch hat sich allerdings in der französischen Rechtspraxis ein einer Untersuchungs- und Rügepflicht ähnliches Institut entwickelt: Aus dem Spannungsfeld zwischen „*vice caché*" und „*vice apparent*" hat sich eine Praxis entwickelt, die bestimmt, wann ein Käufer einen Mangel zu entdecken hat. Obwohl die ursprüngliche Konzeption auf den Zeitpunkt des Vertragschlusses abstellt, kann sich

cc. Der Entwurf eines Handelsgesetzbuches für das Königreich Württemberg

Den ersten Versuch der gesetzlichen Fixierung einer umfassenden Untersuchungs- und Rügepflicht in Deutschland stellten wohl die Artt. 347-349 EHGBW (Entwurf eines Handelsgesetzbuches für das Königreich Württemberg von 1839) dar. Nach Art. 347 EHGBW[95] war der Käufer gehalten, die empfangene Ware bis zur zweiten Post zu untersuchen und dem Verkäufer „die Beschaffenheit der Waare zu bewahrheiten"; andernfalls konnte er keine Gewährleistungsrechte mehr geltend machen. Art. 347 EHGBW galt dabei nur für Mängel, die bei einer äußerlichen Untersuchung der Kaufsache entdeckt werden konnten. Dies ergab sich aus Art. 348 EHGBW[96], der dem Käufer eine achttägige Frist gewährte, wenn sich die Mangelhaftigkeit der Ware erst „bei dem tieferen Eindringen in die Packgefäße" zeigte. Verborgene Mängel mußten gemäß Art. 349 EHGBW[97] innerhalb von 48 Stunden nach ihrer Entdeckung gerügt werden. Es wurde also nicht nur eine Untersuchungs- und Mängelanzeigepflicht bei Empfang der Ware statuiert, sondern auch eine Rügepflicht für nachträglich auftretende Mängel. Der Verfasser des Entwurfs, *von Hofacker*, berief sich zur Begründung dieser Vorschriften auf die Verhältnisse in der Handelswelt sowie auf Bestimmungen des badischen Landrechts von 1809 (Artt. 92 ae ff.).[98] Bezeichnenderweise gehörten diese Vorschriften zu den wenigen eigenständigen

nach allgemeiner Auffassung die Vigilanz des Käufers auch auf den Zeitpunkt der Lieferung der Kaufsache beziehen. Insofern hat der Käufer die Kaufsache zum Zeitpunkt der Lieferung auf offensichtliche Mängel hin zu überprüfen und muß sie bei festgestellter Mangelhaftigkeit sofort zurückzuweisen, um nicht seiner Ansprüche verlustig zu gehen, s. *Gerny*, 117 f.; vgl. auch *Raisch*, 278. Dazu auch unten Kap. III.2.b.

95 Art. 347 EHGBW: „Nach der Übernahme der Waare, oder wenn der Käufer die zweite Post nach Empfang einer Sendung vorübergehen läßt, ohne die Beschaffenheit der Waare zu bewahrheiten (Art. 116, 152) und den Verkäufer zu benachrichtigen, wird der Käufer mit seiner Beschwerde wegen vertragswidriger Beschaffenheit der Waare nicht mehr gehört."

96 Art. 348 EHGBW: „Würde sich jedoch die vertragswidrige Beschaffenheit der Waare oder ein Mangel am Maße oder Gewichte erst bei dem tieferen Eindringen in die Packgefäße ergeben; so hat der Käufer eine achttägige, von der Übernahme oder dem Empfange an laufende Frist, um dieß zu bewahrheiten und den Verkäufer zu benachrichtigen, wenn nicht Gefährde mitunterlauft."

97 Art. 349 EHGBW: „Verborgene Mängel der Waare oder die Unhaltbarkeit derselben, wenn der Verkäufer für die Unhaltbarkeit gut gestanden wäre, müssen spätestens achtundvierzig Stunden nach der Entdeckung, jedenfalls aber vor Ablauf der Verjährungszeit bewahrheitet und angezeigt werden, bei Verlust der Entschädigungsansprüche."

98 EHGBW, Motive, 319 f.

Bestimmungen, die dem badischen Handelsrecht, als Anhang zum Landrecht, bei Übernahme des französischen *Code de commerce* von 1807 angefügt wurden. Die Artt. 92 ae ff. sahen vor, daß derjenige „welcher glaubt über die Beschaffenheit der Ware klagen zu können“, von Ankunft der Waren an vierzehn Tage Zeit dazu hat, wenn er ein Zeugnis zweier unbefangener Kaufleute oder Sachverständiger über den Zustand der Waren vorlegen kann.[99] Nach ihrem Wortlaut waren diese Vorschriften des badischen Handelsrechts nur auf den Kommissionär zugeschnitten. Sie wurden von der Rechtsprechung jedoch extensiv ausgelegt und auch auf den gewöhnlichen Kauf angewandt.[100]

dd. Der Entwurf eines Handelsgesetzbuches für die preußischen Staaten

Der Entwurf eines Handelsgesetzbuches für die preußischen Staaten von 1857 enthielt eine Untersuchungs- und Rügepflicht in Art. 264 EHGBPr. Darin war ausdrücklich formuliert, daß das Unterlassen der „alsbaldigen“ Anzeige eines Mangels, der bei der „ohne Verzug“ nach der Ablieferung vorzunehmenden Untersuchung erkannt worden war, eine Genehmigung der empfangenen Kaufsache darstellte. Zeigten sich später an der Kaufsache verborgene Mängel, so mußten diese „ohne Verzug nach der Entdeckung“ angezeigt werden.[101] Zur Begründung dieser Regelung wird in den Motiven des Gesetzesentwurfs angeführt, sie entspreche dem bestehenden Handelsbrauch, ferner wird auch auf Art. 347 EHGBW verwiesen. Der Verkäufer müsse Gewißheit darüber erlangen, ob der Käufer die Ware behalten wolle oder nicht. Dies sei notwendig, um weiter über sie verfügen zu können. Auf der anderen Seite wäre es dem Käufer möglich, auf Kosten des Verkäufers mit der Ware zu spekulieren, wenn er während der gan-

---

99 *Raisch*, 279.

100 Vgl. *Kah*, 985 m.w.N.

101 Art. 264 EHGBPr: „Ist die Waare von auswärts übersendet, so hat der Käufer ohne Verzug nach der Ablieferung die Waare zu untersuchen und wenn sich dieselbe nicht als vertragsmäßig ergiebt, dem Verkäufer alsbald davon Anzeige zu machen. Versäumt er dies, so gilt die Waare als empfangen und genehmigt, so weit es sich nicht um verborgene Mängel handelt, welche bei der sofortigen Untersuchung nach regelmäßigem Geschäftsgange nicht erkennbar waren.
Ergeben sich später solche verborgenen Mängel, so muß die Anzeige ohne Verzug nach der Entdeckung gemacht werden.
Der Käufer kann den Zustand der Waare durch Sachverständige feststellen lassen. Die Sachverständigen ernennt auf Antrag des Käufers der Vorsitzende des Handelsgerichts oder in dessen Ermangelung der Richter des Orts. Es bleibt dem Ermessen des Richters überlassen, einen oder drei Sachverständige zu ernennen, welche ein schriftliches Gutachten zu erstatten haben.
Sind die Waaren dem Verderben ausgesetzt und ist Gefahr im Verzuge, so kann der Käufer auf Verordnung des Richters die Waare öffentlich verkaufen lassen.“

zen Verjährungsfrist Gewährleistungsansprüche geltend machen könne. Zudem werde mit zunehmendem Zeitablauf die Beweissituation für den Verkäufer schwieriger.[102]

Das letztgenannte Argument muß vor allem vor dem Hintergrund der damaligen Rechtslage hinsichtlich der Beweislastfrage gesehen werden: Es war zunächst nicht geklärt, ob im Falle der Kaufpreisklage der Verkäufer den Nachweis der fehlerfreien Lieferung bzw. der Käufer den eines Fehlers zu erbringen habe.[103] Insofern erschien es gerechtfertigt, eine eventuelle Verschlechterung der Beweislage für den Verkäufer durch eine Untersuchungs- und Rügepflicht zu kompensieren.

Art. 264 EHGBPr sollte nur für Distanzkäufe gelten. Dies läßt sich wohl daraus erklären, daß bei Platzkäufen der Käufer die Möglichkeit hatte, die Ware noch vor der Annahme zu untersuchen und sie bei Vertragswidrigkeit gemäß Art. 263 EHGBPr sofort zurückzuweisen. Der Gesetzgeber mag auch angenommen haben, daß der Verkäufer beim Distanzkauf die Ware oft selber gar nicht gesehen habe und folglich von der Mangelhaftigkeit der Ware zügig unterrichtet werden müsse, um seinerseits gegen seinen Lieferanten vorgehen zu können. Zudem sollte er von allfälligen Transportschäden rasche Kenntnis erlangen.[104]

ee. Das Allgemeine Deutsche Handelsgesetzbuch

Im Allgemeinen Deutschen Handelsgesetzbuch von 1861, dem der Entwurf eines Handelsgesetzbuches für die preußischen Staaten zugrunde lag, war die Un-

---

102 EHGBPr, Motive, 141.

103 Zum Streitstand hinsichtlich der Beweislastfrage vgl. *Recknagel*, 52 ff.
Nach heutiger Rechtslage richtet sich die Beweislast nach § 363 BGB (Eine unvollständige Leistung im Sinne dieser Vorschrift ist auch die mangelhafte Leistung, s. MüKo-*Wenzel*[4], § 363 Rn. 4). Dies bedeutet, daß zunächst den Verkäufer die Beweislast dafür trifft, daß die von ihm als Leistung angebotene Sache fehlerfrei ist. Nimmt der Käufer die offerierte Sache als Erfüllung an, so kehrt sich die Beweislast um. Nun ist der Käufer beweispflichtig dafür, daß die Sache zum Zeitpunkt des Gefahrübergangs fehlerhaft war (so die herrschende Lehre, s. etwa *Soergel-Huber*, § 459 Rn. 91 f.; zu diesem Ergebnis kommt auch die ständige Rechtsprechung, s. die Nachweise bei *Staudinger-Honsell*, § 459 Rn. 184). An diesem Regelungszustand hat die Schuldrechtsmodernisierung, jedenfalls außerhalb des Verbrauchsgüterkaufs (hier gilt die Vermutungsregel des § 476 BGB) nichts geändert. Nach der Begründung des Regierungsentwurfs soll die Bestimmung des § 363 BGB auch weiterhin Anwendung finden, s. BT-Drucks. 14/6040, 217; s. auch *Haas/Medicus/Rolland/Schäfer/Wendtland*, Kap. 5 Rn. 133.

104 Vgl. *Bucher*, SJZ 1971 1, 17 (18 f.)

tersuchungs- und Rügepflicht[105] in Art. 347 ADHGB[106] geregelt. Danach hatte der Käufer die zugesandte Ware, „soweit dies nach dem ordnungsmäßigen Geschäftsgange thunlich“ war, zu untersuchen und von entdeckten Mängeln sofort Anzeige zu machen. Andernfalls galt die Ware gemäß Art. 347 II ADHGB als genehmigt. Wurden verborgene Mängel erst später entdeckt, so mußten sie „ohne Verzug“ nach der Entdeckung angezeigt werden (Art. 347 III ADHGB). Mängel, die erst nach Ablauf von sechs Monaten entdeckt worden waren, konnten gemäß Art. 349 I ADHGB nicht mehr geltend gemacht werden. Gemäß Art. 349 II ADHGB verjährten die Gewährleistungsansprüche innerhalb von sechs Monaten seit Ablieferung der Kaufsache an den Käufer.

Unverkennbar stellte sich das ADHGB mit den dargestellten Bestimmungen stärker auf die Seite des Verkäufers als auf die des Käufers und betonte damit den „deutsch-rechtlichen“ Standpunkt. Es war der Verkäufer, der vor „chikanösen“ Prozessen und verspäteter Bemängelung der Waare geschützt werden sollte.[107] In den Protokollen der Kommission zur Beratung des Allgemeinen Deutschen Handelsgesetzbuchs findet sich die Bemerkung, schon der preußische Entwurf eines Handelsgesetzbuches gehe davon aus, daß in erster Linie der Verkäufer zu schützen sei, während das römische Recht in den fraglichen Fällen davon ausgehe, daß der Käufer eines besonderen Schutzes bedürfe.[108] Ferner wurde hervorgehoben, daß jeder Kaufmann die Pflicht habe, gekaufte Ware zu untersuchen. Ein Antrag, dem Käufer lediglich eine Anzeigepflicht für entdeckte

---

105 Die zeitgenössischen Kommentierungen zum ADHGB verwenden im allgemeinen die Begriffe Untersuchung- und Rüge*pflicht*. Aus heutiger Sicht ist diese Terminologie ungenau, da es sich nicht um echte Rechtspflichten, sondern um bloße Obliegenheiten handelt.

106 Art. 347 ADHGB: „ Ist die Waare von einem anderen Orte übersendet, so hat der Käufer ohne Verzug nach der Ablieferung, soweit dies nach dem ordnungsmäßigen Geschäftsgange thunlich ist, die Waare zu untersuchen, und wenn sich dieselbe nicht als vertragsmäßig oder gesetzmäßig (Art. 335) ergibt, dem Verkäufer sofort davon Anzeige zu machen.
Versäumt er dies, so gilt die Waare als genehmigt, soweit es sich nicht um Mängel handelt, welche bei der sofortigen Untersuchung nach ordnungsmäßigem Geschäftsgange nicht erkennbar waren.
Ergeben sich später solche Mängel, so muß die Anzeige ohne Verzug nach der Entdeckung gemacht werden, widrigenfalls die Waare auch rücksichtlich dieser Mängel als genehmigt gilt.
Die vorstehende Bestimmung findet auch auf den Verkauf auf Besicht oder Probe oder nach Probe Anwendung, insoweit es sich um Mängel der übersendeten Waare handelt, welche bei ordnungsmäßigem Besicht oder ordnungsmäßiger Prüfung nicht erkennbar waren.“

107 Vgl. *Klischies*, 80; *Anschütz/von Völderndorff*, Bd. 3, 295.

108 Protokolle ADHGB, 659; s. auch *Anschütz/von Völderndorff*, Bd. 3, 295 Fn. 5.

Mängel aufzuerlegen, wurde dementsprechend mit der Begründung abgelehnt, die Untersuchungspflicht sei im Handelsverkehr so allgemein als bestehend und unerläßlich anerkannt, daß es unmöglich sei, von einer entsprechenden Regelung im Handelsgesetzbuch abzusehen. Dies wurde vor allem von Seiten mehrerer kaufmännischer Abgeordneter unterstrichen. Hätte der Käufer das Recht, den Verkäufer zu jeder Zeit wegen der Mangelhaftigkeit der Ware in Anspruch zu nehmen, so könne der Kommissions- und Zwischenhandel nicht mehr bestehen. Im übrigen sei auffällig, daß sich Reklamationen wegen der Beschaffenheit der Waren gerade dann häuften, wenn sich die Konjunktur zum Nachteil der Käufer entwickelt habe. Bei einer verspäteten Anzeige werde zudem dem Verkäufer der Beweis über die Vertragsmäßigkeit der Ware erschwert oder unmöglich gemacht. Es bestehe ein Bedürfnis des Verkehrs, schnell zu wissen, ob ein einzelnes Geschäft in Ordnung gehe, um hiernach entsprechende Dispositionen treffen zu können.[109]

Obwohl diese Argumentation sich vornehmlich auf den kaufmännischen Handel bezog, darf nicht übersehen werden, daß die Untersuchungs- und Rügepflicht des Art. 347 ADHGB nicht auf Kaufleute beschränkt war. Gemäß Art. 277 ADHGB galt das Handelsgesetzbuch auch bei einseitigen Handelsgeschäften für beide Vertragsparteien. Art. 347 ADHGB war demnach auch auf den Konsumentenkauf anwendbar.[110] Diese Tatsache stieß durchaus auch auf Kritik. So wurde bei den Beratungen des Allgemeinen Deutschen Handelsgesetzbuches der Antrag gestellt, die Untersuchung- und Rügepflicht auf Kaufleute zu beschränken, da nur im „größeren Verkehre" ein entsprechendes Bedürfnis danach bestehe. Außerdem könnten sich nur im Geschäftsverkehr der Kaufleute untereinander die Vor- und Nachteile einer solchen Regelung ausgleichen, da jeder Kaufmann zugleich Käufer und Verkäufer sei. Dieser Vorschlag rief jedoch lebhaften Widerspruch auf Seiten der kaufmännischen Abgeordneten hervor und wurde folglich mehrheitlich abgelehnt.[111]

Gab es einerseits Bestrebungen, den Anwendungsbereich des Art. 347 ADHGB einzuschränken, wurde andererseits teilweise auch eine Verschärfung dieser Bestimmung gefordert. So wurde vorgeschlagen, daß mit der vorbehaltlosen Annahme der Kaufsache nicht nur eine Genehmigung der bei einer Untersuchung erkennbaren Mängel, sondern auch der verborgenen Fehler eintreten solle. Dies sei, argumentierte man, in manchen Partikularrechten, z.B. dem Hamburger Stadtrecht schon lange so geregelt und stehe darüber hinaus auch im Einklang mit den Rechtsanschauungen der bedeutendsten handeltreibenden Nationen

109 Protokolle ADHGB, 643 ff.

110 Vgl. *Anschütz/von Völderndorff*, Bd. 3, 59 f.

111 Protokolle ADHGB, 646, 653.

(England, Amerika). Die gegenteilige Auffassung müsse schon deshalb zu erheblichen Problemen führen, weil nicht genau geklärt sei, was unter einem verborgenen Mangel zu verstehen sei. Sachverständige Käufer seien ohnehin in der Regel zu einer sofortigen zutreffenden Beurteilung der Ware in der Lage. Dort, wo das genannte Prinzip in Geltung sei, habe es sich gut bewährt, denn es habe die Unsicherheiten im Verkehr beseitigt, viele Prozesse verhindert und auf Käuferseite eine große Vorsicht beim Empfang der Kaufsache hervorgerufen.[112] Dem wurde jedoch entgegengehalten, daß dieses Prinzip keineswegs aufgrund eines allgemeinen Bedürfnisses als Handelsbrauch eingeführt, sondern lediglich partiell als ein Satz des älteren deutschen Rechts beibehalten worden sei. Eine weitere Ausweitung desselben sei schon deshalb nicht gerechtfertigt, weil selbst dort, wo es Geltung habe, der Handelsbrauch gleichwohl viele Waren davon ausgenommen habe. Der Antrag wurde dementsprechend mehrheitlich abgelehnt.[113]

Die Vorschrift des Art. 347 ADHGB steht der heutigen Untersuchungs- und Rügepflicht des Handelsrechts gemäß § 377 HGB schon sehr nahe. Unterschiede bestehen aber insofern, als der Art. 347 ADHGB lediglich auf Distanzkäufe Anwendung fand, während die Vorschrift des § 377 HGB auch auf Platzkäufe ausgedehnt wurde. Andererseits galt § 377 HGB nur für den beidseitigem Handelskauf, während, wie bereits ausgeführt, der Art. 347 ADHGB auch bei einseitigen Handelsgeschäften, sprich auch beim Konsumentenkauf, anwendbar war.[114]

ff. Das Bürgerliche Gesetzbuch für das Königreich Sachsen

Das Bürgerliche Gesetzbuch für das Königreich Sachsen aus dem Jahre 1863 basierte vor allem auf dem gemeinen römischen Recht. Insbesondere das Gewährleistungsrecht des Sächsischen BGB stimmte mit den römisch-rechtlichen Regelungen nahezu überein. Eine Untersuchungs- und Rügepflicht des Käufers war dementsprechend nicht vorgesehen. Gewährleistungsrechte wurden dem Käufer allerdings nur für verborgene Mängel gewährt. War der Mangel bei Abschluß des Kaufes offensichtlich, also für jedermann bei Anwendung gewöhnlicher Sorgfalt erkennbar gewesen, so konnte der Käufer sich später auf die Mangelhaftigkeit der Kaufsache nicht berufen.[115]

112 Protokolle ADHGB, 649 ff.
113 Protokolle ADHGB, 651, 653.
114 *Ebenroth/Boujong/Joost-Müller*, § 377 Rn. 3; *Röhricht/Graf von Westphalen-Wagner*, § 377 Rn. 8; s. auch *Recknagel*, 71.
115 Dazu *Klischies*, 83 f.

gg. Der Dresdener Entwurf eines Allgemeinen Deutschen Gesetzes über Schuldverhältnisse

Auch im Dresdener Entwurf eines Allgemeinen Deutschen Gesetzes über Schuldverhältnisse von 1866 war eine Untersuchungs- und Rügepflicht nicht geregelt. Die Sachmängelhaftung war gemäß Art. 174 lediglich dann ausgeschlossen, wenn der Erwerber zum Zeitpunkt des Vertragsschlusses die Mangelhaftigkeit der Kaufsache kannte, oder bei Anwendung gewöhnlicher Sorgfalt hätte kennen müssen. Die Geltendmachung der Gewährleistungsrechte war ferner durch die Verjährung nach Art. 192 beschränkt. Auch der Dresdener Entwurf folgte damit der Linie des gemeinen Rechts. Mit der Einführung einer Rügepflicht im Sinne ADHGB setzte sich die Dresdener Kommission nicht auseinander.[116]

hh. Zusammenfassung

Die Entwicklung der Kodifikationen des 19. Jahrhunderts zeigt, daß sich die Untersuchungs- und Rügepflicht vor allem als handelsrechtliches Institut herausgebildet hat. Die allgemeine Obliegenheit der Besichtigung und Rüge bei Abnahme, wie sie in I 5 § 330 ALR statuiert war, hat sich in den späteren handelsrechtlichen Kodifikationen zu einer umfassenden Untersuchungs- und Rügepflicht auch für nachträglich auftretende Mängel verschärft. Daß insbesondere die Normierung einer Untersuchungspflicht bei Empfang der Kaufsache vor allem aus handelsrechtlichem Denken hervorgegangen ist, zeigte sich deutlich in der Diskussion der Nürnberger Kommission zum Entwurf eines Allgemeinen Deutschen Handelsgesetzbuchs: Ausschlaggebend für die Anerkennung einer solchen waren Argumente, die auf den kaufmännischen Verkehr abgestimmt waren.

Obwohl Art. 347 ADHGB auch auf einseitige Handelsgeschäfte und damit auch auf den Verbrauchsgüterkauf Anwendung fand, wurde die Einführung einer Untersuchungs- und Rügepflicht als allgemeine bürgerlich-rechtliche Regel in Deutschland, anders als in der Schweiz[117], nicht erwogen.[118] Für das bürgerliche Recht blieb es bei dem römisch-rechtlichen Grundsatz, daß es eine Gewährleistungshaftung nur für verborgene Mängel geben sollte, also für solche, die der Käufer bei Vertragsschluß nicht kannte und die er auch nicht fahrlässig überse-

116 So *Raisch*, 284.

117 Art. 201 OR; s. dazu umfassend *Bucher*, SJZ 1971, 1, 17.

118 Vgl. den Dresdener Entwurf eines Allgemeinen Deutschen Gesetzes über Schuldverhältnisse und das Sächsische BGB, oben Kap. I.4.c.gg und I.4.c.ff.

hen hatte. Auch der Grundsatz des I 5 § 330 ALR, nach dem auch im Zivilkauf dem Käufer zumindest eine oberflächliche Besichtigung der Kaufsache und Anzeigepflicht bei Abnahme auferlegt waren, ist in dieser Form nicht in die jüngeren Zivilrechtskodifikationen übernommen worden. Er findet sich jedoch – wie weiter unten darzustellen sein wird – in abgeschwächter Form im Bürgerlichen Gesetzbuch von 1896 wieder: § 464 BGB a.F. sah eine Vorbehaltspflicht des Käufers jedenfalls bei positiver Mängelkenntnis vor.[119]

II. Die Mängelkenntnis des Käufers nach altem Kaufrecht

1. Die Vorschriften des bürgerlichen Gesetzbuches

a. Die einzelnen Tatbestände, insbesondere die §§ 460, 464 BGB a.F.

Die Sachmängelkenntnis des Käufers wurde nach altem Kaufrecht, wie es vom 01.01.1900 bis zum Inkrafttreten des Schuldrechtsmodernisierungsgesetzes[120] am 01.01.2002 galt, in zwei Fällen relevant: gemäß § 460 BGB a.F. bei Abschluß des Kaufvertrages und, wie in § 464 BGB a.F. bestimmt war, bei Annahme der Kaufsache durch den Käufer. Beide Vorschriften sahen gesetzliche Gewährleistungsausschlüsse vor. Gemäß § 439 BGB a.F. war auch bei positiver Kenntnis des Käufers von einem Rechtsmangel die Gewährleistungshaftung des Verkäufers ausgeschlossen. In § 478 BGB a.F. hatte der Gesetzgeber den Erhalt der Mängeleinrede bei rechtzeitiger Anzeige des Mangels innerhalb der Verjährungsfrist normiert.

aa. § 460 BGB a.F.[121]: Kenntnis oder grob fahrlässige Unkenntnis des Mangels bei Vertragsschluß

Gemäß § 460 BGB a.F. mußte der Verkäufer Sachmängel im Sinne des § 459 BGB a.F. dann nicht vertreten, wenn der Käufer sie bei Vertragsschluß

119 Zu den einzelnen Voraussetzungen dieser Vorschrift s. sogleich unten Kap. II.1.a.bb.

120 Gesetz zur Modernisierung des Schuldrechts vom 26.11.2001, BGBl. I 2001, 3138.

121 § 460 BGB a.F.: „Der Verkäufer hat einen Mangel der verkauften Sache nicht zu vertreten, wenn der Käufer den Mangel bei dem Abschlusse des Kaufes kennt. Ist dem Käufer ein Mangel der in § 459 Abs. 1 bezeichneten Art infolge grober Fahrlässigkeit unbekannt geblieben, so haftet der Verkäufer, sofern er nicht die Abwesenheit des Fehlers zugesichert hat, nur, wenn er den Fehler arglistig verschwiegen hat."

gekannt oder grob fahrlässig verkannt hatte. Im Falle der grob fahrlässigen Unkenntnis des Käufers haftete der Verkäufer gleichwohl, wenn er arglistig gehandelt oder die Abwesenheit des Fehlers zugesichert hatte.

(1). Kenntnis im Sinne des § 460 S. 1 BGB a.F.

Kenntnis im Sinne des § 460 S. 1 BGB a.F. bedeutete positives Wissen. Der Käufer mußte dabei den Mangel in seiner Gesamtheit, in seiner rechtlichen Bedeutung und seiner Erheblichkeit für den Wert oder die Tauglichkeit der Sache erkannt haben.[122] Die Kenntnis mußte im Zeitpunkt des Kaufabschlusses vorliegen. Nachträgliche, also nach Vertragsschluß erlangte Kenntnis schadete dem Käufer nur im Rahmen des § 464 BGB a.F., bei vorbehaltloser Annahme der Sache.[123]

(2). Grob fahrlässige Unkenntnis

Grob fahrlässig im Sinne des § 460 S. 2 BGB a.F. handelte, wer die im Verkehr erforderliche Sorgfalt in besonders hohem Maß mißachtete.[124] Dies setzte in objektiver Hinsicht einen über das normale Maß hinausgehenden, schweren Sorgfaltspflichtverstoß voraus, der dem Handelnden auch in subjektiver Hinsicht, d.h. in Anbetracht seiner individuellen Fähigkeiten besonders vorzuwerfen war.[125] Grob fahrlässige Unkenntnis im Sinne des § 460 BGB a.F. bedeutete also, daß die Unkenntnis des Käufers die Folge einer besonders schweren, persönlich vorwerfbaren Sorgfaltspflichtverletzung sein mußte. Eine solche Sorgfaltspflichtverletzung wurde dann bejaht, wenn den Käufer eine rechtliche Pflicht traf, sich bei Vertragsschluß von der Beschaffenheit der Kaufsache zu überzeugen und dabei gegebenenfalls vorhandene Mängel festzustellen, er dieser aber nicht nachgekommen war.[126] Nach allgemeiner Auffassung oblag dem Käufer allerdings keine generelle Untersuchungspflicht. Der Käufer sollte sich im all-

122 BGH NJW 1981, 2640 f.; *Palandt-Putzo*, § 460 Rn. 6; MüKo-*Westermann*, § 460 Rn. 4; *Staudinger-Honsell*, § 460 Rn. 2; *Soergel-Huber*, § 460 Rn. 16; *Walter*, 216; *Larenz*, SchR BT/1, 47; *Eckert*, Rn. 105; *Müller*, SchR BT, Rn. 275.

123 *Staudinger-Honsell*, § 460 Rn. 5; *Soergel-Huber*, § 460 Rn. 18; *Erman-Grunewald*, § 460 Rn. 6; *Palandt-Putzo*, § 460 Rn. 7.

124 *Brox/Walker*, SchR BT, Rn. 72; *Soergel-Huber*, § 460 Rn. 20; *Walter*, 218; MüKo-*Westermann*, § 460 Rn. 8; *Palandt-Putzo*, § 460 Rn. 11; *Köhler*, JZ 1989, 761 (767).

125 *Schlechtriem*, SchR AT, Rn. 263; *Medicus*, SchR I, Rn. 311; *Erman-Battes*, § 276 Rn. 26; MüKo-*Grundmann*, § 276 Rn. 94 f.

126 Vgl. *Staudinger-Honsell*, § 460 Rn. 7; s. auch *Köhler*, JZ 1989, 761 (767), der von einem „Mindestinformationsaufwand“ spricht.

gemeinen auf die Angaben des Verkäufers verlassen dürfen.[127] Grobe Fahrlässigkeit wurde folglich erst dann angenommen, wenn nach den dem Käufer bekannten Indizien und Tatsachen der Schluß auf mögliche Mängel so nahe gelegen hatte, daß es unverständlich erschien, daß der Käufer den Dingen nicht weiter nachgegangen war.[128] Besondere, zur Vorsicht gemahnende Umstände konnten demnach im Einzelfall eine Prüfungspflicht des Käufers begründen.[129] So ging man etwa im Falle eines Grundstückskaufs im allgemeinen von einer Besichtigungspflicht des Käufers aus; auch einen gebrauchten Pkw mußte der Käufer im Regelfall besichtigen und die vom Verkäufer angebotene Möglichkeit einer Probefahrt nutzen. [130]

Für die Sorgfaltspflichtverletzung war dabei auf den Zeitpunkt des Vertragsschlusses oder auf den Zeitraum bis zum Vertragsschluß abzustellen. Dies ergab sich aus dem systematischen Zusammenhang zwischen § 460 S. 2 und S. 1 BGB a.F. Die nachträgliche grob fahrlässige Unkenntnis eines Mangels war unbeachtlich.[131]

(3). Rechtsfolge

Rechtsfolge der Mängelkenntnis des Käufers oder der grob fahrlässigen Unkenntnis war der Ausschluß aller Ansprüche aus Sachmängelgewährleistung. Die in § 460 BGB a.F. verwendete Formulierung „zu vertreten haben" meinte das, was in § 459 BGB a.F. als „Haftung" bezeichnet war.[132]

---

127 RGZ 131, 343 (353); *Soergel-Huber*, § 460 Rn. 19; MüKo-*Westermann*, § 460 Rn. 8; *Erman-Grunewald*, § 460 Rn. 11; *Palandt-Putzo*, § 460 Rn. 11; AltKo-*Reich*, §§ 460 – 461 Rn. 1; *Eckert*, Rn. 105; *Medicus*, SchR II, Rn. 51; *Larenz*, SchR BT/1, 47; *Schlechtriem*, SchR BT, Rn. 94.

128 Es ging also um offenkundige Mängel, *Medicus*, SchR II, Rn. 51; s. auch MüKo-*Westermann*, § 460 Rn. 8.

129 RGZ 131, 343 (353 f); *Staudinger-Honsell*, § 460 Rn. 7; MüKo-*Westermann*, § 460 Rn. 8; *Erman-Grunewald*, § 460 Rn. 11; *Larenz*, SchR BT/1, 47; *Walter*, 218. Das Unterlassen einer Untersuchung konnte im Einzelfall auch dann grobe Fahrlässigkeit begründen, wenn der Käufer Sachkundiger war, dem Verkäufer die Sachkunde jedoch fehlte (z.B. Kfz-Händler übernimmt einen gebrauchten Pkw von einem Nichtsachkundigen), oder wenn beim Kauf bestimmter Gegenstände die Verkehrssitte eine eingehende Besichtigung der Kaufsache vorschrieb (so beispielweise beim Kauf von Kunstwerken und Antiquitäten), s. *Palandt-Putzo*, § 460 Rn. 12; *Soergel-Huber*, § 460 Rn. 20; umfassend zu den einzelnen Fallgruppen auch *Fleischer*, 479 ff.

130 *Erman-Grunewald*, § 460 Rn. 12 f.

131 RGZ 131, 343 (353) *Soergel-Huber*, § 460 Rn. 19; *Palandt-Putzo*, § 460 Rn. 10.

132 *Soergel-Huber*, § 460 Rn. 1; MüKo-*Westermann*, § 460 Rn. 1.

Trotz grob fahrlässiger Unkenntnis des Käufers mußte der Verkäufer gemäß § 460 S. 2 BGB a.F. ausnahmsweise doch haften, wenn er die Abwesenheit des Fehlers zugesichert oder den Fehler arglistig verschwiegen hatte. Bei positiver Mängelkenntnis des Käufers hingegen waren die Gewährleistungsrechte selbst im Falle der Arglist des Verkäufers ausgeschlossen. Dies galt grundsätzlich auch dann, wenn der Verkäufer eine Zusicherung für eine bestimmte Eigenschaft übernommen hatte (§ 460 S. 1 BGB a.F. sah eine entsprechende Ausnahmeregelung nicht vor), allerdings kam es entscheidend auf den Inhalt der Zusicherung an. So konnte die Vereinbarung einer bestimmten Eigenschaft in Kenntnis ihres Fehlens gerade auch bedeuten, daß der Verkäufer sie noch herstellen sollte. Hatte aber der Verkäufer die fragliche Eigenschaft der Sache in der Weise zugesichert, daß er sie bis zur Lieferung herzustellen versprach, so schadete dem Käufer auch die positive Kenntnis vom Fehlen dieser Eigenschaft bei Vertragsschluß nicht[133]: Durch die besondere Vereinbarung war der § 460 BGB a.F. mit der Rechtsfolge des Gewährleistungsverlusts ausgeschlossen.[134] War die Herstellung der fehlenden Eigenschaft bis zur Lieferung versprochen worden, lag zu diesem Zeitpunkt aber immer noch nicht vor, so konnte allerdings die Ausschlußnorm des § 464 BGB a.F. Bedeutung erlangen, die einen Haftungsausschluß anordnete, wenn der Käufer die Kaufsache in Kenntnis ihrer Mangelhaftigkeit annahm. Erforderlich war allerdings, daß dem Käufer das Fehlen der fraglichen Eigenschaft positiv bekannt war. Er war nicht etwa gehalten, die Kaufsache im Zeitpunkt der Annahme auf das Vorhandensein der versprochenen Eigenschaft hin zu überprüfen.[135]

133 RG Recht 1908, Nr. 960; *Eccius*, in: *Gruchot* 43 (1899), 305 (309 f.); *Larenz*, SchR BT/1, 47; *Soergel-Huber*, Art. 460 Rn. 17; MüKo-*Westermann*, § 460 Rn. 6; *Staudinger-Honsell*, § 460 Rn. 6.

134 Im Ergebnis übereinstimmend doch mit unterschiedlichen Begründungen: *Larenz*, SchR BT/1, 47; *Staudinger-Honsell*, § 460 Rn. 6 (Übernahme einer Nebenpflicht); *Soergel-Huber*, § 460 Rn. 17 (Gemischter Vertrag oder Kaufvertrag mit Nebenverpflichtung); MüKo-*Westermann*, § 460 Rn. 6 (Garantievertrag); RG Recht 1908, Nr. 960 (Ausschluß des § 460 BGB a.F.) *Eccius*, in: *Gruchot* 43 (1899), 305 (309 ff.) (Nebenvertrag; wurde keine Herstellungsverpflichtung übernommen, so sollte eine vertragsmäßige Umgestaltung des gesetzlichen Gewährleistungsanspruchs in dem Sinne vorliegen, daß der § 460 BGB a.F. ausgeschlossen war.).

135 S. dazu sogleich unten Kap. II 1.a.bb.

bb. § 464 BGB a.F.[136]*: Vorbehaltlose Annahme des Käufers in Kenntnis der Mangelhaftigkeit*

Kannte der Käufer den Mangel nicht bereits bei Vertragschluß sondern erst bei der Entgegenname des Kaufgegenstandes, so mußte er sich seine Rechte gemäß § 464 BGB a.F. vorbehalten. Der Vorbehalt stellte dabei, wie auch die Mängelrüge im Sinne des § 377 HGB, keine Rechtspflicht im eigentlichen Sinne, sondern lediglich eine Obliegenheit dar.[137]

(1). Kenntnis im Sinne des § 464 BGB a.F.

Der Begriff der Kenntnis gemäß § 464 BGB a.F. korrespondierte mit dem des § 460 S. 1 BGB a.F.[138] Anders als nach § 460 S. 2 BGB a.F. schadete dem Käufer im Rahmen des § 464 BGB a.F. die grob fahrlässige Unkenntnis eines Mangels jedoch nicht. Übersah er im Zeitpunkt zwischen Vertragsschluß und Übergabe der Sache grob fahrlässig einen Mangel, so konnte er bei späterer Entdekkung dennoch ungehindert Gewährleistungsansprüche geltend machen, auch wenn er nicht getäuscht worden war.[139] Der Gesetzgeber hatte diese Entscheidung bei der Ausgestaltung der Vorschrift mit Bedacht getroffen: Die Gleichstellung von grob fahrlässiger Unkenntnis und positiver Mängelkenntnis nach dem Vorbild des § 460 BGB a.F. hätte den Käufer im Einzelfall zu einer, wenn auch nur summarischen Prüfung bei Annahme der Kaufsache genötigt.[140] Die Einführung einer wie auch immer gearteten Untersuchungspflicht bei Ablieferung oder einer Obliegenheit zur Rüge der bei Annahme erkennbaren Fehler wurde für den bürgerlich-rechtlichen Kauf jedoch grundsätzlich abgelehnt.[141]

---

136 § 464 BGB a.F.: „Nimmt der Käufer eine mangelhafte Sache an, obschon er den Mangel kennt, so stehen ihm die in den §§ 462, 463 bestimmten Ansprüche nur zu, wenn er sich seine Rechte wegen des Mangels bei der Annahme vorbehält."

137 Vgl. *Staudinger-Honsell*, § 464 Rn. 1. Obliegenheiten begründen für den „Berechtigten" weder einen Erfüllungsanspruch noch entstehen bei Verletzung Schadenersatzforderungen. Die Befolgung einer Obliegenheit ist vielmehr ein Gebot des eigenen Interesses, da der Belastete bei Nichtbeachtung einen Rechtsverlust oder rechtliche Nachteile erleidet (*Palandt*[62]*-Heinrichs*, Einl v § 241 Rn. 11).

138 *Staudinger-Honsell*, § 464 Rn. 2; *Soergel-Huber*, § 464 Rn. 14; MüKo-*Westermann*, § 464 Rn. 7.

139 *Palandt-Putzo*, § 464 Rn. 5; *Soergel-Huber*, § 464 Rn. 2; MüKo-*Westermann*, § 464 Rn. 1; *Erman-Grunewald*, § 464 Rn. 3; *Schlechtriem*, SchR BT, Rn. 95; *Müller*, SchR BT, Rn. 283.

140 *Erman-Grunewald*, § 464 Rn. 3; *Soergel-Huber*, § 464 Rn. 2; MüKo-*Westermann*, § 464 Rn. 1; *Schlechtriem*, SchR BT, Rn. 95; *Emmerich*, SchR BT, Rn. 74.

141 Siehe dazu unten Kap. II.1.b.bb. die Ausführungen zur Entstehung der Norm.

(2). Maßgeblicher Zeitpunkt

Während der § 460 BGB a.F. sich auf den Vertragsschluß bezog, stellte § 464 BGB a.F. auf die Vertragserfüllung ab: maßgeblicher Zeitpunkt war die Annahme der Kaufsache. Im Rahmen dieser Vorschrift wurde folglich nur die zwischen Vertragsschluß und Übergabe der Kaufsache erlangte Kenntnis relevant.[142] Spätere – also erst nach der Annahme eintretende – Kenntnis des Käufers von einem Mangel hinderte seine Gewährleistungsrechte nicht.[143] Dies ergab sich eindeutig aus dem Wortlaut des § 464 BGB a.F. Der Gesetzgeber hatte bewußt von der Statuierung einer Pflicht des Käufers zur sofortigen Rüge nachträglich auftretender Mängel, wie für den Handelskauf in § 377 III HGB normiert, abgesehen. Der Käufer, der bei Abnahme von der Mangelhaftigkeit des Kaufgegenstandes nichts wußte, verlor seine Sachmängelansprüche also nicht schon dadurch, daß er einen später entdeckten Mangel nicht unverzüglich anzeigte. Das Gesetz nahm es insofern hin, daß der Käufer die ohnehin kurzen Verjährungsfristen des § 477 BGB a.F. voll ausschöpfen konnte.

Nach Auffassung der Rechtsprechung war freilich im Einzelfall denkbar, daß ein Käufer, dem erst nach der Annahme Mängel bekannt wurden, stillschweigend auf Gewährleistungsansprüche verzichtete oder daß er durch sein Verhalten derartige Ansprüche gemäß § 242 BGB verwirkte.[144] § 464 BGB a.F. stand einer solchen Interpretation des Käuferverhaltens grundsätzlich nicht entgegen.[145] Laut einer Entscheidung des BGH aus dem Jahre 1958 konnte ein Verzicht des Käufers allerdings nicht, wie im Regelungsbereich des § 464 BGB a.F., lediglich aufgrund eines fehlenden Vorbehalts unterstellt werden. Vielmehr mußte er aus besonderen anderen Tatsachen hervorgehen und vom Verkäufer bewiesen werden.[146] Von einer Verwirkung des Wandelungsrechts sollte nach der Rechtsprechung ausnahmsweise dann auszugehen sein, wenn der Berechtigte in Kenntnis

142 Fand die Erfüllung in unmittelbarem Anschluß an die Vertragsschließung statt, setzte sich der weitergehende § 460 BGB a.F. gegen § 464 BGB a.F. durch, *Palandt-Putzo*, § 464 Rn. 2; MüKo-*Westermann*, § 464 Rn. 1.

143 BGH NJW 1958, 1724; *Staudinger-Honsell*, § 464 Rn. 11; a.A.: nur BGH WM 1978, 1094 (1095); *Huber* geht jedoch davon aus, daß die nicht näher erläuterte Bezugnahme auf § 464 BGB a.F. in dieser Entscheidung auf einem Versehen beruht, s. *Soergel-Huber*, § 464 Rn. 16 Fn. 39.

144 BGB NJW 1958, 1724; LG Oldenburg MDR 1952, 39; s. auch *Walter*, 220.

145 *Soergel-Huber*, § 464 Rn. 3; so auch ausdrücklich in den gesetzgeberischen Motiven: „Selbstverständlich ist hierdurch nicht ausgeschlossen, daß im Einzelfalle nach den Umständen aus der Unterlassung der möglichen Untersuchung bz. der Rüge der Schluß auf den Verzicht des Empfängers auf seine Rechte (§§ 383, 385) gerechtfertigt sein mag.“, *Mugdan*, Motive, 127, vgl. dazu auch unten Teil C Kap. II.2.

146 So BGH NJW 1958, 1724.

des Mangels, wie es dazu hieß, „mit der Sache in einer Weise verfährt, die nach Treu und Glauben auf seinen Willen, sie zu behalten, schließen läßt"; also z.B. dann, wenn der Käufer die mangelhafte Sache veräußerte[147] oder verbrauchte oder trotz Kenntnis des Mangels bezahlte.[148] Das Reichsgericht stellte hierzu fest, der Grundsatz von Treu und Glauben gebiete auch außerhalb des beidseitigen Handelskaufes gemäß § 377 HGB, daß der Käufer die Mängelanzeige nicht ungebührlich verzögere; ansonsten müsse er sich nach Treu und Glauben so behandeln lassen, als ob er die Ware billige und behalten wolle.[149]

Die Literatur erkannte die Möglichkeit der Bejahung eines stillschweigenden Verzichts oder einer Verwirkung im Falle der nach Annahme erlangten Mängelkenntnis grundsätzlich an.[150] *Huber* hielt dabei jedoch Zurückhaltung für angebracht. So könne, je nach Umständen, ein stillschweigender Verzicht des Käufers vorliegen, wenn er trotz Kenntnis des Mangels den vereinbarten Kaufpreis vorbehaltlos zahle[151], nicht aber beispielweise schon dann, wenn ein Käufer in Kenntnis der Mängel das gekaufte Grundstück bebaue.[152] Noch größere Vorsicht sollte gegenüber der Annahme einer Verwirkung geboten sein. So ging *Westermann* davon aus, daß an die Verwirkung angesichts der sehr kurzen Verjährungsfrist des § 477 BGB a.F. höchste Ansprüche zu stellen seien.[153] Jedenfalls dürften, betonte er, die in den §§ 464, 477 BGB a.F. und § 377 HGB zum Ausdruck gebrachten grundsätzlichen gesetzlichen Wertungen durch Rückgriff auf die Rechtfiguren des „stillschweigenden Verzichts" oder der „Verwirkung" nicht überspielt werden. Als Grundsatz müsse vielmehr gelten, daß der Käufer, der nicht dem § 377 HGB unterliege, die Sachmängelansprüche bis zum Ablauf der Verjährungsfrist geltend machen könne, gleichgültig, wann er den Mangel entdeckt habe, solange er nicht bereits bei Abnahme der Kaufsache Kenntnis davon gehabt habe.[154]

147 Die Verwirkung mußte dabei nicht auch für das Minderungsrecht gelten: RGZ 131, 343 (347).

148 LG Oldenburg MDR 1952, 39.

149 RGZ 104, 95 (96).

150 *Walter*, 220; *Soergel-Huber*, § 464 Rn. 3; MüKo-*Westermann*, § 464 Rn. 1, 9; *Erman-Grunewald*, § 464 Rn. 7; RGRK-*Mezger*, § 464 Rn. 5; zum stillschweigenden Verzicht des Käufers bzw. einer Verwirkung der Gewährleistungsrechte durch Weiterbenutzung der mangelhaften Kaufsache in Kenntnis des Mangels vgl. auch *Soergel-Huber*, § 467 Rn. 71 ff.; MüKo-*Westermann*, § 467 Rn. 5.

151 So LG Oldenburg MDR 1952, 39.

152 *Soergel-Huber*, § 464 Rn. 3 mit Hinweisen auf die Rechtsprechung.

153 MüKo-*Westermann*, § 464 Rn. 1.

154 *Soergel-Huber*, § 464 Rn. 3; MüKo-*Westermann*, § 464 Rn. 9.

(3). Begriff der Annahme

Die „Annahme“ im Sinne des § 464 BGB a.F. war nach herrschender Meinung so zu verstehen wie der Begriff der „Annahme als Erfüllung“ in § 363 BGB oder „Abnahme“ in § 640 II BGB a.F. Demnach genügte die körperliche Entgegennahme der Sache für sich allein genommen nicht. Es kam vielmehr darauf an, daß der Käufer ausdrücklich oder stillschweigend zu erkennen gab, er nehme die Leistung des Verkäufers als in der Hauptsache vertragsgemäße Erfüllung an.[155] Das Reichsgericht stellte dazu in RGZ 109, 295 (396) noch fest: „...Annahme als Erfüllung bedeutet nur die Entgegennahme der Leistung auf Grund des Vertrags mit dem Willen, diese Leistung der Hauptsache nach als vertragsmäßige Erfüllung gelten zu lassen.“ *Larenz* ging diese „willenstheoretische“ Formulierung jedoch zu weit. Es komme lediglich darauf an, kommentierte er, ob aus dem Verhalten des Gläubigers auf einen entsprechenden Willen *geschlossen* werden könne.[156] Die Annahme als Erfüllung im Sinne des § 464 BGB a.F. hatte jedenfalls nicht notwendigerweise rechtsgeschäftlichen Charakter: die Abgabe einer Willenserklärung war hierfür nicht erforderlich. Insbesondere mußte mit der Erklärung kein Rechtsfolgewillen verbunden sein, denn die Rechtsfolge des Verlusts der Gewährleistungsrechte bei vorbehaltloser Annahme in Kenntnis des Mangels trat kraft Gesetzes ein.[157] Nach einer in der Literatur vertretenen Auffassung sollte die Annahme im Sinne des § 464 BGB a.F. allerdings eine rechtsgeschäfts*ähnliche* Handlung darstellen, auf die die Vorschriften über Rechtsgeschäfte, soweit sie paßten, analog anzuwenden sein sollten.[158] Einer anderen Auffassung zufolge handelte es sich lediglich um einen Realakt.[159] Jedenfalls sollte aufgrund des Rechtscharakters der Annahme als tatsächliche Handlung

155 RGZ 64, 236 (240); 109, 295 (296); BGH NJW 1958, 1724; MüKo-*Westermann*, § 464 Rn. 4; *Soergel-Huber*, § 464 Rn. 9; *Staudinger-Honsell*, § 464 Rn. 4; *Erman-Grunewald*, § 464 Rn. 4; *Palandt-Putzo*, § 464 Rn. 6; *Larenz*, SchR BT/1, 48.

156 *Larenz*, SchR AT, 243: Nahm der Käufer die ihm im Laden offen übergebene Sache wortlos entgegen, so sollte dies als Erfüllungsannahme zu werten sein. Anders war zu entscheiden, wenn ihm auf seine Bestellung hin der Kaufgegenstand verpackt zugesandt wurde. *Larenz* ging davon aus, in diesem Fall könne in der bloßen Übernahme des Pakets noch keine Annahme als Erfüllung gesehen werden. Bezahlte der Käufer am nächsten Tage aber ohne zu beanstanden die Rechnung, so sollte darin die nachträgliche Anerkennung des Erfüllungscharakters der Leistung, sprich eine Erfüllungsannahme, liegen; vgl. auch *Palandt-Putzo*, § 363 Rn. 2.

157 MüKo-*Westermann*, § 464 Rn. 4; *Soergel-Huber*, § 464 Rn. 9; *Larenz*, BT/1, 48.

158 *Soergel-Huber*, § 464 Rn. 9; MüKo-*Westermann*, § 464 Rn. 4; so wohl auch *Staudinger-Olzen*, § 363 Rn. 12.

159 RGZ 109, 295 (296); *Gernhuber*, 134; RGRK-*Weber*, § 363 Rn. 3; *Enneccerus/Lehmann*, 260; *Leonhard*, 356 (zu § 363 BGB).

nach fast allgemeiner Ansicht eine Anfechtung wegen Willensmängeln ausgeschlossen sein.[160]

An dem Annahmebegriff der herrschenden Meinung im Rahmen des § 464 BGB a.F. wurde vereinzelt Kritik geübt. So merkte *Raisch*[161] dazu an, die herrschende Meinung verlange letztlich vom Käufer die widersprüchliche Erklärung, er erkenne die Sache im wesentlichen („der Hauptsache nach") als vertragsgemäß an; da sie aber mangelhaft, sprich nicht vertragsgemäß, sei, behalte er sich seine Gewährleistungsrechte vor. Nach *Raisch* sollte es deshalb für die Annahme im Sinne des § 464 BGB a.F. auf den vom Käufer nach Vertragsschluß zur Herbeiführung des Leistungserfolges vorzunehmenden besitzrechtlichen Akt ankommen. Dieser bestehe häufig bereits in der körperlichen Entgegennahme der Ware, so daß auch in dem vorläufigen „Sich-aushändigen-lassen" des Kaufgegenstands, entgegen der herrschenden Meinung, eine Annahme gemäß § 464 BGB a.F. liegen könne.[162] Es sei hier vermerkt, daß die Argumentation *Raischs* nicht zu überzeugen vermag. Die Erklärung, die geleistete Sache als im wesentlichen vertragsgemäß anzuerkennen, sich aber trotzdem Gewährleistungsrechte vorzubehalten muß keineswegs widersprüchlich sein. Denn wer eine Vertragsleistung nur „der Hauptsache nach" anerkennt, gibt damit ja gerade zu verstehen, daß er sie zwar im wesentlichen, aber eben nicht restlos und also auch nicht im Hinblick auf etwaige Mängel akzeptiert. Daher ist es durchaus nicht sinnwidrig, wenn gleichzeitig eine Gewährleistungsvorbehalt ausgesprochen wird.[163] Schließlich hätte der Käufer die Annahme der mangelhaften Sache u.U. auch gänzlich verweigern können. Der Vorbehalt im Sinne des § 464 BGB a.F. war insofern lediglich die Konsequenz seiner Entscheidung, die als mangelhaft erkannte Ware trotz ihrer Mangelhaftigkeit anzunehmen und nicht zurückzuweisen.

Dem Käufer insbesondere einer Gattungssache standen nämlich grundsätzlich die Möglichkeit und das Recht zur Seite, an Stelle der Annahme die mangelhafte Ware zurückzuweisen und sich so seinen ursprünglichen Erfüllungsanspruch zu erhalten.[164] Die Zurückweisung bedeutete die Weigerung des Käufers,

---

160 *Gernhuber*, 134; *Erman-Westermann*, § 363 Rn. 3; MüKo-*Wenzel*, § 363 Rn. 3; *Soergel-Zeiss*, § 363 Rn. 1; RGRK-*Weber*, § 363 Rn. 3; a.A.: *Olzen*, der, obschon er die Annahme als Erfüllung ebenfalls als tatsächliche Handlung qualifizierte (*Staudinger-Olzen*, § 363 Rn. 11), dennoch eine Anfechtung für möglich hielt (*Staudinger-Olzen*, § 363 Rn. 12).

161 *Raisch*, in: FS Duden, 399 ff.

162 *Raisch*, in: FS Duden, 399 (402 f.).

163 Vgl. auch *Soergel-Zeiss*, § 363 Rn. 2: Die Rüge einzelner Mängel bzw. Vorbehalte aufgrund von Mangelhaftigkeit schließen die Annahme als Erfüllung nicht aus.

164 Zum Zurückweisungsrecht umfassend *Ernst*, NJW 1997, 896 ff. Die Zurückweisung der als mangelhaft erkannten Ware war in erster Linie für den Gattungskauf

die offerierte Kaufsache als Erfüllung anzunehmen.[165] Andersherum betrachtet stellte also die Annahme einer als mangelhaft erkannten Sache einen Verzicht auf das an sich gegebene Zurückweisungsrecht dar. *Rieble* legte in diesem Zusammenhang die dogmatische Verknüpfung mit § 464 BGB a.F. dar: Seiner Auffassung nach leitete sich das Zurückweisungsrecht nicht erst, wie allgemein angenommen, aus dem Wandlungsrecht des Käufers[166], sondern direkt aus der Haftungsausschlußvorschrift des § 464 BGB a.F. ab, da deren Wortlaut „Nimmt der Käufer die mangelhafte Sache an..." bereits klar auf die Möglichkeit der Annahmeverweigerung des Käufers hindeute. Der Verlust der Gewährleistungsrechte sollte demnach nicht primär aus dem unterlassenen Mängelvorbehalt, sondern aus der unterbliebenen Zurückweisung der Kaufsache folgen. Laut *Rieble* erstreckte der § 464 BGB a.F. den Verzicht des Käufers bezüglich des Zurückweisungsrechts insofern auch auf die Sachmängelrechte.[167] Diese Sichtweise darf freilich nicht dahingehend mißverstanden werden, daß den Käufer, wollte er sich seine Gewährleistungsrechte erhalten, eine Pflicht zur Zurückweisung des als mangelhaft erkannten Kaufgegenstands getroffen hätte. Insofern war klar zu unterscheiden: Wies der Käufer die angebotene Gattungsache zurück, so behielt er seinen ursprünglichen Lieferungsanspruch aus § 433 I BGB a.F.; er war nicht auf den Nachlieferungsanspruch gemäß § 480 I 1 BGB a.F. beschränkt. Nahm der Käufer die Ware dagegen trotz positiver Kenntnis eines Mangels als im großen und ganzen vertragsgemäße Erfüllung an, beabsichtigte dabei aber die spätere Geltendmachung der aus dem Mangel folgenden Gewährleistungsrechte, so mußte er sich diese Rechte gemäß § 464 BGB a.F. vorbehalten. Zutreffend wies *Rieble* darauf hin, daß das Recht zur Zurückweisung der Kaufsache und die Obliegenheit zum Mängelvorbehalt durch § 464 BGB a.F. an ein und denselben Zeitpunkt geknüpft waren: Der Käufer mußte sich seine Gewährleistungsrechte deshalb vorbehalten, weil er die Ware als Erfüllung angenommen und nicht sogleich zurückgewiesen hatte.[168]

Der Annahmezeitpunkt war demnach im Hinblick auf die Vorbehaltspflicht nach § 464 BGB a.F. und die Möglichkeit der Zurückweisung einheitlich zu be-

relevant. Doch auch der Käufer einer Speziessache durfte den ihm angebotenen Kaufgegenstand aufgrund seiner Fehlerhaftigkeit zurückweisen, sofern ihm das Recht auf Wandelung zustand, str.; s. *Ernst*, NJW 1997, 896 (901); *Soergel-Huber*, § 433 Rn. 261.

165 So *Ernst*, NJW 1997, 896 (897).

166 So etwa *Soergel-Huber*, § 433 Rn. 261; vgl. auch *Walter*, 317 f., der das Annahmeverweigerungsrecht bei Sachmängeln allerdings nach dem Grundsatz von Treu und Glauben beschränken wollte.

167 *Rieble*, JZ 1997, 485.

168 *Rieble*, JZ 1997, 485 (489).

stimmen. Allerdings war dabei, wie bereits angemerkt, nicht maßgeblich auf die körperliche Entgegennahme der Kaufsache abzustellen. Hiervon ging *Rieble* jedoch – insofern übereinstimmend mit *Raisch* – aus.[169] Kritisch wies er diesbezüglich auf folgendes hin: das der herrschenden Meinung zugrundeliegende Verständnis der Annahme im Sinne einer *Billigung* der Vertragsleistung als im wesentlichen vertragsgemäß setzte gedanklich voraus, daß der Käufer die Ware geprüft oder zumindest die Möglichkeit dazu gehabt hatte. Eine Billigung des Leistungsgegenstands ließ sich zwar bei einfachen Waren u.U. bereits im bloßen Empfang derselben erblicken. Etwas anderes mußte jedoch bei schwer überschaubaren Vertragsleistungen gelten: Die Übernahme komplexerer oder verpackter Güter war nach allgemeiner Auffassung nicht als Annahme zu werten und löste folglich weder die Beweislastumkehr des § 363 BGB noch die Vorbehaltslast des § 464 BGB a.F. aus.[170] Auch die Möglichkeit der Zurückweisung der Kaufsache endete nicht zwangsläufig damit, daß der Käufer die Ware in seinen Besitz übernahm.[171] Vielmehr sollte dem Käufer je nach Eigenart des Kaufgegenstands eine kurze Prüfungs- und Überlegungsfrist zugebilligt werden, um ihm die Gelegenheit zu geben, die Vertragsleistung einer genaueren Betrachtung zu unterziehen und ggf. herauszufinden, was in der Verpackung steckte und ob sich der Inhalt als vollständig und mangelfrei erwies.

Das daraus resultierende Hinausschieben des Annahmezeitpunkts stellte sich allerdings nach Auffassung *Riebles* hinsichtlich § 464 BGB a.F. als für den Käufer nachteilig dar: Zwar werde ihm eine Untersuchungsmöglichkeit eingeräumt, doch gehe jeder Fehler, den er in diesem Zeitraum bemerke, durch die Rechtsfolge der Anzeigepflicht des § 464 BGB a.F. und den drohenden Verlust der Gewährleistungsrechte zu seinen Lasten. Gälte dagegen der frühestmögliche Annahmezeitpunkt, also die körperliche Entgegennahme der Kaufsache, so käme der Käufer gar nicht erst in die „Verlegenheit", Mängel zu erkennen, die er dann rügen müsse. Das Abstellen auf einen späteren Zeitpunkt konterkariere mittelbar die Entscheidung des BGB, dem nicht kaufmännischen Käufer keine Untersuchung- und Anzeigepflicht aufzuerlegen.[172] Dem kann hier jedoch nicht zugestimmt werden. Der von der herrschenden Meinung zu § 464 BGB a.F. vertretene Annahmebegriff lief der gesetzgeberischen Entscheidung keineswegs zuwider. Denn gerade eine Untersuchungs*pflicht* des Käufers wurde hierdurch nicht begründet.[173] Daß dem Käufer im Rahmen der Annahme nach § 464 BGB a.F. vielmehr eine Prüfungs*möglichkeit* eröffnet wurde, ist nicht zu beanstanden:

169 *Rieble*, JZ 1997, 485 (489); in diesem Sinne auch *Erman-Seiler*, § 640 Rn. 3.
170 *Staudinger-Olzen*, § 363 Rn. 14.
171 *Ernst*, NJW 1997, 896 (899).
172 *Rieble*, JZ 1997, 485 (487 f.).
173 Vgl. *Erman-Westermann*, § 362 Rn. 3.

Dem Käufer muß eine angemessene Überlegungsfrist zugebilligt werden, bevor er eine Sache (ggf. unter Vorbehalt) annimmt oder auch zurückweist.[174]

(4). Vorbehalt

Den in § 464 BGB a.F. normierten Verlust der Gewährleistungsansprüche konnte der Käufer vermeiden, wenn er sich seine Rechte bei der Annahme vorbehielt. Der Vorbehalt im Sinne des § 464 BGB a.F. stellte eine einseitige empfangsbedürftige Willenserklärung dar, in der der Käufer einen bestimmten Mangel konkret bezeichnen mußte. Ein allgemein gehaltener Vorbehalt reichte insofern nicht aus.[175] Auf eine bestimmte Form kam es dabei nicht an; auch eine Erklärung durch schlüssiges Verhalten war grundsätzlich möglich.[176] Der Vorbehalt mußte dem Verkäufer oder einem Empfangsbevollmächtigten gegenüber spätestens bei der Annahme erklärt werden. Ein davor ausgesprochener Vorbehalt sollte aber auch ausreichen, wenn er bei der Annahe erkennbar aufrechterhalten wurde.[177]

(5). Rechtsfolge und Anwendungsbereich

Lagen die Voraussetzungen des § 464 BGB a.F. vor, so waren alle in den §§ 462, 463 BGB a.F. genannten Gewährleistungsansprüche hinsichtlich der dem Käufer bekannten Mängel ausgeschlossen. Entsprechendes galt gemäß § 480 I 2 BGB a.F. auch für den Nachlieferungsanspruch beim Gattungskauf. Der eindeutige Wortlaut des § 464 BGB a.F. ließ keinen Zweifel darüber zu, daß auch bei einem Versuch arglistiger Täuschung durch den Verkäufer der Käufer, der diese Täuschung durchschaut hatte, sich seine Mängelansprüche vorbehalten mußte.[178]

174 Vgl. *Soergel-Zeiss*, § 363 Rn. 2. Selbstverständlich konnte der Käufer die Ware auch positiv annehmen, ohne die eingeräumte Prüfungsmöglichkeit wahrzunehmen, s. *Ernst*, NJW 1997, 896 (899).

175 *Soergel-Huber*, § 464 Rn. 17; *Palandt-Putzo*, § 464 Rn. 8; *Koch*, NJW 1989, 1658; *Müller*, SchR BT, Rn. 284 f.; *Walter*, 220; a.A. *Erman-Grunewald*, § 464 Rn. 8, der davon ausging, daß in der pauschalen Erklärung, die Kaufsache sei nicht in Ordnung, gar keine Annahme liege, da der Käufer die Kaufsache nicht billige. Die Mängelrechte blieben ihm folglich erhalten.

176 *Staudinger-Honsell*, § 464 Rn. 6; MüKo-*Westermann*, § 464 Rn. 6; *Walter*, 220; *Müller*, SchR BT, Rn. 284.

177 S. dazu *Soergel-Huber*, § 464 Rn. 17; *Staudinger-Honsell*, § 464 Rn. 5; *Müller*, SchR BT, Rn. 284; RGZ 58, 261 (263).

178 *Staudinger-Honsell*, § 464 Rn. 8; *Soergel-Huber*, § 464 Rn. 19; MüKo-*Westermann*, § 464 Rn. 7: § 460 BGB a.F., der die Kenntnis bei Vertragschluß regelte, geht auf die arglistige Täuschung besonders ein.

Umstritten war die Frage, ob sich der Gewährleistungsausschluß des § 464 BGB a.F. über den Gesetzeswortlaut hinaus auch auf weitere vertragliche und gesetzliche Ansprüche erstreckte.

Nach herrschender Meinung schloß § 464 BGB a.F. Schadenersatzansprüche aus positiver Vertragsverletzung aus, soweit die Ursache des Schadens ein Sachmangel war, wie etwa bei Ansprüchen wegen eines Mangelfolgeschadens.[179] Der Rechtsgedanke des § 464 BGB a.F. sollte in diesen Fällen in dem Sinne angewandt werden, daß der Käufer bei der Annahme der Kaufsache einen Vorbehalt seines Schadenersatzanspruchs zumindest schlüssig zum Ausdruck zu bringen hatte. Hier noch weitergehende konkrete Anhaltspunkte für einen Verzichtswillen zu verlangen, erschien *Westermann* nicht systemgerecht, weil die eigentlichen Gewährleistungsansprüche nicht anders behandelt werden dürften als die von ihnen nur schwer zu unterscheidenden Ersatzansprüche.[180] Diese Lösung ist konsequent, mutet es doch widersprüchlich an, wenn § 464 BGB a.F. (durch den Verweis auf § 463 BGB a.F.) die Schadenersatzhaftung wegen Zusicherung und Arglist ausgeschlossen, die Haftung wegen einfacher Fahrlässigkeit aber unberührt gelassen hätte.[181]

Verletzte der Verkäufer im Rahmen der p.V.V. eine andere Pflicht als die Pflicht zur Lieferung einer mangelfreien Sache (eine Nebenpflicht) war der § 464 BGB a.F. schon tatbestandlich nicht betroffen.[182] Ansprüche aus *culpa in contrahendo* waren, soweit sie sich auf Sachmängel bezogen, wegen des Vorrangs der Sachmängelhaftung ohnedies ausgeschlossen, während der § 464 BGB a.F. seinerseits nicht einschlägig war, wenn es sich um eine mangelfreie Sache handelte.[183]

Im Falle der Arglist des Verkäufers sollte nach einer älteren in Rechtsprechung und Literatur vertretenen Auffassung bei vorbehaltloser Annahme nicht

---

179 *Staudinger-Honsell*, § 464 Rn. 9; *Palandt-Putzo*, § 464 Rn. 2; *Soergel-Huber*, § 464 Rn. 22 f.; MüKo-*Westermann*, § 464 Rn. 7; *Erman-Grunewald*, § 464 Rn. 11. Nach *Schlechtriem*, Vertragsordnung, 301 bezog sich § 464 BGB a.F. jedoch lediglich auf den Mangelschaden, bzw. das Interesse, für zugesagte oder vorgespiegelte Eigenschaften Ersatz zu erhalten.

180 MüKo-*Westermann*, § 464 Rn. 7.

181 So *Soergel-Huber*, § 464 Rn. 22 f.

182 *Soergel-Huber*, § 464 Rn. 23; *Staudinger-Honsell*, § 464 Rn. 9.

183 *Staudinger-Honsell*, § 464 Rn. 9; *Soergel-Huber*, § 464 Rn. 23; *Erman-Grunewald*, § 464 Rn. 11; a.A.: MüKo-*Westermann*, § 464 Rn. 7 für Mangelfolgeschäden; offengelassen in BGH ZIP 1992, 695 (697) für Tatbestände, die „mit einem Sachmangel zusammenhängen". Ging man davon aus, daß der Verkäufer beim Stückkauf für schuldhaft verursachte Mangelfolgeschäden aus *culpa in contrahendo* haftete (dazu *Soergel-Huber*, § 464 Rn. 218), mußte konsequenterweise auch ein solcher Anspruch bei Mängelkenntnis des Käufers ausgeschlossen sein.

nur der Anspruch auf Schadenersatz wegen Nichterfüllung gemäß §§ 464, 463 BGB a.F. ausgeschlossen sein, sondern auch der Schadenersatzanspruch aus unerlaubter Handlung gemäß § 823 II BGB i.V.m. § 263 StGB oder § 826 □GB a.F.[184] Zur Begründung wurde angeführt, daß, wenn man die Ausschlußwirkung des § 464 BGB a.F. nicht auch auf deliktische Ansprüche erstrecke, der Käufer auf diesem Wege die Rückzahlung des Kaufpreises und den Ersatz des Vertrauensschadens verlangen könne, was aber letztlich darauf hinausliefe, ihm das Recht auf Wandelung wieder einzuräumen. Dem Käufer solle nicht, argumentierte man, die Möglichkeit gegeben werden, durch die Wahl der Anspruchsgrundlage den § 464 BGB a.F. zu umgehen.[185]

Nach der zuletzt in der Literatur vorherrschender Auffassung galt § 464 BGB a.F. nicht für die Ansprüche aus Delikt, jedenfalls soweit es um Sach- oder Personenschäden ging.[186] Ansprüche aus § 823 I BGB sollten demnach nicht durch § 464 BGB a.F. ausgeschlossen sein. Die zu den §§ 823 II BGB und § 826 BGB angestellten Überlegungen erwiesen sich als insofern nicht übertragbar. Der Käufer, der infolge eines Sachmangels einen Personen- oder Sachschaden erlitten hatte, war vielmehr genauso zu behandeln, wie jeder beliebige Dritte, bei dem ein solcher Schaden infolge der verkehrswidrigen Beschaffenheit der Kauf-

---

184 So zuerst RGZ 59, 104; dem folgend *Enneccerus/Lehmann*, 442; *Larenz*, SchR BT/1, 48; *Soergel-Huber*, § 464 Rn. 21; *Palandt*[43]*-Putzo*, § 464 Rn. 1 (nur bis zur 43. Aufl.). Im Ergebnis auch zustimmend *Schlechtriem*, Vertragliche und außervertragliche Haftung, in: Gutachten und Vorschläge, Bd. II, 1591 (1659 f.): In den von der Rechtsprechung entschiedenen Fällen sei es zumeist um das Vertragsinteresse des Käufers gegangen, das er wegen Betrugs des Verkäufers – d.h. arglistig falscher Angaben über Sacheigenschaften – trotz Mangelkenntnis mit einem Deliktsanspruch geltend zu machen suchte. In diesen Fällen müsse die Entscheidung des Gesetzgebers zum Abschneiden aller Ansprüche führen.

185 *Soergel-Huber*, § 464 Rn. 21.

186 *Erman-Grunewald*, § 464 Rn. 11; *Palandt-Putzo*; § 464 Rn. 2; RGRK-*Mezger*, § 464 Rn. 1; MüKo-*Westermann*, § 464 Rn. 7; *Soergel-Huber*, § 464 Rn. 24; *Walter*, 220 f.; *Schlechtriem*, Vertragsordnung, 300 f.; ders., Vertragliche und außervertragliche Haftung, in: Gutachten und Vorschläge, Bd. II, 1591 (1660): „Die Vertragshaftung ist verantwortlich für das typische Leistungsinteresse, die Sache vertragsgemäß erhalten und nutzen zu können. Für den Schutz von Körper und Eigentum ist dagegen die außervertragliche Haftungsordnung zuständig und wird nur insoweit verdrängt, als Obhut und Fürsorge für diese oder eines dieser Rechtsgüter den wesentlichen Teil der Verpflichtungen einer Seite ausmacht und das diesbezügliche Risiko gesetzlich oder durch eindeutige vertragliche Abreden geregelt ist. Die Haftungsbehelfe des Kaufrechts sind aber weder in ihren Voraussetzungen noch in ihren Folgen auf die Bewahrung von Leib und Leben oder der (vertragsfremden) Sachgüter des Bestellers zugeschnitten. Außervertragliche Ansprüche wegen Verletzung dieser Rechte und Rechtsgüter sollten deshalb von den Sondervorschriften für die Sachmängelgewährleistung unberührt bleiben."

sache entstanden war.[187] Im übrigen, so wurde dargelegt, wäre bei einer Ausdehnung des § 464 BGB a.F. auch auf deliktische Ansprüche die Bestimmung des § 254 BGB nicht mehr zum Zuge gekommen, obwohl diese Vorschrift das Ausmaß des Mitverschuldens besser zu differenzieren vermochte.[188] Ließ man diese Vorschrift zur Anwedung gelangen, so scheiterte regelmäßig der Deliktsanspruch eines Käufers, der die Kaufsache in Kenntnis des Mangels angenommen und gebraucht hatte, ohnehin an überwiegendem Eigenverschulden.[189]

cc. Rechtsmängelkenntnis gemäß § 439 BGB a.F.[190]

Die Mängelkenntnis des Käufers spielte nach altem Kaufrecht nicht nur im Rahmen der Sachmängelgewährleistung eine Rolle, sie wurde vielmehr auch für die Rechtsmängelhaftung relevant: gemäß § 439 BGB a.F. mußte der Verkäufer – entsprechend dem § 460 S. 1 BGB a.F. – auch für Rechtsmängel nicht haften, die der Käufer bei Abschluß des Kaufvertrages kannte. Anders als bei § 460 S. 2 BGB a.F. war für den Ausschluß nach § 439 BGB a.F. die grob fahrlässige Unkenntnis des Käufers vom Mangel jedoch nicht ausreichend.[191] Die bloße Kenntnis der den Rechtsmangel begründenden tatsächlichen Verhältnisse genügte ebensowenig. Vielmehr mußte der Käufer daraus auch die richtigen Folgerungen gezogen und den Rechtsmangel (sprich die rechtliche Beschränkung oder den fehlenden Bestand des Rechts) als solchen erkannt haben[192]; denn die Vorschrift des § 439 BGB a.F. gründete sich nach der Rechtsprechung auf der Vermutung, daß der Käufer in einem solchen Fall auf seine Rechte verzichte bzw.

187 So *Soergel-Huber*, § 464 Rn. 25. Vgl. auch *Schlechtriem*, Vertragsordnung, 300, der spezifische kaufrechtliche Interessen, den Verkäufer auch in diesen Fällen durch die Ausschlußwirkung des § 464 BGB a.F. zu entlasten, für nicht ersichtlich hielt.

188 *Walter*, 220 f.

189 So *Schlechtriem*, Vertragsordnung, 301.

190 § 439 BGB a.F.: „Der Verkäufer hat einen Mangel im Rechte nicht zu vertreten, wenn der Käufer den Mangel bei dem Abschlusse des Kaufes kennt.
Eine Hypothek, eine Grundschuld, eine Rentenschuld, eine Schiffshypothek oder ein Pfandrecht hat der Verkäufer zu beseitigen, auch wenn der Käufer die Belastung kennt. Das gleiche gilt von einer Vormerkung zur Sicherung des Anspruchs auf Bestellung eines dieser Rechte."

191 RGZ 59, 400 (408); BGH NJW 1960, 720 f.; *Erman-Grunewald*, § 439 Rn. 4; MüKo-*Westermann*, § 439 Rn. 4; *Soergel- Huber*, § 439 Rn. 31; *Palandt-Putzo*; § 439 Rn. 4; *Müller*, SchR BT, Rn. 224.

192 BGH NJW 79, 713; NJW 1990, 1106 (1108); *Erman-Grunewald*, § 439 Rn. 4; *Palandt-Putzo*; § 439 Rn. 4; MüKo-*Westermann*, § 439 Rn. 4.

die im Rechtsmangel für seine Benutzungsmöglichkeit liegende potentielle Gefahr bewußt übernehme.[193]

Die Kenntnis des Käufers mußte im Zeitpunkt des Vertragsschlusses vorliegen.[194] Später erlangte Kenntnis schadete im Rahmen des § 439 BGB a.F. nicht. Nahm also der Käufer die Kaufsache in Kenntnis des Mangels vorbehaltlos als Erfüllung an, so führte dies nicht zu einem Verlust seiner Rechte.[195] Eine analoge Anwendung des § 464 BGB a.F. auf die Rechtsmängelkenntnis kam nach allgemeiner Auffassung nicht in Betracht.[196]

dd. Erhalt der Mängeleinrede gemäß § 478 BGB a.F.

Neben der Anzeige- bzw. Vorbehaltspflicht bei Annahme der Kaufsache gemäß § 464 BGB a.F. sah das kaufrechtliche Gewährleistungsrecht in § 478 BGB a.F. eine Mängelanzeige des Käufers auch in anderem Zusammenhang vor: Gemäß § 478 BGB a.F. konnte ein Käufer, der den Kaufpreis noch nicht (vollständig) gezahlt hatte, auch nach Ablauf der Verjährungsfrist dem Kaufpreisbegehren des Verkäufers eine Einrede entgegenhalten, sofern er den Mangel noch innerhalb der Verjährungsfrist dem Verkäufer gemeldet hatte. Diese Mängelanzeige ist teilweise im Sinne einer Rügeobliegenheit gewertet worden.[197]

Zwar zog das Unterlassen der Anzeige im Rahmen des § 478 BGB a.F., anders als bei der allgemeinen Rügepflicht etwa des § 377 HGB, nicht den Verlust der Gewährleistungsrechte nach sich; ebensowenig vermittelte die Vorschrift dem Käufer das Recht, seine Gewährleistungsansprüche noch nach Ablauf der Verjährungsfrist selbständig geltend zu machen.[198] Vielmehr ging es lediglich darum, die Einredemöglichkeit gegen den vom Verkäufer geltend gemachten Kaufpreisanspruch aufrecht zu erhalten.

Für die aktive Geltendmachung von Gewährleistungsrechten bestand allerdings, hatte der Käufer den Kaufpreis noch nicht oder nicht vollständig entrichtet, selbst also noch gar nicht geleistet, ohnedies weder Anlaß noch Raum. Denn

193 BGHZ 13, 341 (345); BGH NJW 1960, 720 f.; NJW 1979, 713 (714); so auch MüKo-*Westermann*, § 439 Rn. 1; a.A. *Erman-Grunewald*, § 439 Rn. 2, der auf die Unredlichkeit des Käuferverhaltens abstellte. Ein Verzicht käme dagegen nur dann in Betracht, wenn auch der Verkäufer den Mangel kenne. *Soergel-Huber*, § 439 Rn. 3 ging davon aus, die Norm beschreibe den mutmaßlichen Parteiwillen.

194 Bei formbedürftigen Verträgen kam es auf den Zeitpunkt der Erfüllung der Formvorschriften an.

195 RGZ 149, 195 (198); *Soergel-Huber*, § 439 Rn. 30; *Erman-Grunewald*, § 439 Rn. 6; *Palandt-Putzo*, § 439 Rn. 2.

196 *Palandt-Putzo*, § 464 Rn. 2.

197 So *Kircher*, 279 Fn. 67; vgl. auch *Lehmann*, 255.

198 *Palandt-Putzo*, § 478 Rn. 7; *Staudinger-Honsell*, § 478 Rn. 1.

vor der Kaufpreiszahlung befand sich der Käufer aus seiner Sicht bereits in der Situation, die das Resultat einer erfolgreichen Wandelung oder Minderung gewesen wäre.[199] Sofern es aber um den Erhalt des für den Käufer nunmehr bedeutsamen Rechtsbehelfs der Einrede gegen die Kaufpreisforderung des Verkäufers ging, waren die Auswirkungen der Mängelanzeige des § 478 BGB a.F. mit einer allgemeinen Rügepflicht durchaus vergleichbar. Jedenfalls war auch dem bürgerlichen Kaufrecht die Situation nicht unbekannt, daß sich der Käufer auch noch nach Annahme der Sache seine Rechte wegen eines Mangels durch rechtzeitige Rüge sichern mußte.

Der § 478 BGB a.F. trug nicht nur dem Umstand Rechnung, daß der Käufer, solange er den Kaufpreis nicht gezahlt hatte, sich zur Klageerhebung nicht veranlaßt sah und andererseits nach einer Mängelanzeige davon ausgehen durfte, seinerseits nichts weiter tun zu müssen. Er nutzte auch dem Verkäufer, der ein Interesse daran hatte, von dem Mangel und den Ansprüchen des Käufers rechtzeitig und in Form einer Mängelanzeige in Kenntnis gesetzt zu werden, um sich darauf einstellen zu können, daß mit einer reibungslosen Abwicklung des Vertrages nicht mehr zu rechnen war.[200]

b. Die Entwicklung der §§ 460, 464 BGB während der Ausarbeitung des Bürgerlichen Gesetzbuches

Vor allem die *ratio legis* der §§ 460, 464 BGB a.F. war in Rechtsprechung und Lehre nicht eindeutig geklärt. Um die einzelnen Ansätze zur Deutung und Begründung dieser Regelungen besser darstellen zu können, soll hier zunächst die Entwicklung der §§ 460, 464 BGB a.F. im Gesetzgebungsverfahren geschildert und geklärt werden, welche Motive der Gesetzgeber selbst bei der Ausgestaltung der Vorschriften zugrundegelegt hat und welche Absichten er mit der Normierung verfolgte. Dabei soll insbesondere auch auf die Frage eingegangen werden, warum der Gesetzgeber bei der Ausarbeitung des Bürgerlichen Gesetzbuches von der Bestimmung einer Untersuchungspflicht und allgemeinen Rügepflicht für den privaten Käufer abgesehen hat.

aa. Der Teilentwurf des Redaktors von Kübel

Die Vorarbeiten zum bürgerlichen Gesetzbuch begannen im Jahre 1874. Zunächst wurden vom Bundesrat berufene Redaktoren mit der Erarbeitung von

---

199 MüKo-*Westermann*, § 478 Rn. 1; *Staudinger-Honsell*, § 478 Rn. 1.
200 *Erman-Grunewald*, § 478 Rn. 1; *Staudinger-Honsell*, § 478 Rn. 1.

Teilentwürfen betraut.[201] Der württembergische Richter *Franz Philipp von Kübel*, der 1863 – 1866 bereits der Dresdener Kommission zur Ausarbeitung eines Obligationenrechts angehört hatte, erstellte in mehreren Vorlagen einen Teilentwurf des Schuldrechts.[202] *Von Kübels* Entwurf, der auf der Grundlage der Bestimmungen des Dresdener Entwurfs von 1866 entwickelt worden war[203], folgte, wie auch der spätere Gesamtentwurf, ganz der Linie des gemeinen römischen Rechts und der Pandektenlehre. *Von Kübel* selbst bemerkte dazu in seien Erläuterungen: „Der Entwurf schließt sich im Wesentlichen den im Verkehr erprobten und in der modernen Gesetzgebung fast durchweg angenommenen Grundsätzen des römischen Rechts in dieser Materie an“.[204]

Dementsprechend sollte eine Sachmängelhaftung des Verkäufers grundsätzlich nur für verborgene Mängel bestehen.[205] *Von Kübel* übertrug das objektive Kriterium der Verborgenheit des Mangels in den subjektiven Bereich der Kenntnis des Käufers und führte dazu aus: „Dagegen haftet der Veräußerer für Mängel, welche dem Erwerber zur Zeit des Vertragsschlusses bekannt waren, nach bekannter Rechtsregel nicht; ebensowenig aber für diejenigen Mängel, welche der Erwerber bei Anwendung der Sorgfalt, welche jeder gewöhnliche Mensch im Handel anzuwenden pflegt, hätte wahrnehmen können.“[206] Die entsprechende Vorschrift der Vorlage „Rechte und Pflichten aus Verträgen“ lautete[207]:

> „ §. 24. Für Mängel, welche der Erwerber zur Zeit der Schließung des Vertrages gekannt hat, haftet der Veräußerer nicht. Für Mängel, welche der Erwerber nicht gekannt hat, aber bei Anwendung gewöhnlicher Aufmerksamkeit hätte wahrnehmen können, haftet der Veräußerer nur dann, wenn er deren Nichtvorhandensein zugesichert hat.“

Zur Begründung bemerkte *von Kübel*, das Gesetz habe keinen Anlaß, den Erwerber gegen seine eigene Nachlässigkeit zu schützen und könne dies auch nicht, ohne den Verkehr empfindlich zu stören. Es entspräche der allgemeinen

---

201 *Kroeschell*, 180; *Gmür/Roth*, Rn. 413.

202 Der von *von Kübel* vorgelegte Entwurf war nicht in sich geschlossen, sondern setzte sich aus 32 einzelnen Vorlagen zusammen, die nicht alle Bereiche des Obligationenrechts abdeckten.

203 Vgl. *von Kübel*, vorläufiger Entwurf, in: *Schubert*, 1123 ff. Zum Dresdener Entwurf s. oben Kap. I.4.c.gg.

204 *Von Kübel*, Entwurf eines bürgerlichen Gesetzbuches, in: *Schubert*, 412; vgl. dazu auch *Mugdan*, Motive, 123.

205 Zum römischen Recht, s. oben Kap. I. 2.

206 *Von Kübel*, Entwurf eines bürgerlichen Gesetzbuches, in: *Schubert*, 415.

207 Die Regelungen des Mängelgewährleistungsrechts finden sich nicht in der Vorlage zum Kaufrecht, sondern in der Vorlage „Rechte und Pflichten aus Verträgen“, die *von Kübel* im Jahre 1882, zusammengefaßt mit 26 anderen Vorlagen, als „Allgemeinen Teil“ des Schuldrechts in die Gesetzesberatungen eingebracht hatte.

Rechtsanschauung, daß ein jeder im Verkehr und Handel aufpassen solle.[208] Deutlich geht aus dieser Argumentation hervor, daß der Bestimmung der alte Rechtsgedanke des *caveat emptor* zugrunde lag. Doch galt jenes Prinzip nunmehr stark modifiziert: Zwar ging *von Kübel* einerseits davon aus, daß jeden, der am Warenverkehr teilnimmt, gewisse Sorgfaltspflichten treffen, auf der anderen Seite aber hielt er eine besondere, vom Käufer vorzunehmende Untersuchung und Prüfung der Kaufsache für unzumutbar. Der Käufer, meinte er, müsse sich darauf verlassen können, daß die Sache die üblichen und vorausgesetzten Eigenschaften habe. Folglich sollte ihm nur grob fahrlässige Unkenntnis (*culpa lata*) von der Mangelhaftigkeit des Kaufgegenstandes schaden. Ob den Käufer der Vorwurf der groben Fahrlässigkeit tatsächlich traf, war nach *von Kübel* Tatfrage und hing von den Umständen des einzelnen Falles ab, so von der Beschaffenheit der Kaufsache oder vom Fachwissen des Käufers. Von der Pflicht zur Anwendung gewöhnlicher Sorgfalt war der Käufer nach *von Kübels* Ansicht im Einzelfall und in Ansehung solcher Mängel entbunden, deren Nichtvorhandensein der Verkäufer zugesichert hatte. Allerdings sollte der Käufer sich dann nicht auf eine solche Zusicherung berufen können, wenn ihm die Mangelhaftigkeit der Sache bekannt gewesen war.[209]

Ein gesetzlich statuierter Haftungsausschluß kam nach *von Kübel* nur für die Mängelkenntnis des Käufers *bei Vertragsschluß* in Betracht. Er räumte ein, daß die Annahme der Kaufsache in Kenntnis der Mangelhaftigkeit zwar in den meisten Fällen als eine Genehmigung oder Billigung der Sache ausgelegt werden könne; dies dürfe man jedoch auch ohne eine gesetzliche Regelung der richterlichen Entscheidung des Einzelfalles überlassen. Das Bestreben, zumindest im Bereich des Handelsverkehrs, die Geltendmachung von Sachmängeln gesetzlich auszuschließen, wenn der Käufer den Mangel nicht sofort nach Empfang der Kaufsache angezeigt habe, stehe, so legte *von Kübel* dar, mit älteren deutschen Rechtsgrundsätzen in Verbindung. Der I 5 § 330 des Allgemeinen Preußischen Landrechts (ALR), der dem Käufer die Gewährleistungsrechte wegen in die Augen fallender Mängel versagte, wenn er die Kaufsache rügelos übernommen hatte, ging seiner Meinung nach aber zu weit.[210] *Von Kübel* hielt eine allgemeine Rüge- und Untersuchungspflicht, aber auch eine bloße Mängelanzeigepflicht, wie sie später § 464 BGB a. F. vorsah, im bürgerlichen Verkehr nicht für erforderlich.[211]

208 *Von Kübel*, Entwurf eines bürgerlichen Gesetzbuches, in: *Schubert*, 415.
209 *Von Kübel*, Entwurf eines bürgerlichen Gesetzbuches, in: *Schubert*, 415 f.
210 Zum Allgemeinen Preußischen Landrecht, s. oben Kap. I.4.c.aa.
211 *Von Kübel*, Entwurf eines bürgerlichen Gesetzbuches, in: *Schubert*, 416.

bb. Die Gesetzesberatungen

Im Jahre 1881 begannen die Beratungen der 1. Kommission über die Regelungen der Teilentwürfe. In der 88. Sitzung vom 15.05.1882 wurde der oben erwähnte § 24 der Vorlage „Rechte und Pflichten aus Verträgen" von *von Kübel* erörtert. Der erste Satz der Vorschrift wurde angenommen. Zum zweiten Satz wurde beantragt, dem Erwerber das Recht der Wandelung und Minderung auch dann zu versagen, wenn ihm nur geringe Fahrlässigkeit zur Last falle, um eine Übereinstimmung mit § 95 des Entwurfs eines Allgemeinen Teils (§§ 118, 122 BGB) zu erreichen. Dieser Antrag wurde jedoch abgelehnt. Man hielt die angestrebte Übereinstimmung nicht für geboten, dafür aber die ursprüngliche Regelung des Entwurfs um so angemessener, als sie mit dem geltenden Recht harmoniere. Statt der Verschärfung des Haftungsausschlusses, die aus dem Herabsetzen des Fahrlässigkeitsmaßstabes resultiert hätte, wurde auf der anderen Seite sogar eine weitere Einschränkung zugunsten des Käufers beschlossen: Der Verkäufer sollte selbst in Fällen, in denen der Käufer den Mangel bei Anwendung gewöhnlicher Sorgfalt hätte erkennen können, nicht nur dann haften, wenn er dessen Nichtvorhandensein zugesichert hatte, sondern auch, wenn er das Vorhandensein des Mangels gekannt und verschwiegen hatte. Zur Begründung wurde angeführt, der dolose Verkäufer könne sich nicht auf den Mangel der Aufmerksamkeit des Erwerbers berufen.[212]

In der 118. Sitzung wurde die Fassung der Vorschrift dahingehend geändert, daß jetzt nicht mehr auf die „Anwendung gewöhnlicher Sorgfalt" abgestellt wurde. Die Formulierung lautete nun:

> „Wegen eines Mangels, welchen der Erwerber aus grober Fahrlässigkeit nicht gekannt hat, haftet der Veräußerer nur dann, wenn er das Nichtvorhandensein des Mangels zugesichert, oder wenn er denselben gekannt und dem Erwerber verschwiegen hat."

In dieser Fassung war die Vorschrift im 1. Entwurf von 1887 als § 382 enthalten.

In den Verhandlungen der Vorkommission des Reichsjustizamtes (1891 – 1893) wurde in der 62. Sitzung vom 27.12.1891 beschlossen, eine Haftung des Verkäufers wegen solcher Mängel, die dem Käufer in Folge grober Fahrlässigkeit unbekannt geblieben seien, nur dann zu statuieren, wenn der Verkäufer die Abwesenheit des Mangels zugesichert oder denselben *arglistig* verschwiegen habe.[213] Durch die 2. Kommission, die den 1. Entwurf in den Jahren von 1891 – 1895 überarbeitete, wurde die Vorschrift inhaltlich nicht mehr geändert, sondern

212 *Jakobs/Schubert*, 129.
213 *Jakobs/Schubert*, 130.

lediglich sprachlich neu gefaßt. Im revidierten 2. Entwurf schließlich erhielt die Regelung als § 453 die in § 460 BGB a.F. Gesetz gewordene Fassung.[214]

Bereits in der 88. Sitzung der 1. Kommission war im Zusammenhang mit § 24 der Vorlage „Rechte und Pflichten aus Verträgen" auch eine Bestimmung beantragt worden, nach welcher dem Erwerber, wenn er die Kaufsache in Kenntnis eines Mangels angenommen hatte, wegen desselben keine Gewährleistungsrechte mehr zustehen sollten. Eine Prüfung des Problems wurde jedoch zunächst zurückgestellt. In der 89. Sitzung vom 17.05.1882 schließlich gelangte die Frage zur Entscheidung, ob und inwiefern der Erwerber seine Gewährleistungsrechte durch eine vorbehaltlose Annahme der mangelhaften Sache verliere. *Johow* schlug dazu folgende Bestimmung vor:

> „Nach der Übergabe der Sache verliert der Erwerber das Recht des Rücktritts, wenn er bei Kenntnis des Mangels oder bei späterer Entdeckung desselben nicht unverzüglich dem Veräußerer den Rücktritt unter Angabe des Mangels anzeigt."[215]

Kurlbaum beantragte, folgende Bestimmung zu erlassen:

> „Hat der Erwerber die Sache angenommen, obgleich er den Mangel gekannt hat, oder bei Anwendung gewöhnlicher Aufmerksamkeit hätte erkennen müssen, so kann er den Mangel nicht geltend machen, es sei denn, daß die Annahme nur unter Vorbehalt der Rechte wegen des bestimmten Mangels erfolgte."[216]

Der Antrag *Johows* wurde abgelehnt; der Antrag *Kurlbaums* wurde soweit er den Fall betraf, daß der Erwerber bei Annahme positive Mängelkenntnis hatte, gebilligt. Die zweite Alternative, nach der für den Haftungsausschluß auch fahrlässige Unkenntnis ausreichen sollte, wurde jedoch gleichfalls abgelehnt. Zur Begründung der Beschlüsse wird in den Protokollen der 1. Kommission angeführt, daß in dem Verhalten den Käufers, wenn er eine ihm zum Zwecke der Erfüllung angebotene Sache von mangelhafter Beschaffenheit ohne Vorbehalt als Erfüllung annehme, obschon er von der Mangelhaftigkeit unterrichtet sei, nur ein Verzicht auf die Gewährleistungsrechte gesehen werden könne. Diese Rechte später noch geltend zu machen, verstoße gegen Treu und Glauben. Es entspreche im übrigen auch dem Interesse des Verkehrs, durch eine positive Regelung die nachträgliche Verfolgung der Gewährleistungsrechte auszuschließen. Noch weiter zu gehen und die Rechtsfolge des Gewährleistungsverlusts schon dann eintreten zu lassen, wenn der Käufer den Mangel der Kaufsache hätte erkennen

214 *Jakobs/Schubert*, 131 f.
215 *Jakobs/Schubert*, 136.
216 *Jakobs/Schubert*, 136.

können, sei aber weder aus inneren Gründen gerechtfertigt, noch für den bürgerlichen Verkehr, im Gegensatz zum Handelsverkehr, durch praktische Rücksicht geboten.[217] Im 1. Entwurf war die Vorschrift, die den Vorgänger des späteren § 464 BGB a.F. darstellt, in § 386 in folgender Fassung enthalten:

> „Hat der Erwerber die mit einem Mangel behaftete Sache angenommen, obschon er von dem Mangel Kenntniß hatte, so stehen ihm die in den §§ 380, 382 bezeichneten Rechte nur dann zu, wenn er bei der Annahme sich wegen des Mangels seine Recht vorbehalten hat.“[218]

Damit wurde eine Bestimmung eingeführt, auf die der Redaktor *von Kübel* in seinen Entwurf noch verzichtet hatte, weil er eine gesetzliche Regelung für überflüssig hielt.[219]

Die Vorkommission des Reichsjustizamtes ging in ihrer 62. Sitzung sogar noch weiter und bestimmte zusätzlich als Absatz 2 der Regelung, daß der Käufer, auch wenn er von der Mangelhaftigkeit der Sache erst nach deren Annahme Kenntnis erlange, den Mangel unverzüglich anzeigen müsse, widrigenfalls er seine Ansprüche aus dem Mangel verliere. Wie aus den Protokollen des Reichsjustizamtes hervorgeht, war für diesen Zusatz die Erwägung maßgebend, daß der Käufer durch Verzögerung der Geltendmachung des Mangels leicht auf Kosten des Verkäufers spekulieren und außerdem dem Verkäufer den Gegenbeweis zur behaupteten Mangelhaftigkeit der Sache erschweren könne.[220] Absatz 2 des § 386 lautete demnach:

> „Ergiebt sich später ein Mangel, so hat der Käufer ihn unverzüglich nach erlangter Kenntniß dem Verkäufer anzuzeigen. Versäumt er die rechtzeitige Absendung der Anzeige, so verliert er die aus dem Mangel sich ergebenden Rechte, es sei denn, daß der Verkäufer den Mangel arglistig verschwiegen hatte.“[221]

Die 2. Kommission übernahm diesen Zusatz jedoch nicht. Es blieb bei der Regelung, daß für die Mängelkenntnis des Käufers nur auf den Zeitpunkt der Annahme der Kaufsache abzustellen war. Später erlangte Kenntnis sollte dem Käufer dagegen nicht schaden.

Aus den Protokollen ergibt sich, daß zugunsten der Zusatzbestimmung geltend gemacht worden war, dem Entwurf fehle es an einer dem § 347 ADHGB

217 *Mugdan*, Motive, 126 f.
218 *Jakobs/Schubert*, 166.
219 S. oben Kap. II.1.b.aa.
220 Protokolle der Vorkommission des Reichsjustizamtes, zitiert nach *Jakobs/Schubert*, 167.
221 *Jakobs/Schubert*, 167.

entsprechenden Vorschrift. Die in dieser Vorschrift normierte Pflicht zur unverzüglichen Anzeige entdeckter Mängel müsse auch auf den bürgerlichen Verkehr ausgedehnt werden, weil andernfalls der Verkäufer leicht durch arglistiges oder nachlässiges Verhalten des anderen Teils zu Schaden kommen könne. Gestatte man dem Käufer, auch wenn er längst den Mangel entdeckt habe, mit der Anzeige und Geltendmachung der Gewährleistungsrechte bis zum Ablauf der Verjährungsfrist zu warten, so werde eine Verdunkelung des Sachverhalts in zahlreichen Fällen nicht ausbleiben und der Verkäufer werde wegen Erbringung des Gegenbeweises in äußerste Schwierigkeiten geraten. Zudem werde dem Käufer bei dieser Rechtslage die Möglichkeit gegeben, auf Kosten des Verkäufers zu spekulieren, weil er abwarten könne, ob es für ihn günstiger sei zu wandeln oder zu mindern. Nicht in das bürgerliche Gesetzbuch zu übertragen sei allerdings die ebenfalls in § 347 ADHGB vorgesehene Untersuchungspflicht des Käufers: dabei handele es sich um einen Rechtssatz, der seinen Grund aus der Besonderheit des Handelverkehrs entnehme und sich zur Verallgemeinerung für den bürgerlichen Verkehr nicht eigne. Der Handel setze einen ordnungsmäßigen Geschäftsgang voraus, mit dem man in anderen Verhältnissen nicht rechnen dürfe.

Die Mehrheit der Kommissionsmitglieder hielt diese Ausführungen jedoch für unzutreffend. Eine allgemeine Mängelrügepflicht auch für nachträglich auftretende Mängel wurde für das bürgerliche Recht grundsätzlich abgelehnt. Man ging davon aus, daß es nicht sinnvoll sei, aus dem ADHGB nur die Rügepflicht, nicht aber die Untersuchungspflicht zu übernehmen, weil beide Pflichten zusammengehörten und die Übertragung der einen ohne die andere nur zu einer Vermehrung der Prozesse führen müsse. Den Zeitpunkt der Entdeckung objektiv zu bestimmen sei zumeist schwierig, da häufig Symptome des Mangels vom Käufer nicht zugleich als solche erkannt und beachtet würden und erst das Hervortreten mehrerer Anzeichen Anlaß zu einer Untersuchung der Kaufsache böte, die zu einer endgültigen Überzeugung von der Mangelhaftigkeit führe. Weil aufgrund dieser Unsicherheit oft der Beweis, zu welchem Zeitpunkt die Mängel entdeckt worden seien, nur durch einen Eid des Käufers geführt werden könne, werde dem Käufer die Versuchung nahe gelegt, sich durch Leistung eines falschen Eides sein Rügerecht zu erhalten. Gegenüber einer derartigen Gefährdung der öffentlichen Moral könne das Schutzbedürfnis des Verkäufers nicht in Betracht kommen. Diesem dürfe ohnehin keine erhebliche Bedeutung beigemessen werden, da die Möglichkeit einer Verdunkelung bei der Kürze der Verjährungsfrist nicht leicht eintreten könne und andererseits die Bedenken, daß der Käufer auf Kosten des Verkäufers spekulieren werde, für den bürgerlichen Verkehr nicht begründet seien.[222]

222 *Mugdan*, Protokolle, 671.

In dem von der 2. Kommission ausgearbeiteten Entwurf lautete die beschlossene Vorschrift dementsprechend:

„Hat der Erwerber eine mangelhafte Sache angenommen, obschon er den Mangel kannte, so stehen ihm die in den §§ 469 c, 469 d bezeichneten Ansprüche nur zu, wenn er sich seine Rechte wegen des Mangels bei der Annahme vorbehalten hat."

Im revidierten zweiten Entwurf erhielt die Vorschrift als § 457 die Fassung, die in § 464 BGB a.F. Gesetz geworden ist.[223]

Damit war die Aufnahme einer Rügepflicht in das BGB gescheitert. Wie wichtig und umstritten die Frage der Einführung einer Untersuchungs- und Rügepflicht in das bürgerliche Recht jedoch war, zeigte sich in der erneuten Erörterung des Problems durch den Justizausschuß des Bundesrats. Bremen hatte beanstandet, daß der Entwurf keine Pflicht des Käufers zur Untersuchung der Kaufsache und zur Anzeige entdeckter Mängel vorsah. Die Verallgemeinerung der in § 347 des Handelsgesetzbuchs enthaltenen Regelung entspreche den Verkehrsanschauungen. Die Kürze der Verjährungsfrist mache eine Untersuchungs- und Anzeigepflicht schon deshalb nicht entbehrlich, weil eine Reihe von Verkaufsgegenständen einer schnellen Veränderung unterworfen seien. Es wurde deshalb beantragt, eine dem § 347 ADHGB entsprechende Vorschrift, und zwar in Ausdehnung auf Platzgeschäfte, aufzunehmen und dabei die Worte „soweit dies nach ordnungsmäßigem Geschäftsgange thunlich ist", durch die Worte „mit der Sorgfalt eines ordentlichen Hausvaters" zu ersetzen. Für den Fall der Ablehnung dieses Vorschlags wurde, insbesondere mit Rücksicht auf die Gefahr der Verdunkelung des Sachverhalts, befürwortet, dem Käufer wenigstens eine sofortige Anzeigepflicht bezüglich der entdeckten Mängel aufzuerlegen. Der Antrag Bremens veranlaßte eine längere Diskussion. Nach dem Bericht *Hellers* (Bayern) trat jedoch vor allem der Kommissar *Struckmann* für Preußen dem Vorschlag entgegen: Preußen lehne es entschieden ab, für den gewöhnlichen bürgerlichen Verkehr eine Untersuchungspflicht der Kaufsache einzuführen. Ferner werde aber auch eine Anzeigepflicht nicht befürwortet, weil sie namentlich für geschäftstunkundige Personen mit erheblichen Gefahren verbunden sei. Darüber, ob die Anzeige „unverzüglich" erfolgt sei, würde es im übrigen viele Streitigkeiten geben. Die Mehrheit der Kommissionsmitglieder entschied sich schließlich gegen den Antrag Bremens.[224] In den Beratungen des Reichstages kam das Problem nicht mehr zur Sprache.[225]

223 *Jakobs/Schubert*, 168.
224 *Jakobs/Schubert*, 168 f.
225 Vgl. *Mugdan*, Zweite Berathung im Plenum des Reichstages, 1310 ff.; ders., Dritte Berathung im Plenum des Reichstages, 1403 ff.

cc. Zusammenfassung

Die in § 460 BGB a.F. und § 464 BGB a.F. Gesetz gewordenen Rechtsprinzipien gingen auf eine lange Tradition zurück. Der in § 460 BGB a.F. verwirklichte Rechtsgedanke, daß Kenntnis des Käufers oder Kennenmüssen von Mängeln *bei Vertragsschluß* zu einem Haftungsausschluß führen, wurzelte im römischen Recht, das eine Gewährleistungshaftung grundsätzlich nur für verborgene Mängel kannte. Das Gewährleistungsrecht des BGB, das nach römisch-rechtlicher Vorlage ausgearbeitet wurde, übernahm dieses Prinzip, indem es die Haftungsbeschränkung auf verborgene Mängel zu einem Haftungsausschluß bei Mängelkenntnis oder fahrlässiger Unkenntnis des Käufers von Mängeln umformulierte. Streitig war insofern im wesentlichen der zugrundezulegende Grad der Fahrlässigkeit des Käufers.

Schwieriger gestaltete sich die Ausarbeitung der Vorbehaltspflicht bei Annahme nach § 464 BGB a.F. Die Vorschrift regelte wie § 460 BGB a.F. einen auf der Kenntnis des Käufers beruhenden Haftungsausschluß, bezog sich jedoch auf den Zeitpunkt der *Vertragserfüllung* und war und ist deshalb vor einem anderen dogmatischen Hintergrund zu betrachten: Nach den Ausführungen in den Motiven und Protokollen ist eine Gleichstellung von Kaufabschluß und Annahme aus inneren Gründen nicht gerechtfertigt, da die „Sachlage [...] bei Annahme der veräußerten Sache eine wesentlich andere, als bei dem Abschlusse des obligatorischen Vertrages" sei.[226] Während sich die Motive zur Begründung und *ratio legis* des § 460 Satz 1 BGB a.F. nicht äußern, sondern lediglich feststellen, die Vorschrift entspräche „im Wesentlichen dem geltenden Recht"[227] (der Redaktor *von Kübel* hatte in den Begründungen zu seinem Entwurf angemerkt, es handele sich um eine „bekannte Rechtsregel")[228], betreiben sie im Hinblick auf § 464 BGB a.F. einen größeren Begründungsaufwand und legen dar, in dem entsprechenden Verhalten des Käufers könne nur ein Verzicht auf die Gewährleistungsansprüche gesehen werden, weshalb die spätere Geltendmachung dieser Rechte gegen Treu und Glauben verstoße.[229]

Der diesen Erwägungen zugrundeliegende Gedanke, daß in der rügelosen Annahme einer als mangelhaft erkannten Kaufsache eine Genehmigung dersel-

226 S. *Mugdan*, Motive, 127; s. zur Gegenüberstellung des Kaufabschlusses mit der werkvertraglichen Abnahme *Mugdan*, Protokolle, 925.

227 *Mugdan*, Motive, 125.

228 *Mugdan*, Motive, 125; *von Kübel*, Entwurf eines bürgerlichen Gesetzbuches, in: *Schubert*, 415. Die Motive äußern sich lediglich zum Haftungsausschluß bei grober Fahrlässigkeit, s. *Mugdan*, Motive, 125: „Nach der allgemeinen Rechtsanschauung gilt im Verkehre allerdings die Regel, daß jeder aufpassen soll".

229 *Mugdan*, Motive, 126 f.

ben zu erblicken ist, beruhte – ebenso wie der Grundsatz, daß der Verkäufer nicht für solche Mängel der Kaufsache haftet, die der Käufer bei Vertragsschluß kannte oder kennen konnte – auf altem Rechtsdenken. Er entstammte allerdings nicht, wie jenes Rechtsinstitut, dem römischen Recht, sondern der deutschen Rechtstradition, wo er sich vor allem im Bereich des Handelsverkehrs herausgebildet hatte. Bei der Ausarbeitung des BGB war deshalb problematisch, inwieweit dieser Rechtsgedanke auch auf das bürgerliche Recht zu übertragen sei. Der Verfasser des Teilentwurfs für das Schuldrecht, *von Kübel*, war noch davon ausgegangen, die Einführung einer entsprechenden gesetzlichen Regelung in das BGB sei überhaupt nicht erforderlich. Im Laufe der Beratungen zum BGB wurde aber auch die entgegengesetzte Position vertreten und der Beschluß einer Vorschrift gefordert, die noch über den Regelungsgehalt des § 464 BGB a.F. hinausgehen sollte.

Eine Verschärfung der Bestimmung war dabei in zwei Richtungen denkbar. Zunächst hätte die Anzeigepflicht in zeitlicher Hinsicht erweitert werden können, indem eine Rügeobliegenheit nicht nur für die dem Käufer bei Annahme der Sache bekannten, sondern auch für später entdeckte Mängel normiert worden wäre. Andererseits hätte der Haftungsausschluß, neben den dem Käufer positiv bekannten, auch auf solche Mängel erstreckt werden können, die er fahrlässig übersah; sprich dem Käufer hätte zusätzlich zu einer Rügepflicht auch eine Untersuchungspflicht auferlegt werden können. Beides war während der Gesetzesberatungen vorgeschlagen worden. Letztlich haben sich diese extremen Positionen jedoch nicht durchsetzen können. Zwar wurde ein gesetzlicher Gewährleistungsausschluß bei vorbehaltloser Annahme in Kenntnis der Mangelhaftigkeit grundsätzlich mit Rücksicht auf das Interesse des Verkehrs für erforderlich gehalten.[230] Eine weitergehende Regelung wurde jedoch unter Hinweis auf den Unterschied zum Handelsrecht und im Hinblick auf Zumutbarkeitserwägungen abgelehnt.[231] Die schließlich beschlossene Vorschrift, § 464 BGB a.F., ging den Mittelweg zwischen der Normierung einer umfassenden Rüge- und Untersuchungspflicht, wie sie das Handelsrecht vorsah und noch vorsieht, und der Option, den entsprechenden Sachverhalt gar keiner gesetzlichen Regelung zu unterwerfen.

230 S. *Mugdan*, Motive, 127: „Das Interesse des Verkehrs erheischt, für den gedachten Fall die nachträgliche Verfolgung jener Rechte positiv auszuschließen."

231 S. *Mugdan*, Protokolle, 671; *Jakobs/Schubert*, 168 f.

c. *Die ratio legis der §§ 460, 464 BGB a.F.*

aa. *Die ratio legis des § 460 BGB a.F.*

Wie soeben festgestellt, finden sich in den Motiven keine Ausführungen zur *ratio legis* des § 460 S. 1 BGB a.F.; zur Begründung der Vorschrift verwies man lediglich darauf, die Regelung entspräche „im Wesentlichen dem geltenden Recht". Die Norm wurde sozusagen als selbstverständlich aufgefaßt[232], was vor dem Hintergrund der tiefen Verwurzelung dieses Rechtssatzes im römischen und gemeinen Recht nicht erstaunt. In einem Jahrhundert der Geltung des § 460 BGB a.F. haben sich sodann in Rechtsprechung und Literatur mehrere Deutungs- und Erklärungsansätze herausgebildet.

Führt man sich den in § 460 S. 1 BGB a.F. geregelten Sachverhalt vor Augen – jemand kauft eine mangelhafte Sache, obwohl er von dem Mangel weiß – so liegt zunächst der Schluß nahe, der Käufer wolle die Sache so erwerben wie sie ist und verzichte folglich auf die ihm wegen des Mangels zustehenden Gewährleistungsrechte.[233] Der Erwerber, der sich auf einen Vertragsschluß einläßt ohne die ihm bekannten Mängel zu beanstanden, gibt durch sein Verhalten zu erkennen, er sei mit der Beschaffenheit der Kaufsache trotz deren Nachteiligkeit einverstanden. In einem solchen Fall kann deshalb in der Regel davon ausgegangen werden, daß die nachteilige Beschaffenheit der Kaufsache bereits Bestandteil der Parteivereinbarung geworden ist; da Sollbeschaffenheit und tatsächliche Beschaffenheit des Kaufgegenstands dann nicht voneinander abweichen, liegt ein Sachmangel im Prinzip gar nicht vor.[234] Wenn bei diesem Grundgedanken angesetzt wird, so besteht im fraglichen Fall für eine Gewährleistungshaftung des Verkäufers schon prinzipiell, also auch ohne die gesetzliche Anordnung durch § 460 BGB a.F., gar kein Raum. Diese Erwägungen machen verständlich, warum teilweise angenommen wurde, die Regelung des § 460 BGB a.F. verstehe sich sozusagen von selbst.[235] Man begriff den § 460 BGB a.F. als gesetzliche Ausformulierung des mutmaßlichen Parteiwillens bzw. als gesetzliche Typisierung rechtsgeschäftlichen Parteiverhaltens.[236] Durch die gesetzliche Normierung des Gewährleistungsausschlusses werde dem Verkäufer erspart, im Einzelfall

---

232 Vgl. auch *Staudinger*[11]*-Ostler*, § 460 Rn. 1: § 460 besage „nichts besonderes".

233 So *Soergel-Huber*, § 460 Rn. 3; RGRK-*Mezger*, § 460 Rn. 1: „stillschweigender Verzicht"; *Kanzleiter*, DNotZ 1986, 747, der, unter Berufung auf RG Recht 1916 Nr. 656, einen Verzichtswillen des Käufers für entbehrlich hält.

234 *Soergel-Huber*, § 460 Rn. 3; vgl. auch *Schlechtriem*, in: *Ernst/Zimmermann*, 205 (217): „Modifikation der Beschaffenheitsvereinbarung".

235 Deutlich in diesem Sinne *Staudinger*[11]*-Ostler*, § 460 Rn. 1.

236 So *Singer*, 61.

einen stillschweigenden vertraglichen Gewährleistungsausschluß bzw. die Modifikation der Beschaffenheitsvereinbarung zu beweisen.[237]

Bei genauerer Betrachtung erscheinen diese rechtsgeschäftlichen Deutungen des in § 460 S. 1 BGB a.F. normierten Gewährleistungsausschlusses jedoch problematisch. So ist ein rechtgeschäftlicher Verzicht auf Gewährleistungsansprüche zwar grundsätzlich als Erlaß gemäß § 397 I BGB denkbar. Dies würde allerdings das vorherige Bestehen der Forderungen voraussetzen.[238] Gemäß § 460 S. 1 BGB a.F. sollten die Gewährleistungsansprüche jedoch gar nicht erst zur Entstehung gelangen.[239] Zudem ist ein einseitiger Verzicht auf Ansprüche grundsätzlich nicht möglich; für einen Forderungserlaß im Sinne des § 397 I BGB bedarf es eines Vertragsabschlusses.[240] Eine dahingehende Einigung zwischen den Parteien ist jedoch dann nicht denkbar, wenn man einen Sachverhalt zugrundelegt, in dem der Käufer durch Zufall von einem verborgenen Mangel Kenntnis hat, von dem der Verkäufer jedoch nichts weiß. Demselben Problem begegnet man auch, wenn man zur Deutung des § 460 S. 1 BGB a.F. den Gedanken eines vertraglichen Gewährleistungsausschlusses oder einer Modifikation der Beschaffenheitsvereinbarung heranzieht, denn es kann nicht unterstellt werden, daß ein Mangel, von dem einer der Vertragspartner gar nichts weiß, Bestandteil einer Parteivereinbarung wird.[241] Legt man dies zugrunde, so kann der § 460 BGB a.F. auch nicht als gesetzliche Verallgemeinerung des mutmaßlichen Parteiwillens verstanden werden.[242]

---

237 *Soergel-Huber*, § 460 Rn. 3. Insofern unberechtigt die Kritik von *Köhler*, JZ 1989, 761 (762), der meinte, eine solche Deutung käme nicht in Betracht, weil die Rechtsfolge des § 460 BGB a.F. gerade nicht vom Willen der Parteien abhinge, sondern unabhängig davon eintreten solle. *Köhler* verkannte, daß das Gesetz selbst festlegte, was in derartigen Fällen dem mutmaßlichen Parteiwillen entsprach. Die Rechtsfolge hing somit durchaus nicht vom Willen der Parteien, sondern nur von der Unterstellung des Gesetzes ab. Mit der gesetzlichen Normierung sollte gerade vermieden werden, daß der Verkäufer sich auf einen von den Parteien vereinbarten, vertraglichen Gewährleistungsausschluß berufen mußte, den er dann auch zu beweisen gehabt hätte. § 460 S. 1 BGB a.F. stellte sich demnach als gesetzliche Rechtsfolgenbestimmung dar, die darauf abzielte, den Interessenkonflikt zwischen Verkäufer und Käufer zu regeln und dabei dem mutmaßlichen Parteiwillen maßgebliche Bedeutung einräumte, so *Singer*, 61.

238 S. *Palandt-Heinrichs*, § 397 Rn. 2.

239 RG Recht 1916, Nr. 656.

240 MüKo-*Schlüter*, § 397 Rn 1; *Palandt-Heinrichs*, § 397 Rn. 1; *Erman-Westermann*, § 397 Rn. 1.

241 *Schwartze*, 125.

242 So selber *Soergel-Huber*, § 460 Rn. 3, der für diesen Fall den Grundsatz des *venire contra factum proprium* zugrundelegte.

In eine ähnliche Richtung wie die Auslegung des § 460 S. 1 BGB a.F. als gesetzliche Normierung eines stillschweigenden Gewährleistungsverzichts ging letztlich auch die Auffassung, der § 460 BGB a.F. stelle eine Ausprägung des Verbots des *venire contra factum proprium* dar[243]: Macht der Käufer, obwohl er bei Kaufabschluß von der Mangelhaftigkeit der Sache wußte, später Gewährleistungsrechte geltend, so stellt er sich damit in Widerspruch zu seinem vorangegangenen Verhalten.[244] Denn wer eine Sache in Kenntnis eines Mangels kauft, erweckt den Eindruck, er lege auf die Mangelfreiheit keinen Wert. An diesem von ihm gesetzten Tatbestand muß der Käufer sich später festhalten lassen.[245] Doch auch diesbezüglich läßt sich einwenden, daß ein Handeln in treuwidrigem Widerspruch zu vorangegangenem Verhalten voraussetzt, daß zunächst ein Vertrauenstatbestand geschaffen wurde[246], was wiederum nur dann der Fall sein kann, wenn der Verkäufer weiß oder davon ausgehen kann, daß der Käufer den Mangel bei Vertragsabschluß kennt.[247] Weiß der Verkäufer hingegen nicht einmal von der Mangelhaftigkeit der Kaufsache, so kann ein geschütztes Vertrauen auf das Unterlassen von Mängeleinwänden durch den Käufer bei ihm gar nicht erst entstehen.[248] Freilich erweckt ein Käufer, der kommentarlos einen Kaufvertrag abschließt, stets den generellen Eindruck, er wolle die Sache so erwerben wie sie ist, sprich mit allen ihm bekannten Eigenschaften (und Fehlern). Beruft er sich dann später auf einen Mangel, der ihm bereits zu diesem Zeitpunkt bekannt war, so stellt sich die Frage, ob dieses Verhalten als verkehrsgerecht betrachtet werden kann und der Käufer unter diesen Umständen noch mit einem Gewährleistungsausgleich rechnen darf.

So wurde in der Rechtsprechung der Grundgedanke des § 460 BGB a.F. denn auch dahingehend erklärt, der Schutz des strengen Gewährleistungsrechts für den Käufer erscheine nur gerechtfertigt, wenn er durch die Leistung des Verkäufers in seinen berechtigten Erwartungen enttäuscht werde. Dies könne aber gerade dann nicht der Fall sein, wenn der Käufer von der Mangelhaftigkeit der Kaufsache wisse.[249] Dem ist entgegengehalten worden, dieser Schluß sei nicht zwingend. Es wäre durchaus denkbar, daß der Käufer die Gewährleistungsansprüche als Äquivalent für die vertragswidrige Beschaffenheit der Kaufsache ansehe.[250]

243 BGH JZ 1989, 796; *Staudinger-Honsell*, § 460 Rn. 1; *Richardi*, AcP 1969, 385 (390).
244 *Walter*, 214.
245 *Staudinger-Honsell*, § 460 Rn. 1.
246 Vgl. *Larenz*, SchR AT, 133; *Canaris*, 287 ff.
247 *Köhler*, JZ 1989, 761 (762); *Wasmuth*, in: FS Piper, 1083 (1101); *Singer*, 60.
248 *Schwartze*, 125.
249 OLG Hamm NJW 1986, 136; BGH JZ 1989, 796.
250 *Erman-Grunewald*, § 460 Rn. 1; *Köhler*, JZ 1989, 761 (762).

Das mag zwar zutreffen; wenn aber der Käufer trotz seiner Kenntnis von der Mangelhaftigkeit der Kaufsache dennoch einen Gewährleistungsausgleich erwartet, so bleibt zu fragen, ob diese Erwartung als berechtigt bezeichnet werden kann. Dies ist nicht der Fall: das Verhalten des Käufers erscheint unredlich und eine Gewährleistungshaftung des Verkäufers demgegenüber als nicht sachgerecht.[251]

Dementsprechend wurde der in § 460 BGB a.F. normierte Gewährleistungsausschluß auch als eine Sanktion für verkehrswidriges Verhalten des Käufers ausgelegt[252]. *Köhler* kritisierte an dieser Auffassung, daß nicht näher erläutert werde, warum das Kontrahieren in Kenntnis eines Mangels verkehrswidrig sein solle. Die Verkehrswidrigkeit des Käuferverhaltens könne letztlich nur darin bestehen, daß der Käufer den Verkäufer nicht von dem erkannten Mangel verständige. Diese Annahme sei aber nicht schlüssig, weil auf der anderen Seite der Käufer sich durch einen Hinweis auf die Mangelhaftigkeit der Sache seine Gewährleistungsrechte nicht erhalten könne.[253] Dies ist zwar zutreffend: anders als bei § 464 BGB a.F. konnte sich der Käufer nach § 460 BGB a.F. nicht durch einen einseitigen Vorbehalt seine Rechte sichern.[254] Aber auf einen Erhalt der Gewährleistungsrechte konnte es im Rahmen des § 460 BGB a.F. auch gar nicht ankommen. Vielmehr sollte der Käufer dazu bewegt werden, seine Interessen zu einem Zeitpunkt – nämlich beim Vertragsschluß – wahrzunehmen, zu dem eine entsprechende Modifikation des Vertrages und eine Berücksichtigung der Mangelhaftigkeit der Kaufsache, z.B. durch eine Anpassung des Kaufpreises oder aber durch eine Vereinbarung, daß der Mangel bis zur Lieferung noch behoben bzw. eine fehlende Eigenschaft noch hergestellt werde, noch unproblematisch und zum Vorteil beider Parteien durchgeführt werden konnte.[255]

Den Käufer trifft eine Mitverantwortung für eine möglichst reibungslose Vertragsabwicklung: er soll seine Informationen gegenüber dem Verkäufer offenlegen, damit der Mangel für das Verhältnis von Leistung und Gegenleistung sogleich berücksichtigt werden kann ohne daß ein späterer Gewährleistungsausgleich noch erforderlich würde.[256] Der Käufer soll darauf hinwirken, eine für

---

251 So selber *Erman-Grunewald*, § 460 Rn. 1.

252 MüKo-*Westermann*, § 460 Rn. 1.

253 *Köhler*, JZ 1989, 761 (763); so auch *Wasmuth*, in: FS Piper, 1083 (1101).

254 *Soergel-Huber*, § 460 Rn. 12; *Schwartze*, 125.

255 Vgl. MüKo-*Westermann*, § 460 Rn. 1; s. auch *Erman-Grunewald*, § 460 Rn. 1: „In jedem Fall kann von dem Käufer erwartet werden, daß er den Verkäufer auf den Mangel hinweist, wenn er aus ihm Rechte ableiten, etwa billiger kaufen will.“ Dies ist dem Käufer auch zumutbar, s. *Singer*, 62.

256 *Schwartze*, 125; vgl. auch *Flessner*, in: Europäisches Kaufgewährleistungsrecht, 233 (245).

beide Seiten akzeptable Einigung zu erzielen, oder ganz vom Vertragsschluß absehen, um die mit einer späteren Rückabwicklung verbundenen Unsicherheiten zu vermeiden.[257] Dies gebieten sowohl das Interesse des Verkehrs an einem störungsfreien Geschäftsablauf[258], als auch das wirtschaftliche Interesse des Verkäufers.[259] Demgegenüber erscheint der Käufer mit seiner Erwartung eines späteren Gewährleistungsausgleichs nicht schutzwürdig[260] und auch nicht schutzbedürftig[261], weil ihm die Möglichkeit offensteht, vom Vertragsabschluß noch Abstand zu nehmen, oder den Vertragsinhalt zu seinen Gunsten zu ändern. Die Vorschrift des § 460 S. 1 BGB a.F. löste demgemäß die Frage der Gewährleistungshaftung bei Mängelkenntnis des Käufers im Interesse der Rechtssicherheit und einer möglichst raschen und klaren Abwicklung von Leistungsstörungen.[262]

Bei der Auslegung der Vorschrift des § 460 S. 1 BGB a.F. muß vor allem aber auch der Zusammenhang mit § 460 S. 2 BGB a.F. berücksichtigt werden. In dieser Vorschrift, die einen Gewährleistungsausschluß grundsätzlich auch bei grob fahrlässiger Unkenntnis des Käufers normierte, schlug sich, wenngleich in deutlich abgeschwächter Form, das historische Rechtsprinzip des *caveat emptor* nieder. Der Gedanke, daß die Sachmängelhaftung nicht für solche Fehler bestehen soll, die offensichtlich sind und die der Käufer folglich hätte bemerken müssen, ist dem Haftungsausschluß bei Kenntnis des Käufers im Prinzip noch vorgeschaltet: Der Verkäufer soll grundsätzlich nur für verborgene Mängel haften; Fehler, die der Käufer kennt, können jedoch nicht als „verborgen" gelten, so daß konsequenterweise eine Haftung bei Kenntnis des Käufers nicht in Betracht kommt. Dieser innere Zusammenhang der beiden Vorschriften bestätigt den oben vertretenen Auslegungsansatz zu § 460 S. 1 BGB a.F.[263]

---

257 *Schwartze*, 125; *Köhler*, JZ 1989, 761 (763).

258 *Singer*, 62; *Fleischer*, 475; vgl. auch MüKo-*Westermann*, § 464 Rn. 2: Der Käufer soll sich verkehrsgerecht verhalten.

259 MüKo-*Westermann*, § 460 Rn. 1.

260 S. BGH JZ 1989, 796; *Esser/Weyers*, SchR BT/1, 45; *Brox/Elsing*, Jus 1976, 1 (4); *Staudinger-Honsell*, § 460 Rn. 1. S. auch *Singer*, 62: „Die beim Vertragsschluß vom Käufer u.U. gehegte Erwartung, später auf die gesetzlichen Gewährleistungsrechte doch noch zurückkommen zu können, ist im Hinblick auf die Gefahr, daß dadurch die ursprüngliche Äquivalenzbewertung nachträglich korrigiert wird, weit weniger schutzwürdig."

261 *Brox/Walker*, SchR BT, Rn. 72: Dies gilt auch dann, wenn der Verkäufer den Mangel arglistig verschweigt, denn das Verschweigen kann wegen der Kenntnis des Käufers nicht ursächlich für den Vertragschluß werden.

262 Vgl. BGH NJW 1978, 2240; *Singer*, 62; zustimmend auch *Fleischer*, 475.

263 Vgl. auch MüKo-*Westermann*, § 464 Rn. 2: „Für § 460 liegt wegen der Gleichstellung von Kenntnis und grober Fahrlässigkeit als Gesetzeszweck der Gedanke näher, der Käufer solle sich verkehrsgerecht verhalten."

Auch bei der Bestimmung der *ratio legis* des § 460 S. 2 BGB a.F. ist auf Kriterien des Verkehrsschutzes bzw. die mangelnde Schutzwürdigkeit des Käufers abzustellen. In den Motiven wurde dazu ausgeführt, nach allgemeiner Rechtsanschauung gelte im Verkehr die Regel, daß jeder aufpassen solle.[264] *Von Kübel* bemerkte dazu, das Gesetz habe keinen Anlaß, den Erwerber gegen seine eigene Nachlässigkeit zu schützen und könne dies auch nicht, ohne den Verkehr empfindlich zu stören.[265] Der Käufer hatte für *von Kübel* also die „Pflicht, die Augen offen zu halten“[266]; ein Mindestmaß an Sorgfalt war ihm grundsätzlich zumutbar.[267] Ließ er dies außer acht, so griff der § 460 S. 2 BGB a.F. als Sanktion seines pflichtwidrigen Verhaltens. Der Käufer hatte in diesem Fall, wie bei positiver Mängelkenntnis, den Schutz des Gewährleistungsrechts nicht verdient.[268] Die Protokolle sprechen in diesem Zusammenhang auch von einer Beschränkung des Willensdogmas „im Interesse des Verkehrs“.[269]

Vor diesem Hintergrund lassen sich auch die Ausnahmetatbestände des § 460 S. 2 BGB a.F. erklären: Die differenzierende Regelung trug dem Umstand Rechnung, daß in besonderen Fällen die Schutzwürdigkeit des Käufers anders zu bewerten und deshalb seinen Erwartungen auf einen Gewährleistungsausgleich ein anderes Gewicht beizumessen ist: Hat der Verkäufer eine Eigenschaft zugesichert, so gibt er dem Käufer damit zu erkennen, daß er sich auf das Vorliegen dieser Eigenschaft verlassen könne und enthebt ihn somit gerade der Pflicht, die Sache zu untersuchen. Verschweigt der Verkäufer dagegen arglistig einen Mangel, so ist er seinerseits nicht schutzwürdig und auch nicht schutzbedürftig, denn er handelt, wenn er gleichwohl einen Vertrag abschließt, bezüglich der Risiken der Vertragsdurchführung und der Gewährleistung auf eigene Gefahr.[270]

Nach einem anderen Interpretationsvorschlag sollte der § 460 S. 2 BGB a.F. als Beweiserleichterung für den Verkäufer fungieren. Mit der Regelung werde den Schwierigkeiten Rechnung getragen, denen der Verkäufer normalerweise bei dem Nachweis der positiven Mängelkenntnis im Rahmen des § 460 S. 1 BGB a.F. begegne; § 460 S. 2 BGB a.F. greife in Fällen ein, in denen der Käufer Mängelrüge wegen eines Umstandes erhebe, dessen Kenntnis ihm zwar nicht

264 *Mugdan*, Motive, 125.

265 *Von Kübel*, Entwurf eines bürgerlichen Gesetzbuches, in: *Schubert*, 415.

266 *Jauernig-Vollkommer*, § 460 Rn. 1. Sofern *Vollkommer* den Grundsatz „die Augen offen zu halten“ auch auf § 460 S. 1 BGB a.F. bezieht, ist dies allerdings unzutreffend: im Fall des § 460 S.1 BGB a.F. hat der Käufer die Augen bereits offengehalten und den Mangel deshalb erkannt.

267 *Walter*, 214 f.

268 *Staudinger-Honsell*, § 460 Rn. 1.

269 *Mugdan*, Protokolle, 925; s. auch *Singer*, 62; *Fleischer*, 476.

270 *Köhler*, JZ 1989, 761 (764); vgl. auch *Soergel-Huber*, § 460 Rn. 5; *Erman-Grunewald*, § 460 Rn. 2; *Singer*, 63.

bewiesen werden könne, über den er eigentlich aber nicht habe im unklaren sein können.[271] Zudem führe § 460 S. 2 BGB a.F. zu einer Beweiserleichterung hinsichtlich eines vertraglichen Haftungsausschlusses beim Erwerb gebrauchter Sachen und in ähnlichen Fällen.

Daß § 460 S. 2 BGB a.F. praktisch als Beweiserleichterung für den Verkäufer wirken konnte, ist sicherlich zutreffend. Doch sollte von der praktischen Konsequenz der Norm nicht zwingend auf ihren Regelungsgrund geschlossen werden. Die Entstehungsgeschichte des § 460 S. 2 BGB a.F. zeigt, daß dieser Vorschrift eine eigenständige Bedeutung neben § 460 S. 1 BGB a.F. zukam. Insofern erschöpfte sich ihr Regelungsgehalt nicht in einer Beweiserleichterung zu § 460 S. 1 BGB a.F.: Es sind durchaus auch Fälle denkbar, in denen der Käufer nachweislich den Mangel bei Vertragsschluß nicht kannte, etwa weil er die Kaufsache erst nach Vertragschluß zu Gesicht bekommen hat.[272] Doch gerade in einem solchen Versäumnis, die Sache zu besichtigen, konnte u.U. grobe Fahrlässigkeit im Sinne des § 460 S. 2 BGB a.F. begründet sein.[273]

bb. Die ratio legis des § 464 BGB a.F.

Im Anschluß an die Erwägungen der Motive[274] ist vielfach die vorbehaltlose Annahme in Kenntnis eines Mangels als schlüssiger Verzicht des Käufers auf die Gewährleistungsrechte gewertet worden. Machte der Käufer später dennoch Gewährleistungsansprüche geltend, so wurde darin eine Verstoß gegen Treu und Glauben gesehen.[275] Die Deutung des von § 464 BGB a.F. angeordneten Gewährleistungsausschlusses als Folge eines stillschweigenden (rechtsgeschäftlichen) Verzichts erscheint jedoch dann fragwürdig, wenn man berücksichtigt, daß der Verkäufer unter Umständen von der Mängelkenntnis des Käufers gar nichts wußte.[276] Gegen die Interpretation des § 464 BGB a.F. anhand von rechtsgeschäftlichen Kategorien ist auch geltend gemacht worden, daß der Gewährleistungsverlust im Rahmen dieser Vorschrift gerade nicht die Folge einer Willenserklärung, sondern die gesetzlich festgelegte Konsequenz des Käuferver-

271 *Soergel-Huber*, § 460 Rn. 4; *Erman-Grunewald*, § 460 Rn. 2.
272 *Köhler*, JZ 1989, 761 (764); kritisch auch *Wasmuth*, in: FS Piper, 1083 (1101).
273 Siehe oben Kap. II.1.a.aa.(2).
274 *Mugdan*, Motive, 126.
275 RGZ 64, 236 (238); RGZ 101, 64 (73); BGHZ 50, 364 (366 f.); *Staudinger-Honsell*, § 464 Rn. 1; MüKo-*Westermann*, § 464 Rn. 2; *Soergel-Huber*, § 464 Rn. 1; *Walter*, 220; *Brox/Walker*, SchR BT, Rn. 71; ähnlich *Singer*, 61, 68: „mutmaßlicher Parteiwillen".
276 Vgl. die Ausführungen zu § 460 BGB a.F. oben Kap. II.1.c.aa. Ein einseitiger Verzicht auf Forderungen ist nicht möglich; es bedarf hierzu eines Vertragschlusses.

haltens sei[277]: nach herrschender Auffassung stellte die Annahme im Sinne des § 464 BGB a.F. keine rechtsgeschäftliche Handlung dar.[278] Die Deutung der vorbehaltlosen Annahme als Verzichtserklärung des Käufers war allenfalls insoweit stimmig, als man nach früherer Auffassung noch davon ausging, daß es sich auch bei der „Annahme als Erfüllung" um eine rechtsgeschäftliche Willenserklärung handele.[279] Um Widersprüchlichkeiten zu vermeiden, wurde deshalb später die Formulierung gewählt, die vorbehaltlose Annahme im Sinne des § 464 BGB a.F. sei „als Verzicht zu werten", wenngleich ein Verzichtwille nicht erforderlich sein sollte. Insofern wurde von einem an ein bestimmtes äußeres Verhalten des Käufers anknüpfenden, vermuteten Verzicht gesprochen.[280] Freilich stellten auch die Motive allein auf den äußerlich wahrnehmbaren Tatbestand ab, wenn sie davon sprachen, „in einem solchen Verhalten [des Käufers könne] nur der Verzicht auf Wandelung oder Minderung bzw. auf Schadenersatz...gefunden werden".[281] Zutreffend war deshalb wohl der Hinweis *Hubers*, das gesetzgeberische Motiv dürfe nicht mit der rechtlichen Konstruktion verwechselt werden, mit deren Hilfe es verwirklicht werde. Die Regelung des § 464 BGB a.F. sollte demnach im Einzelfall die Feststellung entbehrlich machen, daß die vorbehaltlose Annahme tatsächlich als Verzicht zu interpretieren war bzw. daß tatsächlich ein Verstoß gegen Treu und Glauben vorlag, und insofern der Rechtssicherheit dienen.[282]

Nach einem anderen Deutungsansatz erfolgte der Rechtsverlust im Rahmen des § 64 BGB a.F. aufgrund einer „Verschweigung" der Gewährleistungsansprüche: der Käufer schaffe durch sein Schweigen bei der Annahme einen Tatbestand, auf den der Verkäufer solle vertrauen dürfen.[283] In diesem Zusammenhang war auch vom Verbot des *venire contra factum proprium* die Rede.[284] Vertrauen darauf, daß der Käufer wegen eines *bestimmten* Mangels keine Gewährleistungsrechte geltend machen werde, kann beim Verkäufer freilich nur dann erwachsen, wenn er sowohl vom Mangel als auch von der Mängelkenntnis

277 *Larenz*, SchR BT/1, 48; *Köhler*, JZ 1989, 761 (768).
278 S. dazu oben Kap. II.1.a.bb.(3).
279 So beispielsweise *Planck* (1904), § 363 Anm. 1.
280 *Staudinger-Honsell*, § 464 Rn. 1; MüKo-*Westermann*, § 464 Rn. 2; RGRK-*Mezger*, § 464 Rn. 1; s. auch *Schlechtriem*, in: *Ernst/Zimmermann*, 205 (218), der die vorbehaltlose Annahme als „eine Art Verzicht auf an sich gegebene Rechte" verstand.
281 *Mugdan*, Motive, 126.
282 *Soergel-Huber*, § 464 Rn. 1.
283 *Larenz*, SchR BT/1, 48; *Schlechtriem*, Vertragsordnung, 300: „Der Verkäufer soll das Geschäft als abgewickelt betrachten dürfen, falls der Käufer den Mangel kennt und keine Vorbehalte macht."
284 *Soergel-Huber*, § 464 Rn. 1; *Krause*, 164.

des Käufers im Bilde ist.[285] Mit einer vorbehaltlosen Annahme im Sinne des § 464 BGB a.F. begründet der Käufer jedoch den Anschein eines allgemeinen, sprich pauschalen Einverständnisses mit der Kaufsache.[286] Dies folgt bereits aus dem Annahmebegriff, der nach herrschender Meinung gerade voraussetzt, daß der Käufer ausdrücklich oder stillschweigend zu erkennen gibt, er nehme die Leistung des Verkäufers als in der Hauptsache vertragsgemäße Erfüllung an.[287]

Für die *ratio* des Gewährleistungsausschlusses ist somit unmittelbar auf das Käuferverhalten selber abzustellen: Erweckt der Käufer den Anschein einer generellen Billigung der Sache und spricht keinen Gewährleistungsvorbehalt aus, obschon er von der Mangelhaftigkeit der Sache Kenntnis hat, so stellt sich dieses Verhalten als unredlich dar. Die spätere Berufung auf Gewährleistungsrechte trotz Mängelkenntnis bei Annahme erscheint rechtsmißbräuchlich, da es dem Käufer nunmehr hinsichtlich eines Gewährleistungsausgleichs an Schutzwürdigkeit fehlt.[288] Zwar muß in einem Unterlassen der Mängelanzeige nicht unbedingt

285 *Wasmuth*, in: FS Piper, 1083 (1104); *Köhler*, JZ 1989, 761 (769).

286 MüKo-*Westermann*, § 464 Rn. 2.

287 Insoweit stellt sich die Frage, ob der Eindruck, der Käufer sei mit der Kaufsache einverstanden, sprich er *billige* sie, beim Verkäufer nicht erst dann zu entstehen vermag, wenn er davon ausgehen kann, daß der Käufer die Sache untersucht hat, oder aber bewußt von einer Untersuchung derselben absieht. Hier bietet sich der Vergleich mit der in § 377 HGB geregelten handelsrechtlichen Rügeobliegenheit an: § 377 II HGB bestimmt ausdrücklich, daß die gekaufte Ware trotz ihrer Mangelhaftigkeit als genehmigt gilt, wenn der Verkäufer die Mängelanzeige unterläßt. Gemäß § 377 I HGB ist der Käufer allerdings zunächst gehalten, die Ware zu untersuchen. Dabei handelt es sich zwar nicht um eine echte Obliegenheit, denn die Rechtsfolge der Genehmigungsfiktion knüpft sich erst an das Unterlassen der Mängelrüge. Die Untersuchung der Sache stellt jedoch eine vorbereitende Obliegenheit zur Erhaltung der Gewährleistungsrechte dar und die Annahme einer Genehmigung nach § 377 II HGB setzt voraus, daß der Käufer zumindest die Gelegenheit zur Überprüfung der Ware gehabt hat. Die handelsrechtliche Genehmigungsfiktion erwächst somit letztlich erst aus dem Zusammenspiel der Untersuchung(smöglichkeit) und dem Unterlassen der Rüge. So wird man auch im Rahmen des bürgerlichen Rechts, obgleich der § 464 BGB a.F. keine Untersuchungspflichten statuierte, allein aus der körperlichen Entgegennahme der Sache nicht zwingend auf eine Billigung derselben schließen können. Die bloße körperliche Entgegennahme war für die Annahme im Sinne des § 464 BGB a.F. aber, wie oben bereits gezeigt wurde, auch nicht entscheidend. Vielmehr mußte der Käufer zumindest die Möglichkeit einer Untersuchung der Kaufsache gehabt haben, insbesondere bei komplexeren und schwer überschaubaren Vertragsleistungen, oder bei verpackten Waren, s. dazu oben Kap. II.1.a.bb.(3).

288 *Jauernig-Vollkommer*, § 464 Rn, 1; vgl. auch *Esser/Weyers*, SchR BT/1, 45. Insofern wird auch von einer „Verwirkung" der Gewährleistungsrechte gesprochen, *Jauernig-Vollkommer*, § 464 Rn. 1.

Arglist begründet sein[289], denn dieses Versäumnis kann auch auf Nachlässigkeit beruhen. Doch auch der nachlässig handelnde Käufer verdient den Schutz der Rechtsordnung insoweit nicht. Der Käufer, der zum Zeitpunkt der Annahme von der Mangelhaftigkeit der Sache weiß, hat es in der Hand, mit einem für ihn zumutbaren Aufwand frühzeitig für eine rasche Abwicklung der Gewährleistung, wie sie im Interesse der Parteien, aber auch im allgemeinen Verkehrsinteresse angezeigt ist, zu sorgen. Er ist deshalb gehalten, von der Möglichkeit Gebrauch zu machen, den Verkäufer unverzüglich über den Mangel und seine diesbezüglichen Absichten aufzuklären oder aber die Sache unmittelbar zurückzuweisen.[290] Der Verkäufer hat ein Interesse daran, baldmöglichst von der Sachlage informiert zu werden, um sich auf die Gewährleistung einstellen und entsprechende Dispositionen treffen zu können.[291]

Der Regelung des § 464 BGB a.F. lag somit der Gedanke einer Mitverantwortung des Käufers für eine rechtzeitige Klärung und Abwicklung von Mängelproblemen zugrunde.[292] Das pflichtwidrige Unterlassen der Mängelanzeige bzw. des Vorbehalts durch den Käufer wurde gemäß § 464 BGB a.F. mit dem Ausschluß der an sich gegebenen Gewährleistungsrechte geahndet. Insofern stellte die Vorschrift eine Sanktion für das nicht verkehrsgerechte Verhalten des Käufer dar.[293] Bereits die Motive wiesen darauf hin, das „Interesse des Verkehrs“ verlange, die nachträgliche Verfolgung der Sachmängelansprüche in derartigen Fällen positiv auszuschließen.[294]

Gegen diese Deutung läßt sich einwenden, daß auch der Verkäufer u.U. nicht schutzwürdig erscheint, wenn man von einem Sachverhalt ausgeht, in dem auch er selber von der Mangelhaftigkeit der Sache Kenntnis hatte. Das ist sicherlich zutreffend, vor allem wenn man an Fälle denkt, in denen der Verkäufer sogar versucht hat, den Käufer über den Mangel arglistig zu täuschen. Allerdings war dies die bewußte Entscheidung und Wertung des Gesetzgebers[295], der davon abgesehen hatte, bei arglistigem Verhalten des Verkäufers eine Ausnahme von dem

---

289 So noch *Palandt*[55]*-Putzo*, § 464 Rn. 1.

290 Zum Zurückweisungsrecht umfassend *Rieble*, JZ 1997, 485 ff.

291 S. *Köhler*, JZ 1989, 761 (769), der zur Deutung der *ratio legis* des § 464 BGB a.F. auf ökonomische Betrachtungen abstellte; *Palandt*[55]*-Putzo*, § 464 Rn. 1 sprach von einer potentiellen Schädigung des Verkäufers.

292 Vgl. *Schlechtriem*, Internationales UN-Kaufrecht, Rn. 149; *Flessner*, in: Europäisches Kaufgewährleistungsrecht, 233 (246).

293 Vgl. MüKo-*Westermann*, § 464 Rn. 2: Gedanke, der Käufer solle sich verkehrsgerecht verhalten.

294 *Mugdan*, Motive, 127.

295 Diese gesetzgeberische Entscheidung ist auf Kritik gestoßen, s. *Larenz*, SchR BT/1, 48.

Haftungsausschluß zuzulassen.[296] Die Vorschrift fand insofern eine Parallele in § 460 S. 1 BGB a.F., der bei positiver Mängelkenntnis des Käufers gleichfalls einen uneingeschränkten Haftungsausschluß normierte. Eine Ausnahme im Falle der Arglist des Verkäufers war lediglich in § 460 S. 2 BGB a.F. für die grob fahrlässige Unkenntnis des Käufers vom Mangel vorgesehen.

cc. Zusammenfassung

Die Vorschriften der §§ 460 und 464 BGB a.F. müssen nicht nur im Hinblick auf ihren Regelungsinhalt, sondern auch bezüglich ihrer *ratio legis* in einem sachlichen Zusammenhang gesehen werden. Zwar liegt hinsichtlich der in § 460 BGB a.F. geregelten Kenntnis bei Vertragsschluß zunächst der Gedanke an eine Modifikation der Beschaffenheitsvereinbarung durch die Parteien nahe, während das Unterlassen von Rüge oder Vorbehalt bei Annahme im Sinne des § 464 BGB a.F. sich eher als ein Verzicht auf an sich gegebene Gewährleistungsrechte bzw. als eine Billigung der Kaufsache darstellt. Die genauere Betrachtung der Vorschriften zeigt jedoch, daß *beiden* Regelungen die Überlegung zugrunde lag, daß der Käufer unter besonderen Umständen den Schutz des Gewährleistungsrechts nicht verdient, weil sein Verhalten treuwidrig und nicht verkehrsgerecht erscheint. Denn der Käufer, der von der Mangelhaftigkeit der Sache schon bei Vertragsschluß weiß oder diese nur aufgrund grober Fahrlässigkeit übersieht, hat die Möglichkeit, seine Interessen bereits bei den Vertragsverhandlungen wahrzunehmen und so einer späteren Gewährleistungssituation bzw. einer u.U. problematischen Rückabwicklung des Vertrages entgegenzuwirken, während der Käufer, der eine fehlerhafte Sache in Kenntnis des Mangels annimmt, zumindest für eine frühzeitige Information des Verkäufers von den bevorstehenden Mängelproblemen sorgen kann. Sowohl § 460 BGB a.F. als auch § 464 BGB a.F. lag somit der Gedanke einer Mitverantwortung des Käufers für eine möglichst reibungslose Vertragsabwicklung zugrunde. Wurde er dieser Verantwortung nicht gerecht, so traten seine Erwartungen eines Gewährleistungsausgleichs hinter das Interesse des Verkäufers und das Verkehrsinteresse, auch aus Gründen der Rechtssicherheit, zurück, und er verlor seine Mängelansprüche. Der Verlust der Gewährleistungsrechte im Rahmen der §§ 460 BGB a.F. und 464 BGB a.F. beruhte demgemäß letztlich auf dem Sanktionsgedanken.[297]

---

296 Laut *Erman-Grunewald*, § 464 Rn. 2 findet § 464 BGB a.F. in dieser Situation seinen Grund darin, daß bei beiderseitigem unredlichen Verhalten ein Eingreifen der Rechtsordnung nicht angezeigt erscheint.

297 *Köhler*, JZ 1989, 761 (763 f., 769, 775).

2. Die handelsrechtliche Rügelast

Wie bereits gezeigt, ist dem bürgerlichen Recht eine Pflicht des Käufers zur Untersuchung der Kaufsache und Rüge erst nach der Annahme entdeckter Mängel prinzipiell unbekannt. Für den kaufmännischen Verkehr dagegen waren und sind in § 377 HGB Untersuchungs- und Rügeobliegenheiten vorgesehen.

Die bürgerlich-rechtlichen Vorschriften zur Sachmängelgewährleistung gelten grundsätzlich auch für den Handelskauf. Das HGB weicht hiervon nicht ab, auferlegt dem Käufer aber gemäß § 377 HGB eine Rügelast, die für die praktische Abwicklung von Sachmängelfällen von Bedeutung ist: Will der Käufer Gewährleistungsrechte geltend machen, so muß er sich seine Rechte durch eine Mängelrüge sichern. Gemäß § 377 I HGB hat der Käufer, wenn der Kauf für beide Seiten ein Handelsgeschäft ist, die Ware unverzüglich nach Ablieferung zu untersuchen, soweit dies nach ordnungsgemäßem Geschäftsgang tunlich ist und, wenn sich ein Mangel zeigt, dem Verkäufer unverzüglich davon Anzeige zu machen. Unterläßt der Käufer die Anzeige, so gilt die Ware gemäß § 377 II HGB als genehmigt.

Die handelsrechtliche Vorschrift des § 377 HGB hat im Rahmen der Schuldrechtsmodernisierung als solche keine Modifikationen erfahren. Sie gilt auch nach der Reform in unveränderter Fassung weiter. Eine inhaltliche Änderung hat sich allerdings insofern ergeben, als der § 377 HGB durch den neuen Sachmängelbegriff des BGB und die Gleichstellung nach § 434 III BGB nunmehr auch auf Fälle der Falsch- und Minderlieferung direkte Anwendung findet. Die Vorschrift des § 378 HGB, die bislang die Erstreckung der kaufmännischen Untersuchungs- und Rügeobliegenheiten nach § 377 HGB auf dir Fälle der *aliud*-Lieferung und der Quantitätsabweichungen gesondert anordnete, war nach der Schuldrechtsreform somit überflüssig und ist folglich aufgehoben worden.

a. Die Voraussetzungen der Rügeobliegenheit

Der § 377 HGB geht auf den Art. 347 ADHGB[298] zurück, der sich, anders als die heutige handelsrechtliche Vorschrift, nur auf den Versendungskauf bezog. Der Anwendungsbereich des Art. 347 ADHGB war allerdings insofern weiter, als er auch auf den einseitigen Handelskauf Anwendung fand, die Untersuchungs- und Rügepflicht also unabhängig von der Kaufmannseigenschaft des Käufers anordnete. § 377 HGB gilt dagegen ausschließlich für den Bereich des beiderseitigen Handelsgeschäfts (§§ 343, 344 HGB), Verkäufer und Käufer müssen demnach beide Kaufleute i. S. der §§ 1 – 6 HGB sein.

---

298 S. dazu oben Kap. I.4.c.ee.

Die Rügefrist des § 377 HGB beginnt frühestens mit der Ablieferung der Ware. Eine Ablieferung im Sinne dieser Vorschrift ist erfolgt, wenn die Sache dem Empfänger oder dem von ihm Beauftragten (Spediteur, Frachtführer) in der Art zugänglich gemacht bzw. in seinen Machtbereich gebracht wird, daß er sie auf seine Beschaffenheit prüfen kann.[299] Beim Kaufvertrag setzt das in der Regel die vollständige Lieferung der Ware voraus.

b. Untersuchung der Ware

Der Käufer hat die Mängelanzeige so rasch wie möglich nach der Ablieferung zu erstatten. Er darf nicht abwarten, bis ein Mangel sich von selber zeigt. Aus diesem Grunde ist er, wenn der Mangel nicht bereits offen zu Tage getreten ist, gehalten, die Ware unverzüglich, daß heißt ohne schuldhaftes Zögern[300], zu untersuchen, soweit dies nach ordnungsgemäßem Geschäftsgang tunlich ist.[301] Was dabei unter „tunlich" zu verstehen ist, kann nicht allgemein bestimmt werden, sondern richtet sich nach den Umständen des Einzelfalles und wird in bestimmten Geschäftszweigen durch den Handelsbrauch konkretisiert. Der Käufer ist jedenfalls verpflichtet, die Untersuchung mit fachmännischer Sorgfalt durchzuführen. Welche Untersuchungshandlungen dem Käufer im Einzelfall zumutbar sind, bestimmt sich nach objektiven Kriterien.[302] Auch der für die Untersuchung einzuräumende Zeitraum, sprich die Untersuchungsfrist, ist objektiv zu bestimmen, wobei insbesondere die Art des Geschäfts und die Beschaffenheit der Ware, sowie etwaige Handelsbräuche und die Übung in der Branche zu berücksichtigen sind.[303]

Die Untersuchung der Ware ist eine rein tatsächliche Maßnahme. Es handelt sich nicht um eine echte Obliegenheit, denn die Rechtsfolge der Genehmigung knüpft sich gemäß § 377 II HGB erst an das Unterlassen der Mängelrüge. Eine wirksame Rüge im Sinne dieser Vorschrift liegt auch dann vor, wenn der Käufer

299 BGHZ 60, 6 f.; BGH ZIP 2000, 456 f.; *Baumbach/Hopt*, § 377 Rn. 20; *Schlegelberger-Hefermehl*, § 377 Rn. 12.

300 H.M., vgl. *Schmidt*, 807; *Röhricht/Graf von Westphalen-Wagner*, § 377 Rn. 38; *Schlegelberger-Hefermehl*, § 377 Rn. 72.

301 *Röhricht/Graf von Westphalen-Wagner*, § 377 Rn. 32; *Schlegelberger-Hefermehl*, §377 Rn. 60.

302 NJW 1977, 1150; *Ebenroth/Boujong/Joost-Müller*, § 377 Rn. 36 ff.; *Schlegelberger-Hefermehl*, § 377 Rn. 67; *Baumbach/Hopt*, § 377 Rn. 24; *Staub-Brüggemann*, § 377 Rn. 13.

303 Als grober Anhaltspunkt gilt in der Regel eine Frist von einer Woche, bei leichtverderblichen Waren, wie z.B. Südfrüchten oder Gemüse kann die Frist jedoch auf wenige Stunden reduziert sein. *Heymann-Emmerich*, § 377 Rn. 22 ff.; *Ebenroth/Boujong/Joost-Müller*, § 377 Rn. 72 ff.

einen Mangel ohne vorherige Untersuchung auf bloßen Verdacht hin anzeigt.[304] Allerdings kann ein Käufer sich selbst schaden, wenn er von einer Untersuchung der Kaufsache absieht, da gewöhnlich nur auf diese Weise ein zuverlässiges Bild über deren Beschaffenheit und etwaige Mängel gewonnen werden kann. Die Untersuchung schafft somit die Grundlage für eine spätere Rüge, weshalb auch von einer „vorbereitenden Obliegenheit" zur Erhaltung der Gewährleistungsrechte gesprochen wird.[305]

Für die Rechtzeitigkeit der Rüge kommt der Untersuchung der Ware eine doppelte Bedeutung zu: Zum einen ist der Verlust der Gewährleistungsrechte, den der Käufer durch das Unterlassen der Mängelanzeige erleidet, nur dann gerechtfertigt, wenn er zuvor die Möglichkeit einer Untersuchung gehabt hat; Art und Umfang der vorzunehmenden Untersuchung sind insofern maßgeblich für die Frist, die dem Käufer für die Erstattung der Mängelrüge einzuräumen ist. Darüber hinaus bestimmt sich die Unterscheidung zwischen „offenen" Mängeln (die unverzüglich nach Ablauf der für die Untersuchung erforderlichen Zeit gerügt werden müssen) und „verborgenen" Mängeln (die erst später, nachdem sie offenbar geworden sind, gerügt zu werden brauchen) danach, was eine alsbaldige, ordnungsgemäß durchgeführte Untersuchung hätte ergeben können.[306]

c. Ordnungsgemäße Mängelrüge

Die Erstattung der Mängelrüge ist Voraussetzung für die spätere Geltendmachung von Gewährleistungsansprüchen. Der Käufer ist zur Anzeige von erkannten Mängeln jedoch nicht im Rechtssinne verpflichtet. Es handelt sich vielmehr um eine Obliegenheit, deren Nichterfüllung den Verlust der Gewährleistungsrechte nach sich zieht.[307] Eine rechtzeitige Mängelrüge ändert an der bestehenden Rechtslage dagegen nichts; sie stellt deshalb keine (auf die Herbeiführung einer Rechtsfolge gerichtete) Willenserklärung dar, sondern eine geschäftsähnliche Handlung in Form einer sog. Vorstellungs- oder Tatsachenmitteilung.[308]

---

304 *Baumbach/Hopt*, § 377 Rn. 19; *Schmidt*, 806; *Staub-Brüggemann*, § 377 Rn. 11; *Schlegelberger-Hefermehl*, § 377 Rn. 53; *Heymann-Emmerich*, § 377 Rn. 19.

305 So *Schlegelberger-Hefermehl*, § 377 Rn. 53; s. auch *Staub-Brüggemann*, § 377 Rn. 11.

306 *Staub-Brüggemann*, § 377 Rn. 12; *Schlegelberger-Hefermehl*, § 377 Rn. 53; *Ebenroth/Boujong/Joost-Müller*, § 377 Rn. 35; *Heymann-Emmerich*, § 377 Rn. 18; *Schmidt*, 806 f.

307 *Schmidt*, 795; *Canaris*, Handelsrecht, 534; *Schlegelberger-Hefermehl*, § 377 Rn. 2; *Baumbach/Hopt*, § 377 Rn. 19.

308 *Röhricht/Graf von Westphalen-Wagner*, § 377 Rn. 25; *Staub-Brüggemann*, § 377 Rn. 21; *Schlegelberger-Hefermehl*, § 377 Rn. 53; *Ebenroth/Boujong/Joost-Müller*, § 377 Rn. 95; *Heymann-Emmerich*, § 377 Rn. 45; s auch RGZ 106, 359 (361): „Der

Die Mängelrüge des § 377 I HGB soll den Verkäufer in die Lage versetzen, sich rasch ein zuverlässiges Bild über die als vertragswidrig gerügte Beschaffenheit der Ware zu machen und die zur Wahrung seiner berechtigten Interessen erforderlichen Schritte zu ergreifen. Für den Inhalt der Mängelrüge folgt hieraus, daß sie den Verkäufer darüber informieren muß, welche Lieferung in welchem Umfang und wegen welcher möglichst genau bezeichneter Mängel beanstandet wird. Allgemeine Redewendungen und pauschal gehaltene Beanstandungen des Käufers reichen insofern für eine ordnungsgemäße Mängelrüge nicht aus, vielmehr sind die gerügten Mängel ihrer Art und ihrem Umfang nach deutlich zu substantiieren. Allerdings muß der Mangel nicht bis ins Detail beschrieben werden. Ebenso muß der Käufer nicht mitteilen, welche konkreten Rechte er wegen des Mangels geltend zu machen beabsichtigt.[309]

Für die Rügefrist ist zu unterscheiden zwischen offenen und verborgenen Mängeln. Unter offenen Mängeln versteht man solche Mängel, die bei der Ablieferung offen zu Tage treten oder bei Vornahme einer sachgemäß durchgeführten Untersuchung, soweit sie nach dem ordnungsgemäßen Geschäftsgang geboten war, alsbald nach Ablieferung hätten festgestellt werden können. Das Gleiche gilt für Mängel, von deren Existenz der Käufer auf anderem Wege erfährt. Wird ein Mangel bereits bei der Ablieferung entdeckt, oder ist er zu diesem Zeitpunkt erkennbar, so muß die Mängelanzeige gemäß § 377 I HGB unverzüglich erstattet werden. Ist dies nicht der Fall, so verlängert sich die Frist um die für eine ordnungsgemäße Untersuchung benötigte Zeitspanne.[310]

Verborgen ist ein Mangel dann, wenn er bei der ordnungsgemäßen Untersuchung nicht in Erscheinung getreten ist, oder, falls der Käufer eine solche unterlassen hat, selbst bei Vornahme einer Untersuchung mit an Sicherheit grenzender Wahrscheinlichkeit nicht hätte entdeckt werden können. Tritt ein verborgener Mangel später auf, so muß er gemäß § 377 III HGB unverzüglich nach seiner Entdeckung gerügt werden.[311] Der Nachweis des genauen Zeitpunktes, in dem der Käufer den Sachmangel entdeckt hat, kann im Einzelfall schwierig sein. Es ist denkbar, daß sich zunächst nur bestimmte Verdachtmomente ergeben haben.

---

fristgerechten Rüge wohnt also keine rechtbegründende, sondern lediglich eine rechterhaltende Kraft inne.“

309 BGH ZIP 1996, 1379 f.; *Canaris*, Handelsrecht, 537; *Heymann-Emmerich*, § 377 Rn. 53 f.; *Ebenroth/Boujong/Joost-Müller*, § 377 Rn. 111; *Röhricht/Graf von Westphalen-Wagner*, § 377 Rn. 27 f.

310 *Schlegelberger-Hefermehl*, § 377 Rn. 61 ff.; *Ebenroth/Boujong/Joost-Müller*, § 377 Rn. 90; *Heymann-Emmerich*, § 377 Rn. 48 ff.; *Röhricht/Graf von Westphalen-Wagner*, § 377 Rn. 33.

311 *Schlegelberger-Hefermehl*, § 377 Rn. 66; *Ebenroth/Boujong/Joost-Müller*, § 377 Rn. 91 f.; *Canaris*, 536.

In einem solchen Fall darf der Käufer jedoch nicht warten, bis der Mangel offensichtlich geworden ist. Er ist gehalten, sich auf schnellstem Wege Gewißheit zu verschaffen. Nach Ablauf der für eine angemessene Untersuchung zuzubilligenden Frist ist der Mangel als entdeckt anzusehen, auch wenn der Käufer ihn aus Nachlässigkeit tatsächlich noch nicht erkannt hat.[312]

d. Rechtsfolgen der versäumten Mängelrüge

Unterläßt der Käufer die rechtzeitige Mängelrüge, so gilt gemäß § 377 II, III HGB die Ware als genehmigt.[313] Aufgrund der Genehmigungsfiktion verliert der Käufer alle vertraglichen Ansprüche, die ihm wegen des konkreten Fehlers zugestanden hätten. Dies galt, bezogen auf das alte Kaufrecht, nicht nur für die Gewährleistungsrechte der §§ 459 ff. BGB a.F. einschließlich des Schadenersatzanspruchs aus § 463 BGB a.F. und der Ansprüche aus § 480 BGB a.F., sondern auch für alle konkurrierenden Ansprüche aus positiver Vertragsverletzung, sofern sie mit dem nicht rechtzeitig gerügten Mangel der Sache zusammenhingen. Bezogen auf das neue Kaufrecht sind nunmehr aufgrund der Genehmigungsfiktion des § 377 HGB die Sachmängelgewährleistungsrechte aus § 437 BGB sowie die Ansprüche aus c.i.c. und p.V.V. gemäß § 280 I, 311 II BGB ausgeschlossen, soweit sie auf dem Mangel beruhen. Die rechtliche Situation ist durch die Genehmigungsfiktion so, als habe der Verkäufer vertragsgemäß geliefert.[314] Da die Genehmigungswirkung kraft Gesetzes eintritt, kann der Käufer sie auch nicht durch eine Anfechtung wegen Irrtums über die Bedeutung seines Schweigens beseitigen.[315]

Anders als im Rahmen des § 464 BGB a.F., wo eine Ausnahme für den Fall der Arglist des Verkäufers nicht vorgesehen war, bestimmt § 377 V HGB, daß die Rügeobliegenheit entfällt, wenn der Verkäufer einen Mangel arglistig verschwiegen hat.

Die sich an die rechtzeitige Erstattung der Mängelrüge knüpfenden Rechtsfolgen sind nicht in § 377 HGB geregelt. Eine ordnungsgemäße Rüge erhält dem Käufer lediglich die ihm wegen des Mangels zustehenden Ansprüche. Welche

---

312 OLG Celle BB 1957, 595; *Heymann-Emmerich*, § 377 Rn. 52; *Schlegelberger-Hefermehl*, § 377 Rn. 66; *Ebenroth/Boujong/Joost-Müller*, § 377 Rn. 92; *Staub-Brüggemann*, § 377 Rn. 30.

313 „Genehmigung" im Sinne des § 377 II, III HGB meint (anders als im Rahmen der §§ 182 ff.) die Billigung des verkauften Gegenstandes, *Ebenroth/Boujong/Joost-Müller*, § 377 Rn. 123.

314 *Röhricht/Graf von Westphalen-Wagner*, § 377 Rn. 46 f.; *Schlegelberger-Hefermehl*, § 377 Rn. 82; *Heymann-Emmerich*, § 377 Rn. 60 f.; *Canaris*, 539.

315 *Schlegelberger-Hefermehl*, § 377 Rn. 82.

Ansprüche das sind, beurteilt sich ausschließlich nach dem bürgerlichen Recht.[316]

e. ratio legis

Der heutige § 377 HGB geht auf Art. 347 des Allgemeinen Deutschen Handelsgesetzbuchs von 1861 zurück, der wiederum auf Art. 264 des preußischen Entwurfs eines Handelsgesetzbuchs von 1857 fußte. Die handelsrechtliche Untersuchungs- und Rügepflicht ist jedoch älter als die Kodifikationen des 19. Jahrhunderts: es ist oben gezeigt worden, daß diese Pflichten einem langgeübten deutschen Handelsbrauch entsprechen, dessen Spuren sich bis ins mittelalterliche deutsche Recht zurückverfolgen lassen.[317] Nach altem deutschen Recht galt die rügelose Annahme der Kaufsache als Billigung derselben. Der Verkäufer sollte das Kaufgeschäft nach der vorbehaltlosen Annahme durch den Käufer als abgewickelt betrachten dürfen; wollte der Käufer sich seine Rechte wahren, so war er gehalten, die empfangene Ware zu untersuchen und sie bei etwaiger Mangelhaftigkeit sofort zurückzuweisen. Mit der in Art. 347 ADHGB getroffen Regelung war es dem Gesetzgeber vornehmlich darum zu tun, den Verkäufer vor schikanösen Prozessen und verspäteter Bemängelung der Ware zu schützen. In diesem Zusammenhang wurde vorgebracht, daß es im Interesse des Verkäufers läge, schnell zu erfahren, ob ein einzelnes Geschäft in Ordnung gehe, um hiernach entsprechende Dispositionen treffen zu können. Dies sei auch im Verkehrsinteresse geboten.[318] Dasselbe Argument findet sich in der Denkschrift zum Entwurf eines Handelsgesetzbuchs in den Ausführungen zu § 377 HGB.[319]

Auch nach dem heutigen Verständnis der *ratio legis* dieser Vorschrift dient die Mängelanzeige in erster Linie den Interessen des Verkäufers, der in die Lage versetzt werden soll, Feststellungen und Dispositionen zur Schadensabwehr zu

316 *Heymann-Emmerich*, § 377 Rn. 69; *Schlegelberger-Hefermehl*, § 377 Rn. 87; *Canaris*, 542.

317 S. zu der Entwicklung im ganzen oben Kap. I.3.

318 S. dazu oben Kap. I.4.c.ee.

319 *Hahn/Mugdan*, Materialien, Denkschrift, 376. In der Begründung der Rügeobliegenheit des § 377 HGB und der Verjährungsregelung des § 477 BGB a.F. finden sich insofern Parallelen: Laut den Motiven zu § 477 BGB a.F. sollte auch die kurze Verjährungsfrist der Wiederherstellung des Rechtsfriedens im Bereich des Kaufrechts dienen und dem Umstand Rechnung tragen, daß die Ermittlung und Feststellung von Mängeln nach einem längerem Zeitraum kaum mehr möglich sind. Die Zulassung des Zurückgreifens auf solche Mängel nach längerer Zeit sei in höchstem Grade lästig und hemmend, *Mugdan*, Motive, 238.

treffen.[320] So will der BGH den Verkäufer insbesondere davor schützen, nach längerer Zeit wegen nur unsicher feststellbarer Sachmängel vom Käufer in Anspruch genommen zu werden.[321] Darüber hinaus stellt der BGH auf die Notwendigkeit der schnellen Abwicklung von kaufmännischen Geschäften und den Gesichtspunkt des Rechtsfriedens ab.[322]

Ebenso wird in der Literatur angeführt, im Interesse der Schnelligkeit und Leichtigkeit des Handelsverkehrs bestehe ein Bedürfnis an der unverzüglichen Anzeige von Leistungsstörungen, um Streitigkeiten und Beweisschwierigkeiten vorzubeugen. § 377 HGB diene insofern dazu, dem Verkäufer baldmöglichst Klarheit über etwaige Mängelrügen hinsichtlich der Kaufsache zu verschaffen. Zugleich werde eine sachgerechte Risikoverteilung zwischen Verkäufer und Käufer bezweckt.[323] Der kaufmännische Verkäufer hat ein schutzwürdiges Interesse daran, nach jeder Lieferung so rasch wie möglich zu erfahren, ob er mit irgendwelchen Beanstandungen der Kaufsache, sprich mit Problemen bei der Vertragsabwicklung zu rechnen hat. Denn erst dann ist er in der Lage, entsprechende Dispositionen zu treffen. Darüber hinaus besteht auch ein allgemeines Verkehrsinteresse an der schnellen und prompten Abwicklung von Handelskäufen, unbelastet durch die unnötig verzögerte Berufung des Käufers auf angebliche Mängel.[324]

Diesem Zwecke dient nicht nur die in § 377 I HGB normierte Verpflichtung des Käufers zur unverzüglichen Mängelanzeige, sondern vor allem auch die Statuierung besonderer Prüfungslasten des Käufers im Rahmen des kaufmännischen Verkehrs, denn die Untersuchungspflicht dient dem Zweck, etwaige Mängel der gelieferten Ware besonders schnell festzustellen. Der Verkäufer wird so davor geschützt, daß noch nach längerer Zeit zufällig entdeckte Mängel gerügt werden, wenn sie schon bei Vornahme der gebotenen Untersuchung hätten festgestellt werden können. Je eingehender die Ware untersucht wird, desto eher wird dieser Zweck erreicht. Doch müssen Umfang und Gründlichkeit der Untersuchung dem Käufer zumutbar bleiben. Das Gesetz trägt diesem Gesichtspunkt dadurch Rechnung, daß es die Prüfungspflicht des Käufers auf das beschränkt, was nach ordnungsgemäßem Geschäftsgang tunlich erscheint.[325] Die Anforderungen einer ordnungsgemäßen Untersuchung sind demnach im Rahmen einer

---

320 So die ständige Rechtsprechung des BGH, vgl. BGHZ 91, 293 (299 f.); 110, 130 (138); 101, 49 (53)

321 BGH NJW 1985, 2417 f.; BGHZ 101, 337 (345).

322 S. etwa BGHZ 66, 208 (213); 91, 293 (299).

323 So *Röhricht/Graf von Westphalen-Wagner*, § 377 Rn. 3 f.

324 *Baumbach/Hopt*, § 377 Rn. 1; *Heymann-Emmerich*, § 377 Rn. 3; *Schlegelberger-Hefermehl*, § 377 Rn. 1; *Schmidt*, 794 f.; *Canaris*, 535.

325 *Schlegelberger-Hefermehl*, § 377 Rn. 67; vgl. auch *Baumbach/Hopt*, § 377 Rn. 24.

sachgerechten Interessenabwägung zwischen Verkäufer und Käufer zu ermitteln, so daß eine sinnvolle Risikoverteilung, wie sie im Verkehrsinteresse geboten ist, gewährleistet wird.

Dem handelsrechtlichen Käufer werden folglich durch § 377 HGB im Interesse des Verkäufers und des allgemeinen Verkehrs Verhaltensanforderungen, sprich Obliegenheiten, auferlegt, deren Nichtbeachtung das Gesetz mit einem Rechtsverlust sanktioniert. Die Sanktion besteht deshalb in einem Verlust der Gewährleistungsansprüche, weil das primäre Interesse des Verkäufers nicht die reale Erfüllung der gebotenen Handlungen ist, sondern in erster Linie darin liegt, wegen der Mangelhaftigkeit der Ware nicht mehr behelligt zu werden.[326]

f. Gemeinsamer Grundgedanke des § 377 HGB und des § 464 BGB a.F.

Huber stellte in seiner Kommentierung zu § 464 BGB a.F. fest, die *ratio legis* des § 377 HGB sei eine andere als die des § 464 BGB a.F.[327] Dem kann in dieser Form nicht zugestimmt werden. Zutreffend ist, daß die Vorschrift des § 377 HGB speziell auf die Bedürfnisse des kaufmännischen Handelsverkehrs abgestimmt ist, während der § 464 BGB a.F. sich auf den allgemeinen bürgerlichrechtlichen Kauf bezog. Dies erklärt die unterschiedliche Reichweite und Strenge der beiden Vorschriften, liefert aber keinen Grund dafür, warum der den Vorschriften zugrundeliegenden Regelungszweck grundsätzlich verschieden sein sollte.

Zunächst ist festzuhalten, daß Rügepflicht des § 377 HGB und Vorbehaltspflicht des § 464 BGB a.F. auf gemeinsame historische Wurzeln zurückgehen. Die Untersuchungs- und Rügeobliegenheit des Käufers hat sich in der deutschen Rechtstradition zwar als handelsrechtliches Institut herausgebildet, doch war die Abgrenzung zum bürgerlichen Recht zunächst verschwommen. Nach altem deutschen Recht galt generell der Grundsatz, daß das Geschäft mit der vorbehaltlosen Annahme der Kaufsache durch den Käufer als abgewickelt zu betrachten war. Im 19. Jahrhundert kam es zu einer Statuierung von Untersuchungs- und Rügepflichten in den handelsrechtlichen Kodifikationen. Inwieweit eine Rügepflicht auch für das bürgerliche Recht eingeführt werden sollte, war umstritten.[328]

Die Brisanz dieser Frage zeigte sich vor allem in den Gesetzesberatungen zum BGB, bei denen die Einführung einer den handelsrechtlichen Rüge- und Untersuchungsvorschriften entsprechenden Regelung mehrmals diskutiert wur-

326 *Singer*, 64.
327 *Soergel-Huber*, § 464 Rn. 5.
328 S. dazu die Diskussion in der Rechtslehre, oben Kap. I.4.b.

de.[329] Auf der anderen Seite wurde aber auch vorgeschlagen, an die vorbehaltlose Annahme der Kaufsache durch den Käufer überhaupt keine gesetzlichen Folgen zu knüpfen. Der schließlich beschlossene § 464 BGB a.F. ging einen Mittelweg zwischen beiden Positionen. Die Vorbehaltspflicht bei Annahme, wie sie in dieser Vorschrift normiert war, beschnitt die umfassenden handelsrechtlichen Obliegenheiten in zweierlei Weise: zunächst in zeitlicher Hinsicht, da die Mängelanzeigepflicht auf den Zeitpunkt der Annahme beschränkt war, sodann in qualitativer Hinsicht, da dem Käufer nur ein Vorbehalt bei positiver Mängelkenntnis, nicht aber eine Untersuchung der Kaufsache abverlangt wurde. Ein interessantes Bindeglied zwischen der handelsrechtlichen Untersuchungs- und Rügelast und der letztlich für das bürgerliche Recht normierten Vorbehaltspflicht stellte insofern der I 5 § 330 ALR dar, der die Anzeigepflicht des Käufers zwar auf den Zeitpunkt der Annahme beschränkte, andererseits den Gewährleistungsverlust auch bei bloßer Erkennbarkeit des Mangels anordnete, was dem Käufer zwar keine Untersuchungspflicht im handelsrechtlichen Sinne auferlegte, immerhin aber grobe Fahrlässigkeit sanktionierte.

Das Beispiel des I 5 § 330 ALR zeigt, daß die Normierung von Mängelanzeigepflichten in verschiedenen Abstufungen möglich ist und daß § 464 BGB a.F. insofern ein „milderes Mittel" zu einer vollumfänglichen Untersuchungs- und Rügepflicht darstellte. Dieser Gedanke schlägt sich letztlich auch in der in den Motiven dargelegten Begründung zu § 464 BGB a.F. nieder: Zwar wurde ein gesetzlicher Gewährleistungsschluß bei vorbehaltloser Annahme in Kenntnis der Mangelhaftigkeit grundsätzlich mit Rücksicht auf das Interesse des Verkehrs für erforderlich gehalten[330], eine weitergehende Regelung jedoch unter Hinweis auf den Unterschied zum Handelsrecht und Zumutbarkeitserwägungen abgelehnt[331] Die Differenz zwischen § 377 HGB und § 464 BGB a.F. liegt also im Umfang der dem Käufer auferlegten Obliegenheit, nicht jedoch in denen den Normen zugrundeliegenden Zweckerwägungen.

Beide Vorschriften beruhen auf dem Prinzip der Mitverantwortung des Käufers für eine rechtzeitige Klärung und Abwicklung möglicher Mängelprobleme, das mit dem technischen Instrument von Obliegenheiten zur Mängelanzeige bzw. Untersuchung sowie der Sanktion von Rechtsverlusten bei Versäumung dieser Obliegenheiten realisiert wird.[332] Sie dienen dem Schutz der Interessen des Verkäufers und des Verkehrs, hinter denen die Erwartung des Käufers auf eine Gewährleistung im Falle seiner Pflichtverletzung zurückzutreten hat. Schon

---

329 S. oben Kap. II.1.b.bb.

330 S. *Mugdan*, Motive, 127: „Das Interesse des Verkehrs erheischt, für den gedachten Fall die nachträgliche Verfolgung jener Rechte positiv auszuschließen".

331 S. *Mugdan*, Protokolle, 671; *Jakobs/Schubert*, 168 f.

332 So *Schlechtriem*, Internationales UN-Kaufrecht, Rn. 149.

nach älterem deutschen Rechtsverständnis lag in der vorbehaltlosen Annahme durch den Käufer eine Billigung der Kaufsache; beruft der Käufer sich später dennoch auf Mängel, die er bereits im Zeitpunkt der Annahme kannte, so ist dieses Verhalten als unredlich zu werten. Grund des Gewährleistungsausschlusses ist folglich die mangelnde Schutzwürdigkeit des Käufers, der die ihm grundsätzlich zustehenden Ansprüche durch sein verkehrswidriges Verhalten gleichsam verwirkt. Auch der kaufmännische Käufer, der eine Untersuchung der Ware nicht vornimmt und erkannte Mängel nicht rechtzeitig rügt, erfüllt nicht die an ihn gestellten Verhaltensanforderungen.

Es ist sicherlich zutreffend, daß das Interesse des Verkäufers an einer schnellen Information und Abwicklung des Kaufvertrages sowie das allgemeine Interesse an der Schnelligkeit und Leichtigkeit des Verkehrs in verstärktem Maße auf den Handelskauf zutreffen.[333] Mit diesem gesteigerten Bedürfnis korrespondieren jedoch die gesteigerten Anforderungen an den kaufmännischen Käufer. Insofern ging das Argument *Hubers* fehl, der feststellte, es sei deshalb unzutreffend, die *ratio legis* des § 464 BGB a.F. in dem Interesse des Verkäufers, möglichst schnell Dispositionen treffen zu können, zu erblicken, weil diese Interpretation der Vorschrift nicht zu erklären vermöge, warum die Pflicht des Käufers zur Mängelrüge nur für den Zeitpunkt der Annahme, nicht aber für später entdeckte Mängel angeordnet sei.[334] Denn diese Einschränkung der Käuferpflicht nach § 464 BGB a.F. beruhte nicht etwa auf dem fehlenden Interesse des bürgerlich-rechtlichen Verkäufers, nachträgliche Beanstandungen rasch zu erfahren, sondern darauf, daß im Bereich des bürgerlich-rechtlichen Kaufs dem Gesetzgeber die Rücksichtnahme auf dieses Interesse des Verkäufers im Hinblick auf den nichtkaufmännischen Käufer als zu streng und deshalb nicht mehr zumutbar erschien.[335] Für den Handelsverkehr wiederum wurde die bloße Vorbehaltspflicht bei Annahme als nicht genügend erachtet; es bedurfte der weitergehenden Pflicht zur sofortigen Untersuchung und Mängelrüge.[336] Der unterschiedliche Regelungsumfang der Vorschriften ist somit das Ergebnis einer Abwägung der Käufer- und Verkäuferinteressen, die im Handelsverkehr grundsätzlich anders zu gewichten sind als im bürgerlich-rechtlichen Kauf. Dies ändert aber nichts an der Tatsache, daß der Gewährleistungsverlust nach § 464 BGB a.F. als Sanktion einer Obliegenheitsverletzung erfolgte, wie dies auch nach § 377 HGB der Fall ist.[337] Den Haftungsausschlußtatbeständen liegt der Gedanke von Treu und Glauben zugrunde: der Käufer, der die an ihn gestellten Ver-

333 Vgl. *Soergel-Huber*, § 464 Rn. 5.
334 *Soergel-Huber*, § 464 Rn. 1.
335 Vgl. *Schlegelberger-Hefermehl*, § 377 Rn. 1.
336 *Hahn/Mugdan*, Motive, Denkschrift, 376.
337 Vgl. *Köhler*, JZ 1989, 761 (775).

haltensanforderungen nicht erfüllt, ist bezüglich seiner Erwartung auf einen Gewährleistungsausgleich nicht schutzwürdig; die Gewährleistung ist im Interesse des Verkäufers, des Verkehrs und der Rechtssicherheit ausgeschlossen.

III. Mängelkenntnis des Käufers – die Europäischen Rechtsordnungen im Überblick

Der Grundgedanke, daß Mängelkenntnis oder verschuldete Unkenntnis des Käufers einen Gewährleistungsausgleich unter Umständen hindern bzw. daß den Käufer hinsichtlich der Anzeige und ggf. auch der Aufdeckung von Mängeln der Kaufsache gewisse Verantwortlichkeiten treffen, hat sich nicht nur in der deutschen Rechtstradition als fester Bestandteil des Kaufgewährleistungsrechts herausgebildet, sondern findet sich auch in anderen europäischen Rechtsordnungen in unterschiedlicher Ausprägung wieder. Das folgende Kapitel gibt einen kurzen Überblick darüber, wie die Problematik der käuferseitigen Mängelkenntnis in verschiedenen europäischen Rechtsordnungen (im Vorfeld der Verbrauchsgüterkaufrichtlinie[338]) behandelt wird. Zu unterscheiden sind dabei die Kenntnis bzw. schuldhafte Unkenntnis des Käufers von der Mangelhaftigkeit der Sache im Zeitpunkt des Vertragsschlusses auf der einen und nach dem Vertragsschluß auf der anderen Seite, wobei hier entweder auf den Zeitpunkt der Übergabe der Kaufsache oder auf einen bestimmten Zeitraum im Anschluß daran abgestellt werden kann.

1. Bei Vertragsschluß

a. Positive Mängelkenntnis

Die deutsche Regelung des § 460 S. 1 BGB a.F. bzw. § 442 I 1 BGB in der neuen Fassung, wonach die Gewährleistungsrechte des Käufers ausgeschlossen sind, wenn er im Zeitpunkt des Vertragsschlusses von der Mangelhaftigkeit der Kauf-

338 Richtlinie 1999/44/EG des Europäischen Parlaments und des Rates vom 25. Mai 1999 zu bestimmten Aspekten des Verbrauchsgüterkaufs und der Garantien für Verbrauchsgüter, ABl. L 171 vom 7.7.1999, S.12. Die Arbeit behandelt den Ist-Zustand in den unterschiedlichen Rechtsordnungen vor Umsetzung der Verbrauchsgüterkaufrichtlinie. Eine aktuellere Darstellung der Situation nach Umsetzung war nicht möglich, da bei Abschluß dieser Arbeit noch nicht alle Mitgliedstaaten der EU die Verbrauchsgüterkaufrichtlinie umgesetzt hatten. Der Bericht ist deshalb im Präsens gehalten.

sache positive Kenntnis hatte, findet in fast allen europäischen Rechtsordnungen eine Bestätigung.[339] Teilweise wird dieser Grundsatz, entsprechend der deutschen Bestimmung, ausdrücklich in Form eines Haftungsausschlusses normiert. So entfällt die Haftung des Käufers nach dem Schweizer Obligationenrecht für „Mängel, die der Käufer zur Zeit des Kaufes gekannt hat“ (Art. 200 I OR) und nach griechischem Recht, wenn der Käufer bei Abschluß des Kaufvertrages Sachmängel kannte, Art. 536 I AK, wobei gleiches auch für zugesicherte Eigenschaften gilt, Art. 536 II AK. Ebenso schließt das italienische Kaufrecht die Gewährleistung aus, wenn der Käufer zum Zeitpunkt des Vertragsabschlusses von den Mängeln der Sache Kenntnis hatte (Art. 1491 S. 1 1. Alt. CceC.: „...*se al momento del contratto il compratore conosceva i vizi della cosa*“). Ein ausdrücklicher Haftungsausschluß bei positiver Mängelkenntnis des Käufers findet sich ferner im internationalen Einheitskaufrecht, Art. 35 III CISG: „...*if at the time of the conclusion of the contract the buyer knew* [...] *such lack of conformity*“.[340] In Portugal fehlt zwar eine entsprechende Regelung, doch soll auch hier der Grundsatz gelten, daß die Kenntnis des Käufers im Zeitpunkt des Vertragsschlusses die Mängelhaftung des Verkäufers ausschließt.[341]

Einige Rechtsordnungen stellen dagegen nicht auf den subjektiven Kenntnisstand des Käufers ab, sondern auf die objektive Erkennbarkeit bzw. Offenkundigkeit des Mangels. So bestimmt etwa das österreichische Kaufrecht, daß dem Käufer keine Gewährleistungsansprüche zustehen, wenn „die Mängel der Sache in die Augen“ fallen (§ 928 S. 1 ABGB). Dazu werden in jedem Fall auch solche Mängel gerechnet, die dem Käufer positiv bekannt waren.[342] In Frankreich, Belgien und Luxemburg besteht eine Gewährleistungshaftung überhaupt nur für solche Mängel, die verborgen sind, Art. 1641 CdeC/BW. Für offensichtliche Mängel, von denen der Käufer sich selbst überzeugen konnte, muß der Verkäufer nicht haften (Art. 1642 CdeC/BW: „*Le vendeur n'est pas tenu des vices apparents et dont l'acheteur a pu se convaincre lui-même.*“). Kannte der Käufer einen an sich „verborgenen“ Mangel, so findet die Sachmängelgewährleistung ebenfalls nicht statt.[343] Das Kaufgewährleistungsrecht des *Code Civil* unterscheidet, anders als das deutsche BGB, allerdings nicht zwischen der Kenntnis des Käufers bei Vertragsschluß und der nachträglich erlangten Kenntnis, so daß

339 S. *Basedow*, 57; *Schwartze*, 121; so auch schon *Rabel*, Warenkauf, Bd. 2, 173; umfassend zu den einzelnen Rechtsordnungen s. auch *von Westphalen* (Hrsg.), Handbuch des Kaufvertragsrechts in den EG-Staaten.

340 Zur umstrittenen Reichweite dieser Vorschrift s. unten Kap. VI.1.c.aa.(3).

341 *Frölich-Pereira*, 21.

342 *Gschnitzer*, 134; *Heller*, in: Handbuch, 765 (814 Rn. 119).

343 S. für das französische Recht: *Ferid/Sonnenberger*, 2 G 595; *Rabel*, Warenkauf, Bd. 2, 172; *Valcárcel Schnüll*, 18.

der Käufer seine Ansprüche wohl erst dann verliert, wenn er bei Annahme der Sache einen ihm bekannten Mangel nicht rügt bzw. die gelieferte Sache nicht zurückweist.[344]

Nach dänischem Kaufgesetz ist die Berufung auf einen Sachmangel dann ausgeschlossen, wenn derselbe bei einer Untersuchung vor Abschluß des Kaufvertrages mit Sicherheit entdeckt worden wäre und der Käufer diese Untersuchung vorgenommen oder trotz Aufforderung des Verkäufers ohne triftigen Grund unterlassen hat (§ 47 Kbl.). Dies gilt auch für die dem Käufer ohne Untersuchung bereits bekannt gewordenen Mängel.[345] In diesem Sinne bestimmen auch das neue schwedische und finnische Kaufgesetz, daß der Käufer sich nicht auf Fehler berufen darf, von denen vermutet werden muß, daß er sie zum Zeitpunkt des Kaufabschlusses gekannt hat (§ 20 I Kpl./Kppl.). Das englische und irische Kaufrecht schließen die Haftung des Verkäufers für Mängel lediglich dann aus, wenn der Käufer die Ware vor Vertragsschluß tatsächlich untersucht hat und die Mängel dadurch hätte entdecken können, sec. 14 II C b) SGA-GB/ sec. 14 II b) SGA-IRL. Wurde keine Untersuchung vorgenommen so haftet der Verkäufer nur dann nicht, wenn er den Käufer besonders auf Mängel hinweist, sec. 14 II C a) SGA-GB/ sec. 14 II a) SGA-IRL: „*...specially drawn to the buyer's attention before the contract is made*". Dies bedeutet, daß auch die durch den Verkäufer bewirkte Mängelkenntnis des Käufers insofern relevant ist.

b. Schuldhafte Unkenntnis vom Mangel

Die meisten der hier untersuchten Rechtsordnungen schließen die Gewährleistungsrechte nicht nur bei positiver Mängelkenntnis des Käufers aus, sondern auch aufgrund von dem Käufer zwar im Zeitpunkt des Vertragsschlusses unbekannten, jedoch feststellbaren Mängeln.[346] Allerdings wird die Beschränkung der Gewährleistungshaftung für die dem Käufer erkennbaren Mängel weniger einheitlich geregelt. So weichen die einzelnen Rechtsordnungen bezüglich des zugrunde zu legenden Verschuldensgrades im Hinblick auf die Unkenntnis des Käufers voneinander ab.

Eine genaue Bezeichnung des erforderlichen Verschuldensgrades findet sich ohnehin nur im deutschen Kaufrecht: gemäß § 460 S. 2 BGB a.F. bzw. § 442 I 2 BGB schadete und schadet dem Käufer lediglich die grob fahrlässige Unkenntnis eines Mangels. Der Käufer muß demnach die im Verkehr erforderliche Sorgfalt

---

344 *Schwartze*, 123; die Äußerungen in der französischen Literatur sind insofern uneinheitlich: teilweise wird auf den Zeitpunkt des Vertragsschlusses abgestellt, teilweise auf den Zeitpunkt der Lieferung, s. *Gerny*, 60.

345 *Schwartze*, 123.

346 *Basedow*, 58; *Schwartze*, 126.

in besonders hohem Maße außer Acht gelassen haben, wobei spezielle Fachkenntnisse besonders berücksichtigt werden.[347] Eine identische Regelung kennt lediglich das griechische Kaufrecht, Art. 537 AK. Letztlich geht es der Sache nach aber auch gar nicht um eine Form von Verschulden des Käufers, sondern vielmehr um die Bestimmung der Obliegenheiten des Käufers hinsichtlich der Kenntniserlangung von Mängeln; sprich um die Frage, inwieweit der Käufer zur Wahrung seiner Rechte vor Vertragsschluß eine Überprüfung der Kaufsache vorzunehmen hat.

Entsprechend der deutschen Regelung werden in einigen Rechtsordnungen insofern an den Käufer nur geringe Sorgfaltsanforderungen gestellt. So schließt das italienische Recht die Haftung des Verkäufers nur für leicht erkennbare Mängel aus.[348] In Spanien ist „der Verkäufer weder für offenbare oder sichtbare noch für nicht sichtbare Fehler haftbar, wenn der Käufer ein Sachverständiger ist, der aus beruflichen Gründen dieselben leicht hätte erkennen müssen" (Art. 1484 CgoC.). Den Käufer trifft dabei grundsätzlich keine Obliegenheit zur Überprüfung der Kaufsache, es sei denn, er verfügt über Fachwissen hinsichtlich der erworbenen Ware.[349] Ebenso stehen dem Käufer nach österreichischem Recht keine Gewährleistungsrechte zu, wenn die Mängel der Sache „in die Augen fallen" (§ 928 ABGB). Von der Augenfälligkeit eines Mangels soll dabei nur dann auszugehen sein, wenn er bei Aufwendung der normalen Sorgfalt besonders leicht erkennbar, also evident, ist.[350] Ähnlich sind auch nach Art. 35 III CISG die Gewährleistungsrechte des Käufers lediglich dann ausgeschlossen, wenn er über die Vertragswidrigkeit der Kaufsache „nicht in Unkenntnis sein konnte" (*the buyer* [...] *could not have been unaware*"). Auch hier kommen nur ganz evidente, leicht erkennbare Mängel in Betracht. An die Sorgfalt des Käufers bezüglich der Feststellung von Fehlern sind demnach nur geringe Anforderungen zu stellen: Eine genaue Untersuchung der Kaufsache ist grundsätzlich nicht erforderlich. Insofern wird sogar angenommen, der geforderte Grad des Verschuldens hinsichtlich der Unkenntnis der Mangelhaftigkeit gehe noch über einen Verschuldensmaßstab, der als grobe Fahrlässigkeit zu qualifizieren wäre, hinaus.[351] Auch die im schwedischen und finnischen Kaufgesetz verwendete

---

347 *Soergel-Huber*, § 460 Rn. 20; MüKo-*Westermann*, § 460 Rn. 8.

348 Welche Maßstäbe dabei an die Erkennbarkeit des Mangels zu stellen sind, ist laut *Valcárcel Schnüll* allerdings umstritten: So wird teilweise auf die objektive Erkennbarkeit abgestellt; nach anderer Ansicht soll die Erkennbarkeit subjektiv nach den persönlichen Fähigkeiten und jeweiligen Umständen des Einzelfalls bestimmt werden, s. *Valcárcel Schnüll*, 101 m.w.N.

349 *Martí*, in: Handbuch, 977 (1017 Rn. 106).

350 *Heller*, in: Handbuch, 765 (814 Rn. 119); *Gschitzer*, 134.

351 So *Schlechtriem-Schwenzer*, Art. 35 Rn. 34.

Formulierung, nach der der Verkäufer nur bei Fehlern entlastet wird, von denen vermutet werden muß, daß der Käufer sie kannte (§ 20 Kpl./Kppl.), spricht für einen niedrigen Sorgfaltsmaßstab.[352] Denn auch hier kann es sich nur um ganz offenkundige Mängel handeln, die für den Käufer ohne weiteres erkennbar gewesen wären.

Nach anderen Kaufrechten dagegen ist der Käufer gehalten, bei der Feststellung von eventuellen Mängeln die allgemein üblichen Sorgfaltsanforderungen zu beobachten. So ist im Schweizer Obligationenrecht ausdrücklich festgelegt, daß dem Käufer bereits die Unkenntnis solcher Mängel schadet, die er „bei Anwendung gewöhnlicher Aufmerksamkeit hätte erkennen können“, Art. 200 II OR. Hat der Käufer demnach fahrlässig einen Mangel nicht wahrgenommen, so besteht für den Verkäufer keine Sachmängelgewährleistungspflicht. Maßgeblich für die im Einzelfall an den Käufer zu stellenden Anforderungen sind dabei seine individuellen Fähigkeiten, insbesondere spezielle Sachkunde, sowie die allgemeinen Verkehrssitten.[353] Nach portugiesischem Recht findet keine Gewährleistung statt, wenn der Käufer bei Ausübung der üblichen Sorgfalt die Möglichkeit zur Kenntnisnahme des Mangels gehabt hätte.[354] Das französische, belgische und luxemburgische Recht enthaften den Verkäufer in Fällen, in denen der Käufer sich von einem offenkundigen Mangel der Sache selbst überzeugen bzw. diesen wahrnehmen konnte (Art. 1642 CdeC/BW). Ein „offenkundiger“ Mangel im Sinne dieser Vorschrift muß dabei allerdings nicht bereits bei einer bloßen oberflächlichen Prüfung unmittelbar erkennbar sein; die Offenkundigkeit des Mangels ist vielmehr schon dann gegeben, wenn der Mangel bei einer aufmerksamen Untersuchung der Kaufsache von einem Beobachter entdeckt worden wäre, der über die gleichen Fachkenntnisse verfügt wie der Käufer. Eine im jeweiligen Geschäftsverkehr übliche Überprüfung der Ware durch den Käufer ist ausreichend.[355]

In England und Irland obliegt dem Käufer grundsätzlich keinerlei Verpflichtung zu einer Überprüfung der Ware bei Vertragsschluß; ihn treffen also hinsichtlich der Entdeckung von Mängeln keinerlei Sorgfaltspflichten. Anders als

352 So *Schwartze*, 127. Zusätzlich stellt der § 20 II Kpl./Kppl. aber auch auf solche Mängel ab, die bei einer Untersuchung der Sache festgestellt werden müßten, die der Käufer bei Aufforderung des Verkäufers nicht ohne triftigen Grund unterlassen darf. Durch die Aufforderung zur Vornahme einer Untersuchung kann der Verkäufer also die Sorgfaltspflichten des Käufers erhöhen, s. *Schwartze*, 129.

353 *Keller-Schwegler*, in: Handbuch, 863 (933 Rn. 153); *Honsell/Vogt/Wiegand-Honsell*, Art. 200 Rn. 3.

354 *Frölich-Pereira*, 21.

355 Zum französischen Recht: *Valcárcel Schnüll*, 16 f.; *Ferid/Sonnenberger*, 2 G 594 Fn. 140.

im schwedischen und finnischen Recht kann der Verkäufer den Käufer auch nicht verbindlich zu einer Überprüfung der Ware auffordern. Ihm bleibt insofern nur die Möglichkeit, den Käufer auf bestimmte Mängel der Kaufsache hinzuweisen (sec. 14 II C a) SGA-GB/sec. 14 II a) SGA-IRL). Hat der Käufer aber tatsächlich vor Vertragsschluß eine Untersuchung der Ware vorgenommen, so entfällt die Haftung des Verkäufers für solche Mängel, die bei dieser Untersuchung hätten festgestellt werden müssen (sec. 14 II C b) SGA-GB/sec. 14 II a) SGA-IRL:„...*if the buyer examines the goods before the contract is made, as regards defects which that examination ought to reveal*").[356]

Der Gewährleistungsausschluß wegen schuldhafter Unkenntnis des Käufers vom Mangel kann seinerseits durch das Verhalten des Verkäufers eingeschränkt sein. So bleibt in einigen Rechtsordnungen die Verkäuferhaftung auch bei Erkennbarkeit der Mängel für den Käufer bestehen, wenn der Verkäufer eine Zusicherung der Mangelfreiheit abgegeben hat. Dies ist ausdrücklich bestimmt in Deutschland (§ 460 S. 2 BGB a.F. bzw. § 442 I 2 BGB), Griechenland (Art. 537 AK), Österreich (§ 928 ABGB), der Schweiz (Art. 200 II OR) und in Italien (Art. 1491 2.HS CceC). In Dänemark ist eine entsprechende Rückausnahme, wenngleich nicht normiert, so doch von der Rechtsprechung anerkannt.[357] Nach französischem Recht löst die Zusicherung einer Eigenschaft ohnehin nicht die Sachmängelgewährleistung aus, sondern begründet einen selbständigen Garantieanspruch.[358]

Eine Beschränkung des Gewährleistungsausschlusses ist vielfach auch aufgrund schuldhaften Handelns des Verkäufers vorgesehen. In den einzelnen Rechtsordnungen bestehen allerdings Unterschiede bezüglich des zugrunde zu legenden Verschuldensmaßstabs. Nach deutschem Recht schadete und schadet dem Verkäufer gemäß § 460 S. 2 (§ 442 I 2 BGB) BGB a.F. nur arglistiges Verhalten; ebenso in Griechenland (Art. 537 AK), Österreich (§ 928 ABGB) und Dänemark (§ 47 Kbl.). Auch in der Schweiz wird die absichtliche Täuschung des Verkäufers im Rahmen des Art. 200 II OR berücksichtigt, obwohl diese Vorschrift eine entsprechende Rückausnahme ausdrücklich nur für den Fall der Zusicherung bestimmt.[359] Art. 35 III des UN-Kaufrechts (CISG) soll ebenfalls in dem Sinne auszulegen sein, daß bei arglistigem Verhalten der Verkäufer auch dann für Sachmängel einzustehen hat, wenn der Käufer über den Mangel nicht in Unkenntnis sein konnte.[360] Nach schwedischem und finnischem Kaufrecht dage-

356 *Schwartze*, 129; *Bridge*, 314 f.
357 *Schwartze*, 131.
358 *Ferid/Sonnenberger*, 2 G 139.
359 *Honsell/Vogt/Wiegand-Honsell*, Art. 200 Rn. 4.
360 *Schlechtriem-Schwenzer*, Art. 35 Rn. 37; *Karollus*, 119; *Soergel*[13]*-Lüderitz/Schüßler-Langeheine*, Art. 35 Rn. 23.

gen bleiben dem Käufer seine Gewährleistungsrechte trotz eines bei einer Untersuchung erkennbaren Fehlers ganz allgemein bei jedem Verstoß des Verkäufers gegen Treu und Glauben erhalten (§ 20 II Kpl./Kppl.).

2. Nach Vertragsschluß

Der Zeitraum, in dem ein Käufer Gewährleistungsansprüche wegen mangelhafter Waren geltend machen kann, läßt sich nicht nur durch Verjährungs- und Ausschlußfristen begrenzen, die in der Regel an den Zeitpunkt der Übergabe der Kaufsache anknüpfen und bei denen es sich um absolute Fristen handelt, die von der Kenntnis des Käufers unabhängig sind und nach ihrem Ablauf Rechtssicherheit erzeugen. Zusätzlich können auch solche Fristvorschriften – relative zeitliche Sperren – normiert werden, die an die tatsächliche oder vermutliche Entdekkung des Mangels durch den Käufer anschließen und eine Rüge- bzw. Anzeigepflicht vorsehen. Hierzu zählen auch Bestimmungen, die nur auf den Zeitpunkt der Annahme der gelieferten Ware abstellen, da, sofern das Schweigen bei Übernahme als Genehmigung bestimmter Mängel gewertet wird, indirekt eine sofortige oder zügige Anzeigepflicht des Käufers für diese Mängel aufgestellt wird.[361] Hinsichtlich der Ermittlung von Mängeln der Kaufsache lassen sich an den Käufer unterschiedlich hohe Anforderungen stellen. So kann der Rügelast eine umfassende Untersuchungspflicht vorangestellt sein. Andererseits kann die den Käufer treffende Obliegenheit auch darauf beschränkt sein, einen positiv bekannt gewordenen Mangel dem Verkäufer anzuzeigen.

a. Durch Untersuchung festzustellende Mängel

Einige Kaufrechte verlangen vom Käufer unverzüglich oder alsbald nach der Ablieferung eine genauere Überprüfung der empfangenen Ware.[362] Die aufgrund der Untersuchung festgestellten Mängel sind dem Verkäufer sofort mitzuteilen.[363] Überwiegend treffen solche Untersuchungsobliegenheiten allerdings nur

---

361 *Schwartze*, 473 f.

362 Es handelt sich dabei um Obliegenheiten, nicht um echte Rechtspflichten zur Untersuchung. Unterläßt der Käufer die Überprüfung der Ware, so bewirkt dies allein noch keine Rechtsnachteile. Der Rechtsverlust tritt vielmehr erst aufgrund der unterbliebenen Mängelanzeige ein, s. *Rabel*, Warenkauf, Bd. 2, 199.

363 Ausdrücklich normiert ist diese Anzeigepflicht nur in Deutschland (§ 377 I HGB) und der Schweiz (Art. 201 I OR). In anderen Rechtsordnungen folgt sie jedoch aus der allgemeinen Rügepflicht bei Entdeckung eines Mangels, so in Dänemark (§ 52 Kbl.), Schweden, Finnland und Norwegen (§ 32 I Kpl./.Kppl./Kjl.).

den kaufmännischen Erwerber. So ist in Deutschland gemäß § 377 I HGB eine Untersuchung des Kaufgegenstands allein für den Bereich des Handelskaufs vorgesehen, wobei die Untersuchung „unverzüglich nach Ablieferung“ zu erfolgen hat. Die Bestimmung des § 377 HGB gilt gleichlautend auch in Österreich. Ebenso ist in Portugal für den Handelskauf eine Untersuchungspflicht vorgeschrieben (Art. 471.° CgoCom). Nach dänischem Kaufrecht wird gleichfalls lediglich vom kaufmännischen Erwerber eine nach ordentlichem Geschäftsgebaren vorzunehmende Untersuchung verlangt (§ 51 Kbl.). In Spanien verliert der Käufer beim handelsrechtlichen Kauf gemäß Art. 336 CgoCom das Recht auf Gewährleistung, wenn er die Mängel nicht im Augenblick der Übergabe reklamiert oder aber innerhalb der folgenden vier Tage, falls die Ware in verpacktem Zustand übergeben wird.

Auch das internationale Einheitskaufrecht erlegt dem Käufer die Pflicht auf, empfangene Ware „zu untersuchen oder untersuchen zu lassen“ (Art. 38 CISG). Die Frist für die Überprüfung ist so kurz zu bemessen, wie es die Umstände erlauben. Das Übereinkommen findet dabei gemäß Art. 1 CISG zwar grundsätzlich auf jeden internationalen Kauf – und nicht etwa nur auf Handelsgeschäfte – Anwendung; ausdrücklich vom Anwendungsbereich ausgenommen sind jedoch alle Konsumentenkäufe, also diejenigen Geschäfte, mit denen der Käufer persönliche, familiäre oder dem Haushalt eigene Bedürfnisse befriedigen will (Art. 2 lit. a CISG).[364] Ähnlich ist der Käufer nach schwedischem, finnischem und norwegischem Kaufrecht gemäß § 31 Kpl./Kppl./Kjl. gehalten, die Sache in „Übereinstimmung mit guter Geschäftssitte“ (§ 31 schwed. Kpl.) bzw. „wie es guten Gepflogenheiten entspricht“ (§ 31 norweg. Kjl.) zu untersuchen, sobald es die Umstände erlauben.[365] Nach § 31 IV des norwegischen Kaufgesetzes gilt dies jedoch ausdrücklich nicht für Verbrauchsgüterkäufe. Das schwedische Konsumentenkaufgesetz bestimmt spezialgesetzlich für den Verbrauchsgüterkauf, daß der Käufer dem Verkäufer einen Mangel innerhalb angemessener Zeit, nachdem er ihn bemerkt hat oder hätte bemerken müssen, anzuzeigen hat (§ 23 I KonsKpl.). Anders als im allgemeinen Kaufgesetz besteht hier also keine ausdrückliche Untersuchungspflicht.[366]

Lediglich das Schweizer Obligationenrecht schreibt uneingeschränkt jedem Käufer, also grundsätzlich auch dem Konsumenten, eine Überprüfungspflicht

364 *Schlechtriem-Ferrari*, Art. 2 Rn. 7; *Witz/Salger/Lorenz-Lorenz*, Art. 2 Rn. 2 ff.

365 Allerdings soll der Begriff der „Geschäftssitte“ darauf hindeuten, daß die Untersuchungspflicht in erster Linie für Kaufleute relevant ist, *Bloth*, 271.

366 Indem das Gesetz für den Fristbeginn der Rügepflicht auf die Erkennbarkeit des Fehlers abstellt, führt es gleichwohl indirekt ein gewisse Überprüfungspflicht des Konsumenten ein, *Bloth*, 272.

des Kaufgegenstands vor, sobald es nach dem üblichen Geschäftsgang tunlich ist (Art. 201 I OR).[367]

b. Erkennbare Mängel

Auch dort, wo eine allgemeine Untersuchungspflicht nicht ausdrücklich normiert ist, können sich doch gewisse Sorgfaltspflichten des Käufers hinsichtlich der Entdeckung von Mängeln der Kaufsache aus dem Umstand ergeben, daß ihm eine Anzeigepflicht nicht nur für tatsächlich erkannte Mängel auferlegt ist, sondern auch für solche, die er hätte erkennen können.

So ist in den Niederlanden eine Untersuchungspflicht zwar gesetzlich nicht geregelt. Nach Art. 7:23 I BW ist dem Käufer jedoch die Berufung auf die Mangelhaftigkeit der erhaltenen Ware verwehrt, wenn er den Verkäufer nicht innerhalb gebührender Frist, nachdem er den zu beanstandenden Fehler entdeckt hat oder vernünftigerweise hätte entdecken müssen, davon in Kenntnis gesetzt hat. Aus dieser Rügevorschrift wird eine Pflicht des Käufers auch zur vorherigen Überprüfung der Kaufsache hergeleitet[368]: Stellt das Gesetz für den Beginn der Rügefrist auf das Entdeckenmüssen durch den Käufer ab, so wird ein Sorgfaltsverstoß des Käufers impliziert, der in der Nichtvornahme der gebotenen Untersuchung der Kaufsache besteht.[369] Dem Käufer wird dabei der Kenntnisstand unterstellt, den er nach gehöriger Erfüllung der Prüfungspflicht gehabt hätte.[370] Dies gilt grundsätzlich für jeden Käufer, gleichgültig ob es sich um einen Kaufmann oder einen privaten Verbraucher handelt; ob und inwieweit der Käufer im Einzelfall jedoch tatsächlich zur Untersuchung verpflichtet ist, bemißt sich nach den konkreten Umständen, der Natur der Kaufsache und des Mangels sowie den zur Verfügung stehenden technischen Möglichkeiten, die Sache zu überprü-

---

367 Allerdings werden die Anforderungen in Bezug auf Umfang und Intensität der Untersuchung bei einem nicht-kaufmännischen Käufer niedriger angesetzt. Für ihn beschränkt sich die Prüfung auf solche Mängel, die dem durchschnittlichen, aufmerksamen Käufer bei einer Kontrolle nicht verborgen bleiben, *Honsell/Vogt/Wiegand-Honsell*, Art. 201 Rn. 5. Dennoch ist die Vorschrift in der Schweizer Lehre als unangemessene Benachteiligung des privaten Käufers auf heftige Kritik gestoßen, s. *Bucher*, SJZ 1971, 1 ff., 17 ff.

368 *Bitter/Drion/Groenewegen*, in: Handbuch, 683 (731 Rn. 152).

369 Der Käufer ist insofern gehalten, Mängel anzuzeigen, die bei einer sachgerechten Untersuchung aufgedeckt werden können. Allerdings wird keine Pflicht zur fortlaufenden Untersuchung statuiert. Später auftretende Mängel, die bei einer ordnungsgemäß vorgenommenen Untersuchung zunächst nicht erkennbar waren, muß der Käufer anzeigen, sobald sie offensichtlich werden; vgl. zu Art. 39 CISG: *Schlechtriem-Schwenzer*, Art. 39 Rn. 20; *Witz/Salger/Lorenz-Salger*, Art. 39 Rn. 5.

370 *Bitter/Drion/Groenewegen*, in: Handbuch, 683 (734 Rn. 160).

fen.[371] Eine Untersuchung ist grundsätzlich nicht erforderlich, wenn der Verkäufer eine fehlende Eigenschaft zugesichert hatte oder dem Käufer einen Mangel nicht mitgeteilt hat, obwohl er ihn kannte oder kennen mußte: in diesen Fällen läuft die Frist für die Mängelanzeige gemäß Art. 7:23 I 2 BW erst ab tatsächlicher Entdeckung des Mangels durch den Käufer.

Auch nach schwedischem und finnischem Kaufgesetz ist der Käufer gemäß § 32 I Kpl./Kppl. ganz allgemein gehalten, dem Verkäufer von einem Mangel innerhalb angemessener Zeit Mitteilung zu machen, unabhängig davon, ob er den Mangel tatsächlich bemerkt hat oder nur hätte bemerken müssen. Welche Anforderungen bezüglich der Aufdeckung eines Fehlers an den Käufer zu stellen sind, ergibt sich dabei für den allgemeinen Kauf aus § 31 Kpl./Kppl., der insofern dem Käufer eine Untersuchung der Sache bei Ablieferung vorschreibt. Umfang und Intensität dieser Untersuchungspflicht richten sich allerdings nach den Umständen des Einzelfalls, insbesondere nach der Sachkunde des Käufers. So soll der Begriff „Geschäftssitte" darauf hindeuten, daß die Pflicht zur Überprüfung der Kaufsache in erster Linie für Kaufleute relevant ist. Im allgemeinen jedenfalls sollen die Anforderungen an einen Kaufmann strenger sein als an einen privaten Käufer.[372] Für den Bereich des Verbrauchsgüterkaufs dagegen fehlt die ausdrückliche Normierung einer Untersuchungspflicht.[373] Allerdings trifft auch den Verbraucher gemäß § 23 des schwedischen Konsumentenkaufgesetzes eine Anzeigepflicht. Danach verliert der Verbraucher das Recht, sich auf einen Fehler zu berufen, wenn er diesen nicht in angemessener Zeit, nachdem er ihn erkannt hat oder hätte erkennen können, dem Verkäufer mitgeteilt hat. Stellt aber das Gesetz für den Fristbeginn der Anzeigepflicht auf die Erkennbarkeit des Mangels ab, so führt es indirekt doch wieder eine Untersuchungspflicht des Käufers ein.[374] Der Wortlaut „hätte erkennen können" spricht jedenfalls eher für einen gewöhnlichen Fahrlässigkeitsmaßstab in Bezug auf das Übersehen eines Fehlers.[375] Im Hinblick auf die Konsumenteneigenschaft des Käufers sind die Anforderungen bei der Aufdeckung des Fehlers jedoch entsprechend niedriger an-

371 So ist ggf. bereits eine oberflächliche Untersuchung ausreichend; in anderen Fällen kann jedoch auch eine Benutzung der Sache erforderlich werden, *Bitter/Drion/Groenewegen*, in: Handbuch, 683 (731 f. Rn. 152).

372 *Bloth*, 271.

373 Gemäß § 4 Kpl. ist das Kaufgesetz auf den Konsumentenkauf nicht anwendbar.

374 *Bloth*, 272.

375 Vgl. die Definitionsnorm des Art. 13 des Einheitlichen Kaufrechts (EKG), wonach darauf abzustellen ist, was eine vernünftige Person in der gleichen Lage hätte kennen müssen, sowie die ähnlich lautende Vorschrift des Art. 39 I CISG. Die in den achtziger Jahren entwickelten neuen nordischen Kaufrechte orientieren sich in großen Teilen an den Vorgaben des UN-Kaufrechts, s. dazu ausführlich *Kjelland*, 13 ff., *Bloth*, 253.

zusetzen als bei einem Kaufmann. Demgemäß bestimmt sich auch die Angemessenheit der Reklamationsfrist.[376] Die Haftungsbeschränkungen der §§ 31, 32 Kpl./Kppl. greifen gemäß § 33 Kpl./Kppl. nicht ein, wenn der Verkäufer grob fahrlässig oder entgegen Treu und Glauben gehandelt hat. Dies gilt nach § 24 KonsKpl. gleichfalls für den Verbrauchsgüterkauf.

Auch nach norwegischem Kaufrecht gilt zwar die in § 31 I Kjl. angeordnete Untersuchungspflicht ausdrücklich nur für Kaufgeschäfte, die keine Verbraucherkäufe sind (§ 31 IV Kjl.). Eine solche Einschränkung besteht jedoch nicht für die in § 32 I Kjl. normierte Mängelanzeigepflicht innerhalb angemessener Zeit nachdem der Käufer den Fehler entdeckt hat oder entdeckt haben könnte. Die Formulierung „entdeckt haben könnte" führt auch hier indirekt zu einer gewissen Überprüfungspflicht selbst des privaten Verbrauchers.[377] Ebenso wie nach schwedischem Kaufrecht gilt auch in Norwegen, daß der Käufer ungeachtet der §§ 31, 32 Kjl. seine Rechte wegen eines Mangels geltend machen kann, wenn der Verkäufer selbst grob fahrlässig oder sonst gegen Treu und Glauben gehandelt hat.

In Dänemark besteht eine Untersuchungspflicht grundsätzlich gemäß § 51 Kbl. nur beim Handelskauf. Gemäß § 52 Kbl. obliegt es aber jedem Käufer, den Verkäufer über die Mangelhaftigkeit der Sache zu informieren. Die Mitteilung hat in Fällen des Handelskaufs „sofort", in sonstigen Fällen „ohne schuldhaftes Zögern" zu erfolgen, unabhängig davon, ob der Käufer den Mangel entdeckt hat oder entdeckt haben könnte. Eine entsprechende Anzeigepflicht „innerhalb angemessener Zeit" trifft gemäß § 81 Kbl. auch den Verbraucher. Indirekt besteht also auch außerhalb des Handelskaufes eine gewisse Sorgfaltspflicht hinsichtlich der Feststellung von Mängeln.[378] Trotz versäumter Mängelrüge verliert der Käufer seine Gewährleistungsrechte gemäß § 53 Kbl. nicht, wenn der Verkäufer arglistig oder grob fahrlässig gehandelt hat. Beim Verbrauchsgüterkauf ist nach § 82 Kbl. insofern sogar ausreichend, daß der Verkäufer gegen die allgemeinen Sitten verstoßen hat.

Die Sorgfaltsanforderungen an den Käufer sind im allgemeinen niedriger anzusetzen, wenn das Gesetz eine Information des Verkäufers nicht bereits bei solchen Mängel vorsieht, die aufgrund einer Untersuchung erkennbar werden, sondern nur bei offen zu Tage liegenden, d.h. augenfälligen Fehlern der Kaufsache. So ist nach italienischem Kaufrecht im Falle eines Distanz- und Versendungskaufs der Käufer gemäß Art. 1511 i.V.m. Art. 1495 CceC verpflichtet, innerhalb von acht Tagen nach der Ablieferung die *offensichtlichen* Mängel der Kaufsache

376 *Bloth*, 272.
377 *Bloth*, 288.
378 Vgl. *Steinrücke*, in: Handbuch, 129 (172 Rn. 134).

zu rügen. Das Gesetz geht also davon aus, daß zumindest die unübersehbaren Fehler bereits bei der Entgegennahme der Sache durch den Käufer erkannt werden müssen.[379] Das Abstellen auf die „Offensichtlichkeit" eines Mangels deutet dabei zunächst auf einen eher niedrigen Sorgfaltsmaßstab in Bezug auf die Feststellung des Mangels hin: unter einem „offensichtlichen" Mangel ist nach allgemeinem Sprachverständnis grundsätzlich ein solcher Fehler der Sache zu verstehen, der bei Aufwendung der gewöhnlichen Sorgfalt ohne weiteres, auch bei nur oberflächlicher Betrachtung der Sache und ohne die Vornahme einer genaueren Untersuchung, erkennbar ist. Dennoch sollen nach heutiger Auffassung in Italien von der Vorschrift des § 1511 CceC nicht nur diejenigen Mängel erfaßt sein, die schon auf den ersten Blick sichtbar sind, sondern auch solche Fehler, die der Käufer erst unter Einsatz der ihm zur Verfügung stehenden Untersuchungsmöglichkeiten feststellen konnte.[380] Um die Mängel der Kaufsache rechtzeitig rügen zu können, ist der Käufer bei einem Versendungskauf demnach gehalten, die Kaufsache bei Ablieferung einer angemessenen Überprüfung zu unterziehen.[381] Bei Platzkäufen (und damit dem Gros der Konsumentenkäufe) dagegen trifft den Käufer gemäß § 1595 I CceC nur eine Anzeigepflicht für tatsächlich erkannte Mängel. Die Anzeige hat innerhalb von acht Tagen nach der Entdeckung des Mangels zu erfolgen. Doch wird auch diese Vorschrift nach heute allgemeiner Auffassung verschärfend ausgelegt und dahingehend eingeschränkt, daß die achttägige Rügefrist nur bei verborgenen Mängeln ab Entdeckung läuft; bei offensichtlichen Mängel dagegen soll der Fristbeginn schon im Zeitpunkt der Ablieferung der Kaufsache liegen.[382] Demnach ist für alle Kaufvertragstypen anerkannt, daß der Käufer zumindest die bei Ablieferung offensichtlichen Mängel innerhalb kurzer Frist zu rügen hat; er darf sich also bei Empfang der Ware vor augenfälligen und ohne weiteres erkennbaren Mängel nicht verschließen.

In Frankreich und Belgien ist die Gewährleistungshaftung für offensichtliche Mängel („*vices apparents*"), die der Käufer selbst bemerken konnte, von vornherein ausgeschlossen, ohne daß insofern eine Rügefrist überhaupt eingeräumt wird (Art. 1642 CdeC/BW). Eine Gewährleistung findet gemäß Art. 1641 CdeC nur für die verborgenen Fehler der Kaufsache („*vices cachés*") statt. Die mit offensichtlichen Fehlern behaftete Kaufsache stellt allerdings eine „*chose non conforme à la chose vendue*" dar. Dies bedeutet, daß der Verkäufer seine vertraglichen Leistungspflichten durch die Lieferung einer derartigen Sache nicht erfüllt und der Käufer folglich die Rechtsbehelfe des Nichterfüllungsrechts ge-

379 *Schwartze*, 481.
380 So *Basedow*, 59.
381 *Valcárcel-Schnüll*, 114.
382 *Valcárcel-Schnüll*, 113; *Patti/Cubeddu*, in: Handbuch, 583 (634 Rn. 178); *Basedow*, 59; *Fikentscher*, 17.

mäß Artt. 1610, 1611 CdeC/BW geltend machen kann. Diese Ansprüche gehen dem Käufer allerdings verloren, wenn er die offensichtlich fehlerhafte Sache vorbehaltlos annimmt, denn in der rügelosen Annahme liegt eine Anerkennung der mangelhaften Sache als vertragskonform, die den Verkäufer von seiner Leistungspflicht entbindet. Will sich der Käufer seine Rechtsbehelfe bewahren, so ist er demnach gehalten, einen festgestellten oder augenfälligen Mangel unverzüglich zu rügen bzw. die mangelhafte Sache zurückzuweisen.[383] Für die Beurteilung der Frage, ob ein Fehler der Kaufsache offensichtlich ist, wird darauf abgestellt, ob ein aufmerksamer Käufer den Mangel hätte erkennen können. Dabei sollen jedoch nicht nur diejenigen evidenten Mängel in Betracht kommen, die bereits bei einer bloß oberflächlichen Prüfung der Sache erkennbar sind, sondern ganz allgemein solche Fehler, die bei Aufwendung durchschnittlicher Sorgfalt im Rahmen einer aufmerksamen Untersuchung von einem Beobachter mit den gleichen technischen Kenntnissen wie der Käufer entdeckt werden können.[384] Dies bedeutet, daß der Käufer die Kaufsache im Moment des Vertragsschlusses, allenfalls aber auch bei Ablieferung umgehend zu besichtigen hat.[385] Wie weit die Untersuchungspflicht dabei im Einzelfall reicht, hängt vom technischen Sachverstand und der kaufmännischen Eigenschaft des Käufers ab. Bei einem nicht-gewerblichen Käufer geht die Rechtsprechung dementsprechend von einer geringeren Prüfungspflicht aus; eine gewisse Sorgfaltspflicht wird aber von jedem Käufer erwartet.[386] Wenngleich also in Frankreich und Belgien Untersuchungs- und Rügepflichten des Käufers nicht gesetzlich normiert sind, ergeben sie sich faktisch doch aus dem „Spannungsfeld“ zwischen verborgenen und offensichtlichen Fehlern und der im Hinblick darauf entwickelten Gerichtspraxis.[387]

383 Zum französischen Recht: *Ferid/Sonnenberger*, 2 G 542, 593; *Valcárcel-Schnüll*, 13 f.; *Wenner/Schödel*, in: Handbuch, 417 (449 Rn. 111); *Gerny*, 88; zum belgischen Recht: *Moons*, in: Handbuch, 65 (102 Rn. 111).

384 Zum französischen Recht: *Wenner/Schödel*, in: Handbuch, 417 (453 Rn. 130); *Ferid/Sonnenberger*, 2 G 594; *Gerny*, 69 f.; *Valcárcel-Schnüll*, 16 f.; zum belgischen Recht: *Moons*, in: Handbuch, 65 (105 Rn. 120).

385 *Gerny*, 70: Ob hierbei auf den Zeitpunkt des Vertragsschlusses abzustellen ist oder auf die Annahme der Sache, ist nicht eindeutig geklärt. Hält man den Zeitpunkt der Lieferung der Ware für entscheidend, so nähert sich die französische Regelung der Untersuchungs- und Rügeobliegenheit des Schweizer Obligationenrechts an (Art. 201 OR).

386 Zum französischen Recht: *Wenner/Schödel*, in: Handbuch, 417 (450 Rn. 114); *Valcárcel-Schnüll*, 15 ff.; *Gerny*, 69; zum belgischen Recht: *Moons*, in: Handbuch, 65 (103 Rn. 112).

387 So *Gerny*, 117; s. auch *Basedow*, 60.

Kann der Käufer einen Mangel im Rahmen der ordnungsgemäß durchgeführten Untersuchung nicht entdecken, so handelt es sich um einen „verborgenen“ Mangel im Sinne des Art. 1641 CdeC/BW. Der Käufer muß, wenn er aufgrund des Art. 1641 CdeC/BW wegen eines solchen verborgenen Mangels Gewährleistungsrechte geltend machen will, gemäß Art. 1648 CdeC/BW innerhalb einer kurzen Frist, wie sie sich aus der Natur des Mangels und dem Ortsgebrauch ergibt, Klage erheben. Diese Frist beginnt nach herrschender Meinung ab Entdeckung des Mangels zu laufen.[388] Sofern einige Autoren für den Fristbeginn auf den Zeitpunkt abstellen, in dem der Käufer den Mangel der Kaufsache hätte erkennen können, werden damit gewisse Sorgfaltspflichten auch hinsichtlich der Feststellung von verborgenen Mängeln der Kaufsache impliziert.[389] Dabei soll es aber nicht um eine eigentliche Untersuchungspflicht gehen, sondern lediglich um eine Pflicht des Käufers zur erhöhten Aufmerksamkeit.[390]

c. Erkannte Mängel

Ähnlich wie der soeben dargestellte, für verborgene Mängel geltende § 1648 CdeC/BW finden sich auch in anderen Rechtsordnungen Vorschriften, die sich darauf beschränken, den Käufer zur Geltendmachung der ihm positiv bekannt gewordenen Mängel anzuhalten.

Das deutsche Handelsrecht statuiert eine derartige Informationspflicht des Käufers für zunächst verdeckte, durch eine Untersuchung nicht erkennbare Mängel (§ 377 III: „Zeigt sich später ein solcher Mangel, so muß die Anzeige [...] nach der Entdeckung gemacht werden“). Allerdings soll auch hier, wie teilweise zu § 1648 CdeC/BW vertreten[391], bereits auf den Zeitpunkt der Erkennbarkeit der Mängel abzustellen sein. Der Käufer darf im übrigen nicht ohne weiteres zuwarten, bis ein Mangel offen zutage tritt. Vielmehr muß er, sobald

388 Zum französischen Recht: *Wenner/Schödel*, in: Handbuch, 417 (461 Rn. 159); zum belgischen Recht: *Moons*, in: Handbuch, 65 (111 Rn. 144). Nach älterer Auffassung galt für den Fristbeginn der Zeitpunkt des Vertragsschlusses bzw. der Lieferung, s. *Fikentscher*, 15. Die Dauer der Frist obliegt dem pflichtgemäßen Ermessen der Gerichte und ist demnach vom konkreten Einzelfall abhängig, s. zum französischen Recht: *Ferid/Sonnenberger*, 2 G 611.

389 Es ist dabei zu unterscheiden zwischen der soeben beschriebenen Untersuchungspflicht, die sich im Rahmen der Unterscheidung von offensichtlichen und verborgenen Mängeln ergibt und bei der Frage relevant wird, ob ein verborgener Mangel überhaupt vorliegt, sowie den Sorgfaltspflichten, die den Käufer ggf. auch hinsichtlich der (späteren) Aufdeckung von verborgenen Mängeln treffen.

390 Zum französischen Recht: *Gerny*, 71 f.; zum belgischen Recht: *Moons*, in: Handbuch, 65 (111 f. Rn. 145).

391 S. soeben Kap. III.2.b.

sich konkrete Verdachtsmomente zeigen, die Ware nochmals überprüfen.[392] Demgegenüber war der Käufer bei einem bürgerlich-rechtlichen Kauf nach altem Kaufrecht lediglich gehalten, den Verkäufer über die ihm bei Annahme der Kaufsache bekannten Mängel in Kenntnis zu setzten (§ 464 BGB a.F.); für nachträglich erkannte Mängel bestand dagegen keine Rügepflicht. Die handelsrechtliche Vorschrift des § 377 HGB gilt gleichlautend in Österreich. Für den bürgerlich-rechtlichen Kauf jedoch sieht das ABGB gleichfalls keine allgemeine Rügepflicht vor.[393]

Im Unterschied dazu wird in der Schweiz gemäß Art. 201 III OR von jedem Käufern verlangt, die bei übungsgemäßer Untersuchung nicht erkennbaren Mängel sofort nach Entdeckung anzuzeigen, sofern sie sich später ergeben. Als entdeckt gelten dabei aber nur solche Mängel, von denen der Käufer sichere Kenntnis erlangt, die er also zweifelsfrei festgestellt hat.[394] Auf die bloße Erkennbarkeit kommt es insofern nicht an. Versäumt der Käufer die rechtzeitige Rüge eines Fehlers, so gilt die Kaufsache diesbezüglich als genehmigt. Die Rechtsfolge der Genehmigungsfiktion tritt allerdings dann nicht ein, wenn der Verkäufer den Käufer über den Mangel getäuscht hat (Art. 203 OR).

Nach italienischem Kaufrecht besteht im Falle eines Platzkaufes gemäß Art. 1495 I CceC ebenfalls eine Informationspflicht des Käufers nach Entdeckung eines Fehlers. Wie oben bereits gezeigt, soll dies jedoch nur für verborgene Mängel gelten. Offensichtliche Mängel dagegen müssen bereits innerhalb von acht Tagen nach der Ablieferung angezeigt werden. Gemäß Art. 1495 II CceC ist eine Inkenntnissetzung des Verkäufers dann nicht erforderlich, wenn dieser das Vorhandensein des Mangels anerkannt oder den Fehler verheimlicht hat. Bloßes Verschweigen soll hierfür nicht ausreichend sein; ein „verheimlichen" im Sinne des § 1495 II CceC erfordert vielmehr eine gezielte, auf das Verbergen des Fehlers gerichtete Handlung des Verkäufers.[395] Ähnlich wird in Portugal gemäß Art. 916.° I CgoC eine Mängelanzeige des Käufers nach Kenntniserlangung vorausgesetzt, es sei denn, daß der Verkäufer arglistig gehandelt hat.

392 *Röhricht/von Westphalen-Wagner*, § 377 Rn. 42; *Ebenroth/Boujong/Joost-Müller*, § 377 Rn. 92.

393 Nach dem ersten Entwurf zur Reform des österreichischen Gewährleistungsrechtes sollte eine solche allerdings in § 933 a ABGB-E eingeführt werden; ablehnend *Welser/Jud*, Gutachten, 152 f.

394 *Honsell/Vogt/Wiegand-Honsell*, Art. 201 Rn. 11.

395 *Valcárcel Schnüll*, 117.

d. Annahme der Ware im Common Law

Im Vergleich zu den zuvor geschilderten Rechtsordnungen spielt nach dem Recht der europäischen *Common Law* Staaten die Kenntnis oder schuldhafte Unkenntnis des Käufers von einem Mangel für die Frage, ob er wegen dieses Mangels bestimmte Rechte geltend manchen kann, keinerlei Rolle. Entscheidend für den Rechtsverlust nach englischem und irischem Recht ist vielmehr die Annahme („*acceptance*") der Kaufsache durch den Käufer, die bereits dann vorliegt, wenn der Käufer die Ware ohne Mitteilung an den Verkäufer über einen angemessenen Zeitraum hinaus („*after the lapse of a reasonable time*", sec. 35 IV SGA-GB) bzw. ohne guten und ausreichenden Grund („*without good and sufficient reason*", sec. 35 3. Alt. SGA-IRL) behält.[396]

Nach der Annahme, die über die rein körperliche Entgegennahme hinaus die Anerkennung der Kaufsache als vertragsgemäße Leistung unmittelbar mit einschließt, kann der Käufer die empfangene Ware nicht mehr als vertragswidrig zurückweisen (sec. 11 III SGA-GB/sec. 11 IV SGA-IRL).[397] Will der Käufer demnach sein Recht auf Rückgabe der mangelhaften Kaufsache geltend machen, so ist er nach englischem Recht gehalten, dem Verkäufer binnen einer angemessenen Frist von diesem Umstand Mitteilung zu machen, um den Eintritt einer „*acceptance*" zu hindern. Der angemessene Zeitraum soll dem Käufer dabei

396 Neben der ausdrücklichen Annahme („*when [the buyer] intimates to the seller that he has accepted*", sec. 35 I a) SGA-GB/sec. 35 1. Alt. SGA-IRL) führt im übrigen jedes Verhalten des Käufers zu einer *acceptance*, das mit der weiterbestehenden Eigentümerstellung des Verkäufers unvereinbar ist („*any act* [...] *which is inconsistent with the ownership of the seller*", sec. 35 I b) SGA-GB/sec. 35 2. Alt. SGA-IRL).

397 Für die verschuldensunabhängige Garantiehaftung des Verkäufers aus Vertragsbruch („*breach of contract*") des englischen und irischen Rechts ist die Unterscheidung zwischen wesentlichen Vertragsbestimmungen (den Grundbedingungen – „*conditions*") einerseits und unwesentlichen Vertragsbestimmungen (einfachen Zusicherungen – „*warranties*") andererseits von grundlegender Bedeutung. Verletzt der Verkäufer eine wesentliche Vertragspflicht, so hat der Käufer das Recht zur Rückgängigmachung des Vertrages und Rückgabe der Sache; ist dagegen lediglich eine „*warranty*" verletzt, steht dem Käufer nur Schadenersatz zu. S. *Fikentscher*, 20 f; zum englischen Recht: *Jenkins/Henshall/Holland*, in: Handbuch, 371 (399 f. Rn. 84 f.); zum irischen Recht: *Conrads-Hassel*, in: Handbuch, 537 (564 Rn. 86 f.). Unter bestimmten Bedingungen kann der Käufer trotz Verletzung einer „*condition*" dennoch nur die auf Schadensersatz zielenden Rechte wegen Verletzung einer „*warranty*" geltend machen. Dies ist u.a. gemäß sec. 11 III SGA-GB/sec. 11 IV SGA-IRL dann der Fall, wenn der Käufer die Kaufsache angenommen hat. Die Annahme führt demnach zum Verlust des Rückgaberechts; die Schadenersatzansprüche wegen etwaiger Sachmängel bleiben dagegen erhalten. S. dazu *Fikentscher*, 21; zum englischen Recht: *Jenkins/Henshall/Holland*, in: Handbuch, 371 (400 Rn. 86); zum irischen Recht: *Conrads-Hassel*, in: Handbuch, 537 (564 f. Rn. 88).

ganz allgemein die Möglichkeit geben, die Sache zu untersuchen und auszuprobieren.[398] Ebenso liegt nach irischem Recht in der Untersuchung der Kaufsache ein rechtfertigender Grund im Sinne der sec. 35 3. Alt. SGA-IRL.[399] Dies folgt auch schon daraus, daß nach beiden Kaufgesetzen eine Annahme nicht vermutet wird, bevor nicht der Käufer eine angemessene Gelegenheit zur Überprüfung der Sache gehabt hat (sec. 35 II SGA-GB/sec. 34 I SGA-IRL).[400] Nimmt der Käufer diese Gelegenheit nicht wahr, so geht das Risiko nicht entdeckter Mängel, die er nach dem Verstreichenlassen der Annahmeverweigerungsfrist nicht mehr geltend machen kann, voll zu seinen Lasten. Eine Untersuchungs- und Mängelanzeigepflicht des Käufers ergeben sich somit faktisch aus der zeitlich begrenzten Möglichkeit zur Zurückweisung vertragswidriger Ware.[401]

3. Zusammenfassung

Der Grundsatz, daß die Kenntnis des Käufers von einem Mangel im Zeitpunkt des Vertragsschlusses zu einem Verlust seiner Rechte bezüglich dieses Mangels führt, findet sich in fast allen der hier untersuchten europäischen Rechtsordnungen. Der Haftungsausschluß bei positiver Mängelkenntnis ist regelmäßig ausdrücklich normiert; in einigen Rechtsordnungen, wie etwa der französischen, ergibt er sich dagegen aus der Tatsache, daß eine Haftung überhaupt nur für „verborgene" Mängel stattfindet und insofern ein dem Käufer bekannter Mangel gar nicht in Betracht kommt.

In den meisten Rechtsordnungen führt auch die schuldhafte Unkenntnis eines Fehlers zum Haftungsausschluß; es bestehen allerdings Differenzen hinsichtlich des zugrundezulegenden Verschuldensgrades. Der Sache nach geht es dabei um die Frage, wie hoch die Sorgfaltspflichten des Käufers hinsichtlich der Entdekkung von Mängeln anzusetzen sind: nämlich, ob ihn Untersuchungspflichten treffen, oder ob eine bloß oberflächliche Betrachtung der Ware bei Kaufabschluß ausreicht. Sofern einige Rechtsordnungen dabei auf die Evidenz des Mangels abstellen (z.B. Österreich, wo gemäß § 928 ABGB die „Augenfälligkeit" des

---

398 Vgl. *Bridge*, 176 f.

399 *Schwartze*, 485.

400 Der Käufer hat demnach ein *Recht auf Untersuchung* vor Zurückweisung der Ware; s. *Benjamin's* Sale of Goods, Rn. 12-034: „*...the right to reject should not normally be lost before the goods have been examined*".

401 *Fikentscher*, 22; *Basedow*, 60; *Schwartze*, 485; s. auch *Benjamin's* Sale of Goods, Rn. 12-036; *Jenkins/Henshall/Holland*, in: Handbuch, 371 (397 Rn. 76) zum englischen Recht sowie *Conrads-Hassel*, in: Handbuch, 537 (561 Rn. 75 ff.) zum irischen Recht.

Mangels entscheidend ist), deutet dies auf einen eher niedrigen Sorgfaltsmaßstab hin, da nur solche Mängel zur Enthaftung des Verkäufers führen, die besonders leicht und ohne genauere Überprüfung der Sache erkennbar sind. Dies entspricht in etwa der grob fahrlässigen Unkenntnis eines Mangels nach deutschem Kaufrecht (§ 460 S. 2 BGB a.F. bzw. § 442 I 2 BGB). Nach anderen Kaufrechten dagegen ist der Käufer gehalten, bei der Feststellung von eventuellen Mängeln der Kaufsache die allgemein üblichen Sorgfaltsanforderungen zu beobachten. Hier schadet dem Käufer bereits die Unkenntnis solcher Mängel, die bei einer aufmerksamen Untersuchung der Kaufsache von einem Beobachter entdeckt worden wären, der über die gleichen Fachkenntnisse verfügt wie der Käufer. Einige Rechtsordnungen enthaften den Verkäufer hingegen überhaupt nur dann, wenn eine solche Untersuchung tatsächlich stattgefunden hat.

Übereinstimmend stellen jedoch alle Kaufrechte für die genaue Bestimmung der dem Käufer obliegenden Aufmerksamkeit bzw. die Beurteilung der Frage, wann ein bestimmter Mangel für den Käufer erkennbar ist, auf die konkreten Umstände des Einzelfalles ab. So werden allgemein die Anforderungen an einen Kaufmann oder an einen Käufer mit besonderem Fachwissen höher angesetzt, als an einen privaten Käufer. Unterschiedliche Anforderungen können sich auch aus der Art des Geschäftes ergeben, sowie eventuell einschlägigen Verkehrssitten oder Handelsbräuchen.

Die meisten Kaufrechte unterscheiden zwischen der Mängelkenntnis bei Vertragsschluß und der nachträglichen Kenntniserlangung.[402] Für Mängel, die

402 Unklar insofern das französische Recht: hier ist in der Literatur nicht eindeutig geklärt, ob für die Beurteilung der Offensichtlichkeit des Mangels auf den Zeitpunkt des Vertragsschlusses (so etwa *Bucher*, SJZ 1971, 1 (17)) oder der Annahme bzw. Übergabe der Kaufsache (so etwa *Ferid/Sonnenberger*, Rn. 2 G 594; *Wenner/Schödel*, in: Handbuch, 417 (453 Rn. 130)) abzustellen ist (s. *Gerny*, 86 f.). Hält man den Zeitpunkt des Kaufabschlusses für entscheidend, so ähnelt die französische Regelung der Vorschrift des § 460 BGB a.F. bzw. der neuen Regelung des § 422 I BGB, die einen Haftungsausschluß bei Kenntnis oder grob fahrlässiger Unkenntnis des Käufers im Zeitpunkt des Vertragsschlusses normieren. Stellt man dagegen auf die Annahme der Sache durch den Käufer ab, so nähert sich die Regelung eher den handelsrechtlichen Untersuchungs- und Rügeobliegenheiten gemäß § 377 HGB bzw. dem schweizerischen Art. 201 OR an, *Gerny*, 70. In den Niederlanden besteht eine generelle Rügevorschrift, nach der der Käufer seine Ansprüche zu jedem Zeitpunkt, also auch schon während der Vertragsverhandlungen, immer dann verliert, wenn er nicht innerhalb angemessener Frist nach der Entdeckung eines Mangels den Verkäufer davon in Kenntnis setzt, *Bitter/Drion/Groenewegen*, in: Handbuch, 683 (732 Rn. 153). Die österreichische Vorschrift des § 928 ABGB bezog sich, obgleich dies nicht ausdrücklich normiert war, nach herrschender Meinung nur auf den Zeitpunkt des Vertragsschlusses, nicht auf die Ablieferung,

der Käufer in einem bestimmten Zeitraum nach Empfang der Kaufsache entdeckt, sehen viele Rechtsordnungen Anzeigepflichten vor. Ausdrücklich normierte Untersuchungspflichten finden sich dagegen überwiegend nur für den Bereich des Handelskaufs. Davon weichen neuerdings die skandinavischen Rechte, wie auch das CISG, ab, die nunmehr grundsätzlich jedem Käufer, ausgenommen dem Konsumenten, eine Pflicht zur Überprüfung erhaltener Ware auferlegen. Aber auch andere Rechtsordnungen, die eine Untersuchungsobliegenheit des Käufers nicht explizit regeln, führen dennoch indirekt eine solche ein, indem sie vom Käufer nicht nur die Rüge bekannter Fehler, sondern auch derjeniger Mängel verlangen, die er hätte erkennen können. Dies gilt prinzipiell selbst für den Verbrauchsgüterkauf; ob und inwieweit der Käufer im Einzelfall jedoch tatsächlich zur Untersuchung verpflichtet ist, bemißt sich grundsätzlich nach den konkreten Umständen, der Natur der Sache und des Mangels, der Sachkunde sowie den zur Verfügung stehenden technischen Möglichkeiten des Käufers, die Sache zu überprüfen. Den Kaufmann treffen im allgemeinen höhere Anforderungen als den privaten Konsumenten.

Sofern einige Rechtsordnungen zwischen offensichtlichen und verborgenen Mängeln unterscheiden, führt auch dies zu gewissen Sorgfaltspflichten des Käufers hinsichtlich der Aufdeckung von Mängeln bei Annahme der Kaufsache: es wird im allgemeinen davon ausgegangen, daß der Käufer zumindest die unübersehbaren Mängel bereits unmittelbar bei Empfang der Ware erkennen und sofort rügen muß. Eine Pflicht des Käufers zur genaueren Überprüfung wird dort statuiert, wo – wie etwa in Frankreich – unter einem offensichtlichen Mangel nicht nur ein solcher Mangel verstanden wird, der bei oberflächlicher Betrachtung ohne weiteres erkennbar ist, sondern auch ein Fehler, der erst bei Durchführung einer aufmerksamen Untersuchung zu tage tritt. Bezüglich später auftretender, verborgener Mängel wird allerdings keine kontinuierliche Überprüfungspflicht aufgestellt. Der Käufer ist lediglich gehalten, einen Mangel anzuzeigen, sobald er augenfällig wird.

In den Staaten des *Common Law* schließlich gilt allein das Behalten der Ware über einen bestimmten Zeitraum hinaus ohne Mitteilung an den Verkäufer als Annahme der Kaufsache als vertragsgemäße Leistung, was den Rechtsverlust des Käufers zur Folge hat.

Schwimann-Binder, § 928 Rn. 4. In der neuen Fassung des § 928 ABGB wird nunmehr explizit auf den Zeitpunkt des Vertragsschlusses abgestellt.

IV. Mängelkenntnis außerhalb des Kaufrechts

1. Mietrecht

Nach altem Schuldrecht sollte auch der Mieter, der bei Vertragsschluß die Mangelhaftigkeit der Mietsache kannte oder schuldhaft nicht kannte oder die Sache trotz Kenntnis eines Mangels vorbehaltlos angenommen hatte, sich später nicht auf diesen Mangel berufen können. Der Gesetzgeber hatte bei der Ausgestaltung des Bürgerlichen Gesetzbuchs von 1896 die aus dem Kaufrecht bekannte Wertung auf das Mietrecht übertragen und in § 539 BGB a.F. einen entsprechenden Haftungsausschlußtatbestand vorgesehen. Die Normierung des § 539 BGB a.F. erfolgte dabei in bewußter Anlehnung an die kaufrechtlichen Vorschriften der §§ 460, 464 BGB a.F., was in den Motiven mit der „Gleichheit der Sach- und Rechtslage" begründet wurde.[403] Als Ausfluß der allgemeinen Obhutspflicht des Mieters war zudem in § 545 BGB a.F. eine Anzeigepflicht für nachträglich auftretende Mängel der gemieteten Sache vorgeschrieben.

a. Ausschluß der Mängelgewährleistung nach § 539 BGB a.F.

Die Vorschrift führt drei Fallgruppen an, in denen die Gewährleistungsansprüche des Mieters ausgeschlossen sind: Die positive Mängelkenntnis des Mieters und die grob fahrlässige Unkenntnis eines Mangels bei Vertragsschluß sowie die vorbehaltlose Annahme der Mietsache in Kenntnis eines Mangels.

aa. Mängelkenntnis des Mieters

Gemäß § 359 S. 1 BGB a.F. führte die positive Kenntnis des Mieters von einem Sachmangel im Zeitpunkt des Vertragsschlusses gemäß § 537 I BGB a.F. oder dem Fehlen einer zugesicherten Eigenschaft gemäß § 537 II 1 BGB a.F. zu einem Verlust der Gewährleistungsrechte aus den §§ 537, 538 BGB a.F. Dies galt gemäß § 541 BGB a.F. auch bei Kenntnis eines Rechtsmangels. Die Kenntnis mußte sich auf den konkreten Mangel und seine Auswirkungen auf die Gebrauchstauglichkeit der Mietsache erstrecken. Als unbeachtlich wurde es gewertet, wenn der Mieter dabei lediglich die Tragweite der Gebrauchsbeeinträch-

403 *Mugdan*, Motive, 210. Die ursprünglich vorgesehene Fassung der Regelung hatte eine entsprechende Anwendung der kaufrechtlichen Vorschriften sogar noch unmittelbar angeordnet. § 507 des ersten Entwurfs zum BGB lautete: „Auf die dem Miether nach den §§ 505, 506 zustehenden Rechte finden die Vorschriften der §§ 382, 386, 392, 396 entsprechende Anwendung."

tigung oder etwaige Möglichkeiten zur Mängelbeseitigung falsch einschätzte.[404] Andererseits sollte die bloße Kenntnis der Umstände, die im Einzelfall zur Mangelhaftigkeit führten, nicht ausreichen, wenn aus ihnen nicht zwingend auf die Mangelhaftigkeit der Sache geschlossen werden mußte.[405] Bei einem Rechtsmangel mußte der Mieter sich auch über die rechtlichen Folgen der ihm bekannten Tatsachen bewußt sein.[406] War dem Mieter ein Mangel der Mietsache positiv bekannt gewesen, so standen ihm selbst dann keine Gewährleistungsrechte zu, wenn der Vermieter den Mangel arglistig verschwiegen hatte, da die Täuschung des Vermieters in diesem Fall für den Vertragsabschluß nicht kausal geworden sein konnte.[407] Die Mängelkenntnis des Mieters sollte jedoch dann unschädlich sein, wenn der Vermieter die Beseitigung des Mangels bei Vertragsschluß zugesagt hatte. In einem solchen Fall, so argumentierte man, verstieße eine Berufung des Vermieters auf die Kenntnis des Mieters gegen den Grundsatz von Treu und Glauben.[408]

bb. Grob fahrlässige Unkenntnis

Der positiven Mängelkenntnis war die grob fahrlässige Unkenntnis eines Mangels im Sinne des § 539 S. 2 BGB a.F. nur teilweise gleichgestellt. Letztere schadete dem Mieter, wie die Verweisung auf § 537 I BGB a.F. zeigte, nur bezüglich eines Fehlers im engeren Sinne; das Fehlen einer zugesicherten Eigenschaft nach § 537 II BGB a.F. kam insofern nicht in Betracht. Unschädlich war die grobe Fahrlässigkeit des Mieters ferner dann, wenn der Vermieter die Fehlerfreiheit zugesichert oder den Mangel arglistig verschwiegen hatte (§ 539 S. 2 i.V.m. § 460 BGB a.F.). Auch Rechtsmängel werden gemäß § 541 BGB a.F. vom Haftungsausschluß nicht erfaßt. Grob fahrlässige Unkenntnis eines Mangels lag vor, wenn der Mieter außer acht gelassen hatte, was jedermann ohne weiteres hätte einleuchten müssen. Dies sollte nicht nur dann der Fall sein, wenn etwa der Mieter bei einer Besichtigung der anzumietenden Räume ganz offensichtliche Mängel übersah, sondern auch zutreffen, wenn er, trotz Kenntnis von bestimm-

---

404 OLG Nürnberg ZMR 1960, 300; *Schmidt-Futterer/Blank-Eisenschmid*, § 539 Rn. 4 f.; *Erman-Jendrek*, § 539 Rn. 2; *Bub/Treier-Kraemer*, 1101; MüKo-*Voelskow*, § 539 Rn. 8; *Emmerich/Sonnenschein*, § 539 Rn. 6; *Sternel*, II Rn. 659.

405 BGH WM 1962, 1379; *Erman-Jendrek*, § 539 Rn. 2; MüKo-*Voelskow*, § 539 Rn. 9; *Schmidt-Futterer/Blank-Eisenschmid*, § 539 Rn. 6; *Bub/Treier-Kraemer*, 1101.

406 *Schmidt-Futterer/Blank-Eisenschmid*, § 539 Rn. 9; *Emmerich/Sonnenschein*, § 539 Rn. 7.

407 BGH NJW 1972, 249; *Bub/Treier-Kraemer*, 1101; *Erman-Jendrek*, § 539 Rn. 2; *Wolf/Eckert/Ball*, Rn. 322.

408 BGH ZMR 1976, 138 (141); *Emmerich/Sonnenschein*, § 539 Rn. 3; *Wolf/Eckert/Ball*, Rn. 321; *Schmidt-Futterer/Blank-Eisenschmid*, § 539 Rn. 8.

ten Umständen, die den Verdacht eines Mangels besonders nahelegten, weitere zumutbare Nachforschungen unterließ.[409] Eine allgemeine Untersuchungspflicht oblag dem Mieter jedoch grundsätzlich nicht.[410]

cc. Vorbehaltlose Annahme der Mietsache

Erlangte der Mieter nach Vertragsschluß aber vor Überlassung der Mietsache Kenntnis von einem Mangel, so standen ihm die Rechte aus den §§ 537, 538 BGB a.F. nur dann zu, wenn er sich diese bei Annahme der Sache wegen des Mangels vorbehalten hatte (§ 539 S. 2 2. Alt. i.V.m. § 464 BGB a.F.). Erforderlich war die positive Mängelkenntnis; grobe Fahrlässigkeit, die nicht bereits im Zeitpunkt des Vertragsschlusses vorgelegen hatte, schadete dem Mieter insofern nicht. Der Haftungsausschluß erstreckte sich auf Fehler und zugesicherte Eigenschaften im Sinne des § 537 I, II BGB a.F.[411], nicht jedoch auf Rechtsmängel (§ 541 BGB a.F.). Arglistiges Verschweigen des Mangels durch den Verkäufer hinderte den Verlust der Gewährleistungsrechte nach § 539 S. 2 2. Alt. BGB a.F. nicht.[412] Der für den Vorbehalt maßgebliche Zeitpunkt war der der Annahme der Mietsache durch den Mieter. Annahme war hier gleichbedeutend mit der Überlassung im Sinne von § 535 BGB a.F. und erforderte daher den grundsätzlichen Besitzerwerb seitens des Mieters.[413] Ein wirksamer Vorbehalt im Sinne des § 539 BGB a.F. setzte die eindeutige Bezeichnung des Mangels voraus; allgemeine, formelhafte Wendungen sowie eine bloße, wenn auch wiederholte Mängelrüge nach § 545 BGB a.F. genügten nicht. Der Mieter mußte erkennen lassen, daß er sich mit der mangelhaften Beschaffenheit der Sache nicht abfinden wollte.[414] Der Vorbehalt sollte sich allerdings erübrigen, wenn der Vermieter die Be-

409 BGH NJW 1980, 777 (778); *Bub/Treier-Kraemer*, 1102; *Schmidt-Futterer/Blank-Eisenschmid*, § 539 Rn. 15 f.; MüKo-*Voelskow*, § 539 Rn. 10; *Soergel-Heintzmann*, § 539 Rn. 6.

410 *Emmerich/Sonnenschein*, § 539 Rn. 9; *Wolf/Eckert/Ball*, Rn. 324; *Bub/Treier-Kraemer*, 1102; *Sternel*, II Rn. 664.

411 Denn § 539 S. 2 BGB a.F. begrenzte den Gewährleistungsausschluß nur für den Fall der grob fahrlässigen Unkenntnis im Zeitpunkt des Vertragsschlusses auf Mängel im Sinne des § 537 I BGB a.F., *Erman-Jendrek*, § 539 Rn. 4; *Wolf/Eckert/Ball*, Rn. 325; MüKo-*Voelskow*, § 539 Rn. 13; a.A.: *Emmerich/Sonnenschein*, § 539 Rn. 11; *Bub/Treier-Kraemer*, 1103.

412 *Schmidt-Futterer/Blank-Eisenschmid*, § 539 Rn. 23; *Erman-Jendrek*, § 539 Rn. 4; *Bub/Treier-Kraemer*, 1103.

413 *Emmerich/Sonnenschein*, § 539 Rn. 11; *Bub/Treier-Kraemer*, 1103; *Schmidt-Futterer/Blank-Eisenschmid*, § 539 Rn. 22; *Staudinger-Emmerich*, § 539 Rn. 30.

414 BGH WM 1967, 850; *Bub/Treier-Kraemer*, 1103; *Emmerich/Sonnenschein*, § 539 Rn. 12; *Erman-Jendrek*, § 539 Rn. 5; *Sternel*, II Rn. 668.

seitigung der Mängel zugesagt und der Mieter erst daraufhin die Sache angenommen hatte.[415]

dd. Ratio legis

Entsprechend dem zu der kaufrechtlichen Vorschrift des § 460 BGB a.F. vertretenen und oben unter Kap. II.1.c.aa. dargelegten Ansatz findet sich auch für § 359 S. 1 BGB a.F. die These, daß der Mieter, der trotz Kenntnis von einem Mangel nicht vom Vertragsschluß absieht, die fehlerhafte Mietsache als vertragsgemäß anerkenne: Er gebe durch sein Verhalten zu erkennen, daß er die mangelhafte Sache, so wie sie ist, billige. Mache er später dennoch Gewährleistungsrechte geltend, so setze er sich damit in unzulässigen Widerspruch zu seinem Verhalten bei Vertragsschluß.[416] Dies sollte auch für die vorbehaltlose Annahme der Mietsache in Kenntnis des Mangels gelten.[417] Wie auch im Kaufrecht begegnete und begegnet diese rechtsgeschäftliche Deutung des Haftungsausschlußtatbestands jedoch Bedenken: So kann der Vermieter ein Einverständnis des Mieters mit der Sache in ihrer mangelhaften Beschaffenheit nur dann annehmen, wenn er weiß oder davon ausgehen kann, daß der Mieter den Fehler kennt. Ist dies der Fall und haben die Parteien sich dementsprechend geeinigt, so liegt ohnehin ein Mangel im Rechtssinne gar nicht vor, weil Ist- und Sollbeschaffenheit der Mietsache nicht voneinander abweichen; zumindest aber wird in einem solchen Fall von einem vertraglichen Haftungsausschluß auszugehen sein. Weiß der Vermieter hingegen nichts von der Mängelkenntnis des Mieters, so kann bei ihm auch kein entsprechender Vertrauenstatbestand entstehen. Für den Fall der bloß grob fahrlässigen Unkenntnis des Mieters kann eine rechtsgeschäftliche Einigung freilich ohnedies nicht angenommen werden.[418]

Wie den kaufrechtlichen Haftungsausschlußnormen der §§ 460, 464 BGB a.F. lag auch dem § 539 BGB a.F. der Gedanke zugrunde, daß der Mieter in den gesetzten Fällen hinsichtlich eines Gewährleistungsausgleichs nicht schutzwürdig erscheint. Es galt ja: Kennt der Mieter einen Mangel bereits bei Vertragsschluß oder wäre ihm die Entdeckung eines solchen ohne weiteres möglich, so könnte er seine Interessen schon zu diesem Zeitpunkt in angemessener Weise wahrnehmen, etwa indem er von vornherein vom Vertragsschluß absieht, oder bestimmte Konditionenverbesserungen aushandelt. Dies ist dem Mieter nicht nur

---

415 BGH NJW 1997, 2674 f.; *Emmerich/Sonnenschein*, § 539 Rn. 12; *Bub/Treier-Kraemer*, 1104; *Staudinger-Emmerich*, § 539 Rn. 33; *Sternel*, II Rn. 670.

416 MüKo-*Voelskow*, § 539 Rn. 2; *Staudinger-Emmerich*, § 539 Rn. 11; *Soergel-Heintzmann*, § 539 Rn. 1; *Schmidt-Futterer/Blank-Eisenschmid*, § 539 Rn. 1.

417 *Palandt-Weidenkaff*, § 539 Rn. 4.

418 *Köhler*, JZ 1989, 761 (770 f.).

ohne weiteres zumutbar, sondern auch im Hinblick auf Rechtssicherheit und vor allem im Interesse des Verkäufers geboten, da eine Gewährleistungsabwicklung stets mit Unsicherheiten und Risiken verbunden ist. Aber auch nach Vertragsschluß hat der Vermieter ein Interesse daran, möglichst rasch von etwaigen Beanstandungen des Käufers zu erfahren, um sich dementsprechend auf die Gewährleistung einrichten zu können.[419]

ee. Rechtsfolgen

Der Gewährleistungsausschluß des § 539 BGB a.F. erstreckte sich auf die Mietzinsminderung gemäß § 537 BGB a.F. sowie die Schaden- und Aufwendungsersatzansprüche nach § 538 I und II BGB a.F. Auch das Recht zur außerordentlichen Kündigung entfiel aufgrund der in § 543 BGB a.F. enthaltenen Verweisung auf § 539 BGB a.F. Unberührt blieben nach herrschender Meinung hingegen der Erfüllungsanspruch des Mieters auf Mängelbeseitigung aus § 536 BGB a.F. und die darauf gestützte Einrede des nicht erfüllten Vertrages gemäß § 320 BGB.[420] Dennoch konnte auch der Erfüllungsanspruch im Einzelfall ausgeschlossen sein, wenn sich dies aus der individuellen Parteivereinbarung ergab[421] bzw. der Mieter auf seine Rechte verzichtete: Bei Anmietung einer Sache in Kenntnis ihrer Mangelhaftigkeit sollte unter Umständen der Schluß gerechtfertigt, daß der Mieter die Sache in ihrem mangelhaften Zustand als vertragsgemäß anerkannte, sprich die ihm bekannten Fehler der Mietsache billigte.[422] Dies war jedoch nicht bereits aus dem gleichen Tatbestand abzuleiten, der zum Ausschluß der Gewährleistung nach § 539 BGB a.F. führte. Vielmehr mußten besondere Umstände hinzukommen, die eine entsprechende Wertung rechtfertigten.[423] Vom Haftungsausschluß des § 539 BGB a.F. nicht betroffen waren im übrigen etwaige Ansprüche des

---

419 *Köhler*, JZ 1989, 761 (771).

420 1989, 1574 (1578); offengelassen in BGH WM 1982, 335 (337); *Bub/Treier-Kraemer*, 1100; *Erman-Jendrek*, § 539 Rn. 1; *Sternel*, II Rn. 657; *Emmerich/Sonnenschein*, § 539 Rn. 1; *Schmidt-Futterer/Blank-Eisenschmid*, § 539 Rn. 49 f.; *Staudinger-Emmerich*, § 539 Rn. 5 f.; zweifelnd: *Wolf/Eckert/Ball*, Rn. 315. Jedoch konnte im Rahmen der nach § 320 II BGB erforderlichen Interessenabwägung der Rechtsgedanke des § 539 BGB a.F. Berücksichtigung finden, *Erman-Jendrek*, § 539 Rn. 1; *Bub/Treier-Kraemer*, 1100; MüKo-*Voelskow*, § 539 Rn. 4.

421 Legten die Parteien schon bei Vertragsschluß einen mangelhaften Zustand der Mietsache als vertragsgemäß zugrunde, so lag ein Mangel im Rechtssinne gar nicht vor und bestand folglich auch kein Anspruch auf Mängelbeseitigung, *Bub/Treier-Kraemer*, 1100 f.

422 *Erman-Jendrek*, § 539 Rn. 1; *Schmidt-Futterer/Blank-Eisenschmid*, § 539 Rn. 51; *Staudinger-Emmerich*, § 529 Rn. 7; *Emmerich/Sonnenschein*, § 539 Rn. 2.

423 *Sternel*, II Rn. 657; *Bub/Treier-Kraemer*, 1100.

Mieters aus positiver Vertragsverletzung sowie mit § 538 BGB a.F. konkurrierende Deliktsansprüche, wie z.B. Ansprüche wegen Verletzung einer Verkehrssicherungspflicht des Vermieters.[424]

ff. Analoge Anwendung

Nach herrschender Auffassung war der § 539 S. 1 BGB a.F. analog anzuwenden, wenn die Parteien den Mietvertrag durch eine Verlängerungsvereinbarung fortsetzten oder der Mieter in Kenntnis eines Mangels eine Verlängerungsoption ausübte, weil andernfalls der Mieter durch die Verlängerung des Vertrages besser gestellt worden wäre als bei einen erneuten Vertragsschluß. Der Mieter verlor demnach seine Gewährleistungsrechte schon dann, wenn er trotz Mängelkenntnis einen Mietvertrag vorbehaltlos verlängerte.[425] Umgekehrt sollten aber die bisher nach § 539 BGB a.F. ausgeschlossenen Rechte wieder aufleben, wenn der Mieter aus Anlaß des Verlängerungsvertrags einen entsprechenden Vorbehalt erklärte.[426]

Die Rechtsprechung dehnte darüber hinaus den Anwendungsbereich des § 539 S. 2 2. Alt. BGB a.F. auf Fälle aus, in denen der Mieter den Mangel erst nachträglich, also nach Überlassung der Mietsache erkannt, aber gleichwohl den Mietvertrag ohne Vorbehalt seiner Gewährleistungsrechte über eine geraume Zeit[427] fortgesetzt hatte.[428] Dem lag die Auffassung zugrunde, daß der Mieter mit der beanstandungslosen Fortzahlung des Mietzinses zu erkennen gab, ihm sei die Sache trotz des Mangels ihren Preis wert.[429] Folglich verlor der Mieter in

---

424 *Bub/Treier-Kraemer*, 1101; *Sternel*, II Rn. 657; *Staudinger-Emmerich*, § 539 Rn. 9; *Schmidt-Futterer/Blank-Eisenschmid*, § 539 Rn. 56 ff.

425 *Staudinger-Emmerich*, § 539 Rn. 12 mit Nachweisen aus der Rechtsprechung; *Bub/Treier-Kraemer*, 1105 f; MüKo-*Voelskow*, § 539 Rn. 7; *Wolf/Eckert/Ball*, Rn. 326.

426 *Bub/Treier-Kraemer*, 1106; *Sternel*, II Rn. 67; MüKo-*Voelskow*, § 539 Rn. 7.

427 Ein Zeitraum von drei Monaten war dem Mieter dabei als Überlegungsfrist zuzubilligen sein. Nach sechs Monaten beanstandungsloser Zahlung sollte sich der Mieter dagegen nicht mehr auf einen Sachmangel berufen können, *Wolf/Eckert/Ball*, Rn. 328 mit Nachweisen aus der Rechtsprechung.

428 BGH NJW 1997, 2674; BGH ZMR 1976, 138 (141); 1961, 359; zustimmend die überwiegende Auffassung in der Literatur: *Schmidt-Futterer/Blank-Eisenschmid*, § 539 Rn. 31; *Staudinger-Emmerich*, § 537 Rn. 95; *Bub/Treier-Kraemer*, 1104; *Wolf/Eckert/Ball*, Rn. 328; *Erman-Jendrek*, § 539 Rn. 6; *Soergel-Heintzmann*, § 539 Rn. 11. Nach der jüngsten Rechtsprechung des BGH zum reformierten Mietrecht soll eine analoge Anwendung der Nachfolgevorschrift des § 539 BGB a.F. (§ 536 b BGB) nun allerdings nicht mehr in Betracht kommen, s. dazu unten Kap. VI.2.c.

429 *Staudinger-Emmerich*, § 539 Rn. 96.

solchen Fällen sämtliche Gewährleistungsansprüche aus den §§ 537, 538 und § 542 BGB a.F. für die Vergangenheit und die Zukunft. Zur Vermeidung dieses Rechtsnachteils sollte eine bloße Mängelanzeige im Sinne des § 545 BGB a.F. ebensowenig ausreichen wie selbst wiederholte Beanstandungen, wenn der Mieter gleichzeitig vorbehaltlos den Mietzins in voller Höhe weiterbezahlte.[430] Andererseits konnte von einer vorbehaltlosen Vertragsfortsetzung nicht schon dann ausgegangen werden, wenn der Mieter einen entdeckten Mangel rügte und anschließend über einen kurzen Zeitraum den Mietzins in der Erwartung weiter zahlte, der Mangel werde demnächst behoben.[431] Grundsätzlich war mit der analogen Anwendung des § 539 BGB a.F. zurückhaltend zu verfahren: Nach herrschender Auffassung mußten stets die konkreten Umstände des Einzelfalls berücksichtigt werden, so etwa die Ernsthaftigkeit der Beanstandungen, sowie die Länge des Zeitraums, in der die ungekürzten Mietzinszahlungen erfolgt waren.[432]

Sofern freilich nach herrschender Meinung für den Ausschluß der Gewährleistungsrechte eine Einzelfallbetrachtung vorzunehmen war, erfolgte der Rechtsverlust offenbar eher aufgrund der Annahme eines stillschweigenden Gewährleistungsverzichts des Mieters (wie er etwa auch im Falle der nachträglichen Kenntniserlangung des Käufers von Mängeln der Kaufsache unter Umständen in Betracht kam[433]) als infolge einer analogen Anwendung des § 539 BGB a.F. Denn im Rahmen des § 539 BGB a.F. trat der Haftungsausschluß, sofern die entsprechenden Tatbestandsvoraussetzungen gegeben waren, kraft gesetzlicher Anordnung ein; einer Darlegung besonderer, über den geregelten Sachverhalt hinausgehender Umstände bedurfte es gerade nicht. Insbesondere der Nachweis eines Verzichtswillens des Mieters war nicht erforderlich. Dennoch ging vor allem die ältere Rechtsprechung davon aus, daß für einen Haftungsausschluß jeweils im Einzelfall zu prüfen sei, ob und inwieweit dem Verhalten des Mieters ein Verzicht auf Gewährleistungsrechte entnommen werden könne.[434] Zur Ver-

---

430 BGH ZMR 1968, 255 (256); 1961, 359; *Schmidt-Futterer/Blank-Eisenschmid*, § 539 Rn. 31; *Erman-Jendrek*, § 539 Rn. 6; *Wolf/Eckert/Ball*, Rn. 329; *Soergel-Heintzmann*, § 539 Rn. 11.

431 BGH NJW 1974, 2233 (2234); *Erman-Jendrek*, § 539 Rn. 6; *Bub/Treier-Kraemer*, 1104 f; *Sternel*, II Rn. 673.

432 *Sternel*, II Rn. 673; *Schmidt-Futterer/Blank-Eisenschmid*, § 539 Rn. 35, 37; *Soergel-Heintzmann*, § 539 Rn. 11.

433 S. etwa MüKo-*Westermann*, § 464 Rn. 9.

434 BGH NJW 1974, 2233 (2234); BGH WuM 1975, 48; von der Annahme eines konkludenten Verzichts spricht auch *Schmidt-Futterer/Blank-Eisenschmid*, § 539 Rn. 32, 35, 37.

meidung von Rechtsunsicherheit war in der Literatur allerdings eine Einschränkung dieser Einzelfallbetrachtung gefordert worden.[435]

Teilweise wurde vertreten, daß auch grob fahrlässige Unkenntnis des Mieters nach Übergabe der Sache zu einem Ausschluß der Gewährleistung entsprechend § 539 BGB a.F. führen könne.[436] Hiergegen ist jedoch eingewandt worden, der Gesetzgeber habe in § 539 S. 2 2. Alt. BGB a.F. klargestellt, daß im Zeitpunkt der Annahme der Mietsache – im Gegensatz zum Vertragsschluß – dem Mieter nur noch die positive Mängelkenntnis schade. Insofern könne es nicht überzeugen, warum nunmehr in der Folgezeit, sprich während der Mietzeit, wieder die grob fahrlässige Unkenntnis vom Mangel ausreichen solle.[437] Dem grob fahrlässigen Verhalten des Mieters lasse sich im übrigen kein Erklärungswert des Inhalts beimessen, daß der Mieter auf die Geltendmachung seiner Gewährleistungsrechte verzichte.[438]

Doch auch darüber hinaus ist die entsprechende Heranziehung des § 539 BGB a.F. in Fällen der nachträglichen Kenntniserlangung bei vorbehaltloser Weiterbezahlung des Mietzinses auf Kritik gestoßen. So wurde zu Bedenken gegeben, die Analogie zu § 539 BGB a.F. bringe Unsicherheiten in der Anwendung mit sich, da die Anforderungen an das zugrundezulegende Mieterverhalten nicht eindeutig bestimmbar seien. Das Abstellen auf den konkreten Einzelfall führe zu uneinheitlichen Ergebnissen.[439] Im übrigen bestehe für eine Analogie aber auch gar kein Raum.[440] Denn der Gesetzgeber habe sehr wohl – im Gegensatz zu dem von der herrschenden Meinung vorgebrachten Argument[441] – die Besonderheiten des Mietvertrages als einem Dauerschuldverhältnis und somit auch die Regelungssituation nachträglicher Kenntniserlangung bedacht: Der Gewährleistungsausschluß wegen nachträglicher Mängelkenntnis finde in § 545 II BGB a.F. eine abschließende Regelung.[442] Daß dieser Ausschluß, anders als

---

435 *Bub/Treier-Kraemer*, 1105; MüKo-*Voelskow*, § 539 Rn. 15.

436 BGH WM 1972, 419; *Soergel-Heintzmann*, § 539 Rn. 11; zweifelnd *Bub/Treier-Kraemer*, 1105.

437 *Erman-Jendrek*, § 539 Rn. 7; MüKo-*Voelskow*, § 539 Rn. 12: ist die grob fahrlässige Unkenntnis im Zeitpunkt der Annahme unschädlich, muß sie erst recht im Zeitraum nach der Annahme unbeachtlich sein.

438 *Sternel*, II Rn. 672; *Schmidt-Futterer/Blank-Eisenschmid*, § 539 Rn. 41; *Erman-Jendrek*, § 539 Rn. 7.

439 *Riesenhuber*, ZMR 1994, 393; zustimmend insofern auch *Bub/Treier-Kraemer*, 1105.

440 *Riesenhuber*, ZMR 1994, 393 (394 f.); *Staudinger-Emmerich*, § 537 Rn. 100.

441 S. MüKo-*Voelskow*, § 539 Rn. 5.

442 *Riesenhuber*, ZMR 1994, 393 (394) verweist insofern auf die Gesetzgebungsgeschichte: In einer früheren Fassung des § 539 BGB a.F. war die Regelung des jetzi-

der des § 539 BGB a.F. praktisch nur für die Vergangenheit wirke, sei eine gesetzgeberische Entscheidung, die aber gerade nicht mittels einer Analogie überwunden werden könne.[443] In Ausnahmefällen reiche dagegen die Anwendung des allgemein geltenden § 814 BGB und des Rechtsinstituts der Verwirkung gemäß § 242 BGB vollauf aus, um zu sachgerechten Ergebnissen zu gelangen.[444]

b. Mängelanzeigepflicht des Mieters nach § 545 BGB a.F.

Zeigte sich im Laufe der Miete ein Mangel an der gemieteten Sache, so war der Mieter gemäß § 545 I 1 BGB a.F. gehalten, dem Vermieter davon unverzüglich Anzeige zu machen.

aa. Mängelanzeigepflicht

Bei der Anzeigepflicht des § 545 I BGB a.F. handelte es sich um eine echte Nebenleistungspflicht des Mieters, nicht nur um eine bloße Obliegenheit.[445] Dies ergab sich bereits daraus, daß das Unterlassen der Anzeige gemäß § 545 BGB a.F. zur Schadenersatzpflicht des Mieters nach § 545 II BGB a.F. führte. Der Mieter war verpflichtet, dem Vermieter unverzüglich alle Mängel zu melden, die nach Überlassung der Mietsache auftraten. Von der Anzeigepflicht erfaßt wurden dabei nicht nur Sachmängel im Sinne des § 537 BGB a.F., meldepflichtig war vielmehr bereits jeder schlechte Zustand der Mietsache, der dem Vermieter Anlaß zum Eingreifen geben konnte, unabhängig davon, ob die Brauchbarkeit der Mietsache für den Mieter beeinträchtigt wurde.[446] Anzeigepflichtig waren ferner das Drohen einer unvorhergesehenen Gefahr, sowie die Geltendmachung von Rechten Dritter. Nach herrschender Meinung „zeigte" sich ein Mangel dann im Sinne des § 545 BGB a.F., wenn er so offensichtlich wurde, daß er nur bei grober Fahrlässigkeit übersehen werden konnte. Die Anzeigepflicht umfaßte demnach nicht nur die dem Mieter positiv bekannten Mängel, sondern auch sol-

---

gen § 545 II 2. HS BGB a.F. noch als Absatz II enthalten. Dies zeige den inneren Zusammenhang der beiden Vorschriften.

443 *Riesenhuber*, ZMR 1994, 393 (394); *Wichert*, ZMR 2000, 65 f.

444 *Wichert*, ZMR 2000, 65 f.; *Staudinger-Emmerich*, § 537 Rn. 100. Für die neu normierte Nachfolgevorschrift des § 539 BGB a.F. – § 536 b BGB – dürfte der Streit durch die jüngste Rechtsprechung des BGH, Urteil vom 16.06.2003, Az.: VIII ZR 274/02, entschieden sein, s. dazu unten Kap. VI.2.c.

445 *Schmidt-Futterer/Blank-Eisenschmid*, § 545 Rn. 3; *Staudinger-Emmerich*, § 545 Rn. 2; *Erman-Jendrek*, § 545 Rn. 1.

446 *Bub/Treier-Kraemer*, 854 f.; *Schmidt-Futterer/Blank-Eisenschmid*, § 545 Rn. 7; *Soergel-Heintzmann*, § 545 Rn. 2.

che, deren Wahrnehmung sich dem Mieter praktisch hätte aufdrängen müssen.[447] Der Umfang dessen, was ohne grobe Fahrlässigkeit jedermann erkennbar gewesen wäre, bestimmte sich nach den Umständen des Einzelfalls; eine generelle Überprüfungs- und Nachforschungspflicht sollte den Mieters jedenfalls nicht treffen.[448]

bb. Rechtsfolgen

Bei schuldhafter Unterlassung oder Verzögerung der Mängelanzeige wurde der Mieter nach § 545 II 1. HS BGB a.F. schadenersatzpflichtig. Im übrigen verlor er, soweit der Vermieter gerade infolge des Ausbleibens der Anzeige keine Abhilfe schaffen konnte, gemäß § 545 BGB a.F. das Recht zur Minderung (§ 537 BGB a.F.), den Schadenersatzanspruch (§ 538 BGB a.F.), sowie das Recht zur Kündigung nach § 542 I 3 BGB a.F. Dieser Rechtsverlust trat allerdings nur für den Zeitraum ein, während dessen aufgrund der fehlenden Mängelanzeige die Mängel nicht behoben werden konnten, wirkte also nicht in die Zukunft.[449]

cc. ratio legis

Die Pflicht des Mieters zur Mängelanzeige nach § 545 BGB a.F. war ein Ausfluß seiner allgemeinen Obhutspflicht, die sich aus der besonderen Natur des Mietverhältnisses ergab:[450] Sie trug dem Umstand Rechnung, daß der Vermieter zwar während der ganzen Mietzeit zur Erhaltung der Mietsache und zur Abwehr unberechtigter Ansprüche Dritter verpflichtet blieb, nach Überlassung der Mietsache an den Mieter zur deren laufender Überprüfung sowie der Feststellung von Mängeln und drohenden Gefahren regelmäßig aber nicht mehr in der Lage und insofern auf die Mängelanzeige des Mieters angewiesen war. Die Normierung einer Mängelanzeigepflicht des Mieters sollte es dem Vermieter demnach ermöglichen, seiner Erhaltungspflicht aus § 536 BGB a.F. nachzukommen und die mangelhafte Sache wieder in einen ordnungsgemäßen Zustand zu versetzen.[451]

---

447 BGHZ 68, 281 (284ff.); *Erman-Jendrek*, § 545 Rn. 2; *Schmidt-Futterer/Blank-Eisenschmid*, § 545 Rn. 10; *Bub/Treier-Kraemer*, 854; *Staudinger-Emmerich*, § 545 Rn. 11; a.A.: *Riesenhuber*, ZMR 1994, 393 (395), der davon ausging, die Anzeigepflicht greife nur bei positiv bekannten Mängeln ein.

448 *Staudinger-Emmerich*, § 545 Rn. 3; *Bub/Treier-Kraemer*, 854; *Wolf/Eckert/Ball*, Rn. 585.

449 *Soergel-Heintzmann*, § 545 Rn. 8; *Erman-Jendrek*, § 545 Rn. 5; *Bub/Treier-Kraemer*, 857; *Sternel*, II Rn. 290; *Riesenhuber*, ZMR 1994, 393 (395).

450 *Mugdan*, Motive, 223; BGHZ 68, 281 (285).

451 BGH NJW 1963, 1449 (1450); *Schmidt-Futterer/Blank-Eisenschmid*, § 545 Rn. 1; MüKo-*Voelskow*, § 545 Rn. 1; *Erman-Jendrek*, § 545 Rn. 1; *Bub/Treier-Kraemer*,

Als konkrete Ausgestaltung der Obhutspflicht des Mieters verfolgte die Regelung des § 545 BGB a.F. aber auch den Zweck, den Vermieter vor Schäden an seiner eigenen Sache zu schützen.[452] Demgemäß wurde der Mieter bei Verletzung der Anzeigepflicht nach § 545 II 1.HS BGB a.F. zum Ersatz desjenigen Schadens verpflichtet, den der Vermieter gerade durch das Ausbleiben oder die Verzögerung der Anzeige erlitt, z.B. eine Verschlimmerung oder weitere Schadensfolge des Mangels.[453] Daraus folgt auch, daß es dem Mieter gemäß § 545 II 2. HS BGB a.F. verwehrt war, Gewährleistungsrechte für die Zeit zu beanspruchen, in der er die Mangelbeseitigung, sprich die Voraussetzung für die Vermeidung von Gewährleistungsansprüchen, durch die unterlassene Anzeige gerade verhindert hatte.[454] Denn es wäre widersinnig gewesen, den Mieter einerseits zum Ersatz des Schadens zu verpflichten, den der Vermieter aufgrund des Ausbleibens der Mängelanzeige erlitt; andererseits aber dem Vermieter eine Gewährleistungshaftung für einen Zeitraum aufzuerlegen, in dem Gewährleistungsrechte ohne die Pflichtverletzung des Mieters gar nicht entstanden wären: Der Mieter hätte bei einem schuldhaften Verstoß gegen die Anzeigepflicht des § 545 I BGB a.F. mit den Gewährleistungsansprüchen etwas eingefordert, was er sofort als Schadenersatz gemäß § 545 II 1.HS wieder hätte zurückgewähren müssen.[455]

Die *ratio* des § 545 BGB a.F. war demnach eine andere als die des § 539 BGB a.F.: Die Mängelanzeigepflichten des Mieters nach § 539 BGB a.F. dienten in erster Linie der Ermöglichung einer reibungslosen Geschäfts- und Gewährleistungsabwicklung, die sich sowohl im Interesse des Vermieters, als auch im Sinne der allgemeinen Rechtssicherheit gebot. Der Mieter, der es versäumte, seine Interessen frühzeitig wahrzunehmen, erschien hinsichtlich eines späteren Gewährleistungsausgleichs nicht mehr schutzwürdig; er hatte seine Rechte gleich-

854; *Staudinger-Emmerich*, § 545 Rn. 1. Dementsprechend entfiel die Anzeigepflicht dann, wenn dem Vermieter der Mangel bereits bekannt war oder nach den Umständen bekannt sein mußte, BGHZ 68, 281 (284).

452 *Staudinger-Emmerich*, § 545 Rn. 1; *Erman-Jendrek*, § 545 Rn 1.

453 Voraussetzung war, daß der Vermieter bei rechtzeitiger Anzeige in der Lage gewesen wäre, den Schadenseintritt zu verhindern (Kausalität der Unterlassung oder Verspätung der Anzeige), *Staudinger-Emmerich*, § 545 Rn. 27; *Bub/Treier-Kraemer*, 857.

454 Hätte der Mieter die Mängelanzeige rechtzeitig erstattet und den Vermieter damit in die Lage versetzt, die Ausbesserung der Mietsache vorzunehmen, so wäre er in seinem Gebrauchsrecht gar nicht erst beeinträchtigt worden, *Mugdan*, Motive, 223; s. auch *Riesenhuber*, ZMR 1994, 393 (395).

455 *Schmidt-Futterer/Blank-Eisenschmid*, § 545 Rn. 35; BGH NJW 1987, 1072 (1073): Nach einem allgemein gebilligten Rechtsgrundsatz stellt es einen Verstoß gegen Treu und Glauben dar, wenn ein Gläubiger etwas einfordert, was er sofort wieder zurückgewähren müßte (*dolo agit, qui petit, quod statim redditurus est*).

sam verwirkt. Dementsprechend führte der Gewährleistungsausschluß des § 539 BGB a.F. zu einem dauerhaften Rechtsverlust des Mieters, während der § 545 BGB a.F. den Ausschluß auf den Zeitraum bis zur Vornahme der Mängelanzeige beschränkte. Die Anzeigepflicht im Rahmen des § 545 BGB a.F. verfolgte den Zweck, den Vermieter vor Schäden zu bewahren, die ihm durch eine Verzögerung der Mangelbeseitigung entstehen konnten. Der Gewährleistungsausschluß für die Zeit bis zur Mängelanzeige war eine Konsequenz aus dem Umstand, daß der Mieter durch die Verletzung der ihm obliegenden Obhutspflicht die Beseitigung des Mangels selber verhindert hatte; er folgte namentlich aus der Schadenersatzhaftung des Mieters.[456]

c. Abgrenzung zum Kaufrecht

Wie eingangs erwähnt, stellte der Gesetzgeber bei der Normierung des Ausschlußtatbestands gemäß § 539 BGB a.F. vor allem auf die Parallelität zu den kaufrechtlichen Gewährleistungsausschlüssen ab. Nach dem Willen der Verfasser des Bürgerlichen Gesetzbuches sollten „die Vorschriften der §§ 382, 386 [in der endgültigen Fassung §§ 460, 464 BGB a.F.] über den Ausschluß der Gewährleistungspflicht des Veräußerers durch die Kenntnis oder verschuldete Unkenntnis des Mangels auf Seiten des Erwerbers [...] nach § 507 [später § 539 BGB a.F.] bei dem Mietvertrage wegen Gleichheit der Sach- und Rechtslage entsprechend angewendet werden".[457]

In dem auf der Basis des Dresdener Entwurfes erstellten Teilentwurf zur „Miethe, Pacht und Viehverstellung", der den Beratungen der 1. Kommission zur Ausarbeitung des Entwurfs eines bürgerlichen Gesetzbuches zugrundelag, findet sich eine entsprechende Vorschrift noch nicht. Hier ist in Art. 545 lediglich bestimmt, daß eine Gewährleistung überhaupt nur für solche Mängel stattfindet, die dem Mieter bei Vertragsschluß unbekannt waren. Wie sich die Kenntnis im Zeitpunkt der Annahme der Mietsache auswirkt, ist dagegen nicht explizit geregelt. In der von *Struckmann* verfaßten Begründung[458] heißt es zu diesem

456 *Mugdan*, Motive, 223.

457 *Mugdan*, Motive, 210.

458 Für die von *von Kübel* nicht bearbeiteten Bereiche des besonderen Schuldrechts, wie u.a. das Mietrecht, gab die Kommission am 13.12.1882 die Ausarbeitung von Materialzusammenstellungen in Auftrag, die Auskunft geben sollten über die Motive, auf denen die Bestimmungen des Dresdener Entwurfs beruhten, sowie über das geltende Recht und den gegenwärtigen Stand der Doktrin und Praxis. Die Vorlage zur „Miethe, Pacht und Viehverstellung nach den Bestimmungen des dresdener Entwurfs" mit Erläuterungen und Materialien wurde von dem Hilfsarbeiter der 1. Kommission und späterem Mitglied der 2. Kommission Hermann *Struckmann* verfaßt.

Punkt lediglich, inwiefern die Übernahme der mangelhaften Sache in Kenntnis des Mangels einen Verzicht des Mieters auf die ihm wegen des Mangels zustehenden Rechte enthalte, sei nach den Umständen des Einzelfalles zu beurteilen.[459] Die Motive weisen allerdings darauf hin, daß bereits die Gerichtspraxis zum preußischen Allgemeinen Landrecht die Grundsätze des für Veräußerungsverträge geltenden I 5 § 330 ALR auch auf das Mietverhältnis übertragen hatte: Nach der Rechtsprechung des Reichsgerichts fand demnach auch im Rahmen von Mietverträgen keine Gewährleistung statt, wenn der Fehler der Sache „in die Augen fallend" war und der Mieter die Sache, ohne ausdrücklich zu rügen, übernommen hatte.[460]

Die Angleichung der mietrechtlichen Regelungen im Hinblick auf die Mängelkenntnis bei Vertragsschluß und bei Übernahme der Sache an die Haftungsausschlußvorschriften des Kaufrechts, wie sie damals erfolgte, erscheint gerechtfertigt. Die Unterschiede zwischen dem Kaufvertrag als einem Veräußerungsgeschäft, bei dem sich die Vertragspflichten der Parteien regelmäßig in einem einmaligen Leistungsaustausch erschöpfen und der Miete als einem Dauerschuldverhältnis, in dessen Rahmen die beiderseitigen Vertragsleistungen laufend zu erbringen sind[461], spielen insofern nur für die nachträglich, also nach Übernahme der Sache, erlangte Mängelkenntnis eine Rolle:[462] Dem Mieter wird lediglich der Gebrauch der Sache auf Zeit gewährt, nicht jedoch das Eigentum an dem gemieteten Gegenstand übertragen. Aus diesem Umstand folgt eine Pflicht des Mieters zur Obhut über den Mietgegenstand. Er muß mit der fremden Sache, die er nach Beendigung des Vertragsverhältnisses in ordnungsgemäßem Zustand zurückzugeben hat, sorgfältig und pfleglich umgehen und sie nach Möglichkeit vor Schäden bewahren.[463] Als besondere Ausprägung dieser Obhutspflicht traf den Mieter gemäß § 545 BGB a.F. eine Anzeigepflicht für nachträglich auftretende Mängel, die es dem Vermieter nicht nur ermöglichen sollte, seiner eigenen Erhaltungspflicht nachzukommen, sondern auch seinem Schutz vor weitergehenden Schäden an der übergebenen Sache diente. Beim Kauf hingegen ist die Interessenlage eine andere: In Erfüllung seiner primären Vertragspflicht hat der

---

459 *Struckmann*, in: *Schubert*, 251 (271 f.).

460 *Mugdan*, Motive, 210; s. dazu einen Entscheid des Reichsgerichts vom 06.12.1881, veröffentlicht in: *Gruchot*, Beiträge zur Erläuterung des Deutschen Rechts, 26. Jahrgang (1882), 905 ff.: Danach war ein Mieter, der von der Feuergefährlichkeit eines in der gemieteten Wohnung befindlichen Ofens wußte, in analoger Anwendung des I 5 § 330 ALR gehalten, diesen Fehler bei Übernahme der Wohnung zu rügen.

461 S. *Mugdan*, Motive, 205.

462 Vgl. MüKo-*Voelskow*, § 539 Rn. 5.

463 *Emmerich/Sonnenschein*, §§ 535, 536, Rn. 52 f.

Verkäufer das Eigentum an der Sache auf den Käufer übertragen. Von einem Wiedererhalt des Kaufgegenstandes muß er nur im Falle der Rückabwicklung des gesamten Vertrages ausgehen. Der Zustand und die potentielle Schadhaftigkeit der Kaufsache sind für ihn somit nur im Hinblick auf einen eventuellen Gewährleistungsausgleich von Bedeutung. Dem Käufer obliegt folglich im Gegensatz zum Mieter nach Erhalt der Kaufsache keine Obhutspflicht. Im Bereich des bürgerlich-rechtlichen Kaufs schadete dem Käufer die erst nach Übernahme der Kaufsache erlangte Mängelkenntnis deshalb im Regelfall nicht. Der Gesetzgeber hatte hier bewußt auf die Normierung einer über die Anzeigepflicht des § 464 BGB a.F. hinausgehenden Rügeobliegenheit verzichtet und es insofern hingenommen, daß der Käufer die – allerdings ohnehin kurz bemessenen – Verjährungsfristen des § 477 BGB a.F. voll ausschöpfen konnte.[464] Die nachträgliche Mängelkenntnis des Käufers war und wird allerdings beim Handelskauf relevant. Gemäß § 377 III HGB ist der kaufmännische Käufer gehalten, auch solche Mängel, die sich erst nach Annahme der Sache zeigen, dem Verkäufer unverzüglich zu melden. Dies begründet sich in dem gesteigerten Interesse des Handelsverkäufers an einer raschen Information bezüglich der bevorstehenden Geltendmachung von Gewährleistungsrechten, um sich auf die Gewährleistungssituation einstellen und ohne Verzögerung entsprechende Dispositionen, z.B. hinsichtlich der anderweitigen Verwertung der Ware, treffen zu können. Hinzu kommt das allgemeine Interesse des Handelsverkehrs an einer raschen und endgültigen Abwicklung von Rechtsgeschäften. Die handelsrechtliche Rügeobliegenheit gemäß § 377 III HGB verfolgt somit andere rechtspolitische Ziele als die mietrechtliche Anzeigepflicht des § 545 BGB a.F., wenngleich beide Vorschriften einer sachgerechten Risikoverteilung zwischen den Vertragspartnern im Falle der nachträglichen Mängelkenntnis dienen.[465]

Ist demnach die Situation der nachträglichen Mängelkenntnis bei Kauf und Miete grundsätzlich unterschiedlich zu bewerten, so gilt dies jedoch nicht für die Mängelkenntnis im Zeitpunkt des Vertragsschlusses oder bei Übernahme der gekauften bzw. gemieteten Sache. Die kauf- und mietrechtlichen Gewährleistungsausschlußregelungen beruhen insofern auf demselben Grundgedanken: Der Mieter, der bereits bei Vertragsschluß einen Mangel der Mietsache kennt, oder einen solchen unschwer hätte feststellen können, erscheint bezüglich eines späteren Gewährleistungsausgleichs ebensowenig schutzwürdig wie ein Käufer in der entsprechenden Situation. In beiden Fällen kann ein drohender Rechtsverlust den Mieter bzw. den Käufer dazu anhalten, seine Interessen bereits zu einem Zeitpunkt wahrzunehmen, in dem eine Berücksichtigung der Mangelhaftigkeit der

464 *Soergel-Huber*, § 464 Rn. 3; MüKo-*Westermann*, § 464 Rn. 1.
465 Vgl. BGHZ 68, 281 (286).

Sache in Form einer entsprechenden Modifikation des Vertrages noch unproblematisch möglich ist und ein späterer Gewährleistungsausgleich folglich vermieden werden kann. Daß ein beide Parteien zufriedenstellender Interessenausgleich möglichst schon durch eine entsprechende Vertragsvereinbarung erreicht werden sollte, gilt insofern in gleichem Maße für das Kauf- wie das Mietrecht. Vergleichbar ist auch die Situation bei Annahme der Kauf- bzw. Mietsache: Sowohl der Verkäufer als auch der Vermieter hat ein Interesse daran, bei Übergabe der Sache möglichst rasch zu erfahren, ob die Vertragsleistung zunächst „in Ordnung" geht, oder ob er mit Problemen bei der Vertragsabwicklung zu rechnen hat. Weiß der Käufer oder Mieter zu diesem Zeitpunkt positiv von einem Mangel der betreffenden Sache, so ist es ihm zumutbar, sich seine Rechte gegenüber dem Vertragspartner unverzüglich vorzubehalten, damit dieser sich so früh wie möglich auf die bevorstehende Geltendmachung von Gewährleistungsansprüchen einstellen kann.[466]

2. *Werkvertragsrecht*

Wie das Kauf- und Mietrecht knüpfte auch das Werkvertragsrecht in seiner alten Fassung gemäß § 640 II BGB a.F. an die vorbehaltlose Abnahme eines mangelhaften Werkes in Kenntnis des Mangels durch den Besteller den Verlust der Gewährleistungsrechte. Die Vorschrift des § 640 II BGB a.F. stand im wesentlichen in einer Linie mit den Haftungsausschlüssen nach § 464 BGB a.F. für den Kauf und § 539 S. 2 2. Alt. BGB a.F. für die Miete. Aus den Motiven geht hervor, daß die Verfasser des ersten Entwurfs eines Bürgerlichen Gesetzbuches bei der Ausgestaltung der Norm, wie auch bei der mietrechtlichen Bestimmung, besonderes Augenmerk auf die Parallelität zu der kaufrechtlichen Haftungsausschlußvorschrift richteten. So wurde etwa unter Hinweis auf die Stellung des Käufers im Werkvertragsrecht davon abgesehen, dem Besteller eine Prüfungspflicht für das abgenommene Werk aufzuerlegen. Dazu hieß es: „Der § 572 [in der späteren Fassung § 640 BGB a.F.] beschränkt sich deshalb darauf, nach Analogie des die Annahmepflicht des Käufers aussprechenden § 459 II [§ 433 II BGB a.F.] den Besteller für verpflichtet zu erklären, das vertragsmäßig hergestellte Werk anzunehmen, und an die Annahme als solche, wie nach dem § 386 [§ 464 BGB a.F.] in Veräußerungsfällen, nur den Verlust des Rügerechtes in

466 Dem Vermieter wird es durch die rechtzeitige Mängelanzeige etwa ermöglicht, die Mängelbeseitigung sofort in Angriff zu nehmen, um einem Mietausfall oder einer Kündigung nach Möglichkeit vorzubeugen; während der Verkäufer sich ggf. um die Möglichkeit eines anderweitigen Verkaufs der Sache bemühen kann, s. *Köhler*, JZ1989, 761 (769, 771).

Ansehung derjenigen Mängel zu knüpfen, von welchen er bei der Abnahme Kenntnis hatte, es sei denn, daß er bei der Abnahme sich wegen dieser Mängel seine Rechte vorbehalten hat."[467] An anderer Stelle wurde besonders auf die „sichtbar sich darbietende Analogie" des Werkvertrags mit dem Gattungskauf hingewiesen.[468] Der „Abnahme" im Rahmen des Werkvertragsrechts, der mit § 640 I BGB a.F. eine eigene Bestimmung gewidmet war, kam freilich eine größere Bedeutung zu als der Annahme durch den Käufer, da von ihr, neben dem Verlust der Gewährleistungsrechte für dem Besteller bekannte, rügelos hingenommene Mängel gemäß § 640 II BGB a.F., auch mehrere andere für die Abwicklung des Werkvertrages wesentliche Rechtsfolgen abhingen.[469]

a. Abnahme des Werkes

Nicht zuletzt die verschiedenartigen Funktionen der Abnahme im Werkvertragsrecht hatten zu Meinungsdifferenzen bezüglich des Begriffes der Abnahme geführt, die auch heute noch zur Neufassung[470] von Bedeutung sind. Der herrschende zweigliedrige Abnahmebegriff, wonach sich die Abnahme aus der körperlichen Hinnahme des Werkes (soweit dies möglich ist), und der ausdrücklichen oder konkludenten Erklärung des Bestellers zusammensetzt, er billige die Leistung als eine in der Hauptsache vertragsgemäße Erfüllung[471], ging auf eine frühe Entscheidung des Reichsgerichts zurück. In seinem Urteil stellte das Reichsgericht klar, daß unter der Abnahme im Sinne von § 640 II BGB a.F. dasselbe zu verstehen sei, wie unter der „Annahme als Erfüllung" gemäß § 363 BGB. Durch das Anerkenntnis der Leistung als eine „der Hauptsache nach dem Vertrage entsprechende Erfüllung" werde das Recht des Bestellers, Mängel des Werkes zu rügen nicht beseitigt, sondern eben nur, soweit er den Mangel kannte, nach § 640 II BGB a.F. eingeschränkt.[472] Denn die Billigung der Werkleistung

467 *Mugdan*, Motive, 273 f.

468 *Mugdan*, Motive, 267 (Analogie des § 398 [in der endgültigen Fassung des Gesetzestextes § 480 BGB a.F.] in Bezug auf die Rechtsfolgen).

469 So wurde mit der Abnahme gemäß § 641 BGB a.F. der Vergütungsanspruch fällig, ging nach den §§ 644, 645 BGB a.F. die Gefahr auf den Besteller über, begann die Verjährung für Mängelansprüche nach § 638 BGB a.F. und wurde nach h.M. der ursprüngliche Erfüllungsanspruch dahingehend modifiziert, daß er sich nunmehr auf den Mängelbeseitigungsanspruch gemäß § 633 II BGB a.F. beschränkte. S. *Erman-Seiler*, § 640 Rn 1 f.; *Staudinger-Peters*, § 640 Rn. 1.

470 S. unten Kap. VI.2.d.

471 BGHZ 48, 257 (262); BGH NJW 1993, 1972 (1974); *Staudinger-Peters*, § 640 BGB Rn. 4; MüKo-*Soergel*, § 640 Rn. 2; *Erman-Seiler*, § 640 Rn. 4; *Palandt-Sprau*, § 640 Rn. 2; *Jauernig-Schlechtriem*, § 640 Rn. 2; vgl. auch *Christmann*, 6 f.

472 RGZ 57, 337 (339).

als *im wesentlichen* vertragsgemäß bedeutete gerade nicht, daß der Besteller das Werk als vollkommene und mangelfreie Erfüllung akzeptierte.[473]

Allerdings verlor der Besteller mit der Annahme als Erfüllung seinen ursprünglichen Erfüllungsanspruch im Hinblick auf das mit Mängeln behaftete Werk. Ihm stand jetzt nur noch ein Anspruch auf Beseitigung dieser Mängel zu. In einer späteren Entscheidung erläuterte das Reichsgericht in Zusammenhang mit der Frage, wann an die Stelle des Erfüllungsanspruches der auf Mängelbeseitigung gerichtete, dem Werkvertragsrecht eigentümliche Nachbesserungsanspruch trete, warum gerade auf die Anerkennung der Leistung durch den Besteller als das für die Abnahme wesentliche Element abzustellen sei: Nach dem Sinn und Zweck des § 633 II 1 BGB a.F. nahm das Reichsgericht an, daß die Beschränkung des Erfüllungsanspruchs auf die Mängelbeseitigung nicht eintrete, solange die Leistungspflicht nicht wenigstens in der Hauptsache erfüllt sei. „Es ist daher grundsätzlich zu fordern, daß die Leistung tatsächlich hingegeben und hingenommen ist, außerdem aber der Besteller zu erkennen gegeben hat, daß er die Leistung als eine in der Hauptsache dem Vertrag entsprechende Erfüllung anerkenne." Erst damit trete die konkrete Erfüllungsleistung ein, nach der dem Besteller nunmehr nur noch der Mängelbeseitigungsanspruch zustehe. Erklärend fügte das Reichsgericht sodann hinzu: „Dieser Zeitpunkt wird in § 640 BGB als Abnahme bezeichnet."[474]

Bedeutete die Abnahme demnach die Erklärung des Bestellers, er halte das Werk für im wesentlichen vertragsgerecht, so hieß dies auch, daß von einer Abnahme erst dann ausgegangen werden konnte, wenn dem Besteller zuvor die Möglichkeit einer Untersuchung und Erprobung der Werkleistung eingeräumt worden war.[475] Denn eine billigende Stellungnahme zur Vertragsmäßigkeit der Werkleistung war vom Besteller grundsätzlich nur dann zu erwarten, wenn er sich zunächst ein Bild von der Beschaffenheit derselben machen konnte. Der dem Besteller hierfür zur Verfügung stehende Zeitraum bemaß sich nach den Umständen des Einzelfalles; so sollte z.B. bei der Erprobung von Computersoftware im allgemeinen ein längere Testphase notwendig sein.[476] Nicht erforderlich war allerdings, daß der Besteller die Untersuchungsmöglichkeit auch tatsächlich wahrnahm.[477] Eine Abnahme lag deshalb schon dann vor, wenn der Be-

473 MüKo-*Soergel*, § 640 Rn. 4. Die Abnahme stellte also keine Anerkennung der Mangelfreiheit des Werkes dar und beinhaltete daher grundsätzlich auch keinen Verzicht auf die Mängelansprüche.

474 RGZ 107, 339 (343).

475 *Staudinger-Peters*, § 640 Rn. 15; *Erman-Seiler*, § 640 Rn. 7; vgl. auch *Pietsch*, 18; *Soergel-Teichmann*, § 460 Rn. 13.

476 MüKo-*Soergel*, § 640 Rn. 11a.

477 MüKo-*Soergel*, § 640 Rn. 10; *Staudinger-Peters*, § 640 Rn. 15.

steller das Werk bis zum Ablauf der zuzugestehenden Prüfungsfrist nicht mißbilligte.[478]

Bereits in den Verhandlungen der 2. Kommission zur Ausarbeitung eines Bürgerlichen Gesetzbuches war die Billigung der Werkleistung als das entscheidende Element der Abnahme hervorgehoben und auf die Identität der werkvertragsrechtlichen Abnahme mit der Annahme als Erfüllung gemäß § 363 BGB hingewiesen worden.[479] Zur Begründung berief man sich auf die besondere, vom Kaufvertrag verschiedene Natur des Werkvertrages sowie die herkömmliche Rechtspraxis.[480] Tatsächlich hatte die Billigungsfunktion der Abnahme im Werkvertragsrecht bereits eine alte Tradition: So war es unter dem preußischen Allgemeinen Landrecht anerkannt, daß die Abnahme nicht als bloße Inbesitznahme des Werkes, sondern als die Anerkennung der Vertragsmäßigkeit der Leistung zu verstehen sei. Auch nach herrschender gemeinrechtlicher Auffassung bedeutete die werkvertragsrechtliche Abnahme die (auch konkludent erklärte) Billigung der Werkleistung durch den Besteller.[481] Allerdings sollte einer solchen Billigungserklärung stets rechtsgeschäftlicher Charakter zukommen.[482] Sie war überdies mit der Rechtsfolge verbunden, daß der Besteller nicht nur seine Ansprüche wegen der ihm bekannten, sondern auch im Hinblick auf die lediglich erkennbaren Mängel verlor.[483]

Genau mit dieser Praxis freilich hatten die Verfasser des ersten Entwurfes des Bürgerlichen Gesetzbuches brechen wollen.[484] Unter Hinweis auf die parallele kaufrechtliche Vorschrift des § 386 [in der endgültigen Fassung § 464 BGB a.F.] sprach sich die 1. Kommission dafür aus, der Abnahme nach § 640 II BGB a.F. neben ihrer Funktion als rein körperliche Besitzübernahme jedenfalls nicht die Wirkung einer rechtsgeschäftlichen Billigung im Sinne einer Anerkennung der Fehlerlosigkeit des Werkes zukommen zu lassen.[485] Die Ausführungen in den Motiven sind immer wieder dahingehend interpretiert worden, der Abnahmebe-

478 S. *Pietsch*, 18; *Soergel-Teichmann*, § 640 Rn. 13.

479 *Mugdan*, Protokolle, 925.

480 *Mugdan*, Protokolle, 924.

481 S. dazu im Einzelnen: *Pietsch*, 65 ff. (zum gemeinen Recht), 71 (zum Preußischen Allgemeinen Landrecht). Auch gemäß Art. 515 I des Entwurfes eines Bürgerlichen Gesetzbuches für das Königreich Bayern war der Besteller verpflichtet, das vertragsgemäß hergestellte Werk „gutzuheißen und anzunehmen“, *Pietsch*, 84 f.

482 Nach zu § 640 II BGB a.F. vertretener Auffassung stellte die Abnahme eine geschäftsähnliche Handlung dar, auf die die Vorschriften über Rechtsgeschäfte weitgehend analog anzuwenden waren, str., s. *Erman-Seiler*, § 640 Rn. 7a; *Staudinger-Peters*, § 640 Rn. 10.

483 *Pietsch*, 149.

484 *Mugdan*, Motive, 273.

485 *Mugdan*, Motive, 273 f.

griff der 1. Kommission habe sich in der körperlichen Entgegennahme des Werkes erschöpft.[486] Diese sog. „Besitztheorie", nach der für die Abnahme allein auf die tatsächliche Besitzübernahme abzustellen ist, wurde bereits bei den Verhandlungen der 2. Kommission als „irrig" bezeichnet.[487] Dennoch findet sie sich häufig in der älteren Literatur.[488] Gegen eine solche Auffassung läßt sich einwenden, daß, stellte man für die Abnahme allein auf die Besitzübertragung ab, jene Fälle nicht befriedigend erfaßt werden könnten, in denen sich an den Besitzverhältnissen gar nichts ändert, wie z.B. bei Arbeiten am Haus des Bestellers. Zudem entspricht es vielfach der Lebenswirklichkeit und Verkehrssitte, daß dem Besteller vor Eintritt der an die Abnahme geknüpften Rechtsfolgen die Möglichkeit eingeräumt wird, die Werkleistung einer Überprüfung zu unterziehen, so daß von einer Abnahme tatsächlich erst dann ausgegangen werden kann, wenn – wie von der herrschenden Meinung gefordert – der Besteller seine generelle Zustimmung zu der Leistung des Unternehmers zum Ausdruck gebracht hat.[489] Die reine „Besitztheorie" muß deshalb aus heutiger Sicht als überholt angesehen werden.[490]

486 S. dazu *Pietsch*, 103 mit Nachweisen aus der Literatur. Daß die 1. Kommission tatsächlich die Funktion der Abnahme auf die rein körperliche Besitzübernahme beschränken wollte, läßt sich bei genauerer Betrachtung den Motiven allerdings nicht entnehmen, so auch *Pietsch*, 103 ff. unter Hinweis auf die Sitzungsprotokolle der 1. Kommission. In erster Linie scheint es der 1. Kommission vielmehr darauf angekommen zu sein sicherzustellen, daß dem Besteller durch die Billigungsfunktion der Abnahme nicht eine Pflicht zur Überprüfung des Werkes aufgebürdet werde. Die Verfasser des ersten Entwurfes wandten sich somit vor allem gegen eine Regelung, nach der der Besteller nach Ablieferung des Werkes auch die (durch eine Untersuchung) erkennbaren Mängel hätte rügen müssen, um den Eintritt einer umfassenden Genehmigungsfiktion zu vermeiden. In diesem Zusammenhang weist die 1. Kommission darauf hin, daß der Besteller bezüglich einer Untersuchungspflicht bei Abnahme nicht schlechter gestellt werden dürfe als der Käufer. Eine Pflicht zur Überprüfung des Werkes sollte dem Besteller freilich auch nach der Konzeption der 2. Kommission nicht auferlegt werden, s. *Mugdan*, Protokolle, 925. Durch die Gleichstellung der werkvertragsrechtlichen Abnahme mit der Annahme als Erfüllung, die lediglich voraussetzt, daß der Besteller die Leistung als eine *der Hauptsache nach* dem Vertrage entsprechende Erfüllung anerkennt, wurde das Recht des Bestellers zur nachträglichen Rüge verborgener Mängel des Werkes gerade nicht beseitigt. Wie auch der Käufer verlor der Besteller gemäß § 640 II BGB a.F. durch die vorbehaltlosen Abnahme seine Gewährleistungsrechte nur im Hinblick auf solche Mängel, die er zu diesem Zeitpunkt positiv kannte.

487 *Mugdan*, Protokolle, 924.

488 So bei *Siber*, 43 ff.; *Heck*, 349 ff.; s. auch *Staudinger-Peters*, § 640 Rn. 6 mit weiteren Nachweisen.

489 *Staudinger-Peters*, § 640 Rn. 6; *Larenz*, SchR BT/1, 364 f.

490 S. etwa *Staudinger-Peters*, § 640 Rn. 6.

Da im Einzelfall aber auch die Anwendung des zweigliedrigen Abnahmebegriffes in der Praxis Schwierigkeiten bereitete (etwa bei der Verzögerung der Abnahme oder dem Fehlen einer ausdrücklichen Abnahmeerklärung)[491], befürworteten manche Autoren, ausgehend von der Besitztheorie, einen differenzierenden Annahmebegriff[492]: weil eine einheitliche Bestimmung der „Abnahme" im Werkvertragsrecht gar nicht möglich sei, müsse eine funktionale Betrachtung des Abnahmebegriffs und eine Differenzierung im Hinblick auf die verschiedenen Rechtsfolgen der Abnahme vorgenommen werden.[493] Im Grundsatz sollte danach die körperliche Entgegennahme (Besitznahme) als Abnahme genügen, aber dort um das Element der Billigung der Werkleistung ergänzt werden, wo sich die Notwendigkeit einer Billigungserklärung aus Sinn und Zweck der einzelnen Norm ergab[494], oder eine entsprechende Erklärung verkehrsüblich war.[495] In seinem Gutachten zur Überarbeitung des Werkvertragsrechts im Rahmen der Schuldrechtsreform schlug *Weyers* vor, auf den einheitlichen Begriff der Abnahme in seiner herkömmlichen Doppelbedeutung ganz zu verzichten und die unterschiedlichen Funktionen der Abnahme durch die Verwendung allgemeiner Figuren – wie etwa die körperliche Übernahme oder die Annahme als Erfüllung im Sinne des § 363 BGB – sachgerecht zu regeln.[496] Die herrschende Meinung hielt einer solchen differenzierenden Betrachtungsweise entgegen, es sei zwar zutreffend, daß der Begriff der Abnahme in verschiedenen Regelungszusammenhängen eine Rolle spiele, deren Eigenheiten nicht vernachlässigt werden dürften, doch rechtfertige dies keine Aufspaltung des einheitlichen Abnahmebegriffs.[497] Die problematische Frage der konkludenten Abnahme etwa lasse sich

491 Vgl. *Erman-Seiler*, § 640 Rn. 5; MüKo-*Soergel*, § 640 Rn. 3; *Böggering*, JuS 1978, 512 f.

492 S. *Staudinger-Peters*, § 640 Rn. 6 mit Nachweisen aus der Literatur.

493 *Böggering*, JuS 1978, 512 ff.; Vgl. auch *Christmann*, 182 ff., der eine „funktionale Betrachtungsweise" der Abnahme insofern vorschlägt, als anhand der einzelnen im BGB enthaltenen Abnahmebestimmungen untersucht werden müsse, ob es zweckmäßig sei, die verschiedenen Rechtsfolgen allein an die Abnahme zu knüpfen.

494 So *Böggering*, JuS 1978, 512 ff.

495 So *Larenz*, SchR BT/1, 367.

496 *Weyers*, in: Gutachten und Vorschläge, Bd. 2, 1115 (1151 ff., 1154) wollte unter Aufgabe des einheitlichen Abnahmebegriffs die Fälligkeit des Unternehmeranspruchs sowie den Gefahrübergang allein von der Übergabe oder Vollendung des Werkes abhängig machen. Für die Beschränkung des ursprünglichen Erfüllungsanspruchs auf den modifizierten Erfüllungsanspruch nach § 633 BGB a.F. und für die Umkehr der Beweislast dagegen sollte auf den aus dem allgemeinen Schuldrecht bekannten und im Kaufrecht bei ähnlicher Sachlage üblichen Begriff der „Annahme als Erfüllung" abzustellen sein. Dieser sci ohnehin sachlich mit dem werkvertraglichen Sonderbegriff der Abnahme identisch.

497 So etwa *Staudinger-Peters*, § 640 Rn. 6; vgl. auch MüKo-*Soergel*, § 640 Rn. 3.

sachgerecht entscheiden, wenn auf den Sinn und Zweck der Abnahmeerklärung als einer generellen Billigung der Werkvertragsleistung abgestellt werde. Die vom Besteller abzugebende Stellungnahme zur Vertragsmäßigkeit der Werkleistung erfordere, daß er die Möglichkeit und Zeit zur Überprüfung der Werkleistung erhalte. Sei dies geschehen, ohne daß er Beanstandungen erhoben habe, so dürfe der Unternehmer das Schweigen des Bestellers als konkludente Abnahme auffassen.[498]

Entscheidend sollte es demnach auf das Element der grundsätzlichen Billigung der Werkleistung ankommen. Von einigen Autoren wurde sogar die eigenständige Bedeutung der Besitzübergabe als einem nach dem zweigliedrigen Abnahmebegriff neben der Billigungserklärung gleichwertigen Element der Abnahme in Zweifel gezogen: letztlich handele es sich bei der Übernahme nur um einen sinnfälligen Ausdruck dessen, auf was es allein ankomme, nämlich daß der Besteller die Leistung des Unternehmers als Erfüllung gelten lasse.[499] Dem Besitzerwerb sollte deshalb in erster Linie eine indizielle Bedeutung zukommen: ohne ihn könne in aller Regel nicht von einer Billigung des Bestellers ausgegangen werden.[500]

Setzte man freilich voraus, daß es für die Abnahme der Werkleistung allein auf die Billigung der Werkleistung durch den Besteller, nicht aber auf die Übergabe des Werkes ankam, so stellte sich die Frage nach dem Anwendungsbereich des § 646 BGB a.F.: Diese Ausnahmevorschrift beruhte auf dem in § 640 I BGB a.F. festgeschriebenen Gedanken, daß es Werke gibt, deren Beschaffenheit eine Abnahme ausschließt. Sie vorverlegte in Fällen, in denen eine Abnahme nach § 640 BGB a.F. nicht möglich war, den Eintritt der Rechtsfolgen auf den Zeitpunkt der Vollendung des Werkes. Unter Zugrundelegung des zweigliedrigen Abnahmebegriffs ging das Reichsgericht davon aus, in den Anwendungsbereich des § 646 BGB a.F. fielen alle immateriellen Werkleistungen, sprich „Werkverträge, welche auf Leistungen nicht körperlicher Art gerichtet sind, namentlich die Transportverträge".[501] Stellte man hingegen ausschließlich auf das Anerkenntnis der Leistung durch den Besteller ab, so mußte überlegt werden, ob nicht in der Konsequenz die Vorschrift des § 646 BGB a.F. leerlief; denn einer Billigung sind letztendlich alle, insbesondere auch die immateriellen Werkleistungen

498 *Erman-Seiler*, § 640 Rn. 7; so auch *Pietsch*, 18: „...eine Abnahme liegt schon dann vor, wenn der Besteller das Werk bis zum Ablauf der zur Prüfung erforderlichen Zeit nicht mißbilligt."

499 *Jakobs*, AcP 183 (1983), 145 (159); a.A.: MüKo-*Soergel*, § 640 Rn. 8: Die körperliche Entgegennahme des Werkes ist wesentlicher Bestandteil der Abnahme.

500 *Staudinger-Peters*, § 640 Rn. 9; *Jakobs*, AcP 183 (1983), 145 (158).

501 RGZ 110, 404 (408).

zugänglich.[502] Es wurde deshalb vorgeschlagen, die Abnahmeunfähigkeit eines Werkes im Sinne des § 646 BGB a.F. dann zu bejahen, wenn der Besteller die Leistung des Unternehmers „so wie sie erbracht [wird], hinzunehmen hat", ihm also die Entscheidungsmöglichkeit fehlt, das Werk entweder als Erfüllung anzunehmen oder auch zurückzuweisen. Dies sollte etwa dann der Fall sein, wenn eine Abnahme nach der Verkehrssitte nicht üblich war, weil der qualitativen Ausführung der Werkleistung naturgemäß eine gewisse Unsicherheit anhaftete und sie daher durch den Vertrag nicht festgelegt war (wie z.B. bei einer Theateraufführung) oder aber wenn eine Überprüfung der Beschaffenheit des Werkes durch den Besteller aufgrund seines fehlenden Sachverstandes oder der Umstände des Einzelfalles aus tatsächlichen Gründen von vornherein ausgeschlossen oder unzumutbar war.[503] Dagegen ließ sich jedoch anführen, daß eine zumindest eingeschränkte Überprüfung der Werkleistung durch den Besteller faktisch immer möglich ist; jedenfalls kann er eine Begutachtung durch einen Fachmann vornehmen lassen. Zudem war nicht einzusehen, warum Schwierigkeiten des Bestellers bei der Überprüfung des Werkes seine Rechtsposition sollten verschlechtern können.[504] Das Kriterium der Verkehrsüblichkeit dagegen erwies sich für die Bestimmung, wann eine nicht abnahmefähige Werkleistung vorliegt, als zu allgemein.[505] Zutreffend war jedoch die Erwägung, daß die Aufteilung in körperliche und unkörperliche Werke im Hinblick auf die Abnahmefähigkeit des

502 So selber *Staudinger-Peters*, § 640 Rn. 7; § 646, Rn. 8; vgl. auch *Pietsch*, 198.

503 So etwa *Jakobs*, AcP 183 (1983), 145 (183 ff.). An diesen Ansatz anknüpfend kam *Teichmann* zu dem Schluß, daß für die Frage nach der Unabnehmbarkeit des Werkes weniger der Gegenstand des Werkleistung, als vielmehr die Auslegung des individuellen Vertrages, die fachlichen Kenntnisse sowie die soziale Eingebundenheit der Parteien maßgeblich seien. *Teichmann* schlug deshalb *de lege ferenda* vor, die Entscheidung, ob überhaupt eine Abnahme stattfinden solle, deutlicher den Parteien zu überlassen und demzufolge statt einer dispositiven Bestimmung über die Verpflichtung zur Abnahme mit der Ausnahme des § 646 BGB a.F. eine Norm vorzusehen, die darauf hinweist, daß die Beteiligten im Einzelfall eine Abnahme vorsehen können und die daran anknüpfenden Rechtsfolgen festlegt, s. *Teichmann*, in: Verhandlungen des 55. Deutschen Juristentages, A 72 sowie *Soergel-Teichmann*, § 640 Rn. 5. In diesem Sinne hatte sich bereits *Weyers* in seinem Gutachten zur Überarbeitung des Werkvertragsrechts im Rahmen der Schuldrechtsreform geäußert, s. *Weyers*, Werkvertrag, in: Gutachten und Vorschläge, Bd. 2, 1115 (1151 f.). Eine entsprechende Vorschrift wurde dann auch tatsächlich in den Entwurf der Schuldrechtskommission aufgenommen (§ 640 II BGB-KE). Der Diskussionsentwurf übernahm diesen Gedanken in § 639 II 1 BGB-DiskE. In der endgültigen Fassung des Schuldrechtsmodernisierungsgesetzes wurde die entsprechende Vorschrift jedoch wieder aufgegeben (vgl. § 640 I BGB).

504 *Pietsch*, 202 f.; *Staudinger-Peters*, § 646 Rn. 3.

505 *Pietsch*, 203; *Staudinger-Peters*, § 646 Rn. 7.

Werkleistung unbeachtlich sein müsse, denn auch bei immateriellen Werken ist eine Abnahme grundsätzlich denkbar und kann sogar üblich sein, wie z.B. bei der Werkleistung eines Architekten oder Statikers.[506] Abzustellen war demnach zunächst auf die Verkehrsüblichkeit der Abnahme. Konkretisierend mußte dann jedoch gefragt werden, ob eine Abnahme im Einzelfall auch sinnvoll sei. Dies war dann zu verneinen, wenn durch die Werkvollendung ein endgültiger, nicht mehr abzuändernder Zustand geschaffen wurde. Denn in einem solchen Fall mußte verhindert werden, daß der Besteller durch die Verweigerung der Abnahme eines Werkes, dessen fehlerhafte Beschaffenheit nicht mehr veränderbar war, die weitere Abwicklung des Werkvertrages blockieren konnte. Anknüpfungspunkt für die von der Abnahme abhängigen Rechtsfolgen war dann gemäß § 646 die Vollendung des Werkes.[507]

b. Vorbehalt bei Mängelkenntnis

Hatte der Besteller im Zeitpunkt der Abnahme Kenntnis von einem Mangel des Werkes, so mußte er sich seine Gewährleistungsrechte in Hinblick auf diesen Mangel vorbehalten. Kenntnis bedeutete hierbei positives Wissen; das bloße Kennenmüssen eines Mangels genügte selbst dann nicht, wenn dem Besteller grobe Fahrlässigkeit zur Last fiel. Eine Untersuchungspflicht auch nur oberflächlicher Art bestand dementsprechend nicht.[508] Nicht ausreichend war insofern, daß der Besteller den Fehler nur seinem äußeren Erscheinungsbild nach erkannt hatte ohne dem Problem weiter nachgegangen zu sein. Der Besteller mußte den Mangel vielmehr als solchen, das heißt als eine Einschränkung des Wertes oder der Tauglichkeit des Werkes erkannt haben.[509]

Für den Vorbehalt genügte es, daß der Besteller den konkreten Mangel bezeichnete und erkennen ließ, daß er nicht bereit sei, diesen Zustand des Werkes folgenlos hinzunehmen. Der Vorbehalt mußte bei Abnahme erfolgen, wobei es, sofern der Abnahmetatbestand zeitlich gestreckt war (wie z.B. bei der Erprobung von Computersoftware), ausreichte, wenn der Vorbehalt bis zum Ende der Abnahmehandlung angebracht wurde.[510]

---

506 *Soergel-Teichmann*, § 640 Rn. 5; *Erman-Seiler*, § 640 Rn. 11.

507 So *Erman-Seiler*, § 640 Rn. 10; sowie *Pietsch*, 203 f.

508 *Palandt-Sprau*, § 640 Rn. 11; MüKo-*Soergel*, § 640 Rn. 17 f.; *Staudinger-Peters*, § 640 Rn. 54.

509 BGH NJW 1970, 383 (385); *Erman-Seiler*, § 640 Rn. 21; MüKo-*Soergel*, § 640 Rn. 18; *Soergel-Teichmann*, § 640 Rn. 18.

510 *Staudinger-Peters*, § 640 Rn. 56 f.

c. Rechtsfolge und Anwendungsbereich

Die vorbehaltlose Abnahme des Werkes führte gemäß § 640 II BGB a.F. zu einem Verlust der Mängelgewährleistungsrechte aus den §§ 633, 634 BGB a.F. (Nachbesserung, Wandelung und Minderung). Seinem Wortlaut zufolge erstreckte sich der § 640 II BGB a.F. dagegen nicht auf den Anspruch auf Schadenersatz nach § 635 BGB a.F. Es war streitig, ob der Schadenersatzanspruch gleichwohl von der Ausschlußvorschrift erfaßt werde. Rechtsprechung und herrschende Meinung in der Literatur verneinten dies unter Hinweis auf den eindeutigen Wortlaut des § 640 II BGB a.F. Zudem wurde angeführt, daß das von § 635 BGB a.F. vorausgesetzte Vertretenmüssen als zusätzliche negative Qualifikation des Unternehmers einen Anspruchsverlust des Bestellers angesichts der möglichen hohen Schäden unbillig erscheinen lasse.[511] Das Gesetz unterscheide in § 640 II BGB a.F. insofern klar zwischen unverschuldeten und schuldhaft herbeigeführten Mängeln.[512]

Diese Argumentation blieb nicht ohne Widerspruch. Es wurde darauf hingewiesen, daß gerade das Weglassen eines Verweises auf § 635 BGB a.F. bei der Ausformulierung des § 640 II BGB a.F. aller Wahrscheinlichkeit nach auf einem Redaktionsversehen beruhte.[513] Es sei widersprüchlich, daß der Besteller bei vorbehaltloser Abnahme des mangelhaften Werkes aufgrund des Gewährleistungsausschlusses zwar nicht mehr die Beseitigung des Mangels nach § 633 II BGB a.F. fordern könne, andererseits aber nicht gehindert sei, im Wege des Schadenersatzes die hierfür erforderlichen Aufwendungen vom Unternehmer zurückzuverlangen. Auf diese Weise blieben ihm Wandelung und Minderung der Sache nach erhalten, da der sog. kleine Schadenersatzanspruch nach § 635 BGB a.F. im wesentlichen der Minderung entspreche, der sog. große Schadenersatz hingegen der Wandlung. Durch die Aufrechterhaltung allein des Schadenersatzanspruchs werde der Besteller sogar begünstigt, da er – entgegen der sonstigen Lage – auch ohne vorherige Aufforderung zur Nachbesserung sofort Schadenersatz wegen Nichterfüllung begehren könne.[514] Der BGH wies dieses Argument freilich mit dem Hinweis zurück, daß dem Unternehmer, auch wenn le-

511 RGZ 90, 18; BGHZ 61, 369 (371); 127, 378 (384); *Erman-Seiler*, § 640 Rn. 22; *Palandt-Sprau*, § 640 Rn. 11; *Soergel-Teichmann*, § 640 Rn. 21; *Jauernig-Schlechtriem*, § 640 Rn. 7; vgl. auch *Teichmann*, in: Verhandlungen des 55. Deutschen Juristentages, A 73; *Weyers*, Werkvertrag, in: Gutachten und Vorschläge, Bd. 2, 1115 (1175).

512 MüKo-*Soergel*, § 640 Rn. 20.

513 Ausführlich zur Entstehungsgeschichte des 640 II BGB a.F. s. *Wilhelm*, JZ 1982, 488 (491 f.).

514 *Peters*, NJW 1980, 750.

diglich der Schadenersatzanspruch bestehen bleibe, immerhin noch das Recht eingeräumt werden könne, den nicht gerügten Mangel von sich aus zu beseitigen.[515]

Dennoch erscheint es dogmatisch inkonsequent, wenn zwar nach der herrschenden Meinung die Formulierung „statt der Wandelung oder Minderung" in § 635 BGB a.F. als Tatbestandsmerkmal aufzufassen war, so daß ein Anspruch aus § 635 BGB a.F. nur dann in Betracht kam, wenn auch die Voraussetzungen für Wandelung und Minderung vorlagen, im Falle des § 640 II BGB a.F. aber dessenungeachtet ein Schadenersatzanspruch gegeben sein sollte, obwohl diese Rechtsbehelfe ausschieden.[516] Zudem wurde auch darauf hingewiesen, daß die parallelen Ausschlußvorschriften des Kauf- und Mietrechts (§§ 464, 539 BGB a.F.) ihrerseits nicht zwischen verschuldensabhängigen und -unabhängigen Ansprüchen unterschieden sondern auch die Schadenersatzansprüche aus den §§ 463 S. 2, 538 BGB a.F. miterfaßten, folglich also eine nicht sachgerechte Diskrepanz zwischen der werkvertragsrechtlichen Bestimmung des § 640 II BGB a.F. auf der einen und den kauf- und mietrechtlichen Regelungen der §§ 464, 539 BGB a.F. auf der anderen Seite bestehe.[517] So sprach sich etwa *Teichmann* in seinem Gutachten für den 55. Deutschen Juristentag in Hinblick auf eine Modernisierung des Schuldrechts für eine an den §§ 464, 539 BGB a.F. orientierte Neuregelung des § 640 II BGB a.F. aus, sofern dessen Präklusionswirkung wie bisher auf dem Besteller bekannte Mängel beschränkt werde.[518] Auch die Schuldrechtskommission betonte in ihrem Abschlußbericht die Notwendigkeit einer Angleichung der werkvertragsrechtlichen Regelung an die entsprechende Vorschrift im Kaufrecht: In der Sache lasse sich eine unterschiedliche Behandlung des Werk- und Kaufvertragsrechts hinsichtlich der Rechtsfolgen bei Annahme in Mängelkenntnis nicht rechtfertigen.[519]

515 BGHZ 77, 134 (138); s. auch *Wilhelm*, JZ 1982, 488; *Staudinger-Peters*, § 640 Rn. 62; *Soergel-Teichmann*, § 640 Rn. 21.

516 *Peters*, NJW 1980, 750 f.; *Staudinger-Peters*, § 640 Rn. 64.

517 *Peters*, NJW 1980, 750 (751); *Staudinger-Peters*, § 640 Rn. 64; *Wilhelm*, JZ 1982, 488 (489 f.) unter besonderem Hinweis auf den zu § 635 BGB a.F. parallelen Anspruch aus § 480 II BGB a.F., für den anerkannt war, daß er, obwohl eine direkte Verweisung fehlte, dennoch unter den Ausschluß nach § 464 BGB a.F. fiel.

518 *Teichmann*, in: Verhandlungen des 55. Deutschen Juristentages, A 73; in diesem Sinne auch *Soergel*, in: Verhandlungen des 55. Deutschen Juristentages, I 35 f.

519 Abschlußbericht, 268 f. Demgemäß war in § 642 des Kommissionsentwurfs für den Fall der vorbehaltlosen Annahme in Kenntnis eines Mangels der Verlust sämtlicher auf diesen Mangel begründeter Rechte, einschließlich des Schadenersatzanspruchs, vorgesehen.

d. Ratio legis

Sofern zur *ratio legis* des § 640 II BGB a.F. überhaupt Stellung genommen wurde, stellte man auf den Gedanken des *venire contra factum proprium* ab oder begründete den in § 640 II BGB a.F. angeordnete Rechtsverlust mit einem zu unterstellenden Verzicht des Bestellers auf an sich gegebene Gewährleistungsrechte.[520] Diese Gesichtspunkte wurden, wie oben dargestellt, auch im Hinblick auf den Gesetzeszweck der parallelen kaufrechtlichen Ausschlußvorschrift des § 464 BGB a.F. genannt, sind aber aus den bereits angeführten Gründen als problematisch zu bewerten.[521] Für weiterführend kann dagegen der Hinweis des BGH gehalten werden, die Vorschrift des § 640 II BGB a.F. wolle „klare Verhältnisse schaffen“[522]: Der drohende Verlust der Gewährleistungsrechte sollte den Besteller dazu anhalten, einen bei der Abnahme bekannten Mangel sofort zu rügen und sich seine diesbezüglichen Rechte vorzubehalten, damit sich der Unternehmer frühzeitig auf den bevorstehenden Gewährleistungsausgleich einstellen und die erforderlichen Dispositionen – etwa zur Verhinderung einer Verschlimmerung des Schadens am Werk – treffen konnte.[523] Die Ausschlußnorm diente demnach dem Schutz der Interessen des Unternehmers an einer raschen Vertragsabwicklung, während der Besteller, der trotz positiver Kenntnis eines Mangels untätig blieb, im Hinblick auf einen späteren Gewährleistungsausgleich nicht schutzwürdig erschien.[524]

e. Abgrenzung zum Kaufrecht

Der Werkvertrag unterscheidet sich vom Kaufvertrag im Ausgangspunkt dadurch, daß, während der Verkäufer die Verschaffung von Eigentum und Besitz an einer fertigen Sache schuldet (§ 433 I 1 BGB a.F.; § 433 I 1 BGB), der Werkunternehmer sich durch Abschluß des Werkvertrages erst zur Herstellung einer Sache oder zur Bewirkung eines sonstigen Erfolges durch Arbeit oder Dienstleistung verpflichtet (§ 631 BGB a.F.; § 631 BGB). Es liegt demnach in der Natur des Werkvertrages, daß das vom Unternehmer zu leistende Werk im Zeitpunkt des Vertragsabschlusses noch nicht vorhanden ist. Da der Besteller die Mängel eines noch nicht existenten Werkes im voraus nicht kennen kann, folgt

---

520 *Staudinger-Peters*, § 640 Rn. 51; *Peters*, NJW 1980, 750 (751 Fn. 19); *Wilhelm*, JZ 1982, 488 (491); zum neuen § 640 II BGB s. auch *Oetker/Maultzsch*, 434.

521 S. oben Kap. II.1.c.bb.

522 BGHZ 61, 369 (372).

523 S. *Köhler*, JZ 1989, 761 (772).

524 Sinngemäß kann hier auf die Ausführungen zu § 464 BGB a.F. verwiesen werden, s. oben Kap. II.1.c.bb.

in der Konsequenz, daß die an die Mängelkenntnis des Käufers im Zeitpunkt des Vertragsschlusses anknüpfende kaufrechtliche Ausschlußvorschrift (§ 460 BGB a.F.; § 442 BGB) im Werkvertragsrecht keine unmittelbare Entsprechung findet. Der Besteller steht, sofern das herzustellende Werk körperlicher Natur ist, einer individuell bestimmten Sache, die er auf ihre Beschaffenheit hin überprüfen kann, regelmäßig erst im Zeitpunkt der Abnahme gegenüber.

Während der Verhandlungen der 2. Kommission zur Ausarbeitung des Bürgerlichen Gesetzbuchs von 1896 wurde deshalb vorgeschlagen, die für den Zeitpunkt des Kaufabschlusses geltenden Grundsätze im Rahmen des Werkvertragsrechts auf den Abnahmezeitpunkt zu übertragen und dem Besteller folglich, parallel zu § 460 S. 2 BGB a.F., seine Gewährleistungsrechte bereits dann zu nehmen, wenn er einen Mangel des Werkes grob fahrlässig verkannt hatte.[525] Doch trifft die augenscheinliche Vergleichbarkeit der Situation der Werkabnahme mit der des Kaufabschlusses lediglich dann zu, wenn man der Betrachtung einen Spezieskauf zugrundelegt. Haben die Kaufvertragsparteien dagegen die Lieferung einer nur der Gattung nach bestimmten Sache vereinbart, so ist auch der Käufer erstmals im Zeitpunkt der Übernahme der Sache mit einem individualisierten Gegenstand konfrontiert. Dennoch galt auch für den Gattungskauf von Anfang an der Grundsatz, daß dem Käufer bei der Annahme der Kaufsache nur die positive Mängelkenntnis schade, nicht jedoch, wie im Zeitpunkt des Kaufabschlusses, auch die grob fahrlässige Unkenntnis eines Fehlers (§ 480 I BGB a.F. verwies insofern auch bezüglich des Nachlieferungsanspruchs auf § 464 BGB a.F.). Denn eine diesbezügliche Gleichstellung der Annahme mit der Vertragsschließung wäre, wie die Protokolle an anderer Stelle ausführen, „innerlich nicht begründet" gewesen. Im Zeitpunkt des Vertragsschlusses, in dem sich die Parteien zunächst darüber einigen müssen, welche Beschaffenheit die vom Verkäufer zu erbringende vertragsgemäße Leistung haben soll, könne dem Käufer ein höheres Maß an Sorgfalt abverlangt werden als bei der späteren Annahme der Sache, bei der die vertragsmäßigen Anforderungen an die Kaufsache bereits festgelegt sind. Der Verkäufer habe sich verpflichtet, ein der vertraglichen Vereinbarung entsprechendes, fehlerloses Gut zu liefern; darauf dürfe der Käufer sich im Zeitpunkt der Annahme verlassen, so daß nur die positive Kenntnis eines Mangels zu einem Ausschluß der Gewährleistungsrechte führen könne. Dieser Grundsatz, der für Stück- und Gattungskauf gleichermaßen gelte, sei insofern auch auf den dem Gattungskauf analogen Werkvertrag zu übertragen. Mit § 572 des Entwurfes für ein Bürgerliches Gesetzbuch (später § 640 BGB a.F.) wurde dementsprechend eine Vorschrift befürwortet, die die vorbehaltlose Abnahme

525 *Mugdan*, Protokolle, 924.

eines Werkes in Übereinstimmung mit der vorbehaltlosen Annahme der Kaufsache regelte.[526]

Eine einheitliche Regelung der vorbehaltlosen Annahme bzw. Abnahme in Kauf- und Werkvertragsrecht erschien schon deshalb geboten, weil in der Praxis die Unterscheidung, ob auf den abgeschlossenen Vertrag Kauf- oder Werkvertragsrecht anzuwenden war, zu erheblichen Schwierigkeiten führen konnte.[527] Die Protokolle selbst wiesen ausdrücklich auf die Problematik der Abgrenzungen im Bereich des Werklieferungsvertrages gemäß § 651 BGB a.F. (im Entwurf noch § 568) hin: Es ließe sich nicht rechtfertigen, den Besteller eines Werkes und den Käufer einer nicht vertretbaren Sache, die zum Zwecke der Lieferung erst herzustellen ist, hinsichtlich der Vorbehaltspflicht anders zu behandeln als den Käufer einer noch zu erstellenden vertretbaren Sache.[528]

Die Vergleichbarkeit des Werkvertrages insbesondere mit dem Gattungskauf wird in den Protokollen und Motiven zum Entwurf des Bürgerlichen Gesetzbuchs mehrfach erwähnt.[529] Daß der Gesetzgeber sich bei der Konzeption des Werkvertragsrechts im ganzen an der Parallelität zum Kaufrecht orientiert hat, zeigt sich in der Ausgestaltung des Werkvertrags als einer Kategorie des Veräußerungsvertrags, zielend auf den einmaligen Austausch von fertigem Produkt

526 *Mugdan*, Protokolle, 925. Vgl. auch *Weyers*, in: Gutachten und Vorschläge, Bd. 2, 1115 (1173).

527 So hatte die Rechtsprechung nach alter Rechtslage etwa beim Erwerb schlüsselfertiger Häuser Werkvertragsrecht angewendet, obwohl der Vertragsgegenstand bei Vertragsschluß bereits fertig vorlag. Andererseits konnte Kaufrecht auch dann zur Anwendung gelangen, wenn der Vertragsgegenstand im Zeitpunkt des Vertragsschlusses noch erstellt werden mußte, da grundsätzlich auch die Veräußerung einer zukünftigen Sache möglich ist, *Staudinger-Peters*, Vorbem zu §§ 631 ff. Rn. 15 f.; *Soergel-Teichmann*, § 651 Rn. 1. In der Lebenswirklichkeit macht es keinen plausiblen Unterschied, ob der Kunde etwa bei einem Holzschnitzer eine bereits angefertigte Figur „kauft" oder ob er dieselbe Figur, wenn sie bereits anderweitig verkauft worden ist, nachbestellt, Beispiel bei *Soergel-Teichmann*, Vor § 631 Rn. 15. Zu den Abgrenzungsschwierigkeiten vgl. auch *Weyers*, in: Gutachten und Vorschläge, Bd. 2, 1115 (1141 ff.). Eine Vereinfachung ist nunmehr durch die Neuregelung des § 651 BGB erreicht worden, der eine weitgehende Verweisung von Werklieferungsverträgen in das Kaufrecht vorsieht und damit eine genaue Abgrenzung im Einzelfall überflüssig macht, s. dazu unten Teil C Kap. III.3.

528 *Mugdan*, Protokolle, 925. Die Protokolle sprechen hier vom *Käufer* einer noch herzustellenden Sache. Gemeint ist der Besteller einer Sache, die nach § 651 BGB a.F. (im Entwurf noch § 568) aus vom Unternehmer zu beschaffendem Material herzustellen ist. Die Terminologie im Rahmen dieser Vorschrift war auch später uneinheitlich. So wurden überwiegend die beiden Vertragsarten des § 651 I 2 BGB a.F. als Werklieferungsvertrag bezeichnet. Doch findet sich auch der Begriff des Lieferungskaufs, s. *Staudinger-Peters*, § 651 Rn. 2.

529 S. etwa *Mugdan*, Motive, 267; Protokolle, 925.

und Werklohn.[530] Denn obgleich der Werkvertrag den Unternehmer zur Herstellung des Werkes und damit zur Leistung der hierfür erforderlichen Arbeit verpflichtet, im Gegensatz zum Kaufvertrag also eine Tätigkeitspflicht statuiert[531], ist der eigentliche Gegenstand des Vertrages, für den der Besteller die Vergütung schuldet, der Erfolg, sprich das Ergebnis dieser Arbeitsleistung.[532] Wie beim Kauf die Sache oder das Recht ist es beim Werkvertrag also das (nicht nur körperliche) individuelle Arbeits*produkt*, auf dessen entgeltliche Veräußerung der Vertrag gerichtet ist. Im Gegensatz dazu wird im Rahmen des Dienstvertrags nach § 611 BGB lediglich der Arbeitseinsatz als solcher, sprich eine allgemeine, laufende Tätigkeit geschuldet, ohne daß es dabei auf einen mit dieser Tätigkeit bezweckten Erfolg ankommt.[533]

Da gemäß § 631 BGB a.F. die Herbeiführung eines bestimmten Arbeits*ergebnisses* geschuldet war, ließ sich die eventuelle Mangelhaftigkeit der Werkleistung regelmäßig nicht feststellen, bevor das individuelle Werk nicht fertiggestellt bzw. ablieferungsfähig war. Ob der Werkunternehmer seine vertragliche Verpflichtung ordnungsgemäß erfüllt hatte, konnte demgemäß im Grundsatz erst im Zeitpunkt der Abnahme beurteilt werden.[534] Nun hatte der Besteller die Gelegenheit, die Übereinstimmung des hergestellten Werkes mit dem geschuldeten Werk zu überprüfen und zu entscheiden, ob er die angebotene Werkleistung als vertragsgemäße Erfüllung gelten lassen wollte. War dies nicht der Fall, so konnte er das offerierte Werk, statt es anzunehmen, auch zurückweisen, wodurch ihm der ursprüngliche Erfüllungsanspruch aus § 631 I BGB a.F. erhalten blieb. Der Abnahme im Sinne einer Annahme als Erfüllung kam mithin vor allem deshalb eine zentrale Bedeutung zu, da sie im Vertragsverhältnis den Übergang vom Erfüllungs- zum Gewährleistungsstadium markierte: durch die Abnahme wurde der ursprüngliche Erfüllungsanspruch des Bestellers auf Herstellung eines mangelfreien Werkes entscheidend modifiziert.[535] War dieser Anspruch vor der Ab-

530 *Staudinger-Peters*, Vorbem zu §§ 631 ff. Rn. 6; *Peters*, in: FS Korbion, 337 (341); *Jakobs*, AcP 183 (1983), 145 (150).

531 Der Werkvertrag beinhaltet im Gegensatz zum Kaufvertrag demnach ein schöpferisches, produktives Element, s. *Erman-Seiler*, Vor § 631 Rn. 2; *Palandt-Sprau*, Einf v § 631 Rn. 5.

532 *Mugdan*, Motive, 262; *Soergel-Teichmann*, Vor § 631 Rn. 2; *Staudinger-Peters*, § 631 Rn. 14.

533 *Soergel-Kraft*, Vor § 611 Rn. 38; *Jauernig-Schlechtriem*, Vor § 611 Rn. 15; *Palandt-Sprau*, Einf v § 631 Rn. 5.

534 MüKo-*Soergel*, § 633 Rn. 10, 12.

535 MüKo-*Soergel*, § 633 Rn. 4, § 640 Rn. 1; *Staudinger-Peters*, § 640 Rn. 1; nach herrschender Auffassung handelte es sich bei dem Mängelbeseitigungsanspruch aus § 633 II BGB a.F. dogmatisch gesehen um einen „abgewandelten Erfüllungsanspruch", s. etwa RGZ 57, 275 f.; BGHZ 26, 337 (340); *Soergel-Teichmann*, Vor

nahme aus § 631 I BGB a.F. herzuleiten gewesen, so folgte er nunmehr in Form des Mängelbeseitigungsanspruchs aus § 633 II BGB a.F. (mit der inhaltlichen Begrenzung des § 633 II 3 BGB a.F.) und war grundsätzlich auf das hergestellte und abgenommene Werk beschränkt.[536] Nach Ablauf einer angemessenen Frist standen dem Besteller die Sekundärrechte auf Wandlung, Minderung und Schadenersatz nach den §§ 634, 635 BGB a.F. zu.

Just in diesem Akt, der Abnahme im Sinne des § 640 II BGB a.F., sollten sich nun die grundsätzlichen Differenzen des Werkvertrages im Hinblick auf den Kaufvertrag manifestieren. Oder, um eine andere Formulierung zu wählen: Es war die Eigenart des Werkvertrages in seiner Unterscheidung zum Kauf, in der der Sinn der Abnahme begründet liegen sollte.[537] Denn trotz seines im Grundsatz kaufähnlichen Charakters unterscheide sich, wie *Jakobs* ausführte, der Werkvertrag vom Kaufvertrag in zwei bedeutsamen Gesichtspunkten: zum einen hinsichtlich der Herstellungspflicht des Unternehmers und dem damit verbundenen Arbeitsaufwand, zum anderen in Bezug auf die daraus folgende Ausrichtung des Vertrages auf etwas Zukünftiges, nämlich auf das noch zu schaffende Produkt. Da das Objekt der Vertragserfüllung bei Vertragsschluß noch nicht vorhanden, seine Beschaffenheit vielmehr nur durch den Vertragswillen der Parteien bestimmt sei, andererseits der Unternehmer aber zur Hervorbringung genau jener vertraglich vereinbarten Beschaffenheit verpflichtet sei und die Leistung eines mangelhaften Werkes demnach prinzipiell keine Erfüllung darstelle, müsse dem Besteller die Gelegenheit eingeräumt werden, die grundsätzliche Übereinstimmung des tatsächlich hergestellten Produktes mit dem geschuldeten Werk zu überprüfen. Der Besteller solle sinnvollerweise selbst entscheiden können, ob er das angebotene Werk aufgrund seiner Mängel als mißlungenen Erfüllungsversuch behandele und zurückweise, oder aber die erbrachte Leistung als Erfüllung

---

§ 633 Rn. 1; *Staudinger-Peters*, § 633 Rn. 164 ff.; *Jauernig-Schlechtriem*, § 633 Rn. 1. Entsprechendes gilt auch nach der Neuregelung des Werkvertragsrechts im Rahmen der Schuldrechtsmodernisierung. So soll es sich bei dem Nacherfüllungsanspruch gemäß §§ 634 Nr. 1, 635 BGB dogmatisch gesehen um eine modifizierte Form des ursprünglichen Erfüllungsanspruchs handeln, so *Huber/Faust*, Kap. 18 Rn. 23.

536 Umstritten war für das alte Werkvertragsrecht insofern, ob die Beseitigung des Mangels nach der Abnahme grundsätzlich auch in der Neuherstellung des Werkes bestehen oder aber nur noch durch Nachbesserung vorgenommen werden könne, s. zum Streitstand etwa *Erman-Seiler*, § 633 Rn. 24 ff. Nach der Neuregelung des werkvertraglichen Gewährleistungsrechts im Rahmen der Schuldrechtsmodernisierung richtet sich nunmehr der Anspruch des Bestellers gemäß § 634 Nr. 1 BGB insgesamt auf Nacherfüllung. Gemäß § 635 BGB kann sich der Unternehmer entscheiden, ob er hierfür die Nachbesserung oder die Neuherstellung wählt.

537 So *Jakobs*, AcP 183 (1983), 145 (151).

in der Hauptsache gelten lasse. Erst mit dieser Entscheidung könne der Unternehmer nunmehr erwarten, daß sich der Besteller wegen der ihm bereits bekannten Mängel seine Gewährleistungsrechte nach § 640 II BGB a.F. vorbehalte.[538]

Beim Kauf insbesondere einer Speziessache hingegen, bei dem die vom Verkäufer geschuldete Leistung typischerweise bereits im Zeitpunkt des Vertragsschlusses nicht nur bestimmt, sondern auch tatsächlich vorhanden ist, kam nach Auffassung von *Jakobs* eine so verstandene Abnahme nicht in Betracht. Denn sofern es sich bei dem vom Verkäufer gelieferten Gegenstand um die zuvor vertraglich bestimmte (wenn auch mangelhafte) *species* und nicht um ein *aliud* handele, stehe ohnehin fest, daß der Käufer nur noch die Gewährleistungsrechte, nicht aber die Rechtsbehelfe der §§ 320 ff. BGB geltend machen könne. Doch auch die Situation des Empfangs der Ware beim Gattungskauf sei mit der werkvertragsrechtlichen Abnahme nicht vergleichbar.[539]

Gerade der Gattungskauf jedoch wies, insbesondere im Hinblick auf die Situation der Annahme, wesentliche Parallelitäten zum Werkvertrag auf. Denn auch hier war der Wille der Parteien im Zeitpunkt des Vertragsschlusses noch nicht auf ein individuelles Objekt festgelegt; die zu übereignende Sache mußte vom Verkäufer zunächst noch beschafft werden. Vor der Festlegung des Vertrags auf ein konkretes Beschaffungsergebnis konnte deshalb im eigentlichen Sinne von einer Kaufsache noch nicht gesprochen werden.[540] Der vom Verkäufer geschuldete Gegenstand war lediglich der Gattung nach, also nach gewissen Merkmalen bestimmt. Wies die tatsächlich gelieferte mangelhafte Ware diese von den Parteien vereinbarten Eigenschaften nicht auf, so hatte der Verkäufer seine Leistungspflicht nicht erfüllt; dem Käufer stand grundsätzlich der Anspruch auf Erfüllung mit fehlerfreier Ware weiterhin zu.[541] Mit der Annahme der angebotenen (mangelhaften) Sache als Erfüllung durch den Käufer trat zwar keine Konkretisierung der Gattungsschuld ein[542], jedoch erfolgte die Umwandlung des ursprünglichen reinen Erfüllungsanspruchs, auf den die Vorschriften des

538 *Jakobs*, AcP 183 (1983), 145 (150 ff.).

539 *Jakobs*, AcP 183 (1983), 145 (151 ff.).

540 S. *Wilhelm*, JZ 1982, 488 (489).

541 *Köhler*, JuS 1979, 496 (498); *Reinicke/Tiedtke*, Rn. 515; *Soergel-Huber*, § 480 Rn. 2. Dies gilt nach der Neuregelung des kaufrechtlichen Gewährleistungsrechts im Rahmen der Schuldrechtsmodernisierung nunmehr auch für den Stückkauf, da der Käufer gemäß § 433 I 2 BGB einen generellen Anspruch auf mangelfreie Verschaffung der Kaufsache hat.

542 *Rieble*, JZ 1997, 485 (486); *Reinicke/Tiedtke*, Rn. 525; die Konkretisierung sollte nach h.M. erst mit der Erklärung der Wandelung oder Minderung durch den Käufer eintreten, *Reinicke/Tiedtke*, Rn. 516; a.A.: *Köhler*, JuS 1979, 496 (499), der den Eintritt der Konkretisierung bereits mit Annahme der mangelhaften Ware bejahte.

§§ 459 ff. BGB a.F. nicht anwendbar waren, in den „modifizierten Erfüllungsanspruch“ nach § 480 I 1 BGB a.F. Dieser umgestaltete Erfüllungsanspruch war nunmehr als Nachlieferungsanspruch dem Gewährleistungsrecht unterstellt, was die Rechtsposition des Käufers verschlechterte.[543] Unter der Annahme als Erfüllung war dabei dasselbe zu verstehen, wie im Rahmen des § 363 BGB: die Entgegennahme der Ware als im wesentlichen vertragsgemäße Erfüllung. Dies entsprach auch der werkvertraglichen Abnahme im Sinne des § 640 BGB a.F.[544]

Gleich dem Werkbesteller hatte auch der Käufer einer Gattungssache, wie oben bereits berichtet[545], grundsätzlich die Möglichkeit und das Recht, an Stelle der Annahme die mangelhafte Ware zurückzuweisen.[546] Wies der Käufer die angebotene Ware zurück, so behielt er seinen ursprünglichen Lieferungsanspruch aus § 433 I BGB a.F.; er war nicht auf den Nachlieferungsanspruch gemäß § 480 I 1 BGB a.F. beschränkt. Nahm der Käufer die Ware dagegen trotz positiver Kenntnis eines Mangels als im großen und ganzen vertragsgemäße Erfüllung an, beabsichtigte dabei aber die spätere Geltendmachung der aus dem Mangel folgenden Gewährleistungsrechte, so mußte er sich diese Rechte gemäß § 464 BGB a.F. vorbehalten. Zutreffend wies *Rieble* darauf hin, daß das Recht zur Zurückweisung der Kaufsache und die Obliegenheit zum Mängelvorbehalt durch § 464 BGB a.F. an ein und denselben Zeitpunkt geknüpft waren: Der Käufer mußte sich seine Gewährleistungsrechte deshalb vorbehalten, weil er die Ware als Erfüllung angenommen und nicht sogleich zurückgewiesen hatte.[547]

Der Annahmezeitpunkt war demnach im Hinblick auf die Vorbehaltspflicht und die Möglichkeit der Zurückweisung einheitlich zu bestimmen. Dies bedeutete aber nicht, daß, wie *Rieble* annahm[548], maßgeblich auf den Zeitpunkt der körperlichen Entgegennahme der gelieferten Ware abzustellen war. Entscheidend war vielmehr die Annahme des Kaufgegenstands im Sinne einer Billigung als Erfüllung. Dies galt nach allgemeiner Meinung für die Vorbehaltspflicht im

---

543 *Reinicke/Tiedtke*, Rn. 525; *Rieble*, JZ 1997, 485 (486); *Staudinger-Honsell*, § 480 Rn. 1; *Esser/Weyers*, SchR BT/1, 55 f.; a.A.: *Soergel-Huber*, § 480 Rn. 11 ff.: Die Gewährleistungsphase sollte aufgrund des § 459 BGB a.F. bereits mit dem „fiktiven“ Gefahrübergang eintreten. Zu den damit verbundenen Schwierigkeiten s. *Rieble*, JZ 1997, 485 (486).

544 *Esser/Weyers*, SchR BT/1, 56; *Reinicke/Tiedtke*, Rn. 525.

545 S. dazu oben Kap. II.1.a.bb.(3).

546 Die Zurückweisung der als mangelhaft erkannten Ware war in erster Linie für den Gattungskauf relevant. Doch auch der Käufer einer Speziessache durfte den ihm angebotenen Kaufgegenstand aufgrund seiner Fehlerhaftigkeit zurückweisen, sofern ihm das Recht auf Wandelung zustand, str.; s. *Ernst*, NJW 1997, 896 (901); *Soergel-Huber*, § 433 Rn. 261.

547 *Rieble*, JZ 1997, 485 (489).

548 *Rieble*, JZ 1997, 485 (489); in diesem Sinne auch *Erman-Seiler*, § 640 Rn. 3.

Rahmen des § 464 BGB a.F.[549] Doch auch die Möglichkeit der Zurückweisung der Ware endete nicht zwangsläufig damit, daß der Käufer die Ware in seinen Besitz übernahm. Auch nach erfolgter Inbesitznahme des Leistungsobjekts war dessen Zurückweisung als vertragswidrig möglich, falls aufgrund der Eigenart des Kaufgegenstands dem Käufer eine angemessene kurze Prüfungs- und Überlegungsfrist zugebilligt werden mußte.[550]

Die werkvertragsrechtliche Abnahme nach § 640 BGB a.F. und die kaufrechtliche Annahme nach § 464 BGB a.F. waren demgemäß übereinstimmend im Sinne einer Annahme als Erfüllung nach § 363 BGB zu begreifen. Unterschiede zwischen Kaufrecht und Werkvertragsrecht ergaben sich somit zwar dort, wo das Werkvertragsrecht sich auf die Abnahme bezog, während das Kaufrecht von der Übergabe bzw. der Ablieferung sprach, das wesentlich kennzeichnende Element der Billigung also fehlte (so bei § 446 I BGB a.F. im Vergleich zu § 644 I BGB a.F., sowie bei § 477 I 1 BGB a.F. im Vergleich zu § 638 I 2 BGB a.F.), nicht jedoch im Hinblick auf die Annahme im Sinne des § 464 BGB a.F. Denn die Annahme gemäß § 464 BGB a.F. beinhaltete ebenso wie die Abnahme nach § 640 II BGB eine Billigung der Ware als im wesentlichen vertragsgemäß.[551]

Zur Klarstellung dieses systematischen Zusammenhangs hatte die Kommission zur Überarbeitung des Schuldrechts in ihrem Entwurf und Abschlußbericht vorgesehen, das Wort „Annahme" in § 464 BGB a.F. durch den Ausdruck „Annahme als Erfüllung" im Sinne des § 363 BGB zu ersetzen (s. § 443 BGB-KE) und darüber hinaus auch den Wortlaut der werkvertraglichen Parallelvorschrift des § 640 II BGB a.F. – unter Aufgabe des Begriffes der Abnahme – entsprechend anzupassen (s. § 642 BGB-KE). In der Begründung des neu formulierten § 642 BGB-KE stellte die Schuldrechtskommission dazu fest, die werkvertragliche Haftungsausschlußvorschrift müsse mit der entsprechenden Regelung des Kaufrechts in Übereinstimmung gebracht werden, da sich in der Sache eine unterschiedliche Behandlung nicht rechtfertigen lasse.[552] Des weiteren wurde ausgeführt, daß die Annahme einer Werkleistung als Erfüllung und die Abnahme in

549 S. dazu oben Kap. II.1.a.bb.(3).

550 So *Ernst*, NJW 1997, 896 (899).

551 *Staudinger-Peters*, § 640 Rn. 3; a.A.: *Rieble*, JZ 1997, 485 (489); *Erman-Seiler*, § 640 Rn. 3.

552 Abschlußbericht, 268 f. Die Schuldrechtskommission bezog dies vor allem auf eine Angleichung der Rechtsfolgen der Ausschlußregelungen. Nach dem Vorbild der kaufrechtlichen Norm sollte demnach auch die werkvertragliche Haftungsausschlußvorschrift den Schadenersatzanspruch des Bestellers mitumfassen. Diese Anregung wurde im Rahmen der Schuldrechtsreform vom Gesetzgeber jedoch nicht umgesetzt, dazu oben Kap. IV.2.c.

dem hier wesentlichen Bereich der Hinnahme der Werkleistung als im ganzen vertragsgemäß von deckungsgleichem Gehalt seien. Immer müsse ein billigendes Verhalten des Bestellers vorliegen.[553]

Die Schuldrechtskommission verwies damit auf zwei wesentliche Gesichtspunkte, die hier nochmals hervorgehoben werden sollen. Zum einen wird die Parallelität der werkvertraglichen und kaufrechtlichen Haftungsausschlußvorschriften betont. Der § 464 BGB a.F. war die Ausgangsregelung für den späteren § 640 II BGB a.F. sowie für die entsprechende Norm des Mietrechts (§ 539 S. 2 2. Alt. BGB a.F.).[554] Die Verfasser des ersten Entwurfs des Bürgerlichen Gesetzbuches von 1896 hatten die Vorschrift über die Vorbehaltspflicht des Bestellers in bewußter Analogie zu dem kaufrechtlichen Gewährleistungsausschluß konzipiert.[555] Das Bedürfnis einer einheitlichen Regelung der Annahme trotz Mängelkenntnis in Werk- und Kaufvertragsrecht ergab sich aus der insofern übereinstimmenden Interessenlage: Der Werkbesteller ist, wie auch der Käufer einer Gattungssache, regelmäßig erst im Zeitpunkt der Annahme mit einer individualisierten Leistung konfrontiert. Erkennt er dabei die Mangelhaftigkeit der ihm angebotenen Leistung, so steht ihm die Möglichkeit offen, die fehlerhafte Leistung als nicht taugliche Erfüllung sofort zurückzuweisen und sich damit den ursprünglichen Erfüllungsanspruch zu erhalten. Entscheidet er sich dagegen für die Annahme der Leistung als einer jedenfalls im wesentlichen der vertraglichen Vereinbarung entsprechenden Erfüllung, so soll er sich später nur dann auf die ihm bereits bekannten Mängel berufen können, wenn er seinem Vertragspartner rechtzeitig einen entsprechenden Hinweis gegeben hatte. Dies ist schon im Interesse einer möglichst raschen Vertragsabwicklung geboten, während auf der anderen Seite das Schweigen trotz positiver Mängelkenntnis Besteller wie Käufer nicht schutzwürdig erscheinen läßt. Diese *ratio* lag sowohl dem § 464 BGB a.F. als auch dem § 640 II BGB a.F. zugrunde.[556]

An der Vergleichbarkeit der Situationen in Werk- und Kaufvertragsrecht ändert auch die Tatsache nichts, daß dem Besteller je nach Natur des gelieferten Werkes u.U. eine gewisse Frist für die Anerkennung desselben als vertragsgemäße Erfüllung zugestanden werden muß, so etwa bei über einen längeren Zeit-

553 Abschlußbericht, 268 f.

554 S. *Wilhelm*, JZ 1982, 488; *Peters*, NJW 1980, 750 (751).

555 *Mugdan*, Motive, 273 f. Daß sie dabei nicht – wie häufig angenommen – davon ausgingen, die Annahme im Sinne der kaufrechtlichen Haftungsausschlußnorm erschöpfe sich in der rein körperlichen Entgegennahme der Kaufsache, sondern auch hier eine Billigung derselben als im wesentlichen vertragsgemäße Erfüllung voraussetzten, hat *Pietsch*, 105 dargelegt.

556 S. zur übereinstimmenden *ratio legis* des § 464 BGB a.F. und § 640 II BGB a.F. oben Kap. II.1.c.bb. und Kap. IV.2.d.

raum zu erprobender Computersoftware. Eine unterschiedliche Behandlung rechtfertigte sich im übrigen auch nicht daraus, daß im Werkvertragsrecht dem Aspekt der Billigung der Werkleistung aufgrund der Zukunftsbezogenheit der vertraglichen Absprache eine zentrale Bedeutung zukommt.[557] Wie oben gezeigt, steht auch der Gattungskäufer erst im Zeitpunkt der Annahme einem individualisierten Gegenstand gegenüber, dessen Beschaffenheit bei Vertragsschluß lediglich abstrakt, sprich nur der Gattung nach bestimmt war. Ferner gilt auch im Kaufrecht der Grundsatz, daß von einer Billigung des Kaufgegenstands erst dann ausgegangen werden kann, wenn der Käufer jedenfalls die Möglichkeit zur Überprüfung der gelieferten Ware gehabt hat. Die bloße Übernahme verpackter Ware etwa ist dementsprechend im allgemeinen nicht als Annahme als Erfüllung zu werten.

Zutreffend ist, daß dem Begriff der Abnahme im Werkvertragsrecht wegen der zahlreichen daran geknüpften Rechtsfolgen eine besondere Bedeutung und Komplexität zukam und zukommt.[558] Ob es von Vorteil gewesen wäre, aufgrund der unterschiedlichen Anknüpfungen und Funktionen der Abnahme, wie teilweise vorgeschlagen wurde, auf einen einheitlichen Abnahmebegriff zu verzichten und statt dessen auf allgemeine Figuren wie die körperliche Entgegennahme oder die Annahme als Erfüllung im Sinne des § 363 BGB zurückzugreifen, mag an dieser Stelle dahinstehen.[559] Wichtig für den hier diskutierten Problembereich ist der Hinweis der Schuldrechtskommission, daß jedenfalls in Hinblick auf die Vorbehaltspflicht des Bestellers die werkvertragliche Abnahme mit der Annahme des Werkes als Erfüllung identisch sei: es ist die Anerkennung der Werkleistung als im wesentlichen vertragsgemäß, die die Vorbehaltspflicht des Bestellers auslöst. Entsprechendes galt, wie gezeigt, für das Kaufrecht.[560]

Ausgehend von der insofern identischen Interessenlage in Kauf- und Werkvertragsrecht regelten demnach der § 464 BGB a.F. und der analoge § 640 II BGB a.F. übereinstimmend, daß die positive Kenntnis von Mängeln der angebotenen Leistung bei der Annahme zu einer Mängelanzeige- und Vorbehaltspflicht des Käufers bzw. Bestellers führte. Aufgrund des systematischen und sachlichen Zusammenhangs der beiden Vorschriften war dabei einheitlich auf den Zeitpunkt der Annahme als Erfüllung abzustellen.

557 a.A.: *Rieble*, JZ 1997, 485 (489).

558 S. zum Abnahmebegriff und dem damit verbundenen Streitstand oben Kap. IV.2.a.

559 So etwa *Weyers*, in: Gutachten und Vorschläge, Bd. 2, 1115 (1154 f.). Im Rahmen der Schuldrechtsreform ist der Vorschlag einer Aufgabe des einheitlichen Abnahmebegriffs zunächst aufgenommen (s. den Diskussionsentwurf), schließlich aber nicht umgesetzt worden.

560 Vgl. auch *Weyers*, in: Gutachten und Vorschläge, Bd. 2, 1115 (1155).

Eine Besonderheit galt im Werkvertragsrecht freilich dann, wenn das vom Unternehmer zu leistende Werk nach seiner Beschaffenheit nicht abnahmefähig war und statt dessen gemäß § 646 BGB a.F. auf die Vollendung des Werkes abgestellt wurde. In einem solchen Fall traf den Besteller keine Rügepflicht. Dies ging aus der fehlenden Verweisung des § 646 BGB a.F. auf § 640 II BGB a.F. hervor, ergab sich aber auch schon aus der Natur der Sache. Denn die Vorbehaltspflicht setzte voraus, daß der Besteller einen Mangel des Werkes positiv erkannt hatte. Dies war im Prinzip aber nur dann denkbar, wenn der Besteller die Möglichkeit einer Betrachtung oder Überprüfung des Werkes gehabt hatte. Gerade das traf jedoch bei der bloßen Fertigstellung des Werkes nicht zu.[561] Positive Kenntnis eines Mangels kam so vor allem in solchen Situationen in Betracht, in denen der Unternehmer einen körperlichen Gegenstand hergestellt hatte, dessen Mangelhaftigkeit dem Besteller bei der Ablieferung offenbar wurde. Allerdings war allgemein anerkannt, daß die Abnahmefähigkeit eines Werkes sich nicht nach der Körperlichkeit der Leistung bemesse. Auch immaterielle Werke sollten grundsätzlich abgenommen werden können.[562] Die Abnahmefähigkeit einer Werkleistung war jedoch immer dann auszuschließen, wenn durch die Werkvollendung ein endgültiger, nicht mehr abzuändernder Zustand geschaffen worden war. Denn in einem solchen Fall mußte verhindert werden, daß der Besteller durch die Verweigerung der Abnahme eines Werkes, dessen Fehlerhaftigkeit nicht mehr behoben werden konnte, die weitere Abwicklung des Werkvertrages blockierte. Wurde dem Besteller aber die Möglichkeit genommen, das mangelhafte Werk als eine untaugliche Vertragserfüllung zurückzuweisen, so konnte ihm andererseits auch nicht die Pflicht zu Mängelanzeige und Gewährleistungsvorbehalt aufgebürdet werden, denn die Vorbehaltslast des § 640 II BGB a.F. stellte sich ja gerade als eine Konsequenz aus der Entscheidung des Bestellers dar, das mangelbehaftete Werk, statt es sofort zurückzuweisen, als eine im wesentlichen vertragsgerechte Erfüllung anzunehmen.[563]

V. Mängelkenntnis des Käufers im Rahmen der Schuldrechtsreform im Vorfeld der Verbrauchsgüterkaufrichtlinie

Als das Bundesjustizministerium im August 2000 den Diskussionsentwurf zu einem Schuldrechtsmodernisierungsgesetz vorlegte, konnte es auf umfangreiche, langandauernde Vorarbeiten zurückgreifen: Die Bemühungen um eine Neuge-

561 Abschlußbericht, 269.
562 S. dazu oben Kap. IV.2.a.
563 Vgl. zum Kaufrecht *Rieble*, JZ 1997, 485 (489).

staltung des Schuldrechts finden ihren Ausgangspunkt bereits Mitte der 70er Jahre, als von Seiten der Länder Bayern, Bremen, Hessen, Niedersachsen, Nordrhein-Westfalen und Schleswig-Holstein beim Bundesjustizministerium angeregt wurde, eine Kommission zur Überarbeitung des gesamten Vertragsrechts einzusetzen. Die erste öffentliche Ankündigung dieses Vorhabens erfolgte am 25. Januar 1978. Zunächst erteilte das Bundesjustizministerium Aufträge für 24 wissenschaftliche Reformgutachten zu Teilbereichen des Schuldrechts, die in den Jahren 1981-83 veröffentlicht wurden. Auf dieser Grundlage erarbeitete die vom Bundesjustizministerium einberufene Schuldrechtskommission zwischen 1984 und 1991 Reformvorschläge und legte 1992 einen Abschlußbericht vor. Die Vorschläge der Schuldrechtskommission wurden 1994 auf dem 60. Deutschen Juristentag diskutiert.[564]

Im folgenden Kapitel soll dargestellt werden, wie das Problem der Mängelkenntnis des Käufers und die daraus resultierende Mängelanzeigepflicht im Rahmen der gesetzgeberischen Reformvorschläge und der anschließenden wissenschaftlichen Diskussion behandelt wurde.

1. Die Gutachten und Vorschläge zur Überarbeitung des Schuldrechts

a. Leistungsstörungsrecht und Kaufrecht

Die Reformgutachten zu den Problemen des Leistungsstörungsrechts sowie speziell zum Kaufvertragsrecht wurden beide von *Ulrich Huber* verfaßt.[565] Im Mittelpunkt der Überlegungen stand dabei die Frage nach einer Neugestaltung des Leistungsstörungsrechts am Vorbild des Einheitlichen Kaufrechts[566]. Für den Bereich des Kaufvertragsrechts wurde die Einarbeitung von Sonderentwicklungen außerhalb des BGB sowie die Notwendigkeit bestimmter Ergänzungen und Fortentwicklung, insbesondere im Bereich der Sachmängelgewährleistung, erwogen.

---

564 Zu den Hintergründen der Überarbeitung des Schuldrechts s. *Schlechtriem*, Schuldrechtsreform; *Wolf*, AcP 182, 80 ff.; *Dauner-Lieb/Heidel/Lepa/Ring*, Lehrbuch, 1 ff.

565 *Huber*, Leistungsstörungen, in: Gutachten und Vorschläge, Bd. 1, 647 ff.; *Huber*, Kaufvertrag, in: Gutachten und Vorschläge, Bd. 1, 911 ff.

566 Das Einheitliche Gesetz über den internationalen Kauf beweglicher Sachen vom 17.Juli 1973 (BGBl. I, S. 856) diente der innerstaatlichen Ausführung der Haager Kaufrechtsübereinkommen vom 1.Juli 1964.

Ein Ausschluß der kaufrechtlichen Gewährleistungshaftung bei Mängelkenntnis des Käufers war in § 460 des von *Huber* erstellten Modells eines Gesetzesvorschlags vorgesehen. Die Vorschrift lautete:

„§ 460: Kenntnis des Käufers
Der Verkäufer haftet nicht für Mängel, die der Käufer bei Abschluß des Kaufvertrags gekannt hat oder über die er sich in Anbetracht der Umstände nicht hat im Unklaren sein können.
Hat der Käufer eine mangelhafte Sache als Erfüllung angenommen, so haftet der Verkäufer nicht für Mängel, die der Käufer bei der Annahme gekannt hat, es sei denn, daß der Käufer sich seine Rechte bei der Annahme oder unverzüglich danach vorbehalten hat.“[567]

Huber unterschied demnach entsprechend den §§ 460, 464 BGB a.F. zwischen Mängelkenntnis im Zeitpunkt des Vertragsschlusses und bei der Annahme; beide Regelungen wurden jedoch in einer Vorschrift zusammengezogen.

aa. Kenntnis bei Vertragsschluß

§ 460 I des Gesetzesmodells behandelte die Kenntnis bei Vertragsschluß. Er entsprach im Grundsatz dem § 460 S. 1 BGB a.F. Anders als nach § 460 S. 2 schadete dem Käufer nach *Hubers* Vorschlag die grob fahrlässige Unkenntnis vom Mangel allerdings nicht. Die Gewährleistungshaftung sollte jedoch dann ausgeschlossen sein, wenn der Käufer sich über die Mangelhaftigkeit der Sache nicht hatte im Unklaren sein können. Diese Formulierung war an Art. 36 des Einheitlichen Kaufrechts angelehnt.[568] Nach Ansicht *Hubers* war damit nicht grob fahrlässige Unkenntnis des Käufers gemeint, sondern die Evidenz des Mangels. Ein Haftungsausschluß bei grober Fahrlässigkeit kam laut *Huber* deshalb nicht in Betracht, weil dem Käufer grundsätzlich keine Prüfungspflicht auferlegt werden dürfe: es könne nicht Sache des Käufers sein, sich bei Kaufabschluß darüber zu vergewissern, ob der Verkäufer seine vertragliche Zusage werde einhalten können.[569] Die Formulierung des EKG sei vielmehr als Beweiserleichterung zu

567 *Huber*, Leistungsstörungen, in: Gutachten und Vorschläge, Bd. 1, 647 (872).

568 Art. 36 EKG lautet: „ Der Verkäufer haftet nicht für die Folgen der in Art. 33 Absatz 1 Buchstaben d), e) und f) bezeichneten Vertragswidrigkeiten, wenn der Käufer bei Vertragsschluß die Vertragswidrigkeit gekannt hat oder über sie nicht in Unkenntnis hat sein können.“

569 Eine allgemeine Untersuchungspflicht wurde dem Käufer freilich auch im Rahmen des § 460 S. 2 BGB a.F. gerade nicht auferlegt. Eine Pflicht zur genaueren Überprüfung des Kaufgegenstands konnte sich im Einzelfall allenfalls aus besonderen, zur Vorsicht gemahnenden Umständen oder aus der Sachkunde des Käufers ergeben, dazu ausführlich oben Kap. II.1.a.aa.(2).

verstehen: der Käufer könne sich später nicht darauf berufen, er habe bei Vertragsschluß einen evidenten Mangel übersehen.[570]

Diese Einschätzung teilt *Huber* mit einigen anderen Autoren, die in Kommentierungen zum Einheitlichen Kaufrecht und CISG[571] davon ausgehen, der Begriff „Nicht in Unkenntnis sein können“ im Sinne des Art. 36 EKG bzw. Art. 35 III CISG meine mehr als grobe Fahrlässigkeit.[572] Nach anderer Auffassung soll mit dieser Formulierung lediglich zum Ausdruck gebracht werden, daß nur ein solcher Grad an schuldhafter Unkenntnis der Vertragswidrigkeit seitens des Käufers die Verkäuferhaftung ausschließe, der als grobe – und nicht bloß gewöhnliche – Fahrlässigkeit einzustufen sei. Er stehe im Gegensatz zu den Ausdrücken „wissen müssen“ oder „kennen müssen“ (s. Art. 13 EKG), mit denen das EKG die gewöhnliche Fahrlässigkeit umschreibe.[573] Auf die Problematik der Auslegung der Formulierung „nicht in Unkenntnis sein können“ und die Frage, ob sie dem Begriff der „groben Fahrlässigkeit“ des BGB entspricht bzw. grobe Fahrlässigkeit zugrunde legt, wird an späterer Stelle noch eingegangen werden.[574]

Eine Einschränkung für die Fälle, in denen der Käufer eine besondere Sachkunde besitzt, war laut *Huber* durch den § 459 III Nr. 3 des Gesetzesmodells gewährleistet. Danach sollte bereits die Mangelhaftigkeit der Sache zu verneinen sein, wenn der Käufer keinen Anlaß gehabt hatte, sich auf die Sachkunde des Verkäufers zu verlassen. Hatte der Verkäufer den Mangel dagegen arglistig verschwiegen oder für sein Fehlen eine besondere Garantie übernommen, so sollte eine Berufung auf diese Vorschrift – parallel zu § 460 S. 2 BGB – nicht möglich sein.[575]

bb. Kenntnis bei Annahme

In Absatz 2 der von *Huber* vorgeschlagenen Vorschrift ging der frühere § 464 BGB a.F. auf. Das Einheitliche Kaufrecht enthielt keine entsprechende Vorschrift; wegen der in Artt. 38, 39 EKG normierten Untersuchungs- und Rügepflicht des Käufers wäre sie gegenstandlos gewesen, da sie in der weitergehenden Verpflichtung zur Untersuchung und Rüge gleichsam enthalten war: Gemäß

570 *Huber*, Leistungsstörungen, in: Gutachten und Vorschläge, Bd. 1, 647 (873).

571 Übereinkommen der Vereinten Nationen über Verträge über den internationalen Warenkauf vom 11.4.1980.

572 *Schlechtriem-Schwenzer*, Art. 35 Rn. 34 m.w.N.

573 So *Dölle-Stumpf*, Art. 36 Rn. 4; *Mertens/Rehbinder*, Art. 36 Rn. 6; *Herber/Czerwenka*, Art. 35 Rn. 10.

574 S. dazu unten Kap. VI.1.c.aa.(2)., sowie unten Teil B Kap. II.

575 Vgl. *Huber*, Leistungsstörungen, in: Gutachten und Vorschläge, Bd. 1, 647 (873).

Art. 38 I EKG mußte der Käufer die Kaufsache binnen kurzer Frist untersuchen und Mängel, die er hierbei erkannte oder hätte erkennen müssen, gemäß Art. 39 I EKG innerhalb kurzer Frist rügen. Eine vorbehaltlose Annahme der Kaufsache in Kenntnis des Mangels war für den Käufer also in jedem Fall schädlich.[576]

Untersuchungs- und Rügepflichten, wie das EKG sie vorsah, hielt *Huber* in Bezug auf das allgemeine bürgerliche Recht für zu streng. Seiner Auffassung nach sollte es hier bei der Regelung des § 464 BGB a.F. bleiben. Eine ergänzende Vorschrift zu Zwecken der Beweiserleichterung zugunsten des Verkäufers (nach dem Vorbild des Absatzes 1) sei hier nicht angebracht.[577] *Huber* merkte im übrigen an, daß die Bestimmung des § 464 BGB a.F. auf Distanzkäufe nicht passe: der Käufer habe in diesen Fällen „bei der Annahme" niemanden vor sich, gegenüber dem er seinen Vorbehalt erklären könne. Deshalb müsse es genügen, daß der Käufer den Vorbehalt unverzüglich nach der Abnahme erklärt.[578] Für eine dahingehende Änderung der Vorschrift bestand freilich dann kein Bedürfnis, wenn man vom Annahmebegriff der herrschenden Meinung ausging. Danach genügte die körperliche Entgegennahme der Sache für sich genommen nicht. Es kam vielmehr darauf an, daß der Käufer ausdrücklich oder stillschweigend zu erkennen gab, er nehme die Leistung des Verkäufers als in der Hauptsache vertragsgemäße Erfüllung an.[579]

cc. Zusammenfassung

Der Gesetzesvorschlag *Hubers* enthielt im ganzen bezüglich der Mängelkenntnis des Käufers keine wesentlichen Neuerungen. Es blieb grundsätzlich bei einer Differenzierung zwischen der Kenntnis bei Vertragschluß und bei Annahme der Kaufsache, wenngleich die beiden Regelungen der §§ 460, 464 BGB a.F. in einer Vorschrift zusammengezogen wurden. Die Zusammenfassung unterstrich den sachlichen Zusammenhang der beiden Haftungsausschlüsse. *Huber* hat aufgezeigt, daß die entsprechenden Vorschriften des BGB im wesentlichen mit den Prinzipien des EKG übereinstimmten; ob zur weitergehenden Angleichung eine Umformulierung des § 460 S. 2 notwendig gewesen wäre, ist allerdings fraglich.[580] Die Einführung einer allgemeinen Untersuchungs- und Rügepflicht im Sinne des Einheitlichen Kaufrechts in das BGB hielt *Huber* nicht für angemes-

576 *Huber*, Leistungsstörungen, in: Gutachten und Vorschläge, Bd. 1, 647 (873).
577 *Huber*, Leistungsstörungen, in: Gutachten und Vorschläge, Bd. 1, 647 (873).
578 *Huber*, Leistungsstörungen, in: Gutachten und Vorschläge, Bd. 1, 647 (874).
579 Dazu ausführlich oben Kap. II.1.a.bb.(3).
580 Zu diesem Problem s. unten Kap. VI.1.c.aa.(2).

sen[581], so daß sich auch hinsichtlich des Umfangs der in § 464 BGB a.F. statuierten Käuferpflicht keine Änderungen ergaben.

Im Rahmen einer Einarbeitung der Sonderbestimmungen über Handelskäufe in das BGB schlug *Huber* eine Regelung der handelsrechtlichen Untersuchungs- und Rügepflicht im bürgerlichen Kaufrecht vor;[582] allerdings sollten laut *Huber* diese den Käufer nicht unerheblich belastenden Pflichten ausschließlich Vollkaufleuten auferlegt werden. Nur bei ihnen dürfe man voraussetzen, daß sie die erforderliche kaufmännische Organisation besäßen und daß ihnen das Erfordernis kurzfristiger Rüge als Handelsbrauch bekannt sei. Als Abgrenzungskriterium schlug Huber die Eintragung ins Handelsregister vor. Für alle sonstigen Fälle sah das Gesetzesmodell eine Ausschlußfrist für Sachmängelgewährleistungsansprü-

581 Ebenso die Einschätzung von *Frank Peters* und *Reinhard Zimmermann* in dem Reformgutachten zu Verjährungsfristen: Von einem Kaufmann könne erwartet werden, daß er die eingekaufte Ware sofort untersuche. An einen privaten Käufer könnten gleiche Anforderungen hingegen kaum gestellt werden; ihm sei allenfalls eine oberflächliche und nicht einmal sofortige Untersuchung anzusinnen. Aufgrund der unterschiedlichen Anforderungen, die an den Gläubiger im vertraglichen und außervertraglichen Bereich zu stellen seinen, hielten *Peters/Zimmermann* auch die Normierung einer allgemeinen Anzeige- bzw. Anmeldepflicht von Ansprüchen nicht für geboten, *Peters/Zimmermann*, Verjährungsfristen, in: Gutachten und Vorschläge, Bd. 1, 77 (296).

582 § 477 des Gesetzesmodells lautete: „Ist der Käufer einer beweglichen Sache als Kaufmann im Handelsregister eingetragen oder betreibt er ein eintragungspflichtiges oder eines der in § 36 des Handelsgesetzbuchs bezeichneten Unternehmen, so hat er die Sache unverzüglich nach Ablieferung zu untersuchen. Ist vereinbart, daß der Verkäufer die Sache nach einem anderen Ort als dem Erfüllungsort zu versenden hat, so hat der Käufer die Untersuchung nach Ankunft der Sache am Bestimmungsort vorzunehmen. Wird die Sache durch den Käufer weiterversendet, ohne daß eine zumutbare Möglichkeit der Untersuchung besteht, und hat der Verkäufer bei Vertragsabschluß die Möglichkeit der Weiterversendung gekannt oder war sie für ihn erkennbar, so kann die Untersuchung bis zum Eintreffen der Sache am neuen Bestimmungsort aufgeschoben werden.
In den in Absatz 1 Satz 1 genannten Fällen sind die Rechte, die dem Käufer wegen eines Mangels zustehen, ausgeschlossen, wenn er den Mangel nicht innerhalb angemessener Frist nach dem Zeitpunkt anzeigt, zu dem er ihn festgestellt hat oder bei der in Abs. 1 vorgesehenen Untersuchung hätte feststellen müssen. Die Anzeige muß spätestens innerhalb von zwei Jahren nach Ablieferung der Ware erfolgen, bei Vereinbarung einer längeren Garantiefrist innerhalb dieser Frist. Zur Wahrung der Frist genügt die rechtzeitige Absendung der Anzeige.
Absatz 2 gilt nicht, wenn der Verkäufer den Mangel arglistig verschwiegen oder den Käufer vorsätzlich geschädigt hat.
Die Absätze 1 und 2 finden keine Anwendung, wenn der Kauf für persönliche Zwecke des Käufers erfolgt ist und dies für den Käufer erkennbar war.“ *Huber*, Kaufvertrag, in: Gutachten und Vorschläge, Bd. 1, 911 (934).

che von zwei Jahren vor, sowie eine einjährige Verjährungsfrist nach Absendung der Mängelanzeige.[583]

b. Das rechtvergleichende Gutachten des Max-Planck-Instituts für ausländisches und internationales Privatrecht

Bei der Auseinandersetzung der Schuldrechtskommission mit der Frage, ob und inwieweit das Leistungsstörungsrecht des BGB im Sinne des Regelungsmodells des Einheitlichen Kaufrechts umzugestalten sei, ergab sich das Bedürfnis nach genauerer Information über die Entwicklung des Leistungsstörungs- und Gewährleistungsrechts in den nationalen Rechtsordnungen Kontinentaleuropas und des anglo-amerikanischen Rechtskreises. Der Bundesjustizminister erteilte deshalb 1985 dem Max-Planck-Institut für ausländisches und internationales Privatrecht den Auftrag, ein rechtsvergleichendes Gutachten zur Entwicklung des Kaufrechts in Europa zu erstellen. Das Gutachten wurde von *Jürgen Basedow* bearbeitet und 1986 fertiggestellt. Der dem Max-Planck-Institut vom Bundesjustizministerium im Rahmen des Gutachtenauftrags übermittelte Fragenkatalog enthielt ausdrückliche Fragen nach den Auswirkungen der Mängelkenntnis des Käufers oder der Versäumung von Rüge- und Untersuchungspflichten auf die Gewährleistungshaftung.[584] *Basedow* behandelte diese Fragen unter dem Thema der gewährleistungsrechtlichen Haftungsausschlüsse.

aa. Kenntnis und grob fahrlässige Unkenntnis vom Mangel bei Vertragsschluß

Zu dem Problem der Mängelkenntnis bei Vertragsschluß stellte *Basedow* fest, daß dem § 460 S. 1 BGB a.F. entsprechende Vorschriften sich in fast allen Rechtsordnungen finden.[585] Im weiteren legte er dar, daß die meisten Rechtsordnungen die Gewährleistungsansprüche des Käufers auch dann ausschließen, wenn ihm der Fehler der Sache infolge grober oder leichter Fahrlässigkeit – im

583 *Huber*, Kaufvertrag, in: Gutachten und Vorschläge, Bd. 1, 911 (933 ff.).

584 Die entsprechenden Fragen lauteten:
„11. Wird die Nichterfüllungs- oder Gewährleistungshaftung dadurch beeinflußt, daß der Käufer den Mangel der Sache a) bei Abschluß des Kaufvertrags (vergleichbar §§ 460, 439 Abs. 1 BGB) oder b) bei Annahme der Sache (vergleichbar § 464 BGB) kennt oder erkennen kann? Kann er sich seine Rechte in diesem Fall vorbehalten?
12. Ist die Haftung davon abhängig, daß der Käufer den Kaufgegenstand untersucht oder untersuchen läßt und/oder den Mangel rügt? Welche Fristen sind in diesem Zusammenhang zu erwähnen? Welche Rechtsfolgen treten ein, wenn die Untersuchungs- und/oder Rügepflicht nicht erfüllt wird?“ S. *Basedow*, 89.

585 *Basedow*, 57.

Zeitpunkt des Vertragschlusses – unbekannt geblieben ist. Den geforderten Grad des Verschuldens benenne außer § 460 S. 2 BGB a.F. allerdings kein Gesetz ganz klar. Laut *Basedow* handelte es sich hierbei der Sache nach aber auch gar nicht um eine Form des Verschuldens, sondern vielmehr um eine Obliegenheit des Käufers zur Untersuchung der Kaufsache. Zu fragen sei deshalb, wie intensiv diese Pflicht ausgestaltet werde. Die gesetzlichen Formulierungen der einzelnen Rechtsordnungen seien insofern uneinheitlich.[586] *Basedow* hielt eine offene Formulierung nach dem Vorbild des internationalen Kaufrechts („nicht in Unkenntnis sein konnte" – Artt. 36 EKG, 35 CISG) für ausreichend. Die dem Käufer abzuverlangende Aufmerksamkeit sei dann jeweils unter den Bedingungen des konkreten Einzelfalls zu ermitteln.[587] *Basedow* stimmte somit im Ergebnis mit dem von *Huber* gemachten Gesetzesvorschlag überein, wobei *Huber* allerdings von einem anderen Verständnis der im Einheitlichen Kaufrecht und UN-Kaufrecht verwendeten Formulierung ausging.[588]

bb. Untersuchungs- und Rügepflichten

Im Hinblick auf Untersuchungs- und Rügepflichten nach der Lieferung der Kaufsache stellte *Basedow* fest, daß keine andere Rechtsordnung einen so klaren Trennstrich zwischen den Obliegenheiten des kaufmännischen und jedes sonstigen Käufers zöge, wie er im deutschen BGB und HGB normiert sei.[589] Danach traf die Untersuchungs- und Rügepflicht gemäß § 377 HGB nur den Kaufmann, während der Käufer nach bürgerlichem Recht seine Ansprüche bislang gemäß § 464 BGB a.F. nur dann verlor, wenn er die Sache in positiver Mängelkenntnis vorbehaltlos annahm. Eine Untersuchung der Ware war nach § 464 BGB a.F. nicht erforderlich. *Basedow* legte dar, daß in anderen europäischen Rechtsordnungen dagegen Untersuchungs- und Rügepflichten auch im bürgerlichrechtlichen Verkehr nicht unbekannt seien. So sehe der italienische *Codice civile* in Art. 1495 eine achttägige Rügefrist nach Entdeckung von Sachmängeln vor. Diese Vorschrift werde zu Lasten des Käufers sogar noch dahingehend beschränkt, daß die Frist nur bei verborgenen Mängeln ab ihrer Entdeckung laufe, bei offensichtlichen Mängeln dagegen schon ab Übergabe der Kaufsache. Es sei demnach für alle Kaufvertragstypen anerkannt, daß der Käufer die Kaufsache jedenfalls auf offensichtliche Mängel hin zu überprüfen, sie also zumindest in

586 *Basedow*, 58; vgl. auch oben Kap. III.1.b.

587 *Basedow*, 58.

588 Nach *Huber* beschreibt der Ausdruck lediglich die Evidenz des Mangels, s. oben Kap. V.1.a.aa. *Basedow* ging davon aus, daß anhand dieser Formulierung die an den Käufer im Einzelfall zu stellenden Sorgfaltsanforderungen zu ermitteln sind.

589 *Basedow*, 58.

Augenschein zu nehmen habe.[590] Eine ähnliche Entwicklung hat nach *Basedow* auch im französischen Recht, ausgehend von Art. 1642 *Code civil*, stattgefunden. Das Richterrecht habe auf dieser gesetzlichen Grundlage die Richtung hin zu einer umfassenden, aber im Einzelfall differenzierten Untersuchungs- und Rügeobliegenheit des Käufers eingeschlagen. *Basedow* sah diese Tendenzen im Rahmen einer internationalen Entwicklung, nach der zwischen kaufmännischen und sonstigen (privaten) Käufern nicht mehr unterschieden werde. Verschiedene nationale Rechtsordnungen orientierten sich mit ihrem Gesetzes- oder Richterrecht an den vom Internationalen Kaufrecht gesetzten Maßstäben, das insofern auch dem deutschen Recht als Vorbild dienen könne. In diesem Zusammenhang hielt *Basedow* sogar die Einführung einer Untersuchungspflicht für (private) Käufer für denkbar. Die augenscheinliche Härte einer solchen Obliegenheit für den Endverbraucher könne durch eine Differenzierung und Konkretisierung im Einzelfall abgemildert werden.[591] Mit dieser Einschätzung ging *Basedow* weit über das hinaus, was *Huber*, der im übrigen ebenfalls eine Orientierung am Einheitlichen Kaufrecht befürwortete, in diesem Zusammenhang für geboten hielt. Seiner Ansicht nach waren die Untersuchungs- und Rügepflichten des Einheitlichen Kaufrechts auf den kaufmännischen Verkehr zugeschnitten und für den privaten Käufer bzw. Verbraucher zu streng.[592] *Basedow* hingegen vertrat die Auffassung, unbillige Härten könnten gerade vermieden werden, indem man die an den Käufer zu stellenden Anforderungen bezüglich einer Untersuchung des Kaufgegenstands und der Rüge entdeckter Mängel dem konkreten Einzelfall anpasse.[593] Der § 464 BGB a.F., der die Mängelanzeigepflicht des Käufers nur bei positiver Kenntnis vom Mangel vorschrieb, demnach eine Untersuchung der Ware nicht anordnete und im übrigen nur für den Zeitpunkt der Annahme der Kaufsache (und nicht auch für nachträglich entdeckte Mängel) galt, stellte sich nach der Einschätzung *Basedows* demnach im internationalen Vergleich als eher milde Behandlung des Käufers dar.

---

590 *Basedow*, 59.

591 *Basedow*, 60.

592 *Huber*, Leistungsstörungen, in: Gutachten und Vorschläge, Bd. 1, 647 (873); ebenso *Peters/Zimmermann*, Verjährungsfristen, in: Gutachten und Vorschläge, Bd. 1, 77 (296).

593 So sollte etwa ein Käufer, der vor Weihnachten verpackte Markenartikel als Geschenk erworben hatte, erst im neuen Jahr zu einer auf Äußerlichkeiten und Funktionsfähigkeit beschränkten Warenprüfung gehalten sein. Dagegen könne von einem Käufer im Möbelhandel wegen des erhöhten Warenwertes eine gesteigerte Aufmerksamkeit bei der Besichtigung erwartet werden, *Basedow*, 60.

2. Abschlußbericht der Kommission zur Überarbeitung des Schuldrechts

In dem 1992 veröffentlichten Abschlußbericht stellte die Schuldrechtskommission ihre Reformvorschläge im Rahmen eines Gesetzesentwurfs (Kommissionsentwurf) vor. Die Mängelkenntnis des Käufers war in den §§ 443, 443 BGB-KE geregelt:

„§ 442 BGB-KE
Die Rechte des Käufers wegen eines Mangels sind ausgeschlossen, wenn er den Mangel bei Vertragsschluß kennt.
Ein im Grundbuch eingetragenes Recht hat der Verkäufer zu beseitigen, auch wenn es der Käufer kennt.
§ 443 BGB-KE
Nimmt der Käufer die Sache als Erfüllung an und rügt er dabei einen Sachmangel nicht, den er kennt, so stehen ihm wegen dieses Mangels keine Rechte zu.“[594]

Es blieb also weiterhin bei einer Trennung zwischen der Kenntnis im Zeitpunkt des Vertragsschlusses und der Kenntnis bei Annahme der Sache. Die von *Huber* vorgeschlagene Zusammenfassung beider Regelungen in einer Norm wurde wieder aufgegeben; doch blieb der systematische und sachliche Zusammenhang der Haftungsausschlüsse durch die unmittelbare Aufeinanderfolge der Vorschriften erhalten.[595]

a. Kenntnis bei Vertragschluß

In § 442 I BGB-KE, der sich einheitlich auf Sach- und Rechtsmängel bezog, gingen die §§ 439, 469 BGB a.F. auf. Im Unterschied zu § 460 S. 2 BGB sollte dem Käufer nach § 442 BGB-KE jedoch nur positive Mängelkenntnis schaden, grob fahrlässige Unkenntnis genügte nicht. Als Begründung für die Aufgabe des in § 460 S. 2 BGB a.F. geregelten Haftungsausschlußtatbestands wurde seine geringe praktische Bedeutung genannt: Der Käufer werde zu einer Untersuchung der Ware gerade nicht verpflichtet. Das Vorliegen grober Fahrlässigkeit, für das der Verkäufer zudem beweispflichtig sei, könne deshalb nur in Ausnahmefällen bejaht werden.[596]

Diese Argumentationsführung ist geeignet, Erstaunen hervorzurufen, denn schließlich wurde die praktische Funktion des § 460 S. 2 häufig gerade in einer Beweiserleichterung zu § 460 S. 1 in solchen Fällen gesehen, in denen der Käu-

594 Abschlußbericht, 226 f.
595 Vgl. auch Abschlußbericht, 227: „§ 464 BGB schließt sich sachlich an § 460 BGB an“.
596 Abschlußbericht, 226.

fer Mängelrüge wegen eines Umstands erhob, dessen positive Kenntnis ihm zwar nicht nachgewiesen werden konnte, über den er aber tatsächlich nicht hatte in Unkenntnis sein können.[597] Daß der Käufer im Rahmen des § 460 S. 2 BGB a.F. grundsätzlich nicht gehalten war, die Kaufsache zu untersuchen, ist zutreffend. Dennoch konnte im Einzelfall im Unterlassen einer genaueren Überprüfung der Ware eine besonders schwere Vernachlässigung der erforderlichen Sorgfalt begründet liegen, etwa wenn der Käufer eine besondere Sachkunde besaß, die dem Verkäufer fehlte oder beim Vorliegen besonderer, zur Vorsicht gemahnender Umstände.

Die Kommission hatte laut Bericht ursprünglich erwogen, die Rechte des Käufers auch bei sog. „Evidenz" des Mangels auszuschließen. Dieser, von *Huber* in seinem Gesetzesmodell vertretene Ansatz wurde aber nicht umgesetzt. Zur Begründung wird ausgeführt, daß auch die Evidenz oder Offensichtlichkeit des Mangels nicht zu einem Anspruchsverlust führen könne, wenn der Käufer grundsätzlich zu einer Untersuchung nicht verpflichtet sei.[598] Dem kann nicht zugestimmt werden. Auch wenn vom Käufer nicht erwartet wird, daß er den Kaufgegenstand bei Vertragsschluß einer genauen Überprüfung unterzieht, so sind doch Fälle denkbar, in denen der Mangel auch ohne eine solche Untersuchung offensichtlich ist, gleichsam „ins Auge springt"[599] und der Käufer deshalb darüber „nicht in Unkenntnis sein konnte"[600] (etwa beim Erwerb eines verbeulten Neuwagens). Ob ein Haftungsausschluß aufgrund grob fahrlässiger Unkenntnis und ein Haftungsausschluß bei Evidenz des Mangels freilich deckungsgleich sind, muß im weiteren noch geklärt werden. Jedenfalls erscheint die von der Schuldrechtskommission vorgeschlagene völlige Aufgabe eines solchen Ausschlußtatbestands nicht sinnvoll. Als „Pflicht, die Augen offenzuhalten" kommt ihm neben dem Haftungsausschluß aufgrund positiver Mängelkenntnis eine eigenständige, in der historischen Entwicklung verankerte Bedeutung zu.

---

597 So beispielsweise *Soergel-Huber*, § 460 Rn. 4.

598 Abschlußbericht, 226.

599 Vgl. etwa die Formulierungen in I 5 §. 330 ALR (Preußisches Allgemeines Landrecht): „Ist also der *Fehler in die Augen fallend* und der Empfänger hat die Sache, ohne denselben ausdrücklich zu rügen, übernommen, so kann er weder vom Vertrage zurücktreten, noch Vergütung fordern"; § 928 ABGB (Österreich): „*Fallen die Mängel einer Sache in die Augen* oder sind die auf der Sache haftenden Lasten aus den öffentlichen Büchern zu ersehen, so findet außer dem Falle arglistigen Verschweigens des Mangels oder einer ausdrücklichen Zusage, daß die Sache von allen Fehlern oder Lasten frei sei, keine Gewährleistung statt...."

600 So die Formulierungen in Artt. 36 EKG; 35 CISG. Auch im Rahmen dieser Vorschriften sollte den Käufer keine Untersuchungspflicht treffen, s. zum Einheitlichen Kaufrecht *Dölle-Stumpf*, Art. 36 Rn. 5; zum UN-Kaufrecht *Schlechtriem-Schwenzer*, Art. 35 Rn. 35.

Ein Mindestmaß an Sorgfalt kann dem Käufer grundsätzlich abverlangt werden.[601] Darüber hinaus ist auch die praktische Bedeutung als Beweiserleichterung zu bedenken.[602]

b. Kenntnis bei Annahme

Für die Annahme der Kaufsache in Kenntnis des Mangels ergaben sich im Kommissionsentwurf keine bedeutsamen Änderungen: der § 443 BGB-KE entsprach im wesentlichen dem § 464 BGB a.F. Die Schuldrechtskommission schlug lediglich geringfügige sprachliche Modifikationen vor; so war in der neuen Vorschrift nicht mehr von der „Annahme" sondern von der „Annahme als Erfüllung" die Rede, was aber keine inhaltliche Änderung darstellte, da bereits für § 464 BGB a.F. anerkannt gewesen war, daß die Annahme im Sinne dieser Vorschrift der Annahme als Erfüllung im Sinne des § 363 BGB entsprach.[603] Des weiteren war der Käufer gemäß § 443 BGB-KE gehalten, den Sachmangel zu „rügen", während er nach § 464 BGB a.F. sich seine Rechte wegen des Mangels „vorbehalten" mußte. Eine einschneidende (qualitative) Änderung ergab sich jedoch auch hieraus nicht, da auch nach der damals geltenden Rechtslage die inhaltlichen Anforderungen eines Vorbehalts gemäß § 464 BGB a.F. bereits durch eine dem § 377 HGB genügende Mängelrüge erfüllt waren.[604]

3. Wissenschaftliche Diskussion

Auf dem 1994 in Münster abgehaltenen 60. Deutschen Juristentag wurde u.a. folgende Fragestellung beraten: „Empfiehlt sich die von der Schuldrechtskommission vorgeschlagene Neuregelung des allgemeinen Leistungsstörungsrechts, der Mängelhaftung bei Kauf- und Werkvertrag und des Rechts der Verjährung?" Die Diskussionsgrundlage bildete der soeben vorgestellte Schlußbericht und Gesetzesvorschlag der Schuldrechtskommission. Bei den Beratungen wurden auch die von der Schuldrechtskommission vorgesehenen Gewährleistungsausschlüsse der §§ 442, 443 BGB-KE sowie die Frage nach der Einführung einer allgemeinen Untersuchungs- und Rügepflicht ins BGB erörtert:

---

601 Vgl. dazu die gesetzgeberischen Motive zu § 460 S. 2: *Mugdan*, Motive, 125; s. auch *Walter*, 214 f. Ausführlich oben Kap. II.1.c.aa..

602 Zu § 460 S. 2 *Soergel-Huber*, § 460 Rn. 4; zu Art. 35 CISG *Schlechtriem-Schwenzer*, Art. 35 Rn. 34.

603 S. dazu oben Kap. II.1.a.bb.(3).

604 S. *Soergel-Huber*, § 464 Rn. 17.

a. Referat

In seinem auf dem Juristentag gehaltenen Referat setzte sich *Joussen* mit den Sorgfaltspflichten des Käufers in bezug auf Gewährsmängel auseinander. Die Statuierung solcher sei im Sinne eines angemessenen Interessenausgleichs zwischen Käufer und Verkäufer erforderlich. Dies stehe auch im Zusammenhang mit den Beweisschwierigkeiten im Gewährsmängelrecht. Der Käufer, der bei gehöriger Sorgfalt einen Mangel erkennen könne, und noch mehr derjenige, der einen erkannten Mangel nicht rüge, sei nicht schutzwürdig und müsse deshalb seine Gewährleistungsrechte verlieren. Dementsprechend wendete sich *Joussen* gegen die von der Schuldrechtskommission vorgeschlagene ersatzlose Streichung des § 460 S. 2 und setzte sich darüber hinaus auch für die Übernahme einer den Artt. 38, 39 CISG entsprechenden Untersuchungs- und Rügepflicht ins BGB ein.[605]

Joussen erschien es gerade im Zeitalter des industriellen Massengeschäfts erforderlich, über die Beachtung der *caveat-emptor*-Regel erneut nachzudenken. Der Käufer könne bei der konkret gekauften Sache viel eher einen Mangel entdecken (und rügen) als der Verkäufer, bei dem die Produktion oder serienbezogene Ausgangskontrolle versage. Nach *Joussen* sollten deshalb die Sorgfaltspflichten und Anforderungen an die Kaufvertragsparteien im Rahmen einer sinnvollen, interessengerechten Aufgabenzuweisung zu bestimmen sein.[606] Ferner wies *Joussen* darauf hin, es erscheine widersprüchlich, einerseits eine Ver-

605 *Joussen*, in: Verhandlungen des 60. Deutschen Juristentages, K 42. Die von *Joussen* dazu aufgestellten Thesen lauten:
„9. Es sollte eine allgemeine Untersuchungs-, jedenfalls aber eine allgemeine Rügepflicht auch für das Letztverbrauchergeschäft eingeführt werden.
10. Es sollte dabei bleiben, daß der Käufer, dem ein Mangel infolge grober Fahrlässigkeit bei Vertragsschluß unbekannt geblieben ist, grundsätzlich keine Gewährleistungsansprüche hat.“, *Joussen*, in: Verhandlungen des 60. Deutschen Juristentages, K 45 f.

606 Diese Argumentationslinie weist in die Richtung einer ökonomischen Analyse. Bei einer Betrachtung unter ökonomischen Gesichtspunkten ist u.a. die Frage zu stellen, welcher der Vertragspartner für bestimmte Pflichten der ökonomisch geeignetste Funktionsträger, der „*cheapest cost avoider*“ ist, dazu *Lehmann*, WM 1980, 1162 (1168). *Lehmann* geht allerdings davon aus, daß auch aus ökonomischen Überlegungen heraus dem privaten Letztverbraucher keine Prüfungspflichten auferlegt werden sollten, da ihm die notwendigen Voraussetzungen für die sachgerechte Durchführung einer Untersuchung fehlten. Anders beurteilt *Lehmann* hingegen die Mängelrüge: sie stelle einen ökonomischen Aufwand dar, der grundsätzlich jedem Käufer aufgebürdet werden könne.
Zur ökonomischen Analyse des Rechts im allgemeinen s. neuerdings *Janson*, Ökonomische Theorie im Recht, Berlin 2003.

längerung der Gewährleistungsfrist wegen der Gefahr des späteren Auftretens von verdeckten Mängeln zu fordern, andererseits die Frist dem Käufer auch dann noch zugute kommen zu lassen, wenn die Mängel bereits festgestellt, sprich nicht mehr verborgen seien.[607] Auf die Frage, inwiefern es aufgrund der Verlängerung der kaufrechtlichen Verjährungsfrist eines Regulativs in Form der Mängelrügepflicht bedarf, wird später noch einzugehen sein.[608]

b. Weitere Diskussionsbeiträge

Gegen eine Streichung des § 460 S. 2 BGB a.F. sprach sich auch *Steinkopf* aus. Seiner Ansicht nach hätte der Wegfall dieser Norm zu einer „Sorgloseinstellung" des Käufers geführt, insbesondere deshalb, weil ihm selbst die Schadenersatzansprüche erhalten blieben. Der Käufer könne so die Ware unbesehen kaufen; um etwaige Unzulänglichkeiten, die ein Käufer normalerweise gleich beim Kauf beanstandet, bräuchte er sich dann nicht mehr zu kümmern.[609] *Küpper* wies in diesem Zusammenhang auch darauf hin, daß sich der Wegfall des § 460 S. 2 BGB a.F. erhöhend auf die Versicherungsprämien auswirken könne. Die Betriebe könnten jedoch vielfach eine Mehrprämie aus Konkurrenzgründen nicht an ihre Kunden weitergeben. Es müsse deshalb auch über gesetzliche Regelungen nachgedacht werden, die prämiensenkend wirkten. Als Beispiel führte *Küpper* hier auch die Normierung einer Untersuchungs- und Rügepflicht des Letztverbrauchers an.[610]

Die Einführung solcher Pflichten nach dem Vorbild des Schweizer Obligationenrechts (Art. 201 OR) hielt *Kramer* freilich mit Blick auf die in der Schweiz gemachten negativen Erfahrung nicht für empfehlenswert: in der schweizerischen Lehre sei heute weitgehend unbestritten, daß der nicht professionelle Käufer, sprich der Konsument hierdurch über Gebühr belastet und überfordert werde, da diese Pflichten wertungsmäßig allein auf das Handelsgeschäft zugeschnitten seien. Denkbar erschien *Kramer* jedoch eine Rügeobliegenheit ohne vorgeschaltete Prüfungspflicht nach italienischem Vorbild (Art. 1459 *Codice civile*).[611] In diesem Sinne sprach sich auch *Hensen* aus: Die Rüge offensichtlicher Mängel sei dem Käufer zumutbar, insbesondere wenn man bedenke, daß auch das deutsche Zivilrecht selbst eine für Verbraucher geltende Rügepflicht bereits anerkannt habe, wenn auch nur in der Form, daß sie im Wege Allgemeiner Geschäftsbedingungen in den Vertrag eingeführt werde (§ 11 Nr. 10 e AGBG). Ei-

607 *Joussen*, in: Verhandlungen des 60. Deutschen Juristentages, K 42.
608 S. unten Teil C Kap. I.4.
609 *Steinkopf*, in: Verhandlungen des 60. Deutschen Juristentages, K 164.
610 *Küpper*, in: Verhandlungen des 60. Deutschen Juristentages, K 167, 169.
611 *Kramer*, in: Verhandlungen des 60. Deutschen Juristentages, K 202 f.

ne dem § 377 HGB entsprechende Untersuchungspflicht für den „juristisch nicht vorgebildeten Durchschnittskunden" lehnte er jedoch gleichfalls entschieden ab.[612]

Gegen eine Untersuchungspflicht im handelsrechtlichen Sinne für den privaten Käufer äußerte sich auch *Staubach*. Er begründete dies mit dem gänzlich anderen Verhalten des privaten Käufers im Vergleich zum gewerblichen Abnehmer. Letzterer nehme die gekaufte Sache in der Regel sofort in Gebrauch; auch sei der Handel daran interessiert, die Ware unverzüglich zu untersuchen und eventuelle Mängel zu rügen, um nicht später den Gewährleistungsansprüchen der Kunden ausgesetzt zu sein. Anders dagegen der Verbraucher, der keine Lagerprobleme habe und die Kaufsache häufig nicht sofort in Gebrauch nehme, insbesondere bei nur saisonbedingt zu nutzenden Gegenständen, wie etwa im Winterschußverkauf erworbene Skier. *Staubach* hielt es für unangemessen, den Verbraucher in solchen Fällen dazu zu nötigen, die Sache sofort auszuprobieren und ihre Tauglichkeit zu erproben. Auf der anderen Seite sei es aber auch nicht einzusehen, daß ein Käufer, der eine fehlerhafte Sache gekauft habe und den Fehler nicht schon bei der Abnahme der Sache erkannt, sondern erst später bemerkt habe, die volle Verjährungsfrist ausnutzen könne, um seine Sachmängelansprüche geltend zu machen. Dem Käufer werde so die Möglichkeit gegeben, die Sache über einen längeren Zeitraum zu nutzen, und erst dann Nachlieferung oder Rücktritt zu verlangen. Zwar müsse er in einem solchen Fall dem Verkäufer eine Nutzungsentschädigung bezahlen, diese Gebühr entspräche aber nicht dem, was normalerweise für eine Miete der Sache aufzubringen sei. Nach Ansicht *Staubachs* ging hier der Schutz des privaten Käufers zu weit. Er forderte deshalb den Beschluß einer Norm, nach der der Käufer gehalten sei, einen Mangel unverzüglich nach seiner Entdeckung zu reklamieren.[613]

c. Beschlußfassung

Die dargestellten Beiträge zeigen, daß die auf dem 60. Juristentag vorherrschende Stimmung im ganzen gegen eine Reduzierung der den Käufer treffenden Sorgfaltspflichten und der an ihn zu stellenden Anforderungen gerichtet war. Die von der Schuldrechtskommission vorgeschlagene Abschaffung des § 460 S. 2 BGB a.F. wurde nicht befürwortet. Zwar bestand weitgehend Einigkeit darüber, daß eine Untersuchungspflicht im Sinne des § 377 HGB dem privaten Käufer bzw. Verbraucher nicht aufgebürdet werden dürfe; die Einführung einer über den § 464 BGB a.F. hinausgehenden allgemeinen Rügepflicht auch für nach der

612 *Hensen*, in: Verhandlungen des 60. Deutschen Juristentages, K 209 f.
613 *Staubach*, in: Verhandlungen des 60. Deutschen Juristentages, K 210 ff.

Annahme der Kaufsache entdeckte Mängel wurde dagegen grundsätzlich als zumutbar und sinnvoll erachtet. Eine ersatzlose Streichung des § 464 BGB a.F. hatte man insofern freilich überhaupt nicht erwogen.

Dies schlägt sich auch in den Abstimmungsergebnissen nieder: Im Rahmen der Beschlußfassung wurde die These 13, wonach die Mängelhaftung im Kaufrecht nur bei (positiver) Kenntnis des Käufers vom Mangel zur Zeit des Vertragsschlusses ausgeschlossen sein soll, mehrheitlich abgelehnt. Der Alternativantrag, nach dem die Haftung beim Kauf wie gehabt (§ 460 BGB a.F.) im Falle der Kenntnis und grob fahrlässigen Unkenntnis ausgeschlossen sein soll, wurde dagegen angenommen. Die These 14, wonach dem Käufer bei vorbehaltloser Annahme in Kenntnis des Mangels keine Rechte zustehen sollen (§ 464 BGB a.F.), wurde ebenfalls angenommen. Schließlich wurde auch die These 15, derzufolge eine allgemeine Rügelast des Käufers nach Entdeckung des Mangels zu kodifizieren sei, mit großer Mehrheit angenommen.[614]

VI. Die EU-Richtlinie zum Verbrauchsgüterkauf und die Reform des deutschen Schuldrechts

Nach der Diskussion des Kommissionsentwurfs auf dem 60. Deutschen Juristentag im Jahre 1994 erhielt das Schuldrechtsreformvorhaben neue, entscheidende Impulse erst Ende der 1990er Jahre durch das Erfordernis der Umsetzung einiger Richtlinien der Europäischen Gemeinschaft auf dem Gebiet des Schuldrechts, insbesondere der Verbrauchsgüterkaufrichtlinie, sowie der Zahlungsverzugsrichtlinie und der E-Commerce-Richtlinie. Die Richtlinie 1999/44/EG des Europäischen Parlaments und des Rates zu bestimmten Aspekten des Verbrauchsgüterkaufs und der Garantien für Verbrauchsgüter (Verbrauchsgüterkaufrichtlinie[615]) trat am 7.7.1999 in Kraft und war zwingend bis zum 1.1.2002 durch die Mitgliedstaaten umzusetzen. Sie zielte auf eine Harmonisierung der Gewährleistungsregeln für den Verbrauchsgüterkauf und griff damit in einen Kernbereich des Zivilrechts ein. Der deutsche Gesetzgeber hat die Implementierung der Verbrauchsgüterkaufrichtlinie zum Anlaß einer umfassenden Neugestaltung des Schuldrechts genommen. Das folgende Kapitel berichtet davon, wie die Richtlinie das Problem der Mängelkenntnis des Käufers bei und nach dem

614 Beschlußfassung, Verhandlungen des 60. Deutschen Juristentages, K 235.

615 Richtlinie 1999/44/EG des Europäischen Parlaments und des Rates vom 25.Mai 1999 zu bestimmten Aspekten des Verbrauchsgüterkaufs und der Garantien für Verbrauchsgüter, ABl. L 171 vom 7.7.1999, 12.

Vertragsschluß behandelt und wie der deutsche Gesetzgeber die dahingehenden Vorgaben der Richtlinie im Rahmen der Schuldrechtsreform umgesetzt hat.

1. Die Verbrauchsgüterkaufrichtlinie

a. Entstehungsgeschichte

Die Richtlinie 1999/44/EG des Europäischen Parlaments und des Rates zu bestimmten Aspekten des Verbrauchsgüterkaufs und der Garantien für Verbrauchsgüter wird als bisher wichtigste europäische Richtlinie im Verbraucherrecht eingeschätzt.[616] Bereits im Jahre 1993 hatte die Europäische Kommission im Form eines Grünbuchs[617] eine eingehende Analyse des in den Mitgliedstaaten bestehenden Verbraucherschutzes beim Verbrauchsgüterkauf durchgeführt. Hierdurch war man zu der Erkenntnis gelangt, daß Probleme im Zusammenhang mit der Qualität bzw. Vertragsmäßigkeit der Erzeugnisse und dem Funktionieren häufig gewährter Garantien der Hauptgrund für Verbraucherbeschwerden beim Kauf von Verbrauchsgütern waren.[618] Am 18.06.1996 stellte die Europäische Kommission einen ersten Richtlinienvorschlag vor.[619] Auf seiner 340. Plenartagung vom 27. – 28. 11.1996 gab der Wirtschafts- und Sozialausschuß seine Stellungnahme[620] zu dem Vorschlag ab. Das Europäische Parlament nahm am 10.03.1998 eine Legislativentschließung mit Stellungnahme[621] an, woraufhin die Kommission am 31.03.1998 einen geänderten Vorschlag[622] vorlegte, über den am 23.04.1998 im Ministerrat eine politische Einigung erzielt wurde.[623] Auf dieser Grundlage wurde am 24.09.1998 der gemeinsame Standpunkt[624] formell verabschiedet. Am 17.12.1998 nahm das Europäische Parlament eine Empfehlung für die zweite Lesung betreffend den gemeinsamen Standpunkt mit erneuten Ergänzungsvorschlägen an.[625] Die Kommission antwortete darauf am 19.01.1999

---

616 *Weisner*, JuS 2001, 759; *Staudenmayer*, NJW 1999, 2393 unter Hinweis auf eine Pressemitteilung der zuständigen Kommissarin *Emma Bonino*.

617 KOM (1993) 509 endg.

618 Vgl. Erwägungsgrund Nr. 6 der Richtlinie, abgedruckt in NJW 1999, 2421; s. auch die Allgemeine Begründung zum Richtlinienvorschlag sub A.2., abgedruckt in ZIP 1996, 1845 (1846).

619 KOM (1995) 520 endg. = ABl. 1996 C 307 vom 16.10.1996, 8.

620 ABl. 1997 C 66 vom 03.03.1997, 5.

621 ABl. 1998 C 104 vom 06.04.1998, 30.

622 ABl. 1998 C 148 vom 14.05.1998, 12.

623 Ratsdokument 7896/98 vom 24.04.1998 abgedruckt in ZIP 1998, 889 ff.

624 ABl. 1998 C 333 vom 30.10.1998, 46.

625 ABl. 1999 C 98, 226.

mit einer weiteren Stellungnahme. Das daraufhin eingeleitete Vermittlungsverfahren wurde im Frühjahr 1999 abgeschlossen. Am 05.05.1999 wurde das Ergebnis des Vermittlungsausschusses vom Europäischen Parlament gebilligt und die Richtlinie am 07.07.1999 im Amtsblatt verkündet.[626]

b. Zielsetzung und Anwendungsbereich

Ziel des europäischen Verbraucherrechts im allgemeinen ist es, durch die Schaffung einheitlicher Verbraucherstandards die Funktionalität des Binnenmarktes zu gewährleisten.[627] Man geht davon aus, daß die vollständige Verwirklichung des Binnenmarktes, also des Marktes ohne Grenzen, entscheidend davon abhängt, daß der Verbraucher die ihm durch den EG-Vertrag gewährten Grundfreiheiten – wie etwa den freien Warenverkehr gemäß Artt. 23 ff. EG und den freien Dienstleistungsverkehr gemäß Artt. 49 ff. EG – auch tatsächlich nutzt. Die Verbrauchsgüterkaufrichtlinie sollte demgemäß zu einer Verbesserung des Binnenmarktes beitragen[628], indem durch die Schaffung eines einheitlichen Mindestsockels an Verbraucherrechten in der gesamten Union das Vertrauen der Verbraucher gefördert und gestärkt werden sollte. Angestrebt war, die Verbraucher durch Beseitigung von Unsicherheiten und Ungewißheiten im Hinblick auf ihre Rechte zu grenzüberschreitenden Transaktionen zu ermutigen.[629] Des weiteren bezweckte man eine Harmonisierung der innerstaatlichen Kaufgesetze der Mitgliedstaaten hinsichtlich des Verbraucherschutzes auf hohem Niveau. Die Richtlinie sollte insbesondere zu einer – nach Auffassung der Europäischen Gemeinschaft notwendigen – Modernisierung und Vereinfachung der einzelstaatlichen Regelungen zur Sachmängelhaftung und einer Angleichung an das CISG beitragen.[630] Darüber hinaus sollte die Richtlinie auch einen weiteren Schritt in Rich-

---

626 ABl. 1999 L 171 vom 7.7.1999, 12. Zu Werdegang und Entstehungsgeschichte der Richtlinie KOM (1999) 16 endg., 2; s. auch *Schlechtriem*, in: *Ernst/Zimmermann*, 205 (207 ff.); ders., ZSR 1999, 335 (339 ff.), *Weis*, in: *Ernst/Zimmermann*, 25 (27); *Schmidt-Räntsch*, ZIP 1998, 849; *Weisner*, JuS 2001, 759 f.; *Grundmann/Bianca-Grundmann*, Einl. Rn. 13.

627 *Amtenbrink/Schneider*, VuR 1999, 293.

628 Rechtsgrundlage für den Erlaß der Richtlinie war Art. 95 EG, also die Binnenmarktkompetenz.

629 Vgl. Erwägungsgrund Nr. 4 und 5 der Richtlinie; s. auch *Staudenmayer*, NJW 1999, 2393; *Weisner*, JuS 2001, 759 (760); *Amtenbrink/Schneider*, VuR 1999, 293.

630 Vgl. Ergwägungsgrund Nr. 23 und 24 der Richtlinie, abgedruckt in NJW 1999, 2421 f. sowie die Allgemeine Begründung zum Richtlinienvorschlag sub A.4. Absatz VI und A.5., abgedruckt in ZIP 1996, 1845 (1846 f.), s. auch *Weisner*, Jus 2001, 759 (760); *Schlechtriem*, JZ 1997, 441 f.; *Medicus*, ZIP 1996, 1925.

tung einer Angleichung des gesamten Privatrechts der einzelnen Mitgliedstaaten darstellen.[631]

Die Richtlinie 1999/44/EG beschränkte sich zunächst jedoch auf eine auf das Verbraucherrecht konzentrierte, partielle Mindestharmonisierung. Dies bedeutet, daß die Mitgliedstaaten auch im Geltungsbereich der Richtlinie strengere als die in der Richtlinie vorgesehenen Bestimmungen zum Schutze des Verbrauchers beibehalten oder in Umsetzung der Richtlinie einführen durften.[632] Die Verbrauchsgüterkaufrichtlinie regelt nur der Kaufvertrag (einschließlich des Werklieferungsvertrags, s. Art. 1 IV Kauf-RL) über bewegliche körperliche Sachen (Verbrauchsgut, Art. 1 II lit. b) Kauf-RL) zwischen Verbrauchern (Art. 1 II lit. a) Kauf-RL) und gewerblichen Verkäufern (Art. 1 II lit. c) Kauf-RL). Harmonisiert werden dabei der Sachmängelbegriff, die Gewährleistungsrechte und Gewährleistungsfristen, sowie Formalanforderungen an vertragsbegleitende Garantien. Ausgeklammert bleiben Ansprüche auf Schadenersatz (s. Art. 8 I Kauf-RL).

c. *Mängelkenntnis des Verbrauchers*

aa. Bei Vertragsschluß: Art. 2 III Kauf-RL[633]

Die Folgen der Mängelkenntnis des Käufers im Zeitpunkt des Vertragsschlusses bestimmen sich nach Absatz III des Art. 2 Kauf-RL. Art. 2 Kauf-RL regelt einen der zentralen Begriffe der Verbrauchsgüterkaufrichtlinie: die Vertragsmäßigkeit des Kaufgegenstands. Gemäß Art. 2 I Kauf-RL ist der Verkäufer verpflichtet, dem Verbraucher dem Kaufvertrag gemäße Güter zu liefern. Welche Merkmale das verkaufte Verbrauchsgut aufweisen muß, bestimmt sich somit in erster Linie nach der vertraglichen Vereinbarung der Kaufvertragsparteien. Der Art. 2 II lit. a) – d) Kauf-RL enthält zudem – widerlegbare – Vermutungsregeln für die Beurteilung der Vertragsmäßigkeit.[634]

---

631 S. Allgemeine Begründung zum Richtlinienvorschlag sub A.5. Absatz II a.E., abgedruckt in ZIP 1996, 1845 (1847).

632 S. Art. 8 der Verbrauchsgüterkaufrichtlinie; *Amtenbrink/Schneider*, VuR 1999, 293 f.

633 Art. 2 III Kauf-RL: „Es liegt keine Vertragswidrigkeit im Sinne dieses Artikels vor, wenn der Verbraucher zum Zeitpunkt des Vertragsschlusses Kenntnis von der Vertragswidrigkeit hatte oder vernünftigerweise nicht in Unkenntnis darüber sein konnte oder wenn die Vertragswidrigkeit auf den vom Verbraucher gelieferten Stoff zurückzuführen ist."

634 *Rieger*, VuR 1999, 287 (288); *Weisner*, JuS 2001, 759 (760); *Micklitz*, EuZW 1999, 485 (486); *Staudenmayer*, NJW 1999, 2393 (2394).

(1). Art. 2 III Kauf-RL als Haftungsausschluß im Zeitpunkt des Vertragsschlusses

Eine Vertragswidrigkeit des Verbrauchsguts im Sinne des Art. 2 der Richtlinie liegt nach dem Wortlaut des Art. 2 III Kauf-RL jedenfalls dann nicht vor, wenn der Verbraucher zum Zeitpunkt des Vertragsschlusses Kenntnis von der Vertragswidrigkeit hatte oder vernünftigerweise nicht in Unkenntnis darüber sein konnte. In diesen Fällen stehen dem Verbraucher folglich keine Sachmängelgewährleistungsrechte zu; die Rechtsfolge des Art. 2 III der Richtlinie ist demnach – wie auch die des § 460 BGB a.F. bzw. des § 442 BGB in der neuen Fassung – auf einen Haftungsausschluß gerichtet.[635] Die in der Richtlinie verwendete Formulierung setzt allerdings bereits bei dem Begriff der Vertragsmäßigkeit an, sprich bei der Frage, ob ein Sachmangel im Sinne des Art. 2 Kauf-RL (tatbestandlich) überhaupt gegeben ist.[636]

Bereits in dem 1993 veröffentlichten Grünbuch über Verbrauchsgütergarantien und Kundendienst[637] war die Frage aufgeworfen worden, auf welche Weise der Umfang der Käuferrechte bzw. eine Haftungsbeschränkung zu normieren sei: „Die Frage der Festlegung der Rechte des Käufers, um hinsichtlich dieser Mängel zu reagieren, kann eine Vorbedingung oder eine Folge der Definition des ‚abgedeckten Mangels' darstellen."[638] Hingewiesen wurde insofern auf das französische Zivilrecht, das eine Gewährleistungshaftung von vornherein nur für verborgene Mängel vorsieht. Das Grünbuch schlug seinerseits zur Bestimmung eines Sachmangels den Begriff der „Nichtübereinstimmung mit den berechtigten Erwartungen des Verbrauchers" vor; in dieser Formulierung sollten Begriffe wie „verdeckte Mängel", „offensichtliche Mängel" oder „bekannte Mängel" bereits mitberücksichtigt sein. Denn „weist das Erzeugnis einen dem Käufer bekannten Mangel auf, liegt keine Nichtübereinstimmung vor, da die Erwartung des Verbrauchers hinsichtlich des Nichtvorhandenseins des Mangels in der Tat nicht ‚berechtigt' wäre. Die Offensichtlichkeit des Mangels wird sicherlich auch die Bewertung der ‚berechtigten' Erwartungen des Verbrauchers beeinflussen, ohne diese ganz auszuschließen (beispielsweise bei arglistiger Täuschung durch den Verkäufer)."[639] Insofern sollte der Kenntnis bzw. fahrlässigen Unkenntnis des Verbrauchers von Mängeln, obgleich hierin eine Voraussetzung für das Eingreifen der Gewährleistung lag, keine autonome Bedeutung (in Form eines eigens

635 Vgl. *Rieger*, VuR 1999, 287 (290); *Amtenbrink/Schneider*, VuR 1999, 293 (297); *Amtenbrink/Schneider*, VuR 1996, 367 (374).
636 Vgl. *Westermann*, in: Europäisches Kaufgewährleistungsrecht, 251 (261).
637 KOM (1993) 509 endg.
638 KOM (1993) 509 endg., 109.
639 KOM (1993) 509 endg., 110.

normierten Haftungsausschlusses) zukommen.[640] Daß der Verkäufer nicht für Sachmängel haftet, die bei Vertragsschluß dem Käufer bekannt oder offensichtlich sind, sollte sich vielmehr bereits aus dem Sachmangeltatbestand ergeben. Qualitative Unterschiede zu dem in § 460 BGB a.F. (bzw. § 442 BGB) normierten Haftungsausschluß ergeben sich durch diesen gedanklichen Ansatz jedoch nicht. So ist der Grundgedanke des § 460 S. 1 BGB a.F. gerade dahingehend erklärt worden, der Schutz des strengen Gewährleistungsrechts für den Käufer erscheine nur gerechtfertigt, wenn er durch die Leistung des Verkäufers in seinen berechtigten Erwartungen enttäuscht werde. Dies könne aber gerade dann nicht der Fall sein, wenn der Käufer von der Mangelhaftigkeit der Kaufsache wisse.[641]

In dem von der EU-Kommission am 18.06.1996 vorgelegten „Vorschlag für eine Richtlinie des Europäischen Parlaments und des Rates über den Verbrauchsgüterkauf und -garantien“[642] ist in Art. 3 I für den Fall, daß der Käufer die Vertragswidrigkeit der Kaufsache bei Abschluß des Kaufvertrages kannte oder über sie nicht in Unkenntnis sein konnte, ein Ausschluß der Sachmängelhaftung vorgesehen.[643] In der Begründung zu dieser Norm findet sich jedoch der Hinweis, daß in den geregelten Fällen strenggenommen bereits keine Vertragswidrigkeit vorliege, weil der Verbraucher die Sache in dem Zustand, in dem sie sich befindet, gekauft[644] habe und sie damit sehr wohl „vertragsgemäß“ sei. Der Haftungsausschluß zugunsten des Verkäufers ergebe sich folglich bereits aus der einfachen Anwendung des Begriffs der Vertragsmäßigkeit. Die Kommission hielt es allerdings für empfehlenswert, diese Lösung dennoch ausdrücklich anzuführen.[645]

Die letztlich vom EU-Gesetzgeber verabschiedete Fassung des Art. 2 III der Richtlinie folgt in ihrem Wortlaut diesem in der Vorschlagsbegründung der

640 KOM (1993) 509 endg., 115.

641 OLG Hamm NJW 1986, 136; BGH JZ 1989, 796. S. dazu auch oben Kap. II.1.c.aa.

642 KOM (1995) 520 endg., abgedruckt in ZIP 1996, 1845 ff.

643 Die Vorschrift lautet: „Art. 3 Absatz 1: Der Verkäufer haftet dem Verbraucher gegenüber für jede Vertragswidrigkeit, die zum Zeitpunkt der Übergabe der Sache an den Verbraucher besteht und binnen 2 Jahren von diesem Zeitpunkt an offenbar wird, es sei denn, der Verbraucher kannte die Vertragswidrigkeit bei Abschluß des Kaufvertrages oder konnte über die nicht in Unkenntnis sein.“

644 Der Begründungstext spricht hier eigentlich davon, daß der Käufer die Sache in diesem Zustand *angenommen* habe. Diese Formulierung ist allerdings ungenau, da es hier um den Zeitpunkt des Vertragsschlusses geht und die Annahme der Sache auch zu einem späteren Zeitpunkt erfolgen kann.

645 Begründung des Richtlinienvorschlags zum Verbraucherkauf, abgedruckt in ZIP 1996, 1845 (1850 f.)

Norm zugrundegelegten Gedanken.[646] Dennoch soll der Vorschrift eine konstitutive und nicht nur eine deklaratorische Wirkung zukommen.[647] Dies ergibt sich aus dem weiteren Wortlaut der Bestimmung, die tatbestandlich das Vorliegen einer Vertragswidrigkeit bereits voraussetzt.[648] Der Art. 2 III der Richtlinie ist demnach dahingehend zu verstehen, daß eine an sich gegebene Vertragswidrigkeit, die der Käufer kennt oder über die er nicht hätte in Unkenntnis sein können, nicht als solche zu behandeln ist. Das Verbrauchsgut *gilt* vielmehr als vertragsgemäß.[649] Ob der Verkäufer in solchen Fällen hingegen *tatsächlich* nur die Lieferung einer Sache mit den betreffenden Sachmängeln schuldet, ist eine Frage der Auslegung des Vertrages bzw. der konkreten Willenserklärungen der Parteien.

In diesem Zusammenhang sei nochmals auf die Diskussion um die Frage der *ratio legis* des § 460 BGB a.F. verwiesen. Auch hier wurde die Auffassung vertreten, daß der Käufer, der eine Sache erwarb, obwohl er von einem Mangel derselben wußte, durch sein Verhalten zu erkennen gab, er sei mit der Beschaffenheit der Kaufsache so wie sie war einverstanden. In einem solchen Fall sollte deshalb davon auszugehen sein, daß die nachteilige Beschaffenheit der Kaufsache mit in die Parteivereinbarung einfließe. Legt man diesen gedanklichen Ansatz zugrunde, ist, wie oben bereits berichtet[650], in den fraglichen Fällen, da Sollbeschaffenheit und tatsächliche Beschaffenheit des Kaufgegenstands nicht voneinander abweichen, ein Sachmangel im Prinzip gar nicht gegeben, so daß die Normierung eines Haftungsausschlusses eigentlich überflüssig wäre.[651] Eine

646 Dies zeigt sich auch in der systematisch anderen Einordnung der Norm: der Richtlinienvorschlag hatte den Haftungsausschluß insofern noch im Sinne einer Ausnahme zur Verkäuferhaftung nach Art. 3 I dargestellt: „Der Verkäufer haftet dem Verbraucher [...], es sei denn, der Verbraucher kannte die Vertragswidrigkeit bei Abschuß des Kaufvertrags oder konnte über sie nicht in Unkenntnis sein." Die endgültigen Fassung der Richtlinie formuliert den Ausschlußtatbestand dagegen positiv in einem eigenen Absatz (Art. 2 III), nach dem im Falle der Kenntnis oder schuldhaften Unkenntnis keine Vertragswidrigkeit der Kaufsache vorliegt.

647 So *Jorden*, 204; vgl. auch *Zaccaria*, in: Europäisches Kaufgewährleistungsrecht, 181 (188).

648 S. oben Fn. 635.

649 So hatte auch die vom Europäischen Parlament vorgeschlagene Änderung des Kommissionsvorschlags gelautet: „Art. 2 Absatz 2a: Ein Verbrauchsgut *gilt als vertragsgemäß* [Hervorhebung vom Verf.] im Sinne dieses Artikels, wenn zum Zeitpunkt des Verkaufs der Verbraucher dem Vertragsschluß zugestimmt hat, obwohl er den Mangel kannte.", ABl. C 104 vom 06.04.1998, 30 (34). Diese Formulierung war auch noch in den geänderten Vorschlag der Kommission übernommen worden, ABl. C 148 vom 14.05.1998, 12 (16).

650 S. oben Kap. II.1.c.aa.

651 So beispielsweise *Soergel-Huber*, § 460 Rn. 3.

dahingehenden Einigung zwischen den Parteien, nämlich die einvernehmliche Festsetzung der vertraglichen Leistungspflicht des Verkäufers auf einem niedrigeren Niveau, ist jedoch beispielsweise dann nicht denkbar, wenn man einen Sachverhalt zugrundelegt, in dem der Käufer durch Zufall von einem verborgenen Mangel Kenntnis hat, von dem der Verkäufer hingegen nichts weiß. Denn es kann nicht unterstellt werden, daß ein Mangel, von dem einer der Vertragspartner keine Kenntnis hat, Bestandteil einer Parteivereinbarung wird.

Wie § 460 BGB a.F. regelt auch der Art. 2 III Kauf-RL nach seinem eindeutigen Wortlaut nur die Mängelkenntnis im Zeitpunkt des Vertragsschlusses. Die soeben geschilderten, von der Europäischen Kommission bei der Ausgestaltung der Norm zugrundegelegten Erwägungen machen überdies zweifelsfrei deutlich, daß später erlangte Kenntnis des Verbrauchers im Rahmen des Art. 2 III Kauf-RL nicht in Betracht kommt. Der gedankliche Ausgangspunkt der Kommission zeigt, daß es für Art. 2 III Kauf-RL allein auf die Kenntnis des Verbrauchers bei Vertragsschluß ankommen kann, denn die Vorschrift sanktioniert die Kenntnis in einem Zeitpunkt, in dem eine Modifikation des Vertrages durch entsprechende Parteivereinbarungen noch möglich wäre. Zu einem späteren Zeitpunkt hingegen, etwa bei Gefahrübergang oder Annahme der Sache, ändert die Kenntnis des Käufers an der vertraglichen Absprache nichts mehr. Die vorausgesetzte Beschaffenheit der vom Verkäufer zu liefernden Sache ist mit Abschluß des Vertrages bereits eindeutig festgelegt.

(2). Kenntnis des Verbrauchers von der Vertragswidrigkeit der Kaufsache und schuldhafte Unkenntnis

Daß die positive Mängelkenntnis des Verbrauchers bei Vertragsschluß zu einem Ausschluß der Gewährleistungsrechte führt, war bereits im Grünbuch festgelegt[652] und in den Entwicklungsphasen der Verbrauchsgüterkaufrichtlinie nie umstritten.[653] Die Regelung des Art. 2 III 1. Alt. der Richtlinie entspricht inhaltlich dem § 460 S. 1 BGB a.F. (bzw. § 442 BGB) sowie den in anderen Rechtsordnungen normierten Haftungsausschlußregelungen.[654]

Problematischer ist die 2. Alternative des Art. 2 III der Richtlinie, nach der dem Verbraucher auch dann keine Gewährleistungsrechte zustehen sollen, wenn er von der Vertragswidrigkeit „vernünftigerweise nicht in Unkenntnis [...] sein konnte". Ob und in welcher Form im Falle der vorwerfbaren Unkenntnis des

652 KOM (1993) 509 endg., 110.

653 S. die insofern übereinstimmenden Regelungen in Art. 3 I des Richtlinienvorschlags vom 18.06.1996, Art. 2 III des geänderten Richtlinienvorschlags vom 31.03.1998, Art. 2 III des Gemeinsamen Standpunkts vom 24.09.1998.

654 S. die Hinweise bei *Basedow*, 57.

Verbrauchers ein Haftungsausschluß zu normieren sei, war während der Ausarbeitung der Richtlinie umstritten. Insofern variieren auch die für den Haftungsausschlußtatbestand gewählten Formulierungen.

Dem im Grünbuch gewählten Ansatz zufolge sollten dem Käufer dann keine Gewährleistungsrechte zustehen, wenn der später beanstandete Mangel im Zeitpunkt des Vertragsschlusses „offensichtlich" war.[655] In Art. 3 I des Kommissionsvorschlags vom 18.06.1996 war bestimmt, daß die Sachmängelhaftung des Verkäufers entfallen sollte, wenn der Verbraucher über die Vertragswidrigkeit der Kaufsache bei Vertragsschluß „nicht in Unkenntnis sein konnte". Auf den Änderungsvorschlag des Europäischen Parlaments vom 10.03.1998 hin wurde dieser Ausschlußtatbestand ganz aufgegeben, so daß in Art. 2 III des geänderten Vorschlags der Kommission vom 31.03.1998 ein Haftungsausschluß lediglich für den Fall der positiven Mängelkenntnis vorgesehen war. In Art. 2 III des Gemeinsamen Standpunkts erhielt der Haftungsausschlußtatbestand die schließlich als Art. 2 III 2. Alt. der Verbrauchsgüterkaufrichtlinie verabschiedete Fassung, wonach keine Vertragswidrigkeit vorliegt, wenn der Verbraucher über die Vertragswidrigkeit „vernünftigerweise nicht in Unkenntnis sein konnte".

Die Auslegung dieses Begriffes bereitet Schwierigkeiten. Insbesondere herrscht Uneinigkeit darüber, ob er als grobe Fahrlässigkeit zu qualifizieren ist, darüber hinausgeht oder sogar schon leichte Fahrlässigkeit umfaßt.[656] Unklar ist auch, welche inhaltlichen Änderungen sich durch das Hinzufügen des Merkmals „vernünftigerweise" zu dem ursprünglichen Formulierungsvorschlag der Kommission „nicht in Unkenntnis sein konnte" ergeben.

In der Begründung zu Art. 3 I des Richtlinienvorschlags vom 18.06.1998 führt die Kommission zur Erläuterung der zunächst gewählten Formulierung aus, der Ausschlußtatbestand erfasse offenkundige Mängel an der Sache, die der Verbraucher vor dem Kauf in Augenschein genommen habe.[657] Im Ergebnis folgt der Richtlinienvorschlag somit dem bereits im Grünbuch vertretenen Ansatz, wonach die Verkäuferhaftung bei Offensichtlichkeit des Mangels zumindest beschränkt sein sollte.[658] Als offensichtlich sind nach allgemeinem Sprachverständnis solche Mängel zu bezeichnen, die der Käufer durch bloßes, oberflächliches, wenn auch aufmerksames Betrachten der Sache feststellen kann. Dementsprechend geht auch die Begründung des Richtlinienvorschlags davon

---

655 KOM (1993) 509 endg., 110: Denn in einem solchen Fall können die Erwartungen des Käufers, eine mangelfreie Sache zu erhalten, nicht als „berechtigt" betrachtet werden. Eine Ausnahme sollte jedoch beispielsweise dann gelten, wenn der Verkäufer den Käufer arglistig getäuscht hatte.

656 *Micklitz*, EuZW 1999, 485 (486).

657 Begründung des Richtlinienvorschlags, abgedruckt in ZIP1996, 1845 (1849).

658 KOM (1993) 509 endg., 110.

aus, daß der Käufer die Sache zunächst „in Augenschein genommen hat". Zu klären bleibt jedoch, welcher Grad an Sorgfalt dem Verbraucher hierdurch abverlangt wird.

Die Formulierung „nicht in Unkenntnis sein konnte" entstammt dem Einheitlichen Kaufrecht (Art. 36) bzw. dem CISG (Art. 35 III).[659] Zieht man die diesen Vorschriften zugrundegelegten Maßstäbe zur Auslegung der Richtlinienbestimmung heran, so kann davon ausgegangen werden, daß der Begriff zumindest eine besonders gröbliche Außerachtlassung der vom Käufer zu erwartenden Sorgfalt voraussetzt: In der Literatur zu Art. 36 EKG und Art. 35 III CISG besteht weitestgehend Einigkeit darüber, daß „nicht in Unkenntnis sein können" im Sinne dieser Vorschriften jedenfalls mehr als einfache Fahrlässigkeit meint.[660] Dies ergibt sich bereits aus der Entstehungsgeschichte der Normen. Die ursprünglich für den Haftungsausschlußtatbestand (Art. 45 des Entwurfs eines Einheitlichen Kaufrechts von 1956) vorgesehene Formulierung „hätte kennen müssen" („*ought to have known*"; „*aurait dû connaître*") wurde von der Haager Konferenz (1964) auf Antrag Deutschlands durch den Ausdruck „hätte nicht in Unkenntnis sein können" ersetzt, der nach Auffassung des Antragstellers *Riese* in einem engeren Sinne zu verstehen war als die ursprünglich gewählte Formulierung: Durch die Modifikation sollte klargestellt werden, daß der Käufer im Rahmen des Art. 45 des Entwurfs seine Rechte – außer im Falle positiver Kenntnis – nur dann verlieren sollte, wenn er die von ihm zu erwartende Sorgfalt in besonders hohem Maße außer acht gelassen hatte.[661] *Riese* sah eine solche Beschränkung des Verschuldensmaßstabs auf grobe Sorgfaltsverstöße aufgrund der Formulierung „hätte kennen müssen" nicht gewährleistet.[662] In Übereinstimmung mit dieser Einschätzung war jener Ausdruck in dem von der Haager Konferenz beschlossenen Einheitlichen Gesetz über den internationalen Kauf beweglicher Sachen im Sinne der gewöhnlichen Fahrlässigkeit definiert: Gemäß Art. 13 bedeuteten Wendungen wie „eine Partei hat gewußt oder hätte wissen müssen" bzw. „eine Partei hat gekannt oder hätte kennen müssen", daß für die Bewertung des Ver-

659 *Staudenmayer*, NJW 1999, 2393 (2394); *Faber*, JBl 1999, 413 (424).

660 S. *Dölle-Stumpf*, Art. 36 Rn. 4; *Heilmann*, 208; *Fleischer*, 975; unsicher *Honsell*, SJZ 1992, 345 (351).

661 *Actes*, 302 f. zu Art. 45 und 49 E 1956/1963. Vgl. zur Entwicklung des Art. 45 E 1956/1963 auch *Actes*, 286 f., 129 f., 70 f. S. auch *Riese*, RabelsZ 29 (1965), 1 (49); *Kirchhof*, 133; *Herber/Czerwenka*, Art.35 Rn. 10; *Mertens/Rehbinder*, Art. 36 Rn. 6.

662 *Actes*, 302 f. zu Art. 45 und 49 E 1956/1963. Auch aus den Dokumenten der Haager Konferenz ergibt sich, daß Zweifel hinsichtlich der eindeutigen Auslegung der Formulierung „hätte kennen müssen" bestanden. Beabsichtigt war jedenfalls, mit diesem Begriff die auf grober Nachlässigkeit beruhende Unkenntnis des Käufers zu bezeichnen, s. *Documents*, 96 zu Art. 45.

haltens dieser Partei darauf abzustellen war, was eine vernünftige Person, sprich ein „idealtypischer Schuldner“[663], in gleicher Lage hätte wissen oder kennen müssen. Das Einheitliche Kaufrecht ging demnach von einem zweistufigen Fahrlässigkeitsmaßstab aus, der durch die Wendung „hätte kennen müssen“ im Sinne gewöhnlicher Fahrlässigkeit einerseits und der darüber hinausgehenden Formulierung „konnte nicht in Unkenntnis sein“ andererseits bezeichnet wurde. Auch aus dem systematischen Zusammenhang innerhalb des Einheitlichen Kaufrechts ergab sich somit, daß „nicht in Unkenntnis sein können“ im Sinne des Art. 36 EKG mehr meinte als bloß gewöhnliche Fahrlässigkeit.[664]

In der deutschsprachigen Literatur wird deshalb überwiegend angenommen, der Begriff „nicht in Unkenntnis sein können“ gemäß Art. 36 EKG bzw. Art. 35 III CISG sei in etwa als grobe Fahrlässigkeit auszulegen.[665] Teilweise wird sogar vertreten, der geforderte Grad des Verschuldens hinsichtlich der Unkenntnis der Vertragswidrigkeit gehe noch über einen Verschuldensmaßstab, der als grobe Fahrlässigkeit zu qualifizieren wäre, hinaus. So nimmt *Schwenzer* an, „nicht in Unkenntnis sein können“ im Sinne der Artt. 36 EKG, 35 III CISG meine mehr als grobe Fahrlässigkeit: Die Haftung des Verkäufers solle nur bei gleichsam ins Auge springenden Vertragswidrigkeiten ausgeschlossen sein. Die Formulierung diene insoweit der Beweiserleichterung für die u.U. dem Käufer nur schwer nachweisbare positive Kenntnis.[666] Auch *Huber* ist der Auffassung, die in Art.

---

663 *Dölle-Reinhart*, Art. 13 Rn. 1. Es handelt sich dabei um einen objektiven Maßstab.

664 S. auch *Soergel*[13]*-Lüderitz/Schüßler-Langeheine*, Art. 35 CISG Rn. 21: „Der Evidenzgrad ist stärker als beim bloßen Kennenmüssen.“

665 *Dölle-Stumpf*, Art. 36 Rn. 4; *Schlechtriem*, Internationales UN-Kaufrecht, Rn. 143; *Reinhart*, Art. 35 Rn. 9; *Heilmann*, 208; *Loewe*, 56; *Herber/Czerwenka*, Art.35 Rn. 10; *Honsell-Magnus*, Art. 35 Rn. 29; *Karollus*, 119; *Soergel-Lüderitz*, Art. 36 EKG Rn. 2; *Mertens/Rehbinder*, Art. 36 Rn. 6 sprechen insofern von einem „bewußt grobfahrlässigen Verhalten“ des Käufers, ohne dies näher zu begründen. Dieser Ansatz ist jedoch nicht weiterführend: die grobe Fahrlässigkeit setzt nach der Rechtsprechung des BGH in der Regel ohnehin ein Gefahrenbewußtsein voraus, wenn auch nach heute herrschender Auffassung anerkannt ist, daß auch Fälle einer unbewußten groben Fahrlässigkeit – in Ausnahmesituationen – denkbar sind (dazu umfassend *König*, 179 ff. m.w.N.). Im übrigen kann es für die Schwere des Schuldvorwurfes keinen Unterschied machen, ob eine Gefahr erkannt, aber unterschätzt, oder aus Gedankenlosigkeit gar nicht erst realisiert wurde (so die Auffassung der Rechtsprechung, s. *König*, 184), so daß sich das Gefahrenbewußtsein als Abgrenzungskriterium für den Verschuldensgrad nicht eignet. Doch selbst wenn man davon ausgeht, daß das Bewußtsein von der Gefahr den subjektiven Schuldvorwurf erhöht (*König*, 183), findet sich für eine dahingehende Einengung des im Rahmen der Artt. 36 EKG, 35 III CISG vorauszusetzenden Verschuldensgrades im Wortlaut der zu untersuchenden Normen keine Stütze.

666 *Schlechtriem-Schwenzer*, Art. 35 Rn. 34 m.w.N.; unklar: *Ebenroth*, JBl 1986, 681 (689).

36 EKG bzw. Art. 35 III CISG verwendete Formulierung bezeichne nicht grobe Fahrlässigkeit, sondern Evidenz.[667] Das Übersehen eines evidenten Fehlers soll dabei ein noch höheres Maß an Verschulden voraussetzen als der Begriff der groben Fahrlässigkeit im Sinne des § 460 S.2 BGB a.F. (jetzt § 442 BGB).[668]

Die Aussage, das Merkmal „nicht in Unkenntnis sein können" verlange mehr als grobe Fahrlässigkeit, findet in dieser Form in der Entstehungsgeschichte des Haftungsausschlußtatbestands keine Stütze.[669] Zur genaueren Bestimmung der an den Käufer zu stellenden Sorgfaltsanforderungen ist sie zudem zu unscharf.[670] Weiterführend ist aber der Hinweis, daß im Rahmen der Artt. 36 EKG, 35 III CISG auf die *Evidenz* des Mangels abzustellen ist. Ein Mangel ist dann „evident", wenn sich die Kenntnis davon dem Käufer hätte aufdrängen müssen[671]; wenn der Mangel also für eine durchschnittlich sorgfältig handelnde Person besonders leicht erkennbar ist. Ein Käufer, der einen Mangel nicht bemerkt, der ihm bei Anwendung der im Rahmen durchschnittlicher Fähigkeiten liegenden, gewöhnlichen Aufmerksamkeit ohne weiteres hätte auffallen müssen, vernachlässigt die ihm obliegenden Sorgfaltsanforderungen in besonders hohem Maße. Sein Verhalten ist demnach als grob fahrlässig zu qualifizieren.[672] Dennoch können die Begriffe „Evidenz des Mangels" und „grob fahrlässige Unkenntnis vom Mangel" nicht deckungsgleich verwendet werden. Zwar liegt der Unkenntnis eines evidenten Mangels im Regelfall ein grob fahrlässiges Verhalten zugrunde.[673] Der Begriff der Evidenz bezeichnet jedoch zunächst nicht einen Verschuldensmaßstab, sondern einen bestimmten Sachverhalt: Evidenz bedeutet „Augenfälligkeit" des Mangels; der Mangel muß dem Betrachter förmlich ins Auge sprin-

---

667 *Huber*, Leistungsstörungen, in: Gutachten und Vorschläge, Bd. 1, 647 (873).

668 *Huber*, RabelsZ 43 (1979), 413 (479).

669 Wie oben dargestellt, beabsichtigte die Haager Konferenz mit der Wahl dieser Formulierung in erster Linie klarzustellen, daß der Käufer seine Gewährleistungsrechte nicht bereits dann verlieren sollte, wenn ihn hinsichtlich der Unkenntnis vom Mangel lediglich gewöhnliche Fahrlässigkeit traf, sondern daß ein erhöhtes Maß an Außerachtlassung der erforderlichen Sorgfalt zugrundezulegen war. Ein Hinweis, daß der vorauszusetzende Verschuldensgrad noch über die grobe Fahrlässigkeit hinausgehen sollte, ergibt sich insofern allerdings nicht.

670 So *Aue*, 82.

671 Vgl. *Heilmann*, 208; *Soergel-Lüderitz*, Art. 13 EKG, Rn. 3.

672 Vgl. *Heilmann*, 208; *Neumayer/Ming*, Art. 35 Anm. 13; vgl. auch *Schwimann-Binder*, § 928 Rn. 1 zu § 928 ABGB.

673 Vgl. die Kommentierungen zu § 928 des österreichischen ABGB, der einen Gewährleistungsausschluß vorsieht, wenn die Mängel der Kaufsache „in die Augen fallen". Die Unkenntnis eines solchen augenfälligen Mangels setzt nach herrschender Ansicht ein grob sorgfaltswidriges Verhalten voraus, *Schwimann-Binder*, § 928 Rn. 1; *Rummel-Reischauer*, § 928 Rn. 1 m.w.N.

gen.[674] Dies kann jedoch nur dann der Fall sein, wenn die Sache dem Käufer tatsächlich „vor die Augen" gelangt ist, wenn er sie also betrachten kann. Mängel an einer Sache, die der Käufer nicht zu Gesicht bekommen hat, können für den Käufer auch nicht evident bzw. offen*sichtlich* sein.[675] Entscheidend ist also darauf abzustellen, ob der Käufer die Sache vor oder bei Vertragsschluß gesehen oder gar untersucht hat und ob der Käufer sich bei dieser konkreten Besichtigung vor Mängeln förmlich verschlossen hat, die jedem durchschnittlich sorgfältig vorgehenden Käufer hierbei ohne weiteres erkennbar gewesen wären.[676] Liegt ein solcher Sachverhalt vor, so kann auch davon gesprochen werden, daß der Käufer über die Mangelhaftigkeit der Kaufsache im Sinne der Artt. 36 EKG, 35 III CISG „nicht in Unkenntnis sein konnte": der Käufer konnte gar nicht anders, als die Vertragswidrigkeit wahrzunehmen, weil sie bei Betrachtung der Sache für jedermann deutlich erkennbar und offenkundig war.[677] Hat der Käufer die Sache dagegen nicht tatsächlich in Augenschein genommen, so kommt ein Haftungsausschluß nicht in Betracht, da in einem solchen Fall eindeutig feststeht, daß der Käufer von der Vertragswidrigkeit keine (jedenfalls keine direkte) Kenntnis erlangen konnte.[678]

Insofern kann es auch nicht ausreichen, daß der Käufer aufgrund bestimmter Umstände oder aufgrund der Beschreibung des Verkäufers auf das Vorliegen eines Mangels hätte schließen können[679]: selbst wenn bestimmte Hinweise das

674 *Aue*, 84 f; *Schlechtriem-Schwenzer*, Art. 35 Rn. 34.

675 Vgl. die Kommentierungen zu § 928 des österreichischen ABGB: Auch hier geht es um die „Augenfälligkeit", die Evidenz der Mängel, *Koziol/Welser*, 261; *Rummel-Reischauer*, § 928 Rn. 1; *Schwimann-Binder*, § 928 Rn. 1. Nach h.M. betrifft der Gewährleistungsausschluß dementsprechend nur schon vor oder bei Vertragsschluß *besichtigte* und zu diesem Zeitpunkt mit offenkundigen Mängeln behaftete Sachen, *Schwimann-Binder*, § 928 Rn. 4; *Rummel-Reischauer*, § 928 Rn. 3. Allerdings soll die Formulierung „in die Augen fallend" insofern weit zu verstehen sein, als alle mit den Sinnen wahrnehmbaren Mängel davon erfaßt werden, wie z.B. auch die aus einer Heizanlage oder Flugzeugverkehr entstehende Lärmbelästigung beim Kauf einer Eigentumswohnung. Ausreichend soll ferner sein, daß die erkennbaren äußeren Mängel ohne weiteres auf den inneren Zustand der Kaufsache schließen lassen, *Rummel-Reischauer*, § 928 Rn. 1; *Schwimann-Binder*, § 928 Rn. 3.

676 *Aue*, 84 f.

677 *Neumayer/Ming*, Art. 35 Anm. 13; *Aue*, 84 f.; *Fleischer*, 975; *Honnold*, Rn. 229: „*...these are the facts that are before the eyes of one who can see*". Vgl. auch *Loewe*, 56, wonach eine Vertragswidrigkeit der Ware, über die der Käufer „nicht in Unkenntnis sein konnte" im Sinne der Artt. 36 EKG, 35 III CISG in etwa einem „in die Augen fallenden Mangel" im Sinne des österreichischen § 928 ABGB, also einem augenfälligen Mangel entspricht; so auch *Schwimann-Posch*, Art. 35 UN-Kaufrecht, Rn. 15.

678 *Aue*, 83 f.

679 So aber *Bianca/Bonell-Bianca*, Art. 35 Nr. 2.8.3.

Vorliegen eines Mangels nahelegen, so wird man allenfalls davon sprechen können, daß der Käufer von der *Möglichkeit* der Mangelhaftigkeit Kenntnis erlangt hat; nicht aber davon, daß er von der Mangelhaftigkeit der Sache „nicht in Unkenntnis sein konnte". Denn in einer solchen Situation ist es gerade nicht die Kenntnis vom Mangel, die sich dem Käufer hätte aufdrängen müssen, sondern vielmehr die Notwendigkeit der Vornahme einer Untersuchung der Kaufsache bzw. einer Überprüfung der Hinweise. Geht der Käufer auch ohne die Kaufsache gesehen zu haben konkreten Hinweisen, die auf die Mangelhaftigkeit der Sache hindeuten, nicht nach, so wird darin zwar regelmäßig eine grob fahrlässige Vernachlässigung der im Verkehr erforderlichen Sorgfalt im Sinne des § 460 S. 2 BGB a.F. (§ 442 BGB) liegen[680]; im Rahmen der Artt. 36 EKG, 35 III CISG dagegen ist der Käufer jeglicher Pflicht zur Untersuchung enthoben, da eben nur ganz offensichtliche, augenfällige Mängel betroffen sind.[681] Das Merkmal „nicht in Unkenntnis sein können" kann dem Verkäufer als Beweiserleichterung dafür dienen, daß der Käufer Fakten, die ihm vor Augen standen, auch tatsächlich erfaßt hat: auch wenn dem Käufer im Einzelfall die positive Kenntnis von der Vertragswidrigkeit gemäß Art. 36 1. Alt. EKG bzw. Art. 35 III 1. Alt. CISG nicht nachweisbar ist, so kann aufgrund der Offenkundigkeit des Mangels zumindest unterstellt werden, daß er über den Mangel nicht in Unkenntnis sein konnte.[682]

Richtigerweise ist für die Auslegung des Merkmals „nicht in Unkenntnis sein können" im Sinne der Artt. 36 EKG, 35 III CISG also nicht auf einen der groben Fahrlässigkeit im Sinne des § 460 S. 2 BGB a.F. (§ 442 BGB) entsprechenden Verschuldensmaßstab abzustellen[683], sondern auf die Evidenz des Mangels. Die-

680 Vgl. die Ausführungen zu § 460 S. 2 BGB, oben Kap. II.1.a.aa.(2).

681 *Hutter*, 67; *Honnold*, Rn. 229; *Hyland*, in: Einheitliches Kaufrecht, 305 (325); *Dölle-Stumpf*, Art. 36 Rn. 5; *Schlechtriem-Schwenzer*, Art. 35 Rn. 35; *Mertens/Rehbinder*, Art. 36 Rn. 8. Eine allgemeine Prüfungspflicht des Käufers wurde freilich auch durch den § 460 S. 2 BGB nicht begründet; der Käufer sollte aber in Ausnahmefällen gehalten sein, die Ware zu untersuchen, wenn dies die Umstände des Falles nach Treu und Glauben geboten, etwa weil aufgrund bestimmter Hinweise Anlaß zu besonderer Vorsicht gegeben war, s. dazu oben Kap. II.1.a.aa.(2). So auch zu Art. 35 III CISG: *Heilmann*, 209; noch weitergehend: *Bianca/Bonell-Bianca*, Art. 35 Nr. 2.8.2.: *„The buyer is required to undertake the examination that is normal in his branch of trade according to the circumstances"*.

682 *Schlechtriem-Schwenzer*, Art. 35 Rn. 34; *Honnold*, Rn. 229, der allerdings wegen der Möglichkeit des Anscheinsbeweises der positiven Kenntnis in der praktischen Anwendung kaum einen Unterschied zwischen den Tatbestandsalternativen des Art. 35 III CISG sieht.

683 Vgl. auch *Hutter*, 67, der eine „Übersetzung" der Formulierung „nicht in Unkenntnis sein konnte" in deutsche Rechtsbegriffe und eine Anwendung nationaler Maß-

se kann wiederum nur dann bejaht werden, wenn der Käufer die Kaufsache vor oder bei Vertragsabschluß tatsächlich zu Gesicht bekommen hat. Der Käufer muß dann vor einem offensichtlichen Mangel gleichsam die Augen verschlossen haben.[684] Wann ein Mangel für den konkreten Käufer evident ist, bestimmt sich dabei nicht nur nach rein objektiven Kriterien, vielmehr muß auch die subjektive Position des Käufers berücksichtigt werden[685]: was für einen Fachmann augenfällig sein mag, muß einem Käufer ohne besonderes Fachwissen nicht unbedingt offenkundig sein.

Diese Überlegungen lassen sich auch auf Art. 3 I des Richtlinienvorschlags übertragen. Die Vorschrift, die nach dem Vorbild des EKG und CISG geschaffen wurde, ist demnach im Sinne eines Haftungsausschlusses bei Evidenz der Vertragswidrigkeit zu verstehen.[686] Dafür spricht auch die sprachliche Abweichung des Art. 3 I des Richtlinienvorschlags von der entsprechenden Vorschrift im vorangegangenen Richtlinienentwurfs von Oktober 1995: Gemäß Art. 7 III des Richtlinienentwurfs waren die Gewährleistungsansprüche des Käufers dann ausgeschlossen, wenn er den Mangel der Sache „kennen mußte“: Mit der Abänderung der Formulierung sollte deutlich gemacht werden, daß eine auf bloß gewöhnlicher Fahrlässigkeit beruhende Unkenntnis von Mängeln dem Verbraucher nicht schadet.[687] Zu einem Ausschluß der Gewährleistungshaftung im Rahmen des Art. 3 I des Richtlinienvorschlags führen vielmehr nur solche Vertragswidrigkeiten, deren Kenntnis sich dem Käufer aufdrängen mußte. Daß nur die evidenten Mängel von dem Haftungsausschlußtatbestand erfaßt werden, geht klar aus der Begründung zu Art. 3 I des Richtlinienvorschlags hervor. Hier heißt es, daß es sich bei Mängeln, über die der Käufer nicht in Unkenntnis sein konnte, um offenkundige Mängel an der Sache handelt, *die der Verbraucher vorher in Augenschein genommen hat*. Es wird also vorausgesetzt, daß der Käufer die Sache vor oder bei Vertragsabschluß besichtigt hat und daß der Mangel bei der

---

stäbe nicht für sinnvoll erachtet. Seiner Auffassung nach sind die genaueren Abgrenzungen im Einzelfall von den Gerichten vorzunehmen.

684 Der insofern zugrundezulegende Sorgfaltsmaßstab stellt geringere Anforderungen an der Käufer als derjenige der groben Fahrlässigkeit: *Schlechtriem-Schwenzer*, Art. 35 Rn. 34; *Huber*, Leistungsstörungen, in: Gutachten und Vorschläge, Bd. 1, 647 (873).

685 *Schlechtriem-Schwenzer*, Art. 35 Rn. 34; vgl. auch *Dölle-Stumpf*, Art. 36 Rn. 4.

686 *Staudenmayer*, NJW 1999, 2393 (2394 f.): gemeint sind Fälle, in denen der Verbraucher gar nicht anders konnte, als die Vertragswidrigkeit wahrzunehmen; vgl. auch *Faber*, JBl 1999, 413 (424). *Rieger*, VuR 1999, 287 (290), zieht den Schluß, daß die Haftung bei grobem Verschulden des Käufers ausgeschlossen sein soll.

687 Laut *Amtenbrink/Schneider*, VuR 1996, 367 (374) soll allerdings bereits die Formulierung „kennen mußte“ im Sinne des Richtlinienentwurfs als grobe Fahrlässigkeit auszulegen sein.

bloßen Betrachtung der Kaufsache vom Käufer hätte wahrgenommen werden können.[688] Hat der Käufer die Kaufsache dagegen vorher nicht gesehen, so kommt ein Haftungsausschluß nicht in Betracht. Unzutreffend wäre es insofern, den in der Begründung der Kommission vorgestellten Fall lediglich als Beispielsfall zu verstehen, anhand dessen die Bedeutung des Begriffes „nicht in Unkenntnis sein konnte" exemplarisch dargestellt und der zugrundezulegende Wertungsmaßstab aufgezeigt werden sollte.[689] Der von der Kommission genannte Hinweis ist eindeutig nicht im Sinne eines Beispiels formuliert, sondern als Darlegung der bei der Auslegung der Norm vorauszusetzenden Situation: Die Kommission wollte klarstellen, daß lediglich die evidenten Mängel von der Vorschrift erfaßt werden.[690] Dies entspricht auch – wie oben dargestellt – dem richtigen Verständnis der gleichlautenden Regelung des Art. 35 III CISG.

In der endgültigen Fassung der Richtlinie wurde der Begriff „nicht in Unkenntnis sein können" durch das zusätzliche Merkmal „vernünftigerweise" ergänzt. Dies wirft die Frage auf, ob sich dadurch eine inhaltliche, qualitative Änderung des Haftungsausschlußtatbestands ergibt. Teilweise wird die Hinzufü-

688 Vgl. *Jorden*, 207: offenkundig bedeutet hier offen*sichtlich*.

689 So aber *Jorden*, 207 f. *Jorden* führt insoweit an, daß Fälle, in denen der Käufer die mit offensichtlichen Mängeln behaftete Kaufsache vor Augen gehabt hat, nicht anders beurteilt werden dürften, als solche, in denen der Käufer mit Mängeln der Sache zwar rechnen mußte (etwa aufgrund besonderer zur Vorsicht gemahnender Umstände oder konkreter Hinweise von dritter Seite), aber dennoch von einer Besichtigung der Sache abgesehen hat. Diesen Fällen sei gemeinsam, daß der Verbraucher konkrete Anhaltspunkte für das Vorliegen von Mängeln gröblich vernachlässigt habe. Dem kann so jedoch nicht zugestimmt werden. Zutreffend ist, daß einem Käufer, der konkreten Hinweisen auf die Mangelhaftigkeit der Sache nicht weiter nachgeht und die Sache dennoch unbesehen kauft, im Regelfall der Vorwurf einer groben Vernachlässigung der erforderlichen Sorgfalt zu machen sein wird (zu den einzelnen Fallgruppen, bei denen vom Käufer eine genauere Überprüfung verlangt werden kann vgl. auch *Fleischer*, 479 ff.). Wie bereits dargestellt, ist im Rahmen der Art. 3 I des Richtlinienvorschlags jedoch nicht auf das grob fahrlässige Verhalten des Käufers abzustellen, sondern vielmehr auf die Evidenz des Mangels. Evidenz meint Augenfälligkeit; sie liegt nicht vor, wenn der Käufer lediglich (wenn auch schuldhaft) bestimmten Hinweisen auf das Vorliegen von Mängeln der Kaufsache, die er selber nicht gesehen hat, nicht nachgeht und insofern die Möglichkeit einer Untersuchung der Sache zur Feststellung von Mängeln nicht nutzt. Diese Fälle werden von dem Begriff „konnte nicht in Unkenntnis sein" nicht erfaßt: der Käufer der eine an sich gebotene Prüfung der Kaufsache nicht vornimmt kann gerade deshalb sehr wohl in Unkenntnis des Mangels sein, auch wenn sein Verhalten sich als grobe Sorgfaltspflichtverletzung darstellt.

690 Welcher Mangel im Einzelfall als für den Käufer evident bezeichnet werden kann, bestimmt sich dabei nach der konkreten Situation und den individuellen Fähigkeiten des Käufers, vgl. *Jorden*, 208.

gung des Wortes „vernünftigerweise" als Hinweis darauf verstanden, daß nunmehr bereits einfache Fahrlässigkeit bezüglich der Unkenntnis des Sachmangels die Gewährleistungsrechte ausschließen soll.[691] Das Tatbestandsmerkmal „vernünftigerweise" wäre demnach in dem Sinne auszulegen, daß vom Verbraucher eine vernünftige, sprich kritische und weitergehende Betrachtung bzw. Untersuchung der Kaufsache gefordert würde. Vom Haftungsausschlußtatbestand erfaßt wären demnach nicht nur offensichtliche, evidente Mängel, sondern auch solche, die erst aufgrund einer angemessenen und aufmerksamen Prüfung durch den Käufer hätten zu Tage treten können. Gerade die Statuierung einer entsprechenden Pflicht zur „vernünftigen" Untersuchung der Kaufsache durch den Käufer liefe jedoch dem mit der Richtlinie verfolgten Zweck des Verbraucherschutzes zuwider.[692]

Gegen eine solche Auslegung der Vorschrift spricht im übrigen auch ihre Entstehungsgeschichte. Zu der Formulierung „vernünftigerweise nicht in Unkenntnis sein konnte", auf die man sich in Art. 2 III des Gemeinsamen Standpunkts einigte, heißt es in der Analyse des Gemeinsamen Standpunkts: „In Absatz 3 hat der Rat Änderung 21 [des Parlaments] in leicht geänderter Form übernommen."[693] Das Europäische Parlament freilich hatte den Haftungsausschluß in Fällen der (dem Verbraucher vorwerfbaren) Unkenntnis ganz streichen wollen.[694] Handelt es sich bei der Regelung aber um einen Kompromiß zwischen den eingebrachten Vorschlägen der Kommission und des Parlaments, so ist nicht davon auszugehen, daß mit der Einfügung des Merkmals „vernünftigerweise" eine Anhebung des Sorgfaltsmaßstabs des Verbrauchers bezweckt war. Die in Art. 2 III Kauf-RL vorgenommene Ergänzung stellte vielmehr ein Entgegenkommen des Rates in Richtung der Forderung des Parlaments nach einer völligen Abschaffung des Ausschlußtatbestands dar.[695] Eine Verschärfung der Sorgfaltspflichten des Käufers dagegen wäre den Zielen des Parlaments genau entgegenlaufen. Daß mit dem Begriff „vernünftigerweise nicht in Unkenntnis sein

691 So *Kainer*, AnwBl 2001, 389 (384); aus rechtspolitischer Sicht kritisch *Ehmann/Rust*, JZ 1999, 853 (857); kritisch auch *Martinek*, in: Systembildung und Systemlücken, 511 (538); *Honsell*, JZ 2001, 278 (279).

692 So auch *Kainer*, AnwBl 2001, 389 (384), der einerseits, in Übereinstimmung mit der allgemeinen Ansicht, davon ausgeht, der Art. 2 III der Richtlinie normiere keine Untersuchungspflicht, andererseits aber bereits einfache Fahrlässigkeit des Käufers für den Haftungsausschluß im Rahmen dieser Vorschrift ausreichen lassen will. Dies ist widersprüchlich, da das Heraufsetzen des Sorgfaltsmaßstabs hinsichtlich der Kenntniserlangung des Käufers notwendigerweise eine Verschärfung seiner Prüfungspflichten beinhaltet.

693 ABl. C 333 vom 30.10.1998, 46 (53).

694 ABl. C 140 vom 06.04.1998, 30 (34).

695 *Staudenmayer*, NJW 1999, 2393 (2395).

konnte“ die nur auf gewöhnlicher Fahrlässigkeit beruhende Unkenntnis bezeichnet werden sollte, ist somit auszuschließen. Die Hinzufügung des Merkmals „vernünftigerweise“ bestätigt vielmehr die hier vertretene Deutung des Begriffes „nicht in Unkenntnis sein konnte“: Die Ergänzung wurde vorgenommen, um die restriktive Auslegung des Haftungsausschlußtatbestands noch deutlicher klarzustellen.[696] Es geht um Mängel, die ein durchschnittlicher Verbraucher unter Aufwendung der normalen Vernunft ohne weiteres hätte erkennen können, die zu übersehen bei normal vernünftigem Verhalten im Prinzip gar nicht möglich ist, sprich: um evidente Mängel.[697]

Demnach kann auch diese schlußendlich gewählte Formulierung des Gewährleistungsausschlußtatbestands nicht pauschal mit der grob fahrlässigen Unkenntnis im Sinne des § 460 S. 2 BGB a.F. (bzw. § 442 BGB) gleichgesetzt werden. Von Art. 2 III 2. Alt der Richtlinie werden vielmehr nur solche Mängel erfaßt, die sich dem Käufer geradezu aufdrängen, weil sie offen zu Tage treten. Es kommt demnach darauf an, daß der Käufer vor dem Mangel förmlich „die Augen verschließt“, womit an den Käufer geringere Sorgfaltsanforderungen gestellt werden als durch den Maßstab der groben Fahrlässigkeit.[698]

---

696 *Staudenmayer*, NJW 1999, 2393 (2395); s. auch die Mitteilung der Kommission an das Europäische Parlament über den Gemeinsamen Standpunkt vom 25.09.1998, SEK (1998) 1553 endg., 5 f.: Nach Auffassung der Kommission bedeutet die Hinzufügung des Wortes „vernünftigerweise“ eine Einschränkung der rechtlichen Wirkung der Bestimmung, „da die ‚Schwelle‘, ab der der Verbraucher über die Vertragswidrigkeit nicht in Unkenntnis sein kann, nunmehr höher liegt als vorhin“ (wobei „vorhin“ den Art. 3 I des Kommissionsvorschlags bezeichnet, in dem das Tatbestandsmerkmal „vernünftigerweise“ noch fehlt). Die Kommission merkt auch an, daß der Unterschied zwischen der nunmehr im Gemeinsamen Standpunkt gewählten Formulierung des Ausschlußtatbestands und der vom Europäischen Parlament zuvor geforderten Beschränkung des Haftungsausschlusses auf die positive Kenntnis des Verbrauchers „nicht mehr erheblich“ sei. Vgl. auch *Jorden*, 209 Fn. 137.

697 *Micklitz*, EuZW 1999, 485 (492) spricht insofern von objektiv „vernünftigen“ Erwartungen, die an den Verbraucher hinsichtlich der Kenntnisnahme von offen zutage tretenden Vertragswidrigkeiten gestellt werden können.

698 *Schwartze*, ZEuP 2000, 544 (562); Anwaltkommentar-*Pfeiffer*, Art. 2 Kauf-RL Rn. 24; *Faber*, JBl 1999, 413 (424); *Staudenmayer*, NJW 1999, 2393 (2395); *Tonner/Crellwitz/Echtermeyer*, in: Schuldrechtsreform und Verbraucherschutz, 293 (335): Die „grobe Fahrlässigkeit“ eröffnet einen weiteren Anwendungsbereich als die Formulierung „nicht in Unkenntnis sein können“; auch *Micklitz*, EuZW 1999, 485 (492) ist der Auffassung, dieses Tatbestandsmerkmal könne nicht mit dem Begriff der groben Fahrlässigkeit wiedergegeben werden. Zustimmend wohl auch *Faber*, 79, der sich für eine entsprechende – eingeschränkte – Auslegung des § 928 österr. ABGB ausspricht. Im Sinne der groben Fahrlässigkeit gemäß § 460 S. 2 BGB a.F. interpretieren den Art. 2 III 2. Alt. der Richtlinie dennoch: *Schä-*

(3). Reichweite des Haftungsausschlußtatbestands

Der Art. 2 III Kauf-RL sieht einen Ausschluß der Gewährleistungshaftung des Verkäufers vor, wenn der Verbraucher von einem Mangel der Kaufsache Kenntnis hatte oder vernünftigerweise nicht in Unkenntnis darüber sein konnte oder wenn der Mangel auf den vom Verbraucher gelieferten Stoff zurückzuführen ist. Wann ein Mangel im Sinne dieser Vorschrift vorliegt, bestimmt sich nach den Absätzen 1 und 2 des Art. 2 Kauf-RL, die die Vertragsmäßigkeit der Ware als den für den Sachmängelbegriff maßgeblichen Standard definieren: Gemäß Art. 2 I Kauf-RL ist der Verkäufer verpflichtet, dem Käufer vertragsgemäße Güter zu liefern; d.h. die Kaufsache muß den Anforderungen des Vertrags entsprechen.[699] Zur Beurteilung der vertraglichen Anforderungen knüpft die Richtlinie dabei vorrangig an die subjektive Parteiabsprache an, die aus den Umständen des Vertragsschlusses abgeleitet wird: die verkaufte Sache muß den Zustand aufweisen, den die Parteien – ausdrücklich oder konkludent – vertraglich vereinbart haben.[700] Mangels Parteiabrede ist hilfsweise der Standard der Vertragsmäßigkeit objektiv nach dem gewöhnlichen Gebrauchszweck und anderen üblichen Kriterien zu bestimmen: gemäß Art. 2 II litt. a) – d) wird vermutet, daß ein Verbrauchsgut vertragsgemäß ist, wenn es einem Modell oder der Beschreibung des Verkäufers entspricht, wenn es die vom Käufer gewünschten Eigenschaften aufweist, wenn es für den vertragsgemäßen Gebrauch taugt, wenn es die Eigenschaften aufweist, die man üblicherweise von einer Sache gleicher Art und Güte erwarten kann.[701]

---

fer/Pfeiffer, ZIP 99, 1829 (1832, 1834 Fn.40); *Matthiessen/Lindner*, NJ 1999, 617 (618); *Schmidt-Räntsch*, ZIP 1998, 849 (851); *Weisner*, JuS 2001, 759 (762); *Hänlein*, DB 1999, 1641 (1643); *Tonner*, BB 1999, 1769 (1771); *Jorden*, 209 f.; *Flessner*, in: Europäisches Kaufgewährleistungsrecht, 233 (245); *Grundmann/Bianca-Grundmann*, Art. 2 Rn. 52, der dabei jedoch für eine eingeschränkte Auslegung des Begriffes plädiert; wohl auch *Westermann*, in: *Schulze/Schulte-Nölke*, 109 (122).

699 Die Richtlinie geht dabei, wie auch das CISG, dessen Vorbildcharakter der Richtliniengeber betont hat, von einem einheitlichen Begriff der Vertragswidrigkeit aus. Erfaßt werden nicht nur Qualitätsabweichungen, sondern auch Quantitätsabweichungen, sowie die Lieferung eines *aliud*, *Grundmann/Bianca-Grundmann*, Art. 2 Rn. 12; Anwaltkommentar-*Pfeiffer*, Art. 2 Kauf-RL Rn. 5.

700 *Rieger*, VuR 1999, 287 (288); *Weisner*, JuS 2001, 759 (760); *Schmidt-Räntsch*, ZIP 1998, 849 (850 f.); *Grundmann/Bianca-Grundmann*, Art. 2 Rn. 8; Anwaltkommentar-*Pfeiffer*, Art. 2 Kauf-RL Rn. 8 f.; vgl. auch Erwägungsgrund 8. der Richtlinie.

701 Sofern in Art. 2 II Kauf-RL davon die Rede ist, die Vertragsmäßigkeit werde in den genannten Fällen „vermutet" ist diese Formulierung irreführend, da es sich nicht um Regelungen zur Beweislastverteilung handelt, sondern vielmehr um die Festlegung der für die Mängelfeststellung im Rahmen des Art. 2 Kauf-RL im Regelfall maß-

Die Unterscheidung zwischen der vorrangigen vertraglichen Leistungsbestimmung und der sekundären Leistungsbestimmung nach objektiven Kriterien entstammt dem Art. 35 CISG, der dem Richtliniengeber bei der Ausarbeitung des Art. 2 Kauf-RL als Vorbild diente[702]: Gemäß Art. 35 I CISG sind zunächst die vertraglichen Vereinbarungen der Parteien zu berücksichtigen. Primär kommt es also auf die im konkreten Vertrag durch quantitative und qualitative Daten und Beschreibungen festgelegten Eigenschaften an. Haben die Parteien keine ausreichend detaillierte Leistungsbeschreibung nach Abs. 1 getroffen, so greift subsidiär Art. 35 II ein, der eine Reihe objektiver Kriterien zur Bestimmung der Vertragsmäßigkeit aufzeigt.[703] Dem UN-Kaufrecht (und der Verbrauchsgüterkaufrichtlinie) liegt demnach, wie auch dem deutschen Kaufgewährleistungsrecht, der „subjektive Fehlerbegriff" zugrunde.[704]

Bezüglich des in Art. 35 III CISG vorgesehenen Haftungsausschlußtatbestands, an dem sich auch die Vorschrift des Art. 2 III Kauf-RL orientiert, ist umstritten, ob er sich lediglich auf die in Art. 35 II CISG angeführten Fälle der

---

geblichen Tatsachen, sprich um die nähere Ausgestaltung der Kriterien der Vertragsmäßigkeit in Form von Regelbeispielen, *Grundmann/Bianca-Grundmann*, Art. 2 Rn. 17 f.; Anwaltkommentar-*Pfeiffer*, Art. 2 Kauf-RL Rn. 12.

702 *Micklitz*, EuZW 1999, 485 (486); *Weisner*, JuS 2001, 759 (769); *Schlechtriem*, JZ 1997, 441 (444).

703 *Herber/Czerwenka*, Art. 35 Rn. 3; *Reinhart*, Art. 35 Rn. 2, 4; *Schlechtriem-Schwenzer*, Art. 35 Rn. 6 ff; *Bianca/Bonell-Bianca*, Art. 35 Nr. 2.1.; *Neumayer/Ming*, Art. 35 Nr. 1, 5. Die Vorschrift des § 35 CISG basiert auf Art. 33 EKG. Die Grundregel, daß die Ware den vertraglichen Vereinbarungen entsprechen muß, steht in Art. 35 CISG jedoch am Anfang, während sie in Art. 33 I f) als Auffangtatbestand erscheint, s. *Dölle-Stumpf*, Art. 33 Rn. 21; *Mertens/Rehbinder*, Art. 33 Rn. 20.

704 Herrschende Auffassung im Theorienstreit um den Fehlerbegriff im Sinne des § 459 BGB a.F. war die „subjektive" Theorie: Danach kam es zur Bestimmung der Soll-Beschaffenheit der Kaufsache zunächst darauf an, was die Parteien vertraglich als Eigenschaften vereinbart hatten. In zweiter Linie war der von den Parteien gemeinsam vorausgesetzte Gebrauch maßgeblich. Lagen insofern keine vertraglichen Absprachen vor, so bestimmte sich die Soll-Beschaffenheit objektiv nach dem gewöhnlichen Gebrauch und der üblichen Beschaffenheit der Sache, s. *Schlechtriem*, SchR BT, Rn. 78 ff.; *Palandt-Putzo*, § 459 Rn. 8. Das neue Schuldrecht legt dem Gewährleistungsrecht nunmehr eindeutig den subjektiven Fehlerbegriff zugrunde: gemäß § 434 I 1 BGB ist zur Feststellung eines Sachmangels vorrangig auf die vertraglich vereinbarte Beschaffenheit der Kaufsache abzustellen. Liegt keine vertragliche Beschaffenheitsvereinbarung vor, so ist gemäß § 434 I 2 Nr.1 BGB ein weiteres subjektives Kriterium, nämlich der vertraglich vereinbarte Verwendungszweck maßgeblich. Nur soweit die Parteien diesbezüglich keinerlei Absprache getroffen haben, gilt notwendigerweise gemäß § 434 I 2 Nr. 2 ein objektiver Maßstab, s. *Haas/Medicus/Rolland/Schäfer/Wendtland*, Kap. 5 Rn. 89 ff.

Vertragswidrigkeit bezieht, oder auch auf die vertragliche Leistungsbeschreibung nach Art. 35 I CISG. Aus dem Wortlaut des Art. 35 III CISG, sowie seiner Entstehungsgeschichte[705] ergibt sich allerdings eindeutig, daß die Vorschrift nur auf die hilfsweisen Leistungsbestimmungen nach Art. 35 II litt. a) – d) Anwendung finden soll, während die vertraglichen Festlegungen gemäß Art. 35 I CISG von der Haftungsausschlußnorm unberührt bleiben. Dennoch wird teilweise eine analoge Anwendung des Art. 35 III CISG auch auf den Art. 35 I CISG befürwortet.[706] Die herrschende Meinung lehnt eine solche Ausdehnung des Anwendungsbereichs des Art. 35 III CISG jedoch ab.[707] Hinsichtlich der Quantitätsabweichungen und der Lieferung eines *aliud* ist freilich die Kenntnis des Käufers ohnehin kaum vorstellbar.[708] Doch auch wenn der Käufer bei Vertragsschluß von einer Qualitätsabweichung der Kaufsache weiß, verbietet sich nach herrschender Meinung eine pauschalierende Betrachtung im Sinne des Art. 35 III CISG.[709] Insofern ist eine klare Unterscheidung zwischen den gesetzlich festgelegten Kriterien und den ausdrücklichen[710] vertraglichen Absprachen der Partei-

705 Auf der diplomatischen Konferenz wurde ein Antrag Norwegens, den Abs. 1 in den Anwendungsbereich des Abs. 3 einzubeziehen, abgelehnt, s. *Official Records*, 426 f.

706 *Schlechtriem*[1]*-Stumpf*, Art. 35 Rn. 32; *Enderlein/Maskow/Strohbach*, Art. 35 Rn. 19; *Enderlein/Maskow/Stargardt*, Art. 35 Anm. 11; *Herber-Czerwenka*, Art. 35 Rn. 11; *Reinhart*, Art. 35 Rn. 10; unklar: *Audit*, Rn. 101 Fn. 3; kritisch bereits zu Art. 36 EKG auch *Mertens/Rehbinder*, Art. 36 Rn. 4, sowie *Kirchhof*, 135 f.: Der Art. 36 EKG bezieht sich nach seinem Wortlaut nur auf die Vertragswidrigkeiten gemäß Art. 33 I litt. d), e) und f). Er gilt damit nicht für Quantitätsmängel und *aliud*-Lieferungen. Anders als nach Art. 35 III CISG ist eine Enthaftung bei Kenntnis des Käufers vom Fehlen vertraglich vorgesehener Eigenschaften indes gemäß Art. 36 EKG möglich (vgl. Art. 33 I lit. f). Die von *Mertens/Rehbinder* u.a. vorgebrachte Kritik bezieht sich somit in erster Linie auf die „systemwidrige“ Ungleichbehandlung von Qualitätsmängeln einerseits und Quantitätsmängeln sowie *aliud*-Lieferungen andererseits, vgl. auch *Hutter*, 64.

707 *Schlechtriem-Schwenzer*, Art. 35 Rn. 38; *Karollus*, 119; *Soergel*[13]*-Lüderitz/Schüßler-Langeheine*, Art. 35 Rn. 8; *Aue*, 80 f.; *Ebenroth*, JBl 1986, 681 (689); *Bianca-Bonell-Bianca*, Art. 35 Nr. 2.9.2.; *Loewe*, 56; *Heilmann*, 206; *Hutter*, 65; *Honnold*, Rn. 229; *Schlechtriem*, in: *International Sales*, 6-1 (6-23); ders., in: Wiener Kaufrecht, 103 (118).

708 *Aue*, 80; *Schlechtriem-Schwenzer*, Art. 35 Rn. 38; *Huber*, RabelsZ 43 (1979), 413 (479); *Hutter*, 64; zustimmend insoweit auch *Enderlein/Maskow/Strohbach*, Art. 35 Rn. 19.

709 So *Schlechtriem-Schwenzer*, Art. 35 Rn. 38.

710 Eine konkludente Qualitätsbeschreibung kommt nicht in Betracht, wenn der Käufer weiß oder nicht darüber in Unkenntnis sein kann, daß die Kaufsache die entsprechende Eigenschaft nicht aufweist, s. *Bianca/Bonell-Bianca*, Art. 35 Nr. 2.9.2.; *Loewe*, 56.

en erforderlich: Die in Art. 35 II litt. a) – d) angeführten objektiven Kriterien zur Bestimmung der Vertragsmäßigkeit entsprechen dem, was ein Käufer im Regelfall im Hinblick auf die Beschaffenheit der Kaufsache – berechtigterweise – erwarten darf, auch wenn diese Eigenschaften im Vertrag nicht explizit festgelegt wurden. War sich der Käufer jedoch über die Vertragswidrigkeit hinsichtlich einer solchen Eigenschaft bewußt, oder konnte er darüber nicht in Unkenntnis sein, so soll er sich später nicht auf berechtigte Erwartungen dahingehend berufen können. Dagegen darf der Käufer, wenn bestimmte Eigenschaften von den Parteien ausdrücklich vertraglich vorausgesetzt worden sind, auch bei Kenntnis, oder wenn er über die Vertragswidrigkeit nicht in Unkenntnis sein konnte, eine der vertraglichen Vereinbarung entsprechende Leistung vom Verkäufer erwarten.[711]

Diese Regelung führt in der Praxis vor allem dann zu sinnvollen Ergebnissen, wenn der Kaufsache zwar im Zeitpunkt des Vertragsschlusses eine Eigenschaft fehlt, diese aber bis zur Lieferung noch „beschafft" werden kann.[712] So ist denkbar, daß die Parteien eine dahingehende Absprache getroffen haben, daß der Verkäufer die der Leistungsbeschreibung entsprechenden Eigenschaften noch bis zur Lieferung herstellen soll.[713] Es mag auch sein, daß der Verkäufer durch

711 So die Begründung der diplomatischen Konferenz, *Official Records*, 32 Nr. 13, 14, vgl. dazu auch *Schlechtriem*, in: *International Sales*, 6-1 (6-23). Dem folgend *Bianca/Bonell-Bianca*, Art. 35 Nr. 2.9.2., der ergänzend ausführt, der Käufer solle sich auf ausdrücklich getroffene vertragliche Festlegungen verlassen können. Die Tatsache, daß der Käufer Kenntnis vom wahren Zustand der Kaufsache hatte, oder darüber nicht in Unkenntnis sein konnte, könne insofern keine Rolle spielen, als dies weder den Inhalt der vertraglichen Bestimmungen ändere, noch den Verkäufer von seinen vertraglichen Verpflichtungen entbinde; Auch *Karollus*, 119 ist der Auffassung, daß bei einer ausdrücklichen vertraglichen Beschaffenheitsvereinbarung zumindest eine starke Vermutung dahingehend bestehe, daß der Käufer nicht von dieser abgehen wolle, so daß es sachgerecht sei, dies der Vertragsauslegung im Einzelfall zu überlassen und nicht durch eine typisierende Haftungsausschlußnorm im Sinne des Art. 35 III CISG zu präjudizieren. *Huber*, RabelsZ 43 (1979), 413 (479 Fn. 113) hingegen hält eine Anwendung des Art. 35 III CISG auch auf Fälle der vertraglichen Beschaffenheitsvereinbarung für denkbar, so z.B. wenn der Käufer eine als „Stradivari" angepriesene Geige erwirbt, obwohl er weiß, daß es sich nicht um eine Stradivari handelt; kritisch auch *Niggemann*, in: *Hoyer/Posch*, 77 (85 f.).

712 *Soergel*[13]*-Lüderitz/Schüßler-Langeheine*, Art. 35 Rn. 8.

713 *Schlechtriem-Schwenzer*, Art. 35 Rn. 38; *Aue*, 81; *Heilmann*, 211. Zu dem Ergebnis, daß die Kenntnis dem Käufer in einem solchen Fall nicht schadet, kommen auch *Enderlein/Maskow/Stargardt*, Art. 35 Anm. 11. Sie befürworten zwar grundsätzlich eine analoge Anwendung des Art. 35 III CISG auch auf die vertraglichen Leistungsbestimmungen gemäß Art. 35 I CISG, gehen aber davon aus, daß die Verantwortlichkeit des Verkäufers auch im Falle der Mängelkenntnis des Käufers nicht absolut ausgeschlossen ist. Habe der Käufer auf der einwandfreien Qualität der

seine Darstellung dem Käufer den Eindruck vermittelt hat, daß eventuelle Fehler der Kaufsache vor Lieferung noch behoben würden. Dies gilt insbesondere auch dann, wenn der Käufer von der Qualitätsabweichung keine positive Kenntnis hatte, sondern lediglich darüber nicht in Unkenntnis sein konnte.[714] Andererseits ist es auch möglich, daß die (für den Käufer negative) Beschaffenheit der Kaufsache, so wie der Käufer sie kannte, zum Vertragsinhalt geworden ist.[715] Im Falle der vertraglichen Leistungsbestimmungen muß demnach bei Kenntnis des Käufers von einer Qualitätsabweichung im Einzelfall durch Auslegung der Willenserklärungen der Parteien gemäß Art. 8 III CISG ermittelt werden, welche Warenbeschaffenheit nun tatsächlich im Sinne des Art. 35 I CISG vereinbart wurde.[716]

Im Gegensatz zu Art. 35 III CISG fand der Haftungsausschluß nach Art. 36 EKG auf die Fälle der vertraglichen Qualitätsabsprachen grundsätzlich Anwendung (die Vorschrift verwies auch auf Art. 33 I lit. f EKG). Doch sollte nach allgemeiner Meinung auch Art. 36 EKG dann nicht eingreifen, wenn die Parteien die Behebung des Mangels vereinbart hatten. Die Ausschlußregelung galt in einem solchen Fall als abbedungen; allerdings nur dann, wenn der Verkäufer sich zur Beseitigung des Mangels vertraglich verpflichtet hatte.[717] Zu ähnlichen Ergebnissen gelangte man, wie oben gezeigt[718], im Bereich der deutschen Ausschlußnorm des § 460 BGB a.F. Zwar differenzierte § 459 BGB a.F. nicht wie

Kaufsache bestanden, so bleibe der Verkäufer verantwortlich, da von ihm eine Beseitigung des Mangels erwartet werden durfte.

714 *Hyland*, in: Einheitliches Kaufrecht, 305 (327); *Schlechtriem-Schwenzer*, Art. 35 Rn. 38.

715 *Schlechtriem-Schwenzer*, Art. 35 Rn. 38; *Karollus*, 119; *Schlechtriem*, in: Wiener Kaufrecht, 103 (118); ders., in: *International Sales*, 6-1 (6-23 f.); vgl. auch *Honnold*, Rn. 229 Fn. 15; *Hyland*, in: Einheitliches Kaufrecht, 305 (327); *Hutter*, 65 f. geht davon aus, daß die Anwendung des Art. 35 III CISG auf Art. 35 I CISG schon deshalb nicht notwendig ist, da grundsätzlich bereits die Auslegung des Kaufvertrages ergebe, daß die fehlende, im Vertrag aber genannte Eigenschaft aufgrund der Kenntnis des Käufers zumindest konkludent gar nicht vereinbart wurde. Dem kann in dieser pauschalen Form jedoch nicht zugestimmt werden. Es sind Sachverhalte denkbar, in denen zwar der Käufer vom Fehlen einer bestimmten Eigenschaft Kenntnis hat, diese Tatsache dem Verkäufer jedoch verborgen geblieben ist. In einem solchen Fall kann eine entsprechende vertragliche Vereinbarung nicht angenommen werden. Bei auch verkäuferseitiger Kenntnis des Mangels wird man jedoch im Einzelfall eine dahingehende Auslegung der Willenserklärungen der Parteien bei der Festlegung der vertraglichen Anforderungen über Art. 8 III CISG vornehmen können, s. *Heilmann*, 206; *Schlechtriem*, in: *International Sales*, 6-1 (6-23 f.).

716 *Schlechtriem-Schwenzer*, Art. 35 Rn. 38; *Heilmann*, 206.

717 S. *Dölle-Stumpf*, Art. 36 Rn. 3; *Mertens/Rehbinder*, Art. 36 Rn. 3; *Beß*, 75.

718 Oben Kap. II.1.a.aa.(3).

Art. 35 CISG und Art. 33 EKG zwischen vereinbarter Beschaffenheit und implizierter Beschaffenheitsbeschreibung. Grundsätzlich schloß positive Kenntnis des Käufers, wie sich aus dem Umkehrschluß aus § 460 S. 2 BGB a.F. ergab, die Haftung des Verkäufers auch im Falle einer Zusicherung aus. Allerdings kam es dabei entscheidend auf den Inhalt der Zusicherung an: der Ausschluß konnte dann nicht gelten, wenn der Verkäufer die fragliche Eigenschaft der Sache in der Weise zugesichert hatte, daß er sie noch herzustellen versprach.[719] Durch die besondere Vereinbarung war der § 460 BGB a.F. ausgeschlossen.

War dem Käufer lediglich grob fahrlässige Unkenntnis von einen Fehler im Sinne des § 459 I 1 BGB a.F. vorzuwerfen, so schadete ihm diese gemäß § 460 S. 2 BGB a.F. nur, wenn nicht der Verkäufer die Abwesenheit des Fehlers zugesichert oder diesen arglistig verschwiegen hatte. Art. 35 CISG und Art. 36 EKG kennen eine entsprechende Regelung nicht. Die Ausschlußvorschriften greifen nach ihrem Wortlaut grundsätzlich nicht nur bei positiver Kenntnis des Käufers, sondern auch dann ein, wenn er über eine Vertragswidrigkeit nicht in Unkenntnis sein konnte. Im Rahmen des Art. 36 EKG wurde jedoch aus dem allgemeinen Prinzip, treuwidriges Verhalten einer Partei nicht zu schützen, gefolgert, daß sich in Fällen der Arglist des Verkäufers oder bei besonderer Zusage der Vertragsmäßigkeit nur die positive Mängelkenntnis für den Käufer nachteilig auswirken kann.[720] Ähnliches gilt für den Art. 35 III CISG: Bei arglistigem Verhalten des Käufers wird eine Lösung über das Prinzip von Treu und Glauben (Art. 7 I CISG) und nach dem Grundgedanken des Art. 40 CISG, wonach der Verkäufer sich nicht auf ein Verhalten des Käufers berufen kann, wenn ihn selbst ein größerer Vorwurf trifft, befürwortet und folglich ein Haftungsausschluß abgelehnt: Der (wenn auch schuldhaft) unwissende Käufer erscheint schutzwürdiger als der arglistig handelnde Verkäufer.[721] Im Falle der Zusicherung[722] einer bestimmten

---

719 RG Recht 1908, Nr. 960; *Eccius*, in: *Gruchot* 43 (1899), 305 (309 f.); *Larenz*, SchR BT/1, 47; *Soergel-Huber*, Art. 460 Rn. 17; MüKo-*Westermann*, § 460 Rn. 6; *Staudinger-Honsell*, § 460 Rn. 6.

720 *Dölle-Stumpf*, Art. 36 Rn. 6; *Beß*, 75 f.; *Riese*, RabelsZ 29 (1965), 1 (49); *Amaudruz*, 201 f.; differenzierend: *Mertens/Rehbinder*, Art. 36 Rn. 10.

721 *Heilmann*, 211; *Schlechtriem-Schwenzer*, Art. 35 Rn. 37; *Aue*, 85; *Karollus*, 119.

722 Die Zusicherung einer Eigenschaft, soweit sie im deutschen Recht als eine besondere Gewährsübernahme des Verkäufers verstanden wurde (s. etwa *Jauernig-Vollkommer*, § 459 Rn. 29), ist dem CISG für die Bestimmung dessen, was der Verkäufer im Sinne einer vertragsgemäßen Leistung zu erbringen hat, nicht bekannt. Insoweit der Zusicherung die Funktion zukommt, Verpflichtungen des Verkäufers bezüglich der Beschaffenheit der Kaufsache zu begründen, geht sie in der grundsätzlichen Regel auf, daß der Verkäufer mit seiner bindenden Vertragsschlußerklärung die im Vertrag festgelegten Eigenschaften der Sache verspricht, so *Schlechtriem*, in: Wiener Kaufrecht, 103 (118).

Eigenschaft durch den Verkäufer liegt freilich ohnehin eine vertragliche Beschaffenheitsvereinbarung im Sinne des Art. 35 I CISG vor, so daß der Haftungsausschluß des Art. 35 III CISG gar nicht eingreift.[723] Auch die Auslegung der Parteiabsprache wird in einem solche Fall nichts anderes ergeben. Der Zusicherung des Verkäufers kann auch im Rahmen des CISG die Bedeutung zukommen, eine für den Käufer besonders wichtige Eigenschaft zu kennzeichnen, so daß deren Nichtvorhandensein eine wesentliche Vertragsverletzung darstellt.[724] Bei Unkenntnis des Käufers vom Fehlen der zugesicherten Eigenschaft ist überdies eine dahingehende Auslegung der Parteierklärungen, der Vertrag sei über die mangelhafte Sache zustande gekommen, gar nicht möglich: dafür wäre die positive Kenntnis des Käufers erforderlich.[725]

Der Art. 2 Kauf-RL orientiert sich, wie bereits gesehen, an Art. 35 CISG. Anders jedoch als Art. 35 III CISG, der sich nur auf die objektiven Leistungsbeschreibungen nach Art. 35 II CISG bezieht, die Haftung des Verkäufers für die vertraglichen Leistungsbeschreibungen dagegen unberührt läßt, ist der Anwendungsbereich des Haftungsausschlußtatbestandes des Art. 2 III Kauf-RL nach seinem Wortlaut nicht auf den Art. 2 II der Richtlinie beschränkt. Gemäß Art. 2 III Kauf-RL schließen also die Mängelkenntnis des Verbrauchsgutkäufers sowie sie Tatsache, daß er über eine Vertragswidrigkeit der Kaufsache nicht in Unkenntnis sein konnte, die Haftung des Verkäufers auch für ausdrückliche vertragliche Absprachen der Parteien grundsätzlich aus. Im Rahmen des Art. 35 CISG kann freilich die positive Mängelkenntnis des Käufers auch im Falle der vertraglichen Leistungsbeschreibung insofern eine Rolle spielen, als im Einzelfall zu überprüfen ist, ob der Kaufvertrag nicht tatsächlich über die (mit einer negativen Eigenschaft behafteten) Sache, so wie der Käufer sie kannte, zustande gekommen ist. Dementsprechend liegt auch dem Art. 2 III 1. Alt Kauf-RL der Gedanke zugrunde, daß der Käufer, der von einem Mangel der Kaufsache weiß, der vorhandenen (minderen) Qualität zustimmt, diese also auf dem Niveau der fehlerhaften Sache festgesetzt wird.[726] Der Art. 2 III Kauf-RL greift jedoch auch dann ein, wenn der Verkäufer seinerseits den Fehler nicht kennt und folglich auch keine vertragliche Absprache eines niedrigeren Standards vorliegen kann.[727] Andererseits kann dem Käufer auch im Rahmen des Art. 2 der Richtli-

723 *Schlechtriem-Schwenzer*, Art. 35 Rn. 37; *Heilmann*, 211. Dies übersieht *Hutter*, 69, der auch in solchen Fällen eine Korrektur nach dem Prinzip von Treu und Glauben für erforderlich hält.

724 S. *Schlechtriem*, in: Wiener Kaufrecht, 103 (118 f.).

725 Vgl. *Heilmann*, 211.

726 *Grundmann/Bianca-Grundmann*, Art. 2 Rn. 49; *Rieger*, VuR 1999, 287 (290); vgl. auch die Begründung zu Art. 3 I des Richtlinienvorschlags vom 18.06.1996.

727 *Grundmann/Bianca-Grundmann*, Art. 2 Rn. 49.

nie die Kenntnis eines Mangels dann nicht schaden, wenn der Verkäufer dessen Beseitigung versprochen hat. In einem solchen Fall der Zusage einer Nachbesserung muß der Haftungsausschluß des Art. 2 III Kauf-RL als abbedungen angesehen werden.[728] Dies galt, wie soeben gezeigt, bereits für Art. 36 EKG, der, ebenso wie Art. 2 III Kauf-RL, grundsätzlich auch auf die vertraglichen Leistungsbeschreibungen der Parteien Anwendung fand. Im Rahmen des Art. 35 CISG dagegen kommt im Fall der Verabredung einer Nachbesserung der mangelhaften Kaufsache durch die Parteien der Haftungsausschluß des Art. 35 III CISG gar nicht zum Zuge, da sich diese Vorschrift nicht auf die ausdrücklichen vertraglichen Absprachen der Parteien bezieht.

bb. Nach Vertragsschluß: die optionale Rügeobliegenheit gemäß Art. 5 II Kauf-RL[729]

Die nach Vertragsschluß erlangte Mängelkenntnis des Käufers gewinnt im Rahmen der Befristung der Gewährleistungsrechte Bedeutung. Die Dauer der Gewährleistungsfrist für Vertragswidrigkeiten beträgt nach Art. 5 I 1 Kauf-RL grundsätzlich zwei Jahre. Es handelt sich dabei um eine materielle Ausschlußfrist, nicht um eine Verjährungsfrist. Entscheidend ist das „Offenbarwerden" eines bereits bei Lieferung der Kaufsache vorhandenen Mangels innerhalb von zwei Jahren ab Lieferung. Eine Regelung über die Verjährung ist in Art. 5 I 2 Kauf-RL enthalten. Unabhängig vom Zeitpunkt des Fristbeginns (den die verschiedenen nationalen Rechte unterschiedlich bereits bei Vertragsschluß, bei Lieferung der Kaufsache oder erst bei Entdeckung des Mangels ansetzen), darf danach eine durch innerstaatliches Recht statuierte Verjährungsfrist jedenfalls nicht vor Ablauf von zwei Jahren ab Lieferung enden, um nicht die materielle Frist des Art. 5 I 1 Kauf-RL auszuhöhlen.[730] Ergänzend gestattete der Art. 5 II

---

728 Vgl. *Grundmann/Bianca-Grundmann*, Art. 2 Rn. 50. Die Vorgaben der Richtlinie sind nur einseitig zwingend: Abweichungen durch Parteiabsprache zugunsten des Verbrauchers sind grundsätzlich möglich, s. *Martinek*, in: Systembildung und Systemlücken, 511 (536).

729 Art. 5 II Kauf-RL: „Die Mitgliedstaaten können vorsehen, daß der Verbraucher den Verkäufer zur Inanspruchnahme seiner Rechte über die Vertragswidrigkeit binnen zwei Monaten nach dem Zeitpunkt, zu dem er die Vertragswidrigkeit festgestellt hat, unterrichten muß."

730 *Staudenmayer*, NJW 1999, 2395 (2396); *Grundmann/Bianca-Hondius*, Art. 5 Rn. 5 ff.; *Schwartze*, ZEuP 2000, 544 (570 f.); *Reich*, NJW 1999, 2397 (2401). Anders als das deutsche Recht, das eine Ausschlußfrist für das Auftreten der Mängel nicht kennt, unterscheiden die meisten Rechtsordnungen Europas zwischen einer Frist, in der der Sachmangel auftreten muß, und einer Frist für die Geltendmachung der daraus folgenden Gewährleistungsrechte (Verjährungsfrist). Nach dem ursprünglichen

Kauf-RL den Mitgliedstaaten, eine Bestimmung vorzusehen, nach der dem Verbraucher die Gewährleistungsrechte nur dann zustehen, wenn er den Mangel innerhalb von zwei Monaten ab dem Zeitpunkt, an dem er Kenntnis davon erlangt hat, rügt.

(1). Entwicklung und Inhalt der Vorschrift

Die Frage der Einführung einer Rügeobliegenheit für den Verbraucher war während des Richtliniensetzungsverfahrens heftig umstritten. Die schlußendlich gewählte Lösung einer optionalen Ausgestaltung der Vorschrift ist das Ergebnis einer kompromißorientierten Entscheidung des Rates, der sich weder zu einer völligen Aufgabe noch zu der Beibehaltung der zunächst vorgesehenen Regelung entschließen konnte[731]: Der ursprüngliche Kommissionsvorschlag[732] hatte in Art. 4 I[733] noch eine Rügeobliegenheit des Verbrauchers vorgesehen, deren Einführung den Mitgliedstaaten nicht freigestellt[734] war und die inhaltlich sogar noch strenger ausgestaltet war als der jetzige Art. 5 II Kauf-RL. Sie traf den Verbraucher nicht nur im Falle der positiven Mängelkenntnis, sondern darüber hinaus auch dann, wenn er den Mangel zwar nicht kannte, aber hätte feststellen müssen. Zudem betrug die Rügefrist nach Art. 4 I des Richtlinienvorschlags lediglich einen Monat. Die Auferlegung dieser Rügelast sollte einen Ausgleich schaffen zu der im übrigen starken Rechtsposition, die dem Verbraucher durch die Einräumung eines vierfachen Wahlrechts der Gewährleistungsrechte gemäß

Regelungsansatz des ersten Richtlinienentwurfs wären diese Fristen auseinandergelaufen. Auf Antrag Deutschlands wurde die Richtlinienbestimmung jedoch dahingehend geändert, daß nunmehr die beiden Fristen aufeinander abgestimmt sind, s. *Schmidt-Räntsch*, ZIP 1998, 849 (852); *Micklitz*, EuZW 1999, 485 (488).

731 Die Kompromißformel des Rates ist in der Literatur auf heftige Kritik gestoßen: *Staudenmayer*, NJW 1999, 2393 (2396); ders., ERPL 2000, 547 (557); ders., in: Europäisches Kaufgewährleistungsrecht, 27 (41 f.); *Kainer*, AnwBl 2001, 380 (387); *Faber*, JBl 1999, 413 (428 f. Fn. 131); *Micklitz*, EuZW, 485 (488); *Weisner*, JuS 2001, 759 (762); *Schwartze*, ZEuP 2000, 544 (572 Fn. 196).

732 Ursprünglicher Kommissionsvorschlag vom 18.06.1996, KOM (1995), 520 endg., abgedruckt in ZIP 1996, 1845 ff.

733 Art. 4 I des Richtlinienvorschlags lautet: „Um in den Genuss der in Art. 3 Absatz 4 aufgeführten Rechte zu gelangen, hat der Verbraucher dem Verkäufer die Vertragswidrigkeit binnen Monatsfrist, vom Zeitpunkt an gerechnet, zu dem er die Vertragswidrigkeit festgestellt hat oder hätte feststellen müssen, anzuzeigen."

734 Da es den Mitgliedstaaten aber grundsätzlich gestattet ist, ein höheres Verbraucherschutzniveau vorzusehen als das durch die Mindestanforderungen der Richtlinie gewährte (vgl. Art. 8 II Kauf-RL), wäre es dennoch zulässig gewesen, von einer Einführung der für den Verbraucher nachteiligen Rügepflicht gänzlich abzusehen, s. auch *Gsell*, ERPL 999, 151 (161).

Art. 3 IV des Richtlinienvorschlags zugestanden worden war.[735] Von deutscher und skandinavischer Seite war die Einführung einer Rügepflicht für den Verbrauchsgüterkauf zudem auch deshalb gefordert worden, um die längere Gewährleistungsfrist von zwei Jahren im Sinne eines Interessenausgleichs abfedern zu können.[736]

Der Richtlinienvorschlag hatte die Rügeobliegenheit demnach in ein insgesamt ausgewogenes System aus Verbraucherrechten und Verbraucherpflichten eingebunden.[737] Im Rahmen der durch Art. 3 I und Art. 4 I des Richtlinienvorschlags statuierten Doppelfrist kam der Rügeobliegenheit des Verbrauchers überdies die wichtige Funktion einer Begrenzung der Möglichkeit zur Geltendmachung der Gewährleistungsrechte zu: denn nach dem eindeutigen Wortlaut des Art. 3 I des Vorschlags war zur Wahrung der Gewährleistungsfrist lediglich das „Offenbarwerden", sprich das Zutagetreten der Vertragswidrigkeit erforderlich. Die Vorschrift verlangte nicht (im Sinne einer Verjährungsfrist), daß der Käufer die Vertragswidrigkeit auch innerhalb der Zweijahresfrist geltend machte. Dies bedeutete, daß der Verbraucher jede Vertragswidrigkeit, die nur tatsächlich innerhalb von zwei Jahren nach Lieferung aufgetreten war, auch noch nach dem Ablauf dieser Frist hätte geltend machen können.[738] Die hierdurch für den Verkäufer entstehende Unsicherheit, wie lange er mit einer Inanspruchnahme durch den Käufer wegen eines Mangels zu rechnen habe, wurde durch die Auferlegung der einmonatigen Rügefrist wieder eingeschränkt: Faktisch konnte der Verbraucher allenfalls zwei Jahre zuzüglich eines Monats seine Gewährleistungsansprüche erheben.[739]

Dennoch stieß die von der Kommission vorgeschlagene Rügeobliegenheit für den Verbraucher im Europäischen Parlament auf Kritik.[740] Auch der Wirt-

735 So *Micklitz*, EuZW 1999, 485 (488); *Staudenmayer*, NJW 1999, 2393 (2396); ders., ERPL 2000, 547 (557); *Gass*, in: FS Rolland, 129 (132).

736 So *Schmidt-Räntsch*, ZIP 1998, 849 (852); ders., ZEuP 1999, 294 (295); *Ehmann/Rust*, JZ 1999, 853 (862); *Kainer*, AnwBl 2001, 380 (387); vgl. auch *Zimmer*, in: *Ernst/Zimmermann*, 191 (202). Die Verjährungsfrist für Sachmängel betrug nach altem deutschen Kaufrecht gemäß § 477 I BGB a.F. lediglich sechs Monate.

737 *Micklitz*, EuZW 1999, 485 (488); *Staudenmayer*, NJW 1999, 2393 (2396); ders., ERPL 2000, 547 (557).

738 *Schwartze*, ZEuP 2000, 544 (570); *Faber*, JBl 1999, 413 (429); *Gsell*, ERPL 1999, 151 (153 f.); a.A.: *Jud*, ÖJZ 1997, 441 (446 f.); dagegen aber: *Gsell*, ERPL 1999, 151 (154).

739 *Schwartze*, ZEuP 2000, 544 (570); *Gass*, in: FS Rolland, 129 (131 f.). In der endgültigen Fassung der Richtlinie wurde gemäß Art. 5 I 2 Kauf-RL die Möglichkeit der Einführung einer Verjährungsfrist festgeschrieben, um die Dispositionssicherheit des Verkäufers zu gewährleisten.

740 *Kainer*, AnwBl 2001, 380 (387).

schafts- und Sozialausschuß hatte insoweit in seiner Stellungnahme zum Richtlinienvorschlag vom 27.11.1996 Bedenken vor allem bezüglich der Anknüpfung der Rügefrist an den Zeitpunkt des Feststellenmüssens von Mängeln geäußert.[741] Ein Antrag der Berichterstatterin zum Wegfall der Rügeobliegenheit jedoch fand im Europäischen Parlament trotzdem keine Mehrheit.[742] Die Kommission allerdings sah ihrerseits nach der Einführung einer Hierarchisierung der Gewährleistungsrechte durch das Europäische Parlament die Ausgewogenheit der Verbraucherrechte nicht mehr gewährleistet und strich in der Konsequenz die Rügeobliegenheit in dem geänderten Vorschlag vom 31.03.1998 gänzlich.[743] Der Rat wiederum konnte sich auf die völlige Aufgabe der Norm nicht einigen, so daß im Ergebnis der Gemeinsame Standpunkt vom 24.09.1998 sowie die endgültige Fassung der Richtlinie die für die Mitgliedstaaten fakultative Möglichkeit zur Einführung der Rügeobliegenheit, nunmehr allerdings mit einer Frist von zwei Monaten, vorsehen.[744] Für den Fristbeginn stellt der Art. 5 II Kauf-RL zudem ausschließlich auf das tatsächliche Entdecken des Mangels (nicht auch auf das Feststellenmüssen) durch den Verbraucher ab und ist insofern milder als die Vorgängervorschrift des Richtlinienvorschlags (Art. 4 I).

Im Rahmen des Art. 4 I des Richtlinienvorschlags war ungeklärt geblieben, ob und in welchem Umfang die Norm dem Verbraucher neben der Anzeigepflicht auch eine Pflicht zur Untersuchung der Kaufsache auferlegte.[745] Die Begründung des Richtlinienvorschlags führte dazu aus, den Verbraucher träfe zwar „eine gewisse Sorgfaltspflicht [...], die gekaufte Sache in Augenschein zu nehmen", ohne daß damit jedoch „dem Verbraucher eine zwingende Verpflichtung

741 ABl. C 66 vom 03.03.1997, 5 (9 f.).

742 *Staudenmayer*, NJW 1999, 2393 (2396).

743 ABl. C 148 vom 14.05.1998, 12 (18); vgl. *Micklitz*, EuZW 1999, 485 (488); *Kainer*, AnwBl 2001, 380 (387); *Staudenmayer*, NJW 1999, 2393 (2396).

744 ABl. C 333 vom 30.10.1998, 46 (50). Das „schlechte Gewissen" (so *Staudenmayer*, NJW 1999, 2393 (2396); ders., in: Europäisches Kaufgewährleistungsrecht, 27 (42); *Kainer*, AnwBl 2001, 380 (387); *Micklitz*, EuZW 1999, 485 (488)) des Rates bezüglich dieser, von der Kommission kritisierten Lösung spiegelt sich im 20. Erwägungsgrund der Richtlinie wieder, wonach die Mitgliedstaaten vorbeugende Maßnahmen ergreifen sollen, damit die Verbraucher bei grenzüberschreitenden Käufen durch die Rügepflicht nicht benachteiligt werden. Zudem werden die Mitgliedstaaten in Art. 5 II 2 Kauf-RL zu einer Anzeige der von ihnen gewählten Lösung verpflichtet, während die Kommission die Auswirkungen auf die Verbraucher und den Binnenmarkt zu beobachten und einen entsprechenden Bericht zu veröffentlichen hat, Art. 5 II 3 und 4 Kauf-RL (Dieser Bericht lag bei Fertigstellung dieser Arbeit noch nicht vor).

745 Vgl. *Grundmann*, 300; *Medicus*, ZIP 1996, 1925 (1928); *Junker*, DZWiR 1997, 271 (274); *Gsell*, ERPL 1999, 151 (162).

auferlegt würde, die betreffende Sache genauestens zu prüfen".[746] Gemeint war demnach jedenfalls keine umfassende Untersuchungsobliegenheit im Sinne der kaufmännischen Prüfungspflichten gemäß § 377 HGB und anderen europäischen Handelsrechten. Den Verbraucher wie einen Kaufmann zu behandeln hätte freilich auch der Zielsetzung der Richtlinie widersprochen.[747] Der Begriff „hätte feststellen müssen" ist deshalb im Sinne eines Evidentwerden des Mangels ausgelegt worden[748], was einen sehr niedrigen Sorgfaltsmaßstab impliziert.[749] Der Wortlaut selbst weist allerdings eher auf einen gewöhnlichen Fahrlässigkeitsmaßstab hin.[750] Evident sind im übrigen nur solche Mängel, die dem Käufer bei einer tatsächlich vorgenommenen Besichtigung der Sache förmlich in die Augen springen. Der Sorgfaltsverstoß des Käufers liegt dann lediglich darin, daß er sich vor Mängeln verschlossen hat, die jedermann unter Aufwendung der durchschnittlichen Aufmerksamkeit bei Betrachtung der Kaufsache ohne weiteres hätte erkennen können. Hat der Käufer indessen die Sache gar nicht zu Gesicht bekommen, so kann nicht davon gesprochen werden, die Mängel seien für den Käufer evident, sprich offen*sichtlich* gewesen.[751] Nach der Begründung des Richtlinienvorschlags sollte den Verbraucher dagegen immerhin auch dieVerpflichtung treffen, die Sache zunächst überhaupt in Augenschein zu nehmen. Da damit aber offenbar nur eine oberflächliche Betrachtung gemeint war[752], kann

746 Begründung des Richtlinienvorschlags, abgedruckt in ZIP 1996, 1845 (1852).

747 Vgl. *Medicus*, ZIP 1996, 1925 (1928).

748 So *Medicus*, ZIP 1996, 1925 (1928); offengelassen von *Junker*, DZWiR 1997, 271 (274). Das Tatbestandsmerkmal des Kennenmüssens soll danach in erster Linie als Beweiserleichterung für den Verkäufer fungieren.

749 S. dazu oben Kap. VI.1.c.aa.(2.). Vgl. auch *Huber*, Leistungsstörungen, in: Gutachten und Vorschläge, Bd. 1, 647 (873) und ders., RabelsZ 43 (1979), 413 (479): Das Übersehen eines evidenten Fehlers setzt ein noch höheres Maß an Verschulden voraus als der Begriff der groben Fahrlässigkeit im Sinne des § 460 S.2 BGB a.F.

750 S. dazu oben Kap. VI.1.c.aa.(2.). Vgl. auch Art. 13 EKG, der die Begriffe„hätte wissen müssen" und „hätte kennen müssen" im Sinne der gewöhnlichen Fahrlässigkeit definierte. Bekannt ist die Wendung „hätte feststellen müssen" auch aus Art. 39 I CISG. Die nach dieser Vorschrift dem Käufer auferlegte Rügeobliegenheit des Käufers ist mit einer Untersuchungspflicht gemäß Art. 38 CISG verbunden.

751 S. oben Kap. VI.1.c.aa.(2.).

752 Eine genauere Überprüfung oder die Vornahme von Versuchen zur Funktionstüchtigkeit oder Leistung waren explizit nicht verlangt, s. die Begründung des Richtlinienvorschlags, abgedruckt in ZIP 1996, 1845 (1852). Die Sorgfaltsanforderungen waren damit niedriger angesetzt als im Rahmen des Art. 39 CISG, obwohl dieselbe Formulierung „hätte feststellen müssen" verwendet wurde und in der Begründung des Richtlinienvorschlags auch auf die Norm des UN-Kaufrechts verwiesen wurde. Die Rügeobliegenheit des Art. 39 CISG ist mit einer Untersuchungspflicht nach Art. 38 CISG verbunden. Danach ist der Käufer, wenn nicht eine besondere Parteivereinbarung oder ein Handelsbrauch vorliegen, gehalten, die Ware entsprechend

davon ausgegangen werden, daß der Sorgfaltsmaßstab dennoch relativ niedrig angesetzt werden sollte[753], so daß „hätte feststellen müssen“ gemäß Art. 4 I des Richtlinienvorschlags wohl im Sinne der grob fahrlässigen Unkenntnis des Mangels zu verstehen ist.

Das ungeklärte Tatbestandsmerkmal „hätte feststellen müssen“ war einer der Hauptkritikpunkte an der im Richtlinienvorschlag vorgesehenen Haftungsausschlußnorm des Art. 4 I[754]; es wurde, wie bereits erwähnt, in der endgültigen Fassung der Verbrauchsgüterkaufrichtlinie aufgegeben. Art. 5 II Kauf-RL stellt nur noch auf das tatsächliche Entdecken des Mangels durch den Käufer ab. Mit dem Wegfall des Haftungsausschlußtatbestands bei verschuldeter Unkenntnis war eindeutig geklärt, daß dem Verbraucher zur Wahrung seiner Gewährleistungsrechte keinerlei Pflichten zur Untersuchung der Kaufsache, etwa bei Ablieferung, obliegen sollten.[755] Unzutreffend ist daher die Auffassung von *Micklitz*, der die Möglichkeit des Bestehens einer Prüfungspflicht auch im Rahmen des Art. 5 II Kauf-RL erwog und letztlich zu dem Schluß kam, die Vorschrift statuiere eine „qualifizierte Anzeigepflicht“ des Verbrauchers im Sinne einer Pflicht zur „grob sinnlichen Überprüfung“ der Kaufsache. Zur Begründung dieser Ansicht verwies *Micklitz* auf die Systematik der Richtlinie: Art. 5 II Kauf-RL beziehe sich für den Beginn der Rügefrist auf die Feststellung der Vertragswidrigkeit durch den Verbraucher. Darin sei ein Verweis auf Art. 2 Kauf-RL, einschließlich der Ausschlußnorm des Art. 2 III Kauf-RL, zu sehen, wonach dem Verbraucher die Gewährleistungsrechte u.a. auch dann nicht zustehen, wenn er über die Vertragswidrigkeit der Kaufsache nicht in Unkenntnis sein konnte. Dies bedeute, daß der Verbraucher zwar grundsätzlich nicht gehalten sei, die Kaufsache auf verborgene Mängel hin zu untersuchen, an einer grob sinnlichen Prüfung derselben aber nicht vorbeikomme.[756] Dem ist nicht zuzustimmen. Die Auffassung von *Micklitz* basiert auf einer unzulässigen Verquickung der Haftungsausschlußnorm des Art. 2 III Kauf-RL und der Rügeobliegenheit nach Art. 5 II Kauf-RL. Zwar knüpfen beide Bestimungen an die Mängelkenntnis des Käufers den Verlust der Gewährleistungsrechte, der Art. 2 III Kauf-RL bezieht sich dabei

---

ihrer Art, ihrer Menge, ihrer Verpackung und unter Berücksichtigung aller weiteren Umstände in angemessener Weise zu untersuchen. Diese Untersuchung muß grundsätzlich geeignet sein, erkennbare Mängel zu offenbaren. Bei einschlägiger Sachkunde hat der Käufer eine entsprechend gründlichere, fachmännische Untersuchung vorzunehmen, s. *Schlechtriem-Schwenzer*, Art. 38 Rn. 13.

753 Vgl. *Kircher*, ZRP 1997, 290 (293).

754 S. beispielsweise die Stellungnahme des Wirtschafts- und Sozialausschusses, ABl. C 66 vom 03.03.1997, 5 (9 f.).

755 Vgl. *Rieger*, VuR 1999, 287 (290); *Schwartze*, ZeuP 2000, 544 (572); *Gsell*, ERPL 1999, 151 (162); *Flessner*, in: Europäisches Kaufgewährleistungsrecht, 233 (246).

756 *Micklitz*, EuZW 1999, 485 (488).

jedoch ausschließlich auf den Zeitpunkt des Vertragsschlusses, während der Art. 5 II Kauf-RL die nachträgliche Kenntniserlangung behandelt. Schadet dem Käufer gemäß Art. 2 III Kauf-RL im Zeitpunkt des Vertragsschlusses auch die schuldhafte Unkenntnis eines Mangels, so können diese Voraussetzungen gerade nicht auf Gegebenheiten nach Vertragsschluß übertragen werden. Unzutreffend wäre ferner die Annahme, daß gemäß Art. 2 III Kauf-RL eine Vertragswidrigkeit überhaupt nur dann gegeben ist, wenn dem Verbraucher nicht der Vorwurf gemacht werden kann, er habe den Mangel gekannt oder darüber nicht in Unkenntnis sein können. Zwar liegt dem Art. 2 III Kauf-RL der Gedanke zugrunde, daß der Kaufvertrag, wenn der Verbraucher ihn abschließt, obwohl er einen Mangel der Kaufsache kennt oder darüber nicht in Unkenntnis sein konnte, von vornherein nur über die mangelhafte Sache zustande kommt, da der Verbraucher dieser (mangelhaften) Beschaffenheit des Kaufgegenstands zugestimmt hat. Im Prinzip soll deshalb in einem solchen Fall gar keine Vertragswidrigkeit gegeben sein.[757] Ob aber im Einzelfall der Verkäufer tatsächlich von vornherein nur die Lieferung einer Sache mit dem betreffenden Mangel schuldet, bemißt sich nicht nach Art. 2 III Kauf-RL, sondern ist eine Frage der Auslegung des Vertrags bzw. der Willenserklärungen der Parteien. Der Art. 2 III Kauf-RL dagegen ist eine Haftungsausschlußnorm, die richtigerweise – trotz der anders lautenden Formulierung – so zu lesen ist, daß eine tatsächlich vorliegende Vertragswidrigkeit in den in Art. 2 III Kauf-RL genannten Fällen nicht als solche zu behandeln ist.[758] Für die Beurteilung des Vorliegens einer Vertragswidrigkeit im Zeitraum nach dem Vertragsschluß kann also nicht darauf abgestellt werden, ob der Verbraucher die Kaufsache einer groben Prüfung unterzogen hat oder nicht. Die Vornahme einer solchen Prüfung käme ohnehin nur im Zeitpunkt der Ablieferung bzw. Abnahme der Kaufsache oder unmittelbar danach in Betracht (wie auch im Rahmen des § 377 HGB, wo es um die Frage der Genehmigung der gelieferten Ware geht). Für die Auferlegung einer derartigen Untersuchungspflicht bei Annahme der Kaufsache bietet der Art. 5 II Kauf-RL jedoch, wie gezeigt, keinerlei Stütze. Maßgeblich für den Beginn der Rügefrist gemäß Art. 5 II Kauf-RL kann demnach allein die tatsächliche Kenntnisnahme des Verbrauchers von der Vertragswidrigkeit sein.

Die Mängelanzeige gemäß Art. 5 II Kauf-RL ist formlos möglich. Hinsichtlich des Inhalts der Rüge ist zwar – anders als in Art. 39 CISG (auf den in der Begründung des Richtlinienvorschlags verwiesen wird[759]) – keine Verpflichtung

757 So die Begründung des Richtlinienvorschlags, abgedruckt in ZIP 1996, 1845 (1850 f.).
758 *Jorden*, 204; s. auch oben Kap. VI.1.c.aa.(1.).
759 Vgl. die Begründung des Richtlinienvorschlags, abgedruckt in ZIP 1996, 1845 (1851).

des Verbrauchers festgeschrieben, die Art der Vertragswidrigkeit genau zu spezifizieren, doch läßt sich aus dem Wortlaut des Art. 5 II Kauf-RL schließen, daß der Sachmangel zumindest beschrieben werden muß.[760] Bei der Rügelast nach Art. 5 II Kauf-RL handelt es sich nicht um eine (einklagbare) Verpflichtung im technischen Sinne sondern um eine Obliegenheit. Als Rechtsfolge sieht der Art. 5 II Kauf-RL den Verlust der in der Verbrauchsgüterkaufrichtlinie festgeschriebenen Gewährleistungsrechte vor.[761] Ob das Unterlassen der Rüge darüber hinaus auch den Verlust von Schadenersatzansprüchen nach sich zieht, entscheidet sich bei einer Umsetzung der Vorschrift allein nach nationalem Recht[762], da die Richtlinie Schadenersatzansprüche nicht regelt und insoweit nationales Recht maßgeblich bleibt.[763]

(2). Meinungsstand

Die Rügeobliegenheit des Verbrauchsgutkäufers nach Art. 5 II Kauf-RL und die Frage der Einführung einer entsprechenden Vorschrift in das deutsche Kaufrecht wurde vor der Richtlinienumsetzung im Schrifttum vielfach und kontrovers diskutiert. Insbesondere wegen ihrer fakultativen Ausgestaltung ist die schon während des Richtliniensetzungsverfahres umstrittene Vorschrift in der Literatur nicht nur auf positive Resonanz gestoßen.[764]

Inhaltlich wurde die in Art. 5 II Kauf-RL vorgesehene Rügeobliegenheit in erster Linie als eine dem privaten Käufer, vor allem aber dem Verbraucher, unzumutbare Belastung kritisiert.[765] Die Kritiker sahen Rügepflichten als ein Spezifikum des Handelsrechts an, das nicht auf das allgemeine Kaufrecht und schon gar nicht auf das Verbrauchsgüterkaufrecht übertragbar sei.[766]

---

760 *Schwartze*, 486.

761 *Grundmann/Bianca-Hondius*, Art. 5 Rn. 10.

762 *Grundmann/Bianca-Hondius*, Art. 5 Rn. 16; *Lete*, ERPL 2001, 351 (355).

763 *Schlechtriem*, JZ 1997, 441 (445).

764 *Staudenmayer*, NJW 1999, 2393 (2396); ders., ERPL 2000, 547 (557); ders., in: Europäisches Kaufgewährleistungsrecht, 27 (41 f.); *Kainer*, AnwBl 2001, 380 (387); *Faber*, JBl 1999, 413 (428 f. Fn. 131); *Micklitz*, EuZW, 485 (488); *Weisner*, JuS 2001, 759 (762); *Schwartze*, ZEuP 2000, 544 (572 Fn. 196); s. aber auch die kritische Stellungnahme der Kommission selbst in der Mitteilung an das Europäische Parlament über den Gemeinsamen Standpunkt vom 25.09.1998, SEK (1998) 1553 endg., 9.

765 *Matthiesen/Lindner*, NJ 1999, 617 (622); ablehnend auch: *Reich*, NJW 1999, 2397 (2401 f.); *Gsell*, JZ 2001, 65 (72 f.); dies., ERPL 1999, 151 (163); *Ernst/Gsell*, ZIP 2000, 1410 (1426); *Tonner*, VuR 2001, 87 (92); *Welser/Jud*, § 933 a Rn. 21.

766 *Ernst/Gsell*, ZIP 2000, 1410 (1426); *Tonner*, VuR 2001, 87 (92); so auch der Bundesrat: BR-Drucks. 696/96 (Beschluß), 3.

Dieses Argument geht allerdings schon deshalb fehl, weil Art. 5 II Kauf-RL eine Anzeigepflicht lediglich für die dem Käufer positiv bekannten Mängel vorsieht, dem Verbraucher aber keine darüber hinausgehenden besonderen Prüfungspflichten auferlegt.[767] Die eigentliche Schärfe der handelsrechtlichen Vorschriften zu Lasten des Käufers liegt jedoch gerade in der mit der Mängelanzeige gekoppelten Pflicht des Kaufmannes zur unverzüglichen Untersuchung der empfangenen Ware – nicht bereits in der Statuierung der Mängelrügeobliegenheit als solcher[768]: Die Untersuchung der Ware erfordert einen gewissen Zeitaufwand und oftmals auch eine besondere Sachkunde des Erwerbers. Für eine bloße Mängelanzeige hingegen bedarf es weder genauer Rechtskenntnisse oder besonderer Geschäftserfahrung, noch kostet es viel Zeit, sie zu verfassen und zu versenden.[769] Der vergleichsweise minimale Aufwand, einen Mangel innerhalb von zwei Monaten nach seiner tatsächlichen Entdeckung zu melden, kann deshalb jedem Käufer, auch dem zweifellos besonders schutzwürdigen Verbraucher, zugemutet werden.[770]

Im übrigen war der Gedanke, daß es zum Erhalt bestimmter Rechte einer rechtzeitigen Mängelanzeige bedarf, durchaus auch dem allgemeinen Kaufrecht nicht fremd.[771] So normierte der § 478 I 1 BGB a.F., daß der Käufer bei fristgerechter Anzeige eines Mangels auch noch nach Ablauf der sechsmonatigen Verjährungsfrist des § 477 I BGB a.F. die Zahlung des Kaufpreises für die betreffende Ware verweigern durfte.[772] Auch hierin konnte eine Art Rügeobliegenheit erblickt werden.[773] Gemäß § 464 BGB a.F. mußte der Käufer, der bei Annahme der Ware positive Kenntnis von einem Mangel hatte, sich seine Gewährleistungsrechte vorbehalten. Das AGB-Gesetz verbot nach § 11 Nr. 10 lit. e zwar

767 Vgl. *Grundmann*, 300; ders., in: Europäisches Kaufgewährleistungsrecht, 281 (308); *Schwartze*, ZEuP 2000, 544 (572 f.); *Westermann*, in: Europäisches Kaufgewährleistungsrecht, 251 (274); *Ehmann/Rust*, JZ 1999, 853 (862); *Rieger*, VuR 1999, 287 (290); *Weisner*, JuS 2001, 759 (762); *Flessner*, in: Europäisches Kaufgewährleistungsrecht, 233 (246).

768 *Rieger*, VuR 1999, 287 (290); *Westermann*, in: Europäisches Kaufgewährleistungsrecht, 251 (274).

769 *Gsell*, ERPL 1999, 151 (163).

770 *Flessner*, in: Europäisches Kaufgewährleistungsrecht, 233 (246); *Gsell*, ERPL 1999, 151 (163); *Westermann*, in: Europäisches Kaufgewährleistungsrecht, 251 (274); *Grundmann*, 300; s. auch *Lehmann*, WM 1980, 1162 (1168); noch weitergehend: *Schnyder/Straub*, ZEuP 1996, 8 (62 f.), die sogar eine Untersuchungspflicht des Privatkäufers zur Entdeckung erkennbarer Mängel für angemessen hielten; vgl. auch *Schlechtriem*, JZ 1997, 441 (445).

771 *Weisner*, JuS 2001, 759 (762); *Kircher*, 279; s. auch: *Peters/Zimmermann*, in: Gutachten und Vorschläge, Bd. 1, 77 (295).

772 S. jetzt § 434 IV 2 BGB.

773 So *Kircher*, 279 Fn. 67; vgl. auch *Lehmann*, 255.

die formularmäßige Festsetzung einer Ausschlußfrist für nicht offensichtliche Mängel, die kürzer war als die Verjährungsfrist für den gesetzlichen Gewährleistungsanspruch; doch geht aus dieser Regelung im Umkehrschluß hervor, daß die Festlegung von Ausschlußfristen für die Anzeige offensichtlicher Mängel grundsätzlich auch in allgemeinen Geschäftabedingungen möglich war und folglich als dem Käufer zumutbar gewertet wurde.[774]

Daß man nach Entdeckung eines Mangels schon im Interesse einer zügigen Gewährleistungsabwicklung mit der Inkenntnissetzung des Verkäufers nicht allzu lange warten sollte, wird letztlich auch einem uninformierten Verbraucher einleuchten. Gerade aus diesem Grunde freilich ist die Rügeobliegenheit des Art. 5 II Kauf-RL wiederum als überflüssig kritisiert worden: Der Verbraucher, der eine mangelhafte Sache erhalte, habe ohnehin ein Eigeninteresse daran, auf die baldige Mängelbeseitigung hinzuwirken. Dies müsse demnach nicht ausdrücklich vorgeschrieben werden, insbesondere nicht mit der Folge eines Rechtsverlusts.[775] Die Rügeobliegenheit nach Art. 5 II Kauf-RL soll allerdings gerade den aus Nachlässigkeit säumigen Verbraucher abwehren und vor allem denjenigen, der rechtsmißbräuchlich verspätet Mängel geltend macht[776]: Einem Käufer, der einen Mangel bereits bei oder kurz nach der Lieferung entdeckt, darf billigerweise nicht der gesamte Gewährleistungszeitraum von zwei Jahren für die Unterrichtung des Verkäufers zur Verfügung stehen.[777] Andernfalls wird ihm die Möglichkeit gegeben, eine äußerlich mangelhafte, aber dennoch funktionsfähige Sache monatelang zu nutzen, um erst dann die unentgeltliche Nachbesserung der Kaufsache, die Nachlieferung von Ersatzware oder Vertragsauflösung zu verlangen. Der Verkäufer wird dadurch unangemessen benachteiligt, wogegen der Verbraucher, der die Anzeige eines Mangels ungebührlich verzögert, nicht schutzwürdig erscheint.[778] Eine Rügeverpflichtung des Käufers kann zu einer raschen Klärung der Gewährleistungssituation beitragen. Die schnelle Information des Verkäufers beseitigt Unsicherheiten und ermöglicht Planbarkeit, führt

---

774 *Soergel-Stein*, § 11 AGB-Gesetz Rn. 121.

775 So *Reich*, NJW 1999, 2397 (2401); *Matthiessen/Lindner*, NJ 1999, 617 (622).

776 *Weisner*, JuS 2001, 759 (762); *Schmidt-Räntsch*, ZIP 1998, 849 (852).

777 *Rieger*, VuR 1999, 287 (290); *Ehmann/Rust*, JZ 1999, 853 (862).

778 *Kircher*, 279; *Ehmann/Rust*, JZ 1999, 853 (862). Ausschlußfristen, die an die rechtzeitige Benachrichtigung des Vertragspartners von der Absicht, bestimmte Ansprüche geltend zu machen, anknüpfen, stellen laut *Peters/Zimmermann*, in: Gutachten und Vorschläge, Bd. 1, 77 (295 f.) eine besondere Ausprägung des Grundsatzes von Treu und Glauben dar, der es gebiete, die gegnerische Partei so bald wie möglich vor dem zu warnen, was auf sie zukommt. Hier fließt auch der Gedanke der Mitverantwortung des Käufers mit ein, s. *Flessner*, in: Europäisches Kaufgewährleistungsrecht, 233 (245 f.).

also zu einer zügigeren Abwicklung bei Vertragsstörungen[779], was nicht nur ihm Interesse des Verkäufers liegt[780], sondern auch gesamtwirtschaftlich geboten ist.[781]

Eine rasche Information über die bevorstehende Gewährleistungsabwicklung ist für den Verkäufer im übrigen schon deshalb von Bedeutung, weil mit fortschreitendem Zeitablauf sich die Beweissituation hinsichtlich der Sachmängel verschlechtert. Diesbezüglich ist zwar eingewandt worden, die Beweispflicht dafür, daß die Sache bereits in mangelhaftem Zustand geliefert wurde, träfe ohnehin den Käufer, so daß die durch sein Versäumnis eintretende ungünstigere Beweislage in erster Linie zu seinem eigenen Nachteil gehe.[782] Doch gerade hier sieht die Richtlinie für den Bereich des Verbrauchsgüterkaufs eine bedeutende Änderung vor, die keinerlei Vorbild in den nationalen Rechten hat[783]: Gemäß Art. 5 III Kauf-RL findet in den ersten sechs Monaten nach Lieferung eine Beweislastumkehr zu Lasten des Verkäufers statt, indem grundsätzlich vermutet wird, daß der Mangel der Sache bereits bei Lieferung vorlag. Diese Beweislastregelung stellt eine wesentliche Begünstigung des Verbrauchers dar.[784] Hinzu kommt die – im Vergleich mit dem vor der Schuldrechtsmodernisierung geltenden deutschen Kaufrecht – gravierende Verlängerung der Gewährleistungsfrist auf zwei Jahre gemäß Art. 5 I Kauf-RL.

Die an der Rügeobliegenheit des Art. 5 II Kauf-RL geübte Kritik einer dem Käufer bzw. Verbraucher unzumutbaren Belastung ließ außer acht, daß die den Verkäufer privilegierende Vorschrift vor allem auch im Zusammenhang mit dieser wiederum für den Verbraucher vorteilhaften Verjährungsregelung zu sehen

---

779 *Schwartze*, ZEuP 2000, 544 (572); *Weisner*, JuS 2001, 759 (762); *Kircher*, ZRP 1997, 290 (293).

780 *Weisner*, JuS 2001, 759 (762); *Gsell*, JZ 2001, 65 (72).

781 S. dazu umfassend *Lehmann*, WM 1980, 1162 (1168).

782 *Gsell*, JZ 2001, 65 (72).

783 *Grundmann/Bianca-Hondius*, Art. 5 Rn. 20.

784 Die Regelung des Art. 5 III Kauf-RL steht in genauem Gegensatz zu der klassischen Beweislastverteilung nicht nur des deutschen Mängelgewährleistungsrechts, die auf der Annahme beruht, der Käufer könne nach der Lieferung, da sich die Kaufsache nunmehr innerhalb seiner Sphäre befindet, eher mit dem Beweis der Mangelhaftigkeit belastet werden. Sie ist einerseits als „einer der großen Fortschritte der Richtlinie" (so *Staudenmayer*, in: Europäisches Kaufgewährleistungsrecht, 27 (40); ders., ERPL 2000, 547 (557)) begrüßt, andererseits aber auch als „soziale Billigkeitsentscheidung" zugunsten des Verbrauchers (so *Ehmann/Rust*, JZ 1999, 853 (857 f.)) kritisiert worden. *Grundmann*, ERPL 2001, 239 (255) hielt insbesondere in Anbetracht dieser Beweislastregelung die Einführung einer Rügeobliegenheit des Verbrauchers für geboten, weil die Kombination beider Vorschriften dem Verkäufer wenigstens die Sicherheit verschafft hätte, nach acht Monaten das Fehlen des Mangels nicht mehr beweisen zu müssen.

war.[785] Die Einführung der Rügepflicht war ursprünglich von deutscher und skandinavischer Seite sogar explizit gefordert worden, um die Verlängerung der Gewährleistungsfrist nach Art. 5 I Kauf-RL im Sinne einer Interessenabwägung abfedern zu können.[786] Rechte und Pflichten von Verkäufer und Käufer bzw. Verbraucher müssen sich in einem insgesamt ausgewogenen System gegenüberstehen.[787] Im Sinne eines Interessenausgleichs kann es deshalb durchaus angemessen erscheinen, dem Verkäufer, der durch die längere Gewährleistungsfrist stärker in die Haftung genommen wird, durch die Rügepflicht eine Haftungserleichterung zu verschaffen. Dies gilt insbesondere auch deshalb, weil gemäß Art. 7 I Kauf-RL die Vorschriften der Richtlinie unabdingbar sind.[788]

Die vorangegangene Darstellung zeigt, daß die Argumente für eine Rügeobliegenheit des Käufers selbst im Verbraucherrecht durchaus gewichtig waren. Hatte dementsprechend die Regelung des Art. 5 II Kauf-RL im Schrifttum viel Zustimmung erfahren[789], so ist die fakultative Ausgestaltung der Vorschrift allerdings weitestgehend auf Ablehnung gestoßen.[790] Die Entscheidung, die Ein-

785 *Kircher*, 279; *Rieger*, VuR 1999, 287 (290); *Wolf*, RIW 1997, 899 (901); *Schäfer/Pfeiffer*, ZIP 1999, 1829 (1835); vgl. auch *Tonner/Crellwitz/Echtermeyer*, in: Schuldrechtsreform und Verbraucherschutz, 293 (334); *Westermann*, JZ 2001, 530 (538).

786 So *Schmidt-Rätsch*, ZIP 1998, 849 (852); ders., ZEuP 1999, 294 (295); *Flessner*, in: Europäisches Kaufgewährleistungsrecht, 233 (246); *Ehmann/Rust*, JZ 1999, 853 (862).

787 Denn die einseitige Begünstigung des Verbrauchers kann sich letztlich wirtschaftlich gesehen zu seinen Lasten auswirken, wenn der Verkäufer versucht, das gesteigerte Risiko der Inanspruchnahme wegen Sachmängeln durch höhere Preise auf den Käufer abzuwälzen, vgl. *Martinek*, in: Systembildung und Systemlücken, 511 (535 ff.).

788 Vgl. *Ehmann/Rust*, JZ 1999, 853 (862). Dies bedeutet, daß die Parteien im Bereich des Verbrauchsgüterkaufs nicht einmal individualvertraglich eine Haftungsverkürzung oder gar einen Ausschluß der Gewährleistung vereinbaren können *Grundmann/Bianca-Stijns/van Gerven*, Art. 7 Rn. 34 ff., 40. Eine Ausnahme von der zweijährigen Gewährleistungsfrist des Art. 5 I Kauf-RL gestattet die Richtlinie insofern nur bei gebrauchten Waren: hier können die Vertragsparteien sich gemäß Art. 7 I 2 Kauf-RL auf eine kürzere Frist einigen, die aber wiederum ein Jahr nicht unterschreiten darf (Art. 7 I 3 Kauf-RL).

789 *Schwartze*, ZEuP 2000, 544 (572); *Grundmann*, 300; ders., ERPL 2001, 239 (255); *Ehmann/Rust*, JZ 1999, 853 (862); *Schmidt-Räntsch*, ZIP 1998, 849 (852); ders., ZEuP 1999, 294 (295); *Rieger*, VuR 1999, 287 (290); *Kircher*, ZRP 1997, 290 (293); *Wolf*, RIW 1997, 899 (901); *Schlechtriem*, JZ 1997, 441 (445); *Flessner*, in: Europäisches Kaufgewährleistungsrecht, 233 (246); *Westermann*, in: Europäisches Kaufgewährleistungsrecht, 251 (274 f.).

790 *Staudenmayer*, NJW 1999, 2393 (2396); ders., ERPL 2000, 547 (557); ders., in: Europäisches Kaufgewährleistungsrecht, 27 (41 f.); *Kainer*, AnwBl 2001, 380 (387); *Faber*, JBl 1999, 413 (428 f. Fn. 131); *Micklitz*, EuZW, 485 (488); *Weisner*,

führung der Rügeobliegenheit den Mitgliedstaaten freizustellen, beruhte auf einer Kompromißlösung des Rates der Europäischen Union, der sich weder zur Beibehaltung noch zu einer völligen Aufgabe der im ursprünglichen Vorschlag enthaltenen obligatorischen Rügepflicht entschließen konnte.[791]

Staudenmayer kritisierte die in Art. 5 II Kauf-RL gewählte Kompromißformel aus zwei Gründen: zunächst widerspreche die optionale Einführung der Rügepflicht dem Ziel der Binnenmarktharmonisierung, weil kein Verbraucher überschauen könne, ob im Nachbarstaat eine Rügeobliegenheit bestehe oder nicht. Beim grenzüberschreitenden Einkauf eines Verbrauchsguts laufe er deshalb Gefahr, aus Unkenntnis vom Bestehen der Rügepflicht in dem entsprechenden Mitgliedstaat seine Gewährleistungsrechte zu verlieren.[792] Gerade dem Verbraucher jedoch kommt gemäß Erwägungsgrund Nr. 4 der Verbrauchsgüterkaufrichtlinie bei der Vollendung des Binnenmarktes eine fundamentale Aufgabe zu: er soll die Vorzüge des Binnenmarktes dadurch nutzten können, daß er sich Waren in einem anderen Mitgliedstaat beschafft. Die Ungewißheit, in der der Verbraucher durch die fakultative Ausgestaltung des Art. 5 II Kauf-RL bezüglich des Bestehens von Rügepflichten in anderen Mitgliedstaaten belassen wird, ist wegen des drohenden Verlusts der Gewährleistunsgrechte allerdings wenig geeignet, ihn zu grenzüberschreitenden Einkäufen zu ermutigen.[793]

Zum anderen, so *Staudenmayer*, laufe die Lösung der fakultativen Rügepflicht dem Harmonisierungsgedanken zuwider, indem bedeutsame Regelungsunterschiede innerhalb der Union in Kauf genommen würden. So wolle man zwar auf der einen Seite in der gesamten Union einen „gemeinsamen Mindestsockel" an Verbraucherrechten schaffen (so Erwägungsgrund Nr. 5), auf der anderen Seite aber gebe man jedem Mitgliedstaat die Möglichkeit, diese Harmonisierung zu vereiteln, weil, je nachdem, ob in dem entsprechenden Staat eine Rügeobliegenheit eingeführt werde oder nicht, der Verbraucher seiner Recht wieder verlustig gehen könne.[794]

Die optionale Ausgestaltung der Rügeobliegenheit gemäß Art. 5 II Kauf-RL läßt die Vorschrift letztlich als das erscheinen, was sie ist: eine Kompromißfor-

---

JuS 2001, 759 (762); *Schwartze*, ZEuP 2000, 544 (572 Fn. 196); *Grundmann/Bianca-Hondius*, Art. 5 Rn. 11.

791 S. oben Kap. VI.1.c.bb.(1).

792 *Staudenmayer*, NJW 1999, 2393 (2396); ders., in: Europäisches Kaufgewährleistungsrecht, 27 (41); ders., ERPL 2000, 547 (558): so auch *Weisner*, JuS 2001, 759 (762).

793 *Weisner*, JuS 2001, 759 (762).

794 *Staudenmayer*, NJW 1999, 2393 (2396); ders., in: Europäisches Kaufgewährleistungsrecht, 27 (41 f.); ders., ERPL 2000, 547 (558); so auch *Faber*, JBl 1999, 413 (428 f. Fn. 131); *Kainer*, AnwBl 2001, 380 (387).

mel, in der die Unentschlossenheit des Rates nach einer schwierigen Debatte während des Richtliniensetzungsverfahrens deutlich zum Ausdruck kommt. Die Entscheidung darüber, ob eine Rügeobliegenheit als für das Verbraucherrecht angemessen zu bewerten ist oder nicht, ist gleichsam aus der Hand gegeben und dem einzelnen Mitgliedstaat überlassen worden. Dem Ziel der Rechtsangleichung war dies sicherlich nicht förderlich. Das „schlechte Gewissen“[795] des Rates im Hinblick auf diese Lösung spiegelt sich den Erwägungsgründen Nr. 19 und 20 der Richtlinie sowie in den Zusatzvorschriften des Art. 5 II Satz 2 – 4 Kauf-RL wider, wonach die Mitgliedstaaten verpflichtet sind, die Kommission über die bezüglich der Einführung einer Rügepflicht getroffene Entscheidung zu unterrichten, und der Kommission selbst auferlegt wird, einen entsprechenden Bericht zu verfassen.[796]

2. *Schuldrechtsmodernisierung und Umsetzung der Verbrauchsgüterkaufrichtlinie in das deutsche Recht*

a. *Gesetzgebungsverfahren*[797]

Das Bundesministerium der Justiz hat das Inkrafttreten der Verbrauchsgüterkaufrichtlinie am 25.05.1999 zum Anlaß einer umfassenden Neuregelung des deutschen Schuldrechts genommen. Man entschied sich, anders als beispielsweise Griechenland und Spanien, nicht zu einer 1:1-Umsetzung der Richtlinie, sondern zu der sogenannten „großen Lösung“, sprich zu einer generellen Umgestaltung des allgemeinen Leistungsstörungsrechts, des Verjährungsrechts sowie des Gewährleistungsrechts bei Kauf- und Werkvertrag.[798] Aus dieser Entscheidung des Gesetzgebers, die Vorgaben der Verbrauchsgüterkaufrichtlinie im Rahmen des BGB und nicht etwa in einem besonderen Verbrauchsgüterkaufgesetz umzusetzen, folgte notwendig die Ausrichtung der gesamten kaufrechtlichen Neukodifikation am Leitbild des Verbrauchervertrags, der nunmehr als typische

---

795 So *Staudenmayer*, NJW 1999, 2393 (2396) und *Micklitz*, EuZW 1999, 485 (488).

796 Dieser Bericht lag (wegen der Verzögerung der Richtlinienumsetzung in einigen Mitgliedstaaten) bei Abschluß dieser Arbeit noch nicht vor.

797 Zur der Vorgeschichte und den Hintergründen des Gesetzgebungsverfahrens vgl. etwa *Dauner-Lieb/Heidel/Lepa/Ring-Dauner-Lieb*, 1 ff.; *Lorenz/Riehm*, 1 ff.; *Huber/Faust*, 1 ff.; *Schmidt-Räntsch/Maifeld/Meier-Göring/Röcken*, 3 ff.

798 Zu den Motiven für die „große Lösung“ vgl. *Dauner-Lieb/Heidel/Lepa/Ring-Dauner-Lieb*, 2 f.; kritisch dazu *Ehmann/Rust*, JZ 1999, 854 ff.; *Ehmann/Sutschet*, 1 f. Eine auf die Reformierung der von der Verbrauchsgüterkaufrichtlinie unmittelbar betroffenen Bereiche, insbesondere des Kaufgewährleistungsrechts, beschränkte Lösung schlugen *Ernst/Gsell*, ZIP 2000, 1462 ff. vor.

Erscheinungsform des schuldrechtlichen Vertrags dem „allgemeinen“ Kaufrecht zugrundegelegt wurde.[799] Dementsprechend mußten die einzelnen kaufrechtlichen Bestimmungen, einschließlich der hier untersuchten Haftungsausschlußtatbestände, § 460 und § 464 BGB a.F., an die Vorgaben der Richtlinie angepaßt werden. Der 3. Untertitel des neuen Kaufrechts mit der Überschrift „Verbrauchsgüterkauf“ enthält hingegen kein isoliertes Verbrauchsgüterkaufrecht, sondern lediglich einige Sonderbestimmungen, die ausschließlich für den Verbrauchsgüterkauf gelten sollen.

Im August 2000 wurde ein sogenannter *Diskussionsentwurf*[800] des Schuldrechtsmodernisierungsgesetzes, der sich stark an den seit 1992 vorliegenden Vorschlägen der Schuldrechtskommission orientierte, der Öffentlichkeit vorgelegt.[801] Dieser Entwurf stieß jedoch in Fachkreisen, vor allem bei den deutschen Zivilrechtslehrern, überwiegend auf Ablehnung.[802] Auf dem von *Wolfgang Ernst* und *Reinhard Zimmermann* im November 2000 in Regensburg veranstalteten Symposium „Schuldrechtsmodernisierung 2001“[803] sprach sich die große Mehrheit der Teilnehmer gegen den Diskussionsentwurf in der vorgelegten Fassung aus. Das Bundesjustizministerium setzte daraufhin mehrere Arbeitsgruppen mit Vertretern aus Wissenschaft und Praxis – unter Beteiligung auch von Mitgliedern der alten Schuldrechtskommission – ein, die den Diskussionsentwurf inhaltlich überarbeiteten. Auf der Grundlage ihrer Beschlüsse wurde eine sogenannte *Konsolidierte Fassung*[804] des Diskussionsentwurfs erstellt, die im März 2001 veröffentlicht und auf einer weiteren Zivilrechtslehrertagung in Berlin diskutiert wurde.[805] Diese Konsolidierte Fassung bildete, mit kleineren Änderungen, die Grundlage für den im Mai 2001 beschlossenen *Regierungsentwurf*[806], der nunmehr von der Bundesregierung und den Regierungsfraktionen des Bundestages in das Gesetzgebungsverfahren eingebracht wurde. Am 31.08.2001 wurde die Stellungnahme des Bundesrates zu dem Regierungsentwurf, die 150 konkrete Änderungsvorschläge enthielt, das Reformvorhaben als solches aber

799 S. die Begründung des Regierungsentwurfs, BT-Drucks. 14/6040, 91. Vgl. auch *Schubel*, JuS 2002, 313 f.; *Westermann*, NJW 2002, 241.

800 Text bei *Canaris*, Schuldrechtsreform, 3 ff.

801 S. die Darstellung von *Dauner-Lieb*, JZ 2001, 8 ff.; vgl. auch *Heldrich*, NJW 2001, 2521 ff.

802 S. beispielsweise *Gsell*, JZ 2001, 65 ff.; kritisch auch *Honsell*, JZ 2001, 18 ff.

803 S. den Tagungsband: Zivilrechtswissenschaft und Schuldrechtsreform, hrsgg. von *Ernst/Zimmermann*, 2001. S. auch *Ernst*, ZRP 2001, 1 ff.

804 Text bei *Canaris*, Schuldrechtsreform, 349 ff.

805 Die Referate und Diskussionsbeiträge sind veröffentlicht in JZ 2001, 473 ff.

806 BT-Drucks. 14/6040. Auch der Regierungsentwurf wurde inhaltlich kritisiert, s. etwa *Altmeppen*, DB 2001, 1131 ff.; *Ernst/Gsell*, ZIP 2001, 1389 ff. Befürwortend dagegen: *Canaris*, DB 2001, 1815 ff.

nicht mehr grundlegend in Frage stellte, zusammen mit der Gegenäußerung der Bundesregierung veröffentlicht.[807] Im September 2001 lagen der Bericht und die Beschlußempfehlung des Rechtsausschusses[808] vor, die erneute inhaltliche Änderungen enthielten. In der vom Rechtsausschuß vorgeschlagenen Fassung stimmten der Bundestag am 11.10.2001 und der Bundesrat am 09.11.2001 dem Gesetzesentwurf zu. Das Schuldrechtsmodernisierungsgesetz wurde am 29.11.2001 im Bundesgesetzblatt verkündet[809] und trat am 1.1.2002 in Kraft.

b. Mängelkenntnis im neuen Kaufrecht

aa. Entwicklung im Gesetzgebungsverfahren

Im folgenden soll dargestellt werden, wie das Problem der Mängelkenntnis des Käufers während des Gesetzgebungsverfahrens gehandhabt wurde, welche Lösungen diesbezüglich vorgeschlagen wurden und wie sich die einschlägigen Vorschriften vom ursprünglichen Diskussionsentwurf bis zum schließlich verabschiedeten Schuldrechtsmodernisierungsgesetz entwickelt haben.

(1). Mängelkenntnis im Zeitpunkt des Vertragsschlusses

Der Grundgedanke, daß dem Käufer, sofern er einen Mangel des Kaufgegenstands bereits bei Vertragsschluß kennt oder infolge grober Fahrlässigkeit übersehen hat, infolge dieses Mangels keine Gewährleistungsrechte zustehen sollen, der – wie in den ersten Kapiteln bereits gezeigt – eine lange rechtshistorische Tradition hat und im BGB von 1896 in § 460 seinen Niederschlag gefunden hat, ist auch während des Gesetzgebungsverfahrens zum neuen Schuldrecht nie in Frage gestellt worden.

α. Diskussionsentwurf

Die entsprechende Vorschrift des Diskussionsentwurfs vom 04.08.2000, § 441 I 1 BGB-DiskE, lautete:

> „Die Rechte des Käufers wegen eines Mangels sind ausgeschlossen, wenn er bei Vertragsschluss den Mangel kennt oder infolge grober Fahrlässigkeit nicht kennt.“

---

807 BT-Drucks. 14/6857.
808 BT-Drucks. 14/7052.
809 BGBl. I 2001, 3138.

Diese Norm sollte der Umsetzung des Art. 2 III der Verbrauchsgüterkaufrichtlinie dienen[810]; sie faßte die vorherigen §§ 439, 460 BGB a.F. in inhaltlich leicht modifizierter Form zusammen. Die Gleichbehandlung von Rechts- und Sachmängeln ergab sich dabei systematisch aus dem neu normierten § 433 I 2 BGB-DiskE, der den Verkäufer dazu verpflichtete, dem Verkäufer die Sache frei von sowohl Sach- als auch Rechtsmängeln zu verschaffen. Im Unterschied zum früheren § 439 BGB a.F. schadete dem Käufer nach der neuen Regelung also auch die grob fahrlässige Unkenntnis eines Rechtsmangels.[811] Den Vorschlag der Schuldrechtskommission, nach dem ein Haftungsausschluß – auch für Sachmängel – grundsätzlich nur bei positiver Mängelkenntnis des Käufers stattfinden sollte (§ 442 I BGB-KE), übernahm der Diskussionsentwurf somit nicht. Diese Entscheidung stieß in der Literatur auf Kritik: *Krebs* vertrat die Meinung, der Vorschlag der Schuldrechtskommission hätte deshalb aufgegriffen werden sollen, weil nur die Kenntnis des Käufers vom Mangel als Billigung der nicht vertragsgemäßen Leistung gewertet werden könne.[812] Die Tatbestandsalternative

---

810 Inwieweit der Begriff der grob fahrlässigen Unkenntnis allerdings dem von der Richtlinie vorgegebenen Tatbestandsmerkmal „vernünftigerweise nicht in Unkenntnis sein können" entspricht, muß später noch untersucht werden, s. unten Teil B Kap. II.

811 Kritisch insoweit *Jorden*, 231, die der Ansicht war, die Haftung für Rechtsmängel solle, wie nach § 439 BGB a.F., nur im Falle der positiven Kenntnis des Käufers ausgeschlossen sein. Die „unsichtbaren" Rechtsmängel seien für den Käufer schwerer festzustellen als Sachmängel und im Prinzip nur dann erkennbar, wenn der berechtigte Dritte vor Vertragsschluß seine Rechte gegenüber dem Käufer geltend mache oder ein eintragungsfähiges Recht im Grundbuch eingetragen sei. Gerade in solchen Fällen habe der Käufer regelmäßig aber ohnehin nachweisbar positive Kenntnis des Rechtsmangels. Die grob fahrlässige Unkenntnis des Käufers von einem Rechtsmangel bei Vertragsschluß sei deshalb kaum vorstellbar. Entgegen der Argumentation *Jordens* sind jedoch Situationen denkbar, in denen der Käufer konkreten Hinweisen auf die Belastung des Kaufgegenstandes mit dem Recht eines Dritten nicht nachgeht, obwohl sich ihm die Notwendigkeit einer Nachforschung hätte aufdrängen müssen. In solchen Fällen läßt sich sein Verhalten als grob fahrlässig bewerten. Da das Tatbestandsmerkmal dem Käufer aber keine grundsätzlichen Überprüfungspflichten auferlegte und die an den Käufer zu stellenden Sorgfaltsanforderungen entsprechend den Umständen des konkreten Einzelfalls angepaßt werden können, bestand auch bei der Erweiterung des Haftungsausschlußtatbestandes im Sinne des § 441 BGB-DiskE nicht die Gefahr einer unangemessenen Benachteiligung des Käufers, zumal gemäß § 441 II BGB-DiskE der Verkäufer ein im Grundbuch eingetragenes Recht unabhängig von der Kenntnis des Käufers – und erst recht bei bloß grob fahrlässiger Unkenntnis – beseitigen mußte.

812 Allein darauf darf jedoch nicht abgestellt werden. Einem Haftungsausschluß sowohl bei Kenntnis des Käufers als auch bei grob fahrlässiger Unkernntnis vom Mangel liegt vielmehr gleichermaßen der Gedanke der Sanktionierung eines verkehrswidrigen Käuferverhaltens zugrunde. Der Käufer, der vor Vertragsschluß trotz zur Vor-

der groben Fahrlässigkeit bürde dem Käufer dagegen echte Handlungspflichten auf, denen außerhalb des Handelskaufs die Rechtfertigung fehle.[813] Laut der Begründung des Diskussionsentwurfs sollte dem Käufer gemäß § 441 I 1 2. Alt. BGB-DiskE eine Untersuchungspflicht jedoch gerade nicht auferlegt werden. Die Vorschrift sollte vielmehr nur in Situationen eingreifen, in denen der Käufer auch ohne eine gesetzliche Untersuchungspflicht den Mangel hätte erkennen können.[814] Unangemessene Ergebnisse waren deshalb durch die Normierung des Haftungsausschlusses bei grob fahrlässiger Unkenntnis des Käufers vom Mangel in § 441 I 1 2. Alt. BGB-DiskE nicht zu befürchten. Bereits im Rahmen des § 460 S. 2 BGB a.F. war anerkannt gewesen, daß den Käufer keine allgemeine Prüfungspflicht traf.[815] Es sollte vielmehr darauf ankommen, daß aufgrund gewisser, dem Käufer bekannter Indizien und Tatsachen der Schluß auf mögliche Mängel so nahe gelegen hatte, daß es unverständlich erschien, den Dingen nicht weiter nachgegangen zu sein.[816] Die Anpassung der an den Käufer zu stellenden Sorgfaltsanforderungen an den konkreten Einzelfall und an die Fähigkeiten des einzelnen Käufers machte dabei einen gerechten Ausgleich der schutzwürdigen Interessen von Verkäufer und Käufer möglich.

In Hinblick auf Art. 7 I der Verbrauchsgüterkaufrichtlinie war überdies die gesteigerte praktische Bedeutung zu berücksichtigen, die einem Haftungsausschluß bei grob fahrlässiger Unkenntnis des Käufers von einem Mangel nunmehr zukommen mußte: Die Richtlinie hatte die Sachmängelhaftung des Verkäufers einseitig zwingend ausgestaltet. Eine Abbedingung der Gewährleistungsrechte zu Lasten des Verbrauchsgutkäufers war somit nicht mehr möglich. Bislang allerdings waren vertragliche Haftungsausschlüsse beim Verkauf gebrauchter Sachen, insbesondere beim Gebrauchtwagenhandel, weithin üblich und grundsätzlich auch im Rahmen Allgemeiner Geschäftsbedingungen (in den Grenzen des § 9 AGBG) gestattet gewesen. Gemäß Art. 7 I Kauf-RL war den Parteien eines Verbrauchsgüterkaufs die Vereinbarung eines Gewährleistungsausschlusses nunmehr untersagt.[817] Nach der Begründung des Diskussionsentwurfs fiel deshalb der Regelung des Art. 2 III 2. Alt. Kauf-RL bzw. § 441 I 1 2. Alt. BGB-DiskE die Aufgabe zu, den vertraglichen Haftungsausschluß bei gebrauchten

sicht gemahnender Umstände naheliegende Nachforschungen nicht unternimmt oder sich vor ganz offensichtlichen Mängel verschließt, erscheint ebensowenig schutzwürdig wie derjenige, der positive Kenntnis von einem Mangel hat.

813 *Krebs*, DB 2000, Beil. Nr. 14, 1 (18).

814 Begründung DiskE, 512 f. Zustimmend im Ergebnis: *Westermann*, in: *Schulze/Schulte-Nölke*, 109 (121 f.).

815 S. nur *Palandt-Putzo*, § 460 Rn. 2.

816 MüKo-*Westermann*, § 460 Rn. 8.

817 Kritisch hierzu *Martinek*: in Systembildung und Systemlücken, 511 (538 f.).

Gütern funktionell zu ersetzen.[818] Immerhin ließ sich durch die Normierung eines gesetzlichen Gewährleistungsausschlusses bei grob fahrlässiger Unkenntnis des Käufers ein gewisser gesetzlicher Mindestschutz vor der Inanspruchnahme wegen Sachmängeln gerade für Verkäufer gebrauchter Ware gewährleisten.[819] So etwa war schon im Rahmen des § 460 BGB a.F. anerkannt gewesen, daß etwa beim Kauf eines gebrauchten Pkw ohne vorherige Besichtigung durch den Käufer grundsätzlich grobe Fahrlässigkeit zu bejahen sei. Die Vornahme einer nicht nur oberflächlichen Untersuchung dagegen wurde im Regelfall einem privaten Käufer nicht abverlangt.[820]

Erschien die Beibehaltung einer dem § 460 S. 2 BGB a.F. entsprechenden Regelung demnach grundsätzlich geboten, so ging der Diskussionsentwurf sogar noch darüber hinaus, indem er die grob fahrlässige Unkenntnis eines Mangels der positiven Kenntnis gänzlich gleichstellte. Die Haftung des Verkäufers sollte demgemäß in allen Fällen der grob fahrlässigen Unkenntnis, also selbst dann ausgeschlossen sein, wenn dem grob fahrlässig handelnden Käufer der Mangel arglistig verschwiegen oder eine bestimmte Eigenschaft zugesichert worden war. Die Begründung des Diskussionsentwurfs führt dazu aus, die Streichung des bisherigen § 460 S. 2 BGB a.F. sei schon deshalb erforderlich, weil die Unterscheidung zwischen Fehler und zugesicherter Eigenschaft aufgegeben werde.[821] Im

818 S. die – insoweit dem aus dem Jahre 1998 stammenden Aufsatz von *Schmidt-Räntsch*, ZIP 1998, 849 (851) entnommene – Begründung des Diskussionsentwurfs, 169 f. Mißverständlich ist insofern der Verweis auf Art. 6 I 1 der Verbrauchsgüterkaufrichtlinie. Gemeint ist auch hier diejenige Norm, nach der die Vorgaben der Richtlinie nicht zu Lasten des Verbrauchers abdingbar sind. In der endgültigen Fassung der Richtlinie handelt es sich um Art. 7 I 1. Im Richtlinienvorschlag vom 18.06.1998 war diese Regelung allerdings noch in Art. 6 I enthalten. Vgl. auch *Schlechtriem*, in: *Ernst/Zimmermann*, 205 (218); *Martinek*, in Systembildung und Systemlücken, 511 (539).

819 *Jorden*, 230.

820 MüKo-*Westermann*, § 460 Rn. 8 mit Nachweisen aus der Rechtsprechung.

821 Zustimmend *Schlechtriem*, in: *Ernst/Zimmermann*, 205 (218): Wird die Zusicherung funktionell durch die einfache Beschaffenheitsvereinbarung ersetzt, dann ist es folgerichtig, den Verkäufer schon bei vorwerfbarer Unkenntnis des Käufers zu entlasten. Kritisch dagegen: *Krebs*, DB 2000, Beil. Nr. 14, 1 (18), der davon ausging, in Fällen der Zusicherung dürfe es auch weiterhin keinen Haftungsausschluß geben, da einer Zusicherung stets Garantiecharakter beikomme: sie begründe eine Einstandspflicht, die durch grobe Fahrlässigkeit nicht gehindert werden dürfe. Freilich läßt sich die Zusicherung einer Eigenschaft durch den Verkäufer auch im Rahmen der Prüfung, ob die Unkenntnis des Käufers überhaupt auf grober Fahrlässigkeit beruht, berücksichtigen. Geht man davon aus, daß eine Zusicherung des Verkäufers den Käufer generell von jeglicher möglicherweise bestehenden Untersuchungspflicht entbindet (so *Soergel-Huber*, § 460 Rn. 5), so wird man in solchen Fällen zumeist zu einer Haftung des Verkäufers gelangen.

übrigen hielt man aber die gesetzgeberische Wertung, nach der bei Arglist des Verkäufers auch grob fahrlässige Unkenntnis vom Mangel dem Käufer nicht schadet, für richtig.[822] Freilich hätte gerade dieser Ausnahmetatbestand beibehalten werden können: Der Wegfall der Zusicherung gemäß § 459 II BGB a.F. machte eine Modifikation des § 460 S. 2 nur insofern notwendig, als dieser wiederum eine Zusicherung voraussetzte.[823] Die Entscheidung, dennoch beide Ausnahmetatbestände des § 460 S. 2 BGB a.F. zu streichen, ist dementsprechend auf Kritik gestoßen. *Krebs* merkte hierzu an, auf diese Weise werde der allgemein anerkannte Rechtsgrundsatz mißachtet, nach dem die grobe Fahrlässigkeit des Geschädigten nicht zugunsten des vorsätzlich handelnden Schädigers wirke. Der Wegfall des Ausnahmetatbestands bei arglistiger Täuschung durch den Verkäufer würde die Rechtsprechung somit lediglich dazu zwingen, in entsprechenden Fällen eine Korrektur über § 826 BGB vorzunehmen.[824]

β. Konsolidierte Fassung

Aufgrund der soeben geschilderten an § 441 I 1 BGB-DiskE geübten Kritik wurden in der Konsolidierten Fassung des Diskussionsentwurfs die weggefallenen Ausnahmetatbestände des Haftungsausschlusses bei schuldhafter Unkenntnis des Käufers wieder aufgenommen. Die entsprechende Vorschrift, § 441 I BGB-DiskE KF, lautete nunmehr:

> „Die Rechte des Käufers wegen eines Mangels sind ausgeschlossen, wenn er bei Vertragsschluß den Mangel kennt. Ist dem Käufer ein Mangel infolge grober Fahrlässigkeit unbekannt geblieben, kann der Käufer Rechte wegen dieses Mangels nur geltend machen, wenn der Verkäufer den Mangel verschwiegen oder die Mangelfreiheit zugesichert hat."

Die Regelung entsprach damit im wesentlichen wieder dem § 460 BGB a.F. Das Verschweigen des Mangels war allerdings nicht mehr explizit als „arglistig" gekennzeichnet. Man kann aber wohl davon ausgehen, daß die Verfasser des Entwurfs unterstellt haben, dieses Element sei im „Verschweigen" bereits enthalten.[825] Auch der Begriff der Zusicherung wurde wieder eingeführt; die Zusicherung der „Mangelfreiheit" war, da die Mangelfreiheit sich gerade nach der Vereinbarung zwischen Käufer und Verkäufer richtete, wohl auch hier, wie im Rahmen des § 460 S. 2 BGB a.F., als gesteigerter Einstandswille des Verkäufers

---

822 Begründung des Diskussionsentwurfs, 512.

823 Vgl. *Jorden*, 228.

824 *Krebs*, DB 2000, Beil. Nr. 14, 1 (18). Kritisch auch *Westermann*, in: *Schulze/Schulte-Nölke*, 109 (122).

825 Vgl. *Westermann*, JZ 2001, 530 (535). Kritisch *Dauner-Lieb*, 86.

zu verstehen.[826] Doch ist die Beibehaltung dieses Begriffes neben der „Garantie" im Sinne des § 442 BGB-DiskE KF als verwirrend und überflüssig kritisiert worden.[827]

γ. Regierungsentwurf

Im Regierungsentwurf erhielt die Haftungsausschlußnorm in § 422 I BGB-RegE folgende Fassung:

> „Die Rechte des Käufers wegen eines Mangels sind ausgeschlossen, wenn er bei Vertragsschluß den Mangel kennt. Ist dem Käufer ein Mangel infolge grober Fahrlässigkeit unbekannt geblieben, kann der Käufer Rechte wegen dieses Mangels nur geltend machen, wenn der Verkäufer den Mangel arglistig verschwiegen oder eine Garantie für das Vorhandensein einer Eigenschaft übernommen hat."

Diese Vorschrift entsprach im wesentlichen dem § 460 BGB a.F., bezog sich aber auch auf Rechtsmängel.[828] Der § 460 S. 2 BGB a.F. wurde inhaltlich übernommen, da die zugrundeliegende gesetzgeberische Wertung, nach der bei Zusicherung oder Arglist grobfahrlässige Unkenntnis des Käufers vom Mangel nicht zum Haftungsausschluß führt, für grundsätzlich richtig erachtet wurde. Eine Anpassung der Formulierung war aber laut Begründung schon deshalb nötig, weil der Begriff der Zusicherung ansonsten im Entwurf nicht mehr verwendet wurde. Dies solle aber, so heißt es weiter in der Begründung, nicht bedeuten, daß es eine Zusicherung tatsächlich nicht mehr geben werde. Ihre Bedeutung liege aber nun nicht mehr im Bereich des Mangelbegriffs, sondern bei der inhaltlichen Bestimmung dessen, was der Schuldner (Verkäufer) gemäß § 276 I 1 BGB-RegE zu vertreten habe. Dort würden die bisherigen Fälle der Zusicherung einer Eigenschaft mit der Übernahme einer Garantie durch den Schuldner geregelt; deshalb werde auch in § 442 I 2 BGB-RegE eine daran ausgerichtete Formulierung übernommen. Die Begründung des Regierungsentwurfs stellte insofern klar, daß es sich bei der „Garantie" im Sinne des § 442 I 2 BGB-RegE nicht um eine über den Gefahrübergang hinaus übernommene Garantie für die Beschaffenheit bzw. Haltbarkeit der Sache, wie sie in § 443 BGB-RegE geregelt war, handelte, sondern allein um das, was auch bisher unter einer Zusicherung verstanden worden war: Die Erklärung des Verkäufers, daß die Kaufsache (bei Gefahrübergang) ei-

826 *Dauner-Lieb*, 86; *Westermann*, JZ 2001, 530 (535).
827 *Dauner-Lieb*, 86.
828 Die Erstreckung des Haftungsausschlusses im Falle der schuldhaften Unkenntnis vom Mangels auch auf Rechtsmängel war dabei laut Begründung schon angesichts der generell angestrebten Gleichbehandlung von Rechts- und Sachmängeln gerechtfertigt, Begründung des Regierungsentwurfs, 554.

ne bestimmte Eigenschaft habe, verbunden mit der Versicherung, verschuldensunabhängig für alle Folgen ihres Fehlens einstehen zu wollen.[829] In der Beschlußempfehlung des Rechtsausschusses zum Regierungsentwurf wurde die Formulierung des § 442 I 2 BGB-RegE noch weitergehend an den § 443 BGB-RegE angeglichen, indem der Begriff der „Garantie für das Vorhandensein einer Eigenschaft" in „Garantie für die Beschaffenheit der Sache" abgeändert wurde.[830] In dieser Fassung hat der Bundestag das Gesetz am 11.10.2001 verabschiedet.

(2). Mängelkenntnis nach Vertragsschluß

Schwieriger gestaltete sich während des Gesetzgebungsverfahrens das Problem, wie die nach Vertragsschluß erlangte Mängelkenntnis des Käufers zu behandeln war. Hier ging es einerseits um die Frage der Beibehaltung des § 464 BGB a.F., der dem Käufer, sofern er bei Annahme der Kaufsache in Kenntnis von der Mangelhaftigkeit der Kaufsache war, eine Vorbehaltspflicht auferlegt hatte. Anderseits wurde auch die Einführung einer allgemeinen Rügeobliegenheit im Sinne des Art. 5 II Kauf-RL erwogen.

α. Diskussionsentwurf

Der Entwurf der Schuldrechtskommission hatte in § 443 BGB-KE noch die Übernahme des § 464 BGB a.F. vorgesehen. Der Regelung kam, im Gegensatz zu § 460 BGB a.F. und § 442 BGB-KE, die nur auf den Zeitpunkt des Vertragsschlusses abstellten, Bedeutung für die zwischen Vertragsschluß und Übergabe der Kaufsache erlangte Mängelkenntnis zu. Im Diskussionsentwurf wurde diese Regelung nunmehr völlig aufgegeben. Der Entwurf ging davon aus, eine entsprechende Vorschrift sei nicht mit Art. 2 III der Verbrauchsgüterkaufrichtlinie vereinbar, da hier nur die Kenntnis im Zeitpunkt des Vertragsschlusses geregelt sei, während der § 464 BGB a.F. bzw. § 443 BGB-KE den Gewährleistungsverlust auch bei nachträglicher Kenntniserlangung anordne und dadurch eine unzulässige Schlechterstellung des Verbrauchers gegenüber der Richtlinie darstellen würde. Wegen der mangelnden Praxisrelevanz der Vorschrift in der bisherigen Fassung sollte laut Begründung auf eine Normierung allerdings ohnehin verzichtet werden können. Im übrigen, so wurde weiterhin ausgeführt, könne im Einzelfall mit der rügelosen Entgegennahme einer als mangelhaft erkannten Sache eine den ursprünglichen Vertrag modifizierende Vereinbarung über die Be-

829 Begründung des Regierungsentwurfs, 554 f.
830 BT-Drucks. 14/7052, 42, 197.

schaffenheit der Sache verbunden sein. Abgesehen von solchen Fällen ändere aber auch das Unterlassen einer Mängelanzeige nichts daran, daß der Verkäufer seine Pflicht aus dem Kaufvertrag zur Übereignung einer mangelfreien Sache verletzt habe.[831]

In Umsetzung des Art. 5 II Kauf-RL sah der Diskussionsentwurf allerdings in § 441 I 2 BGB-DiskE die Einführung einer Rügeobliegenheit des Käufers vor. § 441 I BGB-DiskE lautete:

> „Die Rechte des Käufers wegen eines Mangels sind ausgeschlossen, wenn er bei Vertragsschluß den Mangel kennt oder infolge grober Fahrlässigkeit nicht kennt. Dasselbe gilt, wenn der Käufer dem Verkäufer einen Mangel nicht innerhalb von zwei Monaten nach dessen Entdeckung anzeigt."

Die Normierung der Rügeobliegenheit, die in dieser Form dem Kaufrecht des Bürgerlichen Gesetzbuches neu war, sollte laut Begründung dazu dienen, die Nachteile des Verkäufers abzumildern, die dieser durch die deutliche Verlängerung der Verjährungsfrist der Mängelansprüche des Käufers von sechs Monaten auf drei Jahre erleide. Die Verfasser des Diskussionsentwurfs gingen davon aus, der Verkäufer habe ein berechtigtes Interesse daran, möglichst bald vom Auftreten eines Mangels zu erfahren, um sich rechtzeitig auf die Ansprüche des Käufers einrichten zu können. Zudem werde durch die Statuierung einer Mängelanzeigepflicht die Gefahr verringert, daß ein unredlicher Käufer die als mangelhaft erkannte Sache zunächst noch einige Zeit weiter benutze, um dann durch Geltendmachung eines Nachlieferungsanspruchs kurz vor Ablauf der Verjährungsfrist die gebrauchte Sache gegen eine neue „umzutauschen".[832]

Die in der Verbrauchsgüterkaufrichtlinie fakultativ ausgestaltete Rügeobliegenheit des Verbrauchers hatte bereits im Vorfeld der Veröffentlichung des Diskussionsentwurfs eine heftige Kontroverse ausgelöst und dabei viel Zustimmung, aber auch Ablehnung erfahren.[833] Auch gegen die Umsetzung der Richtlinienvorschrift in § 441 I 2 BGB-DiskE wurde Kritik vorgebracht. So merkte *Gsell* an, das Interesse des Verkäufers an einer schnellen Information und Gewährleistungsabwicklung könne nicht das Risiko des Gewährleistungsverlusts überwiegen, das für den Verbraucher dadurch entstehe, daß er aus Unkenntnis von der Rechtslage die Mängelanzeige unterlasse. Im übrigen nütze die Rügeobliegenheit dem Verkäufer nicht viel, da der Zeitpunkt der Entdeckung des Mangels durch den Käufer für den Verkäufer kaum transparent und damit nur

831 Begründung des Diskussionsentwurfs, 447.
832 Begründung des Diskussionsentwurfs, 513 f.
833 Zum Meinungsstand s. oben Kap. VI.1.c.bb.(2).

schwierig beweisbar sei[834]; überdies könne eine Rügeobliegenheit gerade keine frühere Entdeckung von Mängeln bewirken: dazu bedürfe es vielmehr der Auferlegung einer Untersuchungspflicht des Käufers, was freilich im Hinblick auf den Verbraucherschutz nicht angemessen und mit der Verbrauchsgüterkaufrichtlinie auch nicht vereinbar sei.[835]

Auf Ablehnung stieß auch die Tatsache, daß mit § 441 I BGB-DiskE nunmehr das Institut der Rügeobliegenheit und der Haftungsausschluß bei Mängelkenntnis des Käufers zum Zeitpunkt des Vertragsschlusses in einer Vorschrift vereinigt waren, obwohl sie, so hieß es, höchst Unterschiedliches regelten. So sollte die Kenntnis bei Vertragsschluß dogmatisch eher als eine Modifikation der Beschaffenheitsvereinbarung, das Unterlassen der Rüge dagegen als eine Art Verzicht auf an sich gegebene Rechte zu verstehen sein.[836]

834 So auch *Krebs*, DB 2000, Beil. Nr. 14, 1 (18), der im übrigen der Einführung einer Rügeobliegenheit des Käufers positiv gegenüberstand. Er schlug vor, um die Effektivität der Rügeobliegenheit für den Verkäufer zu erhöhen, eine ergänzende Regelung zu normieren, nach der bei offenkundigen Mängeln widerleglich vermutet werden sollte, daß der Käufer mit der Ingebrauchnahme der Sache den Mangel erkannt hatte. Kritisch hinsichtlich der Beweisbarkeit auch *Westermann*, in: *Schulze/Schulte-Nölke*, 109 (122 f.).

835 *Gsell*, JZ 2001, 65 (72). Andere Auffassung *Honsell*, JZ 2001, 18 (21), der sich im Sinne der Einführung einer generellen Untersuchungspflicht des Käufers aussprach. Das Erfordernis rascher Klarheit im Geschäftsverkehr, dem die Untersuchungspflicht diene, gelte grundsätzlich auch für den Verbrauchsgüterkauf. Eine Differenzierung sei möglich, indem man an die Intensität der Untersuchungspflicht beim beiderseitigen Handelskauf und beim BGB-Kauf oder Verbraucherkauf unterschiedliche Anforderungen stelle. *Honsell* ging dabei davon aus, daß die Verbrauchsgüterkaufrichtlinie die Einführung einer Untersuchungspflicht grundsätzlich gestatte. Dies war jedoch gerade nicht der Fall. Die Richtlinie legt für den Bereich des Verbraucherkaufs sogar ausdrücklich fest, daß dem Käufer nach Vertragsschluß nur die positive Mängelkenntnis schadet. Das im ursprünglichen Richtlinienvorschlag enthaltene Tatbestandsmerkmal „hätte kennen müssen" wurde in der endgültigen Fassung gestrichen, so daß eindeutig geklärt war, daß den Verbraucher keinerlei Sorgfaltsanforderungen hinsichtlich der Aufdeckung von Mängeln treffen, s. dazu ausführlich oben Kap. VI.1.c.bb.(1).

836 So *Schlechtriem*, in: *Ernst/Zimmermann*, 205 (218). Dies ist zutreffend, es müssen aber auch die Gemeinsamkeiten der Normen beachtet werden: bei beiden Vorschriften handelt es sich um Gewährleistungsausschlußtatbestände, die auf der Mängelkenntnis des Käufers beruhen. Den Vorschriften ist gemeinsam, daß sie im Interesse einer möglichst reibungslosen Kaufabwicklung dem Käufer bestimmte Verhaltenspflichten auferlegen bzw. ein verkehrswidriges Verhalten des Käufers sanktionieren. Dabei geht es im einen Fall um die bis zum Zeitpunkt des Vertragsschlusses gewonnene Kenntnis, im anderen um die nachträgliche Kenntniserlangung. Sachlich gehören die Vorschriften deshalb zusammen, was durch die systematische Stellung der Normen im Kaufgewährleistungsrecht durchaus sinnvoll un-

β. Konsolidierte Fassung

Aufgrund der an § 441 I 2 BGB-DiskE geübten Kritik entfiel in der konsolidierten Fassung des Diskussionsentwurf diese in Umsetzung des Art. 5 II Kauf-RL statuierte Vorschrift, so daß der § 441 I BGB DiskE KF nur noch die Kenntnis bzw. schuldhafte Unkenntnis des Käufers von einem Mangel bei Vertragsschluß regelte.[837] Da zuvor bereits der Haftungsausschluß bei Annahme der Kaufsache in Kenntnis des Mangels aufgegeben worden war, hatte die nach Vertragsschluß erlangte Mängelkenntnis nunmehr für den Käufer grundsätzlich keinerlei Konsequenzen mehr.[838]

γ. Regierungsentwurf

Der Regierungsentwurf bestätigte den Wegfall sowohl des § 464 BGB a.F., als auch der im Diskussionsentwurf vorgesehenen Rügeobliegenheit des Käufers. In der Begründung wurde – neben der geringen Praxisrelevanz des § 464 BGB a.F., dessen Anforderungen ohnehin so hoch seien, daß er nur ausnahmsweise eingreife – auch noch einmal – fälschlich – die mangelnde Vereinbarkeit des § 464 BGB a.F. mit Art. 2 III der Verbrauchsgüterkaufrichtlinie hervorgehoben, denn

terstrichen werden kann. Um die unterschiedlichen für die Mängelkenntnis relevanten Zeitpunkte deutlicher zu kennzeichnen, hätte es sich allerdings angeboten, die Haftungsausschlüsse nicht in einer Norm, wie es der § 441 I BGB-DiskE vorsah, zu regeln, sondern etwa in zwei getrennten aber aufeinanderfolgenden Vorschriften, wie z.B. noch im Kommissionsentwurf beabsichtigt (§§ 442, 443 BGB-KE).

837 Zustimmend: *Dauner-Lieb*, 86: Der Zeitpunkt der Entdeckung sei für den Verkäufer praktisch nie nachweisbar. Eine Rügeobliegenheit des Käufers würde deshalb viele praktische Schwierigkeiten mit sich bringen. Differenzierend: *Westermann*, JZ 2001, 530 (540), der zwar einerseits anmerkte, bei der Rügeobliegenheit handele es sich um ein Institut des Handelsrechts, das zum BGB-Kauf im Prinzip nicht passe; andererseits aber einräumte, die Rügeobliegenheit, wie sie der § 441 I 2 BGB-DiskE vorgesehen habe, sei jedenfalls nicht auf eine dem Verbraucher sicherlich nicht zumutbare Untersuchungspflicht hinausgelaufen. Zudem hielt *Westermann* es – vor allem angesichts der deutlichen Verlängerung der Verjährungsfrist – für bedenklich, daß dem Käufer mit dem Wegfall der Rügepflicht die Möglichkeit gelassen werde, die Geltendmachung der Mängel bis kurz vor Ablauf der Verjährungsfrist hinauszuzögern.

838 Außer in Einzelfällen, in denen sich eine den ursprünglichen Vertrag abändernde Vereinbarung über die (mangelhafte) Beschaffenheit der Sache hätte konstruieren lassen (so die Begründung des Diskussionsentwurfs, 447), oder die Gewährleistungsansprüche ausnahmsweise aufgrund des treuwidrigen Verhaltens des Käufers unter dem Gesichtspunkt einer nach § 242 BGB eintretenden Verwirkung ausgeschlossen gewesen wären (vgl. MüKo-*Westermann*, § 464 Rn. 1).

zwischenzeitlich waren durchaus bereits Zweifel an der Richtlinienwidrigkeit des § 464 BGB a.F. geäußert worden.[839] Der Art. 2 III Kauf-RL, so lautete die Argumentation in der Begründung des Regierungsentwurfs, regele nur den Fall der Mängelkenntnis bei Vertragsschluß; nach Vertragsschluß könne es zu einem Haftungsausschluß nur kommen, wenn ein Mitgliedstaat von der Ermächtigung des Art. 5 II Kauf-RL Gebrauch mache und die Rügepflicht einführe. Davon habe der deutsche Gesetzgeber aber, auch für den Bereich außerhalb des Verbrauchsgüterkaufs, abgesehen.[840] Freilich wäre hier zu überprüfen geblieben, inwieweit die in § 464 BGB a.F. normierte Mängelanzeigepflicht bei Annahme der Kaufsache als qualitatives Minus zu einer allgemeinen Rügepflicht im Sinne der Richtlinie mit Art. 5 II Kauf-RL vereinbar gewesen wäre. Eine solche Prüfung haben die Verfasser des Regierungsentwurfs aber offenbar nicht vorgenommen.[841]

δ. Beschlußempfehlung und Bericht des Rechtsausschusses

Bei den Beratungen des Rechtsausschusses, an den der Gesetzesentwurf nach der Diskussion im Bundestag überwiesen worden war, wurde die Problematik der nachträglichen Kenntniserlangung erneut erörtert. Die CDU/CSU-Fraktion setzte sich dabei für die Einführung einer Rügeobliegenheit im Sinne des Art. 5 II Kauf-RL ein. Der entsprechende Änderungsantrag zu § 442 BGB-RegE sah vor, nach Absatz I einen weiteren Absatz I a folgenden Inhalts einzufügen:

> „Die Rechte des Käufers wegen eines Mangels sind auch ausgeschlossen, wenn der Käufer dem Verkäufer den Mangel nicht innerhalb von zwei Monaten, nachdem er ihn entdeckt hat, anzeigt. Dies gilt bei einem Verbrauchsgüterkauf nur, wenn der Käufer auf diese Folgen hingewiesen worden ist."

Die CDU/CSU-Fraktion führte dazu aus, von der in der Verbrauchsgüterkaufrichtlinie gewährten Option solle Gebrauch gemacht werden, um trotz der Verlängerung der Gewährleistungsfrist auf eine zügige Abwicklung der Kaufverträge hinzuwirken und dem Verkäufer die Möglichkeit zu geben, sich auf die Ansprüche des Käufers einzustellen. Dies läge im Interesse und entspräche der Forderung der deutschen Wirtschaft. Der Käufer auf der anderen Seite habe kein schutzwürdiges Interesse daran, trotz Kenntnis von einem Mangel die volle

839 So etwa von *Jorden*, 218 f., s. dazu unten Teil B Kap. I.1.

840 Begründung des Regierungsentwurfs, 478. Befürwortend: *Tonner/Crellwitz/Echtermeyer*, 334 f.

841 Zur Richtlinienvereinbarkeit des § 464 BGB a.F. siehe ausführlich unten Teil B Kap. I.

Verjährungsfrist auszuschöpfen, bevor er seine Gewährleistungsrechte geltend mache. Er werde durch eine derartige Rügepflicht auch nicht unangemessen benachteiligt, weil ihn keinerlei Untersuchungspflicht träfe. Zwar sei die Anzeigepflicht außerhalb des Handelsrechts neu, sie werde aber – ebenso wie die gleichzeitige Verlängerung der Gewährleistungsfrist – in kürzester Zeit allgemeiner Kenntnisstand werden. Für Verbraucherkäufe schlug die CDU/CSU-Fraktion die zusätzliche Normierung einer Hinweispflicht des Verkäufers vor, um eine ausreichende Information des Käufers sicherzustellen. In Bezug auf die häufig als Argument gegen die Einführung einer Rügeobliegenheit genannte schwierige Beweisbarkeit des Zeitpunkts der Kenntniserlangung des Käufers merkte die CDU/CSU-Fraktion an, der Verkäufer, der keine hinreichenden Beweismittel hierfür habe, würde eine entsprechende Behauptung im Prozeß auch nicht aufstellen. Mit einer relevanten Zahl unergiebiger Beweisaufnahmen sei deshalb, entgegen den Befürchtungen der Bundesregierung, nicht zu rechnen.[842]

Die Mehrheit des Rechtsausschusses entschied sich dennoch gegen die Einführung einer Rügeobliegenheit zu Lasten des Käufers. Die Rügepflicht, wie sie in Art. 5 II der Verbrauchsgüterkaufrichtlinie vorgesehen war, wurde als nicht zweckmäßig erachtet. Zur Begründung wurde hier nochmals auf die schwierige Beweisbarkeit für den Verkäufer abgestellt: Im Ergebnis würde die Rügepflicht nur zu einer Mehrbelastung der Gerichte führen, ohne aber in der Sache etwas bewirken zu können.[843]

In dem schließlich am 11.10.2001 verabschiedeten Schuldrechtsmodernisierungsgesetz findet sich demgemäß weder eine allgemeine kaufrechtliche Rügeobliegenheit, wie sie die Verbrauchsgüterkaufrichtlinie ausdrücklich auch für den Bereich des Verbrauchsgüterkaufs gestattet hätte, noch eine dem § 464 BGB a.F. entsprechende Vorschrift, die eine Mängelanzeigepflicht des Käufers zumindest bei Annahme der Kaufsache in Kenntnis des Mangels statuiert.

bb. Die Situation nach neuem Kaufrecht: § 442 BGB und der Wegfall des § 464 BGB a.F.

Nach neuem Kaufrecht ist die Haftung des Verkäufers für Rechts- und Sachmängel gemäß § 442 I 1 BGB ausgeschlossen, wenn der Käufer den Kaufvertrag abschließt, obwohl er den Mangel der Sache kennt. Auch grob fahrlässige Unkenntnis eines Mangels schadet dem Käufer grundsätzlich. Dies folgt zwar nicht aus § 442 I 1 BGB, ergibt sich jedoch aus einem Umkehrschluß aus § 442 I 2 BGB. Denn wenn dort für die Sonderfälle einer arglistigen Täuschung durch den

842 BT-Drucks. 14/7052, 173.
843 BT-Drucks. 14/7052, 197.

Verkäufer oder einer Beschaffenheitsgarantie die grob fahrlässige Unkenntnis als unschädlich bezeichnet ist, zeigt dies, daß in allen anderen Fällen auch grobe Fahrlässigkeit des Käufers seine Gewährleistungsrechte ausschließt.[844] Inhaltlich entspricht die Vorschrift des § 442 BGB damit im wesentlichen den §§ 439, 460 BGB a.F.[845] (Die Gleichbehandlung von Rechts- und Sachmängeln folgt dabei systematisch aus dem neu normierten § 433 I 2 BGB, der den Verkäufer dazu verpflichtet, dem Verkäufer die Sache frei von sowohl Sach- als auch Rechtsmängeln zu verschaffen.) Die Ausschlußnorm des § 442 BGB bezieht sich allerdings auch auf *aliud*-Lieferungen und Quantitätsabweichungen, da diese gemäß § 434 III BGB nunmehr dem Sachmangel gleichgestellt werden.[846] Mit der Vorschrift des § 434 I BGB wird im übrigen der sog. „subjektive Fehlerbegriff" – nach dem Vorbild des Art. 35 CISG und Art. 2 der Verbrauchsgüterkaufrichtlinie – gesetzlich verankert.[847] Für die Frage, ob ein Sachmangel vorliegt, kommt es demnach in erster Linie auf die vertragliche Beschaffenheitsvereinbarung[848]

844 Anwaltkommentar-*Büdenbender*, § 442 Rn. 2.

845 So soll nach der Begründung des Regierungsentwurfs, S. 554 f., auch der neuformulierte Begriff der „Beschaffenheitsgarantie" im Sinne des § 442 I 2 BGB diejenigen Fälle erfassen, die im bisherigen Recht mit der Zusicherung einer Eigenschaft umschrieben wurden, s. oben Teil A Kap. VI.2.b.aa.(1).γ. So auch *Huber/Faust*, 368; *Schmidt-Räntsch*, Rn. 896. Es handelt sich demgemäß nicht um eine Garantie im Sinne des § 443 BGB; die Übernahme einer Beschaffenheitsgarantie spielt vielmehr bei der Bestimmung des Umfangs des Vertretenmüssens im Rahmen des § 276 BGB eine Rolle, s. Anwaltkommentar-*Büdenbender*, § 442 Rn. 3; a.A.: *Palandt*[62]*-Putzo*, § 442 Rn. 19: Nach dem Wortlaut der Vorschrift sei auf § 443 BGB abzustellen.

846 Ob und inwieweit die Lieferung eines *aliud* dem Sachmängelrecht zu unterstellen sei oder als Nichterfüllung unter die allgemeinen Regeln falle, war für das alte Kaufrecht umstritten; umfassend zum Streitstand *Soergel-Huber*, Vor § 459 Rn. 106 ff. Nach herrschender Auffassung war das Sachmängelgewährleistungsrecht (und damit auch der § 460 BGB a.F.) bei *aliud*-Lieferungen (ausnahmslos jedenfalls im Bereich des Stückkaufs) ausgeschlossen, s. *Palandt-Putzo*, § 459 Rn. 3. Die entsprechende Haftungsausschlußnorm des Einheitlichen Kaufrechts (Art. 36 EKG) fand bereits nach ihrem ausdrücklichen Wortlaut auf Falschlieferungen und Zuweniglieferungen gemäß Art. 33 I litt. a), b), c) keine Anwendung.

847 *Schubel*, JuS 2002, 313 (315); *Dauner-Lieb/Heidel/Lepa/Ring-Büdenbender*, § 8 Rn. 29; *Haas/Medicus/Rolland/Schäfer/Wendtland*, Kap. 1 Rn. 46; *Huber/Faust*, Kap. 12 Rn. 11; *Ehmann/Sutschet*, 193; *Lorenz/Riehm*, Rn. 483. Der subjektive Fehlerbegriff war allerdings bereits im Theorienstreit um den Fehlerbegriff des alten § 459 BGB a.F. herrschende Meinung, s. *Schlechtriem*, SchR BT, Rn. 78 ff.; *Palandt-Putzo*, § 459 Rn. 8.

848 Die Beschaffenheitsvereinbarung setzt zwei übereinstimmende Willenserklärungen voraus. Ein besonderer Einstandswille des Verkäufers, wie er im alten Kaufrecht für die Zusicherung gemäß § 459 II a.F. verlangt wurde, ist nicht erforderlich, *Huber/Faust-Huber*, Kap. 12 Rn. 25.

der Parteien gemäß § 434 I 1 BGB an; nur sekundär wird auf objektive Elemente gemäß § 434 I 2 Nr. 2 BGB (die Eignung für die gewöhnliche Verwendung oder die übliche Beschaffenheit) und § 434 I 3 BGB (Eigenschaften, die der Käufer aufgrund von öffentlichen Äußerungen erwarten kann) zurückgegriffen.[849] Da der § 442 BGB insofern – anders als der Art. 35 III CISG, der sich nach seinem ausdrücklichen Wortlaut nur auf die hilfsweisen objektiven Leistungsbestimmungen nach Art. 35 II litt. a) – d) bezieht[850] – keinerlei Einschränkungen vorsieht, findet die Haftungsausschlußvorschrift prinzipiell nicht nur auf die objektiven Kriterien Anwendung, sondern auch auf die vertraglichen Beschaffenheitsbeschreibungen der Parteien. War dem Käufer die Mangelhaftigkeit der Kaufsache positiv bekannt, so gilt dies – grundsätzlich – selbst dann, wenn der Verkäufer eine Garantie für die Beschaffenheit der Sache übernommen hat (Eine dem § 442 I 2 2. Alt. BGB entsprechende Regelung fehlt in § 442 I 1 BGB).[851]

Allerdings kann die ausdrückliche Vereinbarung einer bestimmten Beschaffenheit in Kenntnis der negativen Abweichung der Kaufsache gerade auch bedeuten, daß der Verkäufer die gewünschte Beschaffenheit noch herstellen soll. Leztlich besteht also zwischen der vertraglich vereinbarten Beschaffenheit nach § 434 I 1 BGB und den implizierten objektiven Leistungsbestimmungen gemäß § 435 I 2 und 3 BGB in der Praxis ein erheblicher Unterschied, dem Art. 35 III CISG, indem er den Ausschluß auf die Fälle der objektiven Leistungsbeschreibungen beschränkt, besser gerecht zu werden vermag. Auch der § 442 BGB soll freilich dann keine Anwendung finden, wenn der Verkäufer die Herstellung einer fehlenden Eigenschaft oder die Beseitigung eines Mangels versprochen hat. Voraussetzung ist allerdings, daß der Verkäufer eine entsprechende Verpflichtung übernommen hat.[852] Will der Käufer also erreichen, daß bestimmte Defizite der Kaufsache bis zum Gefahrübergang (bis zur Liegerung), noch behoben werden, muß er versuchen, dies im Kaufvertrag ausdrücklich festzuhalten, um die Rechtsfolge des § 442 I 1 BGB zu vermeiden.[853]

---

849 *Schubel*, JuS 2002, 313 (315); *Westermann*, JZ 2001, 530 (532); ders., NJW 2002, 241 (243); Anwaltkommentar-*Büdenbender*, § 434 Rn. 2; *Huber/Faust-Huber*, Kap. 12 Rn. 11; *Lorenz/Riehm*, Rn. 483 ff.

850 S. dazu oben Kap. VI.1.c.aa.(3).

851 Auch insofern ergibt sich folglich keine Änderung zum alten Kaufrecht, vgl. oben Kap. VI.1.c.aa.(3).

852 *Palandt*[62]*-Putzo*, § 442 Rn. 9. Dies galt auch im Rahmen des Art. 36 EKG, der gleich dem § 442 I 1 BGB sowohl auf die vertraglichen Qualitätsabsprachen, als auch auf die objektiven Leistungskriterien Anwendung fand. Die Vorschrift galt nur dann als abbedungen, wenn der Verkäufer sich zur Beseitigung des Mangels vertraglich verpflichtet hatte, s. dazu oben Kap. VI.1.c.aa (3).

853 So *Schlechtriem*, SchR BT[6], Rn. 49.

Andererseits kann bei beidseitiger Kenntnis der negativen Abweichung der Kaufsache von der Beschaffenheit, die eigentlich vertraglich vereinbart werden sollte, die Auslegung im Einzelfall bereits eine entsprechend geänderte Beschaffenheitsvereinbarung ergeben, so daß ein Mangel im Sinne des § 434 BGB gar nicht vorliegt und der § 442 BGB folglich nicht mehr zur Anwendung gelangt.[854]

§ 442 BGB dient der Umsetzung des Art. 2 III Kauf-RL. Der Vorschrift liegt – ebenso wie der Richtlinienbestimmung und auch schon dem § 460 BGB a.F. – der Gedanke zugrunde, daß der Käufer, der trotz Mängelkenntnis eine Sache kauft, oder bei Vertragsschluß einen Mangel übersehen hat, der ohne weiteres erkennbar gewesen wäre, sich treuwidrig verhält und demzufolge hinsichtlich eines Gewährleistungsausgleichs nicht schutzwürdig erscheint.[855]

Der gleichfalls auf dem Sanktionsgedanken beruhende kaufrechtliche Haftungsausschluß bei rügeloser Annahme der Kaufsache in Kenntnis des Mangels, wie er in § 464 BGB a.F. noch vorgesehen war, ist dagegen – aufgrund seiner vermeintlichen Unvereinbarkeit mit der Verbrauchsgüterkaufrichtlinie –, nicht in das neue Kaufrecht übernommen worden.[856] Ebensowenig wurde aber von der durch die Verbrauchsgüterkaufrichtlinie gewährten Möglichkeit zur Einführung einer allgemeinen Rügeobliegenheit des Käufers Gebrauch gemacht. Dies bedeutet, daß nach neuem Kaufrecht nur noch die Kenntnis des Käufers von einem Mangel im Zeitpunkt des Vertragsschlusses gemäß § 442 BGB zu einem Verlust der Gewährleistungsrechte führt. Die nachträglich erlangte Mängelkenntnis des Käufers ist hingegen unbeachtlich. Selbst wenn der Käufer bereits im Zeitpunkt der Annahme der Kaufsache über deren Mangelhaftigkeit informiert war, kann er nunmehr also die Geltendmachung der Gewährleistungsrechte grundsätzlich bis zum Ablauf der Verjährungsfrist, die gemäß § 438 I Nr. 3 BGB auf zwei Jahre verlängert wurde, hinauszögern. Lediglich im Einzelfall wird man in der vorbehaltlosen Annahme der mangelhaften Kaufsache in Kenntnis des Mangels einen stillschweigenden Verzicht auf die Gewährleistungsrechte bzw. eine Abänderung der ursprünglichen vertraglichen Beschaffenheitsvereinbarung erblicken können.[857] Dies würde freilich eine dahingehende Einigung der Parteien voraussetzen, von der wiederum nur dann ausgegangen werden kann, wenn auch der Verkäufer von der Mangelhaftigkeit der Sache in Kenntnis ist. Ob und unter welchen Voraussetzungen die Gewährleistungsrechte aufgrund treuwidrigen

854 *Haas/Medicus/Rolland/Schäfer/Wendtland*, Kap. 5 Rn. 277.

855 *Gursky*, SchR BT, 37; Anwaltkommentar-*Büdenbender*, § 442 Rn. 1; zur *ratio legis* des § 442 s. aber auch *Haas/Medicus/Rolland/Schäfer/Wendtland*, Kap. 5 Rn. 274.

856 *Haas/Medicus/Rolland/Schäfer/Wendtland*, Kap. 5 Rn. 285; *Huber/Faust*, Kap. 13 Rn. 168.

857 *Gursky*, SchR BT, 38; vgl. auch die Begründung des Regierungsentwurfs, 478.

Verhaltens des Käufers ausnahmsweise auch unter dem Gesichtspunkt einer nach § 242 BGB eintretenden Verwirkung[858] ausgeschlossen sein können, wird weiter unten noch genauer zu überprüfen sein.[859]

c. Neuregelung der Mängelkenntnis im Mietrecht

Die Regelung der Mängelkenntnis im Mietrecht hat durch das am 01.09.2001 – vier Monate vor dem Schuldrechtsmodernisierungsgesetz – in Kraft getretene Gesetz zur Neugliederung, Vereinfachung und Reform des Mietrechts[860] keine wesentlichen Modifikationen erfahren.

Der neue Haftungsausschlußtatbestand des § 536 b BGB geht auf § 539 BGB a.F. zurück, umfaßt nunmehr aber neben Sach- auch Rechtsmängel, die zuvor durch einen Verweis in § 541 BGB a.F. geregelt waren. Gemäß § 536 b S. 1 und 2 BGB stehen dem Mieter die Gewährleistungsrechte aus den §§ 536, 536 a BGB dann nicht zu, wenn er im Zeitpunkt des Vertragsschlusses von der Mangelhaftigkeit des Mietgegenstands wußte oder grob fahrlässig in Unkenntnis darüber war, sofern der Vermieter den Mangel nicht arglistig verschwiegen hat. Eine Änderung der vorherigen Rechtslage ergibt sich hier insoweit, als im Falle eines Rechtsmangels dem Mieter bislang nur die positive Kenntnis schadete (§ 541 BGB a.F. i.V.m. § 539 S. 1 BGB a.F.). Erkennt der Mieter einen Mangel der Mietsache bei Annahme, so muß er sich gemäß § 536 b S. 3 BGB seine Gewährleistungsrechte vorbehalten. Neu ist auch hier der Einschluß von Rechtsmängeln. Der Verweis auf die durch das Schuldrechtsmodernisierungsgesetz vom 26.11.2001[861] gestrichene kaufrechtliche Vorschrift des § 464 BGB a.F. entfällt.

Tritt ein Mangel erst nach Vertragsschluß und Annahme der Mietsache im Laufe der Mietzeit auf, so gilt der neu normierte § 536 c BGB a.F. Die Regelung folgt im wesentlichen dem § 545 BGB a.F.

In der Begründung der neuen Vorschrift des § 536 b BGB hat der Gesetzgeber zu der Problematik der umstrittenen analogen Anwendung der Vorgängervorschrift (§ 539 BGB a.F.) auf die Fälle der vorbehaltlosen Mietzinszahlung über einen längeren Zeitraum hinweg Stellung genommen. Danach wurde bei der Neunormierung bewußt davon abgesehen, im Zusammenhang mit § 536 b BGB auch eine Regelung für den Fall zu treffen, daß der Mieter einen Mangel erst nach Vertragsschluß erkennt und trotzdem die Miete über einen längeren

858 vgl. MüKo-*Westermann*, § 464 Rn. 1.

859 S. unten Teil C Kap. II.2.

860 Mietrechtsreformgesetz vom 19.06.2001, BGBl. I 2001, 1149.

861 BGBl. I 2001, 3138.

Zeitraum hinweg in voller Höhe weiter zahlt. Die Redaktoren bewerten die zuvor von der Rechtsprechung praktizierte ausdehnende Anwendung des § 539 BGB a.F. als unzulässig, aber auch nicht erforderlich, da eine Regelung der nachträglichen Mängelkenntnis in § 545 BGB a.F. bereits vorhanden gewesen sei. Dessen Rechtsfolge, wonach der Mieter seine Gewährleistungsrechte grundsätzlich so lange nicht geltend machen kann, bis eine Mängelanzeige erfolgt ist, werde auch weiterhin als sinnvoll und ausreichend erachtet und demgemäß im neu gefaßten § 536 c BGB (§ 545 BGB a.F.) aufrechterhalten.[862]

Die obergerichtliche Rechtsprechung hatte sich über den ausdrücklich erklärten Willen des Gesetzgebers zunächst hinweggesetzt und die Ansicht vertreten, der neue § 536 b BGB sei wie der alte § 539 BGB a.F. auf die nachträgliche Mängelkenntnis des Mieters entsprechend anwendbar.[863] In einem jüngst ergangenen Urteil hat der BGH nunmehr zu dem Problem Stellung genommen und entschieden, daß für die nach dem Inkrafttreten des Mietrechtsreformgesetzes fällig gewordenen Mieten eine analoge Anwendung des § 536 b BGB ausscheidet. Nach der Entscheidung kann die bisherige Rechtsprechung zur analogen Anwendung des § 539 BGB a.F. nicht mehr herangezogen werden, weil durch die Neuregelung ihre Grundlage entfallen sei. Der BGH führt weiter aus, einer analogen Anwednung der neuen Vorschrift des § 536 b BGB stehe der in der Begründung des Gesetzesentwurfs zum Ausdruck kommende eindeutige Wille des Gesetzgebers entgegen. Die nachträgliche Mängelkenntnis des Mieters beurteile sich ausschließlich nach § 536 c BGB. Insofern bestehe auch keine planwidrige Regelungslücke.[864]

d. Neuregelung der Mängelkenntnis im Werkvertragsrecht

Die Vorschrift des § 640 II BGB a.F. hat durch das Gesetz zur Modernisierung des Schuldrechts vom 26.11.2001[865] nur eine redaktionelle Änderung erfahren. In der alten Fassung der Vorschrift war hinsichtlich der Rechte des Bestellers, die bei Annahme trotz Mängelkenntnis ausgeschlossen sind, auf die §§ 633, 634 BGB a.F. Bezug genommen. Da diese Rechte nunmehr in § 634 Nr. 1-3 BGB geregelt sind, ist § 640 II BGB entsprechend angepaßt worden.

862 BT-Drucks. 14/4553, 41. Kritisch zu der gesetzgeberischen Entscheidung aber *Ekkert*, NZM 2001, 409 (411 f.).

863 S. die Entscheidungen des OLG Dresden vom 18.06.2002, Az.: 5 U 260/02, des LG Frankfurt/Main vom 27.08.2002, WuM 2002, 537 ff. sowie des LG Berlin vom 08.11.2002, Az.: 65 S 275/02.

864 Urteil des BGH vom 16.06.2003, Az.: VIII ZR 274/02.

865 BGBl. I 2001, 3138.

Wie schon nach dem Wortlaut des alten § 640 II BGB a.F. ist auch nach der Neufassung der Vorschrift der Schadenersatzanspruch des Käufers vom Rechtsverlust nicht erfaßt. Eine dahingehende Regelung war zwar noch im Diskussionsentwurf des Schuldrechtsmodernisierungsgesetzes (§ 633 IV BGB-DiskE) vorgesehen, wurde aber im Regierungsentwurf wieder aufgegeben. Die Begründung des Regierungsentwurfs weist auf die fehlende Bezugnahme auf den Schadenersatzanspruch gemäß § 634 Nr.3 BGB-RegE sogar ausdrücklich hin.[866] Der Gesetzgeber hat sich damit zur Aufrechterhaltung der umstrittenen[867] Rechtsfolgenregelung des § 640 II BGB a.F. entschieden, obwohl auch nach der neuen Rechtslage jedenfalls die Problematik weiterbesteht, daß die Vorschrift faktisch leerläuft, wenn die ausgeschlossenen Ansprüche auf Minderung und Wandelung über den Schadenersatzanspruch wirtschaftlich wettgemacht werden können.[868]

Infolge der Neufassung des § 651 BGB hat der Anwendungsbereich der werkvertraglichen Haftungsausschlußnorm des § 640 II BGB eine weitgehende Einschränkung erfahren: Der neue § 651 BGB sieht eine umfängliche Verweisung von Werklieferungsverträgen aller Art in das Kaufrecht vor und erweitert damit den Anwendungsbereich des Kaufrechts erheblich.[869] In Umsetzung des Art. 1 IV der Verbrauchsgüterkaufrichtlinie ordnet der § 651 S. 1 BGB nunmehr an, daß in allen Fällen, in denen Gegenstand des Vertrages die Lieferung herzustellender oder zu erzeugender beweglicher Sachen ist, grundsätzlich Kaufrecht Anwendung findet. Soweit es sich bei den Sachen im Sinne des Satzes 1 um nicht vertretbare Sachen handelt, gelten bestimmte Vorschriften des Werkvertragsrechts (§ 640 II BGB nicht mit eingeschlossen) nur ergänzend. Nicht von der Verweisung nach § 651 BGB erfaßt werden lediglich Verträge über die Herstellung von Bauwerken, über die Erstellung von unkörperlichen Werken (z.B. Gutachten) und reine Reparaturarbeiten an Gegenständen des Bestellers.[870] In diesen Fällen findet das Werkvertragsrecht vollumfänglich Anwendung.

Die Neuregelung des § 651 BGB – bei gleichzeitiger Streichung der kaufrechtlichen Ausschlußnorm des § 464 BGB a.F. – führt somit im Falle der Herstellung beweglicher Sachen regelmäßig dazu, daß Mängelkenntnis des Bestellers bei Abnahme keinen Vorbehalt mehr verlangt.[871]

---

866 BT-Drucks. 14/6040, 267.

867 S. dazu oben Kap. IV.2.c.

868 S. *Haas/Medicus/Rolland/Schäfer/Wendtland*, Kap. 6 Rn. 47; vgl. auch *Ehmann/Sutschet*, 263; *Oetker/Maultzsch*, 434; *Huber/Faust*, 446.

869 *Lorenz/Riehm*, Rn. 663; *Dauner-Lieb/Heidel/Lepa/Ring-Raab*, § 9 Rn. 19; *Schimmel/Buhlmann-Lampe/Wieberneit*, 646 ff.

870 *Huber/Faust*, 427.

871 S. dazu auch unten Teil C Kap. III.3.

Teil B: Die Vereinbarkeit der §§ 460, 464 BGB a.F. mit der Verbrauchsgüterkaufrichtlinie

I. Richtlinienwidrigkeit des § 464 BGB a.F.?

Nach Inkrafttreten der Verbrauchsgüterkaufrichtlinie sah das Bundesjustizministerium den § 464 BGB a.F. als nicht länger haltbar an. Man war der Auffassung, die Gewährleistungsausschlußnorm sei nicht mit Art. 2 III Kauf-RL vereinbar.[872] In der Begründung des Diskussionsentwurfs wird dazu ausgeführt, nach der Richtlinienbestimmung komme es allein auf die Mängelkenntnis des Käufers im Zeitpunkt des Vertragsschlusses an, während der § 464 BGB a.F. (bzw. § 443 BGB-KE) darüber hinausgehend einen Fall regle, in dem die Rechte des Käufers wegen eines Mangels auch bei späterer Kenntniserlangung ausgeschlossen seien. Die Einführung einer entsprechenden Vorschrift hätte demnach – nach Ansicht der Verfasser des Diskussionsentwurfs – eine unzulässige Schlechterstellung des Verbrauchers gegenüber der Richtlinie bedeutet.[873] Jedenfalls für den Verbrauchsgüterkauf habe der § 464 BGB a.F. deshalb nicht beibehalten werden können. Im Interesse der Einheitlichkeit des Kaufrechts sei er insgesamt aufgehoben worden.[874] Diese Argumentation ist von der wissenschaftlichen Literatur, die alles in allem eher verhalten auf den Wegfall der § 464 BGB a.F. reagiert hat, zumeist (relativ unkritisch) übernommen worden.[875]

Zu untersuchen ist demnach, ob Art. 2 III der Verbrauchsgüterkaufrichtlinie tatsächlich die Vorschrift des § 464 BGB a.F. ausschließt und, wenn dies der Fall ist, ob die Beibehaltung jener Norm nicht in Hinblick auf eine andere Richtlinienbestimmung möglich gewesen wäre.

---

872 S. dazu schon oben Teil A Kap. VI.2.b.aa.(2).α. Dieser Einschätzung ist überwiegend auch die Literatur gefolgt, so etwa *Huber/Faust*, 370; *Grundmann*, in: Europäisches Kaufgewährleistungsrecht, 281 (307); *Rieger*, VuR 1999, 287 (290). Die im Diskussionsentwurf vorgebrachten Argumente wiederholt *Haas*, selbst Verfasser der Begründung, in: *Haas/Medicus/Rolland/Schäfer/Wendtland*, Kap.5 Rn. 285.

873 Begründung des Diskussionsentwurfs, 453; dem folgend auch die Begründung des Regierungsentwurfs, 477 f.

874 Begründung des Regierungsentwurfs, 478; vgl. auch *Haas/Medicus/Rolland/Schäfer/Wendtland*, Kap.5 Rn. 285.

875 S. etwa *Huber/Faust*, 370; *Gursky*, SchR BT, 38; *Haas*, BB 2001, 1313 (1318); *Haas/Medicus/Rolland/Schäfer/Wendtland*, Kap. 5 Rn. 285. Widerspruch, soweit ersichtlich, nur von *Jorden*, 218 f.; *Ehmann/Sutschet*, 218, 280 sowie von *Schlechtriem*, in: Das neue Schuldrecht in der Praxis, 71 (86): „kurioser Fehler".

1. Richtlinienkonformität des § 464 BGB a.F. in Hinblick auf Art. 2 III Kauf-RL

Zutreffend ist, daß Art. 2 III Kauf-RL lediglich die käuferseitige Mängelkenntnis *bei Vertragsschluß* regelt und somit § 464 BGB a.F. nicht in den Regelungsbereich dieser Richtlinienbestimmung fiel.[876]

Daraus folgt aber nicht notwendig die Unvereinbarkeit der deutschen Haftungsausschlußnorm mit dieser Richtlinienbestimmung: Gemäß Art. 2 III Kauf-RL ist zwar die nach Vertragsschluß gewonnene Kenntnis von Mängeln unerheblich.[877] Eine Vorschrift wie § 464 BGB a.F., die die nachträgliche Mängelkenntnis des Käufers mit dem Verlust der Gewährleistungsrechte sanktioniert, wäre aber nur dann nicht mit Art. 2 III Kauf-RL vereinbar, wenn diese Richtlinienbestimmung im Hinblick auf die Rechtsfolgen der Mängelkenntnis des Verbrauchers eine abschließende Regelung darstellen würde. Der über den Regelungsbereich des Art. 2 III Kauf-RL hinausgehende Haftungsausschlußtatbestand wäre dann als eine für den Verbraucher ungünstigere Bestimmung unzulässig (vgl. Art. 8 II Kauf-RL).

Jorden hält den Art. 2 III Kauf-RL jedenfalls im Hinblick auf eine dem § 464 BGB a.F. entsprechende Regelung nicht für abschließend. Die Frage, wie sich der Umstand, daß der Verbraucher zwischen Vertragsschluß und Übergabe der Kaufsache Kenntnis von einem Mangel erlangt habe, auf die Rechte des Käufers auswirken solle, sei während des Entstehungsprozesses des Richtlinie überhaupt nicht diskutiert worden. Deshalb könne aus dem Fehlen einer auf einen Zeitpunkt nach Vertragsschluß abstellenden Haftungsausschlußregelung in der Richtlinie nicht ohne weiteres darauf geschlossen werden, daß eine nationale Bestimmung wie § 464 BGB a.F. gegen die Richtlinie verstoße. Die übereinstimmende *ratio legis* des Art. 2 III Kauf-RL und des § 464 BGB a.F. spreche vielmehr dafür, daß der Ausschlußtatbestand des deutschen Kaufrechts mit der Richtlinie vereinbar sei.[878]

In eine ähnliche Richtung geht die Argumentation von *Ehmann/Sutschet*. Auch sie gehen davon aus, die Richtlinie enthalte deshalb keine ausdrückliche Rechtsfolgenregelung der Mängelkenntnis bei Annahme, weil diese Problematik bei der Ausarbeitung der Richtlinie schlichtweg nicht erörtert worden sei. Dann aber wäre das Festhalten an einem gesetzlichen Gewährleistungsausschluß zu Lasten des den Mangel kennenden, gleichwohl die Sache vorbehaltlos annehmenden Käufers, wie § 464 BGB a.F. ihn vorsah, durch das allgemeine Mißbrauchsverbot legitimiert, das zum ungeschriebenen Normbestand des Gemein-

876 S. dazu oben Teil A Kap. VI.1.c.aa.(1).
877 *Grudmann-Bianca-Grundmann*, Art. 2 Rn. 49.
878 *Jorden*, 218 f.

schaftsprivatrechts zähle.[879] Daß sich ein Käufer, der trotz positiver Mängelkenntnis eine Kaufsache widerspruchslos annimmt, um sich später dennoch auf Gewährleistungsrechte zu berufen, rechtsmißbräuchlich verhält, ist zweifellos zutreffend.[880] Eine nationale Vorschrift wie § 464 BGB a.F., die eben dies unterbindet und damit der Mißbrauchsverhütung dient, könnte demnach aufgrund des gemeinschaftsrechtlichen Mißbrauchsverbots legitimiert sein.[881] Der Rückgriff auf das abstrakte Prinzip des Rechtsmißbrauchsverbots ist jedoch dann nicht geboten, wenn sich die Legitimation der nationalen Vorschrift bereits direkt aus den Bestimmungen der Richtlinie selbst ergibt.

Wie bereits erwähnt, will *Jorden* die Legitimation des § 464 BGB a.F. aus der Korrespondenz der *ratio legis* des § 464 BGB a.F. mit dem Grundgedanken der Richtlinienbestimmung des Art. 2 III Kauf-RL herleiten. Sie zieht aus dieser Übereinstimmung den Schluß, der EU-Gesetzgeber hätte, wenn er sich mit der Frage der Kenntniserlangung zwischen Vertragsschluß und Übergabe beschäftigt hätte, diese entsprechend dem in Art. 2 III Kauf-RL zum Ausdruck kommendem Grundgedanken vermutlich im Sinne des § 464 BGB a.F. geregelt.

Zwar ist der Hinweis, daß Art. 2 III Kauf-RL und § 464 BBGB a.F. auf einer ähnlichen *ratio legis* beruhen, zutreffend: Beiden Regelungen liegt letztlich die Überlegung zugrunde, daß der Käufer unter besonderen Umständen den Schutz des Gewährleistungsrechts nicht verdient, weil sich sein Verhalten als treuwidrig darstellt. Der Käufer, der beanstandungslos einen Vertrag abschließt oder eine gelieferte Sache kommentarlos entgegennimmt, erweckt den Eindruck eines pauschalen Einverständnisses mit dem angebotenen Gegenstand; kennt er bereits zu diesem Zeitpunkt konkrete Mängel der Sache, so erscheint die spätere Berufung darauf nicht verkehrsgerecht.[882] Unzutreffend ist aber die Annahme *Jordens*, die Richtlinie habe die nach Vertragsschluß erlangte Mängelkenntnis des Käufers nicht geregelt. Neben Art. 2 III Kauf-RL sieht die Richtlinie nämlich in Art. 5 II Kauf-RL einen weiteren kenntnisabhängigen Ausschlußtatbestand vor, der an die spätere Feststellung einer Vertragswidrigkeit anknüpft und dem Verbraucher die Anzeige des Mangels innerhalb einer zweimonatigen Frist auferlegt.[883]

879 *Ehmann/Sutschet*, 280 unter Verweis auf die Ausführungen zum gemeinschaftsrechtlichen Verbot des Rechtsmißbrauchs von *Schmidt-Kessel*, JbJZRWiss 2000, 61 ff.

880 S. dazu oben Teil A Kap. II.1.c.bb.

881 Vgl. *Schmidt-Kessel*, JbJZRWiss 2000, 61 (70): Rechtsfolge des Mißbrauchsverbots kann auch die Legitimation nationaler Regelungen zur Mißbrauchsverhütung sein.

882 S. ausführlich zur *ratio* des dem Art. 2 III Kauf-RL inhaltlich entsprechenden § 460 BGB a.F. sowie des § 464 BGB a.F. oben Teil A Kap. II.1.c. und zu Art. 2 III Kauf-RL oben Teil A Kap. VI.1.c.aa.

883 *Grudmann-Bianca-Grundmann*, Art. 2 Rn. 48 ff.

Für eine ausdehnende Interpretation des Art. 2 III Kauf-RL, wie *Jorden* sie vornehmen will, ist folglich kein Raum. Der Regelungsbereich dieser Bestimmung ist, wie in der Begründung von Diskussionsentwurf und Regierungsentwurf zutreffend ausgeführt[884], auf die Mängelkenntnis im Zeitpunkt des Kaufabschlusses beschränkt und insofern tatsächlich abschließend. Zwar weist der sowohl dem Art. 2 III Kauf-RL als auch dem § 464 BGB a.F. zugrundeliegende Sanktionsgedanke auf den sachlichen Zusammenhang jener Vorschriften hin, die die Kenntnis des Käufers bei und nach Vertragsschluß regeln (so wie auch § 460 BGB a.F. und § 464 BGB a.F. in einem systematischen Zusammenhang zueinander stehen). Deshalb mag es konsequent erscheinen, nicht nur die Mängelkenntnis bei Vertragsschluß, sondern auch bei Annahme der Kaufsache mit einem Haftungsausschluß zu sanktionieren.[885] Doch sind Rückschlüsse von der *ratio legis* des Art. 2 III Kauf-RL auf die Frage, ob die Verfasser der Richtlinie die nachträgliche Kenntnis des Verbrauchers im Sinne des § 464 BGB a.F. geregelt hätten insofern nicht weiterführend, als die Richtlinie in Art. 5 II Kauf-RL für diesen Bereich eine eigenständige Bestimmung vorsieht. Bei der Beurteilung der Richtlinienvereinbarkeit des § 464 BGB a.F. geht *Jorden* deshalb von falschen Voraussetzungen aus: Die Richtlinienvereinbarkeit dieser Vorschrift war in erster Linie an Art. 5 II Kauf-RL, und nicht an Art. 2 III Kauf-RL zu messen.

Dies bedeutet aber auch, daß die vom deutschen Gesetzgeber vorgebrachte und auch in der Literatur übernommene Begründung, der § 464 BGB a.F. sei deshalb richtlinienwidrig, weil er nicht in den Regelungsbereich des Art. 2 III Kauf-RL falle, unzutreffend ist. Denn, wie soeben gezeigt, kann es für die Beurteilung des § 464 BGB a.F. auf den Art. 2 III Kauf-RL gar nicht entscheidend ankommen. Die Notwendigkeit der statt dessen angezeigten Überprüfung der Norm im Hinblick auf Art. 5 II Kauf-RL hat der Gesetzgeber offenbar übersehen: Der Regierungsentwurf selbst weist zwar darauf hin, daß die nachträgliche Mängelkenntnis des Verbrauchers in Art. 5 II Kauf-RL eine Regelung findet; zieht daraus aber nicht die Konsequenz, die Vereinbarkeit des § 464 BGB a.F. nunmehr auch anhand dieser Vorschrift zu untersuchen. Eine Überprüfung der Richtlinienvereinbarkeit des § 464 BGB a.F. ist, soweit ersichtlich, immer nur in Hinblick auf Art. 2 III Kauf-RL, nicht aber bezüglich Art. 5 II Kauf-RL erfolgt. Es findet sich lediglich der pauschale Hinweis, nach Vertragsschluß könne es zu einem Haftungsausschluß nur kommen, wenn von der Option der Einführung einer Rügeobliegenheit Gebrauch gemacht werde, wovon dann aber aufgrund von Zweckmäßigkeitserwägungen sowie aus Gründen des Verbraucherschutzes

---

884 Begründung des Diskussionsentwurfs, 453; Begründung des Regierungsentwurfs, 477 f.

885 Ausführlich unten Teil C Kap. III.1.

abgesehen wurde.[886] Ähnlich allgemein gehaltene Aussagen sind auch in der Literatur anzutreffen, und zwar auch dort, wo die Einführung einer Rügeobliegenheit nach dem Vorbild des Art. 5 II Kauf-RL – und damit die Sanktion der nachträglichen Mängelkenntnis des Käufers – grundsätzlich befürwortet wird. So ging etwa *Grundmann* davon aus, der § 464 BGB a.F. sei nicht von der Richtlinie gedeckt, könne aber durch die Normierung einer Rügepflicht im Sinne des Art. 5 II Kauf-RL sinnvoll substituiert werden.[887]

Im folgenden soll deshalb untersucht werden, ob eine Umsetzung des Art. 5 II Kauf-RL tatsächlich nur in Form der Einführung einer allgemeinen Rügeobliegenheit des Käufers möglich gewesen wäre oder ob nicht auch eine Vorschrift wie § 464 BGB a.F., die eine Vorbehaltspflicht im Zeitpunkt der Annahme statuiert, mit dieser Bestimmung vereinbar ist.

2. Richtlinienkonformität des § 464 BGB a.F. in Hinblick auf Art. 5 II Kauf-RL

Zunächst ist nochmals festzustellen, daß der § 464 BGB a.F. für die Vorbehaltspflicht allein auf den Annahmezeitpunkt abstellte und folglich nur für die im Zeitraum zwischen Vertragsschluß und Übergabe der Kaufsache erlangte Kenntnis relevant wurde. Mängel, die der Käufer erst nach Annahme entdeckte, mußte er grundsätzlich nicht anzeigen. Eine dem § 464 BGB a.F. entsprechende ausdrückliche Regelung, die sich konkret auf den Zeitpunkt der Annahme oder des Gefahrübergangs bezieht, sieht der Art. 5 II Kauf-RL nicht vor. Die Rügeobliegenheit des Art 5 II Kauf-RL ist ganz allgemein an die Feststellung der Vertragswidrigkeit durch den Verbraucher geknüpft und umfaßt somit den gesamten Zeitraum nach Vertragsschluß bis zum Ablauf der materiellen Ausschlußfrist gemäß Art. 5 I Kauf-RL. Im Zeitpunkt des Vertragsschlusses selber gilt Art. 2 III Kauf-RL, neben dem der Art. 5 II Kauf-RL keine Anwendung findet[888]: Ein Erhalt der Gewährleistungsrechte durch bloße Mängelanzeige ist im Zeitpunkt des Vertragsschlusses nicht möglich, aber auch nicht notwendig, da der Käufer seine Interessen in Bezug auf etwaige Mängel der Kaufsache unmittelbar durch eine entsprechende vertragliche Absprache wahrnehmen kann.

---

886 Begründung des Regierungsentwurfs, 478. S. dazu auch oben Teil A Kap. VI.2.b.aa.(2).γ. In § 441 I 2 des Diskussionsentwurfs war eine dem Art. 5 II Kauf-RL entsprechende Rügeobliegenheit des Käufers noch vorgesehen, wurde aber in der Konsolidierten Fassung wieder aufgegeben.

887 *Grundmann*, in: Europäisches Kaufgewährleistungsrecht, 281 (307 f.); ders., ERPL 2001, 239 (255). In diesem Sinne auch *Rieger*, VuR 1999, 287 (290).

888 Vgl. zu § 464 BGB a.F. und § 460 BGB a.F. MüKo-*Westermann*, § 464 Rn. 1.

Offenkundige Mängel, die der Verbraucher nicht bereits bei Vertragsschluß kannte, wird er regelmäßig im Zeitpunkt der Aushändigung bzw. Annahme der Ware entdecken. Dennoch ist denkbar, daß der Verbraucher einen Mangel ausnahmsweise schon vor der Entgegennahme des Kaufgegenstands feststellt. Auch in einem solchen Fall beginnt die Rügefrist nach dem Wortlaut des Art. 5 II Kauf-RL bereits ab Kenntniserlangung zu laufen, mithin noch vor Annahme der Sache.[889] Dies traf für die Vorbehaltspflicht des § 464 BGB a.F. dagegen nicht zu. Der Käufer war selbst dann erst im Zeitpunkt der Annahme zur Mängelanzeige verpflichtet, wenn er schon vor der Übernahme des Kaufgegenstands von dessen Mangelhaftigkeit wußte.[890]

Im Gegensatz zur allgemeinen Anzeigeobliegenheit des Art. 5 II Kauf-RL, die während des gesamten Gewährleistungszeitraums besteht, konzentrierte sich der Anwendungsbereich des § 464 BGB a.F. somit auf einen einzigen konkreten Zeitpunkt nach Vertragsschluß. Dies bedeutete jedoch auch, daß im Falle der Mängelkenntnis der Gewährleistungsvorbehalt genau in diesem Zeitpunkt, nämlich *bei Annahme* zu erfolgen hatte. Der § 464 BGB a.F. sah für die Anzeige der entdeckten Mängel also keinerlei Frist vor. Gemäß Art. 5 II Kauf-RL dagegen steht dem Verbraucher ein Zeitraum von zwei Monaten ab Feststellung des Mangels zur Verfügung.

Innerhalb dieser zwei Monate muß der Verbraucher nach Art. 5 II Kauf-RL den Verkäufer von der Vertragswidrigkeit *unterrichten*. Der Art. 5 II Kauf-RL statuiert folglich eine Rüge- bzw. Mängelanzeigepflicht. Die deutsche Ausschlußnorm des § 464 BGB a.F. hingegen sprach davon, daß der Käufer sich seine Rechte gegenüber dem Verkäufer *vorbehalten* müsse. Es stellt sich somit die Frage, ob sich die Vorbehaltspflicht des Käufers nach § 464 BGB a.F. mit der Unterrichtungsobliegenheit der Richtlinienbestimmung deckt. Ein Gewährleistungsvorbehalt im Sinne des § 464 BGB a.F. erforderte, daß der Käufer dem Verkäufer einen bestimmten Mangel der Sache so bezeichnete, daß aus seiner Äußerung hervorging, er wolle auf die aus dem Mangel sich ergebenden Ge-

---

889 Vgl. zu Art. 39 I CISG *Reinhart*, Art. 39 Rn. 3. Insbesondere bei Kaufverträgen mit Montageverpflichtungen kann es dazu kommen, daß der Käufer schon vor dem Abschluß der Montage den Fehler der Ware entdeckt. Nach der Rechtsprechung zum Einheitlichen Kaufrecht (EKG) sollte in einem solchen Fall die Rügefrist mit Feststellung des Mangels beginnen, s. etwa BGH WM 1992, 1189 f. A.A.: *Staudinger-Magnus*, Art. 39 Rn. 33; sowie im Falle der vorzeitigen Lieferung *Schlechtriem-Schwenzer*, Art. 39 Rn. 21.

890 Ein vor Annahme erklärter Vorbehalt war nicht erforderlich, aber möglich, sofern er bei Annahme erkennbar aufrechterhalten wurde, *Staudinger-Honsell*, § 464 Rn. 5; *Soergel-Huber*, § 464 Rn. 17. Eine ausdrückliche Wiederholung der Vorbehaltserklärung war jedenfalls nicht notwendig, MüKo-*Westermann*, § 464 Rn. 6.

währleistungsrechte jedenfalls nicht verzichten.[891] Im Gegensatz zu einer bloßen Mängelrüge, die lediglich eine geschäftsähnliche Handlung in Form einer Tatsachenmitteilung darstellt, handelte es sich bei dem Gewährleistungsvorbehalt des § 464 BGB a.F. um eine einseitige empfangsbedürftige Willenserklärung.[892] Allerdings war hierfür keine bestimmte Form erforderlich; auch eine Erklärung durch schlüssiges Verhalten kam in Betracht. Eine solche schlüssig geäußerte, auf den Vorbehalt der Mängelrechte gerichtete Willenserklärung ist regelmäßig schon in einer hinreichend bestimmten Mängelrüge bei Annahme der Ware enthalten.[893] Innerhalb des deutschen Rechts bietet sich insofern der Vergleich mit der in § 377 I HGB normierten handelsrechtlichen Rügeobliegenheit an: Eine Mängelanzeige, die den inhaltlichen Anforderungen des § 377 HGB genügte, sollte grundsätzlich auch die Voraussetzungen des Gewährleistungsvorbehalts nach § 464 BGB a.F. erfüllen.[894] Dies war allerdings nicht unumstritten. So formulierte das Reichsgericht in RGZ 64, 236, die Mängelrüge nach § 377 I HGB decke sich weder inhaltlich noch zeitlich mit dem Vorbehalt im Sinne des § 464 BGB a.F.[895] Genauere Ausführungen zu dem vermeintlich verschiedenen Inhalt von Mängelanzeige- und Vorbehaltspflicht lieferte das Urteil freilich nicht. Der Entscheid behandelte in erster Linie den abweichenden Zeitpunkt, in dem die Inkenntnissetzung des Verkäufers zu erfolgen hatte. Nach § 377 I HGB ist der Käufer gehalten, die Ware unverzüglich nach *Ablieferung* zu untersuchen und, sofern sich ein Fehler zeigt, diesen unverzüglich anzuzeigen. Der Vorbehalt gemäß § 464 BGB a.F. dagegen mußte im Zeitpunkt der *Annahme* ausgesprochen werden.

Um bei der Interpretation von Vorbehalts- und Rügeobliegenheit zu sinnvollen Ergebnissen zu gelangen, muß entscheidend darauf abgestellt werden, welchem Zweck die Information des Verkäufers dienen soll. Dabei ergeben sich letztlich für § 464 BGB a.F. und § 377 HGB keine grundlegenden Unterschiede.[896] Mit der Erklärung des Vorbehalts nach § 464 BGB a.F. stellte der Käufer klar, daß in der Entgegennahme der fehlerhaften Kaufsache keine Billigung des ihm bekannten Mangels liegen sollte.[897] Die Erfüllung der Rügeobliegenheit

891 MüKo-*Westermann*, § 464 Rn. 6.
892 S. dazu oben Teil A Kap. II.1.a.bb.(4.).
893 MüKo-*Westermann*, § 464 Rn. 6.
894 *Soergel-Huber*, § 464 Rn. 17.
895 RGZ 64, 236 (239); dem folgend etwa RGRK-*Mezger*, § 464 Rn. 4; *Jauernig-Vollkommer*, § 464 Rn. 5.
896 Zu stark differenzierend insofern *Soergel-Huber*, § 464 Rn. 17.
897 Die vorbehaltlose Annahme als solche bedeutete lediglich die Billigung der Ware als *der Hauptsache nach* vertragsgemäß und stellte deshalb grundsätzlich keinen Verzicht des Käufers auf Gewährleistungsrechte für solche Mängel dar, die ihm in diesem Zeitpunkt unbekannt waren. Nur die spätere Geltendmachung von dem

nach § 377 I HGB verhindert den Eintritt der Genehmigungsfiktion gemäß § 377 II HGB. Dabei handelt es sich um eine gesetzliche Fiktion des Inhalts, daß die gelieferte (mangelbehaftete) Ware als vertragsgerecht anzusehen ist.[898] Sie soll für Rechtsfrieden sorgen und den Verkäufer vor einer unnötig verzögerten Bemängelung der Kaufsache schützen. Doch geht es, wie oben berichtet, nicht nur im Rahmen des § 377 HGB darum, dem Verkäufer baldmöglichst Klarheit über etwaige Beanstandungen in Bezug auf die Beschaffenheit der Kaufsache zu verschaffen und ihm somit die Gelegenheit zur Ergreifung entsprechender Maßnahmen zu geben, wenngleich im Handelsverkehr zweifellos ein gesteigertes Interesse an der schnellen und reibungslosen Abwicklung von Geschäften besteht. Auch der nicht-kaufmännische Verkäufer hat ein Interesse daran, rasch zu erfahren, ob die von ihm erbrachte Leistung „in Ordnung geht". So wie die Mängelrüge nach § 377 HGB den Verkäufer frühzeitig davon in Kenntnis setzen soll, daß er aufgrund der Beanstandungen des Käufers nicht mehr mit einer reibungslosen Vertragsabwicklung rechnen kann, diente auch der Vorbehalt des § 464 BGB a.F. dem Zweck, den Verkäufer darüber zu informieren, daß er sich auf die Geltendmachung von Gewährleistungsansprüchen durch den Käufer einstellen mußte.[899]

Auf entsprechenden Erwägungen beruht auch die Normierung der Mängelanzeigepflicht des Art. 5 II Kauf-RL. In der Begründung zu der dem Art. 5 II Kauf-RL vorangegangenen Vorschrift im Richtlinienvorschlag (Art. 4 I) heißt es diesbezüglich: „Diese Verpflichtung stärkt die Rechtssicherheit und zwingt den Käufer zu einer gewissen Sorgfalt unter Berücksichtigung der Interessen des Verkäufers."[900] Die Richtlinienbestimmung orientiert sich dabei an Art. 39 I des UN-Kaufrechts (CISG), der für den Bereich der internationalen Kaufverträge ebenfalls eine Rügepflicht des Käufers statuiert. Art. 39 I CISG dient in erster Linie dem Interesse des Verkäufers, über Beanstandungen der Lieferung so bald wie möglich unterrichtet zu werden, um übersehen zu können, welche Forderungen auf ihn zukommen und bei Zweifeln die notwendigen Beweise sichern zu können.[901] Wie § 464 BGB a.F. und § 377 HGB beruhen somit auch Art. 39 I CISG sowie der Art. 5 II Kauf-RL auf dem Prinzip der Mitverantwortung des Käufers für eine rechtzeitige Klärung und schnelle Abwicklung möglicher Mängelprobleme, das mit dem technischen Instrument von Obliegenheiten zur Män-

---

Käufer bei der Annahme bekannten Mängeln wurde durch die vorbehaltlose Annahme ausgeschlossen; s. dazu oben Teil A Kap. II.1.a.bb.(3.).

898 Oben Teil A Kap. II.2.d.

899 Dazu ausführlich oben Teil A Kap. II.1.c.bb sowie Kap. II.2.e. und f.

900 Begründung des Richtlinienvorschlags, abgedruckt in ZIP 1996, 1845 (1851 f.).

901 *Herber/Czerwenka*, Art. 39 Rn. 2; *Bianca/Bonell-Sono*, Art. 39 Nr. 2.3.; zu Art. 39 des Einheitlichen Kaufrechts (EKG) s. auch BGH NJW 1982, 2730 (2731).

gelanzeige bzw. Untersuchung sowie der Sanktion von Rechtsverlusten bei Versäumung dieser Obliegenheiten realisiert wird.[902] Zum Zwecke der besseren Orientierung des Verkäufers verlangt der Art. 39 I CISG sogar explizit, daß der Käufer die Art der Vertragswidrigkeit genau bezeichnet. Eine solche besondere Spezifizierung schreibt der Art. 5 II Kauf-RL zwar nicht vor; dort heißt es lediglich, daß der Käufer den Verkäufer *von der Vertragswidrigkeit* unterrichten muß. Doch läßt sich aus dieser Formulierung schließen, daß der Sachmangel auch nach Art. 5 II Kauf-RL zumindest beschrieben werden muß.[903] Mehr als die konkrete Bezeichnung eines bestimmten Mangels war für den Vorbehalt im Sinne des § 464 BGB a.F. freilich ebensowenig erforderlich. Insbesondere setzte die Vorschrift nicht voraus, daß der Käufer bereits genau festlegte, welche konkreten Gewährleistungsrechte er geltend zu machen beabsichtigte.[904]

Die bislang in § 464 BGB a.F. normierte Vorbehaltspflicht und die Unterrichtungspflicht des Art. 5 II Kauf-RL stellen ihrer Natur und Zweckrichtung nach keine wesentlich verschiedenen Rechtsinstitute dar.[905] *Grundmann* beschreibt sie als „artverwandt".[906] Laut *Schlechtriem* sind der Vorbehalt der Käuferrechte und die Mängelrüge funktionsäquivalent.[907] *Schwartze* weist darauf hin, daß eine Vorschrift wie § 464 BGB a.F., die das Schweigen des Käufers bei Annahme als Billigung der fehlerhaften Kaufsache wertet, sich schon deshalb mit einer allgemeinen Mängelanzeigepflicht überschneidet, weil das Unterlassen der Mängelrüge ebenfalls als Einverständnis mit dem Zustand der Sache aufgefaßt werden kann.[908]

Zwar unterschied das deutsche Zivilrecht in § 464 BGB a.F. und § 377 HGB klar zwischen dem Haftungsausschluß bei vorbehaltloser Annahme als einem allgemein-kaufrechtlichen Grundsatz auf der einen und der allgemeinen Untersuchungs- und Rügepflicht als einem spezifisch handelsrechtlichem Institut auf der anderen Seite. Trotz dieser Differenzierung ruhen die Vorbehaltspflicht bei Annahme und darüber hinausgehende Untersuchungs- und Rügeobliegenheiten

902 So zum CISG *Schlechtriem*, Internationales UN-Kaufrecht, Rn. 149. Den Gedanken der Mitverantwortung des Käufers spricht *Flessner* ausdrücklich auch im Zusammenhang mit Art. 5 II Kauf-RL aus, s. *Flessner*, in: Europäisches Kaufgewährleistungsrecht, 233 (246).

903 *Schwartze*, 486.

904 MüKo-*Westermann*, § 464 Rn. 6; *Soergel-Huber*, § 464 Rn. 17.

905 In diesem Sinne auch *Grundmann*, in: Europäisches Kaufgewährleistungsrecht, 281, (307): Die Ausschlußvorschrift des deutschen Kaufrechts dient vergleichbaren Zwecken wie die Rügepflicht nach Art. 39 I CISG bzw. Art. 5 II Kauf-RL.

906 *Grundmann*, in: Europäisches Kaufgewährleistungsrecht, 281, (308).

907 *Schlechtriem*, in: *Ernst/Zimmermann*, 205 (218); ders., in: Das neue Schuldrecht in der Praxis, 71 (86).

908 *Schwartze*, 473 f.

des Käufers auf demselben historischen Fundament[909]: Sie gehen auf das alte für den Platzkauf geltende römische und germanische Rechtsprinzip des *caveat emptor* zurück, dessen notwendige Anpassung an die Gegebenheiten des Distanzgeschäfts im mittelalterlichen Gewohnheits- und Partikularrecht zu der Herausbildung der Vorbehaltspflicht des Käufers bei Lieferung bzw. Übernahme der Ware führte. Eine Pflicht zur Besichtigung der Kaufsache und Mängelvorbehalt bei Annahme, deren Verletzung zu einer Genehmigungsfiktion mit der Folge des Gewährleistungsverlusts führte, findet sich auch in I 5 § 330 des Preußischen Allgemeinen Landrechts. In den handelsrechtlichen Kodifikationen des 19. Jahrhunderts, wie etwa dem ADHGB, verschärfte sich diese Pflicht schließlich zu den umfänglichen kaufmännischen Untersuchungs- und Anzeigeobliegenheiten auch für nachträglich auftretende Mängel, wie sie aus dem heutigen Handelsrecht bekannt sind.

Eine solche Anzeigepflicht für nachträglich sich zeigende Fehler wurde bei der Ausarbeitung des BGB von 1896, ebenso wie die Auferlegung jeglicher Pflicht des Käufers zur Untersuchung der Kaufsache bei Annahme, für das bürgerliche Kaufrecht und den nicht-kaufmännischen Verkehr im allgemeinen als zu streng empfunden. Auf eine entsprechende Normierung wurde deshalb bewußt verzichtet. Dennoch sind beide Gesichtspunkte bei den Gesetzesberatungen immer wieder diskutiert worden.[910] Insbesondere die Normierung einer Anzeigepflicht für Mängel, von denen der Käufer erst nach der Annahme Kenntnis erlangt, wurde mehrfach vorgeschlagen. So etwa beantragte *Johow* bei den Beratungen der 1. Kommission eine Bestimmung folgenden Inhalts zu erlassen:

„Nach der Übergabe der Sache verliert der Erwerber das Recht des Rücktritts, wenn er bei Kenntnis des Mangels oder bei späterer Entdeckung desselben nicht unverzüglich dem Veräußerer den Rücktritt unter Angabe des Mangels anzeigt."

Dieser Vorschlag, der anstelle der schließlich in § 464 BGB a.F. normierten Vorbehaltspflicht bei Annahme die Normierung einer umfassenderen Mängelanzeigepflicht auch für später entdeckte Fehler vorsah, macht deutlich, daß es sich bei beiden Instituten um funktionsäquivalente Haftungsausschlußtatbestände handelt, die sich lediglich in ihrer Intensität voneinander unterscheiden.

Sieht die Verbrauchsgüterkaufrichtlinie also eine allgemeine, nicht auf einen bestimmten Zeitpunkt beschränkte Rügeobliegenheit vor, so heißt dies nicht, daß eine Regelung, nach der die Mängelkenntnis des Käufers nur im konkreten Zeitpunkt der Annahme relevant wird, dadurch nicht mitgeregelt sein könnte.

---

909 S. im einzelnen oben Teil A Kap. I.

910 Oben Teil A Kap. II.1.b.bb.

Selbstverständlich ist auch nach Art. 5 II Kauf-RL ein Verbraucher, der im Zeitpunkt der Annahme Kenntnis von der Vertragswidrigkeit der Kaufsache hat, gehalten, diese zu rügen.[911] Daß in der Verbrauchsgüterkaufrichtlinie eine eigenständige Bestimmung hierfür fehlt, liegt wohl kaum daran, daß der EU-Gesetzgeber die Problematik der vorbehaltlosen Annahme übersehen hätte.[912] Es ist vielmehr davon auszugehen, daß ein zusätzlicher, dem § 464 BGB a.F. entsprechender Ausschlußtatbestand schon deshalb gar nicht erörtert wurde, weil sich die Normierung einer solchen Vorschrift neben Art. 5 II Kauf-RL erübrigt hatte: aufgrund der ohnehin bestehenden Rügepflicht bei Mängelkenntnis, die diesen Regelungsgehalt miterfaßt, wäre sie gegenstandslos gewesen.[913] Wozu hätte die Richtlinie erneut regeln sollen, daß der Käufer die ihm bei Annahme bekannten Mängel dem Verkäufer anzeigen muß, wenn ohnehin nach Art. 5 II Kauf-RL eine allgemeine Rügeobliegenheit des Käufers für positiv entdeckte Mängel besteht? Die Statuierung einer solchen Vorschrift wäre angesichts der umfassenden Rügepflicht des Art. 5 II Kauf-RL schlichtweg überflüssig gewesen.

Sind aber die Rügepflicht im Sinne des Art. 5 II Kauf-RL und die Vorbehaltspflicht nach § 464 BGB artverwandte, funktionsäquivalente Rechtsinstitute, so läßt sich die Frage der Legitimation des § 464 BGB a.F. unmittelbar anhand der Richtlinienbestimmung des Art. 5 II Kauf-RL überprüfen. Der von *Ehmann/Sutschet* vorgenommene Rückgriff auf das abstrakte gemeinschaftsrechtliche Prinzip des Rechtsmißbrauchsverbots ist demnach nicht erforderlich. Im Rahmen der Richtlinie wird die Verhinderung eines Rechtsmißbrauchs durch den Käufer mittels der Auferlegung einer allgemeinen Rügepflicht gewährleistet. Daß in § 464 BGB a.F. dabei isoliert auf den Annahmezeitpunkt abgestellt wird, während der Art. 5 II Kauf-RL die Rügepflicht allgemein an die Feststellung eines Mangels knüpft, kann dem Sinn und Zweck der umfassenderen Richtlinienbestimmung nicht zuwiderlaufen. Dem Zeitpunkt der Annahme bzw. Entgegennahme kommt schon aus praktischen Gründen eine besondere Bedeutung zu, da der Käufer, jedenfalls beim Gattungskauf, häufig den konkreten Kaufgegenstand bei dessen Ablieferung zum ersten Mal tatsächlich zu Gesicht bekommt, so daß faktisch die Mängelkenntnis zumeist in diesem Augenblick vorliegen wird. Knüpft man die Rügeobliegenheit nicht nur an die positive Kenntnis, sondern auch an das Kennenmüssen des Mangels, so ist – zumindest bei offensichtlichen Mängeln – ohnehin der Zeitpunkt nach Entgegennahme der Kaufsache entschei-

911 Vgl. zu Art. 39 I CISG *Huber*, Leistungsstörungen, in: Gutachten und Vorschläge, Bd. 1, 647 (873): Widerspruchsfreie Abnahme der Sache in Kenntnis des Mangels ist für den Käufer jedenfalls schädlich.

912 So aber wohl *Jorden*, 218.

913 Vgl. *Huber*, Leistungsstörungen, in: Gutachten und Vorschläge, Bd. 1, 647 (873).

dend, da nunmehr der Käufer die Möglichkeit respektive die Obliegenheit einer Überprüfung der Ware hat.

Eine solche Anzeigepflicht auch für Vertragswidrigkeiten, die der Käufer zwar nicht kannte, aber hätte kennen müssen, war in der dem Art. 5 II Kauf-RL entsprechenden Vorschrift des Richtlinienentwurfs (Art. 4 I) sogar noch ausdrücklich vorgesehen.[914] Diese Regelung war nach dem Vorbild des Einheitlichen UN-Kaufrechts (CISG) ausgestaltet worden[915]: Art. 39 I CISG sieht eine allgemeine Rügepflicht vor, die sich pauschal an die Feststellung oder das Feststellenmüssen der Vertragswidrigkeit durch den Käufer knüpft. Die Mängelkenntnis des Käufers spielt somit grundsätzlich im gesamten Zeitraum zwischen Vertragsschluß und Ablauf der zweijährigen materiellen Ausschlußfrist des Art. 39 II CISG eine Rolle. Jedoch ist der Zeitpunkt, in dem der Käufer die Vertragswidrigkeit hätte bemerken müssen, jedenfalls bei offensichtlichen bzw. feststellbaren Mängeln, der Zeitpunkt der in Art. 38 CISG angeordneten Untersuchung.[916] Diese hat grundsätzlich bei bzw. innerhalb kürzestmöglicher Frist nach der Lieferung, sprich der Aushändigung der Ware an den Käufer zu erfolgen.[917] Lediglich bei verdeckten Mängeln, die bei Vornahme der ordnungsgemäßen Untersuchung nicht erkennbar waren, beginnt die Frist erst mit der tatsächlichen späteren Entdeckung zu laufen.[918] Dies war im Einheitlichen Kaufrecht (EKG) sogar noch ausdrücklich normiert. So hieß es in Art. 39 I 2 EKG: „Stellt sich jedoch eine Vertragswidrigkeit, die durch die in Art. 38 vorgesehene Untersuchung nicht entdeckt werden konnte, später heraus, so kann sich der Käufer auf die Vertragswidrigkeit noch berufen, vorausgesetzt, daß er sie dem Verkäufer innerhalb kurzer Frist nach ihrer Entdeckung anzeigt." Eine entsprechende Regelung wurde in das CISG nicht mehr übernommen. Man erachtete sie als überflüssig, da sie den in Art. 39 I 1 EKG aufgestellten Prinzipien nichts hinzufügt.[919] Die allgemein gehaltene Formulierung „festgestellt hat oder hätte feststellen müssen" umfaßt alle Fälle der Mängelkenntnis oder verschuldeten Unkenntnis nach Vertragsschluß gleichermaßen. Die in Art. 39 I EKG vorgenommene Differenzierung macht jedoch den gedanklichen Ansatz des Gesetzgebers deutlich, wonach es für die Mängelkenntnis zunächst entscheidend auf den Zeit-

914 S. dazu oben Teil A Kap. VI.1.c.bb.(1).

915 S. den Hinweis auf Art. 39 CISG in der Begründung des Richtlinienvorschlags, abgedruckt in ZIP 1996, 1845 (1850).

916 *Reinhart*, Art. 39 Rn. 3; *Schlechtriem-Schwenzer*, Art. 39 Rn. 20; *Herber/Czerwenka*, Art. 39 Rn. 9.

917 *Schlechtriem-Schwenzer*, Art. 38 Rn. 19; *Herber/Czerwenka*, Art. 38 Rn. 8.

918 *Herber/Czerwenka*, Art. 39 Rn. 9; *Reinhart*, Art. 39 Rn. 4; *Schlechtriem-Schwenzer*, Art. 39 Rn. 20.

919 *Schlechtriem-Schwenzer*, Art. 39 Rn. 1; *Herber/Czerwenka*, Art. 39 Rn. 1.

punkt der Untersuchung und damit auf den Zeitpunkt nach Ablieferung der Ware ankommt.[920]

Das konkrete Abstellen auf den Annahmezeitpunkt im Sinne des § 464 BGB a.F. widerspricht aber auch dann nicht dem Grundgedanken der Rügevorschrift der Verbrauchsgüterkaufrichtlinie, wenn es nach dieser Regelung, im Gegensatz zu Art. 39 I CISG und Art. 4 I des Richtlinienentwurfs, nur noch auf die tatsächliche, positive Mängelkenntnis, nicht auch auf das Kennenmüssen des Verbrauchers ankommt. Zur Streichung des Zusatzes „oder hätte feststellen müssen" entschied man sich vor allem in Anbetracht der die Auslegung dieses Tatbestandsmerkmals betreffenden Unsicherheiten und der diesbezüglich vorgebrachten Kritik.[921] Es sollte unzweifelhaft klargestellt werden, daß den Verbraucher hinsichtlich der Feststellung von Mängeln keinerlei Sorgfaltspflichten treffen, insbesondere daß er zu einer – auch nur oberflächlichen – Untersuchung der Ware nicht verpflichtet ist. Von der Normierung einer Untersuchungsobliegenheit des Verbrauchsgutkäufers wurde abgesehen, weil nach herrschender Einschätzung die sachgerechte Überprüfung der Ware nach Ablieferung eine Überforderung des Verbrauchers darstellen würde.[922] Umfassende Untersuchungspflichten sollen nur für den kaufmännischen Verkehr in Betracht kommen. Gerade diesbezüglich jedoch stimmte der § 464 BGB a.F. klar mit den Vorgaben der Richtlinie überein. Denn auch nach dieser Vorschrift kam es allein auf die positive Mängelkenntnis des Käufers an. Jedwede Pflicht zur Überprüfung der Kaufsache war schon nach der Intention des Gesetzgebers klar ausgeschlossen.[923] So wurde mit Bedacht davon abgesehen, in § 464 BGB a.F. – entsprechend der Bestimmung des § 460 BGB a.F. – auch die grob fahrlässige Unkenntnis des Mangels zu regeln, da dies den Käufer zu einer, wenn auch nur summarischen, Untersuchung

920 Im Hinblick auf das zugrundeliegende System, nicht jedoch bezüglich der inhaltlichen Details (vgl. dazu *Schlechtriem*, Internationales UN-Kaufrecht, Rn. 149) ähnelt die Vorschrift des Einheitlichen Kaufrechts damit der in § 377 I und III HGB getroffenen Regelung.

921 Vgl. etwa die Stellungnahme des Europäischen Wirtschafts- und Sozialausschusses, ABl. C 66 vom 03.03.1997, 5 (9 f.).

922 So wurde schon in der Begründung des Richtlinienvorschlags eine Verpflichtung zur genauesten Überprüfung der Kaufsache oder zur Durchführung von Versuchen zur Funktionstüchtigkeit explizit ausgeschlossen, s. ZIP 1996, 1845 (1852). Doch auch die von den Verfassern des Richtlinienvorschlags intendierten niedrigsten Sorgfaltsanforderungen bezüglich der Aufdeckung von Mängeln wurden teilweise als dem Verbraucher unzumutbare Belastung gewertet, so etwa *Junker*, DZWir 1997, 271 (280).

923 Vgl. *Mugdan*, Motive, 127: „Der Entwurf legt auch dem Empfänger nicht die Pflicht auf, die Beschaffenheit der empfangenen Ware zu überprüfen..."

des Kaufgegenstands bei Annahme genötigt hätte.[924] Doch auch nach dem einhelligen Verständnis der Norm in Literatur und Rechtsprechung war eine Untersuchung durch den Käufer im Rahmen des § 464 BGB a.F. nicht erforderlich.[925]

Die Anforderungen an den Käufer nach § 464 BGB a.F. gingen diesbezüglich also nicht über das von der Richtlinie gestattete Maß hinaus. Insofern, als es für § 464 BGB a.F. nur auf die Mängelkenntnis im Zeitpunkt der Annahme ankommt, war die Regelung des § 464 BGB a.F. sogar weniger streng als die Bestimmung des Art. 5 II Kauf-RL. Die auf den Annahmezeitpunkt beschränkte Vorbehaltspflicht stellte insoweit ein qualitatives „Minus" zur Rügepflicht des Art. 5 II Kauf-RL dar, da diese Vorschrift dem Verbraucher die Mängelanzeige auch noch nach (und ggf. sogar vor) der Annahme auferlegt, ihn also stärker belastet. Nach § 464 BGB a.F. hingegen schadete dem Käufer die nachträgliche Kenntniserlangung grundsätzlich nicht. Der Käufer, der nach der Annahme einen Mangel der Kaufsache entdeckte, konnte mit dessen Anzeige theoretisch bis zum Ablauf der Verjährungsfrist warten. Gemäß Art. 5 II Kauf-RL hingegen muß er ihn innerhalb der dort normierten Frist dem Verkäufer melden.

Zwar sind die Vorgaben der Richtlinie grundsätzlich zwingend. Dies trifft aber nur insoweit zu, als solche Bestimmungen unzulässig sind, die das in der Richtlinie gesetzte Mindestmaß an Verbraucherschutz unterschreiten.[926] Ausdrücklich nach Art. 8 II Kauf-RL gestattet sind dagegen Vorschriften, die den Verbraucher besser stellen, als die entsprechende Richtlinienbestimmung[927], bei denen das Verbraucherschutzniveau also höher liegt. Erlaubt die Richtlinie folglich nach Art. 5 II Kauf-RL den Mitgliedstaaten die Einführung einer allgemeinen Mängelrüge, so gestattet sie selbstverständlich auch die Normierung einer weniger strengen, weil auf einen bestimmten Zeitpunkt beschränkten Mängelanzeigepflicht bei Annahme der Kaufsache, die demselben Zweck dient, dabei aber den Verbraucher weniger belastet.

---

924 Vgl. *Mugdan*, Motive, 126 f. S. auch oben Teil A Kap. II.1.b.bb.

925 *Palandt-Putzo*, § 464 Rn. 5; *Soergel-Huber*, § 464 Rn. 2; MüKo-*Westermann*, § 464 Rn. 1; *Erman-Grunewald*, § 464 Rn. 3; *Schlechriem*, SchR BT, Rn. 95; *Müller*, SchR BT, Rn. 283; *Emmerich*, SchR BT, Rn. 74. S. auch oben Teil A Kap. II.1.a.bb.(1).

926 Die Richtlinie ordnet somit halbzwingendes Recht an, s. *Martinek*, in: Systembildung und Systemlücken, 511 (536).

927 Die fragliche Regelung des nationalen Rechts muß gemäß Art. 8 II Kauf-RL dem „unter diese Richtlinie fallenden Bereich" angehören. Dies ist unstreitig bei solchen nationalen Vorschriften der Fall, die eine auch in der Richtlinie behandelte Rechtsfrage beantworten, s. *Grundmann/Bianca-Grundmann*, Art. 8 Rn. 5. Auf § 464 BGB a.F. trifft das zu, da er, wie Art. 5 II Kauf-RL, die nach Vertragsschluß erlangte Mängelkenntnis des Käufers regelte.

War die in § 464 BGB a.F. vorgesehene Vorbehaltspflicht somit grundsätzlich mit der Verbrauchsgüterkaufrichtlinie vereinbar, so wäre eine Anpassung doch in einem Punkt notwendig gewesen: Zwar wurde die Mängelkenntnis des Käufers nach § 464 BGB a.F. nur im Annahmezeitpunkt relevant. Allerdings schrieb § 464 BGB a.F. auch vor, daß der Gewährleistungsvorbehalt tatsächlich in diesem Zeitpunkt, nämlich *bei Annahme* zu erfolgen hatte. Der § 464 BGB a.F. sah für die Anzeige der entdeckten Mängel somit keinerlei Frist vor. Gemäß Art. 5 II Kauf-RL dagegen steht dem Verbraucher für den Hinweis gegenüber dem Verkäufer grundsätzlich (also auch bei einem bereits bei Annahme bekannten Mangel) ein Zeitraum von zwei Monaten ab Feststellung des Mangels zur Verfügung.[928] Ein unmittelbarer Ausschluß der Verbraucherrechte durch das Schweigen bei Annahme trotz Mängelkenntnis kann sich allenfalls dann ergeben, wenn im Einzelfall das Verhalten des Verbrauchers ausnahmsweise als konkludente nachträgliche Zustimmung zu einer Änderung des Vertragsinhalts zu qualifizieren ist.[929] Die Pflicht zur *sofortigen* Mängelanzeige nach § 464 BGB a.F. stellte somit eine gegenüber der Richtlinienbestimmung für den Käufer nachteilige Bestimmung dar und war aufgrund dessen mit der Richtlinie nicht vereinbar. Für den Verbrauchsgüterkauf konnte sie deshalb in dieser Form nicht beibehalten werden.

Etwas anderes ließe sich auch nicht im Hinblick auf das allgemeine gemeinschaftsrechtliche Prinzip des Rechtsmißbrauchsverbots rechtfertigen.[930] Wird der Sachverhalt der Annahme in Kenntnis eines Mangels vom Regelungsgehalt des Art. 5 II Kauf-RL mitumfaßt, so muß sich eine nationale Vorschrift wie § 464 BGB a.F. den Vorgaben der Richtlinienbestimmung beugen. Der Art. 5 II Kauf-RL verfolgt selber den Zweck, eine rechtsmißbräuchliche Berufung des Käufers auf Gewährleistungsrechte zu verhindern. Gesteht er dabei aber dem Käufer grundsätzlich für die Erstattung der Mängelanzeige einen Zeitraum von zwei Monaten zu, so ist dies eine klare Entscheidung des EU-Gesetzgebers, die der nationale Gesetzgeber zu beachten hat.[931] Eine exzeptionelle Behandlung des Annahmezeitpunkts innerhalb des Regelungsbereichs des Art. 5 II Kauf-RL

928 Vgl. *Schlechtriem*, in: *Ernst/Zimmermann*, 205 (223).

929 *Grundmann/Bianca-Grundmann*, Art. 2 Rn. 53. Dem steht grundsätzlich auch nicht der Art. 7 I Kauf-RL entgegen, da diese Vorschrift nur diejenigen vertraglichen Absprachen zum Nachteil des Verbrauches untersagt, die erfolgten, bevor der Verbraucher von der Vertragswidrigkeit des Verbrauchsguts in Kenntnis gesetzt wurde.

930 *Ehmann/Sutschet*, 280 hält insofern die unmodifizierte Beibehaltung des § 464 BGB a.F. auch im Bereich des Verbraucherkaufs für möglich.

931 Vgl. *Schlechtriem*, in: *Ernst/Zimmermann*, 205 (223): Nach Art. 5 II Kauf-RL „hat der Käufer – abweichend von § 464 BGB – wohl auch bei einem bei Annahme bekannten Mangel zwei Monate Zeit, seine Rechte durch Anzeige zu wahren."

hätte sich wohl kaum, selbst im Hinblick auf die für die Mängelkenntnis besondere praktische Relevanz der Annahme bzw. Entgegennahme der Sache, rechtfertigen lassen. Warum sollte dem Käufer, der einen Fehler zufällig erst nachträglich entdeckt, für die Rüge ein längerer Zeitraum zur Verfügung stehen, als demjenigen, der bereits bei Annahme von dem Mangel weiß?[932] Auch der Käufer, der einen erst nach Annahme entdeckten Mangel nicht zügig anzeigt, verhält sich treuwidrig, weil er die rasche Abwicklung der Mängelgewährleistung behindert. Das Interesse des Verkäufers an einer möglichst schnellen Information besteht indessen auch im Zeitraum nach Annahme ungemindert fort. Die Einräumung der Zweimonatsfrist hinge zudem letztendlich von Zufälligkeiten ab, je nachdem zu welchem Zeitpunkt man die Vollendung der Annahme bejaht. Dies wäre insbesondere in Fällen der zeitlich gestreckten Annahme, wie sie etwa bei komplexeren Lieferungen vorkommt, problematisch.

Obgleich also der § 464 BGB a.F. in unmodifizierter Form, d.h. ohne die Berücksichtigung der in Art. 5 II Kauf-RL vorgesehenen zweimonatigen Frist, mit der Verbrauchsgüterkaufrichtlinie nicht vereinbar war, hätte es sich aus Gründen der Einheitlichkeit des Kaufrechts dennoch nicht empfohlen, im Bereich des Verbrauchsgüterkaufs ganz von einer Normierung der Mängelanzeigepflicht bei Annahme abzusehen. Ebensowenig wäre aber die Übernahme der Zweimonatsfrist in das allgemeine Kaufrecht sinnvoll erschienen.[933] Die sofortige Mängelanzeige ist dem Käufer grundsätzlich zumutbar, zumal das Vorbringen des Vorbehalts, das formlos, grundsätzlich also sogar mündlich, möglich ist[934], nur einen geringen (zeitlichen) Aufwand und keinerlei spezielles Fachwissen erfordert.[935] Eine Zweimonatsfrist hingegen bringt dem Käufer keine nennenswerte Vorteile[936]; allenfalls erhöht sie die Chance desjenigen Verbrauchers, der sich aus Nachlässigkeit oder Vergeßlichkeit nicht sofort um die Sicherung seiner Rechte kümmert, doch noch rechtzeitig die zum Erhalt der Gewährleistungsrechte erforderlichen Schritte einzuleiten. Dem völlig rechtsunkundigen Verbraucher verschafft sie zudem einen längeren Zeitraum, um – nachdem er einen Mangel entdeckt hat – die entsprechenden Informationen über die Rechtslage einzuholen.

---

932 Eine solche Unterscheidung nimmt auch der § 377 HGB nicht vor. Gemäß Absatz I muß der Käufer, wenn sich bei der nach Ablieferung vorzunehmenden Untersuchung ein Mangel zeigt, diesen *unverzüglich* anzeigen. Ebenso ist er nach Absatz III gehalten, die Anzeige *unverzüglich* nach der späteren Entdeckung zu machen.

933 Vgl. auch *Ehmann/Sutschet*, 280, der sich im Hinblick auf die Vorschrift des § 464 BGB a.F. allgemein gegen eine unnötige Ausdehnung der für den Verbrauchsgüterkauf geltenden Grundsätze auf das allgemeine Kaufrecht ausspricht.

934 Vgl. *Staudinger-Honsell*, § 464 Rn. 6; *Palandt-Putzo*, § 464 Rn. 9.

935 Vgl. *Lehmann*, WM 1980, 1162 (1168).

936 Kritisch auch *Gsell*, ERPL 1999, 151 (162).

Doch sollte dies nicht als Maßstab gesetzt werden. Daß die Anzeige eines Mangels, den der Käufer bereits bei Annahme der Kaufsache erkennt, nicht unnötig hinausgezögert werden sollte, dürfte jedem Käufer, auch dem juristischen Laien, einleuchten. Ein schutzwürdiges Interesse des Käufers zu „trödeln" ist nicht ersichtlich.[937] Demgegenüber hat der Verkäufer ein berechtigtes Interesse daran, schon bei der Annahme der Kaufsache zu erfahren, ob seine Lieferung vom Käufer beanstandet wird, um so bald wie möglich die erforderlichen Dispositionen treffen zu können.[938] Die in Art. 5 II Kauf-RL angeordnete Frist hätte deshalb nur für den Verbrauchsgüterkauf übernommen werden sollen. Hier hätte man eine ergänzende Bestimmung vorsehen können, nach der dem Verbraucher für die Vorbehaltserklärung gegenüber dem Verkäufer ein Zeitraum von zwei Monaten ab Annahme der Kaufsache zur Verfügung steht.

3. Ergebnis

Aus der vorangegangenen Untersuchung ergibt sich, daß der § 464 BGB a.F., entgegen der Auffassung des Gesetzgebers, mit der Verbrauchsgüterkaufrichtlinie vereinbar war. Die Richtlinienkonformität dieser Vorschrift war nicht in erster Linie an Art. 2 III Kauf-RL zu messen, sondern an Art. 5 II Kauf-RL, der die nach Vertragsschluß erworbene Mängelkenntnis behandelt. Die Vorbehaltspflicht bei Annahme in Kenntnis eines Mangels im Sinne des § 464 BGB a.F. stellt dabei kein von der in Art. 5 II Kauf-RL normierten Mängelanzeigepflicht wesentlich verschiedenes, sondern ein funktionsäquivalentes Institut dar. Sowohl Art. 5 II Kauf-RL als auch § 464 BGB a.F. bezwecken den Schutz des Verkäufers vor einer unnötigen Verzögerung der Mängelanzeige. Sie beruhen auf dem Gedanken der Mitverantwortung des Käufers, der durch die Sanktion des Gewährleistungsverlusts dazu angehalten werden soll, seine Interessen frühzeitig wahrzunehmen und somit zu einer möglichst reibungslosen Abwicklung von Mängelproblemen beizutragen. Daß es für die Mängelkenntnis nach § 464 BGB a.F. dabei nur auf den Annahmezeitpunkt ankam, stellt gegenüber der Richtlinienbestimmung sogar eine für den Käufer günstigere Regelung dar, gewährleistet also ein höheres Verbraucherschutzniveau. Nicht mit der Verbrauchsgüterkaufrichtlinie vereinbar war lediglich das Fehlen einer dem Art. 5 II Kauf-RL entsprechenden Frist für das Vorbringen der Mängelanzeige in § 464 BGB a.F. Doch hätte hier eine entsprechende, auf den Verbrauchsgüterkauf beschränkte Anpassung vorgenommen werden können, indem dem Verbraucher für die Vor-

937 So *Lehmann*, WM 1980, 1162 (1168).
938 *Köhler*, JZ 1989, 761 (769).

behaltserklärung gegenüber dem Verkäufer eine Frist von zwei Monaten eingeräumt worden wäre.

Sofern der Regierungsentwurf also die Streichung des § 464 BGB a.F. auf die vermeintliche Unvereinbarkeit der Vorschrift mit der Verbrauchsgüterkaufrichtlinie stützt, handelt es sich um eine Fehleinschätzung des Gesetzgebers. Unzutreffend ist insbesondere die Annahme des Bundesjustizministeriums, nach Vertragsschluß könne es zu einem Haftungsausschluß nur kommen, wenn von der in Art. 5 II Kauf-RL gewährten Option der Einführung einer Rügeobliegenheit Gebrauch gemacht werde.[939] Als Funktionsäquivalent zu einer allgemeinen Rügeobliegenheit hätte statt ihrer auch eine Vorbehaltspflicht des Käufers bei Annahme im Sinne des § 464 BGB a.F. vorgesehen werden können.[940]

Im Rahmen der durch die Neuregelung des Schuldrechts statuierten weitgehenden Gleichbehandlung von Sach- und Rechtsmängeln[941], die sich auch in der Zusammenfassung der §§ 460 und § 439 BGB a.F. in der neuen Vorschrift des § 442 BGB niedergeschlagen hat[942], hätte sich gleichermaßen eine Ausdehnung des Geltungsbereichs des § 464 BGB a.F. auf Rechtsmängel angeboten. Dies entspräche den Vorgaben der Richtlinie, da der Art. 5 II Kauf-RL ebenfalls nicht zwischen Sach- und Rechtsmängeln unterscheidet.[943]

II. Richtlinienvereinbarkeit des § 460 BGB a.F. bzw. § 442 BGB?

Anders als den § 464 BGB a.F. hielt der Gesetzgeber die sachverwandte Ausschlußvorschrift des § 460 BGB a.F. für mit der Verbrauchsgüterkaufrichtlinie vereinbar. Laut Begründung des Regierungsentwurfs stellte die Neunormierung dieser Regelung in dem nur geringfügig sprachlich veränderten § 442 BGB die

939 S. die Begründung des Regierungsentwurfs, 478.

940 S. *Schlechtriem*, in: Das neue Schuldrecht in der Praxis, 71 (86).

941 In der Gleichbehandlung von Sach- und Rechtsmängeln liegt einer der Reformschwerpunkte der Schuldrechtsmodernisierung. Beide Mängelarten werden nunmehr in Darstellung, Aufbau und Inhalt möglichst weitgehend übereinstimmend geregelt, s. *Haas/Medicus/Rolland/Schäfer/Wendtland*, Kap. 5 Rn. 88; *Dauner-Lieb/Heidel/Lepa/Ring-Büdenbender*, 227.

942 Im übrigen erfassen auch die dem § 464 BGB a.F. parallelen Haftungsausschlußtatbestände des Miet- und Werkvertragsrechts, § 539 S. 2 2. Alt. BGB a.F. (§ 536 b S. 3 BGB) und § 640 II BGB a.F. (§ 640 II BGB), nach der Neuregelung nunmehr sowohl Sach- als auch Rechtsmängel.

943 Der in der Verbrauchsgüterkaufrichtlinie verwandte Begriff der Vertragsmäßigkeit ist weit zu begreifen und umfaßt sowohl Rechts- als auch Sachmängel, s. *Grundmann/Bianca-Grundmann*, Einl. Rn. 143; Art. 2 Rn. 14.

Umsetzung des Art. 2 III Kauf-RL dar.[944] Zu untersuchen ist, ob der neue § 442 BGB tatsächlich den Anforderungen der Richtlinienbestimmung genügt.

Deutlicher als die Fassung des § 460 BGB a.F. stellt die neue Formulierung des § 442 BGB klar, daß Mängelkenntnis bzw. grob fahrlässige Unkenntnis des Käufers zu einem Haftungsausschluß führen. § 442 BGB wird insofern den Anforderungen der Verbrauchsgüterkaufrichtlinie gerecht, da auch der Art. 2 III Kauf-RL auf den Ausschluß der auf der Vertragswidrigkeit des Verbrauchsguts beruhenden Käuferrechte gerichtet ist.[945] Zwar setzt Art. 2 III Kauf-RL nach seinem Wortlaut bereits bei dem Begriff der Vertragsmäßigkeit an, d.h. bei der Frage, ob ein Sachmangel im Sinne des Art. 2 Kauf-RL (tatbestandlich) überhaupt gegeben ist. Doch ist die Bestimmung, wie oben gezeigt wurde, dahingehend zu verstehen, daß eine an sich gegebene Vertragswidrigkeit, die der Käufer kennt oder über die er nicht hätte in Unkenntnis sein können, nicht als solche zu behandeln ist. Das Verbrauchsgut *gilt* vielmehr als vertragsgemäß, so daß eine Gewährleistungshaftung des Verkäufers nicht in Betracht kommt.[946]

Stimmen der § 442 BGB und die Vorgaben der Richtlinie hinsichtlich des Gewährleistungsausschlusses bei positiver Mängelkenntnis klar überein[947], so ergeben sich Differenzen in Bezug auf die Regelung der schuldhaften Unkenntnis des Käufers von Mängeln. Anders als Art. 2 III 2. Alt. Kauf-RL nämlich sieht der § 442 BGB, entsprechend dem § 460 BGB a.F., Rückausnahmen zu dem Haftungsausschlußtatbestand bei verschuldetem Nichtwissen vor: Gemäß § 442 S. 2 BGB kann der Käufer, obwohl ihm ein Mangel der Kaufsache infolge grober Fahrlässigkeit unbekannt geblieben ist, dennoch sein Gewährleistungsrechte geltend machen, wenn der Verkäufer den Mangel arglistig verschwiegen oder eine Garantie für die Beschaffenheit der Sache übernommen hat. Die Normierung solcher Ausnahmetatbestände ist allerdings im Hinblick auf das sog. Mindeststandardprinzip möglich: Gemäß Art. 8 II Kauf-RL ist es den Mitgliedstaaten gestattet, bei der Richtlinienumsetzung strengere Gewährleistungsmaßstäbe einzuführen, so daß den Verbraucher besser stellende, ergänzende Regelungen grundsätzlich richtlinienkonform sind.[948] Die Einschränkung des Gewährleistungsausschlusses nach § 442 S. 2 BGB ist für der Käufer günstiger als

944 Begründung des Regierungsentwurfs, 554, 555.

945 Vgl. *Rieger*, VuR 1999, 287 (290); *Amtenbrink/Schneider*, VuR 1999, 293 (297); *Amtenbrink/Schneider*, VuR 1996, 367 (374).

946 S. dazu oben Teil A Kap. VI.1.c.aa.(1).

947 S. auch die Begründung des Regierungsentwurfs, 554.

948 Anwaltkommentar-*Pfeiffer*, Art. 2 Kauf-RL Rn. 24; *Ehmann/Rust*, JZ1999, 853 (857); *Jorden*, 216; *Amtenbrink/Schneider*, VuR 1999, 293 (297).

die entsprechende Richtlinienbestimmung[949], da gemäß Art. 2 III 2. Alt. Kauf-RL der Verbraucher, sofern er bei Vertragsschluß über die Mängel der Sache nicht in Unkenntnis sein konnte, stets seine Gewährleistungsrechte verliert, selbst dann, wenn das Verhalten des Verkäufers als arglistig einzustufen ist.[950]

Bedenken bestehen indessen bezüglich der korrekten Umsetzung des Tatbestandsmerkmals „vernünftigerweise nicht in Unkenntnis sein können", das in Art. 2 III 2. Alt. Kauf-RL die Voraussetzungen der schuldhaften Unkenntnis des Käufers von einer Vertragswidrigkeit definiert. Das Bundesjustizministerium ging bei der Ausarbeitung des Diskussionsentwurfs eines Schuldrechtsmodernisierungsgesetzes davon aus, dieser, dem deutschen Zivilrecht bislang fremde Ausdruck, könne in der Terminologie des Bürgerlichen Gesetzbuchs mit dem Begriff der grob fahrlässigen Unkenntnis, wie sie bereits in § 460 BGB a.F. normiert war und auch aus anderen Vorschriften des BGB (etwa § 932 II BGB) bekannt ist, übersetzt werden.[951] Dies erscheint jedoch zweifelhaft.[952]

Der Bedeutungsgehalt der dem Art. 35 III CISG entlehnten Formulierung „nicht in Unkenntnis sein konnte", die in der Richtlinienbestimmung um den – anscheinend aus dem niederländischen Kaufrecht (Art. 7:23 I 1 BW: *„redelijkerwijs"*) stammenden – Begriff *„reasonably"* (vernünftigerweise) erweitert wurde, ist, wie oben dargestellt wurde, umstritten.[953] Es herrscht Uneinigkeit darüber, ob dieser Terminus allein die evidenten Vertragswidrigkeiten bezeichnet, oder ob bereits die grob fahrlässige Unkenntnis eines Mangels für den Haftungsausschluß ausreichen soll. Teilweise wird sogar vertreten, der Begriff meine auch die auf gewöhnlicher Fahrlässigkeit beruhende Unkenntnis des Käufers von Mängeln.[954]

Daß die Richtlinienvorschrift schon gewöhnliche Fahrlässigkeit für einen Ausschluß der Käuferrechte genügen lassen könnte, ist freilich im Hinblick auf

---

949 *Jorden*, 216; *Schmidt-Räntsch*, Rn. 897; *Tonner/Crellwitz/Echtermeyer*, in: Schuldrechtsreform und Verbraucherschutz, 293 (336); *Huber/Faust*, 368; so auch die Begründung des Regierungsentwurfs, 555.

950 *Matthiessen/Lindner*, NJ 1999, 617 (618); *Kainer*, AnwBl 2001, 380 (384); *Schlechtriem*, in: *Ernst/Zimmermann*, 205 (217). Im Grünbuch über Verbrauchsgütergarantien und Kundendienst war auf eine Ausnahme im Falle arglistiger Täuschung durch den Verkäufer sogar ausdrücklich hingewiesen, KOM (1993) 509 endg., 110

951 S. die Begründung des Regierungsentwurfs, 555. Dem ist auch in der Literatur gefolgt worden, so etwa *Anwaltkommentar-Büdenbender*, § 442 Rn. 2 Fn. 1; *Huber/Faust*, 368; *Schmidt-Räntsch*, 289; Kompaktkommentar-*Tonner/Crellwitz*, § 442 Rn. 4 f.

952 S. etwa Anwaltkommentar-*Pfeiffer*, Art. 2 Kauf-RL Rn. 24.

953 S. ausführlich zum Streitstand oben Teil A Kap. VI.1.c.aa.(2).

954 *Schwartze*, ZEuP 2000, 544 (562) m.w.N.

den mit der Richtlinie bezweckten Verbraucherschutz klar zu verneinen. Insbesondere das ergänzende Tatbestandsmerkmal „vernünftigerweise" ist nicht etwa in dem Sinne zu verstehen, daß vom Verbraucher eine „vernünftige", sprich kritische und weitergehende Betrachtung bzw. Untersuchung der Kaufsache gefordert wäre. Die Hinzufügung dieses Merkmals wurde im Gegenteil von der Europäischen Kommission gerade mit der Absicht vorgenommen, die restriktive Auslegung des Haftungsausschlußtatbestands noch deutlicher klarzustellen.[955]

Die oben vorgenommene Untersuchung[956] hat ergeben, daß der Begriff „nicht in Unkenntnis von einem Mangel sein können" vielmehr die *Evidenz* des Mangels meint.[957] Dies geht bereits klar aus der Begründung des Richtlinienvorschlags hervor, die in diesem Zusammenhang von „offenkundigen Mängeln an der Sache" spricht.[958] Ob allerdings dieser Bedeutungsgehalt des Tatbestandsmerkmals mit dem im deutschen Zivilrecht geläufigen Terminus der grob fahrlässigen Unkenntnis korrekt wiedergegeben werden kann, muß nach dem oben Gesagten angezweifelt werden. Zwar setzt das Übersehen eines evidenten Fehlers voraus, daß der Käufer die erforderliche Sorgfalt in besonders hohem Maße außer Acht gelassen hat; doch bezeichnet der Begriff der Evidenz zunächst nicht einen Verschuldensmaßstab, sondern einen bestimmten Sachverhalt: Evidenz bedeutet „Augenfälligkeit" des Mangels; der Mangel muß dem Betrachter förmlich ins Auge springen.[959] Dies kann jedoch nur dann der Fall sein, wenn die Sache dem Käufer auch tatsächlich „vor die Augen" gelangt ist, wenn er sie also betrachten kann. Entscheidend ist demnach darauf abzustellen, daß der Käufer sich bei einer konkreten Besichtigung der Sache vor Mängeln verschlossen hat, die jeder andere durchschnittlich sorgfältig handelnde Käufer hierbei *ohne weiteres* bemerkt hätte.[960]

Zur Bejahung des Tatbestandsmerkmals „vernünftigerweise nicht in Unkenntnis sein können" kann es demnach nicht ausreichen, daß der Käufer ohne die Kaufsache gesehen zu haben aufgrund bestimmter Umstände oder aufgrund der Beschreibung des Verkäufers auf das Vorliegen eines Mangels hätte schließen können. Dagegen kann dies unter Umständen für die grob fahrlässig ver-

955 *Staudenmayer*, NJW 1999, 2393 (2395); ausführlich oben Teil A Kap. VI.1.c.aa.(2).
956 S. oben Teil A Kap. VI.1.c.aa.(2).
957 *Micklitz*, EuZW 1999, 485 (486). Vgl. auch zu der gleichlautenden Formulierung in Art. 35 III CISG etwa *Schlechtriem-Schwenzer*, Art. 35 Rn. 34.
958 Begründung des Richtlinienvorschlags, abgedruckt in ZIP 1996, 1845 (1850). Vgl. *Jorden*, 207: offenkundig bedeutet hier offen*sichtlich*, sprich evident.
959 S. zum UN-Kaufrecht: *Aue*, 84 f; *Schlechtriem-Schwenzer*, Art. 35 Rn. 34.
960 Anwaltkommentar-*Pfeiffer*, Art. 2 Kauf-RL Rn. 24; vgl. auch zum UN-Kaufrecht: *Aue*, 84 f.

schuldete Unkenntnis im Sinne des § 460 BGB a.F. bzw. § 442 S. 2 BGB genügen. So ist grobe Fahrlässigkeit grundsätzlich dann gegeben, wenn nach den dem Käufer bekannten Indizien und Tatsachen der Schluß auf mögliche Mängel so nahe lag, daß es unverständlich erscheint, den Dingen nicht weiter nachgegangen zu sein.[961] Deshalb kann gerade in dem Umstand, daß der Käufer auch ohne die Kaufsache gesehen zu haben konkreten, auf die Mangelhaftigkeit der Sache hindeutenden Anzeichen oder Hinweisen, nicht nachgeht, regelmäßig eine grob fahrlässige Vernachlässigung der im Verkehr erforderlichen Sorgfalt im Sinne des § 460 S. 2 BGB a.F. bzw. des § 442 S. 2 BGB erblickt werden.[962] Eine allgemeine Obliegenheit des Käufers zur Untersuchung wird freilich durch § 460 S. 2 BGB a.F. bzw. § 442 S. 2 BGB nicht begründet; in Ausnahmefällen jedoch kann der Käufer gehalten sein, die Ware einer Überprüfung zu unterziehen, wenn dies die Umstände nach Treu und Glauben verlangen[963], so etwa weil aufgrund bestimmter Hinweise Anlaß zu besonderer Vorsicht gegeben ist, oder aufgrund der besonderen Sachkunde des Käufers. Im allgemeinen ist eine Untersuchung auch beim Erwerb eines Grundstücks, eines gebrauchten Pkw sowie eines Kunstwerkes geboten.[964] Nach der klaren Intention der Richtlinienbestimmung des Art. 2 III Kauf-RL hingegen soll den Käufer keinerlei Pflicht zur Untersuchung treffen.[965]

Zutreffend stellen demnach etwa *Tonner/Crellwitz/Echtermeyer* fest, der Begriff der grob fahrlässigen Unkenntnis in § 442 S. 2 BGB eröffne einen weiteren Anwendungsbereich für die Haftungsausschlußnorm als die in Art. 2 III 2. Alt Kauf-RL gewählte Formulierung „vernünftigerweise nicht in Unkenntnis sein können“, weshalb beide Termini nicht deckungsgleich zu verwenden seinen.[966] Auch *Micklitz* geht davon aus, das Tatbestandsmerkmal „nicht in Unkenntnis sein können“ könne nicht mit dem Begriff der groben Fahrlässigkeit wiederge-

961 *Medicus*, SchR II, Rn. 51; MüKo-*Westermann*, § 460 Rn. 8.

962 Vgl. die Ausführungen zu § 460 S. 2 BGB, oben Teil A Kap. II.1.a.aa.(2).

963 RGZ 131, 343 (353 f); *Staudinger-Honsell*, § 460 Rn. 7; MüKo-*Westermann*, § 460 Rn. 8; *Erman-Grunewald*, § 460 Rn. 11; *Larenz*, SchR BT/1, 47; *Walter*, 218.

964 *Haas/Medicus/Rolland/Schäfer/Wendtland*, Kap.5 Rn. 279; s. genauer oben Teil A Kap. II.1.a.aa.(2).

965 Anwaltkommentar-*Pfeiffer*, Art, 2 Kauf-RL Rn. 24; Staudenmayer, NJW 1999, 2393 (2395); Reich, NJW 1999, 23907 (402); vgl. auch zum UN-Kaufrecht: *Hutter*, 67; *Honnold*, Rn. 229; *Hyland*, in: Einheitliches Kaufrecht, 305 (325); *Dölle-Stumpf*, Art. 36 Rn. 5; *Schlechtriem-Schwenzer*, Art. 35 Rn. 35; *Mertens/Rehbinder*, Art. 36 Rn. 8.

966 *Tonner/Crellwitz/Echtermeyer*, in: Schuldrechtsreform und Verbraucherschutz, 293 (335).

geben werden.[967] Soll der Art. 2 III Kauf-RL nur solche Fälle erfassen, in denen sich die Vertragswidrigkeit der Kaufsache dem Verbraucher geradezu aufdrängen mußte, so stellt dies gegenüber der groben Fahrlässigkeit einen strengeren Maßstab dar.[968] Wenn aber den Käufer nach dem in Art. 2 III 2. Alt. Kauf-RL zugrundegelegten Maßstab geringere Sorgfaltsanforderungen treffen als nach dem Maßstab der groben Fahrlässigkeit[969], so bedeutet dies, daß die neu normierte Vorschrift des § 442 S. 2 BGB, ebenso wie § 460 S. 2 BGB a.F., als eine für den Verbraucher ungünstigere Bestimmung nicht richtlinienkonform ist. Vorzugswürdig wäre deshalb erschienen, der deutsche Gesetzgeber hätte die spezielle europäische Terminologie des Art. 2 III 2. Alt. Kauf-RL in das Bürgerliche Gesetzbuch übernommen.[970] Jedenfalls bedarf die Vorschrift des § 442 BGB einer richtlinienkonformen Auslegung.[971] Dies bedeutet insbesondere, daß dem Käufer, wenigstens dem Verbrauchsgutkäufer, keinesfalls – auch nicht in Ausnahmefällen – Obliegenheiten zur Untersuchung oder Erkundigung auferlegt werden dürfen.[972]

---

967 *Micklitz*, EuZW 1999, 485 (492). So auch *Faber*, JBl 1999, 413 (424). Im Sinne der groben Fahrlässigkeit gemäß § 460 S. 2 BGB a.F. interpretieren den Art. 2 III 2. Alt. der Richtlinie dennoch: *Schäfer/Pfeiffer*, ZIP 99, 1829 (1832, 1834 Fn.40); *Matthiessen/Lindner*, NJ 1999, 617 (618); *Schmidt-Räntsch*, ZIP 1998, 849 (851); *Weisner*, JuS 2001, 759 (762); *Hänlein*, DB 1999, 1641 (1643); *Tonner*, BB 1999, 1769 (1771); *Jorden*, 209 f.; *Flessner*, in: Europäisches Kaufgewährleistungsrecht, 233 (245).

968 *Schwartze*, ZEuP 2000, 544 (562). So wohl auch *Staudenmayer*, NJW 1999, 2393 (2395); zweifelnd *Reich*, NJW 1999, 2397 (2402).

969 Anwaltkommentar-*Pfeiffer*, Art. 2 Kauf-RL Rn. 24.

970 Dafür sprachen sich noch vor Beendigung des Gesetzgebungsverfahrens zur Schuldrechtsmodernisierung aus: *Schwartze*, ZEuP 2000, 544 (562); *Tonner/Crellwitz/Echtermeyer*, in: Schuldrechtsreform und Verbraucherschutz, 293 (335); *Micklitz*, EuZW 1999, 485 (492). Im Ergebnis auch *Reich*, NJW 1999, 2397 (2403) in seinem Formulierungsvorschlag zu § 442 des Kommissionsentwurfs. Vgl. in diesem Sinne auch zum UN-Kaufrecht *Hutter*, 67, der eine „Übersetzung" der Formulierung „nicht in Unkenntnis sein konnte" in deutsche Rechtsbegriffe und eine Anwendung nationaler Maßstäbe nicht für sinnvoll erachtet. Seiner Auffassung nach sind die genaueren Abgrenzungen im Einzelfall von den Gerichten vorzunehmen.

971 Anwaltkommentar-*Pfeiffer*, Art. 2 Kauf-RL Rn. 24; *Haas/Medicus/Rolland/Schäfer/Wendtland*, Kap.5 Rn. 279. In diesem Sinne für das österreichische Recht wohl auch *Faber*, 79, der sich für eine entsprechende – eingeschränkte – Auslegung des § 28 ABGB ausspricht.

972 *Haas/Medicus/Rolland/Schäfer/Wendtland*, Kap.5 Rn. 279; vgl. auch *Grundmann/Bianca-Grundmann*, Art. 2 Rn. 52; *Westermann*, in: *Schulze/Schulte-Nölke*, 109 (122) hält dies bereits im Hinblick auf die bisherige Praxis zu § 460 BGB a.F. für gewährleistet.

III. Stellungnahme

Die auf der Mängelkenntnis des Käufers begründeten kaufrechtlichen Gewährleistungsausschlußtatbestände der §§ 460, 464 BGB a.F. haben im Zuge der Schuldrechtsmodernisierung ein gegensätzliches Schicksal erfahren. Während der § 464 BGB a.F., der bislang die Mängelkenntnis des Käufers bei Annahme der Kaufsache regelte, ersatzlos gestrichen wurde, ist der an die Mängelkenntnis im Zeitpunkt des Vertragsschlusses anknüpfende § 460 BGB a.F. mit nur geringfügigen sprachlichen und inhaltlichen Änderungen in das neue Schuldrecht übernommen worden. Beide gesetzgeberischen Entscheidungen erfolgten in Umsetzung der Verbrauchsgüterkaufrichtlinie.[973] Doch zeigt die Behandlung der sachverwandten Ausschlußvorschriften im Hinblick auf die erforderliche Anpassung an die Richtlinienvorgaben keinesfalls ein einheitliches Bild.

Auf die Unvereinbarkeit des § 464 BGB a.F. mit Art. 2 III Kauf-RL legte man sich relativ rasch fest und übersah dabei offenbar vollkommen, daß die Richtlinie in der Rügeobliegenheit des Art. 5 II Kauf-RL nicht nur ein dem § 464 BGB a.F. funktionsäquivalentes, sondern aus der Sicht des Verbrauchers sogar nachteiligeres Institut normiert. Mit der Streichung des § 464 BGB a.F. ging man folglich über den von der Richtlinie geforderten Mindestschutz des Verbrauchers weit hinaus. Dagegen scheint man bei der Neunormierung des § 460 BGB a.F. (§ 442 BGB a.F.) die Vorgaben der Richtlinie weniger streng genommen zu haben. Die in Art. 2 III Kauf-RL verwandte Formulierung „vernünftigerweise nicht in Unkenntnis sein können“ wurde zu bedenkenlos in den dem deutschen Zivilrecht geläufigen Begriff der groben Fahrlässigkeit übersetzt. Soll aber die Richtlinienformulierung, was anzunehmen ist, lediglich die Fälle der Evidenz des Mangels bezeichnen, so stellt die deutsche Regelung demgegenüber eine unzulässige Benachteiligung des Verbrauchers dar.

Diese sich in der Ausrichtung an den Vorgaben der Verbrauchsgüterkaufrichtlinie offenbarende Inkonsequenz des Gesetzgebers bei der Bearbeitung der §§ 460 und 464 BGB a.F. läßt die gesetzgeberische Entscheidung der Streichung des § 464 BGB a.F. äußerst fragwürdig erscheinen.

973 Vgl. die Begründung des Regierungsentwurfs, 477 f., 553 ff.

Teil C: Der Wegfall des § 464 BGB a.F.: Eine gesetzgeberische Fehlentscheidung?

I. Legitimation des § 464 BGB a.F.

In der Begründung des Regierungsentwurfs zum Schuldrechtsmodernisierungsgesetz klingt an, daß auf eine Neunormierung der in § 464 BGB a.F. enthaltenen Regelung nicht nur aus Gründen der vermeintlichen Unvereinbarkeit einer solchen Vorschrift mit der Verbrauchsgüterkaufrichtlinie sowie im Hinblick auf ihre mangelnde Praxisrelevanz verzichtet wurde, sondern daß der Gesetzgeber sogar die innere Berechtigung der Bestimmung selbst in Zweifel gezogen hat. So heißt es dort etwa: „...auch das Unterlassen der Mängelrüge [ändert] nichts daran, daß der Verkäufer seine Pflicht aus dem Kaufvertrag zur Übereignung einer mangelfreien Sache verletzt hat. Der Käufer sollte deshalb auch außerhalb des Verbrauchsgüterkaufs mit seinen Gewährleistungsrechten nicht ohne weiteres ausgeschlossen werden."[974]

Auch im Vorfeld der Schuldrechtsreform war die Gewährleistungausschlußnorm in der wissenschaftlichen Literatur vereinzelt auf – in erster Linie rechtspolitische – Kritik gestoßen.[975] So sah sich seinerzeit *Frank Peters* zu der etwas überspitzten Bemerkung veranlaßt, der § 464 BGB a.F. sei eine „*skandalöse*"[976] Bestimmung, wenn sie an ein einmaliges Schweigen aus Nachlässigkeit oder sonstigen Gründen so nachhaltige Folgen" knüpfe.[977] Neben dieser vehementen Ablehnung von *Peters* äußerten etwa *Grunewald*[978] und *Westermann*[979] mildere Bedenken bezüglich der Zwecksetzung der Norm. Neuerdings hat vor allem *Lothar Haas*, selbst Redaktor des Regierungsentwurfs, in Anknüpfung an die

974 Begründung des Regierungsentwurfs, 478.

975 S. *Soergel-Huber*, § 464 Rn. 1.

976 Hervorhebung durch Verfasser.

977 *Peters*, AcP 188 (1988), 419 (422); zu der rechtspolitischen Kritik von *Peters* an der werkvertraglichen Parallelvorschrift des § 640 II BGB a.F. s. *Staudinger-Peters*, § 640 Rn. 52.

978 *Erman-Grunewald*, § 464 Rn. 2.

979 MüKo-*Westermann*, § 464 Rn. 2.

dortigen Ausführungen zum Wegfall des § 464 BGB a.F.[980] die Legitimation der Bestimmung in Frage gestellt.[981]

Doch leuchtet es nicht zwingend ein, warum denn eine Bestimmung, die dazu dient, eine rechtsmißbräuchliche Berufung des Käufers auf Gewährleistungsrechte abzuwehren, so anstößig sein sollte. Schließlich hat der Käufer mit der kommentarlosen Hinnahme der Sache soeben noch den Eindruck erweckt, er billige die angebotene Leistung. Auch wird man anerkennen müssen, daß den Käufer, der bereits bei Annahme von der Mangelhaftigkeit der gelieferten Kaufsache positiv weiß (und damit unter Umständen besser informiert ist als der Verkäufer), eine Mitverantwortung für die schnellere Klärung und Abwicklung der Mängelprobleme trifft. Warum sollte es dann aber abwegig sein, diese Mitverantwortung mit dem technischen Instrument der Obliegenheit zur Mängelanzeige sowie der Sanktion von Rechtsverlusten zu realisieren? Jedem Käufer, auch dem juristischen Laien (und selbst dem zweifellos besonders schutzwürdigen – aber deshalb noch lange nicht unmündigen – Verbraucher[982]) wird es begreiflich vorkommen, daß der Mängelhinweis an den Verkäufer nicht unnötig verzögert werden sollte. Und von einer Überforderung des Käufers läßt sich angesichts des geringen (zeitlichen) Aufwands einer solchen – auch formlos möglichen – Anzeige wohl kaum sprechen.

Im folgenden wird deshalb zu untersuchen sein, ob die hinsichtlich der Berechtigung des § 464 BGB a.F. geäußerten Zweifel tatsächlich, wie der Gesetzgeber annahm, die ersatzlosen Streichung der Vorschrift erforderlich machten.

1. Historischer Hintergrund

Die Vorschrift, die bei *Peters* eine so heftige Negativreaktion ausgelöst hat, beruht, um dies hier in Grundzügen zu rekapitulieren[983], auf einem Rechtsprinzip, das auf eine lange Tradition zurückblicken kann: Der Regelung liegt der Gedanke zugrunde, daß die vorbehaltlose Annahme in Kenntnis eines Mangels als Bil-

---

980 Begründung des Regierungsentwurfs, 478; insoweit übereinstimmend auch schon die Begründung des Diskussionsentwurfs, 447.

981 *Haas*, BB 2001, 1313 (1318); *Haas/Medicus/Rolland/Schäfer/Wendtland*, Kap. 5 Rn. 285; ohne weitere Begründung folgen der Auffassung des Gesetzgebers etwa auch *Huber/Faust*, 370.

982 Dem europäischen Verbraucherleitbild liegt die Vorstellung von einem aufgeklärten, mündigen, informierten und aufklärungswilligen Gemeinschaftsbürger zugrunde, s. *Schäfer/Pfeiffer*, ZIP 1999, 1829 f.; *Reich*, 63; vgl. auch EuGH ZIP 1995, 1285 (1286): „verständiger Verbraucher".

983 Ausführliche Darstellung s. oben Teil A Kap. I.1., 2., 3.

ligung der fehlerhaften Beschaffenheit der Kaufsache zu werten ist, die den Verlust der Käuferrechte nach sich zieht.

Dieser Rechtsgedanke geht auf das alte Prinzip der Eigenverantwortlichkeit des Käufers, *caveat emptor*, zurück, das im frühen römischen und germanischen Recht den Käufer dazu zwang, die angebotene Ware gleich bei Kaufabschluß auf ihre Vertragstauglichkeit hin zu überprüfen und etwaige Beanstandungen sofort geltend zu machen: War das Kaufgeschäft einmal abgewickelt, hatte der Käufer die Ware also besehen und angenommen, so standen ihm danach keinerlei Rechte in Bezug auf die Kaufsache zu. Die vorbehaltlose Annahme galt als die Erklärung, nunmehr unwandelbar an den Vertrag gebunden zu sein, so daß eine spätere Berufung auf die Mangelhaftigkeit des Kaufgegenstands grundsätzlich nicht mehr in Betracht kam. In den älteren, noch unentwickelten Rechtskulturen stellte es folglich eine Selbstverständlichkeit dar, daß der eigenverantwortlich handelnde Käufer seine Interessen bereits bei Kaufabschluß wahrnahm und eventuelle Einwände bezüglich der Qualität des Kaufgegenstandes unmittelbar in die Vertragsverhandlungen einbrachte.[984]

Allerdings war dies nur bei einfachen Hand- und Platzkäufen möglich, wo Käufer und Verkäufer in unmittelbaren Kontakt miteinander traten und die Ware während der Vertragsverhandlungen präsent war. Mit der zunehmenden Entwicklung und Expansion des Handelsverkehrs machte das Prinzip des *caveat emptor* in seiner ursprünglichen radikalen Form keinen Sinn mehr. Im Falle des Distanzkaufs, bei dem Vertragsabschluß und Entgegennahme der Ware typischerweise auseinanderfallen, mußte dem Käufer nunmehr das Recht zugestanden werden, die Ware nach ihrer Ankunft einer Untersuchung zu unterziehen und etwaige Beanstandungen erst jetzt geltend zu machen. War der Käufer mit der Beschaffenheit der gelieferten Ware nicht zufrieden, so konnte er sie als untaugliche Vertragserfüllung zurückzuweisen. Nach mittelalterlichem deutschen Rechtsdenken, das sich als Gewohnheitsrecht oder in einzelnen Partikular- und Stadtrechten bis ins 19. Jahrhundert hinein erhalten hat, bedeutete das *Recht* des Käufers zu Untersuchung und Beanstandung allerdings gleichzeitig eine *Obliegenheit*: hatte der Käufer einmal die Ware vorbehaltlos, sprich ohne auf seine Einwände hinzuweisen, angenommen, so galt dies als endgültige Billigung der Ware. Das Geschäft war nunmehr als abgewickelt zu betrachten.[985]

Demgegenüber kannte das römische Kaufrecht, das seit dem 16. Jahrhundert in Deutschland als „gemeines Recht" rezipiert wurde, das Institut der Mängelanzeige bei Annahme nicht. Zwar war eine Gewährleistungshaftung grundsätzlich nur für verborgene Mängel der Kaufsache vorgesehen, so daß der Käufer bei

984 S. oben Teil A Kap. I.1.
985 S. oben Teil A Kap. I.3.

Abschluß des Kaufvertrages gezwungen war, die Kaufsache einer gewissen Überprüfung, jedenfalls auf offensichtliche Fehler hin, zu unterziehen; allein durch eine spätere vorbehaltlose Annahme der Kaufsache wurde diese Haftung jedoch nicht ausgeschlossen.[986]

Vor der Kodifizierung eines einheitlichen deutschen Privatrechts wurde deshalb die Frage, wie sich die rügelose Annahme auf die Mängelrechte des Käufers auswirken sollte, im allgemeinen ziemlich unterschiedlich beantwortet. So war in der deutschen Rechtslehre des 19. Jahrhunderts beispielsweise die Auslegung und der Geltungsbereich des Hamburger Stadtrechts, das – im Gegensatz zum gemeinen Recht – jede Gewährleistung nach Besichtigung und Annahme der Kaufsache ausschloß, heftig umstritten: während auf der einen Seite römischrechtlich geschulte Juristen bestrebt waren, die Vorschrift einengend zu interpretieren und die Gewährleistungsrechte bei verborgenen Fehlern dennoch greifen zu lassen, wollten andere, die der hergebrachten deutsch-rechtlichen Auffassung zuneigten, die Regelung strikt und in voller Härte zur Geltung bringen.[987] Doch finden sich auch unter den Anhängern der Pandektenlehre Stimmen, die die vorbehaltlose Annahme einer Kaufsache, jedenfalls beim Gattungskauf mit der Rechtsfolge des Gewährleistungsverlusts belegen wollten: Der Gattungskauf weise gegenüber dem Stückkauf die Besonderheit auf, daß der Käufer regelmäßig erst bei Annahme der Ware die Gelegenheit zur einer Überprüfung habe. Für die Mängelkenntnis des Käufers komme es deshalb nicht entscheidend auf den Zeitpunkt des Vertragsschlusses, sondern auf den Moment der Entgegennahme der Kaufsache durch den Käufer an. Mit der Annahme in Kenntnis eines Mangels willige der Käufer darin ein, daß die als Erfüllung angebotene Sache die geschuldete sei, womit jede auf die Mangelhaftigkeit der Kaufsache gegründete Klage ausgeschlossen sei.[988] Dem wurde jedoch vielfach entgegengehalten, daß das gemeine Recht für eine solche Genehmigungsfiktion, anders als einige deutsche Partikularrechte, keinerlei gesetzliche Grundlage biete. Von einer Billigung der fehlerhaften Beschaffenheit der Ware durch den Käufer dürfe deshalb nur ausnahmsweise dann ausgegangen werden, wenn sich Verkäufer und Käufer bei der Übergabe der Kaufsache gegenübergetreten seien bzw. wenn für den Verkäufer deutlich geworden sei, daß der Käufer den Mangel bemerkt habe. In einem solchen Fall nämlich liege im Verhalten des Käufers ein stillschweigender Verzicht auf die Gewährleistungsrechte.[989]

---

986 S. oben Teil A Kap. I.2 und I.4.

987 *Klischies*, 50 f.

988 S. etwa *Goldschmidt*, Zeitschrift für das gesammte Handelsrecht, Bd. 19 (1874), 98 (113 ff.).

989 S. etwa *Hanausek*, 115 ff.; *Förster/Eccius*, 514.

Der Redaktor des BGB *von Kübel* war der Auffassung, daß die Annahme der Kaufsache in Kenntnis der Mangelhaftigkeit sogar in den meisten Fällen als eine Genehmigung oder Billigung der fehlerhaften Beschaffenheit ausgelegt werden könne, was ohnehin den Verlust der Gewährleistungsrechte zu Folge habe. Eine gesetzliche Normierung dieser Rechtsfolge, wie etwa in I 5 § 330 des Preußischen Allgemeinen Landrechts vorgesehen, hielt er aber für zu weit gehend und für den bürgerlich-rechtlichen Verkehr nicht erforderlich. *Von Kübel* ging davon aus, daß die Bewertung des Käuferverhaltens auch ohne eine gesetzliche Bestimmung der richterlichen Entscheidung des Einzelfalles überlassen werden dürfe.[990]

2. Schweigen als Zustimmung

Doch sind es gerade diese Notwendigkeit einer einzelfallbezogenen Auslegung des Käuferverhaltens und die damit verbundenen Unklarheiten und Unsicherheiten, die durch die Normierung einer gesetzlichen Regelung unterbunden werden können und im Hinblick auf die Rechtssicherheit auch müssen. Die Vorschrift des § 464 BGB a.F., die schließlich entgegen der Empfehlung *von Kübels* doch in das Bürgerliche Gesetzbuch von 1896 aufgenommen wurde, sollte im Einzelfall die u.U. schwierige Feststellung entbehrlich machen, daß die vorbehaltlose Annahme tatsächlich als Verzicht zu interpretieren bzw. die spätere Geltendmachung von Gewährleistungsrechten als Verstoß gegen Treu und Glauben zu werten ist.[991] Diese Absicht des Gesetzgebers geht klar aus den Motiven hervor, wenn es dort heißt, „das Interesse des Verkehres" gebiete es, im Falle der vorbehaltlosen Annahme trotz Mängelkenntnis die nachträgliche Verfolgung der Gewährleistungsrechte durch den Käufer „positiv auszuschließen".[992] Der Verkäufer sollte unter den in § 464 BGB a.F. geregelten Umständen das Rechtsgeschäft als abgewickelt betrachten dürfen.[993] Die widerspruchslose Annahme in Mängelkenntnis bedeutet Billigung der angebotenen Ware und dies hat den Verlust der Gewährleistungsrechte zur Folge – unabhängig davon, ob im Einzelfall ein Verzichtswille des Käufers tatsächlich vorliegt.[994]

990 *Von Kübel*, Entwurf eines bürgerlichen Gesetzbuches, in: *Schubert*, 416.
991 *Soergel-Huber*, § 464 Rn. 1.
992 *Mugdan*, Motive, 126.
993 So *Schlechtriem*, Vertragsordnung, 300.
994 § 464 BGB a.F. knüpfte allein an das äußere Verhalten des Käufers an, *Staudinger-Honsell*, § 464 Rn. 1. Deshalb geht die Kritik von *Haas* fehl, der einwendet, es sei nicht für alle Fälle überzeugend, daß in der unterlassenen Rüge trotz Mängelkenntnis ein Verzicht des Käufers liegen solle (*Haas/Medicus/Rolland/Schäfer/Wendt-*

Mit der vorbehaltlosen Annahme begründet der Käufer den Anschein eines Einverständnisses mit der Sache, auf das sich der Verkäufer soll verlassen dürfen.[995] *Qui tacet consentire videtur, ubi loqui potuit atque debuit*: Wer schweigt, scheint zuzustimmen, sofern er verpflichtet gewesen wäre zu sprechen. Dieser alte Rechtsgedanke kommt letztlich auch in § 464 BGB a.F., noch deutlicher in § 377 II, III HGB zum Tragen, wo an das Unterlassen der Mängelrüge ausdrücklich die Rechtsfolge der Genehmigungsfiktion geknüpft ist.[996]

Es erscheint deshalb wenig nachvollziehbar, wenn *Peters* die Vorschrift des § 464 BGB a.F. offenbar nur deshalb als problematisch erachtet, weil sie ein einmaliges *Schweigen* des Käufers mit so nachhaltigen Folgen sanktioniert. Gewiß kommt dem bloßen Schweigen im Rechtsverkehr regelmäßig kein Erklärungswert zu. Schweigen kann jedoch dann rechtliche Bedeutung erlangen, wenn der Schweigende verpflichtet gewesen wäre, seinen gegenteiligen Willen zum Ausdruck zu bringen, wenn er also nach Treu und Glauben zur Abgabe einer Erklärung gehalten war. Abzustellen ist demnach nicht auf das Nichtstun als solches, sondern auf das Unterlassen eines möglichen und gebotenen Widerspruchs.[997] Im Rahmen des § 464 BGB a.F. oblag es dem Käufer, einen Gewährleistungsvorbehalt auszusprechen und so dem Eindruck, er sei mit der als Erfüllung angebotenen Leistung zufrieden, entgegenzuwirken: Mit der Annahme als Erfüllung gibt der Käufer zu verstehen, er billige die Ware als jedenfalls der Hauptsache nach vertragsgemäße Leistung, was freilich die spätere Geltendmachung von zu diesem Zeitpunkt verborgenen Mängeln nicht ausschließt. Weiß der Käufer aber bereits jetzt von der Mangelhaftigkeit der Sache, so ist er in Anbetracht seiner Mitverantwortung für eine möglichst schnelle und reibungslose Gewährleistungsabwicklung und mit Rücksicht auf das berechtigte Interesse des Verkäufers an einer raschen Information gehalten, seinen Wunsch nach einem Gewährleistungsausgleich sofort zum Ausdruck zu bringen.

Im übrigen finden sich neben § 464 BGB a.F. im Bürgerlichen Gesetzbuch sowie im Handelsgesetzbuch noch zahlreiche andere Vorschriften, die das Schweigen, d.h. das Unterlassen einer an sich gebotenen Äußerung, als Zustim-

---

land, Kap. 5 Rn. 285); denn auf einen diesbezüglichen Willen des Käufer kam es im Rahmen des § 464 BGB a.F. gar nicht an.

995 MüKo-*Westermann*, § 464 Rn. 2

996 Daß die widerspruchslose Annahme der Sache, sprich das Unterlassen des Gewährleistungsvorbehalts, die Billigung der fehlerhaften Ware bedeutet, war – anders als in § 377 II, III HGB („Genehmigung" bedeutet hier Billigung des verkauften Gegenstands, s. *Ebenroth/Boujong/Joost-Müller*, § 377 Rn. 123) – in § 464 BGB a.F. zwar nicht ausdrücklich normiert, ergab sich aber aus der Rechtsfolge des Gewährleistungsverlusts.

997 *Palandt-Heinrichs*, v § 116 Rn. Rn. 8; *Brox*, BGB AT, Rn. 91; *Medicus*, BGB AT, Rn. 345.

mung bzw. Billigung werten und mit Rechtsfolgen belegen. So etwa sind im Miet- und Werkvertragsrecht dem § 464 BGB a.F. parallele Haftungsausschlußbestimmungen vorgesehen (§§ 536 b S. 3 (539 S. 2 2. Alt. BGB a.F.), 640 II BGB). Das Reisevertragsrecht sieht gemäß § 651 g I BGB eine einmonatige Ausschlußfrist für die Geltendmachung von Gewährleistungsansprüchen gegenüber dem Reiseveranstalter vor. Wie schon erwähnt, regelt § 377 HGB im Falle der unterlassenen Mängelanzeige, daß die fehlerhafte Ware bezüglich des nicht gerügten Mangels als genehmigt gilt.[998] Eine Vorbehaltspflicht ist ferner in § 341 III BGB normiert. Das Unterlassen des Vorbehalts führt hier zum Verlust des Anspruchs auf Vertragsstrafe.

Als weitere Fälle des normierten Schweigens sind darüber hinaus die Bestimmungen der § 416 I 2, § 455 S. 2 (§ 496 S. 2 BGB a.F.), § 516 II 2, § 545 (§ 568 BGB a.F.), § 625, § 663, § 1943 2. HS BGB sowie § 362 I 1 2. HS HGB zu nennen, die an das Schweigen diverse rechtliche Folgen knüpfen. So etwa kann Schweigen, wie in den §§ 516 II 2 BGB, 362 I 1 2. HS HGB, die Annahme eines Antrags bedeuten. Nach § 416 I 2 BGB dagegen führt das Schweigen zur Genehmigung eines fremden Vertrages. Beim Kauf auf Probe ist gemäß § 455 S. 2 unter gewissen Voraussetzungen das Schweigen des Käufers innerhalb bestimmter Frist als Billigung des Kaufs zu werten. Nach § 568 BGB gilt ein Mietverhältnis, wenn der Mieter nach Ablauf der Mietzeit den Gebrauch fortsetzt, als auf unbestimmte Zeit verlängert, sofern keiner der Vertragspartner seinen „entgegenstehenden Willen“ innerhalb einer Frist von zwei Wochen erklärt. Eine ähnliche Bestimmung findet sich in § 625 BGB für den Dienstvertrag. Bei diesen Vorschriften handelt es sich nicht um Auslegungs- bzw. Vermutungsregeln, sondern um dispositive Gesetzesnormen, die eine Rechtsfolgenanordnung in Form der Fiktion einer Willenserklärung enthalten.[999] Das Schweigen einer Vertragspartei kann aber auch eine Pflichtverletzung, insbesondere eine *culpa in contrahendo* darstellen, die den Schweigenden schadenersatzpflichtig macht; ein gesetzlich geregelter Fall findet sich etwa in § 663 BGB (Anzeigepflicht des zur Besorgung gewisser Geschäfte öffentlich Bestellten bei Ablehnung eines Auftrags). Einen handelsrechtlichen Sonderfall stellt das Schweigen auf ein kaufmännisches Bestätigungsschreiben dar, das nach Gewohnheitsrecht als Zustimmung zum Inhalt des Schreibens zu werten ist.[1000]

---

998 Vgl. etwa *Esser*, 60 f.

999 *Larenz/Wolf*, BGB AT, § 28 Rn. 56. Dies bedeutet nicht, daß das Schweigen tatsächlich, etwa aus Sicht des Empfängers, eine Willenserklärung darstellt, sondern nur, daß es entsprechende Rechtsfolgen hat. So ist etwa auch das Unterlassen der Rüge im Rahmen des § 377 HGB kein Rechtsgeschäft, s. *Baumbach/Hopt*, § 377 Rn. 3.

1000 S. dazu *Medicus*, Rn. 440 ff.; *Brox*, Rn. 196 f.

In den genannten Fällen spielt es regelmäßig keine Rolle, ob das Unterlassen der gebotenen Äußerung schuldhaft erfolgt ist oder nicht.[1001] Es kommt nur auf das faktische, äußere Verhalten des Schweigenden an. Auch im Rahmen des § 464 BGB a.F. konnte es deshalb nicht von Belang sein, daß der Käufer, wie häufig der Fall, den sofortigen Gewährleistungsvorbehalt schlichtweg aus Nachlässigkeit versäumte.[1002] Tatsächlich erscheint auch der nur nachlässig handelnde Käufer gar nicht schutzwürdig. Eine rechtzeitige Mängelanzeige stellt einen so geringen intellektuellen, wirtschaftlichen und zeitlichen Aufwand dar, daß sie jedem Käufer ohne weites zumutbar ist. Ein Mindestmaß an Sorgfalt kann jedem Teilnehmer am Geschäftsverkehr abverlangt werden.

Ist also die widerspruchslose Annahme der mangelhaften Kaufsache durch den Käufer in Kenntnis der Mängel grundsätzlich als Billigung der vorhandenen Beschaffenheit zu werten, so kann sich auch dann nichts anderes ergeben, wenn nach neuem Schuldrecht nunmehr dem Verkäufer gemäß § 433 I 2 BGB die Pflicht zur Verschaffung einer mangelfreien Sache obliegt. Der Hinweis in der Begründung des Diskussions- und Regierungsentwurfs, die Normierung einer Rügeobliegenheit des Käufers erscheine schon deshalb fragwürdig, weil auch das Unterlassen einer Rüge nichts daran ändere, daß der Verkäufer seine Pflicht zur Übereignung einer mangelfreien Sache verletzt habe, ist daher nicht weiterführend.[1003] So ist etwa im Werkvertragsrecht sowohl nach der alten als auch nach der reformierten Fassung des § 633 I BGB der Unternehmer dazu verpflichtet, das versprochene Werk frei von Mängeln zu erstellen. Die Fehlerfreiheit des Werkes ist folglich auch hier Leistungsinhalt und gehört zur Erfüllungspflicht des Unternehmers. Dennoch bestand und besteht gemäß § 640 II BGB im Falle der Mängelkenntnis bei Annahme eine Vorbehaltspflicht des Bestellers. Und selbst nach altem Kaufrecht konnte der Käufer eines nur der Gattung nach bestimmten Gegenstands bei mangelhafter Leistung des Verkäufers immerhin einen Anspruch auf Nachlieferung einer fehlerfreien Sache geltend machen

1001 Etwas anderes gilt im Rahmen des § 651 g I BGB. Gemäß S. 3 kann der Reisende auch nach Ablauf der Monatsfrist seine Ansprüche geltend machen, wenn er ohne Verschulden an der Einhaltung der Frist gehindert worden ist.

1002 So aber *Peters*, AcP 188 (1988), 419 (422).

1003 Begründung des Diskussionsentwurfs, 447; Begründung des Regierungsentwurfs, 478; dem folgend *Haas/Medicus/Rolland/Schäfer/Wendtland*, Kap. 5 Rn. 285. Die Begründung des Diskussionsentwurfs ist auch in sich gesehen nicht konsequent, wenn die Vorbehaltspflicht nach § 464 BGB a.F. aus dem genannten Grund zwar ausgeschlossen werden soll, gleichzeitig aber in § 442 S. 2 DiskE eine dem § 464 BGB a.F. funktionsäquivalente Rügeobliegenheit des Käufers zugelassen wird. Das Argument, das Unterlassen der Rüge ändere nichts daran, daß der Verkäufer seine Pflicht aus dem Kaufvertrag zur Übereignung einer mangelfreien Sache verletzt habe, müßte hier genauso gelten.

(nach der neuen Regelung der §§ 437 Nr. 1, 439 BGB steht dem Käufer grundsätzlich ein Anspruch auf Nacherfüllung zu, wobei er zwischen Nachbesserung und Ersatzlieferung wählen kann). Bereits dem § 480 I BGB a.F. lag somit die Vorstellung zugrunde, daß der Käufer einen Anspruch auf Lieferung einer mangelfreien Sache hat.[1004]

Hatte der Käufer die Mangelhaftigkeit des Kaufgegenstands schon bei Lieferung erkannt, stand ihm, wie oben berichtet[1005], grundsätzlich die Möglichkeit offen, die angebotene, nicht vertragsgemäße Leistung zurückzuweisen[1006]; er konnte sich so, jedenfalls nach herrschender Meinung, seinen ursprünglichen Erfüllungsanspruch erhalten.[1007] Dies traf nach alter Rechtslage ebenso zu wie es nach neuem Recht gilt. Nach neuer Rechtslage ergibt sich bereits unmittelbar aus § 433 I 2 BGB, daß der Käufer eine Sache, die nicht frei von Sach- und Rechtsmängeln ist, nicht als Erfüllung annehmen muß. Weist der Käufer die angebotene Ware zurück, so ist der Verkäufer verpflichtet, den Mangel des Kaufgegenstands zu beseitigen oder aber eine andere mangelfreie Sache zu liefern. Wurde dagegen die Sache bereits übereignet und übergeben, steht dem Käufer nur noch der Nacherfüllungsanspruch aus den §§ 437 Nr. 1, 439 I BGB in Form eines nunmehr modifizierten Erfüllungsanspruchs zu.[1008] Hat der Käufer im Zeitpunkt der Übergabe Kenntnis von Mängeln der Sache und entschließt sich dennoch dazu, die angebotene Ware, statt sie sogleich zurückzuweisen, als Erfüllung anzunehmen (und signalisiert folglich, er sei mit der Leistung des Käufers jedenfalls im wesentlichen zufrieden), so kann die Konsequenz aus dieser Entscheidung auch nach der neuen Rechtslage nur sein, daß er sich nunmehr den Nacherfül-

---

1004 *Haas/Medicus/Rolland/Schäfer/Wendtland*, Kap. 5 Rn. 36; s. auch *Huber/Faust*, Kap. 13 Rn. 45.

1005 S. oben Teil A Kap. II.1.a.bb.(3).

1006 Im Ergebnis stand unstreitig fest, daß der Käufer eine fehlerhafte Sache nicht abnehmen mußte. Dies wurde entweder aus den allgemeinen Vorschriften oder aus einer allgemein formulierten Mängeleinrede gefolgert, s. *Erman-Grunewald*, Vor § 459 Rn. 6; *Rieble*, JZ 1997, 485 leitete das Zurückweisungsrecht direkt aus § 464 BGB a.F. her.

1007 S. zum Zurückweisungsrecht nach alter Rechtslage etwa *Ernst*, NJW 1997, S. 896 ff.; *Rieble*, JZ 1997, 485 ff.

1008 S. *Dauner-Lieb/Heidel/Lepa/Ring-Büdenbender*, § 8 Rn. 21 f.; *Haas/Medicus/Rolland/Schäfer/Wendtland*, Kap. 5 Rn. 143 ff.; *Huber/Faust*, Kap. 13 Rn. 45; vgl. auch *Palandt-Putzo*[62], § 439 Rn. 1. An der Rechtsnatur des Anspruchs ändert sich hierdurch nichts, er erhält lediglich eine anderes dogmatisches Gewand. Als Sondervorschriften verdrängen die §§ 437 ff. nunmehr die allgemeinen Regeln. Der Nacherfüllungsanspruch aus §§ 427, 439 unterliegt somit nicht derselben Verjährungsregelung wie der ursprüngliche Erfüllungsanspruch, sondern der besonderen Verjährungsregelung des § 438 BGB.

lungsanspruch sowie die anderen aus den §§ 437 ff. BGB folgenden Mängelrechte vorbehalten muß.

3. Internationale Verbreitung des Grundsatzes

Das dem § 464 BGB a.F. zugrundeliegende Prinzip, wonach die Annahme ohne Vorbehalt oder Rüge die Billigung des (fehlerhaften) Kaufgegenstands bedeutet, hat nicht nur in der deutschen Rechtstradition eine feste Verwurzelung, sondern findet sich, wie oben schon dargestellt[1009], auch in anderen europäischen Rechtsordnungen in unterschiedlicher Ausprägung wieder. Die internationale Verbreitung des Grundsatzes hat bereits *Rabel* in seiner 1958 erschienenen rechtsvergleichenden Darstellung „Das Recht des Warenkaufs" nachgewiesen, wo es heißt: „In den kontinentalen Rechten bedeutet Annahme ohne Vorbehalt alles, was nach Erfahrung ausdrückt, daß der Käufer die Ware billigt. Die Wirkung ist, falls der Käufer den Mangel kennt, Verlust aller Ansprüche."[1010]

Dennoch nimmt die Vorschrift des § 464 BGB a.F. im europäischen Vergleich eine Sonderstellung ein. Eine entsprechende, an den § 464 BGB a.F. angelehnte, ausdrückliche Bestimmung findet sich nur in Griechenland (Art. 545 AK). Einige Rechtsordnungen gehen über den Regelungsgehalt des § 464 BGB a.F. hinaus, indem sie allgemeine Mängelrügepflichten statuieren: die Kenntniserlangung des Käufers führt also auch noch nach Annahme zu einem Verlust der Gewährleistungsrechte, sofern der Käufer einen entdeckten Mangel nicht rechtzeitig anzeigt. Eine Überschneidung solcher Bestimmungen mit der Regelung des § 464 BGB a.F., die das Schweigen des Käufers im Zeitpunkt der Annahme als Billigung der fehlerhaften Sache wertet, ergibt sich schon daraus, daß auch das Unterlassen einer späteren Mängelrüge als Einverständnis mit dem Zustand der Sache aufgefaßt werden kann, weshalb eine Gewährleistungshaftung des Verkäufers nicht in Betracht kommt.[1011] So ist der Käufer, wie oben berichtet[1012], beispielsweise gemäß Art. 1495 des Italienischen *Codice civile* zur Wahrung seiner Gewährleistungsrechte gehalten, dem Verkäufer einen Fehler innerhalb von acht Tagen ab seiner Entdeckung anzuzeigen.[1013] Diese Obliegenheit

1009 Oben Teil A Kap. III.2.

1010 *Rabel*, Warenkauf, Bd. 2, 222.

1011 S. *Schwartze*, 473 f. Auch andersherum ergibt sich, daß, sofern das Schweigen bei Übernahme als Billigung bestimmter Mängel gilt, indirekt (im Fall des § 464 BGB a.F. ausdrücklich) eine Anzeigepflicht für diese Mängel aufgestellt wird.

1012 Oben Teil A Kap. III.2.b. und c.

1013 Ähnlich wird auch in Portugal gemäß Art. 916.° I CgoC eine Mängelanzeige des Käufers nach Kenntniserlangung vorausgesetzt.

besteht prinzipiell bis zum Ablauf der einjährigen Verjährungsfrist (Art. 1495 III CceC).[1014] Sofern aber der Käufer bereits bei Annahme einen Mangel entdeckt, ist für die Rüge selbstverständlich auf diesen Zeitpunkt abzustellen, so daß sich insofern zu § 464 BGB a.F. kein Unterschied ergibt.[1015] Beim Distanzkauf läuft gemäß § 1511 CceC die Frist zur Anzeige eines offensichtlichen Mangels sogar grundsätzlich vom Tage des Empfangs der Kaufsache an. Das Gesetz geht demnach davon aus, daß zumindest die unübersehbaren Fehler bereits bei der Entgegennahme der Sache vom Käufer erkannt werden müssen. Faktisch bedeutet dies, daß der Käufer gehalten ist, die Ware nach der Ablieferung auf offenkundige Mängel hin zu überprüfen, was der § 464 BGB a.F. allerdings gerade nicht verlangt.

Auch in diesem Punkt unterscheidet sich das (alte) deutsche Kaufrecht mit der Regelung § 464 BGB a.F. von zahlreichen anderen Rechtsordnungen, die nicht nur im Falle der positiven Mängelkenntnis des Käufers, sondern auch bei verschuldeter Unkenntnis, jedenfalls für evidente Mängel, die Gewährleistungsrechte ausschließen.[1016] Ausdrücklich normierte Untersuchungspflichten finden sich zwar, außer in den neueren skandinavischen Rechten[1017] und dem UN-Kaufrecht (Art. 38 CISG), überwiegend nur für den Bereich des Handelskaufs. Aber auch Rechtsordnungen, die eine Untersuchungsobliegenheit des Käufers nicht explizit regeln, führen dennoch indirekt eine solche ein, indem sie vom Käufer nicht nur die Rüge bekannter Fehler, sondern auch derjenigen Mängel verlangen, die er hätte erkennen können.[1018] So ist etwa in den Niederlanden eine Untersuchungspflicht zwar nicht gesetzlich normiert. Nach Art. 7:23 I BW ist dem Käufer jedoch die Berufung auf die Mangelhaftigkeit der erhaltenen Ware verwehrt, wenn er den Verkäufer nicht innerhalb gebührender Frist, nachdem er den zu beanstandenden Fehler entdeckt hat oder vernünftigerweise hätte entdekken müssen, davon in Kenntnis setzt.[1019]

1014 Insofern ähnelt der Art. 1495 CceC eher dem § 377 HGB als dem § 464 BGB a.F., der in Absatz III ebenfalls eine Obliegenheit zur Rüge später entdeckter Mängeln vorsieht, deren Unterlassung zu einer Genehmigungsfiktion führt.

1015 S. *Schwartze*, 484.

1016 S. oben Teil A Kap. III.2.a. und b.

1017 So ist der Käufer nach schwedischem, finnischem und norwegischem Kaufrecht gemäß § 31 Kpl./Kppl./Kjl. gehalten, die Sache in „Übereinstimmung mit guter Geschäftssitte" (§ 31 schwed. Kpl.) bzw. „wie es guten Gepflogenheiten entspricht" (§ 31 norweg. Kjl.) zu untersuchen sobald es die Umstände erlauben. Eine allgemeine Untersuchungspflicht findet sich auch im Schweizer Obligationenrecht (Art. 201 I OR).

1018 Vgl. *Schwartze*, 480 ff.

1019 Auch in Dänemark obliegt es gemäß § 52 Kbl. jedem Käufer, den Verkäufer über die Mangelhaftigkeit der Sache zu informieren. Die Mitteilung hat „ohne schuld-

Sofern einige Rechtsordnungen, wie etwa die französische, für die Gewährleistungshaftung zwischen offensichtlichen und verborgenen Mängeln unterscheiden, führt auch dies zu gewissen Sorgfaltspflichten des Käufers hinsichtlich der Aufdeckung von Mängeln bei Annahme der Kaufsache: es wird im allgemeinen davon ausgegangen, daß der Käufer zumindest die unübersehbaren Mängel bereits unmittelbar bei Empfang der Ware erkennen und zum Erhalt seiner Ansprüche sofort rügen muß. Die mit offensichtlichen Fehlern behaftete Kaufsache stellt nach französischem Kaufrecht, wie oben berichtet[1020], eine nicht vertragskonforme Leistung dar, so daß dem Käufer grundsätzlich die Rechtsbehelfe des Nichterfüllungsrechts gemäß Artt. 1610, 1611 CdeC zustehen. Diese Ansprüche gehen dem Käufer allerdings verloren, wenn er die offensichtlich fehlerhafte Sache vorbehaltlos annimmt. Denn in der rügelosen Annahme liegt eine Anerkennung der mangelhaften Sache als vertragskonform, die den Verkäufer von seiner Leistungspflicht entbindet. Will sich der Käufer seine Rechtsbehelfe bewahren, so ist er demnach gehalten, einen festgestellten oder augenfälligen Mangel unverzüglich zu rügen bzw. die mangelhafte Sache zurückzuweisen.[1021]

In den Staaten des *Common Law* schließlich gilt allein das Behalten der Ware über einen bestimmten Zeitraum hinaus ohne Mitteilung an den Verkäufer als Annahme der Kaufsache als vertragsgemäße Leistung, was den Rechtsverlust des Käufers zur Folge hat.

Die deutsche Regelung des § 464 BGB a.F., die eine Vorbehalts- bzw. Mängelanzeigepflicht des Käufers im Zeitpunkt der Annahme lediglich bei positiver Mängelkenntnis vorsieht, war demnach, im Vergleich zu Bestimmungen anderer europäischer Rechtsordnungen, in zweierlei Hinsicht eingeschränkt: Zunächst oblag dem Käufer die Mängelanzeige ausschließlich im Annahmezeitpunkt (die nachträgliche Kenntniserlangung schadete ihm grundsätzlich nicht), während in anderen Rechtsordnungen häufig eine Rügepflicht auch über den Zeitpunkt der Entgegennahme der Ware hinaus für später entdeckte Mängel besteht. Zudem traf den Käufer gemäß § 464 BGB a.F. keinerlei Pflicht zur Untersuchung der Ware nach Ablieferung. Dem Käufer schadete im Rahmen des § 464 BGB a.F. nicht einmal die Unkenntnis von offenkundigen Mängeln. Eine Billigung der

haftes Zögern" zu erfolgen, unabhängig davon, ob der Käufer den Mangel entdeckt hat oder entdeckt haben könnte. Widrigenfalls verliert der Käufer das Recht, den Mangel der Sache geltend zu machen.

1020 S. oben Teil A Kap. III.2.b.

1021 *Ferid/Sonnenberger*, 2 G 542, 593; *Valcárcel Schnüll*, 13 f.; *Wenner/Schödel*, in: Handbuch, 417 (449 Rn. 111); *Gerny*, 88; entsprechend zum belgischen Recht: *Moons*, in: Handbuch, 65 (102 Rn. 111).

gelieferten Kaufsache trat nur im Hinblick auf dem Käufer positiv bekannte Mängel ein.

Der Kritik von *Peters* kann demnach auch entgegengehalten werden, daß § 464 BGB a.F. im internationalen Vergleich sogar eine recht milde, käuferfreundliche Bestimmung darstellte, die dem Käufer relativ geringfügige Obliegenheiten auferlegte. Sogar die Verbrauchsgüterkaufrichtlinie sieht in Art. 5 II Kauf-RL eine Rügepflicht des Verbrauchers vor, die, ebenso wie § 464 BGB a.F., den Verlust der Gewährleistungsrechte zur Folge hat. Von einer unverhältnismäßigen Benachteiligung des deutschen Käufers kann also angesichts der Ergebnisse einer Gegenüberstellung mit vergleichbaren Regelungen anderer europäischer Rechtsordnungen nicht gesprochen werden.

4. Sinnvoller Interessenausgleich

Geht man davon aus, daß die Vorschrift des § 464 BGB a.F. ihre innere Berechtigung in dem Rechtsgrundsatz findet, wonach die vorbehaltlose Annahme einer Kaufsache in Mängelkenntnis als Billigung ihrer fehlerhaften Beschaffenheit zu werten ist, so ist damit noch nicht die Frage nach dem Sinn und Zweck der Gewährleistungsausschlußregelung beantwortet.

Der Grundgedanke der Gewährleistungsrechts an sich liegt darin, daß der Verkäufer für die Qualität der von ihm verkauften Sache in Form einer Garantiehaftung verantwortlich ist.[1022] Im Gegensatz zu sehr alten Rechtsordnungen, in denen das Prinzip der Eigenverantwortlichkeit des Käufers und der Nichthaftung des Verkäufers: *caveat emptor* galt, trägt nach heutigem Rechtsverständis grundsätzlich der Verkäufer das Risiko von Mängeln der Kaufsache, da sich die Sache üblicherweise in seinem Einflußbereich befindet und er folglich die Beschaffenheit derselben regelmäßig – wenn auch nicht notwendig – kennt. Der Käufer hingegen, der den Preis für eine vertragsgemäße Ware bezahlt hat, wird

1022 S. etwa *Schlechtriem*, SchR BT, Rn. 71: „Verantwortung des Verkäufers". Nach dem Konzept der Schuldrechtsmodernisierung sollen die Sachmängelrechte nun nicht mehr als Gewährleistungsrechte, sondern als Folge einer (objektiven) Pflichtverletzung des Schuldners zu verstehen sein (s. die Begründung des Regierungsentwurfs, 202, 206 f.). Gleichwohl stellen die an die objektive Verletzung der Leistungspflicht geknüpften Rechtsfolgen eine Garantiehaftung dar, da sie ein schuldhaftes Verhalten des Verkäufers nicht voraussetzen. Es genügt vielmehr die Leistung einer fehlerhaften Sache, d.h. die nicht vertragsgemäße Erfüllung der Leistungspflicht. Das neue Sachmängelrecht kann deshalb auch weiterhin als Gewährleistungsrecht begriffen werden, s. *Ehmann/Sutschet*, 192; vgl. auch *Huber/Faust*, 290 f.

in seinem Vertrauen auf die Mangelfreiheit der geleisteten Sache geschützt.[1023] Der Vertrauensschutz des Käufers geht jedoch dann ins Leere, wenn dieser bereits von der Fehlerhaftigkeit der Kaufsache weiß oder sie jedenfalls hätte erkennen können. In einem solchen Fall trifft ihn eine Mitverantwortung dafür, daß er durch den Zustand der Kaufsache nicht enttäuscht wird und sich nicht schließlich mit einer für ihn unakzeptablen Qualität abfinden muß. Den Normen des Leistungsstörungsrechts kommt ganz allgemein nämlich nicht nur die Funktion zu, entstandene Verluste nachträglich gerecht zwischen den Parteien zu verteilen; sie haben auch die Aufgabe, Verluste bei der Anbahnung und Durchführung von Verträgen von vornherein zu vermeiden, sprich einen gerechten Interessenausgleich bereits durch Verhaltenssteuerung zu erreichen.[1024]

Dies gilt zunächst für das Verhalten des Käufers im Zeitpunkt des Vertragsschlusses. Ist der Käufer schon dann in Kenntnis eines Fehlers der Sache oder wäre dieser für ihn ohne weiteres erkennbar gewesen, so hat er die Möglichkeit, einen späteren kosten- und risikoreichen Gewährleistungsausgleich zu verhindern, indem er sein (potentielles) Wissen direkt in die Vertragsverhandlungen mit einfließen läßt und auf eine entsprechende Modifikation des Vertragsinhalts hinwirkt. Auf diese Weise kann er unmittelbar seinem Interesse an einer bestimmten (mangelfreien) Qualität der Sache Geltung verschaffen, ohne daß hierfür das Instrument der Gewährleistung noch notwendig würde. In Anbetracht dessen erschiene es nicht sachgerecht, könnte sich der Käufer, der während des Vertragsschlusses untätig bleibt, später noch auf Gewährleistungsrechte berufen. Selbst wenn der Käufer den nachträglichen Gewährleistungsausgleich als angemessenes Äquivalent für die minderwertige Leistung des Verkäufers betrachtet, sind seine dahingehenden Erwartungen angesichts seines vorangegangenen treuwidrigen Verhaltens keinesfalls als berechtigt zu werten. Durch die Sanktion des Gewährleistungsverlustes, wie § 460 BGB a.F. (§ 442 BGB) ihn anordnet, soll also der Käufer dazu angehalten werden, sich frühzeitig um die Wahrung seiner Interessen zu kümmern.

Im Falle der nachträglichen Kenntniserlangung des Käufers dagegen steht nicht mehr die Modifikation der vertraglichen Absprache mit dem Ziel einer *Verhinderung* der Gewährleistungssituation im Vordergrund. Der Käufer ist nunmehr mitverantwortlich für eine möglichst rasche und reibungslose Gewährleistungs*abwicklung*.

1023 *Staudinger-Honsell*, Vorbem zu §§ 459 ff. Rn. 3; vgl. auch *Esser/Weyers*, SchR BT/1, 31; *Larenz*, SchR BT/1, 36: Enttäuschung der berechtigten Erwartungen des Käufers.

1024 *Köhler*, JZ 1989, 761 (763).

Jeder Güteraustauschvertrag führt naturgemäß zu einem an sich (ökonomisch) unerwünschten Zustand der Schwebe und der Unsicherheit, der erst mit der definitiven rechtlichen Festlegung der im Austauschvertrag umzugestaltenden Güterordnung beendet wird. Erst jetzt treten wieder die Ruhe und Rechtssicherheit ein, die Voraussetzung für jedes wirtschaftliche Planen und Handeln sind. Die möglichst weitgehende Abkürzung dieses unguten Schwebezustands und die frühzeitige Herbeiführung einer endgültigen Güterzuordnung ist folglich ein gesamtwirtschaftliches Postulat. Sie ist bereits im Interesse der allgemeinen Verkehrs- und Rechtssicherheit geboten.[1025] Durch die Normierung von an die Kenntnis des Käufers anknüpfenden Gewährleistungsausschlußvorschriften kann die rasche Klärung und Erledigung von Rechtsstreitigkeiten im Sinne einer schnellen Herbeiführung des Rechtsfriedens gefördert werden.[1026]

Vor allem aber für den Verkäufer ist die rasche Klärung von etwaigen Mängelproblemen im Hinblick auf eine mögliche Minimierung der eigenen Transaktionskosten besonders wichtig. Ein möglichst schneller Hinweis auf vorhandene Mängel ist für ihn dabei von gesteigertem Interesse, damit er sich sogleich auf die bevorstehende Gewährleistung einrichten und daraus entstehende Nachteile möglichst gering halten kann. Eine Norm, die eine sofortige Mängelanzeigepflicht des Käufers statuiert, bezweckt somit den Dispositionsschutz des Verkäufers.[1027] Dies gilt nicht nur im Rahmen eines beidseitigen Handelsgeschäfts. Insbesondere der kaufmännische Verkäufer ist, was die Zügigkeit der Abwicklung seiner Lieferung anbelangt, stets auf eine schnelle Klarstellung der Sachlage angewiesen, gleichgültig ob es sich bei seinem Vertragspartner um einen privaten

---

1025 *Lehmann*, WM 1980, 1162, spricht hier vom Beschleunigungsinteresse. Zum Handelsrecht so etwa auch *Staub-Brüggemann*, § 377 Vorbem. 1: „Der Handelsverkehr verlangt schnelle Klarheit darüber, ob eine Lieferung „in Ordnung geht", weil er sonst nicht zügig zu disponieren vermöchte."

1026 Vgl. etwa zur Rügeobliegenheit der Verbrauchsgüterkaufrichtlinie *Grundmann*, 300: Die Europäische Kommission hielt die Einführung einer Mängelanzeigepflicht des Verbrauchers aus Rechtssicherheitsgründen für geboten. Eine ähnliche gesetzgeberische Motivation geht auch aus den Motiven zum BGB von 1896 hervor, wenn es dort heißt, „das Interesse des Verkehres" gebiete es, in Falle der vorbehaltlosen Annahme trotz Mängelkenntnis die nachträgliche Verfolgung der Gewährleistungsrechte durch den Käufer „positiv auszuschließen", s. *Mugdan*, Motive, 126. Auch in der gesetzgeberischen Begründung zu § 377 HGB findet sich der Hinweis auf das Bedürfnis des Verkehrs an einer schnellen Klarstellung der Sach- und Rechtslage, *Hahn/Mugdan*, Materialien, Denkschrift, 376. Vgl. zum Sinn und Zweck von Untersuchungs- und Rügepflichten allgemein *Gerny*, 2: „Untersuchung- und Rügepflichten des Käufers [sollen] dazu dienen, dass der Kaufvertrag rasch abgewickelt werden kann, und die Parteien innert einer nützlichen Frist wissen, ob das Vertragsverhältnis als abgewickelt gelten kann."

1027 *Köhler*, JZ 1989, 761 (769).

Käufer oder einen Kaufmann handelt.[1028] Der Grundgedanke des Dispositionsschutzes gilt somit, wie auch schon oben festgestellt[1029], nicht nur im Rahmen des § 377 HGB, sondern auch für die bürgerlich-rechtliche Bestimmung des § 464 BGB a.F.[1030]

In Anbetracht des großen wirtschaftlichen Informationsnutzens, den der Verkäufer aus einer rechtzeitigen Mängelanzeige zieht, erscheint die Auferlegung einer solchen dem Käufer durchaus zumutbar; vor allem weil die Erstattung der Anzeige selbst für den Käufer nur einen geringfügigen Aufwand darstellt. Es bedarf hierfür weder einer besonderen Sachkunde, noch längerer Geschäftserfahrung.[1031] Zu einer irgendwie gearteten Untersuchung der empfangenen Ware ist der Käufer im Rahmen des § 464 BGB a.F. grundsätzlich nicht verpflichtet. Übersieht er bei Übergabe der Sache grob fahrlässig einen Mangel, so kann er bei späterer Entdeckung desselben dennoch ungehindert Gewährleistungsansprüche geltend machen.[1032] An das Merkmal der Kenntnis werden überdies zugunsten des Käufers recht hohe Anforderungen gestellt. So wird verlangt, daß er nicht nur den Mangel als solchen erkennen muß, sondern auch seine Erheblichkeit und Tragweite für den Wert oder die Tauglichkeit der Kaufsache.[1033] Und letztlich liegt es auch im wohlverstandenen eigenen Interesse des Käufers, nach Entdeckung eines Fehlers der Kaufsache nicht zunächst eine gewisse Zeitspanne ungenützt verstreichen zu lassen. Schließlich ist der Käufer grundsätzlich für das Vorliegen des Mangels – wie für alle Anspruchsvoraussetzungen der Gewährleistungshaftung – beweispflichtig.[1034]

1028 *Staub-Brüggemann*, § 377 Vorbem. 1.

1029 Oben Teil A Kap. II.2.f.

1030 Köhler, JZ 1989, 761 (769).

1031 *Lehmann*, 258; dies räumt auch *Gsell*, JZ 2001, 65 (72) bezüglich der in Art. 5 II Kauf-RL statuierten Rügeobliegenheit ein.

1032 *Palandt-Putzo*, § 464 Rn. 5; *Soergel-Huber*, § 464 Rn. 2; MüKo-*Westermann*, § 464 Rn. 1; *Erman-Grunewald*, § 464 Rn. 3; *Schlechriem*, SchR BT, Rn. 95; *Müller*, SchR BT, Rn. 283.

1033 *Soergel-Huber*, § 464 Rn. 1: Schon deshalb ist der Kritik von *Peters* die Spitze genommen.

1034 *Lehmann*, WM 1980, 1162 (1168). Daß ohnehin der Käufer für die behauptete Mangelhaftigkeit der Kaufsache die Beweislast trägt, ist freilich immer wieder als Argument gegen eine Mängelanzeigepflicht des Käufers geltend gemacht worden, so etwa *Gsell*, JZ 2001, 65 (72); denn ein Interesse des Verkäufers an einer raschen Mängelanzeige sei nur insoweit anzuerkennen, als mit Zeitablauf die Beweissituation für ihn ungünstiger werde, so *Zimmer*, in: *Ernst/Zimmermann*, 191 (202). Gerade hier jedoch sieht der neu normierte § 476 BGB, den Vorgaben der Richtlinie in Art. 5 III Kauf-RL folgend, jedenfalls für den Verbrauchsgüterkauf eine bedeutsame Änderung vor. Danach wird, wenn sich ein Mangel innerhalb der ersten sechs Monate seit Gefahrübergang zeigt, vermutet, daß die Kaufsache bereits bei Ge-

Dennoch ist die Mängelanzeige als eine unter Umständen für den einzelnen Käufer unzumutbare Härte kritisiert worden, die sich nicht durch ein entsprechendes Interesse des Verkäufers an einer baldigen Information rechtfertigen lasse. So wendet etwa *Gsell* ein, Mängelanzeigepflichten im allgemeinen brächten dem Verkäufer keine nennenswerten Vorteile, da sie, sofern sie nicht mit einer Untersuchungspflicht gekoppelt seinen, keine frühere Entdeckung des Mangels bewirken könnten. Die Gewährleistungspflicht des Verkäufers könne vielmehr auch noch durch Mängel ausgelöst werden, die erst kurz vor Ablauf der Verjährungsfrist entdeckt würden. Der Verkäufer müsse sich deshalb ohnehin darauf einstellen, innerhalb der vollen Verjährungsfrist in Anspruch genommen zu werden.[1035]

Dies ist zwar zutreffend, doch kann es darauf in Zusammenhang mit einer bürgerlich-rechtlichen Mängelanzeigepflicht gar nicht ankommen. Daß die Auferlegung einer umfassenden Obliegenheit zur Überprüfung der empfangenen Kaufsache für den privaten Käufer nicht in Betracht kommt, steht relativ unstreitig fest. Nicht nur läge in einer solchen Untersuchungspflicht eine insbesondere dem Verbraucher unzumutbare Belastung.[1036] Der nicht-kaufmännische Käufer wäre vielmehr mit einer angemessenen Untersuchung der Ware regelmäßig auch praktisch überfordert: gerade die genauere Überprüfung komplexerer Verbrauchsgüter wie z.B. elektrischer oder elektronischer Geräte erfordert normalerweise eine besondere technische Ausstattung und spezielles Fachwissen, die dem privaten Käufer regelmäßig fehlen, so daß er die erforderliche Prüfung gar nicht kompetent und sachgerecht durchführen könnte. Sicherlich ist jeder Käufer prinzipiell in der Lage, ganz offensichtliche oder leicht überprüfbare Fehler festzustellen. So etwa, wenn schon die Verpackung der Lieferung schwer beschädigt ist, oder sich das empfangene elektrische Gerät nicht einmal einschalten läßt. Es könnte deshalb grundsätzlich erwogen werden, dem Käufer – nach dem Vorbild anderer europäischer (etwa der skandinavischen) Kaufrechte – eine Anzeigepflicht auch für offenkundige Mängel aufzuerlegen.[1037] Doch soll dies hier nicht entschieden werden.

---

fahrübergang mangelhaft war. Im Bereich des Verbrauchsgüterkaufs besteht demnach eine Beweislastumkehr zu Ungunsten des Verkäufers. Im übrigen verschlechtert sich die Beweissituation mit zunehmendem Zeitablauf ganz allgemein, zum Nachteil beider Vertragsparteien.

1035 *Gsell*, JZ 2001, 65 (72 f.) zu Art. 5 II der Verbrauchsgüterkaufrichtlinie.

1036 So erscheint es etwa bei nur saisonbedingt zu nutzenden Gegenständen, wie z.B. im Winterschlußverkauf erworbenen Skiern, unangemessen, den Verbraucher dazu zu nötigen, die Sache sofort auszuprobieren und ihre Tauglichkeit zu erproben. Darauf weist *Staubach*, in: Verhandlungen des 60. Deutschen Juristentages, K 210 ff. hin.

1037 Wenigstens für den Verbrauchsgüterkauf wäre dies freilich nach Art. 5 II Kauf-RL, der ausdrücklich eine Mängelanzeigepflicht nur für dem Käufer positiv bekannte

Zutreffend ist, daß der Verkäufer, wenn nicht den Käufer hinsichtlich der Aufdeckung von Mängeln der Kaufsache gewisse Sorgfaltspflichten in Form von Untersuchungsobliegenheiten treffen, im Regelfall bis zum Ende des Gewährleistungszeitraums mit der Geltendmachung von Mängelansprüchen des Käufers rechnen muß. Regelmäßig kann er das Geschäft also erst mit Eintritt der Verjährung als abgewickelt betrachten. Dies heißt aber nicht, daß er nicht dennoch ein Interesse daran hat, diesen Haftungszeitraum, wenn möglich, abzukürzen. Je kürzer der wirtschaftlich ungünstige Zustand der Schwebe und Unsicherheit vor der vollständigen Abwicklung des Güteraustauschvertrages andauert, desto vorteilhafter ist dies für den Verkäufer. Allerdings ist die möglichst rasche Wiederherstellung einer endgültigen Güterzuordnung auch im allgemeinen Interesse der Verkehrs- und Rechtssicherheit geboten. Hat der Käufer bei Annahme positive Kenntnis von Mängeln der Sache erlangt, die Gewährleistungsrechte begründen, so besteht nunmehr die konkrete Möglichkeit zu einer sofortigen Gewährleistungsabwicklung und damit der frühzeitigen Beendigung des unerwünschten Schwebezustands. Die Realisierung dieser Möglichkeit hängt jedoch von der raschen Mängelanzeige des Käufers ab, liegt also in seiner Hand. Den Käufer trifft somit eine Mitverantwortung für die schnelle und reibungslose Vertrags- und Gewährleistungsabwicklung. Mit der Sanktion des Gewährleistungsverlustes soll er dazu angehalten werden, sich dieser Verantwortung entsprechend zu verhalten und dem Verkäufer einen rechtzeitigen Hinweis auf bevorstehende Mängelprobleme zu geben.[1038] Nimmt er diese Gelegenheit nicht wahr und macht dennoch später Gewährleistungsrechte geltend, so ist sein Ver-

---

Mängel vorsieht, unzulässig. Wie oben berichtet (Teil A Kap. VI.1.c.bb.(1)), hatte der Richtlinienvorschlag aus dem Jahre 1996 in Art. 4 I noch einen Haftungsausschluß auch für solche Mängel statuiert, die der Verbraucher „hätte feststellen können". *Schlechtriem*, JZ 1997, 441 (445), sah darin keine unangemessene Belastung des Privatkäufers: Das Merkmal „hätte feststellen können" könne so auf den subjektiven Kenntnisstand und die Informationsmöglichkeiten des jeweiligen Käufers abgestimmt werden, daß eine gravierende Benachteiligung des Verbrauchers nicht eintreten müsse. Zu der wissenschaftlichen Diskussion der Frage nach einer Einführung von allgemeinen Untersuchungs- und Rügepflichten auch in das Bürgerliche Gesetzbuch im Vorfeld der Verbrauchsgüterkaufrichtlinie siehe die Verhandlungen des 60. Deutschen Juristentages oben Teil A Kap. V.3.

1038 Sofern *Bucher*, SJZ 1971, 1 (3) in einer kritischen Stellungnahme zu der Rügeobliegenheit nach Art. 201 des Schweizer Obligationenrechts einwendet, die mit der Mängelanzeige bezweckte rasche und radikale Klarstellung der tatsächlichen und rechtlichen Verhältnisse zu Lasten den Käufers sei abzulehnen, da sie ihm einen Schutz nehme, der ihm nach dem Gesetz eigentlich zustehe, ist dem entgegenzuhalten, daß der Käufer durch sein treuwidriges Verhalten diesen Schutz gerade *verwirkt*. In einem solchen Fall fehlt es dem Käufer an Schutzwürdigkeit, s. etwa *Jauernig-Vollkommer*, § 464 Rn. 1.

halten als treuwidrig und nicht verkehrsgerecht zu bewerten.[1039] Die Berufung des Käufers auf Gewährleistungsrechte wäre rechtsmißbräuchlich, weil er zuvor durch die rügelose Hinnahme der Kaufsache beim Verkäufer den Eindruck hervorgerufen hat, er sei jedenfalls grundsätzlich mit der erbrachten Leistung zufrieden, obwohl dies gerade nicht der Fall ist. Im Falle der positiven Mängelkenntnis des Käufers soll sich der Verkäufer deshalb auf den durch den Käufer gesetzten Eindruck eines grundsätzlichen Einverständnisses mit der gelieferten Sache verlassen können.[1040] Der Verkäufer darf das Geschäft nunmehr als abgewickelt betrachten.[1041]

Die Aufrechterhaltung dieses durch § 464 BGB a.F. gewährten frühzeitigen Abwicklungsschutzes des Verkäufers wäre gerade im Hinblick auf den nach dem neuen Schuldrecht deutlich verlängerten Gewährleistungszeitraum auch weiterhin angebracht erschienen. Gemäß § 438 I Nr. 3 BGB beträgt die Regelverjäh-

1039 Vgl. MüKo-*Westermann*, § 464 Rn.1.

1040 MüKo-*Westermann*, § 464 Rn. 1; *Larenz*, SchR BT/1, 48.

1041 Vgl. *Schlechtriem*, Vertragsordnung, 300. Anlaß zu Bedenken hat gegeben, daß der § 464 BGB a.F. die Rechte des Käufers selbst bei arglistigem Verhalten des Verkäufers ausschloß (s. *Staudinger-Honsell*, § 464 Rn. 8; MüKo-*Westermann*, § 464 Rn. 7). Kannte der Verkäufer seinerseits den Mangel der Kaufsache, oder hat er sogar eine arglistige Täuschung des Käufers versucht (geglückt ist diese jedenfalls nicht, da der Käufer den Mangel ja erkannt hat), so ist seine Schutzwürdigkeit zweifelhaft (vgl. *Haas/Medicus/Rolland/Schäfer/Wendtland*, Kap. 5 Rn. 285). Systematisch gesehen war die Entscheidung des Gesetzgebers jedoch korrekt, da in § 460 BGB a.F., der den verwandten Fall der Mängelkenntnis bei Vertragsschluß regelte, die Rechte des Käufers bei positiver Kenntnis gleichfalls einschränkungslos ausgeschlossen waren. Eine Ausnahme für den Fall der Arglist des Verkäufers war nur bei grob fahrlässiger Unkenntnis des Käufers vom Mangel vorgesehen (§ 460 S. 2 BGB a.F.). (Einige ausländische Rechtsordnungen befreien dagegen den Käufer im Falle der Arglist oder Mängelkenntnis des Verkäufers von dem Erfordernis der Mängelanzeige, so etwa in Italien gemäß Art. 1495 II CceC und Portugal gemäß Art. 916.° I CgoC. Auch nach Art. 40 CISG bleibt eine nicht rechtzeitige oder nicht gehörige Mängelanzeige des Käufers ohne Konsequenzen, wenn der Verkäufer die Tatsachen, auf denen die Vertragswidrigkeit beruht, kannte oder darüber nicht in Unkenntnis sein konnte.) *Grunewald* sah den Grund der Regelung des § 464 BGB a.F. (sowie des § 460 S. 1 BGB a.F.) in der Situation der beidseitigen Mängelkenntnis darin, daß bei unredlichem Verhalten sowohl des Käufers als auch des Verkäufers ein Eingreifen der Rechtsordnung nicht angezeigt erscheine (*Erman-Grunewald*, § 464 Rn. 2; § 460 Rn. 5). Dennoch lassen sich Randfälle denken, in denen die Lösung des § 464 BGB a.F. zu hart erscheint. So hatte das Reichsgericht im Jahre 1920 einen Fall zu entscheiden, in dem der Vertreter des Käufers mit dem betrügerischen Verkäufer kolludierte, weshalb der Anspruchsverlust des Käufers unbillig erschien. Das RG löste das Problem, indem es die Berufung auf § 464 BGB a.F. als rechtsmißbräuchlich bezeichnete, s. RGZ 101, 64 (73 f.); vgl. auch RGZ 159, 321 (333 f.).

rung der Mängelansprüche gegenwärtig zwei Jahre, was eine Vervierfachung der bisherigen Verjährungsfrist bedeutet.[1042]

Die kurze Verjährungsfrist der Mängelansprüche, die der § 477 BGB a.F. noch vorgesehen hatte, sollte nach der in den Motiven bekundeten Absicht des Gesetzgerbers der Wiederherstellung des Rechtsfriedens dienen und dem Umstand Rechnung tragen, daß die Ermittlung und Feststellung von Mängeln nach einem längeren Zeitraum meist kaum mehr möglich ist. Die Zulassung des Zurückgreifens auf solche Mängel nach längerer Zeit sei, so die Ausführungen in den Motiven, in höchstem Grade lästig und hemmend.[1043] Doch wurde die Sechs-Monats-Frist des § 477 BGB a.F. von Literatur und Rechtsprechung allgemein als zu kurz angesehen.[1044] In der Begründung des Regierungsentwurfs zum Schuldrechtsmodernisierungsgesetz heißt es hierzu, nicht selten sei die Frist des § 477 BGB a.F. bereits abgelaufen, noch bevor der Käufer von der Mangelhaftigkeit der gelieferten Sache überhaupt Kenntnis hätte erlangen können. Diese

1042 Die Neuregelung des Verjährungsrechts insbesondere der Gewährleistungsansprüche hat während der Ausarbeitung des Schuldrechtsmodernisierungsgesetzes viel Staub aufgewirbelt. Die bislang geltende Sechs-Monats-Frist des § 477 BGB a.F. war schon im Vorfeld der Reformbestrebungen im allgemeinen als zu kurz angesehen worden, s. *Tonner/Crellwitz/Echtermeyer*, in: Schuldrechtsreform und Verbraucherschutz, 293 (316) m.w.N. Insbesondere hatte sich die Rechtsprechung immer wieder veranlaßt gesehen, zum Schutze des Käufers andere Rechtsinstitute zur Umgehung des § 477 BGB a.F. einzusetzen (so etwa bei der sog. Weiterfresser-Problematik, s. dazu und zu anderen „Verrenkungen" der Rechtsprechung die anschauliche Darstellung in der Begründung des Regierungsentwurfs, 534 f.). In der Absicht, eine einheitliche Zeitspanne für die allgemeine Regelverjährung und die Gewährleistungsfristen festzusetzen, war im Diskussionsentwurf eine allgemeine Verjährungsfrist von drei Jahren vorgesehen worden, obgleich die mit der Neuregelung umzusetzende Richtlinie 1999/44/EG jedenfalls im Bereich des Verbrauchsgüterkaufs für Mängelansprüche lediglich eine Mindestverjährungsfrist von zwei Jahren vorgab (Art. 5 I 2 Kauf-RL). An dem Vorschlag des Diskussionsentwurfs wurde in der Literatur heftige Kritik geübt, s. etwa *Gsell*, JZ 2001, 65 (72); *Ernst*, ZRP 2001, 1 (6 ff.); *Honsell*, JZ 2001, 18 (19 ff.); umfassend *Mansel*, in: *Ernst/Zimmermann*, 333 ff. Doch auch die schließlich in § 438 I Nr. 3 BGB Gesetz gewordene zweijährige Verjährungsfrist stellt einen gravierenden Einschnitt dar, der auf den Handel und die Wirtschaft nicht ohne Auswirkungen bleiben kann und zu einem verstärkten Bedürfnis nach vertraglichen Parteiabsprachen führen wird. Das Gesetz trägt dem bis zu einem gewissen Grade Rechnung (vgl. § 202 BGB), s. *Westermann*, NJW 2002, 241 (251). Im Bereich des Verbrauchsgüterkaufs allerdings ist eine den Verkäufer entlastende rechtsgeschäftliche Vereinbarung grundsätzlich nicht vor Mitteilung eines Mangels an den Unternehmer zulässig. Lediglich beim Kauf gebrauchter Güter besteht für die Parteien die Möglichkeit, die Verjährungsfrist auf ein Jahr zu verkürzen (§ 475 II BGB).

1043 *Mugdan*, Motive, 238.

1044 S. etwa MüKo-*Westermann*, § 477 Rn. 1; *Staudinger-Honsell*, § 477 Rn. 3 f.

Gefahr bestehe insbesondere bei zusammengesetzten oder weiterverarbeiteten Produkten, deren Mängel typischerweise erst nach langer Zeit offen zutage treten.[1045] Im weiteren wird allerdings auch angemerkt: „Dabei muss auch den Belangen des Verkäufers und des Unternehmers Rechnung getragen werden, die beide ein schutzwürdiges Interesse daran haben, das Risiko künftiger Gewährleistungsansprüche abzuschätzen, es versicherungsmäßig abzudecken und sich gegen die Berechtigung solcher Ansprüche wirksam verteidigen zu können."[1046] Erkennt man aber die diesbezügliche Schutzwürdigkeit des Verkäufers auf der einen Seite prinzipiell an, so erscheint es unverständlich, auf der anderen Seite die ergänzende Bestimmung des § 464 BGB a.F., die den Käufer gerade dazu anhalten sollte, etwaige Mängelprobleme dem Verkäufer frühzeitig zu melden und widrigenfalls den Verlust der Gewährleistungsrechte anordnete, insofern also dem Dispositions- und Abwicklungsschutz des Verkäufers diente, ersatzlos zu streichen.

Die Entscheidung des deutschen Gesetzgebers stellt sich als um so weniger nachvollziehbar und geradezu widersprüchlich dar, wenn man zur Kenntnis nimmt, daß ausgerechnet die deutsche Delegation während der Ausarbeitung der Verbrauchsgüterkaufrichtlinie die Einführung einer (dem § 464 BGB a.F. funktionsäquivalenten) Rügeobliegenheit des Verbrauchers nachdrücklich gefordert hatte, um einen Ausgleich zu der zwingenden Verlängerung der Verjährungsfrist auf zwei Jahre zu schaffen.[1047] Die Kombination einer längeren kenntnisunab-

1045 Begründung des Regierungsentwurfs, 192, 198; a.A. etwa *Schäfer/Pfeiffer*, ZIP 1999, 1829 (1835): Danach bieten die sechs Monate dem Käufer im Regelfall ausreichend Zeit, um den Vertragsgegenstand auf seine Gebrauchstauglichkeit zu testen und Mängel dem Verkäufer anzuzeigen. Bei industriellen Gebrauchsgütern träten Mängel meist ohnehin während der ersten sechs Monate nach Lieferung auf.

1046 Begründung des Regierungsentwurfs, 198.

1047 Dies berichtet *Schmidt-Räntsch*, ZIP 1998, 849 (852); ders., ZEuP 1999, 294 (295) sowie *Gass*, in: FS Rolland, 129 (134); s. auch *Flessner*, in: Europäisches Kaufgewährleistungsrecht, 233 (246); *Ehmann/Rust*, JZ 1999, 853 (862). Deutschland ging das hohe Verbraucherschutzniveau der Richtlinie in mehreren Punkten zu weit, weshalb die deutsche Delegation auf der Ratstagung am 23.04.1998 dem Richtlinienvorschlag der Kommission nicht einmal zustimmte. Moniert wurden dabei im wesentlichen die zu lange Dauer der Gewährleistung, die Umkehr der Beweislast in den ersten sechs Monaten nach Ablieferung sowie die Aufnahme auch gebrauchter Güter in den Anwendungsbereich der Richtlinie. Von der durch einige Mitgliedstaaten geforderten gänzlichen Streichung der Rügeobliegenheit des Verbrauchers wurde insbesondere auf Drängen Deutschlands abgesehen, s. *Gass*, in: FS Rolland, 129 (134). Die zu der Haltung der deutschen Ratsdelegation im April 1998 offenkundig gegensätzliche Auffassung der Bundesregierung bei der Ausarbeitung des Regierungsentwurfs eines Schuldrechtsmodernisierungsgesetzes im Mai 2001 geht wohl auf den zwischenzeitlich eingetretenen Regierungswechsel und die damit ver-

hängigen Ausschlußfrist mit einer kürzeren kenntnisabhängigen Rügefrist, wie sie schließlich in der Richtlinie vorgesehen wurde, kann dabei durchaus als sinnvoll betrachtet werden.[1048] Eine solche „Doppelfrist" (d.h. die Verlängerung der sechsmonatigen Verjährungsfrist des § 477 BGB a.F., ergänzt durch eine Präklusion nicht rechtzeitig erhobener Rüge) war etwa von *Honsell* bereits in den 1980er Jahren für das deutsche Recht vorgeschlagen worden.[1049] Für die Einführung einer allgemeinen Rügelast des Käufers nach Kenntnis des Mangels, die im übrigen schon während der Verhandlungen zum Bürgerlichen Gesetzbuch von 1896 mehrfach angeregt worden war[1050], sprach sich auch die Mehrheit des im Jahre 1994 abgehaltenen 60. Deutschen Juristentages aus.[1051] Mit der Ausdehnung des Gewährleistungszeitraums kann einerseits die Gefahr unterbunden werden, daß der Käufer an sich berechtigte Ansprüche verliert, weil er die Mangelhaftigkeit der Kaufsache nicht rechtzeitig bemerkt hat; andererseits und im Sinne einer „Kompensation" für den Verkäufer wird durch die Statuierung einer an die Entdeckung des Mangels geknüpften Rügefrist ein unbilliges Hinauszögern der Mängelanzeige bis zum Ende der Verjährungsfrist ausgeschlossen, was wiederum zu einer zügigeren Abwicklung der Vertragsstörung führt und insofern eine Entlastung für den Verkäufer darstellt.[1052]

Die Annahme, man könne bestimmte Vergünstigungen des Verbrauchers auf der einen Seite durch Belastungen auf der anderen Seite „kompensieren", ist von *Ernst/Gsell* in Frage gestellt worden. Dieser Gedanke sei für eine der Sachgerechtigkeit verpflichtete Gesetzgebung ungeeignet; es müsse für jedes einzelne Ordnungsproblem eine ausgewogene Lösung gefunden werden.[1053] Doch darf man andererseits die einzelnen Vorschriften eines mehr oder weniger in sich geschlossenen Regelsystems, wie es das Kaufrecht darstellt, nicht isoliert betrachten. Vielmehr müssen der Zusammenhang und die Wechselbeziehungen der

---

bundene Verschiebung der Grundorientierung zurück, hat also vermutlich (partei)politische Hintergründe.

1048 *Wolf*, RIW 1997, 899 (901); *Gass*, in: FS Rolland, 129 (135).

1049 *Honsell*, in: GS Kunkel, 53 (64 f.); s. auch *Staudinger-Honsell*, § 477 Rn. 4. Einen Zusammenhang zwischen der Verjährungsfrist und Rüge- bzw. Untersuchungspflichten des Käufers stellt auch *Emmerich*, SchR BT, 43 her: Danach lag der Ausgleich für die nach dem BGB fehlende Prüfungspflicht des Käufers in der im Interesse des Verkäufers angeordneten kurzen Verjährungsfrist des § 477 BGB a.F.

1050 S. oben Teil A Kap. II.1.b.bb.

1051 Verhandlungen des 60. Deutschen Juristentages, Bd. II/2, K 242 Nr. 15. s. etwa *Staubach*, in: Verhandlungen des 60. Deutschen Juristentages, K 210 ff.

1052 Zustimmend *Ehmann/Rust*, JZ 1999, 853 (862); *Kircher*, ZRP 1997, 290 (293); *Rieger*, VuR 1999, 287 (290).

1053 *Ernst/Gsell*, ZIP 2000, 1410 (1427).

Normen untereinander berücksichtigt werden.[1054] Dies trifft insbesondere auf die Vorschriften zur Gewährleistungsbefristung einerseits und zur Rügeobliegenheit des Käufers andererseits zu, die beide auf die Regulierung des Gewährleistungszeitraums gerichtet sind.

Im Sinne eines Interessenausgleichs erscheint es folglich angemessen, dem Verkäufer, der aufgrund der längeren Verjährung stärker in die Haftung genommen wird[1055], durch die Rügepflicht eine Haftungserleichterung zu verschaffen.

Diese Erwägungen hatten zunächst auch dem Bundesjustizministerium eingeleuchtet. In § 442 S. 2 des Diskussionsentwurfs eines Schuldrechtsmodernisierungsgesetzes hatte man dementsprechend noch eine an Art. 5 II Kauf-RL orientierte Rügeobliegenheit des Käufers vorgesehen.[1056] Zur Begründung der dem deutschen Bürgerlichen Recht bislang fremden Bestimmung wurde angeführt, sie solle die Nachteile des Verkäufers abmildern, die dieser durch die deutliche Verlängerung der Verjährungsfrist erleide. Trete ein Mangel innerhalb des Gewährleistungszeitraums auf, so müsse ein berechtigtes Interesse des Verkäufers anerkannt werden, möglichst bald hiervon zu erfahren, um sich auf die Ansprüche des Käufers einrichten zu können. Dadurch werde auch die Gefahr verringert, daß ein unredlicher Käufer die als mangelhaft erkannte Kaufsache zunächst noch einige Zeit weiter benutze, um dann durch die Geltendmachung eines Nachlieferungsanspruchs kurz vor Ablauf der Verjährungsfrist die gebrauchte gegen eine neue Sache „umzutauschen". Die Anzeigepflicht diene somit dem Interesse einer schnellen Abwicklung von einmal erkannten Mängelproblemen.[1057]

Trotz dieser Einsicht nahm man schon in der konsolidierten Fassung des Diskussionsentwurfs wieder Abstand von der Regelung des § 442 S. 2 BGB-DiskE.[1058] Auch im Regierungsentwurf fehlt eine entsprechende Bestimmung.[1059] Bei den Beratungen des Rechtsausschusses wurde die Einführung ei-

1054 Vgl. *Schmidt-Räntsch*, ZEuP 1999, 294 (299 ff.) in Zusammenhang mit der Verbrauchsgüterkaufrichtlinie.

1055 Überhaupt geht die Tendenz der Neuregelung zu einer erweiterten Haftung des Verkäufers, insbesondere durch die weitestgehende Unabdingbarkeit der Gewährleistungsregeln beim Verbrauchsgüterkauf, s. *Westermann*, NJW 2002, 241 (251). Kritisch zu den negativen Auswirkungen der diesbezüglichen Vorgaben der Verbrauchsgüterkaufrichtlinie auf Handel und Hersteller, *Schäfer/Pfeiffer*, ZIP 1999, 1829 (1834 ff.).

1056 S. dazu oben Teil A Kap. VI.2.b.aa..(2).α.

1057 Begründung des Diskussionsentwurfs, 513.

1058 Zustimmend *Dauner-Lieb*, 86.

1059 Eine Begründung hierfür wird allerdings nicht geliefert, vgl. die Begründung des Regierungsentwurfs, 553 ff.

ner Rügepflicht zu Lasten des Käufers zwar erneut erwogen[1060], dann jedoch mit der Begründung abgelehnt, eine solche Rügepflicht sei nicht zweckmäßig. Der Verkäufer habe praktisch keine Möglichkeit, den genauen Zeitpunkt der Kenntniserlangung nachzuweisen, weshalb im Ergebnis die Rügepflicht nur zu einer Mehrbelastung der Gerichte führen würde.[1061]

Freilich wirkt dieses Argument recht fadenscheinig und letztlich wenig überzeugend. In jedem Fall steht dem Verkäufer die prozessuale Möglichkeit des Anscheinsbeweises zur Verfügung. Andererseits wird ein Verkäufer, der keinerlei Beweismittel für den Zeitpunkt der Kenntniserlangung des Käufers hat, eine entsprechende Behauptung im Prozeß auch nicht aufstellen, so daß mit einer relevanten Zahl an unergiebigen Beweisaufnahmen wohl kaum zu rechnen wäre.[1062] Es ist anzunehmen, daß es vielmehr die Besorgnis einer Überforderung des Käufers bzw. des Verbrauchers war, die schließlich die Bundesregierung zu der Streichung der Rügeobliegenheit veranlaßte.[1063]

Daß selbst die Einführung einer Rügeobliegenheit keine dem Käufer – und auch nicht dem Verbraucher – unzumutbare Belastung dargestellt hätte, ist oben

1060 S. den Änderungsantrag der CDU/CSU-Fraktion zu § 442 BGB-RegE, BT-Drucks. 14/7052, 173.

1061 Beschlußempfehlung und Bericht des Rechtsausschusses, BT-Drucks. 14/7052, 197.

1062 Darauf hatte die CDU/CSU-Fraktion während der Beratungen im Rechtsausschuß hingewiesen, BT-Drucks. 14/7052, 173.

1063 Davon geht auch *Schlechtriem*, in: Das neue Schuldrecht in der Praxis, 71 (86) aus. Daß mit der Streichung der Rügeobliegenheit vor allem eine vermeintlich zu weit gehende Belastung des Käufers verhindert werden sollte, zeigt sich etwa in einer Äußerung des Bundestagsabgeordneten *Volker Beck* (BÜNDNIS 90/DIE GRÜNEN) während der Debatte des Regierungsentwurfs am 11.10.2001 im Bundestag. *Beck*, ordentliches Mitglied des Rechtsausschusses, gehörte zu den Abgeordneten der Regierungsfraktionen, die zuvor zur Beschleunigung des Gesetzgebungsverfahrens einen dem Regierungsentwurf wortgleichen Entwurf in den Bundestag eingebracht hatten und war zudem als Berichterstatter an der abschließenden Beratung des Rechtsausschusses am 25.09.2001 beteiligt. Während der Plenarsitzung betonte *Beck*, der zunächst die Verbraucherfreundlichkeit der Neuregelung im allgemeinen begrüßte, man habe bei der Ausgestaltung des neuen Schuldrechts insbesondere darauf geachtet, daß die durch die Verlängerung der Gewährleistungsfrist dem Verbraucher gewährte Rechtsverbesserung ihm nicht an anderer Stelle des Gesetzes wieder genommen werde und insofern dem Verbraucher die Obliegenheit zur Rüge *erspart*, s. den stenographischen Bericht der 192. Sitzung des Bundestages am 11. Oktober 2001, Plenarprotokoll 14/192, 18750; auch in der Literatur war die Einführung einer Rügeobliegenheit im Sinne des Art. 5 II Kauf-RL als dem Käufer unzumutbare Belastung abgelehnt worden: *Matthiesen/Lindner*, NJ 1999, 617 (622); *Reich*, NJW 1999, 2397 (2401 f.); *Gsell*, JZ 2001, 65 (72 f.); *Ernst/Gsell*, ZIP 2000, 1410 (1426); *Tonner*, VuR 2001, 87 (92).

gezeigt worden.[1064] Sofern etwa behauptet worden ist, von der in Art. 5 II Kauf-RL gewährten Option habe schon deshalb kein Gebrauch gemacht werden dürfen, weil dies bedeutet hätte, „gerade an den besonders schutzwürdigen Verbraucher ähnlich strenge Anforderungen zu richten wie an einen Kaufmann im Rahmen des § 377 HGB"[1065], so ist diese Auffassung schlicht unzutreffend. Denn die eigentliche Härte der kaufmännischen Rügeobliegenheit nach § 377 HGB liegt in der mit ihr gekoppelten Pflicht zu einer ordnungsgemäßen, sachkundigen Überprüfung der Ware.[1066] Dem Verbraucher eine solche Untersuchungspflicht aufzuerlegen ist allerdings im Rahmen der Ausarbeitung der Verbrauchsgüterkaufrichtlinie nie angestrebt worden.[1067] Einen Mangel innerhalb von zwei Monaten nach seiner tatsächlichen Feststellung zu melden, wäre dagegen jedem Käufer, auch dem Verbraucher, zumutbar gewesen.[1068]

Mit der zusätzlichen Streichung der (milderen) Regelung des § 464 BGB a.F. hat man, so will es scheinen, sogar noch über das Ziel hinausgeschossen. Der Diskussionsentwurf hatte den Wegfall der § 464 BGB a.F. vornehmlich mit der vermeintlichen Richtlinienwidrigkeit dieser Regelung begründet. Daß diese Annahme nicht zutrifft, ist oben gezeigt worden.[1069] Im Rahmen des Diskussionsentwurfs bestand letztlich allerdings gar kein Bedürfnis nach einer Regelung der Vorbehaltspflicht bei Annahme, da mit der allgemeinen Rügeobliegenheit des Käufers ohnehin ein dem § 464 BGB a.F. funktionsäquivalentes Institut vorgesehen war. Nach dem Wegfall der Rügepflicht in der konsolidierten Fassung des Diskussionsentwurfs jedoch hätte die Beibehaltung des § 464 BGB a.F. erneut ernsthaft erwogen werden müssen. Die Begründung des Regierungsentwurfs beschränkt sich statt dessen darauf, die im Diskussionsentwurf bereits angeführten Argumente zu wiederholen und lediglich teilweise zu ergänzen. Auf die Frage der Richtlinienvereinbarkeit des § 464 BGB a.F. im Hinblick auf Art. 5 II Kauf-RL wird dabei genauso wenig eingegangen wie auf die Problematik der deutlichen Verschiebung des Interessengleichgewichts zu Lasten des Verkäufers durch den Wegfall der Norm.[1070]

Doch kann es nicht angehen, daß nach neuer Rechtslage der Käufer einen ihm bekannten Mangel, auf den der Verkäufer ihn bei Annahme womöglich so-

1064 S. oben Teil A Kap. VI.1.c.bb.(2).
1065 So *Matthiesen/Lindner*, NJ 1999, 617 (622).
1066 *Rieger*, VuR 1999, 287 (290); *Westermann*, in: Europäisches Kaufgewährleistungsrecht, 251 (274).
1067 Vgl. die Begründung des Richtlinienvorschlags, abgedruckt in ZIP 1996, 1845 (1852).
1068 *Flessner*, in: Europäisches Kaufgewährleistungsrecht, 233 (246).
1069 Oben Teil B Kap. I.
1070 Vgl. die Begründung des Regierungsentwurfs, 477 f.

gar hingewiesen hat, bis zu Ablauf der zweijährigen Verjährungsfrist geltend machen kann. Der Käuferschutz geht hier eindeutig zu weit. Rechte und Pflichten von Verkäufer und Käufer bzw. Verbraucher sollten sich in einem insgesamt ausgewogenen System gegenüberstehen. Eine einseitige Begünstigung des Verbrauchers kann sich wirtschaftlich gesehen letztlich zu seinem eigenen Nachteil auswirken, wenn der Verkäufer versucht, das gesteigerte Risiko der Inanspruchnahme wegen Sachmängeln durch höhere Preise auf den Käufer abzuwälzen.[1071] Schon um solche Folgen zu vermeiden, wäre es deshalb angebracht gewesen, dem Verkäufer, der durch die längere Verjährung stärker in die Haftung genommen wird, wenigstens die Haftungserleichterung des § 464 BGB a.F. zu belassen.[1072] Dies gilt insbesondere auch deshalb, weil nach dem neu normierten § 475 I BGB im Bereich des Verbrauchsgüterkaufs, jedenfalls vor Mitteilung eines Mangels an den Unternehmer, die Vorschriften des Gewährleistungsrechts weitestgehend unabdingbar sind.[1073] Dies bedeutet, daß die Parteien eines Verbrauchsgüterkaufs nicht einmal individualvertraglich eine Haftungsverkürzung oder gar den Ausschluß der Gewährleistung vereinbaren können.[1074]

5. Ergebnis

Die vorangegangenen Ausführungen haben gezeigt, daß die im Vorfeld und im Zuge der Schuldrechtsmodernisierung geäußerten Bedenken bezüglich der Legitimation und inneren Berechtigung des § 464 BGB a.F. ungerechtfertigt sind. Daß die widerspruchslose Annahme eines Kaufgegenstands, von dessen Mangelhaftigkeit der Käufer informiert ist, die Billigung der vorhandenen Beschaffenheit bedeutet, ist ein anerkannter Grundsatz, der nicht nur in der deutschen Rechtsgeschichte auf eine lange Tradition zurückgeht, sondern sich auch in anderen europäischen Rechtsordnungen in unterschiedlicher Ausprägung wiederfindet. Die Sanktion des Gewährleistungsverlustes hält den Käufer dazu an, den Verkäufer frühzeitig von der festgestellten Mangelhaftigkeit der empfangenen Kaufsache in Kenntnis zu setzen und dient somit der zügigen Abwicklung von Mängelproblemen. Der Käufer, der sich nicht seiner Mitverantwortung für eine

---

1071 Vgl. *Martinek*, in: Systembildung und Systemlücken, 511 (535 ff.).

1072 Vgl. auch *Schlechtriem*, SchR BT^{6}, Rn. 70: übertriebener Käuferschutz.

1073 Der Gesetzgeber trägt damit Art. 7 I Kauf-RL Rechnung. Kritisch im Hinblick auf eine „Überbeschränkung" der Vertragsfreiheit der Parteien: *Martinek*: in: Systembildung und Systemlücken, 511 (537); vgl. auch *Grundmann/Bianca-Gomez*, Einl. Rn. 116 ff.

1074 Gemäß § 475 II BGB a.E. darf lediglich bei gebrauchten Waren die gesetzliche Verjährungsfrist auf bis zu ein Jahr verkürzt werden.

möglichst reibungslose Vertragsabwicklung entsprechend verhält und später dennoch Gewährleistungsrechte geltend macht, handelt treuwidrig. Insbesondere im Hinblick auf die deutliche Verlängerung des Gewährleistungszeitraums durch die neue Regelung des § 438 I Nr. 3 BGB (und andere Haftungsverschärfungen zum Nachteil des Verkäufers, wie z.B. die Umkehr der Beweislast beim Verbrauchsgüterkauf in den ersten sechs Monaten nach Gefahrübergang gemäß § 476 BGB) wäre die Beibehaltung der Vorbehaltspflicht des Käufers nach § 464 BGB a.F. im Rahmen eines sinnvollen Interessenausgleichs angebracht gewesen, zumal die Erstattung der entsprechenden Mängelanzeige für den Käufer einen nur unwesentlichen Aufwand darstellt. Daß der Hinweis an den Verkäufer, sofern bereits im Zeitpunkt der Annahme Mängelkenntnis besteht, nicht unnötig verzögert werden sollte, dürfte jedem Käufer ohne weiteres einleuchten. Letztlich regelte die Vorschrift des § 464 BGB a.F. somit etwas Selbstverständliches; eine gesetzliche Normierung des Tatbestands erschien den Verfassern des Bürgerlichen Gesetzbuchs von 1896 jedoch aus Gründen der Rechtssicherheit trotzdem geboten.[1075]

Sofern also der Redaktor *Lothar Haas* nach Abschluß des Gesetzgebungsverfahrens zur Rechtfertigung der ersatzlosen Streichung des § 464 BGB a.F. nunmehr offenbar verstärkt auf das Argument der „nicht zweifelsfreien inneren Berechtigung“ abstellt[1076], mutet dies eher wie die nachträgliche Verteidigung des Felhlers an, der dem Gesetzgeber – wie oben aufgezeigt[1077] – bei der Beurteilung der Richtlinienvereinbarkeit der Norm unterlaufen war.

II. Durch den Wegfall des § 464 BGB a.F. verursachte Rechtsunsicherheit

Die Streichung des § 464 BGB a.F. wird in Diskussions- und Regierungsentwurf neben der vermeintlichen Richtlinienwidrigkeit dieser Vorschrift sowie ihrer angeblich zweifelhaften Legitimation schließlich auch noch damit gerechtfertigt, die Bestimmung habe in der Praxis ohnedies keine große Bedeutung erlangt. Die Anforderungen seien hoch und griffen nur ausnahmsweise ein: dem Käufer schade grundsätzlich nur die positive Kenntnis eines Mangels, grob fahrlässige Unkenntnis dagegen reiche im Rahmen des § 464 BGB a.F. nicht aus.[1078]

1075 Vgl. RG WarnR 1910 Nr. 12.
1076 So in *Haas/Medicus/Rolland/Schäfer/Wendtland*, Kap. 5 Rn. 285.
1077 Dazu oben Teil B Kap. I.
1078 Begründung des Diskussionsentwurfs, 447; Begründung des Regierungsentwurfs, 478.

1. Schwierige Beweislage?

Nicht ausdrücklich ausgesprochen, aber wahrscheinlich in diese Erwägungen der Bundesregierung miteingeflossen ist wohl auch die Annahme, eine Vorschrift wie § 464 BGB a.F. nütze dem Verkäufer letztlich nicht viel, da er dem Käufer die tatsächliche Kenntnisnahme in den meisten Fällen, vor allem bei schwer feststellbaren Mängeln, gar nicht nachweisen könne. Jedenfalls ist dieses Argument immer wieder im Zusammenhang mit der Frage einer möglichen Umsetzung der durch die Verbrauchsgüterkaufrichtlinie vorgegebenen allgemeinen Rügeobliegenheit nach Art. 5 II Kauf-RL, die ebenfalls nur an die positive Kenntnis des Käufers anknüpft, vorgebracht worden.[1079]

Eine Beweiserleichterung zugunsten des Verkäufers könnte erreicht werden, indem man für die Anzeigepflicht des Käufers neben der tatsächlichen Kenntniserlangung alternativ auch darauf abstellte, daß er den Mangel bei gehöriger Aufmerksamkeit hätte erkennen müssen. Dies würde allerdings, je nachdem wie hoch man den Sorgfaltsmaßstab ansetzte, unter Umständen eine Pflicht des Käufers zur genaueren Überprüfung der empfangenen Kaufsache begründen, was im bürgerlich-rechtlichen Kauf nicht angemessen erscheint. Bei der Vorbehaltspflicht des § 464 BGB a.F. und der Rügepflicht im Sinne des Art. 5 II Kauf-RL geht es allerdings auch gar nicht darum, den Käufer zur Aufdeckung verborgener Mängel der Kaufsache anzuhalten; der Sinn der Vorschriften liegt vielmehr darin, den säumigen und vor allem denjenigen Käufer abzuwehren, der rechtsmißbräuchlich Mängel geltend macht.[1080] Hierfür stehen dem Verkäufer die prozessualen Möglichkeiten insbesondere des Anscheinsbeweises zur Verfügung.[1081] So wird man dem Käufer wenigstens bei ganz offenkundigen, ins Auge

1079 So etwa die Einschätzung des Rechtsausschusses, BT-Drucks. 14/7052, 197. Auch in der Literatur sind Bedenken geäußert worden, daß die Einführung einer Rügepflicht, da der Zeitpunkt der Entdeckung des Mangels in der Regel für den Verkäufer kaum transparent sei, nur zu häufigen Streitigkeiten über die Verspätung der Anzeige führen würde. S. *Gsell*, JZ 2001, 65 (73); *Honsell*, JZ 2001, 278 (280); *Tonner/Crellwitz/Echtermeyer*, in: Schuldrechtsreform und Verbraucherschutz, 293 (334); *Kainer*, AnwBl 2001, 380 (387); *Reich*, NJW 1999, 2397 (2402); zurückhaltend hinsichtlich des praktischen Nutzens einer Rügepflicht auch *Kircher*, ZRP 1997, 290 (293); *Rieger*, VuR 1999, 287 (290).

1080 Vgl. *Schmidt-Räntsch*, ZIP 1998, 849 (852).

1081 *Schmidt-Räntsch*, ZIP 1998, 849 (852); vgl. auch *Schlechtriem*, in: Ernst/Zimmermann, 205 (218); *Basedow*, 58.

springenden Fehlern – beispielsweise im Falle der Lieferung eines verbeulten Neuwagens – Mängelkenntnis oftmals unterstellen können.[1082]

2. Rechtssicherheit durch gesetzlich angeordnete Rechtsfolgen

Abgesehen davon jedoch, so heißt es weiterhin in der Begründung des Diskussions- und Regierungsentwurfs, dürfe auf eine Normierung der Vorbehaltspflicht bei Annahme schon deshalb verzichtet werden, weil im Einzelfall mit der rügelosen Entgegennahme einer als mangelhaft erkannten Sache eine den ursprünglichen Vertrag ändernde Vereinbarung über die Beschaffenheit der Sache verbunden sein könne.[1083]

Aus ähnlichem Grund hatte schon der Redaktor des Schuldrechts *von Kübel* die Aufnahme einer dem § 464 BGB a.F. entsprechenden Vorschrift in seinen Teilentwurf aus dem Jahre 1882[1084] für nicht erforderlich gehalten. Er ging davon aus, daß die Annahme der Kaufsache in Kenntnis der Mangelhaftigkeit zwar in den meisten Fällen als eine Genehmigung oder Billigung der Sache gewertet werden könne; dies dürfe man jedoch auch ohne eine gesetzliche Regelung der richterlichen Entscheidung des Einzelfalles überlassen.[1085]

Gerade dies jedoch, nämlich die Notwendigkeit einer einzelfallbezogenen Auslegung des Käuferverhaltens durch die Gerichte, sollte ursprünglich mit der Einführung der Bestimmung des § 464 BGB a.F. in das Kaufgewährleistungsrecht vermieden werden. In den Motiven heißt es dazu, „das Interesse des Verkehres" gebiete es, in Falle der vorbehaltlosen Annahme trotz Mängelkenntnis die nachträgliche Verfolgung der Gewährleistungsrechte durch den Käufer „positiv auszuschließen".[1086] Die Rechtsfolge des Gewährleistungsverlusts tritt demnach, wenn der Tatbestand des § 464 BGB a.F. vorliegt, bereits kraft Gesetzes ein, so daß im Einzelfall die Feststellung, ob die vorbehaltlose Annahme tatsächlich als Verzicht des Käufers auf Gewährleistungsrechte zu interpretieren ist

1082 *Basedow*, 58; s. auch die Ausführungen der CDU/CSU-Fraktion zur Einführung einer Rügeobliegenheit im Sinne des Art. 5 II Kauf-RL während der Beratungen des Rechtsausschusses, BT-Drucks. 14/7052, 173.

1083 Begründung des Diskussionsentwurfs, 447; Begründung des Regierungsentwurfs, 478.

1084 Die Regelungen des Mängelgewährleistungsrechts finden sich nicht in der später ausgearbeiteten Vorlage zum Kaufrecht, sondern in der Vorlage „Rechte und Pflichten aus Verträgen", die *von Kübel* im Jahre 1882, zusammen mit 26 anderen Vorlagen, als „Allgemeinen Teil" des Schuldrechts in die Gesetzesberatungen eingebracht hatte.

1085 *Von Kübel*, Entwurf eines bürgerlichen Gesetzbuches, in: *Schubert*, 416.

1086 *Mugdan*, Motive, 126.

oder ob tatsächlich ein Verstoß gegen Treu und Glauben vorliegt, entbehrlich wird.[1087] Insbesondere der Nachweis eines Verzichtswillens ist im Rahmen des § 464 BGB a.F. nicht erforderlich.[1088]

Die Normierung des § 464 BGB a.F. erfolgte demnach aus Rechts- und Verkehrssicherheitsgründen.[1089] Erhellend sind hierzu auch die Ausführungen des Reichsgerichts in einer Entscheidung aus dem Jahre 1909. Im dem Urteil, in dem es eigentlich um die Frage eines nachträglichen Verzichts des Käufers auf das Wandlungsrecht ging, verwies das Reichsgericht auf die gesetzgeberische Begründung des § 464 BGB a.F. in den Motiven, wonach das Verhalten des Käufers in dem normierten Fall als Verzicht zu werten sei. Das Reichsgericht stellte dazu fest, daß, sofern diese Unterstellung tatsächlich zutreffe, die Regelung des § 464 BGB a.F. genau genommen selbstverständlich und überflüssig sei, denn daß auf die in Frage stehenden Rechte wirksam und formlos verzichtet werden könne, sei nicht zweifelhaft. Weiterhin heißt es: „Der Grund für ihre [der Vorschrift des § 464 BGB a.F.] Aufnahme ins Gesetz ist denn auch [...] wesentlich der gewesen, für den Fall im Interesse der Sicherheit des Verkehres jeden Zweifel abzuschneiden.“[1090]

War somit bislang durch den gesetzlich normierten Tatbestand klar festgelegt, unter welchen Umständen der Käufer seine Gewährleistungsansprüche einbüßte, so wird dies mit dem Wegfall des § 464 BGB a.F. weitaus weniger eindeutig sein. Mußte zuvor der Verkäufer lediglich den – wenn auch unter Umständen schwierigen – Beweis erbringen, daß der Käufer bereits im Zeitpunkt der Annahme von der Mangelhaftigkeit der Kaufsache wußte, so wird dieser Nachweis in Zukunft wohl nicht mehr ausreichen, um zu einem Ausschluß der Mängelrechte zu gelangen: Um aus den Umständen des Einzelfalls einen mutmaßlichen Verzicht des Käufers auf Gewährleistungsrechte ableiten zu können, bedarf es im Regelfall mehr als lediglich des äußeren Umstands eines unterlassenen Vorbehalts.

So war es nach alter Rechtslage zwar anerkannt, daß auch in Fällen der nach Annahme erlangten Mängelkenntnis, in denen der § 464 BGB a.F. nicht eingriff, unter Umständen von einem Verzicht des Käufers auf Gewährleistungsrechte ausgegangen werden konnte[1091]; ein solcher stillschweigender Verzicht durfte allerdings nicht, wie im Regelungsbereich des § 464 BGB, bereits aufgrund einer fehlenden Mängelanzeige unterstellt werden, sondern mußte vielmehr aus

---

1087 *Soergel-Huber*, § 464 Rn. 1; *Larenz*, SchR BT/1, 48.

1088 MüKo-*Westermann*, § 464 Rn. 2. § 464 BGB a.F. knüpft allein an das äußere Verhalten des Käufers an, *Staudinger-Honsell*, § 464 Rn. 1.

1089 *Soergel-Huber*, § 464 Rn. 1.

1090 RG WarnR 1910 Nr. 12.

1091 *Staudinger-Honsell*, § 464 Rn. 11; RGRK-*Mezger*, § 464 Rn. 5.

besonderen anderen Tatsachen hervorgehen und vom Verkäufer bewiesen werden. Aus dem Verhalten des Käufers mußte sich ein konkreter Verzichtswille ergeben.[1092] Mit einer dahingehenden Interpretation des Käuferverhaltens war jedoch grundsätzlich zurückhaltend zu verfahren.[1093] So entschied der BGH beispielsweise, daß allein die Weiterveräußerung der beanstandeten Ware noch nicht als Ausdruck des Käuferwillens, auf eine Minderung oder Schadenersatz zu verzichten, gesehen werden könne.[1094] Dies galt erst recht bei einem bloßen Weitergebrauch (selbst wenn die Kaufsache dadurch wesentlich verschlechtert wurde) und sogar bei einem Verbrauch der Ware[1095], denn die Ansprüche auf Minderung und Schadenersatz setzen die Rückgabe der Kaufsache nicht voraus.[1096]

Noch höhere Anforderungen waren an die Annahme einer sich aus Treu und Glauben (§ 242 BGB) etwa ergebenden Verwirkung zu stellen[1097]: Wegen der dem § 242 BGB zukommenden Schrankenfunktion gilt generell, daß die für einen Einzelfall formulierten Voraussetzungen des Rechtsmißbrauchs nicht verallgemeinert und damit abstrakt formulierte Gegenrechte begründet werden dürfen, die nicht aufgrund der Besonderheiten eines Einzelfalles, sondern ganz allgemein eingesetzt werden können. Vielmehr muß stets auf die speziellen Gegebenheiten und die Verhaltensweisen der Vertragsparteien abgestellt und überprüft werden, ob sich hieraus im konkreten Einzelfall ein Rechtsmißbrauch bzw. eine Verwirkung von bestimmten Rechten ableiten läßt.[1098]

So konnte nach der Rechtsprechung des BGH der Käufer bislang sein Recht auf Wandelung dann verlieren, wenn sein tatsächliches Verhalten bei objektiver Würdigung als Widerspruch zu dem vorgebrachten Wandlungsbegehren zu werten war. Dies kam gegebenenfalls dann in Betracht, wenn der Käufer an seinem Wandlungsbegehren erklärtermaßen festhielt, die Kaufsache aber trotzdem weiterverwendete. In einem solchen Fall mußte er sich unter Umständen den Einwand des *venire contra factum proprium* entgegenhalten lassen.[1099] Dennoch

---

1092 BHG NJW 1958, 1724; MüKo-*Westermann*, § 464 Rn. 9; *Staudinger-Honsell*, § 464 Rn. 11.

1093 S. *Soergel-Huber*, § 464 Rn. 3; MüKo-*Westermann* § 464 Rn. 9.

1094 BHG NJW 1958, 1724.

1095 RGZ 66, 115 f.

1096 *Staudinger-Honsell*, § 464 Rn. 12. Anders war in der Regel bei vollständiger Bezahlung einer Ware in Kenntnis ihrer Fehlerhaftigkeit zu entscheiden, da hiermit auch die Minderung schlüssig aufgegeben wird, s. LG Oldenburg MDR 1952, 39.

1097 MüKo-*Westermann*, § 464 Rn. 2; *Soergel-Huber*, § 464 Rn.

1098 *Schlechtriem*, SchR AT^5, Rn. 117.

1099 Von einem Verzicht auf das Wandlungsrecht konnte in einer solchen Situation aufgrund der entgegenstehenden ausdrücklichen Erklärung nicht ausgegangen werden, s. NGH NJW 1984, 1525 (1526); *Soergel-Huber*, § 467 Rn. 71.

sollte die Tatsache allein, daß der Käufer nach Geltendmachung des Wandlungsrechts die Kaufsache längere Zeit weiterbenutzte, nicht grundsätzlich zum Verlust seiner Rechte führen.[1100] Vielmehr sollte auf die Umstände des Einzelfalles abzustellen und eine umfassende Abwägung der Interessen beider Parteien vorzunehmen sein.[1101]

In den Sachverhalten, die der BGH unter dem Gesichtspunkt einer nach Treu und Glauben eingetretenen Verwirkung beraten hat, ging es vornehmlich um Fälle, in denen der Käufer das Wandlungsbegehren bereits erklärt hatte. In einer Entscheidung aus dem Jahre 1922 stellte das Reichsgericht dagegen fest, daß grundsätzlich auch in der ungebührlichen *Verzögerung* einer Mängelanzeige nach Auftreten des Mangels ein Verstoß gegen Treu und Glauben liegen könne. Der Käufer müsse sich in einem solchen Fall so behandeln lassen, als ob er die Ware billige und behalten wolle.[1102]

In der Literatur ist allerdings nachdrücklich darauf hingewiesen worden, daß vor der Erklärung der Wandelung an das Verhalten des Käufers, aus dem eine Verwirkung hergeleitet werden soll, höchste Anforderungen zu stellen sind.[1103] Der Käufer, der den Mangel erkenne und die Sache weiterbenutze, ohne sofort Wandlung zu verlangen, könne jedenfalls allein hierdurch sein Wandlungsrecht nicht verwirken.[1104] Prinzipiell, so merkte etwa *Huber* an, dürften die in § 464, 477 BGB a.F. und § 377 HGB zum Ausdruck gebrachten grundsätzlichen Wertungen des Gesetzes nicht durch einen Rückgriff auf die Rechtsfiguren des „stillschweigenden Verzichts" oder der „Verwirkung" überspielt werden. Da dem bürgerlich-rechtlichen Käufer, anders als dem Kaufmann gemäß § 377 HGB, keine Rügepflicht für nachträglich auftretende Mängel auferlegt sei, müsse als Grundsatz gelten, daß er alle Sachmängelansprüche bis zum Ablauf der Gewährleistungsfrist uneingeschränkt gelten machen könne, gleichgültig wann er

---

1100 Auch dann nicht, wenn die Kaufsache durch die weitere Benutzung wesentlich verschlechtert wurde, BGH NJW 1984, 1525 (1526).

1101 BGH NJW 1984, 1525 (1526); BGH NJW 1971, 1809 (1810); so auch die Literatur: *Staudinger-Honsell*, § 467 Rn. 17; *Soergel-Huber*, § 467 Rn 71; MüKo-*Westermann*, § 467 Rn. 5. BGH NJW 1958, 1773; BGH MDR 1955, 464 hielt zwar unter Berufung auf RGZ 145, 79 (83) an dem Grundsatz fest, daß der Käufer, der Wandlung begehrt, die Benutzung der Kaufsache einzustellen habe, ließ aber im konkreten Fall den Verwirkungseinwand daran scheitern, daß dem Käufer die Einstellung der Verwendung nicht zuzumuten war. Auch in RGZ 145, 79 (84) wurde letztlich eine einzelfallbezogene Interessenabwägung vorgenommen.

1102 RGZ 104, 95 (96). In dem entschiedenen Fall wurde eine Verwirkung des Wandlungsrechts allerdings letztendlich abgelehnt.

1103 MüKo-*Westermann*, § 464 Rn. 1, § 467 Rn. 5; *Soergel-Huber*, § 464 Rn. 3.

1104 *Soergel-Huber*, § 467 Rn. 72.

den Mangel entdeckt habe.[1105] Dies gelte insbesondere in Anbetracht der ohnehin sehr kurzen Verjährungsfrist des § 477 BGB a.F.[1106]

Es bleibt abzuwarten, ob die Rechtsprechung nunmehr angesichts der beträchtlichen Verlängerung des Verjährungszeitraums die Anforderungen an einen Verzicht oder eine Verwirkung der Gewährleistungsansprüche im Falle der unangemessenen Verzögerung der Mängelanzeige durch den Käufer niedriger ansetzen wird. Mit der Nichteinführung der ursprünglich (im Diskussionsentwurf) noch vorgesehenen, vielfach diskutierten und selbst in der Verbrauchsgüterkaufrichtlinie gestatteten Mängelrügepflicht hat der Gesetzgeber jedenfalls ein deutliches Zeichen dahingehend gesetzt, daß dem Käufer grundsätzlich der gesamte Gewährleistungszeitraum für die Geltendmachung von Mängelrechten zur Verfügung stehen soll. Durch die zusätzliche Streichung des § 464 BGB a.F. gilt dies nach dem Willen des Gesetzgebers im neuen Kaufrecht selbst dann, wenn der Käufer bereits zum Zeitpunkt der Annahme positive Kenntnis von Mängeln der Kaufsache hatte.

Da jedoch die Geltendmachung von Gewährleistungsrechten durch den Käufer, sofern er bereits im Zeitpunkt der Annahme positive Kenntnis von Mängeln der Kaufsache hatte, einen entsprechenden Vorbehalt aber nicht ausgesprochen hat, unbillig erscheint[1107], ist es denkbar, daß die Gerichte die fragwürdige[1108] Entscheidung des Gesetzgebers korrigieren und den Verkäufer trotz der Streichung des § 464 BGB a.F. mit dem Einwand der käuferseitigen Mängelkenntnis hören oder aber die Berufung des Käufers auf einen bei Annahme bekannten Mangel als rechtsmißbräuchlich verwerfen werden.[1109]

Letztlich kann es jedoch kaum befriedigen, einen Sachverhalt, der zuvor in der gesetzlichen Vorschrift des § 464 BGB a.F. eine angemessene Regelung gefunden hatte, nunmehr über das so wenig klar definierte Rechtsinstitut des „stillschweigenden Verzichts“ oder gar über den noch vageren Grundsatz von Treu und Glauben gemäß § 242 BGB lösen zu müssen. Der Rückgriff auf diese allgemeinen Institute, deren Voraussetzungen im Einzelfall variieren können, ist gewiß nicht geeignet, Rechtssicherheit zu fördern. Und dies ist nicht nur im Hinblick auf die Interessen des Verkäufers sowie das allgemeine Verkehrsinteresse bedenklich, die eine schnelle und eindeutige Klarstellung der Sach- und Rechts-

1105 *Soergel-Huber*, § 464 Rn. 3, § 467 Rn. 72.
1106 So auch MüKo-*Westermann*, § 464 Rn. 1.
1107 S. dazu oben Kap. I.2., Kap. I.4.
1108 S. dazu oben Teil B Kap. I. und Teil C Kap. I.; s. auch *Schlechtriem*, SchR BT[6], Rn. 70; ders., in: Das neue Schuldrecht in der Praxis, 71 (86): Die ersatzlose Streichung des § 464 BGB a.F. ist eine „Fehlentscheidung“ des Gesetzgebers.
1109 S. *Schlechtriem*, in: Das neue Schuldrecht in der Praxis, 71 (86): Korrektur über § 242 BGB.

lage fordern. Letztlich kann es auch nicht im Sinne des Käufers sein, wenn nun die an ihn gestellten Verhaltensanforderungen nicht mehr ohne weiteres klar ersichtlich sind.

Wenig hilfreich erscheint im übrigen der Hinweis des Gesetzgebers, mit der rügelosen Entgegennahme einer als mangelhaft erkannten Sache durch den Käufer könne im Einzelfall eine den ursprünglichen Vertrag ändernde Vereinbarung über die Beschaffenheit der Sache verbunden sein.[1110] Eine Parteiabsprache über Eigenschaften der Kaufsache, die von der anfänglich getroffenen Vereinbarung abweicht, stellt eine Modifikation der kaufvertraglichen Hauptleistungspflicht dar. Gemäß § 311 I BGB ist für jede Inhaltsänderung eines Schuldverhältnisses ein neuer Vertragsschluß erforderlich. Grundsätzlich kann ein derartiger Änderungsvertrag auch stillschweigend abgeschlossen werden[1111], so daß tatsächlich in der rügelosen Entgegennahme der Kaufsache durch den Käufer in Kenntnis ihrer Mängel u.U. eine entsprechende Parteivereinbarung erblickt werden kann. Doch würde dies voraussetzen, daß auch der Verkäufer im Zeitpunkt der Annahme von der Mangelhaftigkeit der Kaufsache weiß bzw. sich der Mängelkenntnis des Käufers bewußt ist. Hat er hingegen gar keine Kenntnis davon, daß die Beschaffenheit der geleisteten Kaufsache nicht der ursprünglichen vertraglichen Vereinbarung entspricht, so kann selbstverständlich auch nicht von einem entsprechenden Konsens der Parteien in Bezug auf eine Vertragsänderung ausgegangen werden. Dies bedeutet aber, daß gerade diejenigen Fälle, in denen der Verkäufer unter Umständen hinsichtlich eines Gewährleistungsausschlusses besonders schutzwürdig erscheint – eben weil er von der Mangelhaftigkeit der Kaufsache nicht wußte (so z.B. wenn die gelieferte Ware erst während des Transports zum Käufer beschädigt worden ist) –, von der im Regierungsentwurf vorgeschlagenen Lösung nicht erfaßt werden können. Erfährt der Verkäufer möglicherweise überhaupt erst aufgrund der Geltendmachung von Gewährleistungsansprüchen durch den Käufer nachträglich von der Mangelhaftigkeit der Kaufsache, so kann in diesem Augenblick freilich wegen des eindeutig entgegenstehenden Willens des Käufers (der ja einen Gewährleistungsausgleich anstrebt und deshalb offenbar den schon geschlossenen Vertrag abwickeln will) ebenfalls keine den ursprünglichen Vertragsinhalt ändernden Parteivereinbarung mehr angenommen werden.

1110 Begründung des Diskussionsentwurfs, 447; Begründung des Regierungsentwurfs, 478.

1111 *Palandt*[62]*-Heinrichs*, § 311 Rn. 5.

3. Praxisrelevanz

Der Wegfall des § 464 BGB a.F. muß demnach zu unbefriedigenden Ergebnissen führen. Dieser Tatsache kann auch nicht entgegengehalten werden, die Vorschrift habe in der Praxis ohnehin keine große Bedeutung erlangt. Stellt man für die Frage der Praxisrelevanz darauf ab, daß die Vorschrift des § 464 BGB a.F., was tatsächlich zutrifft, in der Rechtsprechung nicht sehr häufig eine Rolle gespielt hat, so läßt sich jedenfalls daraus diese Schlußfolgerung nicht ziehen. Das mangelnde Auftreten des § 464 BGB a.F. in gerichtlichen Auseinandersetzungen mag letztlich nur ein Hinweis darauf sein, daß die Regelung „funktioniert" hat: daß also der Käufer im Falle der Mängelkenntnis seiner Anzeigeobliegenheit oftmals nachgekommen ist. Schließlich lag der Sinn und Zweck des § 464 BGB a.F., wie oben gezeigt worden ist[1112], nicht in erster Linie im Ausschluß der Gewährleistungsrechte. Der Rechtsverlust stellte lediglich die Sanktion für das vorangegangene nicht verkehrsgerechte Verhalten des Käufers dar. Vorrangiges Ziel der Vorschrift war es vielmehr, den Käufer, der von der Mangelhaftigkeit der Kaufsache bereits bei Annahme wußte, dazu anzuhalten, den Verkäufer frühzeitig hiervon in Kenntnis zu setzen, um so eine möglichst rasche und reibungslose Vertrags- und Gewährleistungsabwicklung zu ermöglichen.

Mißt man die praktische Bedeutung des § 464 BGB a.F. dagegen an der zu vermutenden Häufigkeit des geregelten Sachverhalts, kann die Praxisrelevanz der Vorschrift sicherlich nicht als gering eingeschätzt werden.

a. Transportschäden

Da § 464 BGB a.F. die zwischen Vertragsabschluß und Annahme erlangte Mängelkenntnis des Käufers regelte, konnte dieser Vorschrift eine besondere Bedeutung etwa dann zukommen, wenn die Kaufsache nach Abschluß des Vertrages dem Käufer zugeliefert und unterwegs beschädigt wurde. Solche Transportschäden wird der Käufer in vielen Fällen schon bei der Entgegennahme (bzw. beim Auspacken) der Ware erkennen, während der Verkäufer keine Kenntnis davon erlangen konnte. Nach alter Gesetzeslage spielte dies zunächst nur dann eine Rolle, wenn die Parteien eine Bringschuld vereinbart hatten, da bei einem Versendungskauf (Schickschuld) der Gefahrübergang auf den Käufer gemäß § 447 I BGB a.F. bereits mit der Übergabe der Kaufsache an eine geeignete Transportperson stattfand. Mängel an der Sache, die erst während des Transports zum Käufer entstanden, traten somit erst nach Gefahrübergang auf und lösten die Gewährleistungshaftung des Verkäufers nach § 459 BGB a.F. folglich gar nicht

1112 Oben Kap. I.4.

aus.[1113] Bei einer Bringschuld hingegen gehörte auch der Transport und die Anlieferung der Ware beim Käufer zu den vertraglichen Pflichten des Verkäufers, so daß Erfüllungsort der Wohnsitz des Käufers war. § 447 I BGB a.F. war folglich nicht anwendbar; die Gefahr ging gemäß § 446 I 1 BGB a.F. erst mit der Übergabe der Sache an den Käufer über.[1114] Dasselbe galt nach umstrittener Auffassung auch dann, wenn der Verkäufer im Rahmen einer Schickschuld den Transport selber übernahm oder durch eigene Angestellte ausführen ließ.[1115] Vor allem im Versandhandel wurde die Vorschrift des § 447 BGB a.F. als dispositives Recht überdies in aller Regel durch die Allgemeinen Geschäftsbedingungen der Versandhandelshäuser ausgeschlossen oder aber die Transportgefahr ausdrücklich übernommen.[1116] Trat in solchen Fällen während der Beförderung eine Beschädigung der Kaufsache ein, so lag sie im Zeitpunkt des Gefahrübergangs (nämlich bei Übergabe) bereits vor, so daß der Verkäufer, sofern der Schaden einen Sachmangel im Sinne des § 459 BGB a.F. darstellte, nach den Vorschriften des Gewährleistungsrechts haftete.

Auch nach neuer Rechtslage ist der maßgebliche Zeitpunkt für das Vorliegen eines Sachmangels derjenige des Gefahrübergangs (vgl. § 434 I 1 BGB). Die grundsätzliche Regelung der Gefahrtragung erfährt dabei durch die Neuregelung keine Änderung (die §§ 446, 447 BGB entsprechen im wesentlichen den alten §§ 446, 447 BGB a.F.); eine Ausnahmeregelung zum Nachteil des Verkäufers besteht nach neuem Schuldrecht allerdings insofern, als gemäß § 474 II BGB für den Bereich des Verbrauchsgüterkaufs die Vorschrift des § 447 BGB, die den Gefahrübergang beim Versendungskauf regelt, keine Anwendung finden soll. Dies hat zur Folge, daß bei einem Verbrauchsgüterkauf im Sinne des § 474 I 1 BGB der in § 446 BGB niedergelegte Grundsatz (Gefahrübergang mit Übergabe

---

1113 *Staudinger-Honsell*, § 549 Rn. 66, 68. Sofern der Verkäufer die nachträgliche Beschädigung der Kaufsache während der Beförderung selber verschuldet hatte (etwa wegen einer mangelhaften Verpackung oder fehlerhaften Anweisung an den Beförderer), sollte er aus positiver Vertragsverletzung haften, MüKo-*Westermann*, § 459 Rn. 29; *Erman-Grunewald*, § 459 Rn. 29; a.A. *Soergel-Huber*, § 459 Rn. 88: Sachmängelrechte weiterhin anwendbar, da die Regeln des Gefahrübergangs nur für zufällig entstandene Schäden gelten.

1114 *Medicus*, SchR BT, Rn. 38; *Emmerich*, SchR BT, 19.

1115 S. *Emmerich*, SchR BT, 18; Medicus, SchR BT, Rn. 38; für die Anwendung des § 447 I BGB a.F. auch im Falle der Versendung durch eigene Leute etwa *Schlechtriem*, SchR BT, Rn. 67.

1116 *Esser/Weyers*, SchR BT/2, 100; *Staudinger-Köhler*, § 447 Rn. 44; *Ehmann/Sutschet*, 251. Nach einer in der Literatur vertretenen Ansicht fiel der Kauf im Versandhandel bereits gar nicht unter § 447 BGB a.F., weil die Versendung nicht „auf Verlangen des Käufers" geschah, sondern vom Verkäufer angeboten wurde, so etwa *Medicus*, SchR BT, Rn. 36.

bzw. Annahmeverzug) auch dann gilt, wenn der Verkäufer die Kaufsache an den Käufer übersandt und zu diesem Zweck einem Spediteur oder Frachtführer übergeben hat. Die Gefahr geht nach neuer Rechtslage also auch im Falle eines Versendungskaufs erst dann auf den Verbraucher über, wenn er Besitz an der gelieferten Sache erlangt hat.[1117] War schon zuvor insbesondere im Bereich des Versandhandels der Ausschluß des § 447 BGB regelmäßig durch Allgemeine Geschäftsbedingungen vereinbart, so gilt dies nunmehr – sofern ein Verbrauchsgüterkauf vorliegt – bereits aufgrund gesetzlicher Anordnung. Bestellt demnach ein Verbraucher Ware bei einem Versandhandelsunternehmen zur Anlieferung in seine Wohnung, so haftet der Verkäufer grundsätzlich auch für die erst während der Beförderung an der Kaufsache entstandenen Mangelschäden.

Die Zuweisung des Beförderungsrisikos an den Verkäufer im Falle des Verbrauchsgüterkaufs ist eine sinnvolle gesetzgeberische Wertung, da regelmäßig der Verkäufer mit der Entscheidung über Art und Weg der Beförderung und die Auswahl des Transporteurs die mit dem Versendungskauf verbundenen Gefahren maßgeblich steuern kann. Zudem ist der Verkäufer besser als der Käufer in der Lage, das Beförderungsrisiko in dem nach den Umständen gebotenen Umfang unter Versicherungsschutz zu bringen.[1118] Nicht zuletzt entsprach es bereits vor der Gesetzesänderung der allgemeinen Verkehrsauffassung, daß die Versendung einer Ware (jedenfalls beim Versandhandel mit Verbrauchsgütern) in den Risikobereich des Verkäufers fällt.[1119] Gerade im Hinblick auf die gesetzliche Anordnung der Risikoverlagerung jedoch wäre die Beibehaltung des § 464 BGB a.F. geboten gewesen. Da bei einem Verbrauchsgüterkauf nunmehr der Verkäufer auch im Versendungsfalle für Transportschäden der Kaufsache grundsätzlich haftet, erscheint eine Mängelanzeigepflicht des Käufers (jedenfalls innerhalb der von Art. 5 II Kauf-RL geforderten Zweimonatsfrist[1120]) noch angemessener. Dies um so mehr, als beim Verbrauchsgüterkauf zudem die Sondervorschrift des § 476 BGB eingreift und folglich die allgemeine Beweislastregel des § 363 BGB keine Anwendung findet. Der Käufer eines Verbrauchsguts muß also das Vorliegen des Mangels bei Gefahrübergang nicht einmal mehr beweisen. Infolge der durch § 476 BGB angeordneten gesetzlichen Vermutung hat vielmehr der Un-

1117 S. die Begründung des Regierungsentwurfs, 573; Anwaltkommentar-*Büdenbender*, § 474 Rn. 7; *Haas/Medicus/Rolland/Schäfer/Wendtland*, Kap. 5 Rn. 373; *Lorenz/Riehm*, Rn. 585.

1118 S. die Ausführungen in der Begründung des Regierungsentwurfs, 573; so auch Anwaltkommentar-*Büdenbender*, § 474 Rn. 7.

1119 Anwaltkommentar-*Büdenbender*, § 474 Rn. 7; vgl. etwa *Medicus*, SchR BT, Rn. 36.

1120 S. dazu oben Teil B Kap. I.2.

ternehmer nachzuweisen, daß die Sache den Mangel, der sich später gezeigt hat, bei Gefahrübergang noch nicht aufwies.[1121]

b. Unternehmenskauf

Auf die nicht zu unterschätzende praktische Bedeutung, die der Vorschrift des § 464 BGB a.F. zudem etwa im Bereich des Unternehmenskaufs zukam, haben *Gronstedt/Jörgens* hingewiesen[1122]: Gerade bei Unternehmenskäufen kommt es nicht selten vor, daß sich die Parteien bereits schuldrechtlich gebunden haben, der Vollzug des Vertrages aber – aus steuerlichen oder kartellrechtlichen Gründen – noch aufgeschoben wird.[1123] Die Schwebezeit zwischen Vertragsschluß und Vollzug birgt jedoch in vielerlei Hinsicht Probleme und Gefahren in sich, was insbesondere für den Verkäufer mißlich ist, da mangels dinglichen Vollzugs des Kaufs die Übergabe des Kaufgegenstands und damit auch der Gefahrübergang gemäß § 446 BGB noch nicht stattgefunden haben.[1124] Der Verkäufer trägt somit das Risiko einer zwischenzeitlich eintretenden Verschlechterung des verkauften Unternehmens, für die er nach den gesetzlichen Gewährleistungsregeln haften muß.[1125] Da der Unternehmenskäufer zudem für gewöhnlich verlangt, daß etwa ausgehandelte Zusicherungen und Garantien bis zum Zeitpunkt des endgültigen Vollzuges aufrechterhalten werden, der Verkäufer seinerseits aber Schwierigkeiten hat, Garantien für die zukünftige Entwicklung des Unternehmens zu geben, sind für den Verkäufer gewisse Haftungserleichterungen von besonderem Interesse.[1126] Haftungsbeschränkungen (jedenfalls bezüglich der gesetzlichen Haftung) bestanden für den Verkäufer nach altem Recht in Form der gesetzlichen Gewährleistungsausschlußtatbestände der §§ 460, 464 BGB a.F.

Eine gesteigerte Bedeutung kam dabei dem § 464 BGB a.F. laut *Gronstedt/Jörgens* schon deshalb zu, weil diese Bestimmung der allgemeinen Haftungsbegrenzung des Unternehmensverkäufers diente und sich nicht auf die Verkäuferhaftung nach §§ 459 ff. BGB a.F. beschränkte[1127]: Die herrschende Meinung dehnte den Anwendungsbereich der Ausschlußvorschrift über die Kaufgewährleistung hinaus auch auf Ansprüche aus positiver Vertragsverletzung

1121 MüKo⁴-*Wenzel*, § 363 Rn. 4.

1122 *Gronstedt/Jörgens*, ZIP 2002, 52 (58 ff.).

1123 S. *Picot-Picot*, Rn. 157; *Holzapfel/Pöllath*, 39 ff.

1124 Zum Gefahrübergang beim Unternehmenskauf s. auch *Soergel-Huber*, § 446 Rn. 7.

1125 *Picot-Picot*, Rn. 157. Zum Gewährleistungs- und Haftungsrecht beim Unternehmenskauf allgemein s. auch *Picot-Picot*, Rn. 76 ff.; *Soergel-Huber*, § 459 Rn. 240 ff.; MüKo-*Westermann*, § 459 Rn. 46 ff.

1126 S. dazu *Gronstedt/Jörgens*, ZIP 2002, 52 (59).

1127 *Gronstedt/Jörgens*, ZIP 2002, 52 (58).

aus, sofern der eingetretene Schaden ursächlich auf einem Sachmangel beruhte.[1128] Nach neuer Rechtslage werden die fraglichen Schäden, die aufgrund der Mangelhaftigkeit der Kaufsache an anderen Rechtsgütern des Käufers entstehen (sog. Mangelfolgeschäden) und die bisher nach den Grundsätzen der positiven Vertragsverletzung ersatzfähig waren, nunmehr direkt von §§ 280 I, 437 Nr. 3 BGB (einfacher Schadenersatz) erfaßt.[1129] Die Ausschlußwirkung des § 464 BGB a.F. hätte sich folglich, bei Beibehaltung dieser Bestimmung, nach neuem Recht sogar unmittelbar auf die entsprechenden Ersatzansprüche erstreckt.

Zudem wurde der Regelungsgehalt der §§ 460, 464 BGB a.F. nach alter Rechtslage oftmals durch die Vereinbarung von Vertragsklauseln ergänzt bzw. verschärft, die eine Kenntnisfiktion zu Lasten des Käufers vorsahen: danach mußte sich der Käufer die Umstände als bekannt zurechnen lassen, die er im Rahmen der ihm gestatteten Unternehmensprüfung anhand von eingesehenen Unterlagen u.ä. hätte erkennen können.[1130] Die Vereinbarung einer solchen Kenntnisfiktion ersparte dem Verkäufer bei der Berufung auf § 460 BGB a.F. und § 464 BGB a.F. den Nachweis der positiven Mängelkenntnis des Käufers. Gleichzeitig bedeutete sie eine Erweiterung des gesetzlichen Haftungsausschlusses nach § 464 BGB a.F., für den bloßes Kennenmüssen an sich nicht ausreichte. In der Folge verlor der Käufer, sofern er nicht bis spätestens zur Einweisung in das Unternehmen zum Vollzugszeitpunkt einen Vorbehalt aussprach, seine Gewährleistungsrechte aufgrund des § 464 BGB a.F. nicht nur für erkannte, sondern auch für erkennbare Mängel.[1131] Der Verkäufer seinerseits hatte folglich ein Interesse daran, dem Käufer in dieser Phase möglichst viele Informationen zukommen zu lassen, um auf diese Weise eine Einschränkung oder einen Ausschluß etwaiger späterer Gewährleistungsansprüche zu erreichen und damit letztlich den Bestand des Vertrages abzusichern.[1132]

Nach neuer Rechtslage[1133] besteht diese für den Zeitraum zwischen Vertragsschluß und Übergabe relevante gesetzliche Entlastungsmöglichkeit des Verkäufers durch Kenntnisgabe aufgrund der ersatzlosen Streichung des § 464 BGB a.F. nicht mehr. Gelingt es dem Verkäufer nicht, die vertragliche Vereinbarung

1128 S. *Staudinger-Honsell*, § 464 Rn. 9; *Palandt-Putzo*, § 464 Rn. 2; *Soergel-Huber*, § 464 Rn. 22 f.; MüKo-*Westermann*, § 464 Rn. 7; *Erman-Grunewald*, § 464 Rn. 11. S. auch oben Teil A Kap. II.1.a.bb.(5).

1129 *Huber/Faust*, Kap. 13 Rn. 98 ff., 147; *Lorenz/Riehm*, Rn. 548; *Dauner-Lieb/Heidel/Lepa/Ring-Büdenbender*, Kap. 8 Rn. 60.

1130 Vgl. *Roschmann*, ZIP 1998, 1941 (1947 f.)

1131 *Gronstedt/Jörgens*, ZIP 2002, 52 (59).

1132 *Holzapfel/Pöllath*, 38; zur Offenlegung vor Vertragsschluß s. auch *Holzapfel/Pöllath*, 36.

1133 Allgemein zu den Auswirkungen der gesetzlichen Neuregelung auf die Haftung des Verkäufers beim Unternehmenskauf, s. *Gaul*, ZHR 166 (2002), 35 ff.

eines Haftungsausschlusses im Sinne des § 464 BGB a.F. durchzusetzen (dies wäre grundsätzlich gemäß § 444 BGB möglich, sofern der Verkäufer nicht arglistig handelt[1134]), hat dies zur Folge, daß er mit Abschluß des Kaufvertrages das Interesse daran verliert, den Käufer bei der Informationsbeschaffung zu unterstützen[1135], denn für den Verkäufer besteht die Gefahr, bei der Informationsbeschaffung bösgläubig zu werden (mit der Folge einer sich aus Treu und Glauben ergebenden möglichen Aufklärungspflicht), ohne daß andererseits die Möglichkeit einer Entlastung durch Kenntniserlangung des Käufers besteht. Für der Käufer dagegen ist es unter Umständen bereits in der Übergangszeit zwischen Vertragsabschluß und Vollzug von Interesse, einen vertieften Einblick in das Unternehmen zu gewinnen, um nach Vollzug des Kaufes ohne Verzögerung seine geplante Unternehmensstrategie durchsetzen zu können.[1136]

Der Wegfall des § 464 BGB a.F. und das daraus resultierende erhöhte Haftungsrisiko des Verkäufers bedeuten insofern, so stellen *Gronstedt/Jörgens* abschließend kritisch fest, ein Hindernis für die reibungslose Kooperation der Parteien in der Schwebezeit zwischen Vertragsschluß und Vollzug eines Unternehmenskaufvertrages, das durch zusätzliche vertragliche Regelungen überwunden werden muß.[1137]

III. Systematische Unstimmigkeiten

Die ersatzlose Streichung des § 464 BGB a.F. bei gleichzeitiger Aufrechterhaltung der sachverwandten kaufrechtlichen Ausschlußvorschrift des § 460 BGB a.F. (§ 442 BGB) sowie der dem § 464 BGB a.F. parallelen werk- und mietvertraglichen Bestimmungen, § 640 II und § 539 S. 2 2. Alt. BGB a.F. (§ 640 II und § 536 b BGB), legt den Schluß nahe, daß die Neuregelung der mängelkenntnisbedingten Ausschlußtatbestände durch das Schuldrechtsmodernisierungsgesetz zu systematischen Unstimmigkeiten geführt hat. Dies wird im folgenden zu untersuchen sein.

1134 *Gaul*, ZHR 166 (2002), 35 (64 f.).

1135 Für die sog. rechtliche *Due Diligence* (vorbereitende sorgfältige Prüfung des Kaufobjektes beim Unternehmenskauf) spielt die Informationsbeschaffung in dieser Phase keine Rolle mehr, da sie regelmäßig bereits im vorvertraglichen Verhandlungsstadium stattfindet, s. *Holzapfel/Pöllath*, 22 ff.; *Picot-Picot*, Rn. 41 ff.

1136 *Gronstedt/Jörgens*, ZIP 2002, 52 (59 f.).

1137 *Gronstedt/Jörgens*, ZIP 2002, 52 (60).

1. Sachlicher Zusammenhang mit § 460 BGB a.F. (§ 442 BGB)

Das alte Kaufrecht differenzierte, wie oben dargestellt[1138], in den Regelungen der §§ 460, 464 BGB a.F. zwischen zwei für die Mängelkenntnis relevanten Zeitpunkten: dem Vertragsschluß einerseits und der Annahme andererseits. Während die Vorschrift des § 460 BGB a.F., nach der dem Käufer neben positiver Kenntnis auch grob fahrlässige Unkenntnis des Mangels schadete, sich ausschließlich auf den Vertragsabschluß bezog, spielte der § 464 BGB a.F. für die zwischen Vertragsschluß und Übernahme oder unmittelbar bei Annahme der Kaufsache erlangte Mängelkenntnis eine Rolle.

Beide Haftungsausschlußbestimmungen standen in einem systematischen Zusammenhang zueinander. Dies geht bereits aus der aneinander anknüpfenden Beratung der Normen während der Ausarbeitung des Bürgerlichen Gesetzbuchs von 1896 hervor: So war schon während der 88. Sitzung der 1. Kommission am 15.05.1882, auf der man den Haftungsausschluß bei Mängelkenntnis oder fahrlässiger Unkenntnis des Käufers im Zeitpunkt des Vertragsschlusses (§ 24 der durch *von Kübel* eingebrachten Vorlage „Rechte und Pflichten aus Verträgen") diskutierte, beantragt worden, eine entsprechende Ausschlußvorschrift auch für die Mängelkenntnis des Käufers bei Annahme zu bestimmen. Der Antrag wurde nur deshalb zunächst zurückgestellt, weil man vorher die Beratung von § 25 des Entwurfes, der die fraglichen Mängelrechte des Käufers regelte, erledigen wollte.[1139] In dem von *Huber* im Jahre 1981 erstellten Reformgutachten zur Überarbeitung des Kaufrechts war der Regelungsgehalt der §§ 460, 464 BGB a.F. sogar in einer Vorschrift zusammengefaßt.[1140] Der (Schuldrechts)Kommissionsentwurf von 1991 regelte die Mängelkenntnis des Käufers bei Vertragsschluß und bei Annahme in zwei unmittelbar aufeinanderfolgenden Bestimmungen (§§ 442, 443 BGB-KE).[1141]

Der § 464 BGB a.F. schloß sachlich an § 460 BGB a.F. an.[1142] Erfolgte die Annahme im unmittelbaren Anschluß an den Vertragsschluß, so deckte sich die Vorschrift des § 464 BGB a.F. mit der des § 460 BGB a.F.[1143] bzw. ging in ihr auf, da sich die strengeren Maßstäbe des § 460 BGB a.F., der für den Gewährlei-

1138 Oben Teil A Kap. II.1.a.

1139 S. *Jakobs/Schubert*, 129; s. auch oben Teil A Kap. II.1.b.bb.

1140 S. *Huber*, Leistungsstörungen, in: Gutachten und Vorschläge, Bd. 1, 647 (872); oben Teil A Kap. V.1.a.

1141 Abschlußbericht, 226 f.; oben Teil A Kap. V.2.

1142 MüKo-*Westermann*, § 464 Rn. 1; *Walter*, 219; so auch der Abschlußbericht der Schuldrechtskommission, S. 227.

1143 RGRK-*Mezger*, § 464 Rn. 1.

stungsausschluß bereits die grob fahrlässige Unkenntnis des Käufers genügen ließ, durchsetzen mußten.[1144]

War der Regelungsbereich des § 460 BGB a.F. betroffen, so konnte sich allerdings der Käufer etwaige zukünftige Gewährleistungsrechte nicht etwa dadurch erhalten, daß er einen (einseitigen) Vorbehalt im Sinne des § 464 BGB a.F. aussprach[1145]: Im Rahmen des § 464 BGB a.F. ging es darum, daß sich der Käufer durch den Gewährleistungsvorbehalt an sich bestehende Mängelrechte bewahrte und sich vor dem Einwand schützte, er habe die Ware in ihrer fehlerhaften Beschaffenheit gebilligt. Dagegen hätte ein Erhalt der durch den § 460 BGB eigentlich gesperrten Mängelrechte einen Ausschluß dieser Vorschrift vorausgesetzt. Als dispositives Recht war der § 460 BGB a.F. zwar grundsätzlich abdingbar.[1146] Da der Ausschluß der Bestimmung jedoch eine Erweiterung der Sachmängelhaftung des Verkäufers über das gesetzlich vorgesehene Maß hinaus bedeutete[1147], bedurfte es hierzu einer vertraglichen Vereinbarung; eine einseitige Erklärung des Käufers war grundsätzlich nicht ausreichend.[1148] Zwar konnte eine entsprechende Äußerung des Käufers unter Umständen so zu verstehen sein, daß er den Vertrag zu den bisher vorgesehenen Bedingungen gerade nicht abschließen, sondern weiterverhandeln wollte. Hatte aber der Käufer dem Vertragsschluß schließlich doch zugestimmt, so war die Erklärung, er wolle sich spätere Gewährleistungsansprüche wegen eines bestimmten ihm bekannten Mangels vorbehalten, schlicht wirkungslos.[1149]

Letztlich wäre aber ein solcher Gewährleistungsvorbehalt im Zeitpunkt des Vertragsschlusses auch gar nicht zweckmäßig: der Käufer kann seine Interessen hinsichtlich der Qualität der Ware effizienter und nachhaltiger durchsetzen, indem er etwaige Beanstandungen bezüglich der Beschaffenheit des Kaufgegenstandes direkt in die Vertragsverhandlungen mit einfließen läßt und ggf. auf eine Modifikation des Vertragsinhalts hinwirkt. Auf diese Weise kann er unmittelbar dafür Sorge tragen, daß er für den zu bezahlenden Kaufpreis ein angemessenes, seinen Vorstellungen entsprechendes Äquivalent erhält, so daß ein späterer Gewährleistungsausgleich, der naturgemäß mit Risiken und Unsicherheiten verbunden ist, gar nicht erst notwendig wird.[1150]

1144 MüKo-*Westermann*, § 464 Rn. 1.

1145 *Staudinger-Honsell*, § 460 Rn. 14.

1146 *Staudinger-Honsell*, § 460 Rn. 14; *Soergel-Huber*, § 464 Rn. 12; RG Recht 1916, Nr. 655.

1147 *Soergel-Huber*, § 464 Rn. 12.

1148 *Staudinger-Honsell*, § 460 Rn. 14; *Soergel-Huber*, § 464 Rn. 12; RG Recht 1916, Nr. 655, 656.

1149 *Soergel-Huber*, § 464 Rn. 12; RG Recht 1916, Nr. 656.

1150 Vgl. *Köhler*, JZ 1989, 761 (763); *Schwartze*, 125.

Der durch § 460 BGB angeordnete, nicht durch einen einseitigen Vorbehalt des Käufers abzuwendende Gewährleistungsverlust diente somit dem Zweck, den Käufer dazu anzuhalten, seine Interessen in Bezug auf die Qualität der Ware bereits unmittelbar bei Vertragsschluß wahrzunehmen.[1151] Der Käufer soll seine Informationen gegenüber dem Verkäufer offenlegen, damit der Mangel für das Verhältnis von Leistung und Gegenleistung berücksichtigt werden konnte.[1152] Der Vorschrift lag somit der Gedanke einer Mitverantwortung des Käufers dafür zugrunde, daß er nicht durch den Zustand der Ware enttäuscht wurde, mit dem er später unter Umständen leben mußte.[1153]

Diese Mitverantwortung des Käufers ist jedoch nur dann auf den Zeitpunkt des Vertragsschlusses beschränkt, wenn der Vollzug des Vertrages und damit die Übergabe der Sache im unmittelbaren Anschluß daran erfolgen. Die Vorschrift des § 464 BGB a.F. trug dem Umstand Rechnung, daß Kaufabschluß und Annahme der Kaufsache zeitlich auseinanderfallen können.[1154] In solchen Fällen endet die Verantwortung des Käufers für eine reibungslose Vertragsabwicklung nicht bereits mit Vertragsschluß: Zum einen ist es denkbar, daß die zuvor besichtigte Sache zwischenzeitlich Veränderungen erfahren hat (z.B. weil sie während des Transports beschädigt wurde). Vor allem aber wird der Käufer oftmals, gerade bei Lieferung einer nur der Gattung nach bestimmten Sache, den konkreten Kaufgegenstand überhaupt erst im Zeitpunkt der Annahme zu Gesicht bekommen. Ist dies der Fall, so hat er auch erst jetzt Gelegenheit, den (möglicherweise mangelhaften) Zustand die Ware zur Kenntnis zu nehmen. Für die Mitverantwortung des Käufers kann es deshalb in solchen Fällen – anders als beim Stückkauf unter Anwesenden – nicht entscheidend auf den Zeitpunkt des Vertragsschlusses ankommen, sondern auf den Annahmezeitpunkt.[1155] Insofern also der Käufer zum ersten Mal im Zeitpunkt der Ablieferung der Kaufsache einem individualisierten Gegenstand gegenübersteht, wie dies regelmäßig beim Kauf einer Gattungssache der Fall ist, oder wenn der Käufer aus einem anderen Grund die Kaufsache nicht vor oder bei Vertragsschluß besichtigt hat, ist die Situation der Annahme mit der des Kaufabschlusses durchaus vergleichbar.[1156]

1151 *Köhler*, JZ 1989, 761 (763); *Schwartze*, 125.

1152 *Schwartze*, 125; *Esser/Weyers*, SchR BT, 46: „vernünftiges Informationsverhalten als Obliegenheit".

1153 Vgl. *Flessner*, Europäisches Kaufgewährleistungsrecht, 233 (245); s. auch oben Teil A Kap. II.1.c.aa.

1154 Vgl. *Staudinger-Honsell*, § 464 Rn. 1.

1155 Vgl. *Flessner*, Europäisches Kaufgewährleistungsrecht, 233 (245 f.).

1156 Vgl. die Protokolle zu der Vergleichbarkeit der Situation des Bestellers bei der Abnahme eines Werkes mit der des Käufers einer Speziessache bei Vertragsschluß, *Mugdan*, Protokolle, 924; sowie zu der Vergleichbarkeit der werkvertraglichen Abnahme mit der Annahme einer Gattungssache, 925.

Während nun der § 460 BGB a.F. auf Fälle zugeschnitten war, in denen der Käufer den Kaufgegenstand bei Vertragsabschluß unmittelbar vor Augen hatte und damit eher auf den Stückkauf Anwendung fand (bei einem Gattungskauf griff die Vorschrift nur dann, wenn der Käufer von der Mangelhaftigkeit der gesamten Gattung Kenntnis hatte)[1157], paßte der § 464 BGB a.F. eher auf die Situation der Zulieferung einer nur der Gattung nach bestimmten Sache, die der Käufer zuvor nicht besichtigt hatte. Der Blick auf die geschichtliche Entwicklung macht diesen Zusammenhang der beiden Haftungsausschlußtatbestände noch deutlicher: Rechtshistorisch betrachtet stellt die Vorbehaltspflicht bei Annahme eine Übertragung der zunächst beim Platzkauf üblichen sofortigen Untersuchung der Kaufsache auf den Distanz- und Lieferungskauf dar.[1158]

Bedeutet die Normierung einer Vorbehaltspflicht bei Annahme demnach eine konsequente Fortführung der bei Vertragsschluß geltenden Prinzipien im Zeitpunkt der Vertragserfüllung, so muß anderseits auch berücksichtigt werden, daß die Situationen der Vertragsschließung und der Annahme trotz ihrer Vergleichbarkeit doch nicht identisch sind. In den Protokollen zum Bürgerlichen Gesetzbuch wird eingehend ausgeführt, warum eine Gleichstellung der werkvertraglichen Abnahme (die der kaufrechtlichen Annahme entspricht) mit dem Kaufabschluß innerlich nicht begründet ist.[1159] Die Erörterungen nehmen zwar in erster Linie auf die Abnahme eines Werkes im Sinne des § 640 II BGB a.F. Bezug, die kaufrechtliche Vorschrift des § 464 BGB a.F. ist allerdings in die Erwägungen mit einbezogen.[1160] Es wird darauf hingewiesen, daß es sich beim Vertragsabschluß um die Eingehung eines Rechtsverhältnisses handelt, zu welchem die Willenseinigung beider Parteien erforderlich ist. Wer aber einen Kaufvertrag abschließe, so wird weiter ausgeführt, pflege gewöhnlich so sorgfältig vorzugehen, daß ihm jedenfalls die Mängel nicht verborgen blieben, die nur bei grober Fahrlässigkeit übersehen werden können. Wende der Käufer bei der Besichtigung der Ware nicht die erforderliche Sorgfalt an, so müsse er sich entgegenhalten lassen, er habe die Sache in ihrem tatsächlichen – fehlerhaften – Zustand gekauft. Bei der Annahme dagegen handele es sich um die Erfüllung eines bestehenden Schuldverhältnisses, das den Inhalt der Leistungspflicht des Schuldners bereits

1157 MüKo-*Westermann*, § 460 Rn. 3; *Staudinger-Honsell*, § 460 Rn. 1; eine Mindermeinung will die Anwendbarkeit des § 460 BGB a.F. sogar grundsätzlich auf den Stückkauf beschränken, s. *Palandt-Putzo*, § 460 Rn. 2.

1158 S. dazu oben Teil A Kap. I.3.

1159 *Mugdan*, Protokolle, 925.

1160 S. auch die Motive zur Gegenüberstellung von Kaufabschluß und Annahme der Kaufsache *Mugdan*, Motive, 127: „Die Sachlage ist bei Annahme der veräußerten Sache eine wesentlich andere, als bei dem Abschlusse des obligatorischen Vertrages [...].“

klar festlege. Der Unternehmer sei verpflichtet, ein fehlerfreies Produkt zu liefern (und dies galt nach alter Rechtslage nicht nur im Werkvertragsrecht, sondern ebenso für den Verkäufer einer nur der Gattung nach bestimmten Sache[1161]), weshalb der Vertragspartner zunächst auch davon ausgehen dürfe, ein solches zu erhalten. Allein die grob fahrlässige Unkenntnis von Mängeln könne ihm deshalb nicht schaden. Die Sorgfaltspflichten jedenfalls des privaten Käufers (im Bereich des beidseitigen Handelskaufs gilt § 377 HGB) sind also bei Annahme der Kaufsache grundsätzlich niedriger anzusetzen als beim Abschluß des Kaufvertrages.[1162]

Ist also für den Zeitpunkt des Vertragsschlusses ein Haftungsausschlußtatbestand im Sinne des § 460 BGB a.F. bzw. § 442 BGB vorgesehen, so ist die zusätzliche Normierung einer Ausschlußvorschrift im Sinne des § 464 BGB a.F., die eine Vorbehaltspflicht des Käufers bei Annahme vorsieht, angesichts der soeben aufgezeigten Unterschiede der Situationen bei Vertragsschluß und Annahme sowie der abgestuften Verantwortlichkeit des Käufers nicht zwingend. Gleichwohl erscheint sie sachgerecht. Im Zeitpunkt der Annahme steht nicht mehr die Anpassung der vertraglichen Vereinbarung im Vordergrund (die Modifikation des Vertragsinhalts wäre jetzt nur noch in Form eines Änderungsvertrages möglich, vgl. § 305 BGB), sondern die tunlichst rasche und reibungslose Abwicklung der nunmehr entstandenen Gewährleistungssituation, zu der der Käufer durch eine rechtzeitige Mängelanzeige bzw. einen Gewährleistungsvorbehalt beitragen kann und soll.

Wenngleich die Vorschriften der §§ 460 und 464 BGB a.F. von unterschiedlichen dogmatischen Ansatzpunkten ausgehen – bei § 460 BGB a.F. liegt zunächst der Gedanke einer stillschweigenden Modifikation der Beschaffenheitsvereinbarung nahe, während der § 464 BGB a.F. eher als ein Verzicht auf an

1161 Nach neuer Rechtslage hat der Käufer sogar grundsätzlich einen Anspruch auf Lieferung einer mangelfreien Sache, s. *Haas/Medicus/Rolland/Schäfer/Wendtland*, Kap. 5 Rn. 36.

1162 Vgl. *Soergel-Huber*, § 464 Rn. 2. Genau andersherum stellt sich die Lage nach dem UN-Kaufrecht dar: Im Zeitpunkt des Vertragsschlusses sind die Gewährleistungsrechte des Käufers gemäß Art. 35 III CISG außer im Falle der positiven Mängelkenntnis nur dann ausgeschlossen, wenn der Käufer über die Vertragswidrigkeit der Sache nicht in Unkenntnis sein konnte, was einen sehr niedrigen Sorgfaltsmaßstab impliziert. Jedenfalls trifft den Käufer vor Vertragsschluß keine Pflicht, die Ware zu untersuchen. S. *Schlechtriem-Schwenzer*, Art. 35 Rn. 34 f. Nach Ablieferung der Ware hingegen ist der Käufer gemäß Art. 38 CISG gehalten, die Kaufsache einer angemessenen Untersuchung zu unterziehen und etwa auftretende Mängel dem Verkäufer gemäß Art. 39 I CISG zu melden.

sich gegebene Gewährleistungsrechte gedeutet wird[1163] –, beruhen letztlich beide Regelungen auf dem Grundgedanken der Mitverantwortung des Käufers und dienen dem Zweck, den Käufer zu einer frühzeitigen Preisgabe seiner Informationen über die Beschaffenheit des Kaufsache anzuhalten, um so eine möglichst schnelle Vertragsabwicklung zu ermöglichen.[1164] Versäumt der Käufer die rechtzeitige Inkenntnissetzung des Verkäufers und wird somit seiner Mitverantwortung für die zügige und reibungslose Vertragsabwicklung nicht gerecht, möchte aber dennoch später Gewährleistungsrechte geltend machen, so verhält er sich treuwidrig. Sowohl § 460 BGB a.F. (§ 442 BGB) als auch § 464 BGB a.F. sanktionieren das verkehrswidrige Verhalten des Käufers mit dem Verlust seiner Gewährleistungsrechte.

Der Blick auf andere europäische Rechtsordnungen, wie er oben vorgenommen wurde, hat bestätigt, daß zumeist nicht nur die bei Vertragsschluß vorhandene, sondern auch die nachträglich erlangte Mängelkenntnis des Käufers im Hinblick auf die Geltendmachung von Gewährleistungsrechten eine Rolle spielt.[1165]

Abschließend läßt sich feststellen, daß der Wegfall des § 464 BGB a.F. deshalb mißfällt, weil die Haftungsausschlußtatbestände der §§ 460, 464 trotz ihrer dogmatisch unterschiedlichen Ansatzpunkte als Einheit zu betrachten waren[1166], die auf dem Gedanken der Mitverantwortung des Käufers für eine schnelle und reibungslose Vertragsabwicklung beruhten.[1167] Der § 464 BGB a.F. knüpfte sachlich an § 460 BGB an und stellte insofern eine sinnvolle Übertragung der beim Vertragsschluß geltenden Prinzipien auf den Zeitpunkt der Annahme bei entsprechender Anpassung der Verhaltensanforderungen des Käufers dar. Das Bedürfnis nach einer „Mitarbeit" des Käufers besteht auch nach Vertragsschluß ungemindert fort, wenngleich es nunmehr nicht länger um die Verhinderung einer Gewährleistungssituation geht, sondern um die möglichst schnelle Abwicklung der bereits eingetretenen Mängelprobleme. In ihrer Kombination trugen die Vorschriften der §§ 460 und 464 BGB a.F. somit zu einem sinnvollen Interessenausgleich zwischen Verkäufer und Käufer bei.

1163 *Schlechtriem*, in: *Ernst/Zimmermann*, 205 (218); s. zur *ratio legis* beider Vorschriften auch oben Teil A Kap. II.1.c.

1164 Vgl. *Köhler*, JZ 1989, 761 (763, 769).

1165 S. oben Teil A Kap. III.

1166 Vgl. *Walter*, 219.

1167 Vgl. *Flessner*, Europäisches Kaufgewährleistungsrecht, 233 (245 f.).

2. Entsprechende Regelung im Mietrecht

Die Entscheidung des Gesetzgebers, den kaufrechtlichen Ausschlußtatbestand des § 464 BGB a.F. zu streichen, die mietrechtliche Vorschrift des § 539 S. 2 2. Alt. BGB a.F. hingegen beizubehalten, erscheint angesichts der offensichtlichen Korrespondenz der Ausschlußvorschriften äußerst fragwürdig.

Schon während der Ausarbeitung des Bürgerlichen Gesetzbuchs war, wie bereits dargestellt[1168], hinsichtlich der Normierung des mietrechtlichen Ausschlußtatbestands vor allem auf die Parallelität zu den kaufrechtlichen Gewährleistungsausschlüssen und auf die Gleichheit der Sach- und Rechtslage bei Kauf- und Mietvertrag abgestellt worden.[1169] Bezüglich der Vorbehaltspflicht bei Annahme in Mängelkenntnis wurde dementsprechend ein ausdrücklicher Verweis auf § 464 BGB a.F. vorgesehen.

Die von den Redaktoren intendierte grundsätzliche Angleichung der miet- und kaufvertraglichen Haftungsausschlußvorschriften beruhte auf einer zutreffenden Einschätzung der Interessenlage im Falle der Mängelkenntnis des Mieters bzw. Käufers. Zwar bestehen zwischen dem Kaufvertrag als einem Veräußerungsgeschäft, bei dem sich die Vertragspflichten der Parteien regelmäßig in einem einmaligen Leistungsaustausch erschöpfen und der Miete als einem Dauerschuldverhältnis, in dessen Rahmen die beiderseitigen Vertragsleistungen laufend zu erbringen sind, grundsätzliche Unterschiede.[1170] So obliegt dem Mieter, im Gegensatz zum Käufer, eine Obhutspflicht für die überlassene Sache, die nicht ihm gehört, sondern nach wie vor im Eigentum des Vermieters steht. Doch spielt dies, wie die oben vorgenommene Untersuchung gezeigt hat[1171], nur für die nachträgliche, d.h. im Laufe der Mietzeit erlangte Mängelkenntnis des Mieters eine Rolle.[1172]

Demgegenüber ist die Situation der Mängelkenntnis bei Annahme der geleisteten Sache in Kauf- und Mietrecht prinzipiell gleich zu bewerten. Nach der Übergabe der Sache hat der Vermieter gleich dem Verkäufer ein berechtigtes Interesse daran, möglichst rasch zu erfahren, ob seine Vertragsleistung zunächst „in Ordnung geht", oder ob er mit Problemen bei der Vertragsabwicklung zu rechnen hat. Weiß der Käufer oder Mieter schon zu diesem Zeitpunkt positiv von einem Mangel der betreffenden Sache, so ist es ihm zumutbar, sich seine Rechte gegenüber dem Vertragspartner unverzüglich vorzubehalten, damit dieser sich so früh wie möglich auf die bevorstehende Gewährleistungsabwicklung ein-

1168 Oben Teil A Kap. IV.1.c.
1169 *Mugdan*, Motive, 210.
1170 S. die Ausführungen der Bundesregierung, BT-Drucks. 14/6857, 66.
1171 S. oben Teil A Kap. IV.1.c.
1172 Vgl. MüKo-*Voelskow*, § 539 Rn. 5.

stellen kann. Hat der Mieter oder Käufer im Zeitpunkt der Annahme trotz positiver Mängelkenntnis nicht auf seine Beanstandungen hingewiesen, möchte aber dennoch später Gewährleistungsrechte geltend machen, so stellt sich dieses Verhalten als treuwidrig dar. Hinsichtlich eines späteren Gewährleistungsausgleichs ist der Mieter wie der Käufer in einem solchen Fall nicht mehr schutzwürdig.[1173]

Auf die in Anbetracht der übereinstimmenden Interessenlage unangemessene Ungleichbehandlung von Mieter und Käufer im Falle der Annahme in Mängelkenntnis, die sich durch das Mietrechtsreformgesetz und das Schuldrechtsmodernisierungsgesetz ergeben hat, hatte der Bundesrat in seiner Stellungnahme zum Regierungsentwurf vom 13.07.2001 sogar noch ausdrücklich hingewiesen und aufgrund der den Parallelregelungen zugrundeliegenden ähnlichen Wertungen eine Anpassung empfohlen.[1174] In ihrer Gegenäußerung verwies die Bundesregierung zur Begründung des mietrechtlichen Haftungsausschlusses auf die fehlende Schutzwürdigkeit des Mieters.[1175] Obgleich dieser Gesichtspunkt, wie soeben gezeigt, auf einen Käufer in der vergleichbaren Situation genauso zutrifft, war eine entsprechende kaufrechtliche Vorschrift kurz zuvor in der Regierungsbegründung zum Schuldrechtsmodernisierungsgesetz noch als von vornherein überflüssig abgelehnt worden.[1176] Wenn *Ehmann/Sutschet* angesichts dieser Widersprüchlichkeiten anmerken, die Argumentationsführung der Bundesregierung zeuge „von einiger Ratlosigkeit“[1177], so kann dem nur zugestimmt werden.

3. Entsprechende Regelung im Werkvertragsrecht

§ 640 II BGB a.F. und § 464 BGB a.F. beruhten auf demselben Grundgedanken.[1178] Wie oben berichtet[1179], war schon bei der Ausarbeitung des Bürgerlichen Gesetzbuchs der § 640 II BGB a.F., wie die mietrechtliche Vorschrift des § 539 S. 2 2. Alt. BGB a.F., in bewußter Analogie zu dem kaufrechtlichen Haf-

1173 S. dazu ausführlich oben Teil A Kap. IV.1.c. Zur gemeinsamen *ratio legis* der miet- und kaufrechtlichen Gewährleistungsausschlußvorschriften s. auch *Köhler*, JZ 1989, 761 (769, 770 f.)

1174 BT-Drucks. 14/6857, 35.

1175 BT-Drucks. 14/6857, 66.

1176 Begründung des Regierungsentwurfs, 478.

1177 *Ehmann/Sutschet*, 280. Kritisch zum Koordinierungsproblem zwischen Miet- und Kaufvertragsrecht allgemein, *Ehmann/Sutschet*, 268 ff.

1178 *Soergel-Huber*, § 464 Rn. 1; zur übereinstimmenden *ratio legis* beider Vorschriften s. auch *Köhler*, JZ 1989, 761 (769, 772).

1179 S. oben Teil A Kap. IV.2.e.

tungsausschlußtatbestand des § 464 BGB a.F. ausgestaltet worden.[1180] Nach richtiger Auffassung waren die „Abnahme“ gemäß § 640 II BGB a.F. und die „Annahme“ nach § 464 BGB a.F. übereinstimmend im Sinne einer „Annahme als Erfüllung“ (§ 363 BGB) zu verstehen[1181], die voraussetzt, daß der Gläubiger die angebotene Leistung als im wesentlichen vertragsgerechte Erfüllung gelten läßt, sie also jedenfalls der Hauptsache nach billigt.[1182] Um diese Kongruenz der kauf- und werkvertraglichen Ausschlußvorschriften deutlicher hervorzuheben, hatte die Schuldrechtskommission in ihrem Entwurf eines überarbeiteten Schuldrechts sogar noch vorgesehen, die Wörter „Abnahme“ und „Annahme“ in den §§ 640 II und 464 BGB a.F. gleichermaßen durch den Begriff der „Annahme als Erfüllung“ zu ersetzen (vgl. § 443 BGB-KE sowie § 642 BGB-KE).[1183]

Im Diskussionsentwurf eines Schuldrechtsmodernisierungsgesetzes findet sich die Regelung der vorbehaltlosen Abnahme einer als mangelhaft erkannten Werkleistung in § 633 IV BGB-DiskE.[1184] In den Grundzügen entspricht diese Vorschrift dem § 640 II BGB a.F. Eine Modifikation ist lediglich hinsichtlich der Rechtsfolgenregelung vorgesehen.[1185] Im übrigen sollte an der alten Bestimmung des § 640 II BGB a.F. nach der Absicht des Bundesjustizministeriums nichts geändert werden.[1186] Insbesondere die dem § 633 BGB-DiskE zugrunde gelegte *ratio* stimmt mit dem Grundgedanken des § 640 II BGB a.F. überein: So beruft sich das BMJ zur Begründung der Norm auf das „widersprüchliche Verhalten desjenigen, der einerseits ein Werk abnimmt, also als im wesentlichen vertragsgemäß billigt, obwohl er andererseits weiß, dass dies auf das Werk nicht zutrifft, bei Abnahme aber nichts davon sagt“.[1187] Auf diesen Gesichtspunkt war bereits hinsichtlich der *ratio legis* des § 640 II BGB a.F. abgestellt worden.[1188] Doch ließen sich diese Ausführungen genauso auf die schon im Diskussionsentwurf gestrichene kaufrechtliche Regelung des § 464 BGB a.F. übertragen. Der vom BMJ in Bezug auf § 633 IV BGB-DiskE genannte Gedanke des *venire*

1180 *Mugdan*, Motive, 273 f.

1181 MüKo-*Westermann*, § 464 Rn. 4; *Soergel-Huber*, § 464 Rn. 9; *Staudinger-Honsell*, § 464 Rn. 4.

1182 MüKo^4-*Wenzel*, § 363 Rn. 3; s. oben Teil A Kap. IV.2.a. sowie Kap. II.1.a.bb.(3).

1183 Abschlußbericht, 269. S. dazu schon oben Teil A Kap. IV.2.e.

1184 § 633 IV BGB-DiskE lautet: „Nimmt der Besteller ein mangelhaftes Werk ab, obwohl er den Mangel kennt, so stehen ihm wegen dieses Mangels Rechte nur zu, wenn er sich diese bei der Abnahme vorbehält.“

1185 Anders als § 640 II BGB a.F. bezieht der § 633 IV BGB-DiskE auch den Schadenersatzanspruch des Bestellers mit ein, s. Begründung des Diskussionsentwurfs, 566 f.

1186 Begründung des Diskussionsentwurfs, 566.

1187 Begründung des Diskussionsentwurfs, 566.

1188 So etwa *Staudinger-Peters*, § 640 Rn. 51.

contra factum proprium ist gerade auch im Zusammenhang mit der *ratio legis* des § 464 BGB a.F. vorgebracht worden.[1189] Geht man davon aus, daß ein Besteller, der ein als mangelhaft erkanntes Werk vorbehaltlos abnimmt, sich widersprüchlich verhält, so muß dies in gleichem Maße für einen Käufer in der entsprechenden Situation gelten.

Auf die übereinstimmende Interessenlage bei Abnahme eines Werkes und Annahme einer – insbesondere nur der Gattung nach bestimmten – Kaufsache ist schon in den Motiven und Protokollen mehrfach verwiesen worden.[1190] Der Werkbesteller ist, wie auch der Käufer insbesondere einer Gattungssache, regelmäßig erst im Zeitpunkt der Annahme mit einer individualisierten Leistung konfrontiert. Erkennt der Besteller oder Käufer dabei die Mangelhaftigkeit des ihm angebotenen Werkes bzw. der Kaufsache, so steht ihm die Möglichkeit offen, die fehlerhafte Leistung als nicht taugliche Erfüllung sofort zurückzuweisen und sich damit den ursprünglichen Erfüllungsanspruch zu erhalten. Dies folgt für das neue Kaufrecht nunmehr unmittelbar aus § 433 I 2 BGB, der ausdrücklich bestimmt, daß der Verkäufer den Kaufgegenstand frei von Sach- und Rechtsmängeln zu leisten hat.[1191] Entsprechendes gilt gemäß § 633 I BGB auch für das Werkvertragsrecht.[1192] Entscheidet sich der Käufer oder Besteller dagegen für die Annahme der Leistung als einer jedenfalls im wesentlichen der vertraglichen Vereinbarung entsprechenden Erfüllung, so sollte er sich nach Treu und Glauben später nur dann auf die ihm bereits bekannten Mängel berufen können, wenn er seinem Vertragspartner rechtzeitig einen entsprechenden Hinweis gegeben hat. Dies ist schon im Interesse einer möglichst raschen Vertragsabwicklung geboten, während auf der anderen Seite das Schweigen trotz positiver Mängelkenntnis Besteller wie Käufer nicht schutzwürdig erscheinen läßt.[1193]

1189 So etwa von *Soergel-Huber*, § 464 Rn. 1; *Krause*, 164; s. auch *Larenz*, SchR BT/1, 48. Zur *ratio legis* des § 464 BGB a.F. s. oben Teil A Kap. II.1.c.bb.

1190 S. etwa *Mugdan*, Motive, 273 f.; Protokolle, 925. S. dazu schon oben Teil A Kap. IV.2.e.

1191 *Dauner-Lieb/Heidel/Lepa/Ring-Büdenbender*, § 8 Rn. 21. Auch nach altem Kaufrecht allerdings war ein sofortiges Zurückweisungsrecht des Käufers bei mangelhafter Lieferung jedenfalls für den Gattungskauf anerkannt, s. oben Teil A Kap. IV.2.e. Bereits dem § 480 I BGB a.F. lag die Vorstellung zugrunde, daß der Käufer einer Gattungssache einen Anspruch auf mangelfreie Lieferung hat, s. *Haas/Medicus/Rolland/Schäfer/Wendtland*, Kap. 5 Rn. 36.

1192 Anders als im Kaufrecht stellt die Begründung einer Pflicht des Unternehmers zur sachmängelfreien Leistung jedoch keine Neuerung gegenüber dem bisherigen Recht dar. Auch nach alter Rechtslage traf den Unternehmer gemäß § 633 I BGB a.F. eine derartige Pflicht.

1193 S. dazu die ausführliche Darstellung in Teil A Kap. IV.2.e. An den dort dargestellten Grundwertungen hat sich auch durch die Gesetzesreform nichts geändert.

Angesichts der klaren Übereinstimmung erstaunt es nicht, daß das Bundesjustizministerium beim Versuch einer Rechtfertigung der Beibehaltung der werkvertraglichen Vorbehaltspflicht bei gleichzeitiger Aufgabe des § 464 BGB a.F. in Schwierigkeiten gerät. So beruft man sich in der Begründung des Diskussionsentwurfs auf die Sonderstellung der Abnahme als einer werkvertraglichen Eigenheit, die deshalb speziell behandelt werden müsse, weil sie eine Billigung des Werkes durch den Besteller als im wesentlichen vertragsgemäß enthalte, was sich nicht mit einem offenbarten Wissen um Mängel vertrage.[1194] Doch gerade mit der Billigung der Werkes als einer der Hauptsache nach vertragsgemäßen Leistung stellt das BMJ für die Besonderheit der werkvertraglichen Abnahme auf einen Gesichtspunkt ab, der auch für die kaufrechtliche Annahme im Sinne des § 464 BGB a.F. entscheidend war: Auch hier kam nach ganz herrschender Meinung nicht allein auf die bloße körperliche Entgegennahme der Kaufsache an.[1195] Von einer Annahme sollte vielmehr erst dann auszugehen sein, wenn gleichzeitig erkennbar geworden war, daß der Käufer die empfangene Ware als im wesentlichen vertragsgerecht anerkannt hatte.[1196]

Das vom Bundesjustizministerium vorgebrachte Argument für die Beibehaltung der Vorbehaltspflicht des Bestellers bei Abnahme im Sinne des § 633 IV BGB-DiskE rechtfertigt also keineswegs die unterschiedliche Behandlung eines Käufers in der entsprechenden Situation. Der zutreffende Hinweis, daß es gerade die Anerkennung der Werkleistung als im wesentlichen vertragsgemäß ist, die die Vorbehaltspflicht des Bestellers auslöst, gilt in gleichem Maße für das Kaufrecht.[1197]

1194 Begründung des Diskussionsentwurfs, 567. Die Bedeutung des Instituts der Abnahme sollte im ganzen allerdings erheblich reduziert werden, s. Begründung des Diskussionsentwurfs, 582. So sollte es gemäß § 639 I 1 BGB-DiskE für die Fälligkeit des Vergütungsanspruchs nicht mehr entscheidend auf die Abnahme (so noch § 640 I BGB a.F.), sondern auf die Fertigstellung des Werkes ankommen. Auf die Abnahme sollte nur ausnahmsweise dann abzustellen sein, wenn die Vertragsparteien eine solche vereinbart hatten oder diese üblich ist (§ 639 II 1 BGB-DiskE). Nur in solchen Fällen sollte der Besteller zur Abnahme des fertiggestellten Werkes verpflichtet sein (§ 639 II 2 BGB-DiskE).

1195 RGZ 64, 236 (240); 109, 295 (296); BGH NJW 1958, 1724; MüKo-*Westermann*, § 464 Rn. 4; *Soergel-Huber*, § 464 Rn. 9; *Staudinger-Honsell*, § 464 Rn. 4; *Erman-Grunewald*, § 464 Rn. 4; *Palandt-Putzo*, § 464 Rn.6; *Larenz*, SchR BT/1, 48; a.A. nur: *Raisch*, in: FS Duden, 399 (402 f.); *Rieble*, JZ 1997, 485 (489) sowie noch die ältere Literatur.

1196 S. nur MüKo-*Westermann*, § 464 Rn. 4 sowie oben Teil A Kap. II. 1.a.bb.(3).

1197 Dazu oben ausführlich Teil A Kap. IV.2.e. S. auch *Rieble*, JZ 1997, 485 (489): Der Käufer muß sich seine Gewährleistungsrechte deshalb vorbehalten, weil er die Ware als Erfüllung angenommen und nicht sogleich zurückgewiesen hat.

In der Begründung des Regierungsentwurfs schließlich wird auf das Problem der Ungleichbehandlung von Besteller und Käufer in der Situation der vorbehaltlosen Annahme trotz Mängelkenntnis überhaupt nicht mehr eingegangen. Die systematische Diskrepanz wird offensichtlich ohne größere Bedenken hingenommen.[1198]

Neuerdings merkt der Redaktor *Haas* (in etwas hilflos erscheinender Verteidigung des eigenen Fehlers) hierzu an, die systematisch unstimmige Beibehaltung des § 640 II BGB a.F. beruhe vor allem darauf, daß die Reform des Werkvertragsrechts im wesentlichen noch nicht durchgeführt worden sei. Die Vorschrift, die ohnehin schon vor der Schuldrechtsmodernisierung berechtigte rechtspolitische Kritik erfahren habe[1199], müsse aber bei der anstehenden vollständigen Reform des Werkvertragsrechts ebenso behandelt werden wie § 464 BGB a.F.[1200]

Daß allerdings bereits die Streichung des § 464 BGB a.F. eine weder interessen- noch sachgerechte gesetzgeberische Entscheidung war, ist oben ausführlich dargestellt worden. Der äußerst fragwürdige Wegfall des § 464 BGB a.F. fällt um so stärker ins Gewicht, als die Neuregelung des § 651 BGB eine weitgehende Verweisung von Werklieferungsverträgen aller Art in das Kaufrecht vorsieht und damit den Anwendungsbereich des Kaufrechts erheblich erweitert[1201]: Der neue § 651 S. 1 BGB ordnet an, daß in allen Fällen, in denen Gegenstand des Vertrages die Lieferung herzustellender oder zu erzeugender beweglicher Sachen ist, grundsätzlich Kaufrecht Anwendung findet. Dies führt dazu, daß der Besteller einer beweglichen Sache – nach dem Wegfall der kaufrechtlichen Ausschlußnorm des § 464 BGB a.F. – bei Abnahme in Mängelkenntnis nunmehr keinen Vorbehalt aussprechen muß.

Das unübersichtliche System des bisherigen § 651 BGB a.F. ist durch die Neuregelung vereinfacht worden.[1202] Auch hat die umfängliche Verweisung von Werklieferungsverträgen in das Kaufvertragsrecht zur Folge, daß die gerade bei Verträgen über die Lieferung vertretbarer Sachen oftmals nicht einfache (tatsächliche sowie rechtliche) Abgrenzung zwischen Werkvertrag und Kaufvertrag offenbleiben kann.[1203] Doch trotz der im Vergleich zum alten Recht nunmehr klareren Abgrenzungsmöglichkeiten bleibt die Ungleichbehandlung von Besteller und Käufer bei vorbehaltloser Annahme in Mängelkenntnis problematisch:

1198 Vgl. die Begründung des Regierungsentwurfs, 632 f. zu dem neu normierten § 640 II BGB.

1199 *Staudinger-Peters*, § 640 Rn. 52.

1200 *Haas/Medicus/Rolland/Schäfer/Wendtland*, Kap. 6 Rn. 47.

1201 *Lorenz/Riehm*, Rn. 663; *Dauner-Lieb/Heidel/Lepa/Ring-Raab*, § 9 Rn. 19.

1202 *Huber/Faust*, 427.

1203 S. *Lorenz/Riehm*, Rn. 663.

Es ist nicht einzusehen, warum es für die Mängelanzeigepflicht des Gläubigers einen Unterschied machen sollte, ob er beispielsweise den Bau eines Hauses erst in Auftrag gegeben hat oder ein bereits fertiggestelltes Gebäude erwirbt. Nach geltender Rechtslage obliegt ihm im ersten Fall, auf den Werkvertragsrecht anzuwenden ist, gemäß § 640 II BGB eine Vorbehaltspflicht bei Mängelkenntnis im Zeitpunkt der Abnahme. Im letzteren Fall dagegen schadet ihm, da Kaufrecht Anwendung findet, nach dem Wegfall des § 464 BGB a.F. die Mängelkenntnis grundsätzlich nicht. Ob der Gläubiger bei Annahme einer Hinweispflicht unterliegt oder nicht, hängt somit letztlich von Zufälligkeiten ab.

4. Ergebnis

Die Übernahme der dem § 464 BGB a.F. sachverwandten Haftungsausschlußvorschrift des § 460 BGB a.F. in den neuen § 442 BGB macht die zusätzliche Normierung einer dem § 464 BGB a.F. entsprechenden Regelung systematisch zwar nicht zwingend erforderlich. Ein sinnvoller Interessenausgleich zwischen Verkäufer und Käufer setzt allerdings voraus, daß über den Haftungsausschluß bei Mängelkenntnis im Zeitpunkt des Vertragsschlusses gemäß § 460 BGB a.F. bzw. § 442 BGB hinaus der Verlust der Gewährleistungsrechte auch dann gesetzlich angeordnet wird, wenn der Käufer erst im Zeitpunkt der Annahme Kenntnis von Mängeln erlangt hat. Die Aufrechterhaltung des § 464 BGB a.F. wäre also im Hinblick auf eine ausgewogene Regelung der käuferseitigen Mängelkenntnis angebracht erschienen.

Der Wegfall des § 464 BGB a.F. bei gleichzeitiger Aufrechterhaltung der miet- und werkvertraglichen Parallelvorschriften führt zudem zu systematischen Diskrepanzen zwischen Kauf- Miet- und Werkvertragsrecht, die angesichts der übereinstimmenden Interessenlage im Falle der vorbehaltlosen Annahme einer als mangelhaft erkannten Vertragsleistung nicht hingenommen werden können. Geht man davon aus, daß eine gelungene Zivilrechtsdogmatik voraussetzt, daß sachlich wesentlich ungleiche Regelungen auf beachtliche Unterschiede im zu regelnden Sachverhalt zurückführbar sein sollten[1204], so ist die Neuregelung der gläubigerseitigen Mängelkenntnis bei Annahme in Kauf-, Miet- und Werkvertragsrecht offensichtlich mißlungen. Obwohl mit der Modernisierung des Schuldrechts insbesondere eine Synchronisierung des kauf- und werkvertraglichen Gewährleistungsrechts durch eine Ankoppelung an das allgemeine

1204 Vgl. *Ehmann/Sutschet*, 268.

Leistungsstörungsrecht anstrebt und im ganzen auch erreicht worden ist[1205], hat man *in puncto* Mängelkenntnis bei Annahme durch die Streichung des § 464 BGB a.F. eine ursprünglich einheitliche Regelung durch eine sachlich nicht gerechtfertigte Ungleichbehandlung abgelöst und damit eine neue Diskrepanz geschaffen.

Die Beibehaltung der miet- und werkvertraglichen Gegenstücke zu § 464 BGB a.F., die entsprechende Sachverhalte regeln und auf einem gemeinsamen Grundgedanken beruhen, zeigt, daß die Streichung der kaufrechtlichen Vorschrift keineswegs so zwingend gewesen sein kann, wie es der Gesetzgeber offenbar angenommen hat.

1205 *Huber/Faust*, 428; *Lorenz/Riehm*, Rn. 623; *Dauner-Lieb/Heidel/Lepa/Ring-Raab*, § 9 Rn. 19 f. Zu den Koordinierungsproblemen im Mietrecht s. *Ehmann/Sutschet*, 268 ff.

Teil D: Was bleibt dem Verkäufer?

Nach alledem stellt sich die Frage, welche Möglichkeiten dem Verkäufer nach der ersatzlosen Streichung des § 464 BGB a.F. verbleiben, um sich gegen einen Käufer zur Wehr zu sezten, der die Kaufsache in vollem Bewußtsein ihrer Mangelhaftigkeit rügelos angenommen hat und sich trotzdem später auf Gewährleistungsrechte beruft.

Für den Verkäufer bedeutet der Wegfall des § 464 BGB a.F. – diese Untersuchung hat das bereits gezeigt[1206] – in erster Linie, daß der bloße Nachweis der Mängelkenntnis des Käufers bei Annahme für eine Haftungsbefreiung zumindest theoretisch in Zukunft nicht mehr ausreichen wird.[1207] Gelingt ihm nicht durch die Darlegung besonderer Umstände im Einzelfall der Nachweis, daß mit der vorbehaltlosen Annahme eine nachträgliche vertragliche Beschaffenheitsänderung oder ein Verzicht des Käufers auf seine Mängelrechte verbunden war, so ist ihm letztlich nur über § 242 BGB zu helfen. Wegen des Ausnahmecharakters dieser Vorschrift wird jedoch vermutlich auch hier die bloße Berufung auf die Mängelkenntnis des Käufers nicht, wie bislang im Rahmen des § 464 BGB a.F., genügen.

1206 Vgl. oben Teil C Kap. II.2.

1207 Das OLG Naumburg hat in einer neueren Entscheidung vom 24.02.2004, Az.: 11 U 94/03, NJW 2004, 2022-2024, nunmehr ausdrücklich darauf hingewiesen, daß nach der ersatzlosen Streichung des § 464 BGB a.F. die Mängelrechte des Käufers nur noch dann ausgeschlossen sind, wenn er den Mangel bereits bei Vertragsschluß kannte oder infolge grober Fahrlässigkeit nicht kannte. In dem der Entscheidung zugrundeliegenden Sachverhalt hatten die Parteien einen Kaufvertrag über ein Gartengrundstück mit Einfamilienhaus abgeschlossen, nachdem der Käufer das zu diesem Zeitpunkt noch bewohnte Grundstück besichtigt hatte. Am vereinbarten späteren Übergabetermin befanden sich Grundstück und Wohnhaus in einem völlig verwahrlosten Zustand und wiesen diverse Mängel auf, die unstreitig erst nach Vertragsabschluß eingetreten waren. Ob am fraglichen Termin tatsächlich eine Übergabe stattgefunden hatte, war zwischen den Parteien streitig. Das OLG Naumburg entschied, daß eine möglicherweise erfolgte Abnahme jedenfalls dem Käufer nicht sein Recht abschneide, gestützt auf die unstreitig gegebenen Sachmängel vom Vertrag zurückzutreten. Auch konnte dahinstehen, ob der Käufer die vorgefundenen Mängel gerügt hatte, da es auf eine Mängelanzeige im Sinne des § 464 BGB a.F. nicht mehr ankam. Der Haftungsausschluß des § 442 BGB griff nicht, da die fraglichen Mängel bei Vertragsschluß noch nicht vorgelegen hatten oder jedenfalls dem Käufer nicht erkennbar gewesen waren.

An eine Sperrung der Käuferrechte durch § 242 BGB ist insbesondere in Situationen zu denken, in denen der Verkäufer den Käufer vor oder bei Annahme auf einen Mangel ausdrücklich hingewiesen hat – etwa weil bei Vertragsschluß besprochen worden war, daß der Verkäufer den Mangel beheben sollte[1208], ihm dies aber nicht gelungen ist oder er womöglich bei der Reparatur auf andere Mängel des Kaufgegenstands gestoßen ist –, der Käufer aber den Eindruck vermittelt hat, dies mache ihm nichts aus oder er sei dennoch mit der Sache zufrieden. In einem solchen Fall wird ein widersprüchliches Verhalten (*venire contra factum proprium*) des Käufers und folglich ein Rechtsmißbrauch im Sinne des § 242 BGB zu bejahen sein. Gerade in einer Situation wie der soeben geschilderten wird man freilich u.U. bereits die (jedenfalls konkludente) Vereinbarung einer Beschaffenheitsänderung oder einen stillschweigenden Verzicht des Käufers auf Gewährleistungsrechte erblicken können. Ein Rechtsmißbrauch wird wohl auch dann zu bejahen sein, wenn der Käufer, obschon er die Mangelhaftigkeit bereits bei Annahme kannte, die Sache dennoch über einen längeren Zeitraum, gar bis kurz vor Ablauf der Verjährungsfrist nutzt, um sie dann gleichsam gegen einen neuen Gegenstand „umzutauschen". In einem solchen Fall dürfte der Annahme einer Verwirkung, sofern sich der Verkäufer seinerseits wegen des Zeitablaufs darauf verlassen hat, daß der Käufer die ihm an sich zustehenden Rechte nicht mehr geltend macht, nichts im Wege stehen.

Um die Darlegung solcher spezieller Gegebenheiten wird der Verkäufer allerdings nicht herumkommen, sofern nicht die Rechtsprechung in Fällen der vorbehaltlosen Annahme trotz Mängelkenntnis generell die Anforderungen an einen Verzicht auf Gewährleistungsrechte oder den nach Treu und Glauben eintretenden Rechtsverlust herabsetzt, um etwaige unbillige Ergebnisse, die durch den Wegfall des § 464 BGB a.F. entstehen, zu vermeiden. Dann ergäben sich freilich Differenzen im Hinblick auf die bisherige Rechtsprechung zu den Voraussetzungen des Gewährleistungsverlusts bei nachträglicher (also nach Annahme erlangter) Mängelkenntnis[1209], wenn nicht auch hier aufgrund der deutlichen Ausdehnung des Verjährungszeitraums zum Schutze des Verkäufers Modifikationen vorgenommen werden. Ein Verzichtswille desjenigen Käufers, der Mängel der Kaufsache bereits im Zeitpunkt der Annahme kennt, dieselbe aber dennoch widerspruchslos entgegennimmt (und damit auch die Möglichkeit einer sofortigen Zurückweisung der Ware ungenützt läßt) wird in der Regel jedenfalls einfacher zu begründen sein, als der Verzicht eines Käufers, der die Sache nach

1208 Zwar liegt in einem solchen Fall bereits Kenntnis bei Vertragsschluß vor; die Haftungsausschlußnorm des § 442 BGB greift aber dennoch nicht ein, wenn sich der Verkäufer zur Beseitigung des Mangels bis zum Gefahrübergang vertraglich verpflichtet hat, s. dazu oben Teil A Kap. VI.2.b.bb.

1209 S. dazu oben Teil C Kap. II.2.

späterer Entdeckung eines Mangels schlicht weiterbenutzt, ohne den Mangel sofort zu melden.

Ein Ausweg aus dieser wenig befriedigenden Regelungssituation bietet sich letztlich auch nicht über die allgemeine Vorschrift des § 363 BGB, aufgrund derer sich zwar die Situation nach einer Annahme als Erfüllung für den Käufer in gewisser Hinsicht verschlechtert[1210], die den § 464 BGB a.F. in seiner weitreichenden Wirkung als Haftungsausschlußtatbestand aber nicht zu ersetzen vermag.

§ 363 BGB ordnet, wie oben bereits erwähnt[1211], an, daß ein Gläubiger, der eine Leistungs als Erfüllung angenommen hat, die Beweislast trägt, wenn er später die Leistung deshalb nicht als Erfüllung gelten lassen will, weil sie eine andere als die geschuldete oder weil sie unvollständig gewesen sei. Die Vorschrift greift nach neuer Rechtslage unmittelbar ein, wenn der Verkäufer eine mangelhafte Kaufsache leistet: die Lieferung einer mangelbehafteten Kaufsache stellt eine unvollständige Erfüllung im Sinne des § 363 BGB dar, weil der Verkäufer die ihm nach dem neuen § 433 I 2 BGB obliegende Pflicht zur mangelfreien Leistung nicht erfüllt hat.[1212] Ein praktischer Unterschied zur alten Rechtslage ergibt sich dadurch freilich nicht, da auch bislang für den § 363 BGB anerkannt war, daß eine unvollständige Leistung im Sinne dieser Vorschrift auch in einer mangelhaften Leistung bestehen konnte.[1213]

Mit der Annahme der mangelhaften Sache tritt gemäß § 363 BGB eine Vermutung der vollständigen, sprich mangelfreien Erfüllung und damit eine Beweislastumkehr ein: Traf vorher den Verkäufer die Beweislast dafür, daß er seine Leistungspflicht vertragsgemäß erfüllt hatte, so muß nunmehr der Käufer, will er wegen des vermeintlichen Mangels Rechte geltend machen, diesen beweisen.[1214] Gelingt ihm jedoch dieser Beweis, so kann er die sich aus dem Mangel ergebenden Rechte ungehindert geltend machen.

Denn die (vorbehaltlose) Annahme als Erfüllung im Sinne des § 363 BGB hat als bloße Beweislastregel nicht den Verlust materieller Rechte zur Folge. Die Gewährleistungsrechte bleiben durch die Annahme als Erfüllung grundsätzlich unberührt[1215]; insbesondere tritt keine Genehmigungsfiktion hinsichtlich dem

1210 Dies gilt freilich ohnehin nur außerhalb des Verbrauchsgüterkaufs. Im Falle eines Verbrauchsgüterkaufs wird § 363 BGB durch die spezielle Regelung des § 476 BGB verdrängt.

1211 S. etwa oben Teil A Kap. II.1.a.bb.(3).; Kap. IV.2.e.

1212 Vgl. *Schlechtriem*, SchR BT^5, Rn. 70 Fn. 13a.

1213 S. etwa MüKo-*Heinrichs*, § 363 Rn. 4; *Staudinger-Olzen*, § 363 Rn. 20.

1214 *Palandt*^{62}-*Heinrichs*, § 363 Rn. 1; MüKo^4-*Wenzel*, § 363 Rn. 1.

1215 *Soergel-Zeiss*, § 363 Rn. 1; *Palandt*^{62}-*Heinrichs*, § 363 Rn. 3; *Staudinger-Olzen*, § 363 Rn. 3.

Käufer etwa bekannter Mängel ein. Beabsichtigt also ein Käufer, der bewußt eine mangelhafte Kaufsache annimmt, die spätere Geltendmachung von Gewährleistungsrechten, so ist er nicht etwa aufgrund des § 363 BGB gezwungen, sich diese vorzubehalten oder die Mängel anzuzeigen, wie es nach § 464 BGB der Fall war (und jetzt noch nach § 377 HGB und § 640 BGB der Fall ist).

Ganz im Gegenteil hilft die Rüge einzelner Mängel oder ein pauschal gehaltener Vorbehalt, die erbrachte Leistung werde nicht als ordnungsgemäß akzeptiert, auch der Rechtsfolge des § 363 BGB gerade nicht ab.[1216] Die Vermutung der vertragsgemäßen und vollständigen Erfüllung tritt unabhängig von einem eventuell ausgesprochenen Gewährleistungsvorbehalt ein. Denn eine Annahme als Erfüllung im Sinne des § 363 BGB liegt, wie oben mehrfach ausgeführt[1217], bereits dann vor, wenn das Verhalten des Gläubigers bei oder nach Entgegennahme der Leistung erkennen läßt, daß er sie als *im wesentlichen* vertragsgemäße Erfüllung gelten läßt. Dies beinhaltet keine Anerkennung der Ware als mangelfrei, weshalb die spätere Geltendmachung von Mängeln gerade nicht ausgeschlossen ist. So mußte nach alter Rechtslage auch der Käufer, der einen Mangel ordnungsgemäß nach § 464 BGB a.F. angezeigt hatte, dessen Vorliegen bei späterer Berufung darauf beweisen. Will dagegen ein Käufer die Umkehr der Beweislast nach § 363 BGB sicher abgewendet wissen, bietet letztlich nur die vollständige Annahmeverweigerung bzw. Zurückweisung der Ware eine eindeutige Möglichkeit.[1218]

Behält also der Käufer sich trotz Kenntnis eines Mangels bei Annahme seine Gewährleistungsrechte nicht vor, so erwachsen ihm daraus keine Nachteile (und folglich dem Verkäufer auch keine Vorteile), die nicht ohnehin bereits aus der Annahme als Erfüllung im Sinne des § 363 BGB folgen. Der Ausspruch eines Vorbehalts bei Annahme kann für den Käufer demnach nach dem Wegfall des § 464 BGB a.F. nur noch insofern von Bedeutung sein, als er sich ggf., insbesondere bei schriftlicher Fixierung, als Beweismittel für das Vorliegen eines Mangels schon im Zeitpunkt des Gefahrübergangs verwerten läßt, etwa in Form eines „Übernahmeprotokolls" beim Immobilienkauf. Der ausdrückliche Vorbehalt mag auch dann für den Käufer von Vorteil sein, wenn die Kaufsache, etwa eine zerbrechliche Vase, schon beim Transport beschädigt wurde, die Beschädigung aber gleichermaßen durch ein späteres Verhalten des Käufers, z.B. durch ein Fallenlassen, eingetreten sein könnte. In einem solchen Fall würde der Käufer freilich besser daran tun, die angebotene Leistung gleich gänzlich zurückzuweisen, um gar nicht erst in Beweisschwierigkeiten zu geraten. Keine Beweis-

1216 MüKo^4-*Wenzel*, § 363 Rn. 3; *Staudinger-Olzen*, § 363 Rn. 15.
1217 S. etwa oben Teil A Kap. II.1.a.bb.(3).
1218 *Staudinger-Olzen*, § 363 Rn. 16.

vorteile erwachsen dem Käufer dagegen durch einen Vorbehalt, wenn sich ohnehin ohne Schwierigkeiten feststellen läßt, daß die Sache von vornherein mangelhaft war, etwa weil es sich um einen Produktionsfehler handelt.

Praktisch bietet der § 363 BGB dem Verkäufer also – nach neuer Rechtslage wie nach alter – einzig die Möglichkeit, den behaupteten Mangel zu bestreiten. Ist der Mangel bereits bewiesen oder unstreitig und will der Verkäufer nunmehr einen Ausschluß der Gewährleistungsrechte erreichen, so kommen hierfür nach dem Wegfall des § 464 BGB a.F. nur die oben bereits besprochenen Institute des stillschweigenden Verzichts oder des Rechtsmißbrauchs gemäß § 242 BGB in Betracht. Freilich läßt sich in einer Interessenabwägung nach § 242 BGB der dem § 363 BGB zugrundeliegende Gedanke berücksichtigen, daß ein Käufer, der durch sein Verhalten den Eindruck erweckt hat, er nehme die angebotene Leistung als Erfüllung an und sich später gleichwohl darauf beruft, es sei nicht oder nicht vollständig erfüllt worden, sich widersprüchlich verhält.[1219] Widerspruchsvoll erscheint es ebenso, wenn der Käufer die Kaufsache, deren Mangelhaftigkeit er positiv erkannt hat, schweigend entgegennimmt, statt die Annahme sofort zu verweigern, um sich gleichwohl später auf Mängelrechte zu berufen. Die Vorbehaltspflicht bei positiver Mängelkenntnis, wie sie bislang in § 464 BGB a.F. festgeschrieben war, stellte sich letztlich lediglich als die Konsequenz aus der Entscheidung des Käufers dar, die Sache trotz ihrer Mängel anzunehmen und nicht unmittelbar zurückzuweisen.[1220] Auch ohne die ausdrückliche Normierung einer entsprechenden Obliegenheit mag dies im Rahmen einer Abwägung nach § 242 BGB eine Rolle spielen. Ob aber der Verkäufer mit der Berufung auf Treu und Glauben tatsächlich Erfolg hat, bleibt, wie dargestellt, eine Entscheidung des Einzelfalles.

Dem Verkäufer kann angesichts dieser Rechtslage nur empfohlen werden, sich bereits im Vorfeld etwaiger Mängelstreitigkeiten durch entsprechende vertragliche Absprachen abzusichern und bei der Vertragsausgestaltung, sofern nicht ein gänzlicher Gewährleistungsausschluß vereinbart wird, Vorbehalts- bzw. Rügeobliegenheiten des Käufers ausdrücklich vorzusehen. Die Statuierung einer Ausschlußfrist für die Anzeige von Mängel ist dabei grundsätzlich auch in Allgemeinen Geschäftsbedingungen möglich: § 11 Nr. 10 lit. e AGB-Gesetz ist durch das Schuldrechtsmodernisierungsgesetz nahezu unverändert in das BGB übernommen worden. Die neue Vorschrift des § 309 Nr. 8 lit. b ee) BGB erklärt solche Vertragsklauseln für unwirksam, durch die der Verwender dem Kunden

---

1219 Die Beweislastregel ist deshalb nichts anderes als eine Ausformung des Gedankens der unzulässigen Rechtsausübung in der Form des *venire contra factum proprium*, *Soergel-Zeiss*, § 363 Rn. 1; MüKo[4]-*Wenzel*, § 363 Rn. 2.

1220 S. etwa oben Teil A Kap. II.1.a.bb.(3). Und Kap. IV.2.e.

für die Anzeige nicht offensichtlicher Mängel eine kürzere Ausschlußfrist setzt, als es § 309 Nr. 8 b ff. vorsieht, der seinerseits die Verkürzung der Verjährungsfristen bei Gewährleistungsansprüchen zum Inhalt hat. Soll demnach dem Kunden für die Geltendmachung von Mängel, die er nicht sofort erkennen kann, eine angemessene Mindestverjährungsfrist erhalten bleiben, läßt sich aus der Regelung auch der Gegenschluß ziehen, daß für die Anzeige offensichtlicher Mängel eine kürzere Frist wirksam vereinbart werden kann.[1221] Ein offensichtlicher Mangel liegt dann vor, wenn die Abweichung in der Beschaffenheit so deutlich zu Tage tritt, daß sie auch dem durchschnittlichen, nicht kaufmännischen Kunden ohne besonderen Aufwand auffällt.[1222] Die Rügefrist beginnt mit Lieferung; sie muß gemäß § 307 BGB eine angemessene Länge haben. Eine Klausel, die eine unverzügliche Mängelanzeige anordnet, ist somit unwirksam. Erforderlich ist in der Regel eine Frist von zwei Wochen, bezogen auf die Absendung der Anzeige.[1223]

Allerdings darf nicht außer acht gelassen werden, daß der Gesetzgeber durch den neuen § 475 I BGB die gesetzlichen Gewährleistungsrechte im Falle eines Verbrauchsgüterkaufes grundsätzlich der Disposition der Vertragsparteien entzogen hat. Die Vereinbarung einer Rügeobliegenheit oder einer Ausschlußfrist mit der Rechtsfolge des Gewährleistungsverlusts kommt demnach weder individualvertraglich noch in Form von AGB in Betracht, sofern es sich um den Verkauf einer beweglichen Sache von einem Unernehmer an einen Verbraucher oder um einen Vertrag über die Lieferung herzustellender oder zu erzeugender beweglicher Sachen (§ 651 i.V.m. § 475 I BGB) handelt. Haftungsausschlüsse sind somit praktisch nur noch bei Verträgen zwischen Privatleuten und bei Verträgen über Bauleistungen möglich.

1221 *Stoffels*, Rn. 948.
1222 *Ring/Klingelhöfer*, D Rn. 105.
1223 *Palandt*[62]*-Heinrichs*, § 309 Rn. 71.

Ergebnis

Die genaue Überprüfung der von der Bundesregierung im Regierungsentwurf für die Streichung des § 464 BGB a.F. vorgebrachten Argumente zeigt, daß keiner der genannten Gründe den Wegfall der kaufrechtlichen Haftungsausschlußnorm zu rechtfertigen vermag. Insbesondere die Annahme, der § 464 BGB a.F. sei mit der Verbrauchsgüterkaufrichtlinie (Richtlinie 1999/44/EG) nicht vereinbar gewesen, die das vorrangige Motiv für die Streichung der Bestimmung darstellte, ist schlichtweg unzutreffend. Bundesjustizministerium und Bundesregierung haben sich bei der Überprüfung der Richtlinienvereinbarkeit des § 464 BGB a.F. darauf beschränkt, die Vorschrift an den Maßstäben des Art. 2 III Kauf-RL zu messen und sind zu dem – insoweit stimmigen – Ergebnis gelangt, daß die deutsche Ausschlußnorm, die eine Vorbehaltspflicht des Käufers bei *Annahme* der Kaufsache statuierte, den Vorgaben der Richtlinienbestimmung, die die Mängelkenntnis des Käufers im Zeitpunkt des *Vertragsschlusses* regelt, nicht entsprach. Die Beibehaltung der § 464 BGB a.F. als einer Vorschrift, die den Verlust der Gewährleistungsrechte des Käufers auch bei nachträglicher Mängelkenntnis vorsah und damit einen über den Regelungsbereich des Art. 2 III Kauf-RL hinausgehenden Fall erfaßte, hätte nach Auffassung der Bundesregierung zu einer unzulässigen Schlechterstellung des Verbrauchers gegenüber den Richtlinienvorgaben geführt.

Eine solche Schlußfolgerung wäre aber nur dann berechtigt, wenn die Richtlinie ihrerseits keine Regelung der nach Vertragsschluß erlangten Mängelkenntnis enthielte. Dies ist jedoch gerade nicht der Fall. Die Verbrauchsgüterkaufrichtlinie sieht in Art. 5 II eine optionale Rügeobliegenheit des Verbrauchers innerhalb von zwei Monaten nach positiver Feststellung eines Mangels vor. Hierauf ist zwar in der Begründung des Regierungsentwurfs noch ausdrücklich verwiesen. Die Konsequenz, die Richtlinienvereinbarkeit des § 464 BGB a.F. nunmehr auch anhand dieser Vorschrift zu untersuchen, wurde allerdings – unverständlicherweise – nicht mehr gezogen. Wenn also die Bundesregierung zur Begründung der Richtlinienwidrigkeit der deutschen Ausschlußnorm allein auf den Art. 2 III Kauf-RL abgestellt hat, ist sie von falschen Voraussetzungen ausgegangen. Als eine Vorschrift, die die nach Vertragsschluß erlangte Mängelkenntnis des Käufers regelte, hätte § 464 BGB a.F. statt an Art. 2 III Kauf-RL an Art. 5 II Kauf-RL gemessen werden müssen, der gleichfalls die nachträgliche Kenntniserlangung behandelt. Eine solche Untersuchung hat jedoch nicht stattgefunden. Der von der Bundesregierung für die Richtlinienwidrigkeit des § 464 BGB a.F. erbrachte Nachweis ist somit unzureichend.

Die Überprüfung des § 464 BGB a.F. anhand Art. 5 II Kauf-RL ergibt, daß die deutsche Haftungsausschlußregelung prinzipiell sehr wohl mit der Verbrauchsgüterkaufrichtlinie vereinbar gewesen wäre. Sowohl dem § 464 BGB a.F. als auch dem Art. 5 II Kauf-RL liegt der Gedanke einer Mitverantwortung des Käufers für eine zügige und möglichst reibungslose Abwicklung von Mängelproblemen zugrunde, die mit dem Institut der Mängelanzeige und der Sanktion des Gewährleistungsverlusts realisiert wird. Die Vorbehaltspflicht bei Annahme in Mängelkenntnis im Sinne von § 464 BGB a.F. stellt dabei ein der Rügeobliegenheit nach positiver Kenntniserlangung gemäß Art. 5 II Kauf-RL funktionsäquivalentes Rechtsinstitut dar und ist, insofern es für die Mängelkenntnis des Käufers allein auf den Zeitpunkt der Annahme ankommt, im Vergleich zu Art. 5 II Kauf-RL, nach dem die Mängelkenntnis im gesamten Gewährleistungszeitraum relevant wird, sogar eine für den Verbraucher mildere Regelung. Erlaubt die Richtlinie also die Einführung einer allgemeinen Rügeobliegenheit des Käufers, so gestattet sie erst recht die Normierung einer den Käufer weniger belastenden, auf den Annahmezeitpunkt beschränkten Anzeigepflicht. Eine Anpassung der deutschen Regelung wäre zwar in Hinblick auf die in Art. 5 II Kauf-RL dem Käufer gewährte zweimonatige Frist zur Erstattung der Mängelanzeige erforderlich gewesen. Hierfür hätte allerdings die Normierung einer entsprechenden Ausnahmeregelung im Bereich des Verbrauchsgüterkaufs ausgereicht.

Ist man mit der ersatzlosen Streichung des § 464 BGB a.F. nach dem soeben Gesagten sogar noch über das von der Richtlinie geforderte Mindestmaß an Verbraucherschutz hinausgegangen, so scheint man dafür bei der Neunormierung des sachverwandten Haftungsausschlußtatbestands des § 460 BGB a.F. die Vorgaben der Richtlinie weniger streng genommen zu haben: das in Art. 2 III Kauf-RL vorgesehene Tatbestandsmerkmal „nicht in Unkenntnis sein können“ wurde zu bedenkenlos in den dem deutschen Kaufrecht geläufigen Begriff der grob fahrlässigen Unkenntnis übersetzt, obwohl jenes Merkmal nur das Übersehen ganz evidenter Mängel einer dem Käufer tatsächlich vor die Augen gelangten Sache erfassen soll und damit einen engeren Anwendungsbereich eröffnet als die deutsche Regelung.

Auch die Zweifel an der Legitimation des § 464 BGB a.F., wie sie schon im Vorfeld der Schuldrechtsmodernisierung vereinzelt in der Literatur geäußert worden waren, erweisen sich als unberechtigt. Nicht nur geht der Grundsatz, daß die vorbehaltlose Annahme in Mängelkenntnis Billigung der Kaufsache ist, in der deutschen Rechtsgeschichte auf eine lange Tradition zurück. Der Blick in das europäische Ausland bestätigt, daß auch andere Rechtsordnungen dem Käufer, der Mängel der Kaufsache erkannt hat, nicht nur im Zeitpunkt des Vertragsschlusses, sondern auch noch im Zeitraum danach Mängelanzeigepflichten auferlegen. Im Vergleich zu entsprechenden Bestimmungen vieler anderer europäischer Kaufrechte stellte sich die gestrichene deutsche Ausschlußvorschrift sogar als eine relativ milde, käuferfreundliche Regelung dar: Viele Rechtsordnungen sehen Anzeigepflichten nicht nur, wie § 464 BGB a.F., für positiv vom Käufer erkannte Mängel vor, sondern auch für evidente Mängel bzw. für jene Fehler der Kaufsache, die der Käufer hätte feststellen müssen. Den Käufer treffen also, anders als nach deutschem Kaufrecht, auch noch nach Vertragsschluß gewisse Sorgfaltspflichten bezüglich der Aufdeckung von Mängeln. Zudem sind Anzeigepflichten des Käufers häufig nicht auf den Zeitpunkt der Annahme beschränkt, sondern erstrecken sich auf den gesamtem Gewährleistungszeitraum.

Von einer ungerechtfertigten Benachteiligung des Käufers konnte demnach angesichts der vergleichsweise geringen Anforderungen der deutschen Ausschlußnorm des § 464 BGB a.F. an den Käufer wohl kaum die Rede sein. Insbesondere erscheint es wenig nachvollziehbar, wenn die Vorschrift, wie etwa von *Peters*, offenbar nur deshalb für problematisch gehalten wurde, weil sie ein einmaliges *Schweigen* des Käufers mit der nachhaltigen Folge des Gewährleistungsverlusts sanktionierte. Auch einem bloßen Schweigen kann rechtliche Bedeutung zukommen, wenn der Schweigende nach Treu und Glauben zu einer Äußerung verpflichtet gewesen wäre. Neben § 464 BGB a.F. finden sich noch zahlreiche weitere zivil- und handelsrechtliche Vorschriften, die das Unterlassen eines an sich gebotenen Widerspruchs als Zustimmung bzw. Billigung werten und mit Rechtsfolgen belegen. Im Rahmen des § 464 BGB a.F. oblag es dem Käufer aufgrund seiner Mitverantwortung für eine schnelle Vertrags- und Gewährleistungsabwicklung, bei Annahme einen Gewährleistungsvorbehalt auszusprechen, um so dem (unzutreffenden) Eindruck, er sei mit der als Erfüllung angebotenen Leistung einverstanden, sogleich entgegenzuwirken. Die Vorbehaltspflicht des Käufers ist gleichsam die Konsequenz aus der Tatsache, daß er die als mangelhaft erkannte Sache als Erfüllung angenommen und nicht unmittelbar zurückgewiesen hat. Unterläßt der Käufer die gebotene Mängelanzeige, gilt die Kaufsache als in ihrem dem Käufer bekannten fehlerhaften Zustand genehmigt, so daß eine spätere Berufung auf Gewährleistungsrechte nicht mehr in Betracht kommt.

Etwas anderes kann sich auch dann nicht ergeben, wenn nach neuem Schuldrecht der Verkäufer gemäß § 433 I 2 BGB grundsätzlich die Verschaffung einer mangelfreien Sache schuldet. Zwar wird in der Begründung des Diskussions- und Regierungsentwurfs ausdrücklich angemerkt, daß auch das Unterlassen einer Mängelrüge nichts daran ändere, daß der Verkäufer seine vertragliche Pflicht zur Übereignung einer fehlerfreien Sache verletzt habe. Zur Widerlegung dieses

Einwands genügt es allerdings, auf die entsprechende Regelungssituation im Werkvertragsrecht zu verweisen: Sowohl nach alter als auch nach neuer Rechtslage ist der Unternehmer gemäß § 633 I BGB verpflichtet, das versprochene Werk frei von Mängeln zu erstellen. Die Fehlerfreiheit ist folglich auch hier Leistungsinhalt und gehört zur Erfüllungspflicht des Unternehmers. Dennoch bestand und besteht gemäß § 640 II BGB im Falle der Mängelkenntnis bei Annahme eine dem § 464 BGB a.F. parallel ausgestaltete Vorbehaltspflicht des Bestellers.

Im übrigen entbindet auch die Tatsache, daß dem Verkäufer eine Verpflichtung zur fehlerfreien Leistung obliegt und daß der (private) Käufer im Zeitpunkt der Annahme, in dem die Anforderungen an die Qualität der Kaufsache vertraglich bereits festgelegt sind, prinzipiell mit der Lieferung einer entsprechenden (mangelfreien) Sache rechnen darf, den Erwerber nicht von seiner grundsätzlichen Mitverantwortung für eine möglichst rasche und reibungslose Vertrags- und Gewährleistungsabwicklung. Mitverantwortung dafür, daß er nicht durch den Zustand der Kaufsache, mit dem er später vielleicht leben muß, enttäuscht wird, trifft den Käufer bereits im Zeitpunkt des Vertragsschlusses und findet eine angemessene Regelung in § 460 BGB a.F. (jetzt § 442 BGB). Die Haftungsausschlußregelung trägt dem Umstand Rechnung, daß ein Käufer, der schon während der Vertragsverhandlungen einen Mangel der Sache erkennt oder ihn jedenfalls ohne weiteres hätte erkennen müssen, die Möglichkeit hat, entweder gleich ganz vom Vertragsschluß zu den für ihn ungünstigen Konditionen abzusehen oder aber durch eine entsprechende Modifikation des Vertragsinhalts seinem Interesse an einer dem Kaufpreis angemessenen vertraglichen Gegenleistung unmittelbare Geltung zu verschaffen, ohne daß hierfür ein späterer Gewährleistungsausgleich überhaupt noch erforderlich würde.

Die Mitverantwortung des Käufers beschränkt sich allerdings nicht auf den Zeitpunkt des Kaufabschlusses, wenn Vertragsschließung und Vollzug des Kaufes und damit die Übergabe bzw. Annahme der Kaufsache zeitlich auseinanderfallen. Diese Tatsache fand in § 464 BGB a.F. Berücksichtigung. Die Vorschrift knüpfte sachlich an § 460 BGB a.F. an und stellte in gewissem Maße eine Übertragung der bei Vertragsschluß geltenden Prinzipien auf den Annahmezeitpunkt dar. Allerdings geht es bei Annahme der Kaufsache nicht mehr um die Verhinderung eines Gewährleistungsausgleichs, sondern vielmehr darum, die inzwischen eingetretene Gewährleistungssituation zum Vorteil beider Parteien, wie aber auch im Interesse des allgemeinen Verkehres und der Rechtssicherheit, möglichst schnell abwickeln zu können. § 464 BGB a.F. sollte den Käufer, der positive Kenntnis von einem Mangel erlangt hatte, dazu anhalten, die Möglichkeit einer raschen Klärung der Mängelprobleme zu nutzen und seine Beanstandungen dem Verkäufer sogleich mitzuteilen. Für den Verkäufer ist eine frühzeitige Information von großer Wichtigkeit, damit er sich sogleich auf den bevorstehenden Gewährleistungsausgleich einrichten und die daraus entstehende Nachteile tunlichst gering halten kann. Unterließ der Käufer die gebotene Mängelanzeige, so sollte der Verkäufer unter den in § 464 BGB a.F. geregelten Umständen das getätigte Geschäft als abgewickelt betrachten dürfen.

Versäumt der Käufer eine rechtzeitige Inkenntnissetzung des Verkäufers bei Vertragsschluß oder im Zeitpunkt der Abnahme und wird somit der ihn treffenden Mitverantwortung nicht gerecht, möchte aber dennoch später Gewährleistungsrechte geltend machen, so verhält er sich nicht verkehrsgerecht. Das treuwidrige Verhalten des Käufers wurde in §§ 460, 464 BGB a.F. mit dem Verlust der Gewährleistungsrechte sanktioniert, denn hinsichtlich eines Gewährleistungsausgleichs erscheint der Käufer in solchen Fällen nicht mehr schutzwürdig. Seine dahingehenden Erwartungen müssen in den in § 460 BGB a.F. und § 464 BGB a.F. geregelten Sachverhalten hinter die Interessen des Verkäufers und das allgemeinen Verkehrsinteresse zurücktreten.

In der Kombination dienten die §§ 460, 464 BGB a.F. somit einem sinnvollen Interessenausgleich und einer sachgerechten Aufgabenzuweisung zwischen Verkäufer und Käufer, für die der Haftungsausschluß im Zeitpunkt des Vertragsschlusses gemäß § 460 BGB a.F. bzw. § 442 BGB allein nicht genügen kann. Das grundsätzliche Bedürfnis nach einer schnellen Lösung von Mängelproblemen macht eine darüber hinausgehende Anzeigepflicht des Käufers im Annahmezeitpunkt gemäß § 464 BGB a.F. erforderlich. Auch erscheint die Auferlegung einer Vorbehaltspflicht in Anbetracht des großen wirtschaftlichen Informationsnutzens, den der Verkäufer aus einer rechtzeitigen Mängelrüge zieht, dem Käufer durchaus zumutbar; vor allem weil die Erstattung einer entsprechenden Anzeige für den Käufer nur einen geringfügigen zeitlichen, wirtschaftlichen und intellektuellen Aufwand darstellt. Eine schlichte Mängelanzeige, die nicht einmal voraussetzt, daß der Käufer den festgestellten Mangel bis ins Detail beschreibt, bedeutet, dies sei hier nochmals betont, grundsätzlich für keinen – noch so schutzwürdigen – privaten Käufer oder Verbraucher eine unmäßige Belastung oder Überforderung, zumal es hierfür weder einer besonderen Sachkunde noch längerer Geschäftserfahrung bedarf. Sofern eingewendet wird, die Auferlegung von Mängelanzeigepflichten hieße, den privaten Käufer wie einen Kaufmann zu behandeln, ist diese Aussage schlichtweg unzutreffend. Die eigentliche Härte der handelsrechtlichen Ausschlußvorschrift des § 377 HGB liegt in ihrer Verknüpfung der Rügeobliegenheit mit einer umfassenden Untersuchungspflicht nach Ablieferung. Jegliche Pflicht des privaten Käufers zu einer Überprüfung der Kaufsache im Zeitpunkt der Annahme wurde aber durch den § 464 BGB a.F. gerade ausgeschlossen. Selbst wenn der Käufer bei Übergabe der Sache einen Mangel grob fahrlässig übersah, konnte er bei späterer Entdekkung desselben dennoch bis zum Ablauf der Verjährungsfrist ungehindert Mängelansprüche geltend machen.

Nach neuer Rechtslage kann der Käufer nun selbst dann den vollen Verjährungszeitraum ausschöpfen, wenn er bei Annahme positiv von einem Mangel der Kaufsache wußte, womöglich sogar deshalb, weil der Verkäufer ihn darauf hingewiesen hat. Die Tatsache, daß dem Käufer grundsätzlich der gesamte Verjährungszeitraum für die Geltendmachung von Gewährleistungsansprüchen zur Verfügung steht, erhält durch die Neuregelung der kaufrechtlichen Gewährleistung im Rahmen der Schuldrechtsreform zudem eine besondere, neue Brisanz. Durch die beträchtliche Verlängerung der Gewährleistungsfrist von sechs Monaten auf zwei Jahre wird der Verkäufer nach derzeitiger Rechtslage gemäß § 438 I Nr. 3 BGB wesentlich stärker in die Haftung genommen, als dies nach altem Kaufrecht der Fall war. Zur Abmilderung der hierdurch für den Verkäufer entstehenden Nachteile hatte das Bundesjustizministerium im Diskussionsentwurf sogar noch die Einführung einer allgemeinen, also nicht auf den Annahmezeitpunkt beschränkten Rügepflicht des Käufers im Sinne des Art. 5 II der Verbrauchsgüterkaufrichtlinie vorgesehen in der Annahme, ein berechtigtes Interesse des Verkäufers an schnellstmöglicher Information von auftretenden Mängeln sei grundsätzlich anerkennenswert. Trotz dieser Einsicht aber wurde die Einführung einer Rügeobliegenheit des Käufers schon in der konsolidierten Fassung des Diskussionsentwurfs wieder aufgegeben, offensichtlich, weil man sie als zu starke Belastung für den Käufer empfand.

Nicht nur, daß die Bundesregierung sich mit dieser wohl (partei)politisch motivierten Entscheidung in deutlichen Widerspruch zum Standpunkt der deutschen Delegation im Rat der Europäischen Union gestellt hat, die die Aufnahme einer Rügepflicht des Verbrauchers in die Verbrauchsgüterkaufrichtlinie während des Richtliniensetzungsverfahrens sogar nachdrücklich gefordert hatte. Mit der Streichung auch der Vorbehaltspflicht des Käufers im Annahmezeitpunkt, die als ein Minus zur allgemeinen Rügepflicht im Sinne des Art. 5 II Kauf-RL für den Verbraucher weniger belastend gewesen wäre, hat man, so will es scheinen, noch über das Ziel hinausgeschossen. Das ist ein Schritt, der angesichts der ohnehin schon deutlichen Verschiebung des Interessengleichgewichts zu Lasten des Verkäufers durch die Ausdehnung des Gewährleistungszeitraums höchst bedenklich anmutet.

Rechte und Pflichten von Verkäufer und Käufer bzw. Verbraucher sollten sich in einem insgesamt ausgewogenen System gegenüberstehen. Eine einseitige Begünstigung des Verbrauchers kann sich wirtschaftlich gesehen letztlich zu seinem eigenen Nachteil auswirken, wenn der Verkäufer versucht, das gesteigerte Risiko der Inanspruchnahme wegen Sachmängeln durch höhere Preise auf den Käufer abzuwälzen. Schon um solche Folgen zu vermeiden, wäre es angebracht gewesen, dem Verkäufer, der durch die längere Verjährung stärker in die Haftung genommen wird, wenigstens die Haftungserleichterung des § 464 BGB a.F. zu belassen. Dies gilt insbesondere auch deshalb, weil nach dem neu normierten § 475 I BGB im Bereich des Verbrauchsgüterkaufs, jedenfalls vor Mitteilung eines Mangels an den Unternehmer, die Vorschriften des Gewährleistungsrechts weitestgehend unabdingbar sind. Dies bedeutet, daß die Parteien eines Verbrauchsgüterkaufs nicht einmal individualvertraglich eine Haftungsverkürzung oder gar den Ausschluß der Gewährleistung vereinbaren können.

Dem europäischen Verbraucherleitbild liegt die Vorstellung von einem aufgeklärten, mündigen und informierten Gemeinschaftsbürger zugrunde, dem, und hierauf wird in der Verbrauchsgüterkaufrichtlinie ausdrücklich verwiesen, eine fundamentale Aufgabe bei der Vollendung des Binnenmarktes zukommt. Gerade dann jedoch, wenn der Verbraucher dieser entscheidenden Aufgabe gerecht werden soll, kann und muß man ihm ein gewisses Maß an Eigenverantwortlichkeit zugestehen. Ein über die Maßen geschützter Verbraucher ist eine weder politisch noch rechtspolitisch erstrebenswerte Figur. Die „Bequemlichkeit", die man dem Käufer bzw. Verbraucher dadurch verschafft, daß man ihn nicht einmal im Falle der positiven Kenntnis eines Fehlers zu einer aktiven Mithilfe an der Klärung von Mängelproblemen in Form einer Mängelanzeige verpflichtet, ist letztlich seiner Mündigkeit abträglich, ob als Wirtschafts- oder Staatsbürger. Schließlich wird es jedem, auch einem grundsätzlich uninformierten und rechtlich nicht versierten Verbraucher ohne weiteres einleuchten, daß man, sofern man von Mängeln der Kaufsache informiert ist, schon im (eigenen) Interesse einer zügigen Gewährleistungsabwicklung, die Inkenntnissetzung des Verkäufers nicht unnötig verzögern sollte.

Richtig verstandener Verbraucherschutz darf nicht dazu führen, daß die Position des Verbrauchers letztlich aufgrund einer durch Überregulierung oder einseitige Belastung der Verkäuferseite hervorgerufene Preissteigerung wirtschaftlich verschlechtert wird. Noch weniger aber sollte eine vermeintliche Entlastung des Käufers zum Verzicht auf eine Norm führen, die Rechtssicherheit gewährleisten sollte und somit auch dem Interesse des Käufers selber diente. Wenn man die Beibehaltung des § 464 BGB a.F. wegen seiner fälschlicherweise angenommenen Richtlinienwidrigkeit für nicht zulässig gehalten hat, hätte man es statt dessen bei der Einführung der in Art. 5 II der Verbrauchsgüterkaufrichtlinie ausdrücklich erlaubten Rügeobliegenheit innerhalb von zwei Monaten nach Feststellung des Mangels, wie sie in § 441 I 2 des Diskussionsentwurfs noch vorgesehen war, belassen sollen. Auf diese Weise hätte man den Gerichten ein funktionsäquivalentes Regulativ gegen den rechtsmißbräuchlich Mängelrechte geltend machenden Käufer an die Hand gegeben. Durch die ersatzlose Streichung des § 464 BGB a.F. zwingt man die Rechtsprechung nunmehr lediglich dazu, in

Fällen der vorbehaltlosen Annahme trotz Mängelkenntnis, da sich das Verhalten des Käufers nach wie vor als treuwidrig darstellt, eine Korrektur über § 424 BGB vorzunehmen. Wenig hilfreich erscheint insofern der Hinweis in Diskussions- und Regierungsentwurf, mit der rügelosen Entgegennahme einer als mangelhaft erkannten Sache durch den Käufer könne im Einzelfall eine den ursprünglichen Vertrag ändernde Vereinbarung über die Beschaffenheit der Sache verbunden sein. Der Sinn der Normierung des § 464 BGB a.F. lag ja gerade darin, im geregelten Sachverhalt durch die gesetzliche Anordnung der Rechtsfolgen eine solche Einzelfallbetrachtung auszuschließen und insofern für Rechtsklarheit zu sorgen. Die jetzt erforderlich gewordene Lösung des Problems über § 242 BGB oder über das Institut des stillschweigenden Verzichts, deren Voraussetzungen im Einzelfall nicht klar ersichtlich und eindeutig sind, ist dagegen nicht gerade geeignet, Rechtssicherheit zu fördern. Auch für den Käufer wäre es vorteilhafter, wenn die an ihn gestellten Verhaltensanforderungen unmißverständlich, so wie bisher durch § 464 BGB a.F. gewährleistet, aus dem Gesetz hervorgingen. Dem Verkäufer bleibt angesichts der unsicheren Rechtslage nur die Absicherung über vertraglich vereinbarte Rüge- bzw. Vorbehaltsobliegenheiten, wobei aber auch hier seine Möglichkeiten aufgrund der Unabdingbarkeit der Gewährleistungsrechte beim Verbrauchsgüterkauf stark eingeschränkt sind.

Daß der Wegfall des § 464 BGB a.F. insofern zu unbefriedigenden Ergebnissen führen muß, kann auch nicht durch den pauschalen Hinweis überspielt werden, die Vorschrift habe in der Praxis ohnehin keine große Rolle gespielt. § 464 BGB a.F. konnte immer dann Bedeutung erlangen, wenn Vertragsschluß und Annahme der Kaufsache zeitlich auseinanderfielen, wie es häufig beim Erwerb von Gattungssachen, die dem Käufer noch zugeliefert werden müssen, der Fall ist. Besondere Relevanz kam dem § 464 BGB a.F. hier etwa für Transportschäden zu, von denen der Verkäufer keine Kenntnis erlangt hatte, die aber der Käufer unmittelbar beim Empfang oder beim Auspacken der Ware feststellte. Solche Konstellationen sind heutzutage durchaus nicht nur im Handelsverkehr vorstellbar. Man denke nur an den umfänglichen Versandhandel mit Verbrauchsgütern oder an die Zusendung von Möbeln, die der Käufer zuvor in einem Möbelhaus erworben hat. Gerade im Bereich den Versendungskaufs ergibt sich durch die neue Rechtslage im übrigen eine weitere Verschärfung der Verkäuferhaftung, indem gemäß §§ 474 II BGB jedenfalls bei Verbraucherkäufen die Gefahrtragungsregel des § 447 BGB gesetzlich ausgeschlossen ist.

Nach alledem bleibt es nur noch, auf die durch den Wegfall des § 464 BGB a.F. entstandenen systematischen Unstimmigkeiten zu verweisen: Trotz der Streichung der kaufrechtlichen Ausschlußnorm sind die auf korrespondierenden Grundgedanken beruhenden parallelen Gewährleistungsausschlußtatbestände des Miet- und Werkvertragsrechts, § 539 S. 2 2. Alt. BGB a.F. (nun § 536 b BGB) und § 640 II BGB a.F. (nun § 640 II BGB), die ursprünglich sogar in bewußter Analogie zu § 464 BGB a.F. ausgestaltet worden waren, im Rahmen der Schuldrechtsmodernisierung beibehalten worden. Die hierdurch entstandene Ungleichbehandlung des Käufers auf der einen und des Mieters oder Bestellers auf der anderen Seite läßt sich angesichts der klar übereinstimmenden Sach- und Interessenlage im Zeitpunkt der Annahme der Leistung in keiner Weise rechtfertigen. Geradezu entlarvend ist es, wenn die Bundesregierung zur Begründung der Aufrechterhaltung des mietrechtlichen Haftungsausschlusses auf die fehlende Schutzwürdigkeit des Mieters verweist, obgleich genau dieses Argument auf die weggefallene kaufrechtliche Bestimmung genauso zutrifft. Ebensowenig stichhaltig ist es, bezüglich § 640 II BGB auf das widersprüchliche Verhalten des Bestellers abzustellen, der einerseits ein Werk vorbehaltlos abnimmt, also als im wesentlichen vertragsgemäß billigt, obwohl er andererseits weiß, daß dies auf das Werk nicht zutrifft, da sich dieses Argument gleichermaßen auf § 464 BGB a.F. übertragen ließe. Dies trifft insbesondere deshalb zu, da – im Gegensatz zu der Auffassung des Bundesjustizministeriums – auch die kaufrechtliche Annahme im Sinne des § 464 BGB a.F., entsprechend der werkvertraglichen Abnahme, im Sinne einer Annahme als Erfüllung zu verstehen war und somit eine Anerkennung der Leistung als wenigstens der Hauptsache nach vertragsgemäß voraussetzte.

Insgesamt betrachtet stellt sich demnach die ersatzlose Streichung des § 464 BGB a.F. als eine gesetzgeberische Entscheidung dar, von der eher bedenkliche Wirkungen als positive Impulse erwartet werden können. Sie muß deshalb als Fehlentscheidung bezeichnet werden. Zwar handelt es sich bei der Vorbehaltspflicht des Käufers im Zeitpunkt der Annahme nur um ein kaufrechtliches Einzelproblem. Abgesehen von den wirtschaftlichen Folgen, die auch eine so kleine „Korrektur“ möglicherweise zeitigt, sollte aber eine gelungene Schuldrechts*reform* bzw. Schuldrechts*modernisierung*, die schon begrifflich eine Verbesserung der bestehenden Rechtslage voraussetzt, bei aller vorrangigen Wichtigkeit der „größeren“ zu regelnden Fragen und Probleme, grundsätzlich auch im Detail stimmig bleiben.

Literatur- und Materialienverzeichnis

Literatur

Altmeppen, Holger: Schadensersatz wegen Pflichtverletzung – Ein Beispiel für die Überhastung der Schuldrechtsreform, DB 2001, S. 1131 – 1133

Amaudruz, Michel: La garantie des défauts de la chose vendue et la non-conformité de la chose vendue, Bern 1968

Amtenbrink, Fabian/*Schneider*, Claudia: Die europaweite Vereinheitlichung von Verbrauchsgüterkauf und –garantien, VuR 1996, S. 367 – 380

Amtenbrink, Fabian/*Schneider*, Claudia: Europäische Vorgaben für ein neues Kaufrecht und deutsche Schuldrechtsreform, VuR 1999, S. 293 – 301

Anschütz, August/*von Völderndorff*, Otto: Kommentar zum Allgemeinen Handelsgesetzbuche, Bd. 3, Erlangen 1874

Audit, Bernard: La vente internationale de marchandises, Paris 1990

Aue, Joachim: Mängelgewährleistung im UN-Kaufrecht unter besonderer Berücksichtigung stillschweigender Zusicherungen, Frankfurt a.M. u.a. 1989

Basedow, Jürgen: Die Reform des deutschen Kaufrechts – Rechtvergleichendes Gutachten des Max-Planck-Instituts für ausländisches und internationales Privatrecht im Auftrag des Bundesministers der Justiz, Köln 1988

Baumbach, Adolf/*Hopt*, Klaus J.: Handelsgesetzbuch mit Nebengesetzen, 25. Aufl., München 1983

Benjamin, Judah Philip (Begr.)/Guest, A. G. (Hrsg.): Benjamin's Sale of Goods, 4. Aufl., London 1992 (zit.: *Benjamin's* Sale of Goods)

Beß, Jürgen: Die Haftung des Verkäufers für Sachmängel und Falschlieferungen im Einheitlichen Kaufgesetz – im Vergleich mit dem englischen und deutschen Recht, Heidelberg 1971

Bianca, Cesare Massimo/*Bonell*, Michael Joachim (Hrsg.): Commentary on the International Sales Law – The 1980 Vienna Sales Convention, Mailand 1987 (zit.: *Bianca/Bonell*-Bearbeiter)

Bitter, Jan Willem/*Drion*, Coen/*Groenewegen*, Pieter Sippens: Kaufvertragsrecht in den Niederlanden, in: Handbuch des Kaufvertragsrechts in den EG-Staaten einschl. Österreich, Schweiz und UN-Kaufrecht, hrsgg. von *Westphalen*, Friedrich Graf von, Köln 1992, S. 683 – 763 (zit.: *Bitter/Drion/Groenewegen*, in: Handbuch)

Bloth, Christian: Produkthaftung in Schweden, Norwegen und Dänemark, Heidelberg 1993

Böggering, Peter: Die Abnahme beim Werkvertrag – Zur Problematik des „zweigliedrigen“ Abnahmebegriffs, JuS 1978, S. 512 – 519

Bridge, Michael G.: The Sale of Goods, Oxford 1997

Brox, Hans: Allgemeiner Teil des BGB, 26. Aufl., Köln u.a. 2002 (zit.: *Brox*, BGB AT)

Brox, Hans/*Elsing*, Siegfried: Die Mängelhaftung bei Kauf, Miete und Werkvertrag, Jus 1976, S. 1 – 8

Brox, Hans/*Walker*, Wolf-Dietrich: Besonderes Schuldrecht, 26. Aufl., München 2001 (zit.: *Brox/Walker*, SchR BT)

Brüggemeier, Gert: Das neue Kaufrecht des Bürgerlichen Gesetzbuches, WM 2002, S. 1376 – 1387

Bub, Wolf-Rüdiger/*Treier*, Gerhard (Hrsg.): Handbuch der Geschäfts- und Wohnraummiete, 3. Aufl., München 1999 (zit.: *Bub/Treier*-Bearbeiter)

Bucher, Eugen: Der benachteiligte Käufer; Kritische Bemerkungen zu zwei Besonderheiten des schweizerischen Kaufrechts: Prüfungs- und Rügepflicht (OR 201), Kostenfolgen bei Erkennung auf Preisminderung statt auf Wandelung gemäß OR 205/II, SJZ 1971, S. 1 – 6 und 17 – 24

Bucher, Eugen: Obligationenrecht Besonderer Teil, 3. Aufl., Zürich 1988 (zit.: *Bucher*, BT)

Canaris, Claus-Wilhelm: Handelsrecht, 23. Aufl., München 2000 (zit.: *Canaris*, Handelsrecht)

Canaris, Claus-Wilhelm: Schadensersatz wegen Pflichtverletzung, anfängliche Unmöglichkeit und Aufwendungsersatz im Entwurf des Schuldrechtsmodernisierungsgesetzes, DB 2001, S. 1815 – 1821

Canaris, Claus-Wilhelm: Schuldrechtsreform 2002, München 2002 (zit.: *Canaris*, Schuldrechtsreform)

Canaris, Claus-Wilhelm: Die Vertrauenshaftung im deutschen Privatrecht, München 1971

Christmann, Hans Werner: Die Neubewertung der Abnahme im Werkvertragsrechts, Würzburg 1999

Conrads-Hassel, Elmar: Kaufvertragsrecht in Irland, in: Handbuch des Kaufvertragsrechts in den EG-Staaten einschl. Österreich, Schweiz und UN-Kaufrecht, hrsgg. von *Westphalen*, Friedrich Graf von, Köln 1992, S. 537 – 581 (zit.: *Conrads-Hassel*, in: Handbuch)

Cropp, F.: Gewährleistung für Mängel der verkauften Sache nach germanischen Rechten, in: *Heise*, A./ *Cropp*, F.: Juristische Abhandlungen mit Entscheidungen des Oberappellationsgerichts der vier freien Städte Deutschlands, Bd. 1, Hamburg 1827, S. 163 – 186 (zit.: *Cropp*, in: *Heise/Cropp*)

Dauner-Lieb, Barbara: Anmerkungen und Fragen zur konsolidierten Fassung des Diskussionsentwurfs eines Schuldrechtsmodernisierungsgesetzes, Kopie aus dem Internet, Köln 2001 (zit.: *Dauner-Lieb*)

Dauner-Lieb, Barbara: Die geplante Schuldrechtsmodernisierung – Durchbruch oder Schnellschuß?, JZ 2001, S. 8 – 17

Dauner-Lieb, Barbara/*Heidel*, Thomas/*Lepa*, Manfred/*Ring*, Gerhard (Hrsg.): Das neue Schuldrecht – Ein Lehrbuch, Heidelberg 2002 (zit.: *Dauner-Lieb/Heidel/Lepa/Ring*-Bearbeiter)

Dauner-Lieb, Barbara/*Heidel*, Thomas/*Lepa*, Manfred/*Ring*, Gerhard: Anwaltkommentar Schuldrecht – Erläuterungen der Neuregelungen zum Verjährungsrecht, Schuldrecht, Schadensersatzrecht und Mietrecht, Bonn 2002 (zit.: Anwaltkommentar-Bearbeiter)

Dernburg, Heinrich: Das bürgerliche Recht des deutschen Reichs und Preußens, Bd. 2: Die Schuldverhältnisse, Zweite Abteilung: Einzelne Obligationen, 3. Aufl., Halle a. S. 1906 (zit.: *Dernburg*, Das bürgerliche Recht)

Dernburg, Heinrich: Lehrbuch des Preußischen Privatrechts und der Privatrechtsnormen des Reichs, Bd. 2: Das Obligationenrecht Preußens und des Reichs und das Urheberrecht, 4. Aufl., Halle a. S. 1889 (zit.: *Dernburg*, Preußisches Privatrecht)

Dölle, Hans (Hrsg.): Kommentar zum Einheitlichen Kaufrecht – Die Haager Kaufrechtsübereinkommen vom 1. Juli 1964, München 1976 (zit.: *Dölle*-Bearbeiter)

Ebenroth, Carsten Thomas: Internationale Vertragsgestaltung im Spannungsverhältnis zwischen ABGB, IPR-Gesetz und UN-Kaufrecht, JBl 1986, S. 681 – 695

Ebenroth, Carsten Thomas/*Boujong*, Karlheinz/*Joost*, Detlev (Hrsg.): Handelsgesetzbuch Kommentar, Bd. 2: §§ 343 – 475 h Transportrecht Bank- und Börsenrecht, München 2001 (zit.: *Ebenroth/Boujong/Joost*-Bearbeiter)

Eccius, M. E.: Die Gewährleistung wegen Mängeln der Sache nach dem Bürgerlichen Gesetzbuch, in: Beiträge zur Erläuterung des Deutschen Rechts, begr. von *Gruchot*, J. A., 43. Jahrgang (1899), S. 305 – 342 (zit.: *Eccius*, in: *Gruchot*)

Eckert, Hans-Georg: Bedeutung der Mietrechtsreform für die gewerbliche Miete, NZM 2001, 409 – 414

Eckert, Jörn: Schuldrecht, Besonderer Teil, Baden-Baden 2000

Ehmann, Horst/*Rust*, Ulrich: Die Verbrauchsgüterkaufrichtlinie – Umsetzungsvorschläge unter Berücksichtigung des Reformentwurfs der deutschen Schuldrechtskommission, JZ 1999, S. 853 – 864

Ehmann, Horst/*Sutschet*, Holger: Modernisiertes Schuldrecht, München 2002

Emmerich, Volker: Schuldrecht, Besonderer Teil, 9. Aufl., Heidelberg 1999 (zit.: *Emmerich*, SchR BT)

Emmerich, Volker/*Sonnenschein*, Jürgen/*Weitemeyer*, Birgit: Miete – Handkommentar, 7. Aufl., Berlin u. a. 1999

Enderlein, Fritz/*Maskow*, Dietrich/*Stargardt*, Monika: Konvention der Vereinten Nationen über Verträge über den internationalen Warenkauf, Konvention über die Verjährung beim internationalen Warenkauf, Protokoll zur Änderung der Konvention über die Verjährung beim Internationalen Warenkauf – Kommentar, Berlin 1985

Enderlein, Fritz/*Maskow*, Dietrich/*Strohbach*, Heinz: Internationales Kaufrecht – Kaufrechtskonvention Verjährungskonvention Vertretungskonvention Rechtsanwendungskonvention, Berlin 1991

Enneccerus, Ludwig/*Lehmann*, Heinrich: Lehrbuch des Bürgerlichen Rechts, Bd. 2: Recht der Schuldverhältnisse, 15. Aufl., Tübingen 1958

Erman, Walter (Begr.): Handkommentar zum Bürgerlichen Gesetzbuch, hrsgg. von *Westermann*, Harm Peter: 1. Band: §§ 1 – 853, 10. Aufl., Münster 2000 (zit.: *Erman*-Bearbeiter)

Ernst, Wolfgang: Die Schuldrechtsreform 2001/2002, ZRP 2001, S. 1 – 11

Ernst, Wolfgang: Die Zurückweisung der Ware, NJW 1997, S. 896 - 905

Ernst, Wolfgang/*Gsell*, Beate: Entwurf eines Gesetzes zur Umsetzung der Kaufrechtsrichtlinie, ZIP 2000, S. 1462 – 1464

Ernst, Wolfgang/*Gsell*, Beate: Kaufrechtsrichtlinie und BGB, ZIP 2000, S. 1410 – 1427

Ernst, Wolfgang/*Gsell*, Beate: Kritisches zum Stand der Schuldrechtsmodernisierung, ZIP 2001, S. 1389 – 1403

Esser, Josef: Wert und Bedeutung der Rechtsfiktionen, 2. Aufl., Frankfurt a.M. 1969

Esser, Josef/*Weyers*, Hans-Leo: Schuldrecht, Bd. 2: Besonderer Teil, Teilband 1: Verträge, 8. Aufl., Heidelberg 1998 (zit.: *Esser/Weyers*, SchR BT/1)

Faber, Wolfgang: Handbuch zum neuen Gewährleistungsrecht, Wien 2001

Faber, Wolfgang: Zur Richtlinie bezüglich Verbrauchsgüterkauf und Garantien für Verbrauchsgüter, JBl 1999, S. 413 – 433

Ferid, Murad/*Sonnenberger*, Hans Jürgen: Das französische Zivilrecht, Bd. 2: Schuldrecht: die einzelnen Schuldverhältnisse, Sachenrecht, 2. Aufl., Heidelberg 1986

Fikentscher, Wolfgang: Die Mängelrüge im deutschen, ausländischen und internationalen Recht, Düsseldorf 1965

Fischer, Andreas: Vom „caveat emptor" zur Einteilung von Verantwortungsbereichen der Kaufvertragsparteien. Rechtsvergleichende Anregungen aus dem

Kaufrecht Englands und der Vereinigten Staaten für die Haftung des Verkäufers aus positiver Vertragsverletzung, Süßen 1998

Fleischer, Holger: Informationssymmetrie im Vertragsrecht; Eine rechtsvergleichende und interdisziplinäre Abhandlung zu Reichweite und Grenzen vertragsschlußbezogener Aufklärungspflichten, München 2001

Flessner, Axel: Richtlinie und Reform – Die Einpassung der Kaufgewährleistungs-Richtlinie ins deutsche Recht, in: Europäisches Kaufgewährleistungsrecht – Reform und Internationalisierung des deutschen Schuldrechts, hrsgg. von *Grundmann*, Stefan/*Medicus*, Dieter/*Rolland*, Walter, Köln u.a. 2000, S. 233 – 249

Förster, Franz/*Eccius*, M. E.: Preußisches Privatrecht, Bd. 1, 7. Aufl., Berlin 1896

Frölich-Pereira, Pedro: Die Haftung für fehlerhafte Produkte nach portugiesischem Recht, Frankfurt a. M. 1994

Gass, Peter: Die Schuldrechtsüberabreitung nach der politischen Entscheidung zum Inhalt der Richtlinie über den Verbrauchsgüterkauf, in: Festschrift für Walter Rolland zum 70. Geburtstag, hrsgg. von *Diederichsen*, Uwe u.a., Köln 1999, S. 129 – 143

Gaul, Björn: Schuldrechtsmodernisierung und Unternehmenskauf, ZHR 166 (2002), S. 35 - 71

Gernhuber, Joachim: Die Erfüllung und ihre Surrogate, 2. Aufl., Tübingen 1994

Gerny, Michael Georg: Untersuchungs- und Rügepflichten beim Kauf nach schweizerischem, französischem und US-amerikanischem Recht sowie nach CISG, Basel 1999

Gierke, Otto von: Deutsches Privatrecht, Bd. 3: Schuldrecht, München Leipzig 1917

Gmür, Rudolf/*Roth*, Andreas: Grundriß der deutschen Rechtsgeschichte, 8. Aufl., Neuwied 1998

Goldschmidt, Levin: Ueber die Statthaftigkeit der aedilitischen Rechtsmittel beim Gattungskauf, Zeitschrift für das gesammte Handelsrecht, Bd. 19 (1874), S. 98 – 122

Gronstedt, Sebastian/ *Jörgens*, Stefan: Die Gewährleistung bei Unternehmensverkäufen nach dem neuen Schuldrecht, ZIP 2002, S. 52 - 65

Grundmann, Stefan: Europäisches Schuldvertragsrecht – Das europäische Recht der Unternehmensgeschäfte (nebst Texten und Materialien zur Rechtsangleichung), Berlin u.a. 1999

Grundmann, Stefan: European sales law – reform and adoption of international models in German sales law, ERPL 2001, S. 239 – 258

Grundmann, Stefan: Generalreferat: Internationalisierung und Reform des deutschen Kaufrechts, in: Europäisches Kaufgewährleistungsrecht – Reform und

Internationalisierung des deutschen Schuldrechts, hrsgg. von *Grundmann*, Stefan/*Medicus*, Dieter/*Rolland*, Walter, Köln u.a. 2000, S. 281 – 321

Grundmann, Stefan/*Bianca*, Cesare Massimo (Hrsg.): EU-Kaufrechts-Richtlinie – Kommentar, Köln 2002

Gschnitzer, Franz: Österreichisches Schuldrecht Allgemeiner Teil, 2 Aufl., Wien u.a. 1985

Gsell, Beate: Kaufrechtsrichtlinie und Schuldrechtsmodernisierung, JZ 2001, S. 65 – 75

Gsell, Beate: Die zeitlichen Grenzen der Gewährleistungsrechte des Verbrauchers nach der EU-Richtlinie zum Verbrauchsgüterkauf, ERPL 1999, S. 151 – 171

Gursky, Karl-Heinz: Schuldrecht Besonderer Teil, 4. Aufl., Heidelberg 2002 (zit.: *Gursky*, SchR BT)

Haas, Lothar: Entwurf eines Schuldrechtsmodernisierungsgesetzes: Kauf- und Werkvertragsrecht, BB 2001, S. 1313 – 1321

Haas, Lothar/*Medicus*, Dieter/*Rolland*, Walter/*Schäfer*, Carsten/*Wendtland*, Holger: Das neue Schuldrecht, München 2002

Hänlein, Andreas: Die Richtlinie zu bestimmten Aspekten des Verbrauchsgüterkaufs und der Garantien für Verbrauchsgüter, DB 1999, S. 1641 – 1647

Hanausek, Gustav: Die Haftung des Verkäufers für die Beschaffenheit der Waare nach römischem und gemeinem Recht mit besonderer Berücksichtigung des Handelsrechts, Erste Abtheilung, Berlin 1883

Hausmaninger, Herbert/*Selb*, Walter: Römisches Privatrecht, 8. Aufl., Wien Köln Weimar 1997

Heck, Philipp: Grundriß des Schuldrechts, Tübingen 1929

Heilmann, Jan: Mängelgewährleistung im UN-Kaufrecht, Berlin 1994

Heldrich, Andreas: Ein zeitgemäßes Gesicht für unser Schuldrechts, NJW 2001, S. 2521 – 2523

Heller, Kurt: Kaufvertragsrecht in Österreich, in: Handbuch des Kaufvertragsrechts in den EG-Staaten einschl. Österreich, Schweiz und UN-Kaufrecht, hrsgg. von *Westphalen*, Friedrich Graf von, Köln 1992, S. 765 – 846 (zit.: *Heller*, in: Handbuch)

Hensen, Horst-Diether: Diskussionsbeitrag, in: Verhandlungen des sechzigsten Deutschen Juristentages – Münster 1994, Bd. II/2: Sitzungsberichte – Diskussion und Beschlußfassung, hrsgg. von der Ständigen Deputation des Deutschen Juristentages, München 1994, S. K 209 – K 210

Herber, Rolf/*Czerwenka*, Beate: Internationales Kaufrecht – Kommentar zu dem Übereinkommen der Vereinten Nationen vom 11. April 1980 über Verträge über den internationalen Warenkauf, München 1991

Heymann, Ernst (Begr.): Handelsgesetzbuch, Kommentar, Band 4: Viertes Buch §§ 343 – 460; Anhang, Berlin u.a. 1990 (zit.: *Heymann*-Bearbeiter)

Holzapfel, Hans-Joachim/*Pöllath*, Reinhard: Unternehmenskauf in Recht und Praxis, 10. Aufl., Köln 2001

Honnold, John O.: Uniform Law for International Sales under the 1980 United Nations Convention, 3. Aufl., Den Haag 1999

Honsell, Heinrich: Einige Bemerkungen zum Diskussionsentwurf eines Schuldrechtsmodernisierungsgesetzes, JZ 2001, S. 18 – 21

Honsell, Heinrich: Die EU-Richtlinie über den Verbrauchsgüterkauf und ihre Umsetzung ins BGB, JZ 2001, S. 278 – 283

Honsell, Heinrich: Kommentar zum UN-Kaufrecht, Berlin u.a. 1997 (zit.: *Honsell*-Bearbeiter)

Honsell, Heinrich: Römisches Recht, 4. Aufl., Berlin 1997 (zit.: *Honsell*, Römisches Recht)

Honsell, Heinrich: Die Vertragsverletzung des Verkäufers nach dem Wiener Kaufrecht, SJZ 1992, S. 345 – 354; 361 – 365

Honsell, Heinrich: Von den aedilizischen Rechtsbehelfen zum modernen Sachmängelrecht, in: Gedächtnisschrift für Wolfgang Kunkel, hrsgg. von *Nörr*, Dieter/*Simon*, Dieter, Frankfurt am Main 1984, S. 53 - 67 (zit.: *Honsell*, in: GS Kunkel)

Honsell, Heinrich/*Vogt*, Nedim Peter/*Wiegand*, Wolfgang (Hrsg.): Kommentar zum schweizerischen Privatrecht, Obligationenrecht I, Art. 1 – 529 OR, 2 Aufl., Basel u.a. 1996

Huber, Peter/*Faust*, Florian: Schuldrechtsmodernisierung; Einführung in das neue Recht, München 2002

Huber, Ulrich: Kaufvertrag, in: Gutachten und Vorschläge zur Überarbeitung des Schuldrechts, Bd. 1, hrsgg. vom Bundesminister der Justiz, Köln 1981, S. 911 – 949 (zit.: *Huber*, Kaufvertrag, in: Gutachten und Vorschläge, Bd. 1)

Huber, Ulrich: Leistungsstörungen, in: Gutachten und Vorschläge zur Überarbeitung des Schuldrechts, Bd. 1, hrsgg. vom Bundesminister der Justiz, Köln 1981, S. 647 – 909 (zit.: *Huber*, Leistungsstörungen, in: Gutachten und Vorschläge, Bd. 1)

Huber, Ulrich: Der UNCITRAL-Entwurf eines Übereinkommens über internationale Warenkaufverträge, RabelsZ 43 (1979), S. 413 – 526

Hübner, Rudolf: Grundzüge des deutschen Privatrechts, 5. Aufl., Leipzig 1930

Hutter, Max: Die Haftung des Verkäufers für Nichtlieferung bzw. Lieferung vertragswidriger Ware nach dem Wiener UNCITRAL-Übereinkommen über internationale Warenkaufverträge vom 11. April 1980, Kempten 1988

Hyland, Richard: Conformity of Goods to the Contract Under the United Nations Sales Convention and the Uniform Commercial Code, in: Einheitliches Kaufrecht und nationales Obligationenrecht, hrsgg. von *Schlechtriem*, Peter, Baden-Baden 1987, S. 305 – 341 (zit.: *Hyland*, in: Einheitliches Kaufrecht)

Jakobs, Horst Heinrich: Die Abnahme beim Werkvertrag, AcP 183 (1983), S. 145 – 188

Janson, Gunnar: Ökonomische Theorie im Recht – Anwendbarkeit und Erkenntniswert im allgemeinen und am Beispiel des Arbeitsrechts, Berlin 2003

Jauernig, Othmar (Hrsg.): Bürgerliches Gesetzbuch mit Gesetz zur Regelung des Rechts der Allgemeinen Geschäftsbedingungen, 9. Aufl., München 1999 (zit.: *Jauernig*-Bearbeiter)

Jenkins, Colin C./*Henshall*, David G./*Holland*, Gerrard: Kaufvertragsrecht in England und Wales, in: Handbuch des Kaufvertragsrechts in den EG-Staaten einschl. Österreich, Schweiz und UN-Kaufrecht, hrsgg. von *Westphalen*, Friedrich Graf von, Köln 1992, S. 371 – 415 (zit.: *Jenkins/Henshall/Holland*, in: Handbuch)

Jorden, Simone: Verbrauchergarantien – Die EG-Richtlinie über den Verbrauchsgüterkauf und Verbrauchsgütergarantien und ihre Umsetzung in das deutsche Zivilrecht, München 2001

Joussen, Peter: Referat, in: Verhandlungen des sechzigsten Deutschen Juristentages – Münster 1994, Bd. II/1: Sitzungsberichte – Referate und Beschlüsse, hrsgg. von der Ständigen Deputation des Deutschen Juristentages, München 1994, S. K 29 – K 46

Jud, Britta: Der Richtlinienentwurf der EU über den Verbrauchsgüterkauf und das österreichische Recht, ÖJZ 1997, S. 441 – 450

Junker, Abbo: Vom Bürgerlichen zum kleinbürgerlichen Gesetzbuch – Der Richtlinienvorschlag über den Verbrauchsgüterkauf, DZWiR 1997, S. 271 – 281

Kah, Karl: Das badische Landrecht annotirt nach den Entscheidungen der badischen Gerichtshöfe und der badischen Doctrin, Freiburg 1860

Kainer, Friedemann: Die Verbrauchsgütergewährleistungsrichtlinie und ihre kaufrechtliche Umsetzung in das deutsche Recht, AnwBl 2001, S. 380 – 388

Kanzleiter, Rainer: Anmerkung zu OLG Hamm, Urteil vom 21.01.1985, DNotZ 1986, S. 747 – 749

Karollus, Martin: UN-Kaufrecht, Wien u.a. 1991

Kaser, Max: Das Römische Privatrecht, Erster Abschnitt: Das altrömische, das vorklassische und klassische Recht, 2. Aufl., München 1971 (zit.: *Kaser*, Das Römische Privatrecht, Bd. 1)

Kaser, Max: Das Römische Privatrecht, Zweiter Abschnitt: Die nachklassischen Entwicklungen, 2. Aufl., München 1975 (zit.: *Kaser*, Das Römische Privatrecht, Bd. 2)

Kaser, Max: Römisches Privatrecht, Ein Studienbuch, 16. Aufl., München 1992 (zit.: *Kaser*, Römisches Privatrecht)

Keller-Schwegler, Max: Kaufvertragsrecht in der Schweiz, in: Handbuch des Kaufvertragsrechts in den EG-Staaten einschl. Österreich, Schweiz und UN-Kaufrecht, hrsgg. von *Westphalen*, Friedrich Graf von, Köln 1992, S. 863 – 976 (zit.: *Keller-Schwegler*, in: Handbuch)

Kircher, Wolfgang: Die Voraussetzungen der Sachmängelhaftung beim Warenkauf: eine vergleichende Darstellung des deutschen und des englischen Rechts unter Berücksichtigung des UN-Kaufrechts und aktueller Reformbestrebungen, Tübingen 1998

Kircher, Wolfgang: Zum Vorschlag für eine Richtlinie über den Verbrauchsgüterkauf und -garantien, ZRP 1997, 290 – 294

Kirchhof, Roland: Die Sachmängelhaftung nach deutschem Recht im Vergleich zur Haftung für vertragswidrige Sachen nach dem „Einheitlichen Gesetz über den internationalen Kauf beweglicher Sachen", München 1970

Kjelland, Cecilie: Das neue Kaufrecht der nordischen Länder im Vergleich mit dem Wiener Kaufrecht (CISG) und dem deutschen Kaufrecht – Eine vergleichende Darstellung unter besonderer Berücksichtigung des norwegischen Rechts der Sachmangelhaftung, Aachen 2000

Klempt, Walter-Jürgen: Die Grundlagen der Sachmängelhaftung des Verkäufers im Vernunftrecht und Usus modernus, Stuttgart 1967

Klischies, Manfred: Die geschichtliche Entwicklung der Sachmängelhaftung beim Kauf beweglicher Sachen im deutschen Recht bis zum 19. Jahrhundert, Diss. Kiel 1965

Koch, Eckart: Gewährleistungsvorbehalt, § 460 und Vertragsabschluß, NJW 1989, S. 1658 f.

Köhler, Helmut: Grundfälle zum Gewährleistungsrecht bei Kauf, Miete und Werkvertrag, JuS 1979, S. 496 – 500

Köhler, Helmut: Zur Funktion und Reichweite der gesetzlichen Haftungsausschlüsse, JZ 1989, S. 761 – 776

Köndgen, Johannes: Selbstbindung ohne Vertrag - Zur Haftung aus geschäftsbezogenem Handeln, Tübingen 1981

König, Volker: Die grobe Fahrlässigkeit, Berlin 1998

Kohte, Wolfhard/*Micklitz*, Hans-W./*Rott*, Peter/*Tonner*, Klaus/*Willingmann*, Armin (Hrsg.): Das neue Schuldrecht – Kompaktkommentar, Neuwied u.a. 2003 (zit.: Kompaktkommentar-Bearbeiter)

Koziol, Helmut/*Welser*, Rudolf: Grundriß des bürgerlichen Rechts, Bd.1: Allgemeiner Teil und Schuldrecht, 10. Aufl., Wien 1995

Kramer, Ernst A.: Diskussionsbeitrag, in: Verhandlungen des sechzigsten Deutschen Juristentages – Münster 1994, Bd. II/2: Sitzungsberichte – Diskussion und Beschlußfassung, hrsgg. von der Ständigen Deputation des Deutschen Juristentages, München 1994, S. K 202 – K 203

Krause, Hermann: Schweigen im Rechtsverkehr, Beiträge zur Lehre vom Bestätigungsschreiben, von der Vollmacht und der Verwirkung, Marburg 1933

Krebs, Peter: Die große Schuldrechtsreform, DB 2000, Beil. Nr. 14, S. 1 – 28

Kroeschell, Karl: Deutsche Rechtsgeschichte, Bd. 3: Seit 1650, 3. Aufl., Wiesbaden 2001

Küpper, Georg: Diskussionsbeitrag, in: Verhandlungen des sechzigsten Deutschen Juristentages – Münster 1994, Bd. II/2: Sitzungsberichte – Diskussion und Beschlußfassung, hrsgg. von der Ständigen Deputation des Deutschen Juristentages, München 1994, S. K 165 – K 169

Larenz, Karl: Lehrbuch des Schuldrechts, Bd. 1: Allgemeiner Teil, 14. Aufl., München 1987 (zit.: *Larenz*, SchR AT)

Larenz, Karl: Lehrbuch des Schuldrechts, Bd. 2: Besonderer Teil, 1. Halbband, 13. Aufl., München 1986 (zit.: *Larenz*, SchR BT/1)

Larenz, Karl/*Wolf*, Manfred: Allgemeiner Teil des Bürgerlichen Rechts, 8. Aufl., München 1997

Lehmann, Michael: Bürgerliches Recht und Handelsrecht – eine juristische und ökonomische Analyse, Stuttgart 1983

Lehmann, Michael: Die Untersuchungs- und Rügepflicht des Käufers in BGB und HGB – Rechtsvergleichender Überblick – Ökonomische Analyse, WM 1980, S. 1162 – 1169

Leonhard, Franz: Die Beweislast, 2. Aufl., Berlin 1926

Lete, Javier: The Impact on Spanish contract law of the EC Directive on the Sale of Consumer Goods and Associated Guarantees, ERPL 2001, S. 351 – 357

Loewe, Roland: Internationales Kaufrecht, Wien 1989

Lorenz, Stephan/*Riehm*, Thomas: Lehrbuch zum neuen Schuldrecht, München 2002

Mansel, Heinz-Peter: Die Reform des Verjährungsrechts, in: Zivilrechtswissenschaft und Schuldrechtsreform, hrsgg. von *Ernst*, Wolfgang/*Zimmermann*, Reinhard, Tübingen 2001, S. 333 – 423 (zit.: *Mansel*, in: *Ernst/Zimmermann*)

Martí, Juan Hernández: Kaufvertragsrecht in Spanien, in: Handbuch des Kaufvertragsrechts in den EG-Staaten einschl. Österreich, Schweiz und UN-Kaufrecht, hrsgg. von *Westphalen*, Friedrich Graf von, Köln 1992, S. 977 – 1040 (zit.: *Martí*, in: Handbuch)

Martinek, Michael: Unsystematische Überregulierung und kontraintentionale Effekte im Europäischen Verbraucherschutzrecht oder: Weniger wäre mehr, in: Systembildung und Systemlücken in Kerngebieten des Europäischen Privatrechts, hrsgg. von *Grundmann*, Stefan, Tübingen 2000, S. 511 – 557 (zit.: *Martinek*, in: Systembildung und Systemlücken)

Matthiessen, Holger/*Lindner*, Beatrix: EG-Richtlinie über den Verbrauchsgüterkauf – Anlaß für eine Reform des deutschen Schuldrechts, NJ 1999, 617 – 622

Medicus, Dieter: Allgemeiner Teil des BGB, 8. Aufl., Heidelberg 2002 (zit.: *Medicus*, BGB AT)

Medicus, Dieter: Ein neues Kaufrecht für Verbraucher?, ZIP 1996, S. 1925 – 1930

Medicus, Dieter: Schuldrecht I, Allgemeiner Teil, 12. Aufl., München 2000 (zit.: *Medicus*, SchR I)

Medicus, Dieter: Schuldrecht II, Besonderer Teil, 10. Aufl., München 2000 (zit.: *Medicus*, SchR II)

Mertens, Hans-Joachim/*Rehbinder*, Eckard: Internationales Kaufrecht – Kommentar zu den Einheitlichen Kaufgesetzen, Frankfurt a.M. 1975

Micklitz, Hans-W.: Die Verbrauchsgüterkauf-Richtlinie, EuZW 1999, S. 485 – 493

Mitteis, Heinrich/*Lieberich*, Heinz: Deutsches Privatrecht, 9. Aufl., München 1981

Moons, Eric J. H.: Kaufvertragsrecht in Belgien: in: Handbuch des Kaufvertragsrechts in den EG-Staaten einschl. Österreich, Schweiz und UN-Kaufrecht, hrsgg. von *Westphalen*, Friedrich Graf von, Köln 1992, S. 65 – 128 (zit.: *Moons*, in: Handbuch)

Müller, Klaus: Schuldrecht, Besonderer Teil, Heidelberg 1990

Münchener Kommentar zum Bürgerlichen Gesetzbuch, hrsgg. von *Rebmann*, Kurt/*Säcker*, Franz Jürgen: Band 2: Schuldrecht Allgemeiner Teil (§§ 241 – 432), 3. Aufl., München 1994; Band 3: Schuldrecht Besonderer Teil I (§§ 433 – 606), 3. Auf., München 1995; Band 4: Schuldrecht Besonderer Teil II (§§ 607 – 704), 3. Aufl., München 1997 (zit.: MüKo-Bearbeiter) sowie Band 1: Allgemeiner Teil (§§ 1 – 240; AGB-Gesetz), 4. Aufl., München 2001; Band 2a: Schuldrecht Allgemeiner Teil (§§ 241 – 432), 4. Aufl., München 2003 (zit.: MüKo^{4}-Berabeiter)

Neumayer, Karl H./*Ming*, Catherine: Convention de Vienne sur les contrats de vente internationale de marchandises – Commentaire, Lausanne 1993

Niggemann, Friedrich: Die Pflichten des Verkäufers und die Rechtsbehelfe des Käufers, in: Das Einheitliche Wiener Kaufrecht, hrsgg. von *Hoyer*, Hans/*Posch*, Willibald, Wien 1992, S. 77 – 110 (zit.: *Niggemann*, in: *Hoyer/Posch*)

Oetker, Hartmut/*Maultzsch*, Felix: Vertragliche Schuldverhältnisse, Berlin u.a. 2002

Palandt, Otto (Begr.): Bürgerliches Gesetzbuch, 61. Aufl., München 2002 (zit.: *Palandt*-Bearbeiter) sowie 43. Aufl., München 1984 (zit.: *Palandt*^{43}-Bearbeiter); 55. Aufl., München 1996 (zit.: *Palandt*[55]-Bearbeiter); 62. Aufl., München 2003 (zit.: *Palandt*[62]-Bearbeiter)

Patti, Salvatore/*Cubeddu*, Maria Giovanna: Kaufvertragsrecht in Italien, in: Handbuch des Kaufvertragsrechts in den EG-Staaten einschl. Österreich, Schweiz und UN-Kaufrecht, hrsgg. von *Westphalen*, Friedrich Graf von, Köln 1992, S. 583 – 643

Peters, Frank: Die Fälligkeit der Werklohnforderung, in: Festschrift für Hermann Korbion zum 60. Geburtstag am 18.Juni 1986, hrsgg. von *Pastor*, Walter, Düsseldorf 1986, S. 337 – 347

Peters, Frank: Rezension zu *Walter*, Gerhard: Kaufrecht, AcP 188 (1988), S. 419 – 423

Peters, Frank: Schadensersatz wegen Nichterfüllung bei vorbehaltloser Abnahme einer als mangelhaft erkannten Werkleistung, NJW 1980, S. 750 – 751

Peters, Frank/*Zimmermann*, Reinhard: Verjährungsfristen, in: Gutachten und Vorschläge zur Überarbeitung des Schuldrechts, Bd. 1, hrsgg. vom Bundesminister der Justiz, Köln 1981, S. 77 – 373 (zit.: *Peters/Zimmermann*, Verjährungsfristen, in: Gutachten und Vorschläge, Bd. 1)

Picot, Gerhard (Hrsg.): Unternehmenskauf und Restrukturierung, 2. Aufl., München 1998

Pietsch, Matthias: Die Abnahme im Werkvertragsrecht – geschichtliche Entwicklung und geltendes Recht, Hamburg 1976

Planck, G.: Bürgerliches Gesetzbuch nebst Einführungsgesetz, Band 2: Recht der Schuldverhältnisse, 3. Aufl., Berlin 1904

Planitz, Hans: Deutsches Privatrecht, 3. Aufl., Wien 1948

Rabel, Ernst: Grundzüge des Römischen Privatrechts, 2. Aufl., Basel 1955 (zit.: *Rabel*, Grundzüge)

Rabel, Ernst: Das Recht des Warenkaufs, Bd. 2, Berlin 1958 (zit.: *Rabel*, Warenkauf, Bd. 2)

Raisch, Peter: Geschichtliche Voraussetzungen, dogmatische Grundlagen und Sinnwandlung des Handelsrechts, Karlsruhe 1965

Raisch, Peter: Zum Einfluß des Weiterverkaufs mangelhafter Waren auf die Gewährleistungsanprüche des Käufers, in: Festschrift für Konrad Duden, hrsgg. von *Pawlowski*, H.-M./*Wiese*, Günther/*Wüst*, Günther, München 1977, S. 399 - 421 (zit.: *Raisch*, in: FS Duden)

Recknagel, Christian: Die Trennung von Zivil- und Handelsrecht unter besonderer Berücksichtigung der Untersuchungs- und Rügepflicht nach § 377 HGB, Frankfurt a. M. 1985

Reich, Norbert: Europäisches Verbraucherrecht – Eine problemorientierte Einführung in das europäische Wirtschaftsrecht, 3. Aufl., Baden-Baden 1996

Reich, Norbert: Die Umsetzung der Richtlinie 1999/44/EG in das deutsche Recht, NJW 1999, S. 2397 – 2403

Reinhart, Gert: UN-Kaufrecht – Kommentar zum Übereinkommen der Vereinten Nationen vom 11. April 1980 über Verträge über den internationalen Warenkauf, Heidelberg 1991

Reinicke, Dietrich/*Tiedtke*, Klaus: Kaufrecht, 6. Aufl., Neuwied u.a. 1997

Richardi, Reinhard: Die Wissensvertretung, AcP Nr. 169 (1969), S. 385 - 403

Rieble, Volker: Die Zurückweisung der mangelhaften Lieferung nach § 464 BGB, JZ 1997, S. 485 - 489

Rieger, Gregor: Die Richtlinie zu bestimmten Aspekten des Verbrauchsgüterkaufs und der Garantien für Verbrauchsgüter vor dem Hintergrund des geltenden Rechts, VuR 1999, S. 287 – 293

Riese, Otto: Die Haager Konferenz über die internationale Vereinheitlichung des Kaufrecht vom 2. Bis 25. April 1964, RabelsZ 29 (1965), S. 1 – 223

Riesenhuber, Karl: Der Gewährleistungsausschluß wegen nachträglich erkannter Mängel im Mietrecht, ZMR 1994, S. 393 – 396

Reichsgerichtsrätekommentar, Das Bürgerliche Gesetzbuch mit besonderer Berücksichtigung der Rechtsprechung des Reichsgerichts und des Bundesgerichtshofes, hrsgg. von Mitgliedern des Bundesgerichtshofes: Band II, 1. Teil (§§ 241 – 413), 12. Aufl., Berlin u.a. 1976; Band II, 2 Teil (§§ 414 – 610), 12. Aufl., Berlin u.a. 1978 (zit.: RGRK-Bearbeiter)

Ring, Gerhard/*Klingelhöfer*, Thomas: Das neue AGB-Recht, Bonn 2002

Röhricht, Volker/*Westphalen*, Friedrich Graf von (Hrsg.): Handelsgesetzbuch Kommentar, 2. Aufl., Köln 2001 (zit.: *Röhricht/von Westphalen*-Bearbeiter)

Roschmann, Christian: Haftungsklauseln in Unternehmenskaufverträgen, ZIP 1998, S. 1941 – 1950

Rummel, Peter (Hrsg.): Kommentar zum Allgemeinen bürgerlichen Gesetzbuch, Bd. 1: §§ 1 bis 1174 ABGB, 3. Aufl., Wien 2000 (zit.: *Rummel*-Bearbeiter)

Schäfer, Peter/*Pfeiffer*, Karen: Die EG-Richtlinie über den Verbrauchsgüterkauf, ZIP 1999, 1829 – 1837

Scheer, Paul: Die Besonderheiten der Gewährleistung für Sachmängel beim Handelskauf, Rostock 1904

Schimmel, Roland/*Buhlmann*, Dirk (Hrsg.): Frankfurter Handbuch zum neuen Schuldrecht, Neuwied 2002 (zit.: *Schimmel/Buhlmann*-Bearbeiter)

Schlechtriem, Peter: Die Anpassung des deutschen Rechts an die Klausel-Richtlinie und den Richtlinienvorschlag zum Verbraucherkaufrecht, ZSR 1999, S. 335 – 359

Schlechtriem, Peter: Das geplante Gewährleistungsrecht im Licht der europäischen Richtlinie zum Verbrauchsgüterkauf, in: Zivilrechtswissenschaft und

Schuldrechtsreform, hrsgg. von *Ernst*, Wolfgang/*Zimmermann*, Reinhard, Tübingen 2001, S. 205 – 224 (zit.: *Schlechtriem*, in: *Ernst/Zimmermann*)

Schlechtriem, Peter: International Einheitliches Kaufrecht und neues Schuldrecht, in: Das neue Schuldrecht in der Praxis, hrsgg. von *Dauner-Lieb*, Barbara/*Konzen*, Horst/*Schmidt*, Karsten, Köln u.a. 2003, S. 71 – 86 (zit.: *Schlechtriem*, in: Das neue Schuldrecht in der Praxis)

Schlechtriem, Peter: Internationales UN-Kaufrecht, Tübingen 1996 (zit.: *Schlechtriem*, UN-Kaufrecht)

Schlechtriem, Peter (Hrsg.): Kommentar zum Einheitlichen UN-Kaufrecht – das Übereinkommen der Vereinten Nationen über Verträge über den internationalen Warenkauf – CISG, 3. Aufl., München 2000 (zit.: *Schlechtriem*-Bearbeiter); 1. Aufl., München 1990 (zit.: *Schlechtriem*[1]-Bearbeiter)

Schlechtriem, Peter: Die Pflichten des Käufers und die Folgen ihrer Verletzung, insbesondere bezüglich der Beschaffenheit der Ware, in: Wiener Kaufrecht, hrsgg. von *Bucher*, Eugen, Bern 1991, S. 103 – 142

Schlechtriem, Peter: Schuldrecht, Allgemeiner Teil, 4. Aufl., Tübingen 2000 (zit.: *Schlechtriem*, SchR AT) sowie 5. Aufl., Tübingen 2003 (zit.: Schlechtriem SchR AT[5])

Schlechtriem, Peter: Schuldrecht, Besonderer Teil, 5. Aufl., Tübingen 1998 (zit.: *Schlechtriem*, SchR BT) sowie 6. Aufl., Tübringen 2003 (zit.: *Schlechtriem*, SchR BT[6])

Schlechtriem, Peter: Schuldrechtsreform – Voraussetzungen, Möglichkeiten und Gegenstände, Heidelberg 1987

Schlechtriem, Peter: The Seller's Obligations Under the United Nations Convention on Contracts for the International Sale of Goods, in: International Sales: The United Nations Convention on Contracts for the International Sale of Goods, hrsgg. von *Galston*, Nina M./*Smit* Hans, New York 1984, S. 6-1 – 6-35

Schlechtriem, Peter: Verbraucherkaufverträge – ein neuer Richtlinienentwurf, JZ 1997, S. 441 – 447

Schlechtriem, Peter: Vertragsordnung und außervertragliche Haftung, eine rechtvergleichende Untersuchung zur Konkurrenz von Ansprüchen aus Vertrag und Delikt im französischen, amerikanischen und deutschen Recht, Frankfurt a. M. 1972 (zit.: *Schlechtriem*, Vertragsordnung)

Schlegelberger, Franz (Begr.): Handelsgesetzbuch Kommentar, Band 5: §§ 373 – 382, 5. Aufl., München 1982 (zit.: *Schlegelberger*-Bearbeiter)

Schmidt, Karsten: Handelsrecht, 5. Aufl., Köln u.a. 1999

Schmidt-Futterer, Wolfgang (Begr.)/*Blank*, Hubert (Hrsg.): Mietrecht – Großkommentar des Wohn- und Gewerberaummietrechts, 7. Aufl., München 1999 (zit.: *Schmidt-Futterer/Blank*-Bearbeiter)

Schmidt-Kessel, Martin: Rechtsmißbrauch im Gemeinschaftsprivatrecht – Folgerungen aus den Rechtssachen *Kefalas* und *Diamantis*, Jahrbuch Junger Zivilrechtswissenschaftler 2000, S. 61 – 83

Schmidt-Räntsch, Jürgen: Gedanken zur Umsetzung der kommenden Kaufrechtsrichtlinie, ZEuP 1999, S. 294 – 302

Schmidt-Räntsch, Jürgen: Das neue Schuldrecht – Anwendung und Auswirkungen in der Praxis, Köln u.a. 2002

Schmidt-Räntsch, Jürgen: Zum Stand der Kaufrechtsrichtlinie, ZIP 1998, S. 849 – 853

Schmidt-Räntsch, Jürgen/*Maifeld*, Jan/*Meier-Göring*, Anne/*Röcken*, Matthias: das neue Schuldrecht, Köln 2002

Schnyder, Anton K./*Straub*, Ralf Michael: Das EG-Grünbuch für Verbrauchsgütergarantien und Kundendienst – Erster Schritt zu einem einheitlichen EG-Kaufrecht?, ZEuP 1996, S. 8 – 74

Schubel, Christian: Schuldrechtsmodernisierung 2001/2001 – das neue Kaufrecht, JuS 2002, S. 313 – 319

Schwartze, Andreas: Europäische Sachmängelgewährleistung beim Warenkauf, Tübingen 2000

Schwartze, Andreas: Die zukünftige Sachmängelgewährleistung in Europa – Die Verbrauchsgüterkauf-Richtlinie vor ihrer Umsetzung, ZEuP 2000, S. 544 – 574

Schwimann, Michael (Hrsg.): Praxiskommentar zum Allgemeinen Bürgerlichen Gesetzbuch samt Nebengesetzen, Bd. 5: §§ 859 – 1089 ABGB, WucherG, UN-Kaufrecht, 2. Aufl., Wien 1997 (zit.: *Schwimann*-Bearbeiter)

Siber, Heinrich: Der Rechtszwang im Schuldverhältnis nach deutschem Reichsrecht, Leipzig 1903

Singer, Reinhard: Das Verbot widersprüchlichen Verhaltens, München 1993

Soergel, Carl: Referat, in: Verhandlungen des fünfundfünfzigsten Deutschen Juristentages – Hamburg 1984, Bd. II: Sitzungsberichte, hrsgg. von der Ständigen Deputation des Deutschen Juristentages, München 1984, S. I 27 – I 39

Soergel, Hans Theodor (Begr.): Bürgerliches Gesetzbuch mit Einführungsgesetz und Nebengesetzen, hrsgg. von *Siebert*, W.: Band 2: Schuldrecht I (§§ 241 – 432), 12. Aufl., Stuttgart u.a.1990; Band 3: Schuldrecht II (§§ 433 – 515) AGB-Gesetz, AbzG, EAG, EKG, UN-KaufAbk, 12. Aufl., Stuttgart u.a. 1991; Band 13: Schuldrechtliche Nebengesetze 2 CISG, 13. Aufl., Stuttgart u.a. 2000 (zit.: *Soergel*-Bearbeiter)

Staub, Hermann (Begr.): Handelsgesetzbuch, Großkommentar, Band 4: §§ 373 – 382, 3. Aufl., Berlin 1970

Staubach, Fritz: Diskussionsbeitrag, in: Verhandlungen des sechzigsten Deutschen Juristentages – Münster 1994, Bd. II/2: Sitzungsberichte – Diskussion und Beschlußfassung, hrsgg. von der Ständigen Deputation des Deutschen Juristentages, München 1994, S. K 210 – K 212

Staudenmayer, Dirk: The Directive on the Sale of Consumer Goods and Associated Guarantees – a Milestone in the European Consumer and Private Law, ERPL 2000, S. 547 – 564

Staudenmayer, Dirk: EG-Richtlinie 1999/44/EG zur Vereinheitlichung des Kaufgewährleistungsrechts, in: Europäisches Kaufgewährleistungsrecht – Reform und Internationalisierung des deutschen Schuldrechts, hrsgg. von *Grundmann*, Stefan/*Medicus*, Dieter/*Rolland*, Walter, Köln u.a. 2000, S. 27 – 47

Staudenmayer, Dirk: Die EG-Richtlinie über den Verbrauchsgüterkauf, NJW 1999, S. 2393 – 2403

Staudinger, Julius von (Begr.): L. von Staudingers Kommentar zum Bürgerlichen Gesetzbuch mit Einführungsgesetz und Nebengesetzen: 2. Buch, Recht der Schuldverhältnisse (§§ 362 – 396), Neubearbeitung, Berlin 2000; Zweites Buch, Recht der Schuldverhältnisse (§§ 433 – 534), 13. Aufl., Berlin 1995; 2. Buch, Recht der Schuldverhältnisse (§§ 535 – 563), 13. Aufl., Berlin 1995; 2 Buch, Recht der Schuldverhältnisse (§§ 631-651), Neubearbeitung, Berlin 2000 (zit.: *Staudinger*-Bearbeiter) sowie II. Band: Recht der Schuldverhältnisse, 2. Teil (§§ 433 – 610), 11. Aufl., Berlin 1955 (zit.: *Staudinger*^{11}-Bearbeiter)

Steinkopf, Horst: Diskussionsbeitrag, in: Verhandlungen des sechzigsten Deutschen Juristentages – Münster 1994, Bd. II/2: Sitzungsberichte – Diskussion und Beschlußfassung, hrsgg. von der Ständigen Deputation des Deutschen Juristentages, München 1994, S. K 163 – K 165

Steinrücke, Lisbet: Kaufvertragsrecht in Dänemark, in: Handbuch des Kaufvertragsrechts in den EG-Staaten einschl. Österreich, Schweiz und UN-Kaufrecht, hrsgg. von *Westphalen*, Friedrich Graf von, Köln 1992, S. 129 – 198 (zit.: *Steinrücke*, in: Handbuch)

Sternel, Friedemann: Mietrecht, 3. Aufl., Köln 1988

Stoffels, Markus: AGB-Recht, München 2003

Teichmann, Arndt: Empfiehlt sich eine Neukonzeption des Werkvertragsrechts?, in: Verhandlungen des fünfundfünfzigsten Deutschen Juristentages – Hamburg 1984, Bd. I: Gutachten, hrsgg. von der Ständigen Deputation des Deutschen Juristentages, München 1984, S. A 3 – A 111

Thöl, Heinrich: Das Handelsrecht, Bd. 1, Zweite Abteilung, 5. Aufl., Leipzig 1876

Tonner, Klaus: Die kaufrechtlichen Vorschriften im Diskussionsentwurf eines Schuldrechtsmodernisierungsgesetzes, VuR 2001, S. 87 – 95

Tonner, Klaus: Verbrauchsgüterkauf-Richtlinie und Europäisierung des Zivilrechts, BB 1999, S. 1769 – 1774

Tonner, Klaus/*Crellwitz*, Kristin/*Echtermeyer*, Sandra: Kauf- und Werkvertragsrecht im Regierungsentwurf eines Schuldrechtsmodernisierungsgesetzes, in: Schuldrechtsreform und Verbraucherschutz, hrsgg. von *Micklitz*, Hans-W./*Pfeiffer*, Thomas/*Tonner*, Klaus/*Willingmann*, Armin, Baden-Baden 2001, S. 293 – 372

Treitschke, Georg Carl: Der Kaufcontract in besonderer Beziehung auf den Waarenhandel, nach römischem Rechte und den wichtigsten neueren Gesetzgebungen, 2. Aufl., Gera 1865

Valcárcel Schnüll, Dagmar: Die Haftung des Verkäufers für Fehler und zugesicherte Eigenschaften im europäischen Rechtsvergleich, Bonn 1994

Walter, Gerhard: Kaufrecht, Tübingen 1987

Wasmuth, Johannes: Wider das Dogma vom Vorrang der Sachmängelhaftung gegenüber der Anfechtung wegen Eigenschaftsirrtum, in: Festschrift für Henning Piper, hrsgg. von *Erdmann*, Willi/*Gloy*, Wolfgang/*Herber*, Rolf, München 1996, S. 1083 – 1113 (zit: *Wasmuth*, in: FS Piper)

Wassermann, Rudolf (Hrsg.): Reihe Alternativkommentare: Kommentar zum Bürgerlichen Gesetzbuch: Band 3: Besonderes Schuldrecht, Neuwied u.a. 1979 (zit.: AltKo-Bearbeiter)

Weis, Hubert: Einführung in den Diskussionsentwurf, in : Zivilrechtswissenschaft und Schuldrechtsreform, hrsgg. von *Ernst*, Wolfgang/*Zimmermann*, Reinhard, Tübingen 2001, S. 25 – 30

Weisner, Arnd: Die EG-Kaufrechtsgewährleistungsrichtlinie, JuS 2001, S. 759 – 764

Welser, Rudolf/*Jud*, Brigitta: Die neue Gewährleistung – Kurzkommentar zu sämtlichen gewährleistungsrechtlichen Bestimmungen des ABGB und des KSchG, Wien 2001

Welser, Rudolf/*Jud*, Brigitta: Zur Reform des Gewährleistungsrechts – Die Europäische Richtlinie über den Verbrauchsgüterkauf und ihre Bedeutung für ein neues Gewährleistungsrecht – Gutachten, in: Verhandlungen des vierzehnten österreichischen Juristentages Wien 2002, Bd. II/1; Wien 2002 (zit.: *Welser/Jud*, Gutachten)

Wenner, Wolfgang/*Schödel*, Christoph: Kaufvertragsrecht in Frankreich, in: Handbuch des Kaufvertragsrechts in den EG-Staaten einschl. Österreich, Schweiz und UN-Kaufrecht, hrsgg. von *Westphalen*, Friedrich Graf von, Köln 1992, S. 417 – 479 (zit.: *Wenner/Schödel*, in: Handbuch)

Westermann, Harm Peter: Kaufrecht im Wandel, in: Die Schuldrechtsreform vor dem Hintergrund des Gemeinschaftsrechts, hrsgg. von *Schulze*, Reiner/

Schulte-Nölke, Hans, Tübingen 2001, S. 109 – 129 (zit.: *Westermann*, in: *Schulze/Schulte-Nölke*)

Westermann, Harm Peter: Das neue Kaufrecht, NJW 2002, S. 241 – 253

Westermann, Harm Peter: Das neue Kaufrecht einschließlich des Verbrauchsgüterkaufs, JZ 2001, S. 530 – 542

Westermann, Harm Peter: Vorschlag für eine Einpassung der Kaufgewährleistungs-Richtlinie ins deutsche Recht, in: Europäisches Kaufgewährleistungsrecht – Reform und Internationalisierung des deutschen Schuldrechts, hrsgg. von *Grundmann*, Stefan/*Medicus*, Dieter/*Rolland*, Walter, Köln u.a. 2000, S. 251 – 280

Weyers, Hans-Leo: Werkvertrag, in: Gutachten und Vorschläge zur Überarbeitung des Schuldrechts, Bd. 2, hrsgg. vom Bundesminister der Justiz, Köln 1981, S. 1115 – 1207 (zit.: *Weyers*, Werkvertrag, in: Gutachten und Vorschläge, Bd. 2)

Wichert, Joachim: Analoge Anwendung des § 539 BGB zu Lasten von Mieter und Vermieter, ZMR 2000, S. 65 – 68

Wilhelm, Jan: Mängelhaftung und Kenntnis des Gläubigers vom Mangel, JZ 1982, S. 488 - 495

Windscheid, Bernhard/ *Kipp*, Theodor: Lehrbuch des Pandektenrechts, Bd. 2, 9. Aufl., Neudruck der Ausgabe Frankfurt a. M. 1906, Aalen 1963

Witz, Wolfgang/*Salger*, Hanns-Christian/*Lorenz*, Manuel: International Einheitliches Kaufrecht – Praktiker-Kommentar und Vertragsgestaltung zum CISG, Heidelberg 2000

Wolf, Alfred: Die Überarbeitung des Schuldrechts, AcP 182 (1982), S. 80 – 100

Wolf, Sabine: Reform des Kaufrechts durch die EG-Richtlinie – ein Vorteil für die Wirtschaft?, RIW 1997, S. 899 – 904

Wolf, Eckhard/*Eckert*, Hans Georg/*Ball*, Wolfgang: Handbuch des gewerblichen Miet-, Pacht- und Leasingrechts, 8. Aufl., Köln 2000

Zaccaria, Alessio: Umsetzungsüberlegungen zur Kaufgewährleistungs-Richtlinie in Italien, in: Europäisches Kaufgewährleistungsrecht – Reform und Internationalisierung des deutschen Schuldrechts, hrsgg. von *Grundmann*, Stefan/*Medicus*, Dieter/*Rolland*, Walter, Köln u.a. 2000, S. 181 – 196

Zimmer, Daniel: Das geplante Kaufrecht, in: Zivilrechtswissenschaft und Schuldrechtsreform, hrsgg. von *Ernst*, Wolfgang/*Zimmermann*, Reinhard, Tübingen 2001, S. 191 – 204 (zit.: *Zimmer*, in: *Ernst/Zimmermann*)

Zimmermann, Reinhard: Schuldrechtsmodernisierung?, in: Zivilrechtswissenschaft und Schuldrechtsreform, hrsgg. von *Ernst*, Wolfgang/*Zimmermann*, Reinhard, Tübingen 2001, S. 1 – 24 (zit.: *Zimmermann*, in: *Ernst/Zimmermann*)

Materialien

Zum Bürgerlichen Gesetzbuch

Vorläufiger Entwurf der allgemeinen Bestimmungen über das Recht der Schuldverhältnisse, unveränderter Nachdruck der als Manuskript vervielfältigten Ausgabe aus dem Jahren 1876 – 1883, von Franz Philipp *von Kübel* (Verfasser), in: *Schubert*, Werner (Hrsg.): Die Vorlagen der Redaktoren für die erste Kommission zur Ausarbeitung des Entwurfs eines Bürgerlichen Gesetzbuches, Bd. 2: Recht der Schuldverhältnisse, Teil 1: Allgemeiner Teil, Berlin 1980, S. 1123 ff. (zit.: *von Kübel*, Vorläufiger Entwurf, in: *Schubert*)

Entwurf eines bürgerlichen Gesetzbuches für das Deutsche Reich, Recht der Schuldverhältnisse, I. Allgemeiner Teil mit Begründung, Berlin 1982, unveränderter Nachdruck, von Franz Philipp *von Kübel* (Verfasser), in: *Schubert*, Werner (Hrsg.): Die Vorlagen der Redaktoren für die erste Kommission zur Ausarbeitung des Entwurfs eines Bürgerlichen Gesetzbuches, Bd. 2: Recht der Schuldverhältnisse, Teil 1: Allgemeiner Teil, Berlin 1980 (zit.: *von Kübel*, Entwurf eines bürgerlichen Gesetzbuches, in: *Schubert*)

Material zu den Bestimmungen über Miethe, Pacht und Viehverstellung unter Zugrundelegung des dresdener Entwurfs Art. 538 – 597, von Hermann Carl *Struckmann* (Verfasser), in: *Schubert*, Werner (Hrsg.): Die Vorlagen der Redaktoren für die erste Kommission zur Ausarbeitung des Entwurfs eines Bürgerlichen Gesetzbuches, Bd. 2: Recht der Schuldverhältnisse, Teil 2: Besonderer Teil, Berlin 1980, S. 251 – 462 (zit.: *Struckmann*, in: *Schubert*)

Die Beratung des Bürgerlichen Gesetzbuchs – in systematischer Zusammenstellung der unveröffentlichten Quellen, Recht der Schuldverhältnisse II : §§ 433 bis 651, hrsgg. von *Jakobs*, Horst Heinrich/*Schubert*, Werner, Berlin 1980, (zit.: *Jakobs*/*Schubert*)

Die gesammten Materialien zum Bürgerlichen Gesetzbuch für das Deutsche Reich, Bd. 2: Recht der Schuldverhältnisse, hrsgg. von *Mugdan*, Benno, Nachdruck der Ausgabe Berlin 1899, Aalen 1979 (zit.: *Mugdan*, Motive; *Mugdan*, Protokolle)

Zu handelsrechtlichen Kodifikationen

Entwurf eines Handelsgesetzbuches für das Königreich Württemberg mit Motiven, Zweiter Theil: Motive, Stuttgart 1840 (zit.: EHGBW, Motive)

Entwurf eines Handelsgesetzbuches für die Preußischen Staaten nebst Motiven, Zweiter Theil: Motive, Berlin 1857 (zit.: EHGBPr, Motive)

Protokolle der Kommission zur Berathung eines allgemeinen deutschen Handelsgesetzbuches, Zweiter Theil: Protokolle XLVI – XCVIII, Würzburg 1858 (zit.: Protokolle ADHGB)

Die gesammten Materialien zu den Reichs-Justizgesetzen, Bd. 6: Materialien zum Handelsgesetzbuch, hrsgg. von *Hahn*, C./*Mugdan*, Benno, Berlin 1897 (zit.: *Hahn/Mugdan*, Materialien)

Zur Schuldrechtsmodernisierung

Abschlußbericht der Kommission zur Überarbeitung des Schuldrechts, hrsgg. vom Bundesminister der Justiz, Köln 1992 (zit.: Abschlußbericht)

Diskussionsentwurf eines Schuldrechtsmodernisierungsgesetzes des Bundesministeriums der Justiz vom 04.08.2000 mit Begründung, Text bei *Canaris*, Schuldrechtsreform, 3 ff. (zit.: DiskE)

Entwurf eines Gesetzes zur Modernisierung des Schuldrechts, Gesetzesentwurf der Bundesregierung/der Fraktionen der SPD sowie Bündnis 90/Die Grünen (Regierungsentwurf) vom 14.05.2001 mit Begründung, BT-Drucks. 14/6040 (zit.: RegE)

Beschlußempfehlung und Bericht des Rechtsausschusses zu dem Entwurf eines Gesetzes zur Modernisierung des Schuldrechts vom 25.09.2001, BT-Drucks. 14/7052

Zur Verbrauchsgüterkaufrichtlinie

Kommission der Europäischen Gemeinschaften: Grünbuch über Verbrauchsgütergarantien und Kundendienst vom 15.11.1993, KOM (1993) 509 endg.

Kommission der Europäischen Gemeinschaften: Vorschlag für eine Richtlinie des Europäischen Parlaments und des Rates über den Verbrauchsgüterkauf und -garantien vom 18.06.1996, KOM (1995) 529 endg., ABl. C 307 vom 16.10.1996, 8.; abgedruckt in ZIP 1996, 1845 ff.

Stellungnahme des Wirtschafts- und Sozialausschusses zu dem „Vorschlag für eine Richtlinie des Europäischen Parlaments und des Rates über den Verbrauchsgüterkauf und -garantien", ABl. C 66 vom 03.03.1997, 5.

Legislativentschließung des Europäischen Parlaments mit Stellungnahme zum Vorschlag für eine Richtlinie des Europäischen Parlaments und des Rates über den Verbrauchsgüterkauf und -garantien vom 10.03.1998, ABl. C 104 vom 06.04.1998, 30

Kommission der Europäischen Gemeinschaften: Geänderter Vorschlag für eine Richtlinie des Europäischen Parlaments und des Rates über den Verbrauchsgüterkauf und -garantien vom 31.03.1998, KOM (1998) 217 endg., ABl. C 148 vom 14.05.1998, 12

Zum Einheitlichen Kaufrecht/UN-Kaufrecht

Conférence diplomatique sur l'unification du droit en matière de la vente internationale, La Haye 2-25 avril 1964, Actes et documents de la conférence, Tome I: Actes (zit.: *Actes*)

Conférence diplomatique sur l'unification du droit en matière de la vente internationale, La Haye 2-25 avril 1964, Actes et documents de la conférence, Tome II: Documents (zit.: *Documents*)

United Nations Conference on Contracts for the International Sale of Goods, Vienna, 10 March – 11 April 1980; Official Records: Documents of the Conference and Summary Records of the Plenary Meetings and of the Meetings of the Main Committees, New York 1981 (zit.: *Official Records*)

Frank Wältermann

Die Mängelhaftung im neuen Schuldrecht

Rechtsfolge, Tatbestand und Verjährung des Anspruchs auf Schadensersatz für den Mangelschaden und den Mangelfolgeschaden

Frankfurt am Main, Berlin, Bern, Bruxelles, New York, Oxford, Wien, 2004.
330 S.
Europäische Hochschulschriften: Reihe 2, Rechtswissenschaft. Bd. 3975
ISBN 3-631-52815-9 · br. € 56.50*

Bis zur Schuldrechtsreform wurde ohne Aussicht auf Klärung eine Fülle von Streitfragen bezüglich Mangel- und Mangelfolgeschaden diskutiert. Die Arbeit bietet Lösungen für die weiterhin bestehenden Probleme der Mängelhaftung auf dem Fundament langjähriger sowie unter kritischer Würdigung aktueller Diskussionen an. Vor dem Hintergrund veränderter Strukturen im allgemeinen Schuldrecht werden Rechtsfolge, Tatbestand und Verjährung im Kauf- und Werkvertragsrecht untersucht. Die Arbeit entschärft Abgrenzungsschwierigkeiten auf Rechtsfolgenseite, indem Schadenspositionen nach Art und Inhalt typisiert werden. Tatbestandlich steht der Haftungsgrund im Mittelpunkt, wobei Mangel, *aliud* und Minderleistung beleuchtet werden. Schließlich widmet sich die Arbeit eingehend der Verjährung.

Aus dem Inhalt: Die Mängelhaftung im Schuldrecht · Rechtsfolge, Tatbestand und Verjährung im allgemeinen Schuldrecht · Kaufrecht und Werkvertragsrecht unter besonderer Berücksichtigung von Mangel- und Mangelfolgeschaden

www.ingramcontent.com/pod-product-compliance
Ingram Content Group UK Ltd.
Pitfield, Milton Keynes, MK11 3LW, UK
UKHW021916290926
8980IPUK00015B/1289

9 783631 532744